DANS L'ŒIL DE L'AIGLE

Jean-François Lisée

Dans l'œil de l'aigle

Washington face au Québec

BORÉAL

Conception graphique: Gianni Caccia
Illustration de la couverture: Alain Pilon

Diffusion au Canada: Dimedia

Données de catalogue avant publication (Canada)

Lisée, Jean-François
Dans l'œil de l'aigle: Washington face au Québec
Comprend des références bibliographiques.
ISBN 2-89052-328-4
1. États-Unis — Relations extérieures — Québec (Province).
2. Canada — Relations extérieures — États-Unis.
3. Canada — Histoire — Autonomie et mouvements indépendantistes.
4. Nationalisme — Québec (Province).
5. Parti québécois. I. Titre
E183.8.C25L57 1990   327.73071   C90-096123-6

Table des matières

PROLOGUE

«Cet ordre ne doit pas changer» — Une idole, une méprise —
Thomas Jefferson ou Jefferson Davies? — Charmer les Américains

Première partie: LA FIN DE L'INDIFFÉRENCE

Kennedy et l'indépendance: premier contact — L'enjeu franco-
américain — L'offensive Kennedy — Une légion d'espions —
Naissance d'un nationaliste — Vietnam, Algérie, Québec —
Au sommet — Kennedy dans la langue de Molière — Jack
Kennedy et Réal Caouette — Kennedy et la «libération du Québec»

Un statut colonial — Le «nationalisme-racisme» québécois —
Au menu d'un dîner indigeste: le Québec — Un Québécois en
Amérique — Apocalypse Québec — Daniel, Lyndon, Elvis

Prévisions: orages gaulliens dispersés — Un mobile: l'anti-
américanisme — Kennedy et de Gaulle: faux départ — Un
général au balcon — Washington analyse «Vive le Québec libre» —
Les deux Johnson — Un Cuba français?

Deuxième partie: LE SPECTATEUR ENGAGÉ

Troisième partie: LES ALLIÉS TARDIFS

AVERTISSEMENT

Ce livre veut mettre en lumière des événements jusqu'ici occultés et s'en veut un reflet le plus juste possible. L'auteur a pris le parti de ne gommer aucune verdeur de langage. En privé, à la Maison-Blanche comme au parlement de Québec, des hommes politiques disent parfois les choses crûment. Il n'y a pas de raison de le camoufler.

Des ambiances sont évoquées à partir de textes ou de témoignages d'un ou plusieurs participants. Des conversations ont été recréées à partir de 240 entretiens et de plusieurs milliers de documents. Lors de conflits entre les sources, l'auteur a privilégié la source écrite contemporaine aux événements plutôt que l'entretien rétrospectif, et a accordé plus de crédit au souvenir vif de certains interlocuteurs qu'au souvenir dilué d'autres protagonistes. Lorsque deux versions équivalentes s'affrontent, elles sont toutes deux relatées. Le lecteur intéressé au détail des sources pourra consulter les notes et références regroupées à la fin de l'ouvrage.

Ce livre parcourt quelque 50 ans d'histoire. Pourtant, il est écrit au présent. Le lecteur gardera à l'esprit que certaines descriptions ne valent donc que pour la période examinée, que ce qui est vrai en 1963 ne l'est plus nécessairement en 1976, a fortiori en 1990.

Finalement, parce que nombre des sources d'origine anglophone utilisent le mot «*separatist*», l'auteur utilise indifféremment les termes «séparatiste», «souverainiste» et «indépendantiste».

À
Clément Marchand,
Pierre Tourangeau,
Elisabeth Gillion,
Frances Madden,
Réal Pelletier
qui m' ont tour à tour ouvert,
depuis dix-huit ans,
des portes dont j' ignorais l' existence.

PROLOGUE

L'indépendance du Québec?
«Les États-Unis n'ont aucune raison imaginable
de désapprouver une évolution qui,
pour tardive qu'elle soit,
est tellement naturelle et saine.»

René LÉVESQUE
dans *Foreign Affairs*, en juillet 1976.

Pour les États-Unis, l'indépendance du Québec serait
«beaucoup plus grave que la crise des missiles de Cuba»,
rien de moins qu'un «crime contre l'histoire de l'humanité».

Pierre ELLIOTT TRUDEAU,
à Washington, en février 1977.

«Monsieur le Président, si le Québec se séparait,
seriez-vous favorable à ce que des provinces canadiennes
deviennent des États des États-Unis?
— J'ai une règle que j'applique chaque fois
que je participe à une rencontre publique comme celle-ci:
il y a toujours une question à laquelle je ne réponds pas.
Je pense que je choisirai votre question pour cette réponse.»

Jimmy CARTER,
à des électeurs de Spokane, en mai 1978.

1
René Lévesque et les amoureux transis

J'étais donc en passe de devenir un «Yankee-bécois».
Le sud de la frontière m'attirait si fort...
René LÉVESQUE

Le consul général américain à Montréal perd rarement son sang-froid. Mais il y a toujours bien, comme disent ces Québécois qu'il a mandat de côtoyer, «des maudites limites».

Au printemps de 1972, John Topping vit à Montréal depuis deux ans. L'idée de l'indépendance du Québec est au centre de ses préoccupations, fait même partie de sa vie. Après tout, son voisin et ami, le Britannique James Richard Cross, fut (mal) logé et (mal) nourri pendant deux mois, à compter d'octobre 1970, aux frais d'indépendantistes québécois violents, le Front de libération du Québec.

Topping connaît les leaders du mouvement indépendantiste légal, comme René Lévesque. Il discute des conséquences économiques du projet séparatiste avec des hommes d'affaires, analyse dans ses dépêches diplomatiques les progrès électoraux du mouvement, écoute ce qu'en disent ses interlocuteurs locaux, souverainistes et fédéralistes.

Il n'aime pas ce qu'il entend.

«Beaucoup trop souvent, quand le sujet du séparatisme est abordé ici, je me trouve en présence de Canadiens au petit air narquois qui tiennent pour acquis que les USA appuieraient activement un Québec séparatiste, lui offriraient une aide spéciale ou établiraient des "relations spéciales" avec lui», écrit Topping à ses supérieurs du Département d'État à Washington.

«L'aspect particulièrement alarmant de ces opinions est qu'elles sont exprimées autant par des proséparatistes que par des antiséparatistes», poursuit le consul. Ces deux groupes «pensent que le vieil impérialiste du Sud sauterait sur l'occasion pour établir une association plus étroite (lire "domination") avec tout fragment canadien disponible».

Topping, outré par toutes ces balivernes, assure Washington qu'il répond «avec un peu de véhémence» que son pays ne nourrit nullement ces intentions. Ses interlocuteurs, quels qu'ils soient, «semblent souvent déçus» par un tel démenti, note-t-il. Déçus ou incrédules.

«Cet ordre ne doit pas changer»

Car souverainistes comme fédéralistes ont ce penchant, ce besoin presque, de projeter sur le voisin américain leurs espoirs et leurs peurs. Pendant plus d'un quart de siècle, toutes les théories ont circulé sur ce que Washington voulait, ce que Washington faisait, ce que Washington complotait pendant ces années troubles, ce que Washington ferait en cas de victoire indépendantiste.

«Je mettrais ma main au feu qu'il y a de la CIA en permanence dans les coulisses...», écrit par exemple Lévesque en fin de carrière, montrant combien l'absence d'informations brutes, vérifiées, sur l'activité américaine au Québec ouvre la porte à toutes les spéculations.

Le cercle des relations de Topping ne fait cependant pas un tour d'horizon complet. Certes, des souverainistes et des fédéralistes ont pensé que les États-Unis accueilleraient avec joie un Québec indépendant. Mais l'opinion contraire a aussi connu une grande popularité, notamment chez les indépendantistes.

Les felquistes, bien sûr, prétendent être en guerre contre les Américains autant, sinon plus, qu'avec les Canadiens anglais. Même assagis, comme Pierre Vallières, ils entretiennent la pessimiste certitude que l'indépendance ne peut se faire puisque le «vieil impérialiste du Sud», Wall Street, le Pentagone et la Trilatérale, ne le permettront pas. «Le Canada est la plus grande colonie des États-Unis», écrit Vallières en 1977, «et le Québec doit y demeurer à sa place, une province comme les autres... cet ordre ne doit pas changer.» Pierre Trudeau peut compter sur les forces armées américaines, ajoute l'ancien théoricien felquiste, car elles «partagent entièrement son point de vue».

Le populaire ministre libéral Claude Castonguay tire des conclusions analogues, au moment de quitter la vie politique en 1973. Parlant deux mois après le coup d'État militaire au Chili, Castonguay affirme que «les États-Unis ont montré à maintes reprises qu'ils n'aiment pas l'instabilité». Alors, demande-t-il, «comment peut-on penser que les États-Unis resteraient passifs devant l'indépendance du Québec»? Ils n'ont pas besoin d'envoyer les *Marines,* ajoute-t-il. «La meilleure méthode pour les États-Unis serait d'amplifier l'instabilité. C'est à peu de choses près ce qu'ils ont fait au Chili.»

Lorsqu'une manifestation de camionneurs québécois vient paralyser la circulation autour de l'édifice du Parlement de Québec en 1977, plusieurs ministres péquistes observent d'une fenêtre le bouchon délibérément provoqué devant l'auguste immeuble en pierres. «Sais-tu à quoi ça me fait penser?» demande l'un d'eux par-dessus le bruit des klaxons à peine assourdi par la vitre. «Allende», répond un autre. La CIA avait largement subventionné la grève des transporteurs routiers du Chili, pour déstabiliser l'économie locale et affaiblir le pouvoir du président marxiste Salvador Allende.

Tous les ministres du PQ ne partagent pas cette analyse. «Ne nous prenons pas pour d'autres», avertit par exemple le ministre de l'Énergie, Guy Joron. «Le projet québécois ne bouleverse pas la civilisation occidentale. Il ne brise pas les colonnes de temples de Wall Street et ne change probablement même pas une infime décimale dans les projections de vente de General Motors.»

Personne n'investit cependant plus d'espoir dans la perspective d'une Amérique favorable à la souveraineté du Québec que celui qui incarne, propulse et modèle le rêve indépendantiste, René Lévesque.

L'aspirant père de l'État québécois a bien failli, dans ses années formatrices, prendre les États-Unis pour patrie. En 1943, à 21 ans, échouant des études de droit rébarbatives, Lévesque est menacé de conscription. «N'importe quoi pour partir outre-mer, mais pas dans l'uniforme de Sa Majesté», décide-t-il. Son enfance dans un coin de Gaspésie bilingue lui ayant permis de bien maîtriser l'anglais, il va s'enrôler à New York dans les services d'information de l'armée américaine, avec rang de lieutenant junior. Sa vision des États-Unis se confond désormais avec l'image bienveillante que donnent les G.I. libérant l'Europe du fascisme, distribuant du chewing-gum et des bas de nylon, introduisant le jazz, sous la gouverne éclairée de Franklin Roosevelt.

Son histoire d'amour avec l'Amérique ne se démentira plus.

Lévesque ne bronche d'ailleurs pas lorsqu'en 1944 un quotidien anglais, *The Star*, consacre un bref article à «trois jeunes Américains» œuvrant dans la radio des forces armées à Londres. Lévesque y est décrit comme celui des trois qui «vient originellement du Canada et parle le français de ses ancêtres». Le jeune lieutenant de l'US Army envoie la coupure de journal à sa mère et parsème sa correspondance de commentaires empoisonnés sur les Français qu'il côtoie: «Nous valons très sûrement la moyenne de ces gens-là... Seulement, ils ont plus que nous le tour de se mousser.»

Tout un contraste avec le jugement qu'il portera ensuite sur «l'Américain moyen, le plus sympathique "étranger" qu'on puisse connaître, celui en qui l'on se reconnaît soi-même plus que tout autre».

Dans cette phrase écrite à la fin de sa vie, les guillemets dont il entoure le mot «étranger», indiquant qu'il ne croit pas vraiment à cette différence, expriment mieux que tous ses discours son sentiment à peine réprimé d'appartenance aux États-Unis.

Une fois démobilisé, après avoir vu notamment l'horreur concentrationnaire de Dachau, Lévesque entame ce qu'il appelle sa «période américaine». Rebuté par le Canada anglais où il ne perçoit qu'une «morne grisaille collective», il est fasciné au contraire par tout ce qui vient du Sud: les mœurs politiques, l'engagement social et syndical, la culture populaire, la qualité du journalisme et de la littérature — il adore Ernest Hemingway, Erskine Caldwell —, la politique étrangère. Y compris la guerre de Corée qu'il observe sur place pour Radio-Canada. «En 45, puis en 52, à chaque retour [de guerre] la tentation avait été forte d'emboîter le pas à certains camarades américains rentrant qui à New York, qui à Boston pour se tailler des places enviables dans ces médias dont la croissance se faisait géométrique.»

Journaliste, il a l'occasion de suivre la campagne présidentielle de 1956. Il y puise un respect profond pour «cette démocratie en quelque sorte innée, émanant comme chez nous de gens simples et frustes qu'aucune cloison de classe ne divisait». Il applaudit en particulier le courage, quoique tardif, du sénat américain qui a muselé le monstre politique qu'était devenu le sénateur Joe McCarthy et qui a mis un terme à sa chasse aux sorcières anticommunistes.

Les États-Unis, écrit-il vingt ans plus tard, forment «le plus viable des empires, de tous les empires qu'on ait connus jusqu'ici». S'opposant à «cette espèce d'anti-américanisme facile» qui court dans la plupart des salons de la gauche québécoise, il avoue son «admiration inouïe pour certaines [des] réalisations» de cet empire.

Une idole, une méprise

René Lévesque va chercher ses héros politiques dans l'histoire américaine. Il ne tarit pas d'éloges sur les pères fondateurs: Hamilton, Washington, Jefferson. Son favori est pourtant un contemporain, Franklin Delano Roosevelt — «FDR» pour les Américains.

«Sauf erreur on ne trouve nulle part, à aucune époque, quelqu'un qui puisse servir de modèle pour sa propre vie; mais il y a des affinités plus ou moins étroites qui s'établissent avec les gens qu'on admire», écrit Lévesque dans ses mémoires. «Je me suis abondamment nourri de FDR.» Lévesque admirait le don de Roosevelt pour la communication, son utilisation de la radio pour toucher son électorat, la capacité, surtout, de «cet aristocrate de maintenir si longtemps une coalition faite de minorités, de cols bleus et de pauvres».

Roosevelt avait condensé l'énorme document que lui avaient remis ses conseillers sur les programmes de relance économique du *New Deal* en 1932 et en avait fait un bref manifeste. Lévesque utilise la même approche en 1968 pour présenter brièvement mais avec force le concept de souveraineté-association dans son livre *Option-Québec*. À la partie traitant du «pays qu'on peut faire», il met d'ailleurs en exergue une phrase de FDR: «Nous n'avons rien à craindre si ce n'est la peur elle-même.»

La filiation à Roosevelt transparaît dans un autre texte qui doit marquer le cheminement québécois vers l'indépendance du Québec: le livre blanc du gouvernement sur la souveraineté-association, dont la publication en novembre 1979 ouvre le débat référendaire. Lévesque l'intitule *La Nouvelle Entente Québec-Canada*, et sa version anglaise *Quebec-Canada: A New Deal*.

Cruel paradoxe. Franklin Roosevelt avait bien quelques idées sur la façon dont les Québécois et les Canadiens anglais pouvaient forger une nouvelle entente. L'idole de René Lévesque proposait une solution claire, nette, définitive: l'assimilation.

Il avait fait cette recommandation à son ami le premier ministre canadien Mackenzie King, dans une lettre qu'il lui avait envoyée pendant la Seconde Guerre mondiale. Circonstances qu'on ne saurait qualifier d'atténuantes. Les deux solitudes canadiennes venaient de connaître une de leurs crises presque cycliques où culture, langue, religion et politique les opposent l'une à l'autre, mesurant la profondeur de leurs différences. Mesurant aussi la place de la majorité, celle de la minorité.

En 1939, Mackenzie King s'était acquis l'appui des Québécois en leur promettant solennellement de ne pas les forcer à prendre les armes dans le conflit mondial. Trois ans plus tard, c'est à tous les électeurs canadiens qu'il demandait, par voie de plébiscite, à être libéré de sa promesse. Ficelle un peu grosse. Dans le reste du pays, majoritairement anglophone et fidèle à une couronne britannique en péril, pas moins de 80% des électeurs ont approuvé ce bris de contrat politique. Le Québec s'y est opposé en bloc, 85% des francophones — sous l'impulsion, entre mille autres, des jeunes Jean Drapeau et Pierre Trudeau — n'ayant pas, eux, changé d'avis.

Ce vote, écrit alors King à FDR, exprime «la situation telle qu'elle a toujours existé». L'envoyé du président à Ottawa — qu'on n'appelait pas encore ambassadeur —, Pierrepont Moffat, juge alors que «le problème de l'unité canadienne n'a pas été résolu et reviendra hanter le Canada après la guerre dans la période de reconstruction. L'amertume ne se dissipera que lentement. Quoique les Canadiens français aient eu tort sur la question de la conscription, les Canadiens britanniques n'ont pas aidé les choses par leur attitude. Ils détestent moins les Canadiens français qu'ils ne les méprisent et en parlent de plus en plus comme s'ils n'étaient pas des Canadiens mais une simple minorité vivant au Canada.»

Franklin Roosevelt souhaitait que le Canada entre en guerre aux côtés de ses propres troupes et des forces anglaises, pour l'instant débordées par Hitler. Il a donc suivi le débat sur la conscription avec une dose d'impatience envers les francophones, ces empêcheurs de mobiliser en rond. N'est-ce pas de cette même souche que descendent ces entêtés qui peuplent la Nouvelle-Angleterre et qui, malgré leur pauvreté et leur détresse, votent pour le Parti républicain, contre les mesures progressistes de Roosevelt?

Une seule question: comment s'en débarrasser?

Dans le bureau de sa retraite de Hyde Park, dans l'État de New York, Franklin Roosevelt consacre de longues minutes de son précieux temps à soumettre à son «cher Mackenzie» (l'amitié n'était pas feinte, loin de là) une ou deux idées qui, écrit-il, «peuvent avoir quelque mérite en cette ère de planification nationale».

«Lorsque j'étais enfant pendant les années 1890, je voyais beaucoup de Canadiens français qui avaient assez récemment emménagé dans la région de New Bedford et près de l'ancienne résidence Delano à Fair Haven. Ils n'avaient vraiment pas l'air à leur place dans ce qui était encore une vieille communauté de la Nouvelle-Angleterre. Ils se regroupaient d'eux-mêmes dans les villes ouvrières et se mêlaient très peu à leurs voisins. Je me souviens que la vieille génération secouait la tête en disant: "Voilà un nouvel élément qui ne s'assimilera jamais. Nous assimilons les Irlandais mais ces gens du Québec ne veulent même pas parler anglais. Leurs corps sont ici mais leurs cœurs et leurs esprits sont au Québec."

«Aujourd'hui, quarante ou cinquante ans plus tard, la souche canadienne-française du Maine, du New Hampshire, du Massachusetts et du Rhode Island commence enfin à s'intégrer dans le melting-pot américain. Ils ne votent plus selon les instructions de leurs églises ou de leurs clubs. Ils épousent des gens de la souche d'origine, l'anglo-saxonne; ce sont de bons et paisibles citoyens et la plupart parlent l'anglais à la maison.

«À vue de nez, je dirais que d'ici deux générations ils seront complètement américanisés et commenceront à essaimer dans les États du Midwest, du Centre et de l'Ouest.

«Tout cela m'amène à me demander si le Canada et les États-Unis, tendant ensemble vers un but commun, ne pourraient pas établir une sorte de planification — qui n'aurait pas besoin d'être écrite, ni même rendue publique — qui nous permettrait d'atteindre plus rapidement notre objectif d'assimiler les Canadiens français de la Nouvelle-Angleterre et les Canadiens français du Canada dans l'ensemble de nos sociétés respectives. On peut, bien sûr, procéder de plusieurs façons, selon les circonstances locales. On pourrait peut-être leur faire miroiter de meilleures chances de réussite dans d'autres régions du Canada et des USA et, en même temps, offrir plus d'occasions aux non-Canadiens français de se mêler davantage à l'autre groupe ethnique dans ses propres communautés.

«Autrement dit, après presque deux cents ans passés avec vous et après soixante-quinze ans avec nous, il n'y a, semble-t-il, aucune raison valable pour que subsistent de grandes différences entre cette population d'origine canadienne-française et celle des autres souches raciales.»

Mackenzie King ne répond pas aux suggestions de Roosevelt et il les passe complètement sous silence dans sa lettre subséquente.

Mais l'attitude du plus libéral, du plus progressiste des présidents américains envers ses propres minorités (ce qui est une chose) et envers les francophones du Canada (ce qui en est une autre) dénote une pensée, une logique américaine auquel le projet nationaliste québécois n'a pas fini de se heurter.

Thomas Jefferson ou Jefferson Davies?

Avec Roosevelt, Lévesque croyait avoir découvert dans l'univers politique américain, bien plus que dans les courants de pensée de la gauche française, une parenté idéologique.

Dès les origines, il retrouvait son propre peuple dans la petite nation têtue et déjà démocrate qui avait lutté pour son indépendance derrière George Washingon. Le fondateur du Parti québécois avait ensuite imprégné chaque page de son programme social-démocrate de l'esprit du *New Deal*. Entre le lent réveil québécois et le combat de la minorité noire américaine pour enfin accéder à l'éducation, la politique et l'économie, le parallèle ne s'imposait-il pas? La réaction des Kennedy et Johnson face à Martin Luther King semblait présager l'ouverture d'esprit des élites américaines. Lévesque comptait, l'heure venue, en bénéficier à son tour.

Même les étudiants révoltés des années soixante s'inscrivaient dans cette filiation. Devant le consulat américain à Montréal, les manifestants scandaient «le Vietnam aux Vietnamiens». Il suffisait d'ajouter «le Québec aux Québécois» et le tour était joué. La connexion, limpide.

Lévesque n'est pas une exception. Bon nombre de progressistes québécois se sont naturellement placés dans cette mouvance démocrate, tournée vers Boston et Berkeley plutôt que vers Paris.

Un journaliste de Toronto se dit frappé de trouver en 1979 au mur du bureau de Jean-Guy Lavigne, l'un des premiers administrateurs de la Charte québécoise de la langue française, la loi 101, une citation encadrée du leader noir américain Whitney Young: «Conseils aux employeurs blancs qui veulent être justes, mais ne peuvent trouver suffisamment de nègres compétents.» (C'est l'époque où la compagnie d'assurances Sun Life vient d'annoncer son départ pour Toronto, affirmant ne pouvoir recruter à Montréal suffisamment de francophones compétents parlant l'anglais.)

Les héros de Lavigne et de plusieurs nationalistes québécois de sa génération s'appellent Martin Luther King et John F. Kennedy. Le garant de la loi 101 considère sa législation linguistique comme la version québécoise des lois d'accès à l'égalité appliquées aux États-Unis pour aider les Noirs et les femmes à compenser rapidement une inégalité entretenue pendant des siècles d'injustice.

Aux États-Unis, par contre, personne ne fait un pareil lien. Eugene Rostow, haut fonctionnaire au Département d'État puis professeur à l'Université Yale, se souvient d'un étudiant québécois avec qui il s'était lié d'amitié pendant les années soixante: «Il était partisan du mouvement indépendantiste, il en parlait tout le temps.» Les campus, bien sûr, sont alors en ébullition et toutes les causes qui prennent pour cible le statu quo et l'establishment trouvent par définition un écho favorable. Mais le Québécois, curieusement, ne soulève aucun enthousiasme. «C'était au beau milieu de la contestation sur le Vietnam et il pensait s'attirer beaucoup de sympathie. Il suffisait d'invoquer Thomas Jefferson, le droit à l'autodétermination et tout le reste. Mais à une ou deux exceptions près, tous les étudiants identifiaient le mouvement séparatiste québécois, non à Thomas Jefferson, mais à Jefferson Davies», le président de la confédération des États sudistes pendant la guerre de Sécession. Le défenseur de l'esclavage.

«La guerre civile est un élément plus fort, en histoire américaine, que n'importe quel autre», explique Rostow, «c'est très puissant.» Et encore tout proche. La guerre de Sécession, le conflit le plus meurtrier de toute l'histoire américaine, s'est terminée il y a à peine un siècle. Les politiciens aux commandes de l'État dans les années soixante et soixante-dix sont assez vieux pour avoir entendu leurs grands-parents raconter des histoires d'horreur sur le conflit. Les États sudistes n'effectuent totalement leur retour dans le giron politique national qu'en 1964 avec Lyndon Johnson, puis en 1976 avec Jimmy Carter, deux présidents venus du Sud.

Dans l'imaginaire collectif américain, l'idée de séparation, de sécession, est associée à celles de régression, de tragédie, de myopie politique.

Leur réaction est donc viscérale, automatique. Quand, en 1976, le Québec élit un gouvernement indépendantiste, des Américains pensent tout de suite à la guerre civile. «Nous prions tous pour que ne vienne jamais le jour où un premier ministre canadien devra décider, comme

Abraham Lincoln avant lui, de préserver son pays par la force des armes», écrit par exemple l'éditorialiste du *National Geographic Magazine*, Gilbert Grosvenor, dans un billet plein de bienveillance. La très sérieuse revue de l'Académie américaine des sciences sociales et politiques explore la même idée dans une longue étude comparative d'un politologue de Pennsylvanie intitulée «Les structures institutionnelles et la tentation séparatiste: le Québec et le sud américain de l'avant-guerre civile».

Melting-pot, guerre civile. Deux pans de mur idéologiques qui séparent les nationalistes québécois de la société américaine, même de gauche, même intellectuelle.

Un universitaire québécois, Louis Balthazar, et un Louisianais, Alfred Hero, deux des rares spécialistes des relations Québec-États-Unis dans tout le continent, diagnostiquaient dès 1974 ce profond malentendu: «De par leurs origines messianiques et la conscience très vive d'avoir créé un type de civilisation qui devrait convenir à tous les êtres humains (et qui a été embrassée de fait par une multitude d'immigrants), les Américains semblent congénitalement incapables de comprendre le phénomène nationaliste», écrivent-ils. «Ce qui fascine la plupart des intellectuels américains, c'est le concept d'intégration. L'intégration suppose, bien entendu, très souvent l'assimilation des cultures minoritaires à de grands ensembles dominés par une culture anglophone.» Et quand on leur parle des aspirations des Québécois, notent encore Balthazar et Hero, les Américains affichent «sinon une opposition, au moins un scepticisme amusé ou une indifférence incrédule».

Melting-pot, guerre civile. Un héritage, presque une hérédité, que certains nationalistes québécois ont eu la chance de percevoir assez tôt dans leur carrière. «Les Américains considèrent que l'anglais est un don du ciel», explique par exemple Claude Morin — qui est alors ministre — à un journaliste du *New York Times*. «Ils ne comprennent pas pourquoi les Québécois ne désirent pas s'assimiler aussi vite que possible.» Morin sait de quoi il parle. Le futur stratège péquiste a déjà eu à répondre précisément à cette question que lui posait une jeune Américaine, Mary Lynch, dans les années cinquante, alors qu'il étudiait à l'Université Columbia de New York. Il a su convaincre Lynch et... l'a épousée.

Melting-pot, guerre civile.

Une religion, un enfer. Ensemble, un cadenas conceptuel que les indépendantistes québécois doivent déverrouiller s'ils veulent faire naître au Sud sympathie et compréhension.

Voilà ce qu'ignorent, ou veulent ignorer, René Lévesque et plusieurs membres de sa troupe de «Yankee-bécois».

Charmer les Américains

«Lévesque a vraiment, sincèrement, pensé qu'il les séduirait en disant: "Nous sommes le Boston Tea Party" ou je ne sais quoi», raconte Louise Beaudoin, maître d'œuvre de la politique française du gouvernement Lévesque.

«Toi, occupe-toi de la France, toi, tu connais ça», lui disait Lévesque. «Parle-moi pas des États-Unis.» Il s'en chargeait.

Même susceptibilité épidermique avec Claude Morin. «Chaque fois qu'on parlait des États-Unis», dit Morin, «Lévesque lançait un peu à la blague, mais juste un peu: "Qui était dans l'armée américaine ici?"»

C'est que le premier journaliste à devenir une vedette de la télévision québécoise, le premier antipoliticien à connaître une vaste popularité auprès de l'électorat, le premier visionnaire à créer avec succès un mouvement politique au Québec depuis les années trente, pense avoir la formule magique, l'arme secrète, l'argument déterminant face aux Américains.

Il va leur parler, honnêtement, calmement, à la télévision et les convaincre de la justesse de son combat. Il va tracer tous ces évidents parallèles entre l'indépendance du Québec et le combat de George Washington. Parler, oui, du Boston Tea Party. Expliquer combien les Québécois, bien plus que les Canadiens anglais, sont les jumeaux des Américains sur ce continent.

«J'ai demandé à René Lévesque, longtemps avant que la lueur d'un espoir de prise du pouvoir ne brille dans ses yeux, comment il persuaderait les Américains qu'un Québec séparé ne menacerait ni leurs investissements, ni leur sécurité», raconte Gerald Clark, du défunt *Montreal Star*. «La réponse, a-t-il dit, est simple. Il irait à des endroits comme New York et il parlerait aux Américains — en personne, à la télévision. Je pense qu'il croyait sincèrement que son message serait direct et rassurant et que, grâce à son expérience de communicateur, il le ferait passer.»

Avec son biographe Peter Desbarats, Lévesque joue à un petit jeu en 1969, celui de l'entrevue futuriste. Le chef du Parti québécois fait comme s'il était en 1976 et raconte comment, dans l'intervalle, l'indépendance du Québec a eu lieu: «Il y a eu une attitude beaucoup plus compréhensive du côté américain que quiconque ne l'avait espéré.» Poursuivant son scénario, il affirme que les investisseurs américains ont réagi, il est vrai, à l'accession à l'indépendance, mais que leur réaction a confondu tous les pessimistes: «Notre problème était d'éviter d'être noyés par les investissements américains», poursuit-il.

La république du Québec ainsi créée, Lévesque raconte qu'il s'est empressé de réaliser un rêve qu'il caressait depuis des lustres: devenir le premier ambassadeur du Québec à Washington.

En réalité, le leader indépendantiste va réussir une partie de son offensive de charme. Plusieurs Américains, diplomates ou hommes politiques qu'il aura cultivés au fil des ans développeront à son endroit une admiration considérable. C'est le cas notamment de Richard Snelling, gouverneur du Vermont, qui deviendra l'un de ses grands amis et de Kenneth Curtis, ambassadeur américain venu du Maine, et un proche de Jimmy Carter, qui affirmera: «René était un des politiciens les plus intelligents que j'aie connu dans toute ma vie politique», politiciens américains inclus.

Les diplomates américains à Montréal et à Québec qui le côtoient lui vouent un très grand respect. Le sentiment semble contagieux. Une diplomate à Washington qui doit lire les dépêches que ses collègues sur le terrain écrivent au sujet du Québécois avoue: «Quand j'ai eu terminé de lire tous ces documents, je m'étais beaucoup attachée à lui.»

Pourtant, aucun de ces Américains qui l'admirent ne peut se résoudre à appuyer la cause indépendantiste.

Melting-pot, guerre civile.

Même de près, même amis, même admiratifs. Le cadenas conceptuel reste fermement verrouillé.

Malgré ses talents de communicateur, Lévesque ne parvient pas à susciter aux États-Unis un mouvement de sympathie pour sa cause.

Le débat sur le rôle américain dans le combat indépendantiste ne se fera donc pas sur le degré de soutien ou de compréhension manifesté par les voisins du Sud. Il se fera plutôt sur le degré d'opposition que Washington et New York vont exprimer, nourrir contre l'option souverainiste. Une opposition forte et bruyante pourrait «retarder l'indépendance», avoue René Lévesque, une fois réveillé de son rêve américain; cela pourrait annihiler toute marge de victoire référendaire. La tâche américaine du gouvernement Lévesque s'impose donc alors sans équivoque. Il lui faudra endiguer les sentiments profédéralistes des Américains, tenter de les mettre hors jeu.

Dans cette besogne, Lévesque ne pourra même pas compter sur la cacophonie politique qui est pourtant la règle en politique étrangère américaine: un bataillon de politiciens pour, un autre contre, un troisième indécis, flairant le vent.

Sur la question québécoise, la classe politique américaine se regroupera au contraire en rangs serrés, pendant un quart de siècle, derrière la position officielle, plutôt profédéraliste.

Tous. À une exception près.

Une exception gigantesque.

Première partie

LA FIN DE L'INDIFFÉRENCE

*Je n'ai jamais rencontré
un Canadien français intelligent
qui croie vraiment à l'indépendance.*

Un cadre de la Central Intelligence Agency
spécialiste en affaires canadiennes.

2
L'Irlandais et le Franco-Américain

Il n'y a pas de politique nationale.
Il n'y a de politique que locale.
Thomas «Tip» O'Neil
démocrate du Massachusetts

Trois hommes en sursis sont attablés dans l'élégant restaurant du Parker House, le plus chic hôtel de Boston. En sursis de gloire et de célébrité, de tragédie et de scandale. Ils ont pour noms Jack, Bob et Ted, ces diminutifs que les Américains portent sans complexe de l'école primaire jusqu'à la Maison-Blanche.

Les frères Kennedy vont mettre seize ans à graver ces noms dans la conscience nationale. Un tueur à Dallas, un autre à Los Angeles, une soirée trop arrosée à Chappaquidick viendront tour à tour mettre un terme à leurs années de gloire.

Mais en ce jour de 1952, tout est encore possible, tout est encore à faire. Occupés à poser les premiers jalons, les frères Kennedy font du baratin à un quatrième personnage attablé avec eux. Petit et rondelet, le quatrième convive, le père Armand Morissette, porte la soutane et le col romain. Avec une quinzaine de kilos de plus, on dirait frère Tuck. Le bon père oblat de 42 ans, de sept ans l'aîné du futur président, est Franco-Américain. Mais cette définition est un peu courte. L'homme, d'ailleurs, les déjouerait toutes.

Lorsque la francophonie d'Amérique ne jurait que par Pétain, lui, parmi les premiers étrangers et les premiers catholiques, se tourne vers de Gaulle, dont il garde précieusement quelques mots griffonnés sur une carte de visite, une brève lettre de remerciement, une Légion d'honneur et une Croix de Lorraine. Ordonné prêtre à une époque où Vatican II n'avait pas encore germé dans l'esprit des plus audacieux, Armand Morissette se fait le confident et l'ami, plus que le confesseur, d'un énergumène coupable d'infractions multiples aux dix commandements, Jack Kerouac; l'angoissé et talentueux parrain de tous les beatniks est, dans le quartier du Petit Canada à Lowell, au Massachusetts, un de ses paroissiens. Le Père se targue également d'être l'aumônier officiel des Rockettes, ces danseuses du Radio City Music Hall de New York, mieux connues pour leurs longues jambes que pour leurs neuvaines.

Il y a plus étrange encore. En retard d'une décennie sur le «Notre État français, nous l'aurons» de l'abbé Lionel Groulx, ou en avance d'une décennie sur Marcel Chaput et Pierre Bourgault, l'homme chérit aussi cette opinion curieuse, iconoclaste, que la Province de Québec peut, doit, va, devenir un État souverain. Un pays, dit ce descendant de Canadien français, «avec ses représentants aux Nations Unies». En ces années d'après-guerre et de décolonisation, c'est le critère ultime de l'indépendance. Le père Morissette, espiègle et orgueilleux, cultivé et ambitieux, se fait d'ailleurs fort de partager ses convictions avec le premier esprit ouvert venu, pour peu que celui-ci ait la curiosité intellectuelle ou l'intérêt politique d'écouter la prose généreuse et, selon un rival, «très, très articulée» du bon Père. Jack Kennedy, que seules les formules officielles appellent «John», répond trait pour trait à cette définition.

Car le hasard de la géographie, des migrations et de la politique ont fait de Morissette le gardien d'une des premières portes que doivent franchir les frères Kennedy pour aller de Boston au Bureau Ovale.

«Parmi les électeurs du Massachusetts nés à l'extérieur des États-Unis, le groupe de beaucoup le plus important est celui des citoyens d'origine canadienne», dira JFK en 1961 devant les députés et sénateurs canadiens réunis à la Chambre des communes à Ottawa. Kennedy a la mémoire longue. Il se souvient que les voix des Franco-Américains «suffisent à déterminer l'issue d'une élection». Si on ne peut en gagner une majorité, il faut au moins les neutraliser, annuler leurs votes en scindant leur allégeance.

Bref, l'influent curé franco-américain de Lowell peut aider Jack Kennedy à entrer au Sénat.

Kennedy et l'indépendance: premier contact

Le cœur, le vote, des Canadiens français du Massachusetts ne passe pas nécessairement par le soutien du père Morissette. Mais il serait un atout maître, justement parce qu'on le sait lié aux républicains, donc à l'ennemi. Plus qu'une recrue, un transfuge. D'ailleurs, il fait presque déjà partie du «fan club» Kennedy.

«Armand, lui avait dit un supérieur un jour de 1937, il y a une bonne femme de Boston qui va parler à un thé en français aux élèves et aux sœurs du collège.» Une emmerdeuse, quoi. Surtout que le supérieur a mieux à faire. Occupe-t'en, Armand, moi «je pars jouer au golf avec mon cousin».

Armand est donc astreint à la corvée «bonne femme de Boston». Mais cette femme n'est pas n'importe qui: elle se nomme Rose Kennedy. Francophile jusqu'à l'os, comme on l'est alors dans l'aristocratie américaine, elle court les occasions de converser dans la langue de Molière. Le jeune père Morissette, qui ne demande pas mieux que de frayer avec la haute, est un volontaire empressé. Le dimanche suivant sa première rencontre avec Rose, il est invité dans l'antre des Kennedy.

«Ils étaient tous là, tous les Kennedy, les garçons, les filles», se souvient Morissette, le regard rêveur. Toute une dynastie en devenir, encore un peu boutonneuse ou en culottes courtes. Ted, le futur sénateur, n'a que cinq ans. Assis sur les genoux de Morissette, il s'amuse à lui défaire le col romain. «Ted, don't touch!» tonne Rose. Le clan s'apprête à déménager à Londres; Joseph, le père, vient d'y être nommé ambassadeur. En 1939, il lui suffit de tirer une ou deux ficelles pour que son fils Jack, 22 ans, soit embauché à l'ambassade américaine à Paris, à deux pas des Champs-Élysées. JFK en gardera le goût de la France et quelques rudiments de langue. Au printemps de 1939, alors que commencent à gronder les bruits de bottes qui assourdiront bientôt tout le continent, le jeune Kennedy sillonne la Pologne, la Turquie et la Palestine. Il met même les pieds en terre bolchevique. La passion des affaires internationales ne le quittera plus. Retour de guerre, médaille au poitrail sur les affiches électorales, il devient représentant au Congrès.

Il croise à nouveau Morissette. Les deux hommes discutent politique locale et étrangère, échangent leurs impressions sur ce sacré de Gaulle que la France ingrate a poussé à une retraite prématurée. Morissette croit en Kennedy. Il avait connu l'énergique adolescent, il rencontre aujourd'hui l'adulte réfléchi, formé par l'étude, le voyage, la guerre. Morissette décide que Kennedy ira loin.

Le Père choisit ce moment pour évoquer une première fois devant Jack Kennedy son idée fixe, cette Province de Québec en mal d'autodétermination. Fichtre! pense Morissette, ces Canayens avaient bien sûr tort de ne pas vouloir se battre sous les drapeaux britanniques lorsque l'avenir de la liberté, et plus encore, de la France, le demandait, mais ce n'était pas une raison pour leur imposer, comme l'a fait Mackenzie King, un combat qu'ils refusaient. Et ce n'était pas par lâcheté, mais par principe qu'ils ne voulaient pas, au début, de cette guerre. Puisqu'on les a vus, à Dieppe, donner des leçons de bravoure aux nazis.

Si, comme le note l'historien Mason Wade, «jamais le vieux rêve d'un État indépendant, catholique et français, une *Laurentie*, n'avait été plus populaire que pendant la période qui précéda immédiatement la guerre», pour Morissette les années écoulées depuis ont largement confirmé la justesse de cet espoir. Kennedy, qui ne connaît du Québec que les pentes du mont Tremblant, l'écoute poliment, emmagasine les arguments. Ils fermenteront à la chaleur d'autres nationalismes.

Ce n'est d'ailleurs pas la première fois qu'un homme politique américain fait une surprenante rencontre avec le nationalisme québécois. Une dizaine d'années auparavant, un premier ministre du Québec — Maurice Duplessis ou Adélard Godbout, l'histoire ne le précise pas — avait demandé sans avertissement à George Aiken, le gouverneur du Vermont: «Si nous nous séparions du reste du Canada, ne pensez-vous pas que le Québec et la Nouvelle-Angleterre formeraient un beau pays?» Aiken était resté sans voix.

Est-ce par calcul électoral ou par plaisir que JFK revoit Morissette? En 1950, une affaire politique québécoise alimente la conversation entre les deux hommes. L'autoritaire premier ministre du Québec, Maurice Duplessis, vient de démontrer l'étendue de son pouvoir en obtenant du Vatican la mutation à Victoria — à l'autre bout du Canada — de l'archevêque de Montréal, Mgr Joseph Charbonneau. Selon Duplessis, le prélat avait commis un «affront personnel et officiel inexcusable» en critiquant l'attitude brutale du gouvernement qui, l'année précédente, avait brisé à coups de matraque la détermination des grévistes de l'amiante d'Asbestos et de Thetford Mines.

L'épreuve de force entre le pouvoir séculier et religieux avait envoyé une onde de choc dans les milieux catholiques américains, dont Boston est un centre important. Kennedy le catholique «aimait les ragots religieux, et il y en avait beaucoup», se souvient Fred Holborn, un de ses conseillers de l'époque. À travers le prisme de cette affaire, qui devait choquer ses convictions foncièrement antitotalitaires, JFK acquiert, selon Holborn, «une certaine appréciation des courants immergés du nationalisme québécois».

L'enjeu franco-américain

En février 1952, lorsque Kennedy attrape le virus sénatorial, il fait un arrêt à Lowell, ville sise à l'extérieur de sa circonscription, histoire de faire parler de lui dans la presse francophone, de s'y faire voir avec Morissette, devenu une influente figure locale proche du sénateur républicain Henry Cabot Lodge. À l'époque, JFK laisse courir une rumeur qui lui prête l'intention de briguer le poste de gouverneur de l'État. Alors, il obtiendrait sans hésitation le soutien de Morissette, qui déserterait sans remords le candidat républicain local pour s'arrimer à l'étoile Kennedy.

Mais JFK ne veut pas se rendre à la Maison-Blanche via Boston, mais via le Capitole. En faisant ce choix, il met Morissette en mauvaise posture. Lié d'amitié à Cabot Lodge mais tenté par la promesse d'avenir qu'incarne Kennedy, le Père vit, dit-il, «entre deux feux».

Devant la belle vaisselle du Parker House, où les frères Kennedy le convient un jour de campagne sénatoriale, le Père entend des confessions qui le renversent. «Tous les trois, Jack, Bob et Ted, m'ont dit ce jour-là qu'ils voulaient devenir président. Tous les trois!» En bon républicain, comme la plupart de ses ouailles catholiques francophones, il contemple avec un mélange de crainte et d'amusement la vision de trois présidences successives démocrates et irlandaises.

Ce n'est pas pour ses beaux yeux que les frères Kennedy ont invité Morissette à leur table. C'est que l'avenir immédiat est incertain. Jack Kennedy, jamais en mal d'audace, a drôlement choisi son heure pour tenter le saut qui le portera de la Chambre des représentants, où il siège depuis l'élection de 1948, jusqu'au club sélect des sénateurs, véritable antichambre de ce pouvoir qu'il convoite, tremplin vers la notoriété nationale indispensable à la suite des choses. Pour JFK, le Sénat est l'aire d'échauffement des prétendants au titre, la salle d'exercice des présidentiables. C'est aussi la maison de retraite des politiciens qui ont eu assez d'élan, de cran et d'argent pour s'y rendre, mais pas suffisamment pour en sortir par le haut. C'est finalement, et à cause de tout ce qui précède, un vilain panier de crabes que tient d'une main de fer un Texan redoutable du nom de Lyndon Johnson. Kennedy affrontera cet ogre politique démocrate à une autre croisée des chemins.

Pour l'heure, deux personnalités républicaines qui jouent les invincibles contrarient fâcheusement son plan de carrière.

Le premier est le général responsable de la plus grande opération militaire de l'histoire, la victoire des Alliés sur les Allemands. Dwight Eisenhower vogue vers la Maison-Blanche avec un minimum de soucis. On l'appelle Ike, comme dans «I Like Ike», et les républicains locaux s'accrochent à ses basques politiques comme à un train express — ou plutôt à un tank — vers une réélection blindée. Au Massachusetts, même le gouverneur démocrate de l'État, Paul Dever, sent son socle électoral se dérober sous ses pieds.

Quant au second, le sénateur républicain sortant, il est de ceux qui pensent n'avoir même pas besoin de la vague Eisenhower pour retrouver son fauteuil capitonné à Washington. Henry Cabot Lodge est le bon, compétent, digne sénateur républicain de l'État depuis 1936, plus longtemps qu'il n'en faut pour mériter d'être réélu sans réellement mener le combat.

L'affrontement Kennedy-Lodge a des allures de guerre dynastique. Trente-six ans auparavant, le grand-père de Kennedy, John F. Fitzgerald, s'était présenté au Sénat contre le grand-père de Cabot Lodge. L'ancêtre Kennedy «n'a perdu que par 30 000 voix, à une époque où les femmes n'avaient pas le droit de vote», rappelle son don Juan de petit-fils dans ses assemblées. «Maintenant, elles l'ont.»

Les observateurs politiques du Massachusetts pensent que le jeune Kennedy a perdu la tête. Autant dire que chaque électeur partage cette opinion, car dans cet État, la politique est le sport local favori, parfois même sport de contact.

Bon, d'accord, entend-on, Kennedy a montré qu'une jeunesse dorée ne l'avait privé d'aucune des qualités requises pour déloger, en 1948, un vieux cacique démocrate dans une circonscription largement ouvrière. Il avait su miser sur son auréole de vétéran, de héros mineur — mais héros tout de même — de la bataille du Pacifique, encore présente à toutes les mémoires. L'énergie puisée dans son insondable ambition, les fonds électoraux tirés des coffres bien garnis de la fortune familiale avaient fait le reste. Cette fois-ci, pourtant, la bouchée est trop grosse, pense-t-on. Cabot Lodge, c'est un nom, un parti, une machine. On n'a rien, politiquement, à lui reprocher. Pas le moindre petit bout de scandale. Et il a l'oreille d'Ike en personne, qu'il a eu le bon sens politique d'appuyer depuis le début.

Ce qui ne gâche rien, Cabot Lodge parle français comme s'il était tombé dedans quand il était petit. Il s'est approprié l'important bloc d'électeurs que constitue la vaste communauté franco-américaine de l'État. Et ces électeurs valent leur pesant de votes. Richard Donohue, un organisateur local de Kennedy, se souvient qu'«ils étaient des électeurs assidus, prompts à s'inscrire sur les listes électorales et proportionnelle-ment aussi nombreux à se présenter aux bureaux de scrutin, sinon plus, que les autres groupes».

Lowell est la capitale locale de cet électorat. Cabot Lodge y cultive un allié précieux, l'omniprésent Armand Morissette. Vieux amis et correspondants, ils partagent l'amour de la chose française, le goût de la politique et des projecteurs. Au début de 1952, Morissette s'était laissé traîner par Cabot Lodge sur les chemins de la campagne présidentielle dans la primaire du New Hampshire voisin, pour y gagner au candidat Eisenhower les électeurs franco-américains, proportionnellement en-core plus nombreux qu'au Massachusetts.

Le sénateur Lodge se croit assuré du vote francophone. Car son adversaire cumule les handicaps. En plus d'être un démocrate, ce qui est dommage mais réparable, il est Irlandais, donc congénitalement antipathique à tout Franco-Américain fidèle à ses préjugés. La rivalité des Irlandais et des Franco-Américains est tenace, tant il est vrai que les rancœurs sont toujours plus vives au bas de l'échelle sociale. La vague d'immigration irlandaise avait précédé celle des Canadiens français. «Dans le conflit avec les Irlandais, explique un politologue de Boston, on était en présence du phénomène classique où un groupe d'immigrants en déplace un autre en acceptant des salaires plus bas et des conditions de travail plus dures.» Ici, la friction sociale se déroule dans l'air vicié des usines de textiles de la Nouvelle-Angleterre, ces blocs de briques rouges, imposants dans leur monotonie, autour desquels les Petits Canadas sont venus évincer les Petites Irlandes.

Les deux communautés catholiques sont forcées de cohabiter dans une même Église, dominée par les Irlandais. Et c'est essentiellement par opposition aux Irlandais, qui avaient fait leur nid politique chez les démocrates, que les Franco-Américains ont opté, sans enthousiasme, pour le Parti républicain. Contrairement aux Irlandais qui adhèrent à une formation politique pour l'envahir, la contrôler et s'en faire un véhicule d'ascension sociale, les Franco-Américains jouent au Parti républicain le rôle de figurants, sans organisation ni ambition.

Lorsque l'équipe Kennedy, chaussant ses plus gros sabots, tente de supplanter Cabot Lodge auprès des communautés francophones, elle se heurte à tout cet héritage. Eunice Kennedy, sœur de Jack, se rend par exemple à Worcester, à une centaine de kilomètres à l'ouest de Boston, pour y rencontrer Wilfrid Beaulieu, le propriétaire et directeur du quotidien *Le Travailleur*, l'un des deux petits journaux francophones de l'État. Non contente de demander à Beaulieu de diffuser une publicité électorale vantant les mérites de son frère, elle le somme de retirer du journal la publicité de Cabot Lodge pour n'accepter que celle du clan Kennedy. Eunice est plutôt mal tombée. Wilfrid Beaulieu est un de ces contestataires que la hiérarchie catholique a temporairement excommuniés dans les années vingt pour avoir protesté contre une décision particulièrement injuste de l'évêque irlandais. À trente ans de distance, il se trouve à nouveau face à l'arrogance irlandaise. Avec le fort accent québécois qu'il n'a jamais complètement gommé, Beaulieu lance à l'intruse: «Madam, please leave... the door is there.» (Madame, je vous prie de sortir... la porte est là.) Il n'y aura pas de pub Kennedy dans *Le Travailleur*.

L'offensive Kennedy

«Croyez-moi, on en a fait des efforts pour pousser Morissette à renier sa loyauté à Lodge», rappelle Donohue, l'homme de Kennedy à Lowell. Il se souvient avoir vu Kennedy appeler Morissette à une ou deux reprises pour le convertir. «Morissette était extrêmement vaniteux et Lodge misait là-dessus», dit-il. L'idée d'entraîner le Père francophone à Parker House, de lui en mettre plein la vue, semble participer de la même technique.

Un confident du Père se souvient que le camp Kennedy fait aussi publier quelques photos où l'on voyait Kennedy et Morissette côte à côte; ce qui gêne le Père auprès de Lodge. Rien, cependant, ne réussit à le faire basculer complètement. Morissette, que l'on surnomme «Father Spike» parce qu'il tente de compenser sa petite taille par une posture bien droite (*spike* = pointe de fer ou gros clou), porte bien le sobriquet: il vibre mais ne rompt point. À court d'arguments et de poudre aux yeux, l'équipe Kennedy se résigne à contourner Morissette.

Car Father Spike n'est pas, loin de là, la seule carte francophone du clan Kennedy. L'importance du vote d'origine canadienne n'est pas un secret pour l'organisateur en chef de Kennedy, Larry O'Brien, dont l'épouse, Elva Brassard, a des racines québécoises encore toutes fraîches. Un mémo de campagne recense d'ailleurs les thèmes qu'il faut soulever auprès des électeurs francophones: 1. Sauvegarde de la langue et de la culture françaises; 2. Bienveillance à l'égard du Canada; 3. Continuation du plan Marshall, dont la France est une bénéficiaire. Chaque groupe ethnique figure ainsi sur une «Liste de questions touchant les minorités aux États-Unis». La liste précise que, dans le cas des Lithuaniens, des Hongrois, des Tchèques et des Polonais, il faut promouvoir «l'indépendance» de la mère patrie.

Avec son français impeccable, Rose Kennedy fait la tournée des paroisses franco-américaines. À un mois de l'élection, une organisatrice suggère à Bob Kennedy — déjà aux commandes de l'appareil politique de son frère — de ne pas s'arrêter en si bon chemin. Pourquoi ne pas enregistrer un discours de Rose en français et le diffuser sur les ondes des radios francophones? «Le fait que Mme Kennedy parle le français suggérerait forcément, écrit-elle, que toute la famille le parle.» Suggestion trompeuse puisque, si le candidat sénatorial comprend quelque peu le français, s'il peut écrire une courte phrase sans toutefois bien saisir l'utilité des accents circonflexes, il le parle atrocement mal. Le futur président s'exprime en français «avec un mauvais accent cubain», note un de ses rares interlocuteurs francophones. «Il ne croit apparemment pas aux vertus des verbes français», ironise un autre.

Rose prononce un long manifeste profrançais. Toutes ses filles ont étudié chez des religieuses françaises, ses enfants adorent faire du ski dans les Laurentides et doivent aux Canadiens «plusieurs heures de plaisir et de bonheur» sur les pentes enneigées. (Y ont-ils croisé, dans une file d'attente de remontées mécaniques du mont Tremblant, le jeune Gerald Ford, qui s'entraînait déjà dans les années trente au planter de bâton qui allait meubler sa longue retraite postprésidentielle?) Jack, poursuit Rose dont les *speechwriters* ne reculent devant aucune exagération, a travaillé pour l'ambassadeur américain à Paris, où il a «été formé à la pratique du gouvernement et de la diplomatie par des responsables du gouvernement français». Une formation accélérée, sans doute, et à une mauvaise école entre toutes, celle de l'ingouvernable Troisième République et d'une diplomatie qui joue l'à-plat-ventrisme devant Hitler et la politique de l'autruche devant la guerre d'Espagne. Disons que Jack a beaucoup appris de l'exemple négatif de la politique française, et européenne, du temps.

Jusqu'ici Rose asperge son auditoire de miel. Elle lance maintenant une pluie de vinaigre sur l'adversaire républicain, qui a commis la maladresse de fournir lui-même la bouteille. «J'ai été choquée, comme l'a été tout le peuple de France, par les commentaires d'un représentant des États-Unis, le général Eisenhower. Mais je suis certaine que les Français savent que ses remarques ne reflètent pas le sentiment de la plupart des Américains.»

Eisenhower a gaffé. Pendant l'été, devant un groupe de partisans au Nebraska, il a brodé sur le thème des valeurs chrétiennes de l'Amérique qu'il veut incarner. En contrepoint, il a cité «la France qui a erré au point de se vanter de compter 50% d'athées ou d'agnostiques». Les Français, poursuit-il, «ont atteint un stade où leur fibre morale s'est désintégrée». La presse française, dont les correspondants sont aux États-Unis pour couvrir la campagne présidentielle, s'empare immédiatement de l'affaire. Le consulat de France à Boston signale au camp Kennedy — mais à titre confidentiel — que loin d'être athées, 37 des 41 millions de Français sont catholiques et 1,5 million protestants; sans compter la forte minorité juive. Cabot Lodge n'est pas le moins embêté. Au journaliste du *Monde*, il tente gauchement d'expliquer l'écart de son chef, sans toutefois pouvoir nier franchement qu'il ait tenu ces propos: «Incontestablement, il y a dû y avoir erreur. Tous ceux qui sont témoins de la confusion régnant ici, de la tension d'esprit dans laquelle vivent des personnes n'ayant pas dormi depuis deux jours, comprendront que dans une telle atmosphère ce qui peut parfois se dire ne correspond souvent pas à ce que l'on pense.»

Rose, après avoir rappelé aux auditeurs que le chef du camp ennemi cultivait des sentiments anti-français, peut alors conclure par cette promesse électorale: «S'il est élu au Sénat, [Jack] va toujours œuvrer pour les droits de la France et pour les désirs de ses enfants établis en ce pays.» Tout un programme pour un simple sénateur du Massachusetts.

Jacqueline Bouvier, la fiancée de Jack depuis juin, met aussi à profit un français appris depuis l'enfance, peaufiné sur les bancs de la Sorbonne puis, en 1951, lors d'un séjour de six mois aux bureaux parisiens de *Vogue*. La famille Bouvier, après tout, vient de Pont-Saint-Esprit, un tranquille village en bordure du Rhône. Jackie est forte en langues — elle entend aussi l'italien et l'espagnol — comme en thème. Elle doit son stage à *Vogue* à un concours qu'elle avait emporté non seulement grâce à des articles sur la mode, mais aussi à des essais sur Charles Baudelaire, Oscar Wilde et le chorégraphe Sergei Diaghilev. Elle fait grand effet dans les salons du Petit Canada.

Une légion d'espions

Pendant que se déroule cette campagne au ras des pâquerettes francophones, le patriarche de la famille, Joseph, tente un grand coup. Si c'était la mère patrie elle-même, l'État français, qui donnait un coup de pouce à Jack en pleine campagne électorale? Joseph Kennedy, influente figure à Washington, se met à jouer de ses nombreuses relations, dont le général Walter Bedell Smith, alors directeur de la jeune et puissante Central Intelligence Agency. Smith convoque à son tour Philippe de Vosjoli, représentant à Washington des services secrets français, le SDECE. Entre deux bouffées des longues cigarettes russes auxquelles il avait pris goût lorsqu'il était ambassadeur à Moscou, Smith présente sa requête au Français médusé: «J'ai un ami dont vous avez sûrement entendu parler — Joseph Kennedy, un membre de notre Commission de consultation sur les services de renseignements.» (Un organisme de sages nommés par le président pour superviser les activités d'espionnage.) «Son fils aîné, Joe, est mort en France alors qu'il pilotait un bombardier. Son second fils, John, brigue un poste de sénateur du Massachusetts. Beaucoup d'habitants de l'État sont d'origine française et ça l'aiderait dans sa campagne si le gouvernement français accordait la Légion d'honneur, à titre posthume, à son frère Joe. Je vous serais reconnaissant d'arranger ça.»

Les Légions d'honneur sont une monnaie politique dont la France n'est généralement pas avare, surtout si elle sait que l'investissement sera rentable. Mais le mot clé est *honneur*. Et à ce chapitre, aux yeux de la

France, Kennedy père en manque. Vosjoli présente la requête de Smith à Henri Bonnet, l'ambassadeur français à Washington, qui bondit aussitôt. «Vous voulez que je demande une Légion d'honneur pour un Kennedy? Ne savez-vous pas...?» Et d'expliquer à Vosjoli que Joseph Kennedy, alors ambassadeur à Londres, s'était montré fort admiratif devant Hitler et sa gestion de l'Allemagne. Plus inquiet du péril communiste que de la menace nazie, il avait alors suggéré une alliance germano-britannique. Parmi la multitude d'errements d'avant-guerre, ceux de l'ambassadeur Kennedy furent du plus grand calibre. Après la chute de la France en 1940, Kennedy a multiplié les commentaires critiques à l'endroit des Français et n'a jamais compté parmi les Américains qui ont prêté main-forte aux Forces françaises libres. «Il est triste que son fils soit mort pendant la guerre, poursuit Bonnet, mais il a été tué lors d'une mission de combat qui ne visait pas à aider les Français. Et on ne peut donner de Légion d'honneur à tous ceux qui sont morts au combat.»

On ne refuse pas une faveur au chef de la CIA, pense Vosjoli, dont le travail de liaison dépend des bonnes grâces du directeur de l'agence. L'espion en chef revient d'ailleurs constamment à la charge au fil de la campagne électorale. Vosjoli emprunte ses propres circuits au sein de l'administration française et décroche enfin la faveur demandée, mais seulement après l'élection. Les Français ont joué les équilibristes. Ils n'ont ni refusé complètement la requête du général Smith, ni, surtout, servi les desseins du vieux Kennedy.

Le soir de l'élection, Ike est triomphalement porté à la présidence, les cadavres politiques démocrates jonchent le champ de bataille. Au Massachusetts, le Général devance son adversaire présidentiel démocrate, Adlai Stevenson, de 209 000 voix. Mais la soirée électorale du 4 novembre se termine tard. Le combat local, pour le poste de sénateur, est empreint de suspense. Au compte final, Henry Cabot Lodge reçoit 1 141 243 votes. Son opposant, John F. Kennedy, l'emporte avec 1 211 984, une courte majorité de 3%. Il la doit largement au fractionnement du vote franco-américain.

Car, en fin de course, Morissette a coupé la poire en deux. Ou plutôt aux deux tiers, favorisant Lodge mais presque à regret. «Votez selon votre choix, dit-il à ses ouailles. Moi, je vote pour Lodge.» Et au sénateur sortant, qui aurait pu espérer mieux, Morissette confie: «Je vote pour vous, mais je mise sur Kennedy.» Ce à quoi Lodge, conscient que le vent tourne, répond: «J'ai peur que vous ayez raison!»

La victoire de Kennedy n'est certes pas totale dans les Petits Canadas, mais si les ouailles du père Morissette avaient voté en bloc pour Lodge, le jeune Irlandais ne prendrait pas demain le chemin du Sénat.

Cabot Lodge n'a pas tout perdu. Ike le nomme ambassadeur à l'Organisation des Nations Unies, un poste qui revêt alors l'importance et le prestige de la nouvelle et encore prometteuse assemblée des nations. Par un concours de circonstances qui n'a rien de fortuit, le père Armand Morissette devient «conseiller spécial des délégués francophones» à l'ONU. Un seul voyage à New York lui suffira dorénavant pour bénir diplomates et danseuses. Cabot Lodge ne lui en voudra pas de sa demi-défection. En vieux complice, il est à ses côtés en 1972, lorsque Father Spike se lance dans une carrière politique tardive et mort-née: candidat de Lowell à la Chambre des représentants.

Kennedy, lui, vient de prendre un bain de franco-américanie tel qu'aucun autre président d'après-guerre n'en aura connu. L'unique configuration de l'élection qu'il vient d'emporter l'a sensibilisé à un groupe, à une problématique, que ses prédécesseurs et ses successeurs n'ont pas de raison de connaître.

Naissance d'un nationaliste

Au Sénat, Kennedy peine à se mouvoir sous la pesante hiérarchie démocrate. Il pensait être devenu homme d'État, il se retrouve au dernier rang d'une tribu forte en ego et jalouse de ses privilèges. Dans le système alors rigide de la séniorité, où les postes importants sont distribués en fonction des rides plutôt que de la vigueur de l'intellect, les sénateurs juniors sont priés de fermer le ban et d'écouter sagement les aînés. La réflexion qu'on prête à tous les nouveaux arrivants au Sénat sied bien à JFK: le premier jour, ébloui par l'endroit, le jeune élu se demande comment il est parvenu à s'y introduire; le deuxième jour, navré par ses pairs, il se demande comment, eux, y sont parvenus.

Il n'y a en revanche aucun doute sur la manière dont Lyndon Johnson, leader du Sénat, a gravi les échelons, ni sur sa façon de mener la baraque. L'homme est l'incarnation du pouvoir. Il se l'approprie, l'accumule, le gère, l'impose. Point de doigté, de la poigne. Selon la légende, lorsque Johnson promet à Kennedy le strapontin du Comité des affaires étrangères en échange d'une faveur politique — son vote sur un projet de loi en difficulté —, le jeune sénateur y voit «un exercice de pouvoir cru».

En décembre 1953, Kennedy fait une courte escale à Montréal. Lui et son épouse, à peine remis de leur lune de miel, trônent en invités d'honneur au bal de bienfaisance de l'hôpital irlandais de Montréal, le Saint Mary's. Jackie est très en beauté dans sa robe de satin blanc avec écharpe de velours vermillon et orchidée blanche, selon la description de

La Presse, qui voit dans l'élégante assemblée de 700 convives, dont 18 débutantes, une «soirée de distinction exceptionnelle».

Quelques heures plus tôt, Kennedy a parlé devant les professeurs et étudiants de l'English Literary Club de l'Université de Montréal. Il avait préféré l'université francophone catholique à la plus renommée McGill, par trop protestante. «Les Canadiens ne sont pas pour moi des étrangers», dit à la cinquantaine d'auditeurs le jeune sénateur encore inconnu. Il s'étend longuement sur les subtilités de la Constitution avant d'aborder un sujet plus mordant: la moralité en politique étrangère. Dans la lutte contre le communisme, explique-t-il, la moralité de la tactique doit se plier à la moralité de la stratégie. S'allier à la Yougoslavie communiste pour contrecarrer les plans de l'Union soviétique, par exemple, cela contredit la position morale de ne jamais s'acoquiner aux communistes. Mais puisque Tito est une épine au pied de Staline, donnons-lui des roses.

Sur le thème classique selon lequel la fin justifie beaucoup de moyens, Kennedy avance ensuite une thèse qu'il modifiera progressivement, on va le voir, au cours des années: «Si notre politique étrangère était fondée seulement sur des considérations morales, il serait difficile de réconcilier notre souhait de liberté pour les peuples qui vivent derrière le rideau de fer, avec notre opposition à la liberté pour le peuple du Maroc — mais dans ce dernier cas, nous avons des bases aériennes sur leur territoire.» Une stricte adhésion à la moralité, conclut-il, pousserait les États-Unis «à œuvrer contre leurs propres intérêts». La décennie est jeune. Kennedy n'a encore qu'effleuré le sujet.

Il passe tout au plus 36 heures dans la métropole francophone et, pour l'essentiel, son séjour se déroule en anglais. Mais le futur président n'est pas un touriste comme les autres. Véritable éponge à information, lecteur rapide, accompagné d'une impeccable interprète, Jackie, prend-il le temps de constater qu'autour de lui la société distincte dont Morissette lui rebat les oreilles sommeille encore? S'enquiert-il de la situation sociale et politique auprès de Marcel Faribault, le secrétaire général de l'Université qui l'accueille ce jour-là? Tenant d'un Québec fort dans un Canada uni, Faribault n'hésite pas, en d'autres occasions, à dire aux Américains tout le mal qu'il pense de l'actuel régime fédéral.

Et qui sont ces «amis du Québec» que Kennedy mentionnera au Père? Son passage lui a apparemment laissé quelque impression puisque, sept ans plus tard, quand le cardinal Paul-Émile Léger, recteur de l'Université, invite le nouveau président à revenir à Montréal recevoir un diplôme à titre honorifique, Kennedy lui fait répondre par son conseiller de presse Pierre Salinger qu'il sera heureux de le faire si l'occasion se présente. Le président espère, écrit Salinger, «renouer les contacts établis lors de sa première visite» en 1953.

De retour à son bureau du Capitole, Kennedy décide de faire entendre sa voix. D'abord, sur l'Indochine. Les troupes françaises, équipées par Washington, n'ont pas encore pris la raclée de Diên Biên Phû. En 1953, Kennedy se plonge dans ce débat qui en intéresse alors bien peu. Plus l'indépendance du peuple vietnamien est retardée, affirme-t-il, plus douloureux sera l'avenir du Vietnam et de ses voisins lorsqu'ils obtiendront leur liberté. Le conflit, croit-il alors, n'a pas pris le caractère d'affrontement est-ouest qu'il revêtira une décennie plus tard.

En 1957, il jette un autre pavé dans la mare en réclamant, en contradiction avec la politique américaine, l'indépendance pour le peuple algérien. Hué au Département d'État et à l'Élysée, il devient un symbole d'affranchissement en Afrique du Nord. Un journaliste traînant son calepin dans le bled algérien reviendra peu après avec le récit de maquisards illettrés lui demandant si c'était bien vrai que Kennedy pourrait, ô joie, devenir président.

Kennedy est convaincu, avec quelques années d'avance sur de Gaulle, que la désagrégation des empires coloniaux est irréversible. Il faut s'inscrire dans la logique historique, se ménager des alliés parmi les chefs rebelles qui demain, c'est certain, deviendront ministres. Sous ce nouvel angle, le maintien des bases américaines au Maroc, pour reprendre son propre exemple, passe par le soutien à sa décolonisation pour qu'ensuite le nouveau pays, reconnaissant, laisse aux chasseurs de l'US Air Force le droit de s'y poser. «Sur plusieurs sujets, l'Algérie, l'Indochine, la Pologne, l'Amérique latine, la défense, les discours de Kennedy détenaient plusieurs longueurs d'avance sur ceux de ses collègues et sur les manchettes», écrit son confident et conseiller Ted Sorensen.

JFK a sans doute compris avant d'autres que l'intérêt stratégique américain réclame un peu plus de compréhension envers les colonies, un peu moins de compromission avec les métropoles. Ne fait-il qu'un calcul «non moral», ou sent-il vibrer en lui la fibre libératrice? Et ce calcul est-il aussi politique, médiatique, au sens où les idées du sénateur sont entendues — même pour être réprouvées — par toute la classe politique? Il n'y a pas de réponse absolue. Holborn, qui a préparé avec lui le discours algérien, parle des «convictions très raisonnablement fermes» de son ancien patron. La suite des choses confirmera cette impression. Il fallait avoir le courage de ses convictions autant que de la clairvoyance pour braquer ainsi la diplomatie de deux pays, le sien et la France, contre sa personne.

Vietnam, Algérie, Québec

Le sénateur crée l'événement et au hasard des rencontres, à son bureau de Boston ou de Washington, sa conversation avec Morissette se poursuit. Le Père, tantôt plus francophile que décolonisateur, le semonce pour avoir abandonné la France dans le conflit vietnamien. Mais sur l'Algérie, il comprend et partage la position de Kennedy. Une continuité commence à prendre forme dans l'esprit du politicien, note Father Spike. Autodétermination, indépendance pour l'Indochine, pour l'Algérie. Pourquoi pas pour le Québec?

Si Kennedy était n'importe quel autre politicien américain, la filiation décolonisation-Québec ne prendrait pas. On l'a vu, l'idée qu'un pays occidental puisse se scinder, qu'une partie du tout puisse réclamer son indépendance, évoque chez chaque Américain le spectre de la guerre civile. Qu'un groupe ethnique ou linguistique réclame un statut à part dans ce nouveau monde peuplé d'immigrants répugne aux Américains. Pour eux, le melting-pot, la création d'une nation nouvelle dans la fusion des cultures, est, plus qu'un idéal, un dogme. Même ceux qui voient en la décolonisation un pas en avant dans la marche du progrès humain condamnent la sécession comme un pas en arrière.

Mais Kennedy n'est pas n'importe quel politicien américain. D'abord, il sait écouter.

«C'est un des hommes les moins encombrés de préjugés qu'il m'ait été donné de rencontrer», note Charles Bohlen, un des géants de la diplomatie américaine, qui depuis 1930 a aidé six présidents à façonner la politique étrangère de l'émergente superpuissance. «Dans mes conversations avec lui, je ne pouvais jamais détecter le moindre signe d'idée préconçue d'un côté ou de l'autre dans son approche de n'importe quelle question.»

Ensuite, il est Irlandais «à 100%», dit-il, accusant son copain journaliste Ben Bradlee de ne pas tenir assez haut le drapeau de ses origines.

Comme tout politicien américain de souche irlandaise, Kennedy se doit d'applaudir l'indépendance de l'Eire, acquise lorsque Jack avait, déjà, l'âge de raison. Mais il va plus loin. Son soutien à la cause irlandaise est revendicatif, tourné vers la tâche inachevée. Sur le plancher du Congrès en 1951, il réclame que l'Irlande du Nord, sous contrôle anglais, soit donnée à la jeune république d'Irlande. «Le combat irlandais pour l'unité nationale et l'indépendance est vieux de 700 ans, dit-il. Il ne sera gagné que lorsque les six comtés du nord seront réunis aux 26 comtés qui constituent aujourd'hui l'Eire.» Il réclame «une Irlande libre, unie, intégrée».

Cette filiation à l'Irlande et à son mouvement indépendantiste est essentielle. Elle apprend à Kennedy qu'un combat pour la sécession au sein d'un pays, d'une démocratie, où deux groupes partagent une même histoire et, dans les temps modernes, une même langue, n'est pas toujours injustifiable. La douloureuse expérience américaine ne doit pas, ne peut pas être automatiquement transposable à l'étranger, même à l'Occident. Dans son esprit, le cadenas conceptuel «sécession = désastre», si bien verrouillé chez ses compatriotes, s'entrouvre. Quand Morissette lui expose le cas d'une minorité qui cohabite avec une majorité de langue différente depuis à peine cent ans, plutôt que les 700 ans de pesanteur historique de l'Irlande, Kennedy écoute.

Curiosité, audace, sympathie à l'égard des combats que mènent les peuples — dont celui de ses ancêtres — en mal d'indépendance, francophilie, sensibilité à la réalité franco-américaine, flair des virages historiques encore à venir: la mayonnaise prend. Quelque part entre son élection au Sénat en 1952 et sa décision de briguer l'investiture démocrate de 1960, Kennedy donne raison au père Morissette. «Le Québec, comme l'Algérie, sera un pays», lui confie-t-il. L'affaire n'est pas du ressort des États-Unis, précise le sénateur, mais il pense maintenant que l'indépendance du Québec, de cette «unité spéciale» farouchement attachée à «sa langue et ses traditions», est dans l'ordre des choses. «Ça va arriver», dit-il, et c'est bien ainsi.

Morissette aimerait répandre la bonne nouvelle. Mais personne autour de lui ne partage ses états d'âme séparatistes anachroniques. Et dans les Petits Canadas, Kennedy ne fait pas l'unanimité. Le discours algérien montre que le sénateur est «un petit politicien en mal de publicité», écrit le chroniqueur politique du journal Le Travailleur, Gérard Arguin. «Pour se faire élire, ajoute-t-il en août 1960, il fera flèche de tout bois.»

La campagne présidentielle de 1960, justement, est engagée. Dans la course à l'investiture démocrate, Jack a même réussi à supplanter Lyndon Johnson, puis à lui offrir le strapontin de candidat à la vice-présidence. Un exercice de pouvoir cru. Father Spike n'aime pas le candidat républicain, Richard Nixon, qui a au moins eu le bon sens de choisir Cabot Lodge comme colistier. Peu importe. Le Père n'a de cesse de voir entrer Jack à la Maison-Blanche. Il vante ses mérites, l'accompagne pendant son bref passage à Lowell, alors que Jackie, épuisée, se repose dans le salon d'une sœur de Morissette, Jeanne Hardy. Au presbytère de l'église Saint-Jean-Baptiste à Lowell, Morissette tente de convaincre son secrétaire récalcitrant, l'abbé Richard Santerre, des mérites de l'Irlandais. Mais Santerre n'a pas sa carte du «fan club». Pour lui, Kennedy est «un opportuniste de première classe seulement intéressé à se faire élire et d'une moralité abominable».

À bout d'arguments, Morissette sort la grosse artillerie: JFK aime les Franco-Américains; d'ailleurs, il favorise l'indépendance du Québec. Santerre trouve le récit «d'Armand» prématuré ou, pour reprendre son expression, «un peu parti en peur».

De fait, l'Alliance laurentienne de Raymond Barbeau, née trois ans plus tôt, fait relativement peu de bruit. Jean Lesage, élu en juin 1960, a à peine donné le coup d'envoi de la Révolution tranquille et il faudra attendre septembre pour la fondation du RIN, le Rassemblement pour l'indépendance nationale.

Santerre n'est pas convaincu. Il vote pour Richard Nixon. Et perd, de peu, ses élections.

Au sommet

Souvent, une fois franchie la porte du pouvoir, les ambitieux laissent leurs convictions au vestiaire. Au Bureau Ovale, Kennedy n'a pas de raison, ni vraiment le loisir, de faire à nouveau état de ses sympathies indépendantistes. Pourtant, mû encore par ses élans nationalistes et francophiles, entraîné par une rare ouverture d'esprit, il recommencera.

L'ascension à la présidence n'assagit d'abord nullement la fibre décolonisatrice de Kennedy. Son discours d'inauguration, où il exhorte les jeunes pays à «défendre fortement leur propre liberté», sonne le départ de la course qu'il entend mener contre l'Union soviétique pour s'assurer l'amitié, sinon l'allégeance, des nouveaux membres du concert des nations. Tôt en 1961, au déplaisir des puissances européennes, il ordonne au Département d'État de ne plus exiger des nouveaux États africains qu'ils obtiennent l'aval de leur ancienne métropole avant de demander de l'aide à Washington. Lorsqu'un membre de la jeune administration est critiqué en Europe pour avoir lancé «l'Afrique aux Africains», Kennedy a ce commentaire: «Je ne vois pas à qui d'autre l'Afrique devrait être».

Un leader rebelle n'est pas aussitôt aux commandes de son pays que Kennedy le reçoit à la Maison-Blanche. Parfois, le président n'attend pas si longtemps. Il fait sienne la revendication d'indépendance de l'Angola, alors colonie portugaise, malgré la menace de Lisbonne de retirer au Pentagone l'utilisation d'une base dans les Açores, autre fleuron de l'Empire portugais. Depuis son discours de Montréal, Kennedy a opéré un virage complet. Si nécessaire, dit-il devant son conseiller Ted Sorensen, il abandonnera la base militaire américaine des Açores plutôt que de laisser le despote portugais Salazar lui dicter sa politique africaine. Sur un coup de tête, il fait même entrer brièvement à la Maison-Blanche les leaders indépendantistes angolais que son frère Bob, alors procureur général, a reçus dans ses bureaux. Ce serait un «Vive l'Angola Libre!» si la rencontre, confirmée par Sorensen et Holborn, n'était restée discrète.

L'ouverture d'esprit de Kennedy comme sa propension à discuter avec des gens qui ne sont ni des électeurs, ni des bailleurs de fonds, ni des personnages influents sont illustrées avec force dans le récit que fait le diplomate français Claude Cheysson de sa visite de mai 1962 au Bureau Ovale. Le journaliste Bradlee a parlé à Jack de ce jeune Français qui s'y connaît en nationalismes d'Afrique du Nord. Kennedy aime rencontrer les hommes qui vivent «à la pointe de l'Histoire». Cheysson en est.

Deux minutes après que le Français eut pénétré dans le lieu privilégié du pouvoir, la discussion prend son envol. «Je m'intéresse à l'Afrique», lance Kennedy, seul occupant des lieux, se balançant tranquillement sur son fauteuil à bascule. «Je n'en sais presque rien.»

Cheysson explique ce qu'il connaît, ce qu'il a vu, a vécu. Le président «écoutait attentivement, parlait très peu, juste pour poser une question supplémentaire», se rappelle le Français. Le téléphone ne sonne pas, personne ne les dérange. Le président, pour une petite heure, n'a rien de plus urgent à faire que de parfaire sa compréhension de l'Afrique du Nord. Les deux hommes parlent du Maroc et de la Tunisie nouvellement indépendants, puis de l'Algérie encore saignée par les combats; ils ne perdent pas une seconde à se demander si la colonie française sera ou non un État. Ils envisagent plutôt les actes à poser lorsqu'elle le sera, lorsqu'il faudra panser les plaies, reconstruire.

«Rarement dans ma vie m'a-t-on aussi bien écouté», note le futur ministre des Affaires étrangères de Mitterrand, qui s'étonne que «l'homme le plus puissant du monde» ait pris le temps «d'écouter quelqu'un d'inconnu et d'insignifiant lui transmettre impressions et nouvelles sur un problème non urgent, mais un problème qui tenait à l'indépendance, à la liberté et au progrès de pays et de peuples».

Kennedy dans la langue de Molière

L'attraction qu'exercent sur Jack Kennedy la France et sa culture — et qui tient à sa naissance tout autant qu'à son appartenance à l'intelligentsia du nord-est— n'est en rien tempérée par l'exercice du pouvoir. Son rapport même à de Gaulle, personnage aussi insupportable qu'admirable aux yeux de l'Américain, est empreint d'une francophilie frustrée. Avec l'aide de Jackie, le nouveau président avait sorti sa plus belle plume pour répondre en sa langue au message de félicitations particulièrement bien tourné que le Général lui avait envoyé au lendemain de son élection. Kennedy ne demanderait pas mieux que d'accommoder l'auguste Français si celui-ci ne se montrait pas aussi prétentieux, exigeant que son pays soit reconnu en égal plutôt qu'en allié, mettant autant de bâtons que la politique étrangère américaine a de roues.

Pourquoi ce «bâtard de de Gaulle» prend-il plaisir à «essayer de nous fourrer?» demande-t-il avec la verdeur de langage dont le Bureau Ovale est souvent le témoin. Il ne se dit pas moins «fasciné» par l'étonnante relance économique de la France, cette vieille deux-chevaux économique qui fait du 5 1/2% de croissance de produit national brut l'an, alors que la Cadillac américaine traînaille à 2 1/2%. En catimini, il envoie une équipe d'experts étudier sur place la potion magique gaullienne. En mai 1962, il reçoit aussi en grande pompe André Malraux, le ministre français de la Culture.

Malraux à sa table, Kennedy rage de ne pouvoir, comme son épouse et plusieurs de ses convives, converser avec l'homme de lettres dans sa langue d'origine. (Quoiqu'il le parle mieux que d'autres. Lors de sa visite à Ottawa en 1961, ayant entendu Diefenbaker torturer quelques mots de français, Kennedy ironisa qu'après «avoir eu la chance d'entendre le premier ministre» il se sentait tout à fait à l'aise de dire lui aussi quelques mots de français. La foule réunie à la cérémonie éclata de rire, au grand déplaisir de Diefenbaker.)

Comme si les relations étrangères et ses fréquentes escapades pour d'autres types de relations ne lui imposaient déjà un horaire surchargé, il fait venir discrètement à son bureau la professeure de français de ses enfants. «Pensez-vous que je pourrais réussir à parler comme un Français?» lui demande-t-il. Jacqueline Hirsh ne donnera guère que quatre leçons à l'aspirant polyglotte, qui dit «trépigner d'impatience» d'enfin «surprendre ma femme et le monde» en déclamant, sans avertissement et avec l'assurance d'un académicien, quelque discours bien tourné dans la langue de Molière. Le temps lui manquera.

Côté canadien, outre les rares échos québécois qu'il peut lire dans le *New York Times* qu'il dévore chaque matin en plus d'une pile de journaux et de rapports, il est surtout préoccupé par ce sacré John Diefenbaker. Le premier ministre canadien refuse, entre autres, de lui laisser installer comme prévu au Canada les Bomarcs, des missiles nucléaires antiaériens. Lors de sa visite officielle à Ottawa, JFK oublie un document sur lequel on l'accuse faussement d'avoir griffonné, au sujet de Diefenbaker, les lettres S.O.B. (pour «son of a bitch» ou «enfant de chienne»). De toute façon, explique le président en privé, «je ne pouvais pas l'avoir appelé un S.O.B. puisqu'à ce moment-là je ne savais pas encore qu'il en était un».

Kennedy a «pris la peine d'en apprendre plus sur le Canada que tous les chefs d'État américains avant lui», écrit Sorensen. Pour se préparer à son voyage à Ottawa, il parcourt le fameux «briefing book» présidentiel, précis un peu ennuyeux des dossiers courants, égayé cependant par le chapitre plus mordant appelé «Scope Paper»: un texte préparé par le Département d'État pour évoquer sans détour les états d'âme des hôtes.

«Certains Canadiens ont depuis longtemps tendance à croire que nous sommes enclins à nous laisser dominer par des militaires qui tirent d'abord et discutent ensuite, que nous sommes dédaigneux des valeurs culturelles, que notre attitude envers les minorités est inflexible et discriminatoire, que nous nous révélons ineptes et myopes à la fois dans nos relations avec les pays sous-développés et dans nos politiques d'aide à leur égard, et que nous sommes distraits et négligents lorsque les intérêts du Canada sont en jeu.» Un refrain connu, mais rarement aussi bien résumé. Hélas ou heureusement — l'auteur ne se prononce pas — toute action correctrice est vouée à l'échec. «Le sentiment anti-américain au Canada va et vient, souvent sans que l'on puisse trouver un lien de cause à effet avec l'activité réelle des États-Unis.» Un mémo envoyé en février par le secrétaire d'État Dean Rusk est encore plus brutal: les Canadiens «souffrent d'un complexe d'infériorité qui se manifeste par une susceptibilité à tout affront, réel ou imaginaire, à leur souveraineté».

Jack Kennedy et Réal Caouette

On n'a sûrement pas mis sur le bureau du président les lettres de Québécois aussi sympathiques que naïfs qui l'informent que, traversant Washington en voiture pour se rendre (ces précurseurs) aux Carolines ou en Floride, ils aimeraient faire escale à la résidence présidentielle, histoire de venir serrer la main de l'occupant. Il ne voit pas non plus la lettre qu'envoie un certain Brian Mulroney à son conseiller Larry O'Brien. Le jeune secrétaire du ministre canadien de l'Agriculture prépare-t-il déjà son avenir? Suffisamment en tout cas pour demander copie du manuel d'organisation de la campagne présidentielle démocrate de 1960, dont on sait qu'elle a réinventé l'art électoral, privilégié l'image, évacué le contenu.

Une certitude: JFK entend parler de Réal Caouette. Car Kennedy, pressé de voir Diefenbaker éjecté de son poste, suit de près les augures électoraux. «Kennedy aurait adoré aller là-haut [au Canada] épauler la campagne de Lester Pearson», le leader du Parti libéral, se souvient le responsable du dossier canadien au Département d'État, Willis Armstrong. «Le Département d'État a dû le retenir...» N'empêche que Washington, au début de 1963, donne beaucoup de poudre aux ennemis politiques de Diefenbaker, qui s'empressent d'y mettre le feu.

«Vous pensez que c'est en touriste que le général [américain Lauris] Norstad, ci-devant commandant suprême des forces alliées en Europe, est venu à Ottawa le 3 janvier sommer publiquement le gouvernement canadien de respecter ses engagements» d'installer sur ses bases les missiles nucléaires Bomarcs? demande un critique à la plume acérée. «Vous croyez que c'est par inadvertance que le State Department a transmis aux journaux, le 30 janvier, un communiqué renforçant les positions de M. Pearson et où M. Diefenbaker était crûment traité de menteur?» demande encore le polémiste, un certain Pierre Trudeau, dans la peu mais bien lue *Cité Libre*.

L'équipe Kennedy se défend d'avoir voulu orchestrer, comme Trudeau n'est pas seul à le penser, la chute du gouvernement Diefenbaker, survenue le 5 février, et le déclenchement d'élections pour le 8 avril suivant. (McGeorge Bundy, conseiller de Kennedy en matière de sécurité nationale, avouera avoir «fait chuter le gouvernement Diefenbaker avec un seul communiqué imprudent». Son conseil: à l'avenir, «il faut redoubler de politesse envers les Canadiens», dont les gouvernements sont si fragiles.) Pour l'heure, les hommes du président ne prient pas moins pour la défaite de Diefenbaker aux urnes.

Les diplomates des affaires canadiennes au Département d'État, hérissés à l'idée d'essuyer une nouvelle pluie de critiques comme celle qui a entouré le communiqué anti-Diefenbaker du 30 janvier, veulent prévenir toute nouvelle incursion américaine dans la campagne. Car les Canadiens, on le saura, sont d'une rare susceptibilité. Si Kennedy pouvait être convaincu que les électeurs donneront son congé à Diefenbaker, il resterait sagement coi. «Mais la Maison-Blanche doutait de notre habileté à prédire l'élection», dit le diplomate Armstrong. Au Bureau de recherche et de renseignements (en anglais, INR) du Département, un spécialiste ès élections a la tâche expresse de compulser les données et de faire des prédictions, pays par pays, sur le résultat des scrutins. Mais Armstrong, qui a passé quatre ans à l'ambassade à Ottawa avant de prendre la direction du pupitre, décide d'assumer personnellement le rôle de devin électoral. Il lit les rapports que lui envoient ses correspondants disséminés dans les douze postes diplomatiques que les États-Unis comptent au Canada, et use du réseau de relations qu'il a développé pendant son séjour.

Trois jours avant la date du scrutin, McGeorge Bundy reçoit le verdict. Selon l'usage, il le transmet au chef de l'État. Et c'est là qu'intervient Réal Caouette. «Aucun des partis politiques importants, dit le document, n'a un leader francophone susceptible d'égaler en rhétorique le leader du Crédit social, Caouette, qui table sur l'impatience des Québécois et sur le nationalisme canadien-français.»

Politicien unique, sorti du terroir québécois avec une verve et des sophismes habillés d'un gros bon sens désarmant, Caouette promet de donner une leçon aux «requins de la rue Saint-Jacques» — l'élite financière — en imprimant quantité de papier-monnaie, jusqu'à hauteur du produit national brut, pour enrichir les petites gens. Le discours populiste de droite frappe et flatte l'imagination d'électeurs, notamment agricoles, qui ne découvriront l'économie et les REA que vingt ans plus tard. Car tout se tient, explique un agriculteur créditiste: «De l'argent, c'est du papier; du papier, c'est du bois; pis du bois», dit-il désignant d'un geste sec la forêt estrienne qui borde son champ, «on n'a!»

«Le succès apparent de la campagne du Crédit social au Québec», poursuit le document du Département d'État, «devrait lui valoir considérablement plus que les 26 sièges que ce parti occupe, et va probablement empêcher les libéraux de former une majorité.» Effectivement, trois jours plus tard, Lester Pearson forme un gouvernement minoritaire. Mais le Département d'État a surestimé ce qu'un leader du Crédit social a lui-même appelé «le fléau créditiste qui déferle sur la province». Caouette perd six de ses 26 sièges québécois. C'est cependant encore suffisant pour que «le fléau» empêche les libéraux d'accéder à la majorité. Kennedy n'est qu'à demi content. Sans ce sacré Caouette, son ami Pearson jouirait d'un pouvoir plus solide.

Kennedy et la «libération du Québec»

Kennedy a-t-il vent des «bruyantes professions de foi séparatistes, qui attirèrent tellement l'attention aussi bien à l'intérieur qu'au dehors de la province en 1961 et 1962», selon l'historien américain Mason Wade? Un certain Marcel Chaput vend d'ailleurs à cette période 35 000 exemplaires de son livre *Pourquoi je suis séparatiste*, un petit rien qui annonce toute une impatience, à l'heure où l'équipe gouvernante à Québec avance déjà à grandes enjambées sous la bannière «Maîtres chez nous». Les conservateurs canadiens, qu'abhorre JFK, ne sont pas peu responsables de la nouvelle ferveur séparatiste, eux qui, sitôt portés au pouvoir en 1958, affirment par la bouche du lieutenant de Diefenbaker, Gordon Churchill, qu'ils peuvent se passer du Canada français. Kennedy sait-il qu'on trouve même dans la gauche canadienne des ignares comme le député Douglas Fisher du Nouveau Parti démocratique, qui vient dire aux étudiants de l'université Laval en 1961 que les Canadiens anglais ne demandent pas mieux que de voir les francophones prendre le large, puisqu'ils ne sont bons qu'à produire des joueurs de hockey, des danseuses de cabaret et des représentants fédéraux nuls et irresponsables?

Que Kennedy soit motivé par son opposition à Diefenbaker et par le dossier des Bomarcs qui le plonge dans la réalité canadienne, comme le pense un cadre de la CIA spécialisé en affaires canadiennes; ou poussé par sa francophilie et le courant de décolonisation auquel il consacre son temps; ou influencé par son voyage de 1963 en Irlande — qui le comble de joie et au cours duquel il s'étend sur le «rôle des petites nations»; ou qu'il se montre plus ouvert aux turbulences nationalistes — parce que le thème d'un «monde en sécurité dans sa diversité» remplace dans ses discours la vision d'un monde déchiré entre l'URSS et les États-Unis; c'est en tout cas à cette période qu'il se déclare encore, en privé, favorable à l'indépendance du Québec.

La nouvelle, cette fois, chemine via deux relais. Des intimes de Kennedy et de Jackie en font part à des amis new-yorkais qui, eux-mêmes sympathiques à la cause, transmettent l'information à Raymond Barbeau, le fondateur de l'Alliance laurentienne, un groupe indépendantiste de droite. Le message qui lui parvient est celui d'un Kennedy qui se dit intéressé à une «libération du Québec, politique et économique» dans «la perspective de la défense de la culture française» d'une «nation qui se sent mal à l'aise dans la Confédération». À Morissette, Kennedy avait dit que la question n'était pas du ressort des États-Unis; Barbeau entend sous une forme à peine modifiée cette clause de non-ingérence. Kennedy, lui disent ses informateurs new-yorkais, envisage l'indépendance «sans arrière-pensée, sans avoir l'idée de mettre la main sur le Québec».

Barbeau lance sa bombe en conférence de presse le 25 février 1963, alors qu'il présente un livre sur la «libération économique» du Québec. Il déclare alors avoir «la preuve» de ce qu'il avance, et annonce qu'il la dévoilera le cas échéant. Est-ce une lettre, un témoignage, un témoin? Vingt-cinq ans plus tard, Barbeau jure encore de la véracité de son information, mais ne peut retrouver trace ni d'un document ni des noms des messagers new-yorkais. Une chose est sûre: Barbeau et Morissette sont des inconnus l'un pour l'autre; les deux sources sont indépendantes, étanches. Et Morissette affirme qu'entre 1960 et 1963 il s'entretient de nouveau avec Kennedy de l'avenir d'un Québec libre.

S'il en avait eu le temps, Kennedy aurait-il fini par faire d'une conviction personnelle une affaire d'État? Comme de Gaulle, qui y pense déjà en 1960 mais se tait, Kennedy attend-il que le terrain soit déblayé, que les conditions soient réunies ou que le mouvement devienne irréversible? L'inévitabilité de l'indépendance, s'il en est convaincu, vaut-elle, pour s'assurer l'amitié du nouvel État, de se brouiller temporairement avec Ottawa? Vaut-elle plus cher qu'une base militaire au Maroc, aux Açores?

Il aurait pu faire le saut à l'occasion du «Vive le Québec Libre!» Dans son second mandat, entraîné par de Gaulle, il aurait pu jouer le cœur plutôt que la raison d'État, sachant sa réélection impossible. Il aurait pu crier à Montréal: «Ich bin ein Québécois!» L'hypothèse est improbable, tant l'intérêt américain était mieux servi par la neutralité. Pourquoi s'engager en eau trouble alors que de la berge, le spectacle, quelle qu'en soit l'issue, n'éclabousse pas le spectateur?

Seule une volonté délibérée de Kennedy de mettre son prestige au service des indépendantistes aurait motivé une sortie publique. Il faudrait savoir que JFK brûlait d'envie d'assister au baptême d'un Québec souverain pour souscrire à cette thèse. Une fois à la retraite, en vieux sage, il n'aurait plus compromis dans son audace la fonction présidentielle. Le pavé aurait encore été de bonne taille, mais à la mesure des projectiles qu'il a toujours su lancer. Écho tardif de son discours algérien, son engagement aurait donné à René Lévesque un appui décisif. Le geste, là, entre dans la zone du crédible.

Si Kennedy avait, si Kennedy était, si Kennedy vivait... Le jeu des futurs avortés condamne à la futilité. On conjecture, on rêvasse. Les Américains connaissent bien le jeu. Ils s'y adonnent avec une douloureuse nostalgie depuis le 22 novembre 1963. Une de ces dates qui portent un nom de ville. Dallas.

Aucun membre de l'entourage de Jack Kennedy ne peut aujourd'hui affirmer que leur illustre ami défendait devant eux la cause indépendantiste québécoise, mais aucun ne l'a entendu prendre le parti inverse.

Dans le cercle des hommes qu'il côtoie au fil des ans, Fred Holborn, coauteur du discours algérien, pense que Morissette, dont il se souvient, «a peut-être raison». Mais il faut se méfier, ajoute-t-il, «du politicien qui prête une oreille sympathique aux personnalités ethniques». Ray Cline, depuis 1962 directeur adjoint de la division du renseignement à la CIA, l'homme qui abreuve la Maison-Blanche des dernières gouttelettes de renseignements recueillies par l'agence, se souvient comme chacun de l'engouement du couple Kennedy pour tout ce qui est français. Kennedy «était très romantique au sujet de la France et je soupçonne que, contrairement à la plupart des Américains, il aurait vu d'un bon œil une plus grande infusion de culture française au Canada». Alors «l'autonomie, peut-être, je suppose». Mais de là au séparatisme...

Un autre cadre de la CIA, un spécialiste du Canada qui participe aux briefings de JFK en vue de ses rencontres avec les premiers ministres canadiens, est moins sceptique que Cline. Il se souvient avoir entendu, à l'époque, quelque chose d'approchant. La déclaration de Barbeau, peut-être. «Quand je l'ai entendue, j'ai trouvé qu'il était fort crédible qu'il [Kennedy] ait dit ça.»

Le mutisme de JFK devant ses conseillers Pierre Salinger, McGeorge Bundy et les autres est compréhensible. Entre l'invasion manquée de la baie des Cochons et la crise des missiles de Cuba, entre le pétrin indochinois et le lancement du projet Apollo, entre Marilyn et Martin Luther King, le Québec reste enfoui loin dans l'impressionnant amoncellement de préoccupations qui a comblé les 1000 jours de la présidence Kennedy. Il faut susciter son intérêt pour qu'il aborde le sujet. Richard Donohue, son organisateur de Lowell, note que Kennedy «se met parfois brusquement à discuter de sujets qui vous concernent, et qui l'intéressent aussi. Mais il ne m'en parlera pas à moi, qui n'y connais rien». Et Morissette est bien l'un des seuls, dans son entourage, à connaître le rêve québécois.

Le secrétaire d'État, Dean Rusk, affirme avoir directement abordé la question québécoise avec le Président, même s'il n'en garde qu'un souvenir général. «Dès que la discussion sur le séparatisme a commencé à prendre racine au Québec», dit le diplomate en chef, Kennedy a indiqué «qu'il était contraire à l'intérêt national des États-Unis que le Canada se scinde». Mais le Président a ajouté ce bémol: il faut «rester relativement muet sur le sujet». Rusk ajoute sans la moindre hésitation que Kennedy a pu, à titre personnel, tenir un tout autre langage. Appuyer l'idée d'indépendance du Québec? «Il a pu faire une telle remarque à l'improviste car il aimait explorer les idées. Qui sait, ajoute Rusk, s'il a dit quelque chose comme ça, alors qu'il jouait au *touch football* à Hyannis Port, ou à West Palm Beach ou dans le Rose Garden?»

Présentée à ses deux amis les plus intimes, la conversion indépendantiste de John Fitzgerald Kennedy suscite deux réactions. L'un, Ted Sorensen, affirme qu'il serait «stupéfait» d'apprendre que Kennedy ait «sérieusement avancé une telle position». Mais l'autre, Larry O'Brien, imagine sans mal son vieux copain appuyant le combat indépendantiste québécois. «Ça lui ressemble», dit-il.

Est-ce inutile d'ajouter que O'Brien, comme Kennedy, est Irlandais?

3
Les Américains découvrent le Québec

Calmes et souverains
Comme des Américains
Pierre FLYNN
Sur la route

Les plus remarquables cerveaux de la Central Intelligence Agency s'abreuvent à toutes les sources — diplomatiques, économiques, militaires et, leur favorite, d'espionnage — pour préparer les joyaux de l'appareil analytique américain, les synthèses d'informations les plus précieuses mises à la portée d'un président. Ces documents s'appellent NIE, pour National Intelligence Estimate. Ils doivent donner au chef d'État non seulement la température politique exacte du pays à l'étude, mais aussi le temps qu'il y fera demain.

Jugé selon ce critère, le National Intelligence Estimate n° 99-61, intitulé «Tendances en politique étrangère canadienne» et produit au printemps 1961, échoue lamentablement.

Au moment d'aborder une première fois, ne serait-ce qu'en passant, le problème québécois, la CIA ne perçoit ni la bise qui se lève ni la tempête à venir.

L'erreur est d'autant plus remarquable que, sur son axe d'étude principal — la politique canadienne envers les États-Unis — le document de neuf pages bien tassées se lit comme un examen rétrospectif de la décennie qui, pourtant, s'ouvre à peine. Au paragraphe 36, on lit que «l'impatience face à l'infiltration de la culture américaine va probablement continuer de s'intensifier au Canada, particulièrement dans les milieux intellectuels. En conséquence, Ottawa voudra probablement prendre des mesures supplémentaires pour accroître le "contenu canadien" des programmes de radio et de télévision du Canada», etc. Ailleurs, le document prévoit qu'Ottawa voudra normaliser les relations avec la Chine populaire — vrai —, maintenir, malgré la critique, les liens avec Cuba — vrai —, canadianiser l'économie nationale — encore vrai —, traîner les pieds en matière de coopération nucléaire — toujours vrai. On croirait lire, d'avance, les menus politiques de Diefenbaker, Pearson et Trudeau. La communauté américaine du renseignement a remarquablement saisi la montée du nationalisme pancanadien.

Mais rien ne va plus lorsque arrive le temps d'identifier le second, et critique, élément qui façonnera, fractionnera, la réalité canadienne des années soixante: la montée du nationalisme québécois. Le Canada, affirme le NIE au paragraphe 11 des «Considérations de base», jouit désormais «d'un sens plus aigu de l'unité nationale, y compris une relation améliorée entre les communautés principales de langues anglaise et française». En mai 1963, deux ans presque jour pour jour après que JFK eut vu ce document, l'armée canadienne sillonne les rues de Westmount, où les habitants apeurés n'osent plus s'approcher des boîtes aux lettres, tant elles ont eu tendance, ces dernières semaines, à leur exploser au visage. Diefenbaker lui-même a échappé de justesse à un attentat à la bombe.

Un statut colonial

Il ne faudra pas longtemps pour que le secrétaire d'État, Dean Rusk, acquière une connaissance plus poussée de la situation, se souvient son homologue canadien Paul Martin. Même Ray Cline, de la CIA, se souvient d'avoir discuté du cas québécois à la Maison-Blanche vers 1963-1964. Si Rusk prend la peine de lire les rapports préparés par ses diplomates sur le terrain, il est aussi bien — parfois mieux — informé que les journalistes locaux.

Car, mine de rien et sans éveiller le moindre soupçon chez les responsables fédéraux, la diplomatie américaine ne rate pas une étape du réveil tranquillement révolutionnaire des Québécois.

Un diplomate en poste à Montréal pendant la première moitié des années soixante se souvient que le mouvement séparatiste est devenu un sujet «d'importance dès le début». «Nous n'avons jamais pensé que c'était mineur.» Au contraire, sous l'impulsion de la Révolution tranquille, les indépendantistes avaient «beaucoup de potentiel», ajoute-t-il, notamment le ministre René Lévesque, «à la personnalité si irrésistible»; on se demandait quelle direction il allait prendre. Dans les rapports comme dans les conversations avec le Département d'État, poursuit ce diplomate, «nous n'avons jamais dit que [l'indépendance] *allait* arriver, nous avons dit qu'elle *pourrait* arriver». Il affirme d'ailleurs n'avoir «jamais accepté l'idée qu'un Québec souverain ne serait pas viable». «Ce n'aurait pas été une petite nation», conclut-il.

Le nombre d'Américains franchement favorables à l'idée souverainiste est infinitésimal. Mais le nationalisme canadien-français fait quelques adeptes. À Ottawa, Willis Armstrong, bras droit de l'ambassadeur américain, «juge que, dans une certaine mesure, le Québec était dans une situation coloniale, et je suis contre le statut colonial».

Ça tombe bien, car à Québec, le premier ministre Jean Lesage donne aux «colonisés» les moyens d'une rébellion générale et façonne un État québécois à la mesure des défis qu'ils ont trop longtemps refusé de relever.

Armstrong, comme plusieurs collègues en poste à Ottawa, à Québec et à Montréal, est impressionné par Lesage et voit d'un bon œil ce réveil québécois appelé «Révolution tranquille». La nationalisation des compagnies d'électricité, avalisée par l'élection-référendum de 1962, en est la péripétie la plus visible.

«Nous étions plus amusés qu'autre chose», raconte Willis Armstrong, qui fut ensuite muté au Département d'État à Washington, comme chef du pupitre «Europe du Nord», région dont la géographie biscornue inclut à l'époque les affaires canadiennes. À ce titre, Armstrong participe occasionnellement aux briefings du président sur les dossiers canadiens. Quelques Américains, porteurs d'actions des compagnies d'électricité que le ministre René Lévesque tient dans son champ de tir — ou est-ce son point de mire?—, pestent vainement dans les bureaux du Département d'État contre l'audace de ces Canucks pourtant si timides jusqu'ici. Mais les États-Unis comptent sur leur territoire des dizaines de compagnies d'électricité nationalisées. Les critiques québécois qui pensent que les représentants de la province seront désormais reçus à Wall Street comme de dangereux bolcheviques se leurrent. En fait, une maison d'investissement de New York, Halsey Stuart, en quête de clients, se porte volontaire pour avancer illico les 200 millions de dollars nécessaires au financement du projet québécois si les banquiers habituels de la province sont assez pioches pour laisser filer la bonne affaire.

«Cela m'amusait d'entendre les gens parler de cette opération comme si nous allions réagir avec colère, raconte Armstrong, alors que notre position était simple: si vous payez, vous avez le droit.» Autre raison de sourire: «des intérêts américains [Wall Street] avançaient l'argent pour déposséder d'autres intérêts américains [des actionnaires des compagnies d'électricité], ce qui fondamentalement prouve que l'Amérique du Nord est un marché commun financier».

Après la création du RIN en 1962, Armstrong avise ses collègues de tenir à l'œil le ferment francophone. Il prévoit quelques «passages difficiles» et juge utile «d'alerter les gens au renseignement [au Département d'État] de suivre le dossier».

Le consul général à Québec, Richard Courtenaye, a des doutes sur la manière forte employée par les autorités pendant ces «passages difficiles». Il rapporte avec un frisson d'horreur dans la plume les propos que lui tient en 1963 le brigadier J.A. Dextraze, dont les soldats prêtent main-forte aux policiers de l'est du Québec dans les coups durs. À propos des suspects felquistes, Dextraze déclare: «Laissez-les crier au sujet de leurs droits démocratiques (...) s'il faut que je leur brise les bras pour les faire parler, je les briserai.» Le diplomate ajoute qu'en «au moins une occasion, des os ont été fracturés et d'autres blessures sérieuses ont été infligées à des manifestants qui ont eu affaire à ses troupes». Ces incidents furent passés sous silence, poursuit Courtenaye, car «le briga- dier Dextraze prétend avoir une entente avec la presse de la ville de Québec». Le consul général conclut que ce «mépris pour les formes morales ou légales» lui paraît «potentiellement dangereux dans le climat émotivement chargé qui existe au Québec dans les milieux extrémistes». Les Dextraze produisent selon lui des martyrs et «minent la foi qu'a le public dans la justice exercée par les autorités légales».

Le «nationalisme-racisme» québécois

Chargé de superviser la nomination des diplomates américains au Canada, Armstrong fait en sorte «d'avoir toujours des diplomates de carrière seniors, compétents et intéressés» à Montréal comme à Québec. «Le bureau du personnel [du Département d'État] essayait toujours de nous fourguer ses nuls pour les postes consulaires au Canada et je devais résister. Mais ils n'essayaient pas d'envoyer des nuls à Montréal ou à Québec parce qu'ils étaient conscients que c'était différent.» Dans le plan de carrière diplomatique, les postes de Montréal et de Québec ne figurent cependant pas sur la voie royale. Sauf exception, et jusqu'à la moitié des années soixante-dix, ils sont offerts, en guise de prix de consolation, à des diplomates certes compétents, mais dont le calibre n'est pas jugé suffisant pour la fonction d'ambassadeur. Souvent, Québec et Montréal sont le cadeau d'adieu remis en fin de carrière aux pas tout à fait assez méritants.

Peu de diplomates américains font leurs valises pour le Québec sans une connaissance au moins rudimentaire du français. Certains le parlent parfaitement. Une partie du personnel diplomatique américain à Ottawa est d'ailleurs plus à l'aise en français que la majorité des hauts fonction- naires fédéraux. Plusieurs affirment avoir été choqués, pendant les années soixante, de l'attitude condescendante de plusieurs de leurs relations anglophones envers les francophones.

Les représentants américains ne manifestent cependant pas tous autant de bienveillance. Walt Butterworth, ambassadeur de 1962 à 1968, tenait les Canadiens français pour des Cajuns du nord, selon un de ses anciens subordonnés. «Il faisait très aristocrate, nouveau riche», raconte-t-il, et considérait les francophones comme «des porteurs d'eau et des scieurs de bois». Il ajoute que lorsqu'au milieu des années soixante il fut question de mettre un écriteau bilingue à la porte d'une annexe du consulat américain à Montréal, le bureau de Butterworth fit savoir que l'anglais suffisait amplement.

Dans le débat constitutionnel dont il relate les grands moments, Butterworth se range du côté des modérés tel que Pearson, de ceux qui veulent faire une plus grande place au Québec. Nulle part dans ses textes ne trouve-t-on cependant des indices de sympathie à l'égard des revendications québécoises. Sa volonté est celle de l'apaisement. L'ambassadeur craint qu'un échec de la dualité canadienne nourrisse le «nationalisme-racisme des Canadiens français», un phénomène qui «bourgeonne au Québec» et pousse les anglophones de la province à «prendre conscience de leur position de minoritaires».

Au menu d'un dîner indigeste: le Québec

Deux mois seulement après l'accession à la présidence de Lyndon Baines Johnson — qu'on désigne par ses initiales LBJ — le sujet québécois apparaît au détour d'une conversation.

L'occasion: la visite de Lester Pearson à Washington, pour une prise de contact qui se passe plutôt mal. Que Pearson, diplomate patenté par le comité Nobel, ouvre le bal en réservant à feu Kennedy ses plus beaux éloges a de quoi indisposer Johnson. Après tout, le nouveau président s'évertue à sortir de l'ombre immense laissée par son prédécesseur et toise sans amitié un second Kennedy, Bobby, qui lorgne le bureau présidentiel dont Johnson vient à peine d'hériter.

Au dîner donné à l'ambassade canadienne de Washington, «le Président n'était pas d'humeur avenante», se souvient l'ambassadeur Charles Ritchie. Le premier ministre canadien et le Texan ne parlaient pas — c'est le cas de le dire — le même langage. «Fils d'un pasteur protestant, Pearson était très attentif à la correction de son langage», dit Ritchie. «Mais avec LBJ, un mot sur trois était ponctué de "fuck" et de tout le reste. Sans compter les quantités de bourbon consommé à des heures inhabituelles. Pas le style de Pearson.»

Comment la conversation dérive-t-elle vers le séparatisme québécois? Mystère. Ni l'ambassadeur Charles Ritchie, ni Basil Robinson, le haut fonctionnaire qui accompagne Pearson, n'ont souvenir que le sujet ait été abordé à table. Mais pendant un long moment, Pearson et Johnson dialoguent dans un coin. Ou est-ce plutôt entre premières dames, Mariann Pearson et Lady Bird Johnson, qu'on traite de la question? Lady Bird pense que ce fut «un sujet de discussion avec les Pearson» qui l'auraient eux-mêmes soulevé. Revenant de la soirée où elle trouve les Pearson «d'excellente compagnie», Lady Bird note en tout cas dans son journal que, de même que l'Amérique connaît des problèmes avec sa minorité noire, «je crois comprendre que les Canadiens ont également un problème de minorité, avec la province française qui menace de se séparer du Dominion. Il est certainement inconcevable que ce mouvement soit fructueux, non?»

Deux mois plus tard, le sujet du séparatisme québécois sera presque à la mode. Le *New York Times* en parle à la une pour annoncer que «la sécession de la province francophone n'est plus une lointaine possibilité». À preuve, le journal cite deux ministres seniors, René Lévesque et Eric Kierans, et un éminent politologue, Léon Dion, alors unanimes à penser qu'un Québec indépendant serait viable. Sept mois plus tard — le temps sans doute que les directeurs des mensuels, ayant lu le *Times,* fassent écrire les articles —, trois influents magazines découvrent le Québec. *Harper's* présente carrément «The Case for an Independent Quebec» (Les arguments en faveur d'un Québec indépendant). Le plus sérieux *Foreign Affairs* offre une approche académique dans «Quebec in Revolt». Et la revue favorite de l'intelligentsia, *The Atlantic Monthly,* embauche une douzaine de plumes canadiennes pour rédiger un supplément consacré au voisin du nord. Gérard Pelletier y explique «The Trouble With Quebec» (Ce qui cloche avec le Québec).

Mais en janvier, quand Lady Bird écrit ces lignes, le Québec est encore *terra incognita.* La dernière vague de bombes felquistes est vieille de six mois et les soldats dépêchés à Westmount neuf mois auparavant pour y protéger les boîtes aux lettres «fédérales» ont depuis longtemps repris le chemin de leurs casernes. LBJ avoue lui-même à Pearson «ne rien savoir» du Canada. Étonnant donc, que le sujet québécois ait été abordé si tôt chez le président Johnson.

Au début de l'année suivante, par contre, dans un des multiples replis de la gigantesque machine gouvernementale américaine, la question québécoise est abordée avec une attention singulière. Un groupe de chercheurs financés par l'US Army est chargé d'expliquer le phénomène des insurrections. Intitulé «Project Camelot», l'ambitieuse étude doit enseigner au Pentagone comment prévenir ou réprimer efficacement les troubles sociaux qui embrasent le tiers monde. Un des membres de l'équipe de chercheurs, un Franco-Américain appelé Normand Lacharité, convainc — non sans peine — ses supérieurs d'inclure le Québec parmi les «cas types» utilisés pour la recherche préliminaire.

Lacharité est lui-même passionné par l'ébullition politique que vit sa province d'origine, et se dit favorable au mouvement souverainiste qui y prend forme. C'est paradoxalement par sympathie plus que par malveillance qu'il attire l'attention du Pentagone sur le Québec. Il n'en est qu'à une étape théorique de sa recherche — ses supérieurs ont refusé sa proposition d'inclure le Québec parmi les régions méritant une enquête sur le terrain — lorsque «Project Camelot» déclenche une tempête politique à Washington, puis à Ottawa. Le Département d'État, soucieux d'apaiser ces-Canadiens-qui-sont-tellement-susceptibles, ordonne l'arrêt des travaux de Lacharité. La littérature politique canadienne et québécoise s'enrichit désormais d'une légende voulant que l'armée américaine ait ourdi de sombres complots pour contrôler ou réprimer le mouvement indépendantiste québécois*.

Un Québécois en Amérique

Le Département d'État a raison de suivre l'actualité québécoise car des Québécois vont bientôt venir frapper à sa porte. En avril 1965, André Patry, conseiller de Jean Lesage en matière internationale, rencontre à Washington, à l'insu de l'ambassade canadienne, deux cadres du Département d'État. Patry est engagé à fond dans l'effort d'affirmation internationale du Québec et ses tendances souverainistes ne sont un secret pour personne. C'est le consul général des États-Unis à Montréal, Richard Hawkins, qui joue les entremetteurs.

La mission de Patry est de tâter le terrain pour que les États-Unis accordent à la Délégation générale du Québec à New York les avantages fiscaux consentis à un consulat. Faute de quoi Québec menace de taxer sans complexe les consulats américains de Montréal et de Québec. La demande n'est pas nouvelle, et l'ambassadeur américain Butterworth l'a lui-même rejetée lors d'une rencontre avec Lesage trois mois plus tôt. Taxer les bureaux américains, a averti l'irascible ambassadeur, «ne serait pas un levier grâce auquel Québec obtiendrait les changements voulus, mais un simple irritant entre le Québec et les États-Unis». De toute façon, Washington ne traite qu'avec des États souverains, pas avec de vulgaires provinces. Acheminez votre courrier via Ottawa, a-t-il dit en substance.

---

* Pour un récit détaillé de cet épisode, voir l'annexe: «Anatomie d'une légende: "Project Revolt"».

À Washington, Patry présente à nouveau la requête québécoise à ses deux interlocuteurs: au chef du bureau des Affaires canadiennes, Howard Brandon, puis, lors d'un déjeuner en ville, à Brandon et à M. Harris, le conseiller juridique du Département d'État. La mission est sans lendemain, mais Patry veut aussi faire quelques sondages. Comment les Américains voient-ils la mutation du Québec? Les diplomates en poste au Québec sont ouverts et informés, mais reflètent-ils l'intérêt de la maison mère ou seulement leur propre curiosité à l'égard de ces intéressants indigènes? En octobre 1964, le consul général Hawkins a eu un long entretien avec Claude Morin, sous-ministre des Affaires fédérales-provinciales, sur le sens et l'avenir de la Révolution tranquille. Comment ses lecteurs washingtoniens ont-ils digéré son rapport?

Patry constate auprès de ses interlocuteurs que «Washington commence seulement à découvrir le caractère particulier du Québec» et s'apprête à en «tirer des conclusions dans les domaines culturel et social». Enfin, presque. Il retient de ses conversations que «certains même croient que la langue française est appelée à disparaître au Canada en raison de l'urbanisation excessive du Québec». Le Département d'État n'est en gros «pas prêt à tirer des conclusions d'ordre politique du caractère particulier du Québec», notamment en conférant un statut particulier à la représentation diplomatique québécoise à New York.

Soulevée dans le cours de la discussion, l'idée d'indépendance ne suscite aucun enthousiasme chez les diplomates présents. Mais Brandon laisse entendre que son gouvernement «ne s'inquiéterait de la situation au Québec pour autant qu'elle constituerait un danger pour la sécurité continentale». Patry ne rate pas cette occasion en or de passer un message à ceux qui actionnent certains des rouages de la politique yankee. Il «insiste beaucoup» sur la «nécessité pour les États-Unis de changer d'optique quand ils pensent au Québec».

Mais il faudra plus qu'une brève mission secrète. Si la France prend alors un cours accéléré de québécitude, les États-Unis effleurent à peine le sujet. Leur poids sur l'avenir du Québec étant démesuré, il faut entreprendre immédiatement leur éducation. Les diplomates en poste au Québec, on le constate, sont un mauvais baromètre des préoccupations de leurs patrons.

Dans le rapport qu'il prépare à son retour, l'envoyé spécial de Lesage trace le plan d'action: il propose une nouvelle tactique pour régler le problème de la taxation des consulats, mais insiste au premier chef sur la nécessité d'entreprendre «une véritable campagne d'information auprès des autorités et de la presse parlée et écrite des États-Unis afin de faire connaître le caractère particulier du Québec et d'en faire admettre les conséquences pratiques». Il faut que Québec entreprenne «un véritable effort d'éducation auprès des milieux capables de lui venir en aide quand il sera nécessaire». Il est «devenu indispensable» et «urgent», ajoute-t-il, de «concevoir une politique cohérente et réaliste vis-à-vis des États-Unis».

Quand Lesage prend connaissance du rapport, il enjoint Claude Morin de suivre les avenues suggérées quant au problème fiscal, mais passe sous silence les recommandations plus ambitieuses de Patry. «Il n'y a pas eu de volonté politique», note Patry. Et comme Ottawa et Washington ont continué à faire échec aux tentatives de reconnaissance quasi diplomatique de la Délégation à New York, «on a perdu toute illusion d'établir des rapports avec les États-Unis».

Malgré le besoin pressant de se concilier le voisin le plus proche et le plus puissant, Québec investit à Paris et en Afrique tout son temps et son énergie diplomatique. C'est donc à tâtons qu'il va cheminer sur la piste américaine, se guidant à la lumière déformée que réfléchissent les diplomates polyglottes que lui envoie Washington.

Apocalypse Québec

Ce renoncement du Québec est d'autant plus fâcheux que quelques mois après l'excursion de Patry, un des grands esprits stratégiques du Département d'État, George Ball, concocte un projet qui, loin de prendre en considération la réalité québécoise, enferme la minorité francophone d'Amérique dans le pire des scénarios qu'on puisse imaginer.

Paradoxalement, c'est le plus grand allié des souverainistes québécois, Charles de Gaulle, qui a inspiré à Ball ces grandioses et menaçantes cogitations. Car Ball, bras droit du secrétaire d'État Dean Rusk, est le plus européen des diplomates. Il s'attache au rêve communautaire d'une Europe reconstruite, unie, comme s'il avait lui-même tenu la plume de Jean Monnet, le père de l'idée.

De Gaulle a aussi sa vision de l'Europe. Reconstruite, oui, unie, oui, mais unie sous la houlette de la France, pas des États-Unis ou de leur vassal, l'Angleterre. Le Général claque donc bien fort la porte de l'Europe au nez des Anglais qui, en 1963, désirent s'y associer. L'Angleterre est «insulaire, maritime», dit le Général. Elle n'est pas tournée vers l'Europe mais engagée dans des «relations économiques avec une foule d'autres États, et d'abord avec les États-Unis». En un sens, pense-t-il assez fort pour qu'on l'entende, Londres est le cheval de Troie américain envoyé pour prendre de l'intérieur la jeune forteresse Europe. Lui ouvrir la porte, affirme-t-il d'une voix nette et lente, ce serait poser les fondations «d'une communauté atlantique colossale sous dépendance et direction américaines». Bref, c'est non.

Fin 1965, Ball désespère de voir entrer l'Angleterre dans la communauté européenne. C'est pourtant sa place. Elle pourrait y faire contrepoids aux pouvoirs français et allemand, elle pourrait y jouer un «rôle de leadership». Mais si le continent, «dans son étroitesse d'esprit», boude Londres, l'Amérique peut-elle tolérer que l'Angleterre dérive? L'ancienne mère patrie piétine dans la pire impasse de son histoire, coupée de son passé, interdite d'avenir. Le fier Empire britannique assiste, impuissant, au spectacle quotidien de déprimants couchers de soleil. La prometteuse communauté européenne refuse de lancer une bouée de sauvetage à l'Angleterre qui, au large, a des airs de naufragée. À Washington, on parle avec crainte de la «little England», du déclin définitif de l'ancienne puissance.

N'y aurait-il pas un autre moyen, une autre communauté où elle pourrait se régénérer, refleurir? Ball pense que oui. Il confie à ses adjoints une tâche ambitieuse: étudier la possibilité d'une fédération politique entre les États-Unis et le Royaume-Uni, une sorte de «renversement de la révolution américaine».

Attendez, ça ne va pas. Ce serait isoler le Canada, l'Australie et la Nouvelle-Zélande.

Non. Il faut voir plus grand. Préparez plutôt le projet d'une «English-speaking Union» qui inclurait les USA, l'Angleterre, le Canada, l'Australie et la Nouvelle-Zélande. «Une confédération politique anglo-saxonne qui pourrait au cours des ans se transformer en fédération.» Grâce aux «liens communs de la langue, des institutions et de l'histoire, écrit Ball, la construction de l'unité politique anglo-saxonne serait de loin plus aisée que la construction d'une Europe politique» dont les partenaires ont chacun un passé distinct.

On pourrait démarrer avec une proposition «limitée» de vastes réunions conjointes des cinq conseils des ministres nationaux, qui enfanteraient des sous-groupes permanents chargés de coordonner la politique militaire, de fusionner le dollar et la livre sterling et de constituer une réserve monétaire commune; d'instaurer la liberté complète de circulation des biens et des personnes, puis des capitaux. Le modeste projet décrit aussi la constitution d'une «assemblée législative provisoire», dont les membres, au départ, viendraient des parlements de chacun des États associés. Bref, seule la politique intérieure échapperait au monstre politique anglo-saxon, «sauf si le Conseil des ministres acceptait unanimement» de se l'arroger. (Un petit référendum pour consulter la populace ne semble pas avoir fait partie des hypothèses retenues.)

Si cette vision était devenue proposition officielle, elle aurait plongé les leaders du Québec dans le plus profond désarroi. À moins de cinq millions contre 15, à l'époque, les Québécois manquent déjà d'air dans la cuvette fédérale. Qu'on les plonge dans un océan anglophone de 300 millions d'habitants, où leur proportion n'atteindrait pas 2%, et c'est l'asphyxie assurée.

Le plan du sous-secrétaire d'État est d'autant plus effarant que, sous plusieurs angles, il semble rationnel. L'isolement de l'Angleterre est un fait. L'établissement de rapports militaires et économiques croissants entre l'Australie et l'Amérique en est un autre. L'idée que les petites nations auraient moins de mal à se joindre au couple États-Unis-Angleterre qu'à la seule puissance américaine sonne juste. Même les Britanniques se sentiraient mieux, sachant que leurs anciennes loyales colonies prennent place à la nouvelle table confédérative pour faire pièce à l'arrogance des petits-fils des rebelles de George Washington. Les raisonnements s'imbriquent dans un ensemble séduisant de logique.

Une fois l'axe Londres-Washington établi, le gros morceau resterait le Canada, pense Ball. Mais n'est-on pas déjà en train de l'avaler? «J'ai longtemps pensé que le Canada menait un combat d'arrière-garde contre l'inévitable», écrit-il. Les prétentions à l'indépendance, le nouvel unifolié et le castor, c'est bien joli, «mais je ne peux prédire une longue espérance de vie aux politiques actuelles» de canadianisation de l'économie et du pays. «La vaste masse continentale au sud exerce une attraction gravitationnelle énorme qui a simultanément l'effet d'un repoussoir.» C'est l'amour/haine canado-américain. «Même lorsqu'on ne tient aucun compte du facteur aggravant d'une seconde culture au Québec, poursuit Ball, les pressions et tensions qui en résultent sont difficiles à supporter.» Le Canada est donc déjà inexorablement attiré vers les États-Unis. Quoi qu'il arrive, il y aura un jour ou l'autre libre échange de biens, capitaux, services et personnes entre les deux États, ce qui créera «une zone progressivement croissante de décision politique commune». Le Super-État anglo-saxon, conclut-il, «offre la meilleure solution pour neutraliser les tensions internes au Canada»!

De toute façon, ajoute-t-il, «il est fort probable que les peuples de Grande-Bretagne, du Canada et des États-Unis seraient toujours unis si les politiques du roi George III avaient été plus sages et appliquées en respectant davantage les volontés des colonies».

Au Département d'État le document circule et essuie les foudres de diplomates scandalisés par l'audace du faiseur d'empire. «J'ai vu ce truc et j'ai pensé que c'était un non-sens absolu», affirme John Leddy, le secrétaire d'État adjoint responsable des Affaires européennes. «J'ai fait de mon mieux pour tuer dans l'œuf l'idée» de communauté anglo-saxonne qui, explique-t-il, «aurait pu être accueillie dans certaines régions du monde comme une proposition presque raciste». C'est le monstre politique, le gigantisme de l'empire anglophone, le billion de dollars de PNB qui effraient, répugnent.

Ball affirme qu'il est personnellement venu à la conclusion qu'il était préférable, en 1965, d'espérer encore l'entrée de l'Angleterre dans la communauté européenne plutôt que de redéfinir la géopolitique mondiale. La proposition allait «créer plus de problèmes qu'elle n'en résoudrait», a-t-il admis. (Surtout avec ces Canadiens, qui sont tellement...) Il a donc résolu de ne pas le soumettre au secrétaire d'État ni au président.

La seule idée que d'importants décideurs américains aient pu gamberger sur ce concept donne des frissons. Imaginons un instant que le président en exercice ait été Ronald Reagan. C'est le genre de projet grandiose qui lui aurait plu, lui qui voyait déjà le Mexique, le Canada et les USA réunis au sein d'une grande entente continentale.

Daniel, Lyndon, Elvis

Il y a bien un Québécois qui voudrait venir constater de visu de quel bois ces politiciens américains se chauffent: Daniel Johnson. Élu en juin 1966 sur la plate-forme volontairement ambiguë «Égalité ou Indépendance», Johnson est considéré par la diplomatie américaine comme «proconfédération et antiséparatiste» quoiqu'il garde un «séparatiste avoué dans son cabinet, le ministre des Affaires culturelles Jean-Noël Tremblay». Pour l'essentiel, Daniel Johnson est un pragmatique qui «souscrit au système nord-américain de libre entreprise». Il dirige la province selon «une approche fondamentalement américaine» de la gestion. Le diagnostic est du consul général à Québec, Francis Cunningham, qui se targue d'avoir prédit l'élection-surprise de Daniel Johnson, lors d'un de ces astreignants concours de prédictions électorales dont Butterworth et parfois la Maison-Blanche sont friands.

À l'hiver 1966-1967, la Maison-Blanche reçoit une curieuse requête. Daniel Johnson voudrait avoir l'honneur d'être reçu par le président américain Lyndon Johnson. Peut-être veut-il se rendre à Washington après un arrêt à New York prévu pour janvier 1967? Peut-être veut-il remettre personnellement au président une invitation à visiter Terre des Hommes? Peut-être tient-il à voir le leader américain avant d'être reçu à Paris par de Gaulle, en mai? À Québec, aucun des suspects habituels —Patry, Morin, ni même Cunningham— n'a vent du désir du premier ministre. Charles Chartier, le délégué général à New York —qui partage avec Daniel Johnson quelques-uns de ses secrets, suppute Patry —a pu acheminer la requête. «Pour autant que je me souvienne, affirme pour sa part George Springsteen du Département d'État, la requête aurait pu provenir de l'ambassade française.»

La demande est directement envoyée à la Maison-Blanche où elle est reçue avec un brin de surprise. «Qui est ce type, Johnson? D'où? Québec? Premier ministre, c'est un genre de gouverneur d'État ça?» demandent les conseillers présidentiels, selon l'imitation ironique qu'en fait un diplomate. On envoie la chose chez les diplomates. Elle tombe sur le bureau de Springsteen, chargé des Affaires européennes, donc du Canada dans la logique du Département d'État surnommé non sans raison *Foggy Bottom* («Fond Brumeux», référence au marécage sur lequel l'édifice fut construit). «Une vilaine petite question», cette requête, affirme Springsteen. «Devions-nous recevoir le grand prêtre du Québec libre?»

Rufus Smith, «monsieur Canada» au Département d'État, se souvient de la demande, «peut-être orale», et y a lu une volonté de Québec d'obtenir «une indication, une reconnaissance de son caractère distinct». La réponse conseillée par Smith à la Maison-Blanche est limpide: «Ce ne serait pas opportun.» De toute façon, la place d'un premier ministre provincial n'est pas au Bureau Ovale. La décision «se prend en cinq minutes», précise Springsteen.

LBJ, comme de Gaulle et une brochette de chefs d'État étrangers, est attendu à Terre des Hommes qui met Montréal, cette année, au centre du monde. Une belle occasion pour LBJ de s'emplir les yeux d'une société québécoise en pleine ébullition. Une belle occasion perdue.

LBJ a bien promis de venir inaugurer en personne le détonnant pavillon américain, cette boule de métal et de plastique qu'on appelle la «Biosphère». Mais à mesure que les mois passent, la Maison-Blanche tarde à fixer une date. LBJ, comme de Gaulle qui au début ne voyait pas ce qu'il allait faire «dans cette foire», voudrait même annuler sa visite. Ne faites «pas de projets de déplacement, je doute de pouvoir y aller», griffonne-t-il sur un mémo au début de mai. Ses conseillers lui font la leçon. Une promesse, c'est une promesse.

Le 24 mai, vers 15 h, Rufus Smith est avisé que le Président ira à l'Expo le lendemain matin. «Quoi? Demain? C'est impossible!»

«Ne me dites pas ce que le Président peut ou ne peut pas faire», lui rétorque Walt Rostow au bout du fil. «Demain, le Président va se lever, il lira les dernières dépêches en provenance du Moyen-Orient, et s'il pense qu'il peut partir, il partira.»

Le Moyen-Orient. C'est l'explication officielle — il y en a une autre — de la planification en catastrophe du voyage à l'Expo. Mai 1967, les belligérants arabes et israéliens fourbissent leurs armes.

«Le danger implicite dans chaque incident de frontière au Moyen-Orient n'était pas simplement la guerre entre les Israéliens et les Arabes mais une confrontation ultime entre l'Union soviétique et les États-Unis et ses alliés de l'OTAN», écrit LBJ dans ses mémoires. C'est pourquoi il a dû reporter sa décision de faire chauffer les moteurs d'Air Force One jusqu'au matin du 25 mai, «lorsque les rapports des agences de renseignements ont indiqué qu'il était raisonnablement certain que le Moyen-Orient n'allait pas exploser pendant mon absence». «Ça n'a soulevé une tempête que chez les journalistes affectés à la couverture de la Maison-Blanche. Les reporters nous en ont voulu d'avoir été réveillés de si bon matin et d'avoir été informés du départ sans préavis», écrit Johnson. «Ils ne réalisaient pas que nous étions au beau milieu d'une crise qui se développait rapidement et qu'il était impossible de planifier. Une explication qu'on ne pouvait d'ailleurs pas leur donner.»

Ni les journalistes ni les Canadiens ne doivent donc savoir que le Président partira, peut-être, le 25 au matin. Les instructions de Rostow à Smith sont formelles: on leur donnera quelques heures d'avis, le temps pour Pearson de passer une chemise propre. «Les pires 36 heures de ma vie», se souvient Rufus Smith. Le hasard a voulu qu'il reçoive ce soir-là à sa table l'ambassadeur canadien Ed Ritchie (qui a remplacé Charles Ritchie, aucun lien de parenté) et son épouse, venus célébrer l'anniversaire de Mme Smith, Peggy. Rufus, tout occupé à mettre au point horaires et discours, n'arrive chez lui que vers 22 h 30. Puisque sa seule tâche est de gérer les relations bilatérales canado-américaines, comment peut-il expliquer à ses invités qu'une simple affaire de routine l'a retenu au bureau? Il succombe au ridicule de la situation. En moins de deux, Ritchie informe Pearson.

Pourtant, à Montréal, l'assistant au commissaire général américain responsable du singulier pavillon, Roger Provencher (prononcer Provine-cheur) répète depuis deux semaines, avec les agents des services secrets chargés de la protection présidentielle, le parcours que doit emprunter LBJ. Il connaît la date de la visite: le 25 mai. «On m'avait interdit d'en parler au commissaire général américain (à l'Expo: Leonard Marks), comme à l'ambassadeur et au consul général à Montréal», affirme-t-il. «Le Président lui-même a fait savoir que si Provencher s'ouvre la trappe à Montréal, il est viré», avertit un émissaire de Washington.

La raison d'un tel secret d'État? La peur des manifestants! Son porte-parole George Christien le confirme: LBJ a horreur des manifestations anti-américaines qui l'attendent à chaque coin de rue lorsqu'il a le malheur de quitter sa résidence fortifiée. Claironner à l'avance son arrivée «aurait donné à tous les mordus du Vietnam le temps de s'échauffer, et c'est ce qu'il voulait éviter», explique un cadre du Département d'État. Rusk a une autre version: «Les services secrets l'exhortaient à éviter autant que possible d'annoncer ses déplacements, car ils étaient encore sur les dents depuis l'assassinat du président Kennedy». Oui mais, annoncer officiellement à 6 h 15 du matin à un pays étranger d'avancer la limousine des officiels, c'est un peu juste.

Et Johnson n'évitera pas complètement cette guerre du Vietnam qui le hante. Tous les yeux se fixent sur le drapeau américain que l'on hisse pour la cérémonie qui fait de ce 25 mai, en présence du Président, la «Journée des États-Unis» à Terre des Hommes. Mais lorsque la bannière étoilée se déploie au vent, on aperçoit le trou béant qu'un objecteur aura soigneusement découpé aux ciseaux, éteignant pour ainsi dire 10 des 50 étoiles. Ce n'est pas fini. Alors que le Président tente de prononcer, dans un discours oubliable, le nom du maire Drapeau («Drape-O») et celui du commissaire de l'Expo, Pierre Dupuy («Doo-Pee»), des manifestants crient «assassin». D'autres reprennent le slogan terrible que l'on scande presque chaque soir, jusque tard dans la nuit, sous les fenêtres de la Maison-Blanche: «Hey, hey, L-B-J, how many kids have you killed today?» (Dis donc, LBJ, combien de gamins as-tu tués aujourd'hui?). Mais des agents de la Gendarmerie royale du Canada mettent rapidement hors jeu les trublions.

Il doit ensuite traverser le pavillon et offrir au gouvernement canadien un cadeau, «Le Grand Anneau du Canada», un imposant anneau de verre taillé où sont gravées les armoiries du Canada et des provinces. Le Département d'État avait même consulté quelque expert pour savoir s'il fallait mettre un accent sur le premier «e» de «Québec». Il fallait.

Oui mais voilà, l'anneau ne devait voyager qu'avec le Président. Lorsque la «probabilité» de la visite est décidée la veille, Charles Kiselyak, adjoint de Rufus Smith, ne voit d'autre solution que de placer l'anneau dans sa voiture et de faire, de nuit, les douze heures de route qui séparent Washington de Montréal. Après avoir passé la frontière, non sans avoir fait tiquer les douaniers canadiens (le cadeau présidentiel? De nuit? Dans une station-wagon?), le pauvre Kiselyak se rend au pavillon et tente d'installer la chose sur son socle d'apparat.

Selon le plan soigneusement établi, une table motorisée permet à l'anneau de tourner et une lumière intérieure doit baigner le travail des sculpteurs. LBJ devra actionner l'interrupteur pour révéler la majesté de l'ensemble.

Reste à brancher le machin. Mais la prise est trop éloignée... ou la corde est trop courte... ou il en faut une autre... et Monsieur le Président qui s'en vient. Heureusement, Kiselyak ne manque pas de présence d'esprit. Il voit, accrochée à un mur, une guitare électrique ayant appartenu à Elvis. Il s'empare de cette relique sacrée, en coupe le fil électrique avec son canif: il a maintenant sa rallonge. La légende commence-t-elle à ce point-ci du récit ou est-elle déjà vieille d'un paragraphe? La suite en tout cas veut que Kiselyak ait tenu de ses mains le raccord de fortune pendant la cérémonie.

En tout, Lyndon Johnson ne passe que quelques heures en territoire québécois. Juridiquement, d'ailleurs, il n'y met pas les pieds. Il atterrit à Dorval, zone fédérale, prend l'hélicoptère pour Terre des Hommes, zone internationale, et déguerpit aussitôt pour Harrington Lake, en Ontario, où les Pearson ont une résidence d'été. (Madame Pearson peste d'avoir été avertie si tard de la venue de la suite présidentielle. C'est qu'il faut nourrir tout ce beau monde!)

L'essentiel des discussions entre Pearson et Johnson porte sur le Vietnam, car le Président s'enquiert rarement des problèmes internes du Canada. Tout juste, à l'occasion, se souvient le ministre canadien Paul Martin, un «comment vont vos problèmes avec les Français?» en parlant des Québécois. Le conseiller de Johnson en matière internationale, Walt Rostow, ne doute pas que son patron soit rapidement devenu plus conscient du problème québécois. «Il dévorait l'information et les rapports de renseignements», raconte Rostow, qui lui préparait son menu quotidien. Johnson pensait que le problème québécois «allait se dénouer de lui-même»; et s'il ne le soulevait pas avec Pearson, «c'est qu'il évitait soigneusement de se mêler d'un problème interne, un peu comme Pearson n'allait pas s'enquérir des émeutes raciales», ajoute Rostow.

«Ma visite à l'Expo a été merveilleuse», ment ensuite LBJ dans une lettre à Pearson. Et par deux fois il refuse à «Drape-O» une audience au Bureau Ovale. (Le Président a d'ailleurs un peu de mal à tenir la liste des élus montréalais, ayant remercié dans une lettre écrite en série le «cher... maire de Montréal», «Art E. Séguin», pour ses prières lors de la mort de JFK. Séguin était maire de Pointe-Claire.)

Lyndon Johnson n'en a pourtant pas terminé avec Montréal, l'Expo, le Québec. Dans l'appareil politique américain qui s'éveille lentement aux bouleversements en cours au nord-est du continent, la visite à Montréal de Charles de Gaulle, deux mois après celle de Johnson, retentira comme un bruyant coup de semonce.

4
L'insupportable de Gaulle

Avec l'infaillible précision d'un dentiste sadique,
Charles de Gaulle a vrillé directement le nerf
le plus sensible de l'anatomie canadienne
et l'a trituré allégrement.
Éditorial du *Washington Evening Star*,
au lendemain de «Vive le Québec libre!»

Il y a ceux qui refusent d'entendre. Ceux à qui la réalité est si désagréable, à ce point contraire à leurs attentes et à leurs vœux qu'ils sont victimes d'un blocage mental. C'est Ottawa devant de Gaulle. Malgré cent signes avant-coureurs, il a fallu «Vive le Québec libre!» pour qu'on convienne enfin que le Général voulait vraiment, réellement, profondément la souveraineté pour ses «Français du Canada». Et encore. Assis dans le wagon qui, près de l'hôtel Reine-Elizabeth, servait de quartier général fédéral pendant la fameuse visite, le ministre canadien des Affaires extérieures, Paul Martin, a «un frisson» lorsqu'il entend à la radio les quatre petits mots. Mais il s'empresse d'expliquer à ses adjoints que la phrase n'est «pas nécessairement sinistre». C'est le dernier écho d'une longue surdité.

Il y a ceux qui voient loin, qui anticipent le danger. Ceux qui scrutent les mouvements et humeurs d'un trouble-fête avec une loupe assez puissante, une méfiance assez aiguisée, pour voir venir la gifle quand elle germe encore dans l'esprit du mufle. C'est Washington devant de Gaulle.

En octobre 1963, déjà, lorsque le ministre français de la Culture, André Malraux, vient au Québec, le consul général des États-Unis à Montréal envoie — c'est son boulot — un petit résumé des faits. Pourquoi cette dépêche, parmi mille envoyées chaque année au Département d'État par ses consuls en poste au Canada, se retrouve-t-elle, seule, dans le fichier «Canada» des archives présidentielles de John F. Kennedy? Et pourquoi Jerome Gaspard, le diplomate qui signe le court texte, l'expédie-t-il par télex plutôt que par courrier aérien, comme c'est l'usage dans les affaires de routine? Pourquoi marque-t-il «Priority» sur l'en-tête? Ses lecteurs apprennent en tout cas que Malraux «enflamme les auditoires canadiens-français avec la promesse qu'ensemble le Québec et la France créeront un avenir commun». Gaspard note qu'à écouter Malraux on «ne peut s'empêcher d'entendre que des liens politiques, aussi bien qu'économiques et culturels, tisseront le destin de la France et du Québec».

Cinq mois plus tard et encore trois ans avant la bombe lâchée de l'hôtel de ville de Montréal, le Bureau de recherche et de renseignement (INR) du Département d'État, donc son aile chargée de digérer les informations et de formuler des analyses, fait un premier rapprochement entre le Québec et de Gaulle. «Au cours des 12 derniers mois, de Gaulle a commencé à assumer un rôle de leader d'une "troisième force" potentielle» dans le monde, dit un mémo d'avril 1964, dans le cours d'un long exposé de la politique étrangère française. «Les Latino-Américains se disputent pour le recevoir; les Chypriotes réclament sa médiation; les Panaméens se tournent vers lui pour obtenir de l'aide; "l'indépendance" de la France par rapport aux "Anglo-Saxons" inspire les séparatistes québécois; ses paroles mêmes ont, ou semblent avoir, dans des contrées éloignées, le poids de l'or et des armées.»

Les périples étrangers du Général visent à rehausser le prestige de la France, car le prestige génère le pouvoir, écrit l'analyste d'INR. Plus prosaïquement, le Général veut «soustraire» un certain nombre d'États, notamment sous-développés, de la zone d'influence des deux superpuissances. De Gaulle appelle cette soustraction «neutralisation».

Mais l'équation qu'établit l'INR est encore toute théorique. On voit de Gaulle là-bas. On voit les séparatistes ici. Ce pourrait n'être qu'illusion d'optique. Manque une preuve. Il y en a bien une. En septembre 1963, alors qu'il se prépare à recevoir poliment Lester Pearson, de Gaulle écrit à ses collaborateurs: «Le Canada français deviendra nécessairement un État et c'est dans cette perspective que nous devons agir.» Témoignage le plus précoce et le plus clair de la vision de de Gaulle. Mais aucun agent de la CIA n'a connaissance du document.

Prévisions: orages gaulliens dispersés

C'est en plein jour, au vu et au su de toute la diplomatie ahurie, que de Gaulle flanque sa première gifle publique au Canada. En juin 1964, lorsque le nouvel ambassadeur canadien à Paris, Jules Léger, vient présenter ses lettres de créance, il prononce une tirade légèrement décapante. Engagé dans une transformation de sa société, dit-il à de Gaulle, le Canada peut très bien se passer de la France mais préférerait un partenariat solide. C'est une manière de mise en garde, téléguidée d'Ottawa par le sous-ministre des Affaires étrangères, Marcel Cadieux, qui voit mieux que d'autres l'ampleur du péril français. Piqué par tant d'insolence, de Gaulle répond à Léger que «sans la France» l'équilibre canadien serait précaire. Pendant qu'on y est, il ajoute qu'il faudrait faire un effort, surtout côté économie, pour les francophones. Et puisqu'on se dit tout, de Gaulle dévoile un coin de sa pensée: «De nombreux Canadiens sont de sang français, de langue française, d'esprit français. Bref, ils sont français, sauf en ce qui concerne le domaine de la souveraineté.»

Un coin seulement. Souveraineté? Laquelle? Est-ce un constat? Un vœu? En tout cas, coupable de franchise, Léger est dorénavant interdit d'Élysée.

En mai 1965, un diplomate américain en France s'empresse de rapporter à Washington «une anecdote petite mais pas insignifiante» qui témoigne directement du lien entre l'homme et l'idée. Well Stabler, conseiller politique de l'ambassade, a été invité par le maire de Cholet, petite ville de Vendée que le Président honore de sa visite. Les États-Unis n'étant pas en odeur de sainteté à l'Élysée, le maire évite de signaler au Général que Stabler est à la solde des Yankees. Mais quand il lui présente ensuite la dizaine de Canadiens étudiant à l'École nationale d'administration qu'il a également invités, il précise que la majorité d'entre eux viennent du Québec. «De Gaulle lève alors les bras en guise de salutation et dit: "Ah, le vrai Canada!"» rapporte Stabler.

L'anecdote «est révélatrice de l'attitude de de Gaulle face au Canada et s'inscrit bien dans une tendance croissante, parmi les membres du gouvernement et les gaullistes, à établir une nette distinction entre le Canada français et le Canada anglais», écrit le diplomate.

Et si c'était une blague? Un bon mot? Entre Québec et Paris, en tout cas, les visites ministérielles se succèdent à une fréquence que l'ambassade américaine ne manque pas de relever. Le premier ministre Jean Lesage est reçu avec les attentions dues à un président américain. Passe encore. Une délégation générale du Québec, dotée d'un statut de quasi-ambassade, ouvre ses portes. Curieux. Une entente culturelle négociée directement avec Québec et conférant à la province «une indépendance exceptionnelle» en matière de relations internationales est signée avec enthousiasme. C'est louche. Un simple ministre de l'Éducation, Paul Gérin-Lajoie, s'avise à l'improviste de rencontrer un des quatre hommes les plus puissants de la planète et il est introduit sur-le-champ dans l'antre du pouvoir français. C'est gros. Très gros.

Un mois après l'anecdote de Stabler, l'INR ajoute au dossier un élément capital. Le nom de celui qui, dans l'administration française, tire les ficelles du dossier Québec: Charles de Gaulle. «Il apparaît hautement probable que l'attitude très favorable que la France a adoptée face aux initiatives québécoises en ce qui concerne l'*entente* [culturelle] et la Maison du Québec découle d'un intérêt direct, personnel, que le président de Gaulle porte au Québec», affirme le mémo. (Plus d'un an après, le ministre Paul Martin pense toujours que «des extrémistes au Québec et en France manipulent le président», alors que c'est plutôt l'inverse. Presque 25 ans plus tard, des hauts fonctionnaires fédéraux avouent qu'ils se demandent encore qui était le «maître d'œuvre» de la politique pro-québécoise!)

Dans ce contexte, poursuit le mémo de l'INR, même l'exploit diplomatique de Gérin-Lajoie tombe sous le sens. «Un cadre du Quai d'Orsay [le ministère français des Affaires étrangères] a expliqué cet intérêt sans précédent pour un ministre "provincial" de l'Éducation en faisant cette observation extraordinaire (si littéralement vraie) que le président de Gaulle considère les Canadiens français comme des Français et recevrait probablement n'importe quel ministre québécois qui demanderait un rendez-vous.» L'informateur sait ce qu'il dit. Plusieurs ministres provinciaux, de Pierre Laporte à Jean-Guy Cardinal, sans compter une délégation d'Acadiens qui aurait eu peine à se faire inviter à Ottawa, défileront à l'Élysée, alors que le ministre fédéral Jean Marchand et le gouverneur général du Canada, Georges Vanier — pourtant un vieil ami du Président —, ne pourront en franchir le seuil.

Les interlocuteurs des Américains au Quai d'Orsay confient cependant qu'ils ne partagent pas l'engouement du Général pour les questions québécoises. Ils ressentent, note l'analyste de l'INR, «un malaise».

Le mémo cherche à identifier le véritable objectif de de Gaulle, son «calcul politique». Il ne pose qu'une hypothèse: Paris veut «obtenir un levier pour s'assurer la coopération d'Ottawa dans les relations bilatérales et dans les relations multilatérales entre la France, le Canada et d'autres nations occidentales». De fait, les liens Québec-Paris «obligent Ottawa à éviter toute querelle sérieuse, et certainement publique, avec la France». Mais Ottawa pratique depuis belle lurette une politique de fraternisation avec Paris et tente de jouer les médiateurs entre de Gaulle et Washington, ajoute très justement le mémo, qui invalide ainsi sa propre hypothèse. La question du mobile politique reste ouverte.

Le jeu du gouvernement québécois intrigue moins le Département d'État. Le premier ministre Jean Lesage n'a vraisemblablement pas le choix. Ses audaces françaises tiennent au fait qu'une «part importante de l'opinion au Québec exprime encore un désir d'autonomie que le gouvernement Lesage (malgré son bilan de réalisations dans ce domaine) n'a pas encore satisfait». Il faudra «une forte dose de leadership», à Ottawa comme à Québec, pour «contenir les tendances autonomistes centrifuges du Québec», conclut le mémo.

À Paris, le patron de Stabler, Richard Funkhouser, n'aime pas les questions sans réponse. Il ne veut pas être pris de cours. Il est entré en fonction à Paris depuis peu et il veut blinder ses analyses. «J'ai lu tout ce que le Général avait écrit parce que je voulais à tout prix éviter, en tant que conseiller politique, d'être pris par surprise, et le Général était le roi de la surprise.» De Gaulle a déjà causé bien des misères aux Américains en Indochine. Il a été le premier à reconnaître la Chine de Mao. Il fait les yeux doux à Moscou et à l'Est, alors même qu'il boude l'Angleterre voisine. Il refuse de faire le jeu des super-grands et de signer le traité de non-prolifération nucléaire, considérant qu'il s'agit d'un truc visant à réserver à Washington, Londres et Moscou le monopole atomique.

Au milieu de 1965, Funkhouser fait dresser par son personnel la liste des «surprises» que prépare le Général. «Quelle est la chose la plus dommageable ou la plus surprenante que le Général puisse concevoir et qui puisse affecter les intérêts américains en un point quelconque du globe?» demande-t-il. Il s'agit de se mettre dans sa peau, de penser en gaulliste, et de projeter dans l'avenir les principes que le Général a clairement posés dans le passé.

Les hypothèses tiennent en quelques lignes, une page tout au plus. Un conseiller parle d'une intensification de la critique de la politique américaine au Vietnam. Exact: de Gaulle ira un an plus tard à Phnom Penh dénoncer l'intervention militaire des États-Unis. Un autre prévoit qu'il retirera la France de l'OTAN, ou obligera l'Organisation à transférer son siège hors du territoire français. Encore dans le mille: une dizaine de mois plus tard, il fait les deux. Un troisième avance que de Gaulle «exercera un maximum de pression» pour faire avancer «sa politique de Québec libre», se souvient Funkhouser. Touché: un jour de juillet 1967, à Montréal...

Le document, explosif, qui résulte de cet exercice est jugé trop «embarrassant» pour être transmis par les canaux ordinaires. «Si un de nos congressmen mettait la main dessus, il ferait tout un éclat», raconte le diplomate, «et pourrait montrer combien le Département d'État se méfie du Général», un allié, tout de même, de Washington. Le document, cette prévision météorologique des orages gaulliens à venir, est acheminé aux cadres supérieurs du Département par une voie sûre.

À l'été 1965, la diplomatie américaine tient donc les éléments essentiels de l'intrigue franco-québécoise. Elle a identifié le maître du jeu — de Gaulle — et est parée pour son prochain coup — Vive le Québec libre!

Ces analyses ne sont pourtant pas partagées avec les diplomates canadiens, qui pourtant en auraient bien besoin. «Si les Américains savaient qu'il y avait un grand complot, qu'il y avait une conspiration, qu'il y avait un dessein, qu'il y avait une grande stratégie, alors bon Dieu! ils ne nous l'ont pas dit», affirme Allan Gotlieb, alors chargé de ce dossier aux Affaires extérieures, sous la direction de Marcel Cadieux.

C'est sans doute qu'à cette époque les échanges canado-américains sont minimalistes, car la dernière rencontre au sommet Pearson-Johnson a donné lieu à une historique prise de bec.

Au début de 1965, alors que l'opération «Rolling Thunder» de LBJ tapisse de bombes le Vietnam du Nord, Pearson décide d'exprimer publiquement son désaccord. Il choisit une tribune américaine, celle de la Temple University de Philadelphie, qui l'invite à recevoir son Prix mondial de la paix. LBJ est furieux. Le leader canadien peut dire ce qu'il veut chez lui, mais il enfreint une règle d'or en venant critiquer le Président jusque chez lui. LBJ somme Pearson à Camp David et pique une de ses grandes colères.

Le Canadien est assis sur la balustrade, le président américain l'invective depuis une heure, sous l'œil scandalisé de hauts fonctionnaires. LBJ saisit alors le petit premier ministre par le col de chemise et le soulève comme s'il voulait lui donner une raclée. «Vous avez pissé sur mon tapis», lui dit-il. Pearson, se souvient l'ambassadeur Charles Ritchie qui assiste, rageur, à la scène, est «assez ébranlé» par l'incident. Jamais les rapports bilatéraux n'avaient atteint le stade du corps à corps. Mais dans une belle opération d'intoxication, on dira aux journalistes que «c'étaient quelques heures agréables», dixit Pearson, une «rencontre amicale», dixit Johnson.

Le mutisme américain face à Ottawa au sujet de l'axe Paris-Québec s'explique sans doute aussi par l'importance toute relative que les hommes de *Foggy Bottom* accordent à ces analyses. Le match France-Amérique se déroule dans plusieurs stades dont Québec est presque le moindre. À Paris, déclare Funkhouser, «le problème du Québec venait loin sur la liste de nos priorités. Nous avions de nombreux soucis autrement plus cruciaux que le tort que la stratégie québécoise pouvait causer aux États-Unis.» Ah oui! Parce qu'on a aussi trouvé le mobile.

Un mobile: l'anti-américanisme

Washington voit la problématique gaullienne par cette seule lorgnette: le tort causé aux États-Unis. De Gaulle, au contraire, érige toute sa politique sur le bien que peut en retirer la France. Unique, seule, irremplaçable, indispensable France, celle qui «n'est elle-même qu'au premier rang». Depuis qu'il est revenu à la présidence en 1958, le héros de la Libération ne s'est fixé qu'un but: retrouver la Grandeur perdue. Un de ses premiers gestes indique d'ailleurs dans quelle octave, en haut, tout en haut, il compte claironner le double Grand Retour, le sien et celui de son pays. Il propose au président Eisenhower la création d'un «directoire tripartite» — États-Unis, Angleterre, France — chargé de coordonner l'alliance occidentale. Pas question de céder à Washington quelque leadership. Pas question de laisser les forces armées tricolores sous la direction de quelque général yankee. La France doit prendre sa place au sommet, être l'égale des autres Grands, sinon elle se taillera une place ailleurs. Égalité, bref, ou Indépendance. Ike n'honore même pas l'audacieuse requête d'une réponse officielle. Il n'y aura pas de directoire. Il y aura de Gaulle.

La rancœur est perceptible dans la démarche du grand homme. À Londres, pendant la guerre, il s'est trouvé l'otage des Anglais et des Américains. Il n'a pas digéré le fait que le sort de la France se soit décidé ailleurs. Il n'a pas oublié que le président Roosevelt ne voyait en lui qu'un «Français zélé et étroit d'esprit, trop ambitieux pour son bien et entretenant des vues douteuses sur la démocratie». Ni les incessantes querelles avec Churchill, pourtant son meilleur allié. («De Gaulle se prend pour Jeanne d'Arc», blaguait Churchill, «mais mon archevêque m'interdit de le brûler!») «L'alliance anglo-saxonne» que constitue la «relation spéciale» entre Washington et Londres laisse au Général un goût amer.

Son entêtement à ne définir la politique française qu'en fonction des intérêts nationaux relève cependant beaucoup plus de la prospective que de la rancune. En novembre 1959, il expose sans détour en conférence de presse le scénario qui le hante et l'anime. «Qui peut dire si, dans l'avenir, les données politiques ayant complètement changé — cela est déjà arrivé sur la terre — les deux puissances détenant le monopole des armes nucléaires ne s'entendraient pas pour partager le monde. (...) qu'en une terrible occasion l'Europe occidentale soit anéantie, à partir de Moscou, et l'Europe centrale, à partir de Washington? Et qui peut dire même si les deux rivaux, à la suite de je ne sais quel bouleversement politique et social, n'en viendront pas à se confondre?» Le renversement des alliances entre grandes puissances n'est-il pas la règle, plutôt que l'exception? Hitler contre Staline. Hitler allié à Staline. Hitler contre Staline. Le tout en moins de dix ans.

Il en tire une grande leçon. On n'est jamais si bien servi que par soi-même, surtout en matière de défense nationale. Tant pis pour ces présidents américains qui rêvent d'une alliance atlantique où les Européens, sagement alignés derrière le chef, se partagent harmonieusement le travail. Il le dit à Ike: «Vous, Eisenhower, vous feriez la guerre nucléaire pour l'Europe, parce que vous connaissez les intérêts qui sont en jeu. Mais au fur et à mesure que l'Union soviétique développera sa capacité de frapper les villes de l'Amérique du Nord, l'un de vos successeurs n'acceptera de faire la guerre nucléaire que pour faire face à une attaque du même genre.» Bref, un futur Président ne sera pas prêt à risquer Chicago pour venger Lyon. De Gaulle veut son propre arsenal atomique car «Les Soviétiques me connaissent», dit-il. Ils savent que l'orgueilleux Français défendra son bout de terre hexagonal, risquera Paris pour venger Lyon. «Il faut que je sois insupportable tout seul.» Plus qu'une résolution, un choix fondamental.

Puisque Washington ne veut pas d'un directoire tripartite, de Gaulle démantèle peu à peu les liens organiques qui l'attachent — qui le soumettent— au pouvoir américain. En plus de son propre arsenal nucléaire, il invente son propre discours Est-Ouest. Il tient en un mot: «détente». Car c'est la tension qui polarise, cimente chacun des blocs, élimine les marges de manœuvre. La république gaullienne, si elle doit se hisser au sommet, doit au contraire ouvrir les brèches, élargir les marges, dé-tendre. De Gaulle jouera les équilibristes. Mieux, il jouera à celui qui déséquilibre Washington et Moscou. Si l'un devient trop fort, il lui mettra un peu de camembert dans les engrenages.

Il ne fera beau à l'Élysée que si le temps est pourri au Kremlin et à la Maison-Blanche. Or, pour l'heure, le soleil tape à Washington, l'axe anglo-américain fait du surf sur la vague économique venue de Detroit et de Californie. États-Unis, Angleterre et, par extension, presque par trait d'union, Canada. Ces Canadiens qui ferment d'ailleurs la marche anglo-saxonne en refusant de vendre à la France l'uranium dont celle-ci a besoin pour se nucléariser, alors même qu'ils en fournissent à Washington et à Londres, les deux larrons déjà inscrits au club nucléaire.

Le Canada compte maintenir des liens étroits avec les Américains et les Britanniques, et souhaite simplement ajouter la corde française à cet arc infernal. Pearson, qui aime être au mieux avec tout le monde, le dit franchement et tout bêtement au Général, à Paris, début 1964. Ne voit-il pas que loin d'additionner, de Gaulle veut soustraire? Puisque le Canada se range d'emblée dans le camp anglo-saxon, il fait partie intégrante de la cible gaullienne et, à travers lui, c'est l'Amérique que Paris vise.

Belle erreur d'appréciation, Pearson emporte de Paris le souvenir d'un de Gaulle «impressionnant et beaucoup plus favorable» au Canada que prévu. Le Général est certes «convaincu que nous, Canadiens anglais, n'avons aucune chance de maintenir notre identité face aux pressions des USA», mais Pearson, croyant avoir établi le contact, se promet de «le détromper sur ce point».

«La politique de base [du Général] était évidemment de rehausser globalement le prestige de la France de toutes les façons qu'il pouvait trouver», juge Funkhouser, aux premières lignes de l'observatoire américain pendant ces années cruciales. «Ça cadrait parfaitement avec l'idée de construire une enclave française dans le monde anglo-saxon, une enclave qui existait déjà, et de lui donner autant de prestige et d'importance qu'il le pouvait. Mais ce n'était qu'un corollaire de la stratégie globale visant à diminuer, abaisser, attaquer, fractionner l'hégémonie anglo-américaine dont il parlait constamment.»

Les Américains ne sont pas les seuls à voir l'intérêt québécois du grand Charles à travers ce prisme. De Paris, l'ambassadeur canadien Jules Léger fait un peu la même lecture. «Le biais anti-américain» du Général «joue contre nous», écrit-il à l'été 1965.

C'est essentiellement parce que les Américains, «avec la coopération des frères anglophones», Ottawa, Londres, «dominaient largement les affaires internationales depuis la Seconde Guerre», explique encore Funkhouser, que de Gaulle va pleuvoir si fort sur les capitales ensoleillées d'anglo-saxonie, via Phnom Penh ou Montréal au besoin, réservant sa chaleur pour l'autre bloc, qui a perdu de sa superbe depuis la crise de Cuba. Son flirt léger avec Moscou ne tire d'ailleurs pas à conséquence. De Gaulle se place résolument dans le camp occidental. Si Moscou attaque demain, Paris et Washington finiront bien par tirer dans la même direction. Le Général laissera aux évidences le soin d'imposer la tactique. La stratégie, elle, sert à planifier le siècle, pas le septennat. Et pour de Gaulle, la puissance russe, européenne, stabilisatrice, est l'élément permanent. Le bolchevisme, corps étranger, déstabilisateur, est transitoire. La mère Russie finira par le digérer ou le recracher. Un jour, la vieille alliance franco-russe renaîtra des cendres du bolchevisme et encadrera, à l'Ouest comme à l'Est, la réelle, éternelle menace: l'Allemagne.

Il y a un trou béant dans la pensée internationale gaullienne. La France, à demi détruite par la guerre; déconsidérée comme puissance militaire depuis qu'elle a donné au vocabulaire guerrier une métaphore grotesque: la ligne Maginot; récemment encore défaite en Indochine, menacée en Algérie; puissance coloniale dont l'empire s'effrite; la France, donc, n'a pas les moyens d'une politique de Grandeur. Elle n'a pas besoin de moyens, semble répondre le Général, puisqu'elle a de Gaulle. «Si nous n'avons pas une grande politique, comme nous ne sommes plus une grande puissance, nous ne serons plus rien», dit-il. Argument qui peut relever, au choix, de la meilleure logique ou du sophisme pur.

Kennedy et de Gaulle: faux départ

À Washington, les acrobaties françaises laissent songeur. Kennedy, déjà, qui avait passé un bon moment avec ce grand homme qu'il admirait et dont il voulait recevoir les conseils lors de leur tête-à-tête parisien en mai 1961, comprend mal pourquoi leurs rapports se détériorent, pourquoi la France joue exprès à contretemps dans le concert Atlantique. Kennedy est le premier président américain que de Gaulle respecte. Mais les rapports personnels sont peu de chose lorsque deux nations s'engagent sur des trajectoires divergentes.

En avril 1963, l'ambassadeur américain à Paris, Charles (Chip) Bohlen, vient à Palm Beach, en Floride, expliquer à Jack Kennedy le raisonnement gaullien. Bohlen, un des conseillers de Roosevelt à Yalta, a fréquemment l'occasion de côtoyer de Gaulle; il est régulièrement reçu à l'Élysée. Il se permet parfois, ce qui est rare en présence du Général, une pointe d'humour noir. «Je me souviens d'une conversation pendant laquelle de Gaulle m'a confié avoir été un gros fumeur, mais qu'il avait renoncé à cette habitude qu'il jugeait mauvaise pour sa santé et son énergie. Il a toutefois ajouté que si une nouvelle guerre se déclarait, il recommencerait à fumer. "Dans ce cas mon Général", ai-je fait observer avec un brin d'effronterie, "vous n'aurez peut-être même pas le temps d'allumer votre cigarette."»

Bohlen. Figure distinguée, tout aristocratique. Entre journalistes américains, on l'appelle «Notre Lord Louis Mountbatten». Il accepte mal que Kennedy l'entretienne d'affaires internationales en se prélassant au bord de sa piscine. L'entretien de Palm Beach «était dans l'ensemble désolant et constamment interrompu par l'arrivée des enfants ou de Mme Kennedy», écrit-il. «Pendant l'essentiel de la conversation, Kennedy se faisait même faire les mains.» Entre les éclaboussures et les rognures d'ongles, le digne ambassadeur expose sa vision de la pensée gaullienne. D'habitude, il se sert d'une métaphore planétaire. «Chaque planète a son champ de gravité. Une planète de taille moyenne doit se tenir à l'extérieur du champ de gravité d'une planète plus grosse, sous peine d'en devenir le satellite. Pour la même raison, la France devait prendre ses distances des États-Unis», explique-t-il.

«Kennedy avait la bonne approche concernant de Gaulle», écrit encore Bohlen. «Il se rendait compte que les États-Unis ne pouvaient pas faire grand-chose pour modifier la politique fondamentale d'indépendance de de Gaulle et en concluait, très justement selon moi, que le rôle des États-Unis consistait à réagir calmement et ne pas se laisser irriter sans raison par le Général.»

Un autre conseiller de Kennedy en matière internationale, Walt Rostow, avait une façon moins charitable de décrire la politique du Général. «Puisque de Gaulle n'a pas le pouvoir de contrarier les ennemis de la France, il tire son autorité de ses piques contre ses alliés», explique-t-il un jour. Une politique «mesquine», commente JFK.

Si la relation de Gaulle-Kennedy était partie du bon pied pour trébucher chaque jour un peu plus, le contact de Gaulle-Lyndon Johnson s'engage directement sur un faux pas. Le jour même de novembre 1963 où de Gaulle vient à Washington partager la peine d'une nation en deuil, Lyndon B. Johnson apprend que le Général s'est ouvert à un ambassadeur allié de l'inconstance américaine. En cas d'invasion soviétique de l'Europe, aurait dit de Gaulle, on ne peut compter sur l'aide yankee. Déjà, aurait-il ajouté, il a fallu les traîner de force dans les deux guerres mondiales et, sans Pearl Harbor, ils auraient encore tardé. Aujourd'hui que l'enjeu est nucléaire...

LBJ a ce rapport «encore à l'esprit», dit-il, lorsqu'il serre la main du Général. Enfin, il trouve un interlocuteur qu'il peut regarder dans les yeux: de Gaulle et Johnson, deux géants, frôlent les mêmes plafonds.

Une fois leurs longs corps respectifs pliés dans les fauteuils du Bureau Ovale, de Gaulle et Johnson feignent le dialogue. Le Général assure que les désaccords entre les deux pays ont été «grandement exagérés». «L'important est que la France sait pertinemment qu'elle peut compter sur les États-Unis en cas d'agression», dit-il, selon le souvenir indigné qu'en garde LBJ.

L'Américain «soutient fixement le regard du président français et réprime un sourire». Cette conversation, qui atteste la duplicité du Général, restera longtemps inscrite dans la mémoire de Johnson. Si les États-Unis suivaient le conseil français d'abandonner le Vietnam, songe-t-il, «je suppose que [de Gaulle] aurait cité cette décision comme "la preuve"» de l'impossibilité de «se fier à l'Amérique en cas de coup dur».

Johnson, comme Kennedy, encaisse. De Gaulle, qui se veut «insupportable tout seul», tire aussi partie des querelles qu'il se plaît à entretenir avec le pouvoir américain. Si le président des États-Unis se mettait à lui renvoyer la balle, il reconnaîtrait implicitement l'envergure de l'adversaire. Le cercle est vicieux. «J'ai établi la règle, pour moi-même et pour le gouvernement américain, d'ignorer tout simplement les attaques du président», affirme LBJ, qui reconduit ainsi la politique de son prédécesseur.

Quelques mois seulement avant «Vive le Québec libre!» Pearson demandera au président américain comment il réussit à rester de glace devant les bravades répétées du Général, notamment son retrait de l'OTAN. «Quand il se prépare à décocher une de ses balles rapides, je m'écarte du marbre», répondra LBJ.

De Gaulle a beau jeter des pavés dans les mares chinoise, vietnamienne ou québécoise, il ne réussit pas à mouiller la Maison-Blanche. Lorsqu'en 1966 le Général annonce son intention de quitter la structure militaire de l'OTAN — la France ne sera plus «l'humble auxiliaire» de Washington, dit-il — et demande aux 60 000 militaires américains de plier bagage, LBJ réunit ses conseillers. Qu'une des grandes puissances occidentales démantèle ainsi le réseau intégré de la défense de l'Ouest est le pire coup porté à l'Amérique depuis la crise des missiles.

En l'absence du secrétaire d'État Dean Rusk, son adjoint George Ball, un anti-gaulliste convaincu, propose que Johnson dénonce le chef d'État français, ou du moins qu'il tente de le ramener à la raison, bref qu'il agisse, que diable! Réponse de LBJ: «George, quand quelqu'un vous demande de quitter sa maison, vous saluez avec votre chapeau et vous sortez.» Il se tourne ensuite vers son secrétaire à la Défense, Bob McNamara, et lui demande: «Combien de temps nous donne-t-il? Trois mois? Eh bien, je veux vous voir déguerpir en deux mois.» Puis, revenant à Ball: «George, ton boulot n'est pas de dénoncer de Gaulle, ton boulot est de t'assurer que tous les autres [membres de l'alliance] viennent avec nous à Bruxelles», le nouveau siège de l'OTAN.

Cette ligne de conduite générale, l'esquive, «explique pourquoi nous ne nous sommes pas affolés» lorsque l'orage a éclaté au Québec, affirme Walt Rostow, témoin de la scène Ball-LBJ.

Un général au balcon

Boudé à Washington où on lui refuse un entretien avec Lyndon Johnson, Daniel Johnson voit Paris dérouler à ses pieds, le 17 mai 1967, «un tapis rouge vif», rapporte l'ambassadeur américain Bohlen, dans le résumé — pas moins de onze pages — qu'il fait de la visite.

Le premier ministre du Québec est venu convier le président français à l'Exposition universelle de Montréal. De Gaulle le reçoit quatre fois pendant son séjour. Dans un toast «particulièrement chaleureux», l'éloquent Général «ne mentionne pas une seule fois le mot Canada, ni ne fait référence au Québec comme à une province», note Bohlen. Le Général parle aussi du «destin commun de tous les Français, où qu'ils soient».

Johnson sait de Gaulle réticent à faire la traversée pour assister à ce qu'il appelle «cette foire». Mais il sait trouver les mots: «Mon Général, le Québec a besoin de vous, c'est maintenant ou jamais», lui dit-il. Le Québécois pensait peut-être en rajouter. Mais il a frappé chaque touche de l'orgue gaullien. L'allégeance («Mon» Général), le «besoin» et l'urgence.

La visite du premier ministre a les apparences d'un franc succès. En pratique, la liste des accords signés «est longue mais plutôt mince», juge l'ambassadeur américain, qui note toutefois que Johnson repart dans une état «euphorique» et ne manquera pas à son tour de ménager à son hôte un accueil «aussi chaleureux, sinon plus».

Juillet. De Gaulle met enfin le cap sur les rives du Saint-Laurent. Le Général, on le sait, a depuis longtemps choisi son camp. Voici qu'on lui offre son heure. Il la prend, et décide de frapper un grand coup. «On va m'entendre là-bas, ça va faire des vagues», dit-il au moment de monter à bord du Colbert, le vaisseau amiral français qui le mène, en conquérant, à Québec. «C'est la dernière occasion de réparer la lâcheté de la France», dit-il encore, investi de tout un destin.

À Québec, le soir du 23, il prononce au Château Frontenac un discours où il expose déjà l'ensemble de sa pensée. Non seulement le Québec doit «dans tous les domaines disposer de lui-même», mais les «Français d'ici», n'acceptant plus de «subir» la «prépondérance d'influences qui [leur] sont étrangères», doivent aussi forger des alliances avec le Canada anglais pour «sauvegarder leur substance et leur indépendance au contact d'un État colossal qui est leur voisin...»

De Gaulle invente la souveraineté-association. En fait, le Général affirmera avoir imaginé le concept en 1960, lors d'une visite à Montréal où il fut choqué par l'américanisation de la métropole et par l'infériorité économique des francophones. Dans ses mémoires inachevées, rédigées après son retrait de la vie politique en 1969, de Gaulle écrira que cette expérience lui a immédiatement fait songer que «l'institution d'un État de souche française, à côté d'un autre de souche britannique (...) de préférence associant leurs deux indépendances afin de les sauvegarder», effacerait «l'injustice historique». Mais son biographe Jean Lacouture, comme l'historien québécois Dale Thomson, soupçonnent de Gaulle de «surimpression historique».

Au Château Frontenac, les représentants fédéraux refusent d'entendre. Le ministre Paul Martin applaudit, sans excès mais applaudit tout de même, le discours indépendantiste. Ce soir-là, «tout est expliqué», dit un membre de la suite gaullienne. Mais «pour que les sourds entendent, il fallait crier». L'occasion s'en présente le lendemain, 24 juillet, sur un balcon d'hôtel de ville où quelqu'un, contre les ordres du maire, a installé un micro.

«De Gaulle», écrit de Montréal le consul général américain Richard Hawkins, se présente au balcon, «devant une foule ordonnée de cinq à six mille personnes, dont 15 à 20 petits groupes de nationalistes québécois brandissant drapeaux et pancartes, qui semblaient responsables de toutes les huées pendant le *Ô Canada* et qui ont avec ferveur joint leurs voix aux acclamations saluant de Gaulle».

L'historique micro a deux branches, comme une fourche, ou un guidon. De Gaulle s'y accroche, comme s'il devait se cramponner pour exécuter un saut périlleux. Après avoir mis la foule dans sa poche par quelques mots flatteurs pour Montréal — il compare l'accueil qui lui est fait à celui de la Libération —, il s'agrippe au micro pour l'envoi final.

«Vive Montréal!» dit-il d'abord pour donner la cadence.

Il esquisse un mouvement vers l'avant, prend son élan, lance «Vive le Québec...», mais un dernier mot qu'il s'apprête à prononcer est avorté, car la foule interrompt sa lancée par ses applaudissements. Il se retient, recule un tantinet et laisse passer la vague.

Une dernière fois il se cramponne, s'avance, se penche vers le micro et, d'une traite, clame: «Vive le Québec libre!»

Moment de stupeur chez tous les auditeurs. Puis, délire d'applaudissements.

Sur le balcon, de Gaulle redresse le torse, desserre la poigne, reprend son souffle. C'est fait. Les sourds entendront.

«Vive le Canada français et Vive la France!» lance-t-il encore en baisser-de-rideau.

«Il l'a dit! Il l'a dit!» trépigne joyeusement un jeune libéral à lunettes qui a de l'avenir, Robert Bourassa. Le Général «est allé trop loin», critique un député, René Lévesque. «Va-t-y avoir des problêêêmes...», rouspète un premier ministre, Daniel Johnson.

Son forfait accompli, de Gaulle traverse l'hôtel de ville pour se rendre à la réception où l'attendent 500 convives, notables de l'endroit, dont le corps consulaire abasourdi.

«Cet auditoire avait d'abord été amusé par les effets dramatiques de la scène du balcon», écrit Hawkins. «Puis assez choqué de la comparaison de son parcours vers Montréal avec la libération de la France et par l'emphase sur un slogan séparatiste comme "Québec libre".»

Quand «l'effroyable phrase» retentit, «le choc fut terrible», se souvient Mme Hawkins, la veuve du consul général. «Ce n'était franchement pas la chose à dire... Nous nous sommes tous regardés... en disant comment est-ce possible?»

Lorsque de Gaulle se présente aux notables, Hawkins le trouve fatigué. «Les yeux du Général étaient rouges et enflés, sa voix un peu enrouée et l'intérêt qu'il portait aux gens rassemblés était inexistant lorsque vint le tour des consuls» de lui serrer la main. Ces gens-là lui importaient peu. Les autres, au pied du balcon, formaient son véritable auditoire.

À Montréal, de Gaulle logeait à quelques pas de la résidence de Hawkins, qui, rapporteur zélé, ouvre l'œil, le lendemain matin, et aperçoit un Président «reposé et frais». Donc en forme pour recevoir le communiqué du gouvernement fédéral qui juge ses propos «inacceptables». De toute façon, le Général ne tenait pas vraiment à se rendre à Ottawa. Il prépare un départ anticipé le 26. Mais il ne quitte pas Montréal sans assener un autre couplet à la superpuissance américaine dans un discours qu'il prononce à l'Université de Montréal. Le Québec, dit-il, est «voisin d'un État colossal et qui par ses dimensions mêmes peut mettre en cause votre propre entité». La phrase est dûment reprise le soir même dans un quotidien de Washington.

Washington analyse «Vive le Québec libre»

À la Maison-Blanche le lendemain matin, Walt Rostow lit, dans les dépêches des diplomates américains à Paris qu'il a expressément demandées, combien l'initiative de de Gaulle est mal reçue en France. La télévision, pourtant contrôlée par l'État, «ne fait aucune tentative pour déguiser la réaction de la presse presque unanimement défavorable». Parmi les politiciens, le radical Jacques Duhamel note que «la stupéfiante ingérence» de de Gaulle s'explique par «cette idée fixe: l'anti-américanisme». Le leader socialiste François Mitterrand garde pour l'instant le silence, mais deux de ses proches se demandent tout haut si le vieux général «possède toutes ses facultés». «Même au sein des gaullistes totalement loyaux, la foi dans l'infaillibilité de de Gaulle a été rudement ébranlée», rapporte l'ambassade.

Il y a des exceptions. Le fidèle scribe Pierre Charpy, par exemple, estime que la bombe québécoise est un prolongement direct de la politique étrangère gaulliste, du retrait de l'OTAN jusqu'au Moyen-Orient. Dans un article de *Paris-Presse* résumé par l'ambassade, il soutient que, la paix étant menacée par une hégémonie croissante des États-Unis, de Gaulle sert la cause de la paix en encourageant les aspirations des Canadiens français.

Lyndon Johnson a l'habitude de feuilleter une brève synthèse des principaux textes diplomatiques et d'arrêter son choix sur les sujets qui lui importent. Le 28 juillet, il demande à voir l'analyse préparée par Charles Bohlen sur les frasques du Général.

L'ambassadeur n'a jamais été aussi sévère:

«Il est maintenant apparent que de Gaulle a perdu son sens de l'à-propos, son flair du bon moment et du bon endroit et que ses déclarations publiques et d'ailleurs ses actions ont pris de plus en plus un caractère personnel et têtu. Selon nos informations, de Gaulle gère la politique étrangère française presque en solo et néglige de manière croissante les autres aspects des activités du gouvernement.

«Ses récentes déclarations sur le Vietnam, qui ont graduellement dépassé les bornes généralement admises, son comportement à l'intérieur du Marché commun et finalement, le dernier et plus incroyable écart de tous, son initiative au Canada reflètent cette tendance. Il semble que de Gaulle souffre de deux maux liés à son âge avancé: 1) une ossification de ses préjugés — et il en a beaucoup; et 2) une indifférence croissante, voire une insouciance quant à l'effet de ses paroles sur l'opinion publique internationale et française. La fixation qu'il a toujours eue à l'égard du pouvoir et de la taille des États-Unis a empiré jusqu'à devenir une obsession maladive...

«Nous avons noté que tout au long de sa vigoureuse intrusion dans les affaires intérieures du Canada en faveur des Canadiens français, de Gaulle a trouvé deux occasions d'exprimer des critiques relativement tempérées au sujet des États-Unis et de leur taille. J'ai le sentiment, cependant, que nous devons définitivement reconnaître que l'une des forces qui motivent la conduite de de Gaulle en politique étrangère est son obsession anti-américaine. Je crois que nous pouvons nous attendre à ce qu'il inclue des remarques désobligeantes envers les États-Unis dans presque tout ce qu'il dira à l'avenir...

«Il est peut-être trop tôt pour dire que de Gaulle "devient sénile", mais la réserve qui accompagnait jusqu'à maintenant ses actions et modulait ses paroles semble certainement lui faire énormément, et de plus en plus, défaut...»

LBJ a cette dépêche, comme bien d'autres, sur sa table à 8 h 00 a.m. Mais Detroit est en feu. Des émeutes raciales déchirent le tissu social des grandes villes américaines que Johnson tente vainement de rapiécer. Les fusillades, pillages et incendies de la capitale de l'automobile, ce jour-là métropole de la haine, ne laissent pas à Johnson le loisir de s'occuper de l'insupportable de Gaulle. «Analysez ceci et donnez-le-moi en quatre lignes», demande-t-il à Rostow à 11 h 30 en lui rendant la copie de Bohlen. À 12 h 35, le travail remarquablement condensé lui parvient: «1) De Gaulle pratique de plus en plus une politique étrangère personnelle plutôt que gouvernementale; 2) son anti-américanisme empire à mesure qu'il estime que la puissance et l'influence des USA augmentent; 3) la presse française a presque unanimement blâmé sa performance canadienne; 4) sa conduite au Canada lui a nui politiquement, mais on ne peut dire dans quelle mesure — notamment parce que c'est le temps des vacances en France.» LBJ lit le bref mémo à 12 h 50.

S'il est enragé de la nouvelle pirouette de de Gaulle, il ne le dit pas. Rétrospectivement, il a en tout cas une raison d'être soulagé. Il n'y a pas

15 jours, un dignitaire français avait discrètement suggéré aux Américains de ménager un tête-à-tête entre le Texan et le Français puisqu'ils se trouvent du même côté de la grande bleue. La proposition est restée sans lendemain. Mais la possibilité chatouille l'imagination. LBJ aurait-il rencontré celui qui vient de se faire éconduire par Ottawa? Bonne façon de piquer Pearson au vif. Un cadre de la CIA affirme d'ailleurs que «tout le monde a hurlé de joie» au spectacle de ces donneurs de leçons canadiens enfin embourbés dans la mélasse gaullienne.

Les analystes d'INR passent à la vitesse supérieure, inondent le Département d'État de copies sur le triangle Ottawa-Paris-Québec. Ils jugent qu'en politique intérieure française l'affaire du Québec «sape le prestige» de de Gaulle et pourrait lui coûter sa majorité parlementaire lors d'une prochaine élection. Mais les considérations internationales sont autrement intéressantes.

Le surlendemain de l'épisode du balcon, l'INR envoie au secrétaire d'État, Rusk, une analyse de «L'intensification de l'anti-américanisme de de Gaulle». L'analyste senior d'INR, Anton DePorte, pense que la bombe québécoise est la riposte du stratège français aux défaites qu'il a encaissées depuis juin sur l'échiquier mondial. D'abord, à «Vive le Québec libre» moins 41 jours, la victoire israélienne contre les Arabes pendant la guerre des Six Jours «trouble profondément» le Général. Non qu'il soit anti-israélien. Mais à la faveur de ce conflit, les Soviétiques, via la Syrie, pénètrent dans la région. Les Américains, derrière Jérusalem, occupent un espace politique naguère strictement franco-britannique. De Gaulle proposait une conférence «à quatre», dont la France, pour résoudre le conflit. Mais Moscou, affaibli, et Washington, victorieux, se sont entendus tout seuls. La guerre a eu pour effet d'enfermer cette région dans la logique des blocs. De l'additionner, donc. Pour de Gaulle, pour la France, c'est un recul.

Ensuite, 31 jours avant «Vive le Québec libre», le premier ministre soviétique, Alexis Kossyguine, rencontre le président Johnson. Les deux Grands semblent vouloir s'entendre, stabiliser leurs sphères d'influence, équilibrer le jeu. Pour le Français, qui n'avance qu'en eaux troubles, c'est un désastre. La «consolidation du statu quo Est-Ouest», notamment en Europe, «signifierait échec et mat pour la politique de de Gaulle», écrit l'analyste.

On aperçoit presque, en cet été 1967, ce futur hypothétique qu'évoquait de Gaulle en 1959, ce tournant tragique où «les deux rivaux» s'unissent. DePorte conclut que, dans l'optique gaullienne, si «de Gaulle échoue maintenant», il se retrouvera «plus loin que jamais» de son objectif «d'affaiblir l'emprise des deux superpuissances sur les deux moitiés du continent» européen.

En conséquence, le Général tombe à bras raccourcis sur l'Amérique, dénonçant une «hégémonie qu'il voit amplifiée par la faiblesse soviétique».

«Il n'est pas farfelu de penser que son comportement politiquement inutile au Québec», écrit DePorte dans une autre analyse, «peut être lié au sentiment d'impuissance et de défaite que lui ont laissé les événements de l'été». Évidemment, viser Ottawa pour toucher Washington «est idiot», pense l'analyste. «Ce n'était pas la bonne cible, ça ne nous a pas dérangés du tout.»

Si l'analyste américain voit juste, si «Vive le Québec libre» manifeste vraiment une volonté de riposte, s'il n'est que le baroud d'honneur d'un perdant, la phrase fameuse, ailleurs célébrée ou honnie pour son audace, trouve ici une résonnance mesquine, pitoyable, triste.

Les deux Johnson

À Paris, les diplomates américains vont aux nouvelles. De Gaulle a-t-il gaffé? Se repent-il? Est-ce un caprice ou une véritable stratégie? L'adhésion au projet gaulliste varie d'un étage à l'autre du Quai d'Orsay. Mais qu'ils soient d'accord ou pas, les professionnels de la diplomatie française répondent que la ligne tracée par le Général est ferme. Que sa politique québécoise va être agressive.

Quand un cadre de *Foggy Bottom*, George Springsteen, de passage à Paris, rend une visite de courtoisie à Hervé Alphand, le bras droit du ministre des Affaires étrangères, il se fait servir une petite blague au sujet «des deux Johnson». Voyez-vous, lui explique le diplomate, sur le continent américain, il y a deux Johnson. Le bon est à Québec, le mauvais est à Washington. Quand Springsteen rapporte le jeu de mots à l'ambassadeur Bohlen, ce dernier est furieux. «Ce n'est pas le genre de remarque que le sous-ministre français des Affaires étrangères devrait faire au sujet du président des États-Unis!» Qu'ils nous invectivent sur toutes les places, d'accord. Mais un peu de politesse, que diable!

Loin de se repentir, de Gaulle réunit ses ministres pour les forcer, malgré leurs regards réprobateurs, à suggérer chacun quelque nouvelle avenue de coopération avec le Québec.

«Puisque l'aide française au Québec fut jusqu'à maintenant minimale et insignifiante, toute augmentation serait "considérable" mais pas nécessairement substantielle», écrit l'INR au lendemain de l'annonce de nouveaux projets conjoints. À long terme, la petitesse des sommes investies va finir par convaincre les Québécois que «la France ne peut remplacer le Canada et l'économie nord-américaine». Le Département d'État ne doute d'ailleurs pas que les Québécois voient leur avenir «lié au Canada», «quoique cette prise de conscience puisse être occultée de temps à autre par l'émotion».

Si, selon l'INR, «le bon» Johnson entend «empocher tout ce qu'il peut» des initiatives françaises, des hauts fonctionnaires québécois racontent avec une ironie désabusée au consul général Cunningham que, les Français «étant plus forts en gueule qu'en actes (...), Québec paie l'essentiel de la facture de la coopération».

Il faudra attendre décembre pour que Paris quintuple son budget québécois, qui passe alors de un à cinq millions de dollars. Mais le comité qui s'en occupe au Quai, selon «une source» qui le rapporte à un diplomate américain, se rend compte que le Québec, n'ayant rien d'un pays sous-développé, est en position d'offrir quelques infusions nord-américaines à son ex-mère patrie. «La France, dit la source, peut retirer plus de bénéfices du Québec que vice-versa.» Ce qui pose un problème structurel: les programmes d'aide français empruntent d'habitude le sens unique France-Afrique.

Jean Drapeau, qui cherche un prêt pour Montréal, n'est pas non plus ébloui à la vue des francs nouveaux qu'on lui fait miroiter. «Je peux faire mieux ailleurs, y compris au Canada et sur Wall Street», répond-il aux argentiers parisiens, selon une dépêche diplomatique américaine.

De Québec, Cunningham diagnostique l'effet du voyage sur l'état d'esprit des indigènes. Certes, ils ont été «considérablement irrités» de l'usage qu'a fait de Gaulle du terme «Français du Canada». Mais ce n'est rien comparativement à l'exploit du Général d'avoir «splendidement attiré l'attention sur les aspirations du Québec», sans parler du «tonus donné à la confiance en soi et au respect de soi du Québec». Pour autant que «Vive le...» constituait «un crochet du droit décoché à ce que les Québécois considèrent comme la constipation d'Ottawa», la satisfaction était à son comble puisque cet exercice est ici, «bien sûr, un sport national».

Cunningham rapporte finalement cette heureuse expression, que les analystes d'INR reprendront plusieurs fois: la visite de de Gaulle, affirme un fonctionnaire québécois, fait que dorénavant «chaque Québécois est un séparatiste au moins une heure par jour».

En novembre, à Paris, de Gaulle donne dans la surenchère. Hier le Québec devait être «libre», aujourd'hui «il faut» qu'il soit «un État souverain». Il présente d'ailleurs sa politique québécoise comme «cette grande œuvre française essentielle de notre siècle». Ce qui, dans un mémo que Walt Rostow transmet à LBJ, s'enfle jusqu'à devenir «la tâche française majeure de notre siècle». Le président américain doit d'ailleurs s'entretenir le jour même avec Bohlen, de passage à Washington. Ils doivent disséquer la conférence de presse de de Gaulle, chargée d'anti-américanisme, et notamment ce que Rostow appelle «sa déclaration la plus extrême»: l'appel à l'établissement «d'un Québec souverain étroitement lié à la France».

Rostow suggère à son patron de s'enquérir auprès de Bohlen de l'effet de cette «répétition» du «fiasco du Québec» sur la santé politique déjà chancelante du leader. Devons-nous maintenir la consigne de l'esquive, demande Rostow, ou «commencer à prendre des contre-mesures actives»? Johnson choisit l'esquive. Sa détermination à ne rien faire ou dire qui puisse porter ombrage au Français est inébranlable. À l'été, lorsque LBJ a reçu le chef d'État ivoirien francophone Houphouët-Boigny, en route, lui aussi, pour Terre des Hommes, ses *speechwriters* lui avaient suggéré d'agrémenter son toast d'une «très petite pointe» à l'endroit de de Gaulle; de parler, par exemple, du plaisir qu'il a eu à visiter l'Expo et d'ajouter: «J'ai noté que les leaders de langue française, en particulier, y vivent des moments mouvementés.» Malgré les suppliques d'un conseiller qui note que «le public aimerait vous entendre faire au moins une remarque amusante» sur le Général, LBJ fait disparaître le passage. Pas un mot, pas un sourire entendu ne viendra troubler sa stratégie de l'évitement. Le vieux de Gaulle, qui vient de souffler 77 chandelles, ne peut vivre éternellement, pense-t-il. Le successeur du Français sera plus avenant. Qui pourrait dire à Johnson que ce sera son successeur à lui qui sera plus avenant envers de Gaulle?

Le personnel diplomatique français à Washington voudrait pourtant connaître le fond de la pensée américaine sur l'initiative du Général. Un conseiller de l'ambassadeur, André Baeyens, tente de cuisiner Rufus Smith à ce sujet, lui demandant si «des changements constitutionnels au Québec occasionneraient des difficultés aux États-Unis dans leurs relations avec le Canada». À un Rufus Smith qui reste de marbre, Baeyens affirme sans rire qu'il est «bien évident» que les déclarations du Général à Montréal «ne visaient en aucune manière à stimuler le mouvement sécessionniste au Québec». Malgré ses efforts, Baeyens revient bredouille de sa visite à *Foggy Bottom*. Ce qui est regrettable puisque, explique-t-il à Smith, il est chargé d'avoir l'œil sur les relations Washington-Ottawa et que le Quai d'Orsay «se plaint de recevoir des tonnes de dépêches de l'ambassade de France à Ottawa à ce sujet, mais presque rien de l'ambassade de Washington».

Aussi muets que bien informés, les Américains n'ont cependant pas connaissance de l'élément le plus important de l'initiative québécoise du général de Gaulle: la lettre manuscrite qu'il a fait porter à Daniel Johnson à la mi-septembre. «On ne peut plus guère douter que l'évolution va conduire à un Québec disposant de lui-même à tous égards», écrit-il, certain d'avoir donné le coup de barre déterminant. «C'est donc — ne le pensez-vous pas? — le moment d'accentuer ce qui est déjà entrepris», ajoute-t-il, pressant sur un Johnson trop lent à son goût. «Il faut des solutions», dit-il encore, offrant le soutien de la France à cette «grande opération nationale de l'avènement du Québec».

Sur le balcon, il avait, selon son expression, «mis le contact». À la plume, il veut maintenant lancer l'engin à grande allure. Encore faut-il que le conducteur obtempère.

Daniel Johnson freine sec l'élan du prophète étranger. Dans une réponse qui déçoit son destinataire, il réitère tout au plus son accord pour «une certaine réintégration du Canada français au sein de l'univers francophone». Mais «il faut que je sois réaliste». Les problèmes économiques l'accablent, on lui parle d'une fuite des capitaux, il constate comme chacun une insécurité économique qui n'est pas peu due aux remous constitutionnels et à l'éclat gaullien. «Mon premier devoir est celui de la responsabilité», conclut-il, comme on claque une porte.

Un Cuba français?

Jusqu'ici les historiens ont vu dans «Le pari québécois du général de Gaulle», pour reprendre le titre d'un livre, une opération qui n'engageait que la France et le Canada. Le Général, toujours soucieux d'amplifier le rayonnement de la France et de tout ce qui est français, aurait répondu à l'appel de son ancienne colonie en soi, pour soi. Le reste ne serait que contexte. Dans son remarquable *Vive le Québec libre,* l'historien montréalais Dale Thomson affirme que «les préoccupations québécoises de de Gaulle étaient bien distinctes de ses relations avec les États-Unis». Jean Lacouture, dans sa biographie *De Gaulle,* est à peine moins définitif. L'action gaulliste au Québec, écrit-il, relevait de «décisions prises, à tort ou à raison, en fonction de circonstances spécifiques et d'intérêts proprement français» et, ajoute-t-il en bas de page, «accessoirement américains».

La lecture que fait Washington de ces mêmes événements tourne, on l'a vu, sur un autre axe. Ses analystes, diplomates et décideurs n'ont pas à faire de grande gymnastique intellectuelle pour lier le volet québécois au projet planétaire de de Gaulle. Le principal intéressé fait presque chaque fois cette jonction, sans qu'on l'y invite, avant, pendant et après sa visite. À son retour du Québec, au cours d'une allocution télévisée, il dresse la liste des initiatives qui découlent de sa politique générale: Moyen-Orient, Europe, OTAN, Québec. En novembre encore, il opère deux fois cette synthèse en conférence de presse, expliquant qu'il devait intervenir au Québec, notamment parce que «s'était déclenchée l'énorme expansion des États-Unis qui menaçait d'engloutir l'économie, les caractères, le langage du pays dans le moule américain».

Il n'invente pas cet enchaînement. Même de Québec, on n'a cessé de le lui souffler. Déjà, Jean Lesage, à Paris en 1961, affirme que son gouvernement veut «se rapprocher des États unis d'Europe de façon à se libérer de l'étreinte des États-Unis d'Amérique». Au maire de Paris, Lesage parle du «danger d'une exceptionnelle gravité» que fait peser sur le Québec cette «invasion culturelle» américaine. (Le père de la Révolution tranquille quitte cependant la trajectoire logique de de Gaulle lorsqu'il ajoute que la Confédération canadienne est «l'antidote à l'américanisation de nos cultures».)

Pearson, à sa manière, attire à l'automne 1967 l'attention sur «la pression et l'attraction des USA, le plus grand danger qui pèse sur l'identité de la société canadienne-anglaise». Les Québécois en seraient-ils épargnés?

Plusieurs Français voient aussi l'excursion québécoise sous un angle anti-américain. Dans un sondage réalisé au lendemain du mot célèbre, une pluralité de Parisiens, près de la moitié, expliquent le geste par une volonté de contrer l'influence américaine. Un autre 16% pensent que de Gaulle prépare la réunification de la France et du Canada français. Les communistes français réagissent par automatisme anti-américain et applaudissent dans un premier temps l'idée de l'établissement d'un «État du peuple canadien-français», condition de «l'opposition à l'impérialisme yankee». Mais la stratégie soviétique a de ces subtilités qui échappent même aux Rouges français. Leur quotidien *L'Humanité* doit bientôt rentrer dans le rang soviétique et battre en retraite, écrire même que les francophones «sont canadiens» et condamner de Gaulle d'avoir soutenu des politiciens québécois «réactionnaires» comme Johnson ou Lesage.

Quand Mitterrand consent, deux semaines après la scène du balcon, à laisser tomber son verdict, il le fait aussi en des termes géopolitiques. Les francophones du Canada sont «d'abord des Américains», tranche-t-il avant de suggérer que, loin de «neutraliser le pouvoir d'attraction américain», la dissolution du pacte canadien favoriserait «la super-puissance voisine», plutôt que la France lointaine.

Bref, la frontière qui sépare la politique internationale gaulliste de son aparté québécois est bien mal gardée.

Les analystes gouvernementaux américains ne croient d'ailleurs pas que ce soit l'un ou l'autre. D'après eux, la politique de prestige francophone du leader français et son obsession anti-américaine coïncident. Le prestige, écrivent-ils dès le départ, ne génère-t-il pas le pouvoir?

Pour de Gaulle, le Québec occupe la première ligne de la résistance à l'américanisation. Mieux, le combat québécois se dresse au confluent de ses efforts francophile et américanophobe. Lorsque, un peu flatteur, il affirme à un diplomate québécois que le réveil du Québec est «un des faits les plus significatifs de notre période», il veut dire significatif pour la stratégie de la France contre les États-Unis.

Jusqu'où voulait-il aller? Jusqu'au bout, pense l'Américain Funkhouser. Mais de Gaulle «était un réaliste» et il est difficile de juger de «ce qu'il pensait pouvoir accomplir», dit le conseiller politique. Le Général aurait progressé «pas à pas», visant l'objectif lointain d'établir «presque son Cuba dans l'hémisphère occidental». Non qu'il aurait voulu y installer sa «force de frappe» — le nom qu'il donne à ses missiles nucléaires —, dit Funkhouser, mais «c'était une initiative géopolitique». Funkhouser, chaussant encore un instant les longues bottes du Général, pense que celui-ci entrevoyait un Québec souverain «dont les liens avec la France seraient aussi resserrés que possible», comportant peut-être la présence «de Québécois au sein du gouvernement français». À moins, spécule Funkhouser, que de Gaulle ait voulu réserver au Québec un rôle «non différent de celui des anciennes colonies françaises», où on trouve un responsable français «derrière chaque ministre africain». Le bras droit de l'ambassadeur Bohlen, Woodruf Wallner, parle de «communauté française transatlantique».

Il est d'ailleurs intéressant de noter que jamais de Gaulle ne parle des Québécois comme d'une nation. Un peuple, certes. Souvent. Mais dans son irritante expression «les Français du Canada» comme dans cent formules qui truffent son propos sur le Québec transparaît sa certitude que les Québécois «demeurent plus Français que jamais». Prenant ses désirs pour des réalités, il affirme ce «fait», «bien entendu»: les Québécois «considèrent la mère patrie non plus seulement comme un souvenir très cher, mais comme la nation dont le sang, le cœur, l'esprit sont les mêmes que les leurs».

Dans sa lettre manuscrite à Daniel Johnson, lorsqu'il parle de la «grande opération nationale», il faut lire: l'opération de la nation française dont les Québécois font partie, comme les Normands ou les Savoyards.

De Gaulle ne manipule d'ailleurs pas le concept de nation à la légère. Bohlen rapporte que le Général «a un jour dit à un représentant belge de l'OTAN que la Belgique était un pays artificiellement créé par la France pour des raisons de politique étrangère et n'avait par conséquent aucun droit légitime d'exister en tant que nation». Il disait aussi que l'Italie n'était pas une nation, «mais un groupement de villes et de provinces». Que l'Allemagne était «en voie de devenir une nation». En fait, ajoute Bohlen, «il réduisait à la France, l'Angleterre, l'Espagne et la Russie la liste des seules vraies nations d'Europe».

Un pays artificiellement créé par la France pour des raisons de politique étrangère. Intéressant concept.

D'autant que de Gaulle explique combien la réussite du projet souverainiste «apporterait à la France pour son progrès, son rayonnement, son influence, un appui considérable».

Charles de Gaulle met une sorte de point final à son long périple québécois un jour de mars 1969. Il reçoit à l'Élysée le nouvel occupant de la Maison-Blanche, Richard Nixon, le conseiller à la sécurité nationale, Henry Kissinger, et leur suite. Avec eux, il s'entend à merveille. Nixon et Kissinger voient la politique gaulliste comme un renfort, non un frein, à la puissance occidentale. Contre le système solaire soviétique, mieux vaut deux planètes qu'une seule et sa lune.

Nixon est un fan du Français. Il a pensé son leadership «sur le modèle de Charles de Gaulle, plus que sur tout autre», écrit un de ses conseillers. «Lisez de Gaulle sur le mystère du pouvoir, le pouvoir du mystère», affirmait Nixon, avant de s'enfermer dans sa tour de pouvoir, de mystère et de paranoïa.

Au hasard des allées et venues d'une réception sous les lambris du palais présidentiel français, de Gaulle se retrouve seul à seul avec William Safire, l'érudit *speechwriter* de Nixon. Safire ne parle pas un mot de français. Il sait que de Gaulle entend fort bien l'anglais. Pendant la guerre, à Londres, il le parlait couramment, et a pu s'entretenir longuement avec le premier ministre canadien Mackenzie King dans la langue de la majorité canadienne. Mais le peu d'occasions de pratiquer l'anglais, l'orgueil du leader français comme l'astuce d'utiliser un interprète pour ralentir le dialogue et se donner le temps de la réflexion ont fait depuis longtemps tomber le bilinguisme du Général en désuétude.

Safire est nerveux. Au jeu de la conversation de cocktail, Henry Kissinger s'est fait clouer le bec par un de Gaulle qui n'a rien perdu de son mordant. Kissinger: Quel moyen utiliseriez-vous pour contenir une Allemagne qui redeviendrait agressive, sans le contrepoids anglais en Europe? De Gaulle: «La guerre».

Mais le scribe nixonien en chef ne peut rester coi devant une des grandes figures du siècle. Il trouve un sujet, tente sa chance. Il dit, en anglais: «Vous avez fait toute une sensation avec ce que vous avez dit à propos du Québec libre».

L'incident est déjà vieux d'un an et demi. Daniel Johnson, qui traînait la patte dans «la grande opération nationale» n'est plus de ce monde. Son successeur, Jean-Jacques Bertrand, s'astreint à extirper la graine souverainiste du gouvernement québécois. Pour de Gaulle, il y a de quoi baisser ses longs bras, renoncer.

Mais le Général, du haut de sa Grandeur, du haut de sa Hauteur, regarde soudain Safire avec intérêt. Il lui répond, en anglais:

«*One day, Quebec will be French!*» (Un jour le Québec sera français!)

«Pas libre, Français!» rapporte Safire qui, frappé de la réponse, n'a pas la présence d'esprit de poser une sous-question.

Il relate le bref échange à Nixon et à Kissinger. Les deux nouveaux maîtres de la politique étrangère américaine accueillent la réplique avec un haussement d'épaules dédaigneux.

Quelle importance, en effet? Deux mois plus tard, une majorité de Français chasse de Gaulle de l'Élysée. C'est l'expression ultime d'un long désenchantement, dont «Vive le Québec libre!» a marqué une importante étape.

5
La spirale de la fureur

*Les marées du nationalisme québécois
et de sa forme extrême, le séparatisme,
n'ont encore été ni contenues ni harnachées,
et il est douteux qu'on retrouve jamais
une mer calme et une visibilité parfaite.*
Walton BUTTERWORTH
ambassadeur américain à Ottawa, octobre 1967

L'homme a le cheveu court. Ras. Il a une tête bien faite. Pleine. On dit qu'il invente au moins trois hypothèses pour chaque problème. On dit qu'il peut improviser sans notes une analyse en quinze points sans perdre le fil. C'est pourquoi Walt Rostow est allé le chercher à la Columbia University de New York. L'a installé au Policy Planning Council, la branche du Département d'État chargée de prévoir, de planifier, d'imaginer des politiques. À l'INR on est payé pour analyser. Au Planning on est payé pour proposer.

On dit aussi qu'il est fantasque. Qu'il se prend pour deux autres. Qu'il met son nez dans ce qui ne le regarde pas. On dit que c'est un faucon, un alarmiste, une peste.

Il a aussi un nom qui fera jurer, un jour, bien plus tard, tous les journalistes, tous les typographes de la planète. Ses amis l'appellent Zbig. Entre eux, ses ennemis aussi. Au complet, ça donne Zbigniew Brzezinski.

Aujourd'hui, Zbig a réuni autour d'une table du Département d'État les responsables du dossier canadien au Pentagone, à la CIA et au Département. Moins d'une dizaine de connaisseurs sont là. Présence surprenante au milieu de ces forçats de la diplomatie, un des géants de politique intérieure et étrangère du pays s'assied parmi eux. Ex-gouverneur de New York, confident de Roosevelt, candidat présidentiel, ambassadeur à Moscou, conseiller spécial du secrétaire d'État, éminence grise du Parti démocrate — au pouvoir —, Averell Harriman écoute, silencieux.

Zbig a devant lui un mémo dont il est l'auteur. Quelques pages. Un brûlot. C'est le Québec qui l'inquiète. Les séparatistes. Leurs progrès. Nous sommes le 5 octobre 1967. De Gaulle est venu, reparti, mettant le feu aux poudres. Son action, écrit d'Ottawa l'ambassadeur Butterworth, a déclenché «une crise de la Confédération canadienne». Les deux grands partis provinciaux québécois réclament l'un, l'égalité pour le Québec, l'autre, un statut particulier pour la province. Les conservateurs fédéraux ont eux-mêmes épousé le concept des «deux nations» que le premier ministre fédéral Pearson côtoie sans l'étreindre.

Il y a pire. La (fausse) rumeur veut que l'Union nationale au pouvoir à Québec ait un plan de cinq ans qui mènerait à l'indépendance. Et une des plus importantes figures du Parti libéral, René Lévesque, propose un Québec souverain associé économiquement au Dominion ainsi éclaté. S'il convainc son parti de la justesse de ses vues lors de la convention de la mi-octobre, l'éventail politique québécois au grand complet aura tiré un trait sur la Confédération.

De toute cette activité, de cette «spirale de la fureur» selon le mot de Butterworth, Zbig retient d'abord le manifeste souveraineté-association-niste de Lévesque. Cette idée-là, portée par cet homme-là, peut tout chambouler.

Brzezinski n'a que faire des analyses des diplomates made in USA. Personne ici, pense-t-il, ne connaît le Québec aussi bien que lui. Fils du consul polonais à Montréal, il a grandi dans le West Island, étudié à McGill, senti les tensions ethniques. Ce n'est qu'à 25 ans qu'il a sauté la frontière américaine pour entreprendre son ascension sur une échelle autrement plus longue que les escabeaux canadiens du savoir et de la politique. Pour Zbig, seuls les États-Unis sont à la mesure de son intellect, offrent les moyens de ses stratégies.

Mais Montréal, sa famille, ses amis, l'équipe des Canadiens dont il est à jamais partisan le nourrissent toujours d'impressions, d'informations, de mises à jour du ferment québécois. Il saisit la profondeur des ressentiments, il comprend donc la force du ressac. Il la pressent. Et s'il superpose sur Montréal les glissements politiques progressifs qui ont englouti sa Varsovie natale, s'il craint une jonction entre le nationalisme, le neutralisme et l'anti-américanisme, son esprit fertile ne peut qu'élaborer pour le Québec des scénarios catastrophistes. Après tout, comme le rapporte l'ambassadeur dans une dépêche, le séparatiste Pierre Bour-gault n'a-t-il pas promis que «la première chose qu'un Québec souverain devrait faire serait de couler un bateau au beau milieu du Saint-Laurent»? Ce qui couperait la circulation fluviale vers Toronto, mais aussi, Grand Dieu! vers Buffalo, Detroit, Chicago, le cœur industriel du pays.

La situation est grave, explique Zbig aux responsables réunis pour cette rencontre spéciale. Le séparatisme québécois évolue rapidement. Lévesque pourrait faire basculer le Parti libéral. À terme, qui sait si nous n'allons pas «nous retrouver avec un autre Cuba sur les rives du Saint-Laurent»? Y aura-t-il encore de la violence? «Nous ne pouvons rester immobiles pendant que sur notre palier se joue quelque chose de vital pour nos intérêts», dit-il en substance, selon un participant. Il faut «former un comité d'étude», «réunir des informations, analyser la situation, prévoir les conséquences», définir, si nécessaire, une stratégie.

Brzezinski n'est pas seul à voir au nord-est des scénarios de fin du monde. D'Ottawa, Butterworth pense à un État du Québec, «peut-être socialiste, autoritaire, une proie facile aux influences étrangères inamicales», notamment celle de la France, écrit-il ce même mois. Ceux que l'ambassadeur appelle les «nationalistes-racistes» du Québec auraient tôt fait de transformer «leur réserve» en enclave «égocentrique» et «amère». Sans compter que la sécession créerait dans la défense de l'Amérique «un trou immédiatement apparent et dangereux».

Mais Butterworth n'est pas dans la petite salle de *Foggy Bottom*. Et quand Zbig a fini d'effrayer le petit groupe, une autre voix se fait entendre. Les noires prédictions que Zbig avance, «quoique dans le champ des possibilités, en représentent le point le plus extrême», rétorque Rufus Smith, qui dirige les Affaires canadiennes et qui a séjourné au Canada pendant six ans. Smith, qui doute des conjectures québécoises de l'intellectuel, pense que le manifeste de Lévesque ne sera pas adopté par la convention libérale. Le Québec n'explosera pas, affirme-t-il, contredisant point par point le calendrier des catastrophes de l'aspirant stratège. On assistera au contraire à «un lent processus de fermentation et de négociations». De toute façon, ajoute Smith, «le gouvernement canadien a la situation bien en main». Lester Pearson, diplomate chevronné, comme le chef de l'opposition, Robert Stanfield, promettent réforme sur réforme. D'Ottawa, Butterworth ne cesse de louer leur leadership. Il y a bien, chez les libéraux, ce Pierre Trudeau qui traite le concept des deux nations de «canular» et celui de statut particulier de «connerie». Mais, bon. Il n'est que ministre de la Justice.

Et puis, cette grande étude du séparatisme québécois que réclame Brzezinski «peut faire dix fois plus de tort que de bien». Smith ne croit pas un instant qu'une étude majeure, «quelle que soit sa classification, puisse être entreprise par le gouvernement américain sans que la presse en fasse état». Imaginons un instant qu'elle tombe entre les mains des Canadiens, des Québécois. Ils sont tellement...

«Les États-Unis commettraient une grave erreur s'ils s'avisaient de faire quoi que ce soit d'autre, à ce stade, que de se tenir informés», conclut-il.

Zbig, l'audacieux, le visionnaire, propose qu'on bouge. Rufus, le praticien, le fonctionnaire de la diplomatie, veut qu'on se taise. Harriman — le fondateur, avec Chip Bohlen et quelques autres, de la diplomatie américaine de ce siècle — sort de son mutisme.

«Smith a raison», tranche-t-il. «Il n'y a aucune raison de s'affoler.» Smith avait présenté ses arguments avec un brin de retenue. Harriman est on ne peut plus direct. «Oubliez ça», dit-il à Zbig. Et cessez de distribuer votre mémo alarmiste. Averell Harriman a plus urgent à faire, il doit quitter la réunion avant la fin. Mais lui parti, elle n'a plus d'objet.

«Les discussions au sein du gouvernement ne mènent pas nécessairement à des décisions spécifiques», expliquera un Brzezinski sibyllin plus de 20 ans plus tard. «À l'époque, nous étions très peu nombreux à prendre le nationalisme québécois au sérieux», dit-il, ajoutant: «je crois avoir attiré l'attention des principaux décideurs sur ce problème».

Certainement pas l'attention de Walt Rostow, devenu principal conseiller présidentiel en matière internationale, qui n'a jamais eu vent des scénarios de son protégé.

Le «comité secret» de Power

Il ne s'écoule pas 10 jours avant qu'une première prédiction de Zbig morde la poussière. La convention libérale, suivie de près par les diplomates américains à Montréal, ne fait pas la part belle aux thèses de René Lévesque. Le député Pierre Laporte, «connu pour son opportunisme politique» et «héritier présumé» du chef libéral Jean Lesage, écrit un diplomate, a combiné ses efforts avec ceux de Lesage et d'Eric Kierans, «utilisant des tactiques de pression» sur la convention pour s'assurer de la défaite, de toute façon probable, de Lévesque. Une fois que Lévesque a pris la porte, suivi de 150 partisans, plusieurs libéraux interrogés par le diplomate «sont d'humeur presque triomphante». Ils sont certains d'avoir crevé un abcès. Bon débarras!

Le diplomate reste perplexe. Outre que la théorie du statut particulier adoptée par la convention peut vouloir dire n'importe quoi, y compris «un séparatisme de fait», il estime que l'expulsion de Lévesque coûtera cher au parti. «L'image d'innovation idéologique que le parti a reflétée depuis 1960, l'image de Lesage le maître politicien présidant une équipe de cerveaux s'opposant et se stimulant brillamment les uns les autres vient d'être ternie par le renvoi, exécuté plutôt brutalement, de Lévesque.» Ce dernier a souvent été «aux premières lignes» de la Révolution tranquille, «procurant le dynamisme réformateur qui a irrévocablement changé la province».

Les forces qui l'ont évincé ont peut-être voulu «régler de vieux comptes» avec lui, plutôt que rejeter ses idées séparatistes, «servant ici de prétexte commode», ajoute le diplomate.

Politiquement, l'essentiel est que le Parti libéral n'embrasse pas le séparatisme à pleine bouche. Les Américains obtiennent aussi quelques rassurantes nouvelles du premier ministre Daniel Johnson.

Exténué, sa santé compromise, Daniel Johnson pense compenser sur le sable d'Hawaï, à l'automne 1967, l'hyperactivité politique des derniers mois. Mais les remous québécois le pourchassent jusque sous les cocotiers. La rumeur du plan souverainiste de l'Union nationale et l'incertitude économique qui s'empare de ce qu'on appelle encore St. James Street — la rue des affaires de Montréal — font de ces vacances un des épisodes les plus bizarres de la petite histoire du Québec.

L'homme d'affaires montréalais Paul Desmarais et le financier Marcel Faribault rendent au premier ministre une visite aussi pressante qu'inattendue, et troublent son repos avec des histoires un peu exagérées de fuite des capitaux. Johnson cède à l'urgence qu'il perçoit dans les voix de ses hôtes, et émet un court texte, appelé désormais «Déclaration d'Hawaï», dans lequel il semble tourner le dos au chemin autonomiste. Une phrase clé: il affirme ne pas vouloir «construire une Muraille de Chine autour du Québec».

À Ottawa, Butterworth note que Johnson n'en continue pas moins son jeu d'équilibriste avec ses thèmes «égalité ou indépendance».

Que s'est-il vraiment passé à Hawaï? Bryce Mackasey, alors secrétaire parlementaire du ministre fédéral du Travail, prétend le savoir: la reddition du premier ministre nationaliste. «Quand Johnson a fait sa dépression à Hawaï», explique-t-il au consul général Francis Cunningham, son voisin de table à une quelconque réception à Chicoutimi, les financiers fédéralistes montréalais qui lui ont rendu visite l'ont complètement pris en mains. «Ce qui signifie, selon Mackasey, que bien que Johnson dise ou fasse un certain nombre de choses pour que les séparatistes se tiennent tranquilles, il travaille en fait main dans la main avec Ottawa», écrit Cunningham. Mackasey confie au diplomate, pour bien souligner l'argument, que Johnson «ne va même pas aux toilettes sans appeler d'abord Ottawa». Ce que le diplomate américain, qui connaît bien et admire un peu Johnson, a peine à avaler. La version du ministre «me semble simpliste et inexacte», note-t-il.

Mais que Johnson ne soit pas tenté par le séparatisme lui semble certain, et c'est ce qui compte. D'ailleurs, début 1968, Johnson confie, «off the record» au journaliste du *Washington Post* Robert Estabrook et à un confrère allemand de passage à Québec, que le «Vive le Québec libre!» et les déclarations souverainistes ultérieures de de Gaulle le mettent dans l'embarras. Aussitôt sorti de chez Johnson, Estabrook n'a rien de plus pressé — bravo, la conscience professionnelle! — que de le répéter à Cunningham, qui relaie l'information à Washington.

Libéraux et unionistes ayant renouvelé leurs professions de foi fédéraliste, toutes réformistes soient-elles, la seule grande inconnue réside chez les séparatistes avoués.

Le pouvoir fédéral s'en occupe. De deux façons.

Lester Pearson lance une réforme constitutionnelle qui, dit-il, devrait donner aux Canadiens francophones l'égalité qu'ils réclament. À Washington, fin décembre 1967, Pearson explique longuement ses intentions au secrétaire d'État Dean Rusk, qui a convié à sa table Walt Rostow, John Leddy et quelques autres hauts fonctionnaires dont Rufus Smith. Cet aréopage — en fait, il ne manque que le Président pour compléter la hiérarchie des responsables des dossiers US-Canada — est particulièrement curieux de savoir quand la tempête québécoise s'assagira, car elle commence à souffler jusque sur les relations bilatérales.

Depuis septembre, les rapports canado-français sont paralysés par de Gaulle. Au nouveau siège de l'OTAN à Bruxelles, à Washington comme à Ottawa, des diplomates canadiens s'épanchent sur des épaules américaines des malheurs qui affligent le Canada. Un mandarin du ministère des Affaires étrangères avoue même à un responsable américain que «le gouvernement canadien ne peut plus parler avec confiance dans ses relations internationales parce que tout ce qu'il fait ou dit est affecté par la division du Canada», résume un mémo d'INR. Les diplomates américains à Ottawa avertissent qu'à l'avenir les États-Unis «pourront se heurter à d'embarrassantes difficultés en traitant avec le Canada même sur les sujets les plus anodins, dès que la question de la juridiction du Québec ou du Canada entre en jeu». La politique étrangère canadienne, important soutien de l'action américaine dans plusieurs régions, est réduite à «l'immobilisme», affirment les analystes du Département d'État.

Au dîner, Pearson les rassure et leur donne «une évaluation prudemment optimiste des chances de succès» de la réforme constitutionnelle qui devrait calmer les choses, note l'ambassadeur canadien Ed Ritchie, présent à la rencontre. La conversation, écrit Ritchie, «a peut-être amélioré la perception» des décideurs présents. Peut-être.

Les diplomates américains tombent par hasard sur le travail plus souterrain que les libéraux accomplissent pour mettre le séparatisme en échec. En janvier 1968, le conseiller économique de l'ambassade américaine, Edward Bittner, prend sur lui de tenir une série d'interviews sur l'impact économique du séparatisme. Il voit des fonctionnaires du Québec, des hommes d'affaires américains et rencontre un dirigeant de

Power Corporation, Claude Frénette, qui lui fait ces quelques révélations:

Selon Frenette, bras droit de Paul Desmarais et figure libérale proche de Trudeau, «la menace séparatiste est sérieuse mais a perdu son caractère irréversible». «Au sein du Parti libéral [fédéral]», explique-t-il, «un comité secret a été établi dans le but de défaire le séparatisme. Le Comité, qui comprend des ministres fédéraux du Québec comme [Jean] Marchand, [Pierre Elliott] Trudeau et [Maurice] Sauvé, a adopté un plan à plusieurs volets qui pour l'instant se déroule comme prévu.» Avant d'être recruté par Paul Desmarais, Frénette était l'adjoint du ministre Sauvé.

À la convention libérale d'octobre, premier volet, raconte Frénette, «le Comité a encouragé René Lévesque et ses sympathisants au sein comme à l'extérieur du Parti libéral du Québec à établir un parti distinct, qui sera battu à plate couture dans un affrontement électoral. La théorie veut que Lévesque soit moins dangereux à l'extérieur du Parti libéral qu'à l'intérieur.»

En novembre, second volet, il s'agissait d'utiliser la rencontre des États généraux du Canada français, un organisme nationaliste conservateur, pour marquer un autre point contre l'indépendantisme. «Dans le but de discréditer les inclinations indépendantistes des États généraux qui sont lourdement influencés par la Société Saint-Jean-Baptiste du Québec, le Comité a infiltré la récente conférence des États généraux et l'a encouragée à prendre sur le séparatisme une position si radicale qu'elle en devienne choquante», explique encore Frénette, selon le résumé qu'en fait Bittner.

De fait, les États généraux, présidés par un professeur d'université, Jacques-Yvan Morin, ont fait grand bruit en adoptant une plate-forme indépendantiste intransigeante. Le radicalisme des débats et la marginalisation des délégations francophones hors Québec leur ont même valu l'épithète d'«anti-démocratique» du directeur du *Devoir*, Claude Ryan. Manipulation ou pas, les analystes d'INR, loin de conclure que le discrédit a été jeté sur l'idée d'indépendance, jugent plutôt que l'adhésion des États généraux aux thèses indépendantistes «ajoute à l'élan de la cause séparatiste», notamment dans «les classes moyennes inférieures» où ils recrutent leurs troupes.

«Power Corporation entend utiliser les postes de télévision et les journaux qu'elle contrôle pour contribuer à la défaite des séparatistes à l'aide d'opérations de propagande subtile», poursuit le diplomate, qui résume ce troisième volet que lui expose Frénette. «Une autre pierre angulaire du plan du Comité consiste à utiliser la conférence constitutionnelle» de février 1968, et à «réformer suffisamment le système fédéral pour enlever des arguments aux tenants d'un Québec indépendant».

Il faut croire que «le Comité» n'avait pas un tel pouvoir. Cette conférence constitutionnelle ne réformera pas le système fédéral. Ni la suivante. Ni la suivante. Mais il ne faut pas chipoter. «Le Comité» a atteint son objectif au Parti libéral comme aux États généraux et il lui reste cette carte des «opérations de propagande subtile».

Interrogé vingt ans plus tard, Frénette confirme «à 90%» les propos que lui prête le diplomate. Il signale cependant que «le Comité n'était pas si secret». D'abord groupe de réflexion entre rénovateurs fédéralistes, puis lieu de discussion stratégique où a pris forme l'équipe de Pierre Trudeau, le comité réunissait sa dizaine de membres tous les vendredis soir dans le bureau de Frénette à Power Corporation. Le bras droit de Paul Desmarais confirme la stratégie de polarisation du débat politique québécois et reconnaît les interventions entreprises par le Comité tant aux États généraux qu'au Parti libéral provincial.

Il rejette cependant la notion de «propagande» menée par le biais des journaux — *La Presse, La Tribune, Le Nouvelliste* — possédés par Paul Desmarais. «Notre préoccupation était beaucoup plus Radio-Canada», où le message nationaliste était véhiculé, ajoute Frénette, «même dans le choix des pièces de théâtre». La seule stratégie efficace était de «faire en sorte que la présence fédérale par elle-même devienne dominante et forcément la presse serait obligée, tout simplement, d'en tenir compte».

Chez les indépendantistes, le tableau n'est pas encore complètement clair. Il y a Bourgault, du RIN, Gilles Grégoire, le créditiste indépendantiste du Ralliement national (RN), il y a bien sûr Lévesque et son nouveau Mouvement souveraineté-association (MSA), puis il y a François Aquin, le député qui a préféré quitter le Parti libéral plutôt que de signer la déclaration-rebuffade que préparait Lesage à l'endroit du général de Gaulle. Les diplomates pensent que le véritable leader du mouvement séparatiste, s'il arrive à surmonter ces dissensions, s'appellera Lévesque ou Aquin. Publiquement, Aquin a affirmé que Lévesque était l'homme de la situation. Mais un diplomate cite cette source travaillant au *Montréal-Matin* qui l'avise que «Lévesque est un rêveur... un bon journaliste qui a beaucoup de charme, mais pas de sens pratique. Porté au pouvoir, ce serait Aquin qui prendrait le contrôle. Et Aquin serait un dictateur.» Cette idée est reprise en mai, dans une analyse de l'INR, qui note aussi que Aquin travaille très fort «en coulisse» pour consolider le MSA et est devenu populaire auprès de son aile «extrémiste», venue du RIN. L'analyste de l'INR le décrit aussi comme un «homme impitoyable».

Il a tort. Aquin va bientôt quitter la scène. Et lorsque George Denney, l'adjoint au directeur de l'INR, qui fait une tournée des souverainistes québécois pour affiner ses analyses, vient le rencontrer en octobre 1968, il confirme sa retraite de la vie politique. Lévesque se fourvoie en prônant une association avec le Canada, lui dit Aquin. C'est avec les États-Unis qu'il faut construire un marché commun. Le député indépendant est aussi un peu déçu de la tournure des événements, notamment de la mort récente de Daniel Johnson. Le premier ministre préparait l'indépendance, suggère-t-il. Il allait conclure une alliance avec le RIN et le RN avant l'élection de 1970, puis conduire les Québécois à un référendum sur la souveraineté vers 1972-1973. Maintenant qu'il est parti...

«René» chez les Ricains

Lorsqu'ils décrivent Lévesque, les diplomates et analystes américains semblent parler du politicien idéal. Il peut compter sur «un soutien plus large que tout autre politicien indépendantiste à ce jour», il est «particulièrement habile à attirer le vote ouvrier» et s'est fait connaître comme «l'ami du travailleur», écrit de Montréal le consul Harrison Burgess. De Québec, Cunningham vante «son formidable charisme». À Washington, un analyste d'INR voit en lui le leader «persuasif et influent» qui «offre imagination et inspiration» et donne «une nouvelle crédibilité» à l'idée indépendantiste. En plus, «la violence lui répugne».

Et la souveraineté-association? «Du moins en apparence, un appel au bon sens où figurent peu d'éléments de la rancœur et de la xénophobie souvent affichées par les séparatistes les plus radicaux», juge une analyse d'INR. Il est vrai que, «comme la plupart des nationalistes québécois», Lévesque «s'offusque de l'envahissement de la culture américaine au Québec et de la grande dépendance de la province envers le capital US». Mais, ajoute l'analyse, il en va de même pour «beaucoup de Canadiens». Y compris au cabinet Pearson. Lévesque, au pouvoir, exercerait probablement «un plus grand contrôle sur l'investissement étranger», quoiqu'il ait récemment affirmé à la presse américaine qu'il ne mettrait pas un frein au «débordement» — c'est son terme incongru — de capitaux américains vers le Québec.

Aucun qualificatif du genre «dangereux exalté» ou «radical» n'est utilisé. Au contraire, explique Burgess qui l'a rencontré quelquefois, «nous avions le sentiment que René [il l'appelle "René"] avait une influence modératrice» sur le mouvement séparatiste, un «effet de stabilisation dans une situation difficile». (Même Pierre Bourgault se fait décerner la mention «pragmatique» par un analyste de l'INR, pour avoir poussé sa formation, le RIN, à s'unir avec le MSA.)

Son MSA sitôt mis sur pied, René Lévesque frappe d'ailleurs à la porte de la diplomatie américaine. Il demande à Claude Morin, alors conseiller de Johnson, de lui ménager une rencontre privée avec Francis Cunningham. En février 1968, chez Pierre-F. Côté à Québec, les trois hommes partagent le repas du soir. Lévesque n'a pas de message particulier à livrer aux Américains, autre que de leur répéter en privé ce qu'il dit en public. Car au cours de ces rencontres, qui se multiplieront pendant toute sa vie politique, Lévesque ne bat jamais en retraite. Il a plutôt tendance à aiguiser son propos, à tracer à traits encore plus grands sa vision politique, à livrer encore plus crûment ses opinions sur ses collègues ou ennemis, ses prédictions électorales.

Il explique la souveraineté-association à Cunningham. Aligne les arguments qu'il vient à peine, quelques mois plus tôt, d'élaborer pour lui-même et qui ne le quitteront plus. Il ne parle pas à l'Américain des investissements US au Québec. Il ne le rassure pas sur l'adhésion d'un Québec souverain aux alliances militaires comme l'OTAN ou NORAD. Il n'en parle même pas. «Il m'expliquait son point de vue qui, croyait-il, ne devrait pas effrayer les Américains», explique Cunningham. En fait, certain de trouver chez un représentant de Washington un esprit ouvert, Lévesque parle par contraste de ces jeunes hommes d'affaires anglophones de Montréal qu'il a rencontrés l'avant-veille. Après une présentation d'une quinzaine de minutes, il a, raconte-t-il, senti «une haine renfrognée» s'emparer de l'assistance. Rien de tel dans le salon de Pierre-F. Côté, où un Cunningham parlant un français distingué l'écoute avec intérêt tout en réchauffant un cognac dans la paume de sa main.

Et ce Trudeau, qui s'élance sur le leadership libéral fédéral comme porté par le Saint-Esprit et le star-system, qu'en pensez-vous? demande l'Américain, qui touche un nerf sensible. Lévesque trace un portrait sans nuance de Pierre, qu'il a côtoyé souvent depuis la fin des années cinquante jusqu'en 1965. Les deux hommes se tutoient, ce qui est rare et pour l'un et pour l'autre. Trudeau possède tout un intellect, dit Lévesque. Il est cultivé et parle français superbement. C'est une langue, disons, presque acquise, suggère-t-il. Car Trudeau est fondamentalement britannique, explique Lévesque. Ça lui vient de sa mère, Mme Elliott, très «british», et de ses études à Oxford. D'ailleurs, il n'y a qu'à voir le *bill* Omnibus de réforme judiciaire que le ministre de la Justice Trudeau a fait voter et qui l'a rendu célèbre. Très bon *bill*. Très bon. Mais c'est une copie conforme du projet de loi voté à Londres il y a un an.

Non. «Malgré sa culture et sa langue françaises, la composante anglaise des origines de Trudeau fait de lui l'avocat des conceptions anglaises plutôt que françaises», explique Lévesque, selon le résumé qu'en fait le diplomate. Pas étonnant que les libéraux ontariens soient «tombés en amour» avec lui, affirme son frère ennemi. «La raison est simple: Trudeau leur est apparu comme le genre de Canadien français qu'ils ont toujours attendu, c'est-à-dire un Canadien français porteur d'idées fondamentalement anglaises.»

Et Lévesque fait cette prédiction, exemple parmi cent de son optimisme impénitent: Trudeau ne pourra obtenir l'appui de la plupart des Québécois, il ne décrochera pas une majorité de sièges au Québec et son élection va accélérer l'indépendance, que Lévesque prévoit déjà pour 1972 ou 1974. Quatre mois plus tard, les libéraux de Pierre Elliott Trudeau remportent 56 des 74 sièges du Québec, avec 54% des voix. Quant à accélérer l'indépendance...

À l'automne 1968, le consul général à Montréal, Richard Hawkins, invite René Lévesque à sa résidence cossue de la rue Redpath qui grimpe sur le mont Royal. À la table de Hawkins, il y a aussi Edward Doherty, du Planning Council, venu se «familiariser» avec la situation. Lévesque n'a encore une fois aucun scrupule à dévoiler sa stratégie. Le mouvement souverainiste s'est attardé jusqu'à maintenant à choquer le «bloody english establishment», dit-il. Il doit se concentrer maintenant sur l'éducation des électeurs francophones. Le chef du MSA se dit franchement ennuyé par Pierre Bourgault et sa dissolution unilatérale du RIN. «Il aurait préféré que le RIN survive encore six mois, histoire d'offrir un point de ralliement aux éléments les plus radicaux.» Quant à ses vieux amis, Trudeau, Gérard Pelletier et Jean Marchand, trois colombes siégeant aujourd'hui à Ottawa, Lévesque prédit que, lorsqu'ils devront choisir entre Québec et Ottawa, Pelletier et Marchand choisiront Québec.

Quel rôle les États-Unis devraient-ils jouer dans cette affaire, lui demande-t-on? Lévesque répond fermement: AUCUN. «Il s'attend à ce que les États-Unis observent et attendent, sans agir, pour autant que l'indépendance se réalise via le processus politique normal», résume le mémo préparé après son départ. La conversation fut tout ce qu'il y a de plus plaisant, se souvient Burgess, qui y a participé.

La propension de René Lévesque, comme celle du représentant de Power, de Bryce Mackasey et de bien d'autres, à livrer aux diplomates américains des informations exclusives — parfois explosives — que ceux-ci n'auraient, en bien des cas, même pas cherché à solliciter, illustre un phénomène aussi constant qu'étonnant. Tous les membres de la classe politique québécoise et canadienne semblent avoir pour la diplomatie américaine l'attitude du pécheur repentant au confessionnal. Ils causent, déballent la marchandise, vendent la mèche.

Les dépêches diplomatiques américaines recèlent des *scoops* qui, s'ils avaient coulé à l'époque, auraient orné les premières pages et causé de sérieux embarras aux bavards. Quelle pulsion pousse les Canadiens à livrer ainsi leurs secrets au premier Américain venu? Les leaders indépendantistes québécois veulent sans doute l'absolution. Connaître le représentant de Washington, c'est déjà l'apprivoiser. Être reçu à sa table, c'est être promu d'un rôle de joueur local à celui de participant au jeu continental.

De la part des fédéralistes canadiens, en pleine poussée d'identité nationale — on vient de doter le pays d'un drapeau —, engagés dans une campagne permanente pour prouver que le centre du monde canadien se trouve à Ottawa, pas à Washington, les épanchements laissent plus songeur. Veulent-ils prouver aux voisins du sud qu'ils ont les choses en main sur ce terrain particulier? Que Washington n'a pas à se faire de bile? Que tout, comme on dit, est sous contrôle? Il y a une autre explication. Les envoyés de Washington ont peut-être toujours, sur tous les sujets, la meilleure vue sur la mécanique politique interne du pays. (Il est cependant douteux qu'à Washington, les responsables américains livrent à nos diplomates le secret de leurs campagnes électorales, de leurs combines souterraines.)

Pour les Américains chargés de prendre le pouls de la crise canadienne, l'hémorragie d'informations ne pourrait tomber mieux. Car la volonté d'Edward Doherty, du Planning, de voir Lévesque, comme celle de George Denney, de l'INR, de rencontrer Aquin sont symptomatiques du regain d'intérêt pour le Québec qui traverse *Foggy Bottom*. À l'INR, les longues analyses se succèdent à bon rythme. Au Planning, Doherty dirige un groupe de travail dont les membres proviennent de plusieurs agences du gouvernement américain, dans le but de préparer un «National Policy Paper» sur le Canada, qui comprendra un volet québécois. L'ombre de Brzezinski, qui a quitté le Planning, hante encore les couloirs. En octobre, un cadre des Affaires européennes au Département d'État, Robert Beaudry, consulte Rufus Smith sur l'opportunité de mettre sur pied un «plan d'urgence» dans l'éventualité d'une victoire séparatiste. Encore une fois, Smith s'empare de son arrosoir diplomatique et éteint ce nouveau foyer d'incendie. La nécessité de ce genre d'exercice, écrit-il, est «considérablement réduite» du fait de la victoire de Trudeau aux élections de juin dernier, et des dissensions au sein du mouvement séparatiste. Tout au plus Smith signale-t-il qu'il a déjà réclamé aux départements du Trésor et du Revenu une «évaluation réaliste de l'importance et de la nature des investissements américains privés au Québec». Mais la requête est restée sans réponse.

Deux jours plus tard, le Parti québécois tient son congrès de fondation, affirme compter 25 000 membres et adopte une plate-forme qui le définit comme «neutraliste, pacifiste et non-nucléaire», ce que l'INR ne manque pas de relever. Mais il faut mettre les choses dans leur contexte, notent les diplomates. «Neutraliste, pacifiste et non-nucléaire» recouvre presque point par point l'orientation que donne pour l'instant, à Ottawa, le nouveau premier ministre Pierre Trudeau.

Nixon et Trudeau

Le changement de personnel est complet. À Québec, Daniel Johnson s'est éteint, Jean-Jacques Bertrand l'a remplacé. À Ottawa, Lester Pearson a cédé sa place à Pierre Trudeau. À Washington, Lyndon Johnson quitte la présidence qu'a conquise un revenant, Richard Nixon.

La diplomatie américaine, on l'a vu, suit la conjoncture québécoise à la loupe. Chez le consul à Québec comme à la table du secrétaire d'État, dans des conversations rapportées de Bruxelles, Paris, Ottawa ou Chicoutimi, on recueille les indices d'un détraquement de l'union canadienne.

Fin janvier 1969, quelques jours seulement après l'intronisation du président Nixon, le nouveau conseiller à la Sécurité nationale, Henry Kissinger, veut faire un tour d'horizon des points chauds du globe. Le Québec en est un. Kissinger ou un de ses adjoints demande qu'on synthétise le savoir du gouvernement américain sur le Québec, dans un mémo — un «National Security Special Memorandum» — qui porte sur le Canada et quelques autres pays, disons, instables.

Ce mémo n'est pas distribué à n'importe qui. Le dossier québécois se trouve, sans doute pour la première fois, porté à l'attention de l'équipe de commandement de la politique américaine: le National Security Council (NSC). Ce club très sélect se réunit au sous-sol de la Maison-Blanche, dans la légendaire «Situation Room». Il a pour chef le président, Richard Nixon, tout puissant. Avec lui, le vice-président, Spiro Agnew, un dinosaure politique corrompu tiré de l'anonymat par Nixon; le secrétaire d'État, William Rogers, un triste figurant; le secrétaire à la Défense, Melvin Laird; et le conseiller à la Sécurité nationale, Henry Kissinger, qu'on ne présente plus.

C'est ici, au NSC, que les décisions se prennent. Sur ces hauteurs du pouvoir, seule l'analyse froide compte. Il n'y a plus de charme de Lévesque qui tienne. Plus de sympathie pour, par exemple, la façon dont on traite les francophones dans les hôpitaux anglophones de Montréal — un sujet qui fait encore vibrer un diplomate américain rencontré 20 ans après son séjour québécois. Pearson, Trudeau, les stratégies de l'État canadien et du jeune PQ sont examinés froidement, sans s'inquiéter de la bonne foi des uns ou des autres. Seuls les faits comptent ici. Les faits actuels et à venir. Par-dessus tout, leur convergence avec les intérêts américains.

Au début de février 1969, chacun des membres du NSC reçoit un «National Security Special Memorandum» (NSSM). C'est le neuvième de ces documents préparés pour les nouveaux maîtres du pouvoir. Son titre, tout bête: «Revue de la situation internationale». Il contient une section sur le Canada et une sous-section — la question n° 2 — sur le «Séparatisme canadien». Le NSC veut savoir: «Quelle est la force actuelle du mouvement séparatiste québécois? Est-il probable qu'elle augmente d'ici un, trois, cinq ans? Quels facteurs vont affecter sa force?»

La réponse tient en trois pages. Pour l'instant, le Parti québécois de Lévesque est une «success story». Unification des forces, recrutement des membres, organisation des comtés. Mais les thèses souverainistes progressent peu dans l'électorat: 11% dans un sondage de novembre 1968, comparé aux 9% d'électeurs ayant voté RIN et RN en 1966. Et Lévesque fait face au «conservatisme fondamental de beaucoup de Québécois», qui craignent les «conséquences économiques probables de la sécession».

Oui, le Parti québécois va prendre des forces d'ici un à trois ans, notamment à mesure que les jeunes obtiennent le droit de vote, poursuit la réponse préparée pour le NSC par l'INR. «Mais, à moins que le parti ne fasse une percée significative aux prochaines élections provinciales», prévoit le texte, «son avenir semble s'assombrir.» En fait, tranche le mémo dans sa phrase clé, «si le PQ n'offre pas plus d'espoir de succès dans cinq ans qu'il n'en offre aujourd'hui — ce dont nous sommes tentés de douter — son attrait va probablement décliner».

Deux facteurs influent sur la force du mouvement: les propositions de fédéralisme renouvelé, statut particulier ou autres, qui offrent des solutions moins risquées que l'indépendance. Et à Ottawa, Pierre Trudeau mélange «fermeté et flexibilité», tout en bilinguisant la Confédération.

Bref, dit la réponse à la question n° 2 du NSSM n° 9: pas de quoi s'affoler. «Au Québec, comme dans le reste du Canada, on espère vivement réussir à concilier les aspirations du Québec avec la nécessité de préserver "un Canada".»

Quant au Front de libération du Québec, on l'expédie en une parenthèse, le présentant comme un «petit groupe extrémiste prêt à recourir à la violence mais devenu de moins en moins significatif ces dernières années».

Henry Kissinger, Richard Nixon peuvent dormir tranquilles. Ou cauchemarder sur le Vietnam, le Cambodge et les communistes italiens. Il n'y aura ni Cuba, ni Chili sur les rives du Saint-Laurent, ni même de séparatistes au pouvoir ou de nouvelle flambée de violence.

Les membres du NSC n'ont pas fini de lire le mémo que le FLQ revient en scène avec le plus barbare attentat de sa triste histoire à ce jour.

Une détonation blesse une vingtaine de personnes à la Bourse de Montréal. C'est une des six bombes qui, en février 1969, annoncent le retour du terrorisme québécois. Des explosifs signés FLQ sauteront encore en mai, en juin, en juillet, en août, en septembre, en novembre, en décembre. Frappant «dans le ventre de la bête», comme dirait le Che, le Front détourne même un avion de New York à Cuba. Et on n'est qu'en 1969.

Pierre Trudeau vient en personne à Washington rencontrer le nouveau président. Peut-être pourra-t-il offrir à Nixon une meilleure idée de la situation québécoise que les bureaucrates du Département d'État? De toute façon, Nixon soupçonne les diplomates d'être tous des gauchistes ou, ce qui n'est guère mieux, des démocrates. En tout cas, des incapables. Dorénavant, le pôle du pouvoir en politique étrangère quitte «Foggy Bottom» (le Département d'État) — où Nixon n'a installé qu'un gérant tranquille, William Rogers — pour se poser au bureau de la Maison-Blanche — où il fait emménager le véritable stratège, Kissinger.

Trudeau se prépare à cette visite. C'est la première fois qu'il est reçu à la Maison-Blanche. Il n'y a pas si longtemps, à cause de ses voyages en Chine et en URSS, les agents d'immigration américains le refoulaient à la frontière. Il s'attend à ce que Nixon lui pose des questions sur le Québec. Il demande d'ailleurs à son personnel de lui préparer des notes, au cas où Nixon l'interrogerait sur son programme social — Trudeau promet de transformer le Canada en une «société juste» — et sur «les problèmes et perspectives du fédéralisme canadien et la situation du Québec».

Le Canadien était disposé à retourner la politesse en s'enquérant des politiques de son hôte... pour résoudre les problèmes des ghettos noirs des grandes villes américaines.

Pierre Trudeau est-il déçu? Dans sa conversation en tête-à-tête avec le chef d'État américain, le Québec n'appelle même pas un commentaire. Il n'y en a que pour l'OTAN, la Chine, le Vietnam, le Pape et le blé.

Seul un journaliste qui a encore le mot de de Gaulle en tête interroge le premier ministre sur ce délicat sujet. «Je pense que vous l'avez invité à visiter votre pays», répond Trudeau. C'est exact. Nixon tient à ce que son modèle de leader vienne aux États-Unis en visite officielle. «Nous verrons», reprend le premier ministre espiègle, «ce qu'il fera s'il se rend en Louisiane.» Trudeau est gentil. Il révélera le fond de sa pensée sur de Gaulle une fois que ce dernier aura quitté ce monde. Le Général était «un type odieux» («obnoxious fellow»), dira-t-il. Le sentiment était réciproque.

Au sortir de cette première rencontre avec Nixon, le ministre canadien des Affaires étrangères, Mitchell Sharp, échange ses impressions avec Trudeau. «Cet homme n'a pas de convictions profondes sur quoi que ce soit», note le ministre Sharp.

Il n'en a pas tellement sur le Canada, en tout cas. Toute la diplomatie canadienne se souvient qu'en conférence de presse, le président Nixon affirme que «le Japon est notre plus grand client au monde et nous sommes leur plus gros client au monde». Zéro, l'étudiant Nixon. Le Canada, l'Ontario à elle seule, méritent ces deux titres.

Nixon n'est pas le seul cancre. Henry Kissinger, à l'époque où il enseignait, cite un jour dans un cours un certain Mackenzie King (le premier ministre canadien pendant la Seconde Guerre). Soudain, le professeur se trouve pris en défaut: «King, de quel pays venait-il, au juste?» s'interroge-t-il tout haut.

«Du Canada!» crie alors, furieux, un étudiant canadien assis dans la classe.

Envahir Terre-Neuve?

Un de ces diplomates dont Nixon se méfie décide, à la fin de 1969, de pondre sa propre analyse de la situation québécoise. On envoie parfois les diplomates de carrière faire un peu de gymnastique intellectuelle au National War College, à Washington. On leur demande d'écrire un mémoire sur un sujet qui n'est pas de leur champ de compétence habituel. Roger Provencher est un spécialiste de l'Union soviétique. Son séjour à Montréal pendant l'Expo 67 constituait un intéressant détour, entre deux affectations à Moscou. Il décide d'écrire son texte de 77 pages sur «Le séparatisme québécois: un problème géopolitique».

«Le résultat final le plus probable de l'indépendance du Québec serait des États-Unis agrandis», pense Provencher, qui prévoit l'absorption des provinces de l'Ouest et des Maritimes par les USA. Le nouveau pays serait «voisin de deux petits pays, le Québec et l'Ontario», écrit-il. Il ne dit pas si c'est une bonne nouvelle. Il y en a une mauvaise:

«Un Québec indépendant tomberait presque certainement sous la domination d'extrémistes de gauche ou de droite et les États-Unis pourraient bien se retrouver avec un Cuba encore plus dangereux à sa porte», note Provencher, qui écrit ce texte pendant que les bombes sont presque devenues affaires de routine à Montréal. Des manifestations violentes ont aussi marqué l'année qui s'achève, culminant le 7 octobre par une nuit de saccage et de bombes incendiaires pendant une grève des policiers et des pompiers de Montréal. Les diplomates américains à Montréal, cités par Provencher, relèvent la présence de «séparatistes» à la tête des «bandes de voyous qui ont brûlé et pillé le centre des affaires» en cette nuit folle.

Provencher fait bien sûr la distinction entre ces extrémistes et les modérés comme Lévesque qui «comptent sur notre aide après l'indépendance».

Un Québec indépendant n'en poserait pas moins des problèmes géopolitiques de taille. Si Québec décidait de conquérir le Labrador et que Terre-Neuve demandait l'aide américaine, «résisterions-nous à l'agression du Québec?» demande-t-il.

Outre sa certitude que la question québécoise doit être étudiée de plus près par Washington, Provencher n'offre qu'une recommandation: augmenter la présence américaine au Québec et «entretenir des rapports personnels avec les séparatistes chaque fois que c'est possible». De tels liens «pourraient générer des dividendes importants pour les États-Unis à l'avenir, particulièrement si la tendance favorable à l'indépendance s'intensifie».

Rien ne permet de conclure que le texte, par définition confidentiel, ait suscité une nouvelle réflexion au sein de l'administration américaine. Il en a cependant inspiré une aux Canadiens qui ont réussi, d'une façon ou d'une autre, à s'en procurer une copie. Lorsqu'à l'automne 1970, soit six mois après la remise du texte, Provencher retourne à Moscou, il se fait apostropher par l'ambassadeur canadien Robert Ford. «Il était très au courant du contenu de mon texte», se souvient Provencher, «et il n'en était pas très content.»

Comment Ford, à Moscou, peut-il connaître le contenu d'une thèse non distribuée à Washington? Mystère. Provencher hausse les épaules. «Les Canadiens devaient avoir leurs sources.»

«Le Parti libéral fédéral a décidé...»

Le premier test grandeur nature des thèses indépendantistes est à portée de la main. Le gouvernement de l'Union nationale, usé par tant de remous, va bientôt déclencher une élection. Le Parti québécois de René Lévesque, son élan à peine sapé par la folie terroriste du FLQ, va faire son entrée à l'Assemblée nationale.

«Une nouvelle crise, aux proportions imprévisibles, est peut-être en train de se développer au Canada au sujet du Québec», écrit en octobre 1969 le nouvel ambassadeur américain à Ottawa, Adolph Schmidt. Dans une longue dépêche diplomatique à Washington, il révèle la stratégie québécoise du premier ministre Trudeau, telle que la lui a résumée une source apparemment toute proche du Prince.

Le premier ministre a décidé de faire du séparatisme la question essentielle de sa politique, «jusqu'à négliger et sacrifier si nécessaire les questions périphériques». Ottawa concentre ses efforts sur l'élection provinciale qui s'en vient, et veut faire en sorte qu'elle «présente aux électeurs un choix net entre le fédéralisme et le séparatisme». Un préalable: s'assurer qu'un candidat franchement fédéraliste soit en course. Mais l'ex-premier ministre Jean Lesage a cédé la place. Il faut encore lui trouver un remplaçant à la tête du Parti libéral provincial. «Le Parti libéral fédéral a décidé que le leader de l'organisation libérale provinciale au Québec doit être un partisan du fédéralisme», rapporte Schmidt.

Ce n'est pas encore sûr. La purge des éléments pro-Lévesque n'a pas extirpé tous les libéraux aux tendances souverainistes, pense le premier ministre. «Des trois favoris pour la course à la direction du Parti libéral provincial, un se déclare prêt à prendre une position fédéraliste», dit la source. Schmidt suppose qu'il s'agit de Robert Bourassa. «Un autre est assis entre deux chaises mais va probablement se décider pour le fédéralisme (l'ambassade suppose qu'il s'agit de [Pierre] Laporte) et un va probablement ne pas être en mesure de prendre l'engagement moral que réclame Trudeau (l'ambassade suppose qu'il s'agit de [l'ex-ministre de la Justice Claude] Wagner).»

«Si par quelque bizarrerie du destin électoral, un non-fédéraliste venait à emporter la course à la direction libérale, le Parti libéral fédéral a décidé qu'il présenterait son propre candidat à l'élection provinciale (pas nécessairement le ministre [Jean] Marchand)», ajoute Schmidt. La dépêche ne précise pas comment Trudeau s'y prendrait pour déloger le nouveau leader libéral provincial, ni si le premier ministre présenterait des candidats fédéralistes contre certains libéraux provinciaux aux élections.

Dans une dépêche subséquente, Schmidt précise qu'un proche de Trudeau, Jean-Pierre Goyer, rectifie le tir. «Le Parti libéral fédéral n'appuierait pas la campagne» d'un leader libéral provincial qui ne serait pas suffisamment fédéraliste, «et, par son silence, pourrait contribuer à l'élection [du premier ministre unioniste Jean-Jacques] Bertrand, dans la mesure, bien sûr, où ce dernier continue à appuyer le fédéralisme».

La bagarre entre libéraux n'aura pas lieu. Car c'est finalement Robert Bourassa, complètement revenu d'un flirt pourtant récent avec les thèses de Lévesque — c'est chez lui et en mangeant le spaghetti de sa femme que les futurs fondateurs du MSA se rencontraient — qui triomphe au congrès libéral.

Mais Bourassa «peut-il arrêter la diffusion du séparatisme?» demande l'INR dans une analyse avant de répondre: en gros, «oui». Bourassa fait preuve d'une «science en économie qui est largement reconnue — même par ses rivaux», lit-on. «Même s'il n'est pas un "swinger" du genre de Trudeau, la jeunesse, l'énergie et les qualités évidentes de Bourassa devraient attirer les électeurs plus jeunes, la communauté des affaires et ceux qui sont mécontents de la situation économique.» Bref, «Bourassa pourrait bien être l'homme qui concrétisera le rêve de Trudeau d'endiguer la contagion séparatiste».

Le Parti libéral du Québec bien assis dans le lit fédéraliste, écrit encore Schmidt à Ottawa, Pierre Trudeau compte s'astreindre comme prévu à discréditer l'Union nationale et le premier ministre Jean-Jacques Bertrand, dépeints comme des complices des indépendantistes, coupables de «garder des séparatistes au sein de leur gouvernement».

Les Américains n'ont pas de doute sur la conviction fédéraliste du premier ministre Bertrand, mais le consul général à Québec, Joseph Montllor — d'origine catalane, il a remplacé Cunningham —, reste bouche bée lorsqu'il entend une des figures les plus conservatrices du cabinet unioniste lui tenir des propos que l'Américain juge «très audacieux». Lors d'un cocktail, Mario Beaulieu, ancien proche de Johnson puis ministre senior dans le gouvernement, se plaint à Montllor du peu de respect que les Anglo-Canadiens ont pour les francophones. Beaulieu n'a pas beaucoup plus de tendresse pour les visées françaises sur le Québec. Mais lui qui s'apprête à introduire dans la campagne électorale l'idée de «marché commun Québec-USA» affirme au diplomate américain que «si nous devions choisir» entre le Canada et la France, «nous serions mieux avec les États-Unis». Montllor se souvient que Beaulieu a fait devant lui l'éloge de «la tolérance américaine», s'appuyant au premier chef sur l'exemple de Porto Rico, un protectorat américain. Un Québec ainsi associé aux États-Unis, dit Beaulieu à Montllor, «pourrait probablement avoir une relation dans laquelle sa dignité serait respectée».

Montllor ne sait pas si Beaulieu lui envoie «un signal». Mais il sent que le ministre «tient vraiment à son opinion». «C'en était presque risible», commente le fils de Catalan.

Trudeau, lui, n'a pas foi en l'Union nationale. Il veut éliminer cette zone grise entre fédéralisme et indépendantisme. Sa stratégie vise à diviser le Québec en deux: séparatistes péquistes et fédéralistes libéraux. «Il faut espérer», commente l'ambassadeur Schmidt, «que la stratégie de Trudeau est fondée sur un calcul froid et exact, qu'il a raison de croire la situation mûre et la victoire sûre, car un combat prolongé et intense pourrait coûter cher à toutes les parties en présence.» De toute façon, ajoute Schmidt, «l'effort vigoureux de Trudeau pour prendre l'initiative dans ce problème fondamental du Canada est courageux».

Mais risqué. Six mois plus tard, la polarisation souhaitée par Trudeau s'incarne dans une dangereuse réalité: la forte montée du Parti québécois. À six jours de l'élection, Schmidt reprend la plume pour aviser Washington de la tenue «d'une des plus importantes élections de l'histoire du Canada». L'ambassadeur pense qu'un «important vote indépendantiste, qui semble maintenant possible, pourrait détériorer la situation au Québec et menacer la stabilité politique du Canada, qui constitue la moitié de notre continent et notre plus important partenaire commercial».

Schmidt, qui signe la dépêche préparée par ses conseillers politiques, prévoit que le Parti québécois emportera entre 25 et 30% des voix — il en recueillera 26% — mais, «à cause des caprices» du système parlementaire, ne détiendra «qu'entre cinq et dix sièges sur 108 à l'Assemblée». Le PQ en obtiendra sept.

Schmidt ne sait pas si Robert Bourassa pourra former un gouvernement majoritaire, c'est le seul point faible de son analyse. Mais son intuition de diplomate lui fait percevoir un «danger» dans la distorsion qu'il prévoit entre le vote péquiste et le nombre de sièges qui seront accordés au Parti québécois. Il prédit: «Les extrémistes» qu'il croit voir «au sein du PQ» — mais il n'est pas le seul à faire cet amalgame — «déjà sceptiques quant au processus électoral, vont désavouer les résultats de l'élection et retourner à la violence et à la terreur.»

6
Snoopy flaire l'insurrection appréhendée

C'était l'histoire de six gamins
qui essayaient de faire une révolution.
James Richard CROSS,
quelques instants après sa libération.

Réunir les informations. Analyser, prévoir le danger. Les diplomates américains y excellent. En fait, le nationalisme québécois est un
sujet en or. Entrés en diplomatie pour devenir témoins de l'Histoire, mais
déçus de se voir mutés dans un des pays réputés les plus ennuyeux du
globe —le Canada—, ils accueillent l'irruption nationaliste québécoise,
le terrorisme même, comme une bénédiction.

«C'était un sujet aussi fascinant que l'apartheid en Afrique du Sud.
On en parlait tous les soirs», raconte le diplomate Mac Johnson, un
spécialiste des affaires canadiennes, en poste à Ottawa puis à Washington. «C'était le sujet politique le plus excitant à l'horizon», confirme
David Macuk, conseiller politique à l'ambassade. «Dans notre enthousiasme juvénile pour les bouleversements politiques, pour l'action, on a
pu se dire "Gee wizz!" ça va être passionnant.» Ça: le PQ, l'indépendance,
le FLQ.

Mais dans leur jubilation de spectateurs avertis, les Américains
omettent de s'inclure dans la liste des cibles. Depuis que Pierre Vallières
et Charles Gagnon, les deux têtes pensantes du terrorisme québécois, ont
proclamé en 1964 que «l'ennemi numéro un, ce n'est plus Ottawa mais
Washington», le Front de libération du Québec ne rate pourtant pas une
occasion de bouffer du Yankee.

Dans la nuit du 1er mai 1965, le FLQ dépose une bombe assez
puissante pour fracasser 78 vitres sur les trois étages du consulat
américain rue McGregor à Montréal et faire la une du *New York Times*.
«Des immeubles américains ont été fréquemment attaqués en Union
soviétique, en Indonésie ou en Égypte», note aussi le *New York Herald
Tribune*. «Mais hier, pour la première fois, un incident similaire s'est
déroulé de l'autre côté de la frontière, au Canada.» Le ministre fédéral

des Affaires extérieures, Paul Martin, doit présenter des excuses à l'ambassade américaine et offrir de payer les dégâts.

En juillet 1965, les policiers surprennent un commando du FLQ qui s'apprête à frapper un grand coup: un attentat contre une base militaire où sont stationnées des ogives nucléaires américaines. La base de La Macaza, près de Mont-Laurier dans les Laurentides, fait partie du système nord-américain de défense NORAD. On y trouve les fameux missiles sol-air Bomarcs, objets de tant d'acrimonie entre Kennedy et Diefenbaker. Traqués dans la forêt environnant La Macaza, les felquistes prennent un policier en otage et ne sont retrouvés qu'après une battue de quatre jours. Dans leurs sacs: 200 cartes militaires détaillées.

En 1966, une bombe à retardement est trouvée — et désamorcée — dans le consulat américain à Montréal, puis, en octobre 1967, un cocktail Molotov est lancé dans une de ses fenêtres.

Non contents de s'attaquer aux immeubles, les felquistes visent des individus. En novembre 1968, des bombes sont déposées près des résidences de patrons de la compagnie américaine United Aircraft, dont la production contribue à l'effort de guerre au Vietnam.

Pourtant, pendant toute cette période, les responsables américains à Montréal ne prennent aucune précaution. La sécurité à la résidence du consul général américain frise le zéro absolu. Un cambrioleur n'a aucune peine à pénétrer dans la maison de la rue Redpath un jour où les habitants sont absents. Son exploit est de loin surpassé en avril 1969 par un patient évadé de l'hôpital Saint-Jean-de-Dieu, qui s'introduit dans la résidence et va se coucher sagement dans le lit du couple diplomatique, pendant que Madame et les domestiques vaquent à leurs occupations au rez-de-chaussée!

Il faut la nuit du 7 octobre 1969, lorsque des émeutiers profitent de la grève des policiers pour saccager le secteur financier de Montréal et fracasser — encore! — la porte vitrée du consulat américain, pour que le diplomate Howard Burgess réclame une protection policière. Burgess, qui assure l'intérim au consulat en attente du remplaçant du consul général Hawkins, écrit à Washington: «Ma demande de protection présentée en début de soirée à la Gendarmerie royale du Canada a été rejetée avec regrets. L'explication donnée portait sur les susceptibilités de juridictions [policières] en cause.»

Burgess aurait pourtant bien besoin de protection. Une cellule du FLQ prépare son enlèvement.

Kidnapping: ratages au démarrage

Au printemps 1970, une vingtaine de felquistes font les cent pas dans les prisons québécoises. Leurs camarades en liberté, effectivement dégoûtés par l'injustice que le système électoral vient de faire subir aux candidats indépendantistes, brûlent de concrétiser par un acte de violence une impatience que nourrit leur identification aux mouvements rebelles étrangers. En Europe, en Amérique latine, au Moyen-Orient, en Irlande et aux États-Unis même, les expressions de violence politique renvoient les attentats felquistes au fond de la classe des guérilleros modernes. Les camarades québécois voient qu'au Brésil, le kidnapping d'un diplomate allemand vient de conduire à la libération de 40 prisonniers politiques. Belle preuve de l'imbécillité des pouvoirs qui acceptent de transiger avec des terroristes: à une demi-planète de distance, les felquistes tirent cette conclusion que l'enlèvement paie.

En juin, ils préparent le dispositif. Écrivent le communiqué annonçant le rapt de Burgess. Louent un appartement montréalais et un chalet près de Saint-Jérôme pour enfermer leur proie. Dressent la liste des revendications: libération des «prisonniers politiques» et leur départ pour Cuba; réengagement des «gars de Lapalme», ces 450 camionneurs mis à pied par les Postes canadiennes et devenus un triste symbole de la lutte ouvrière québécoise; rançon d'un demi-million à verser au FLQ; diffusion du manifeste felquiste par les médias.

L'affaire serait entrée dans l'histoire du Québec sous le nom des «Événements de juin 1970» si les officiers de la GRC, enquêtant sur un vol de banque commis par le FLQ en mai, ne remontaient la filière jusqu'au chalet où ils cueillent six comploteurs et leurs pièces à conviction. La carrière du FLQ dans l'enlèvement politique a de sérieux problèmes au démarrage. Déjà en mai, deux kidnappeurs partis s'emparer du consul israélien à Montréal, Moshe Golan, sont arrêtés par des policiers en patrouille parce que le feu arrière de leur camionnette est défectueux. Les policiers ne font pas immédiatement le lien entre le panier d'osier format géant posé dans le fourgon, le nom «Golan» trouvé sur un bout de papier et une carabine à canon tronçonné. Les deux hommes, dont Jacques Lanctôt — également impliqué dans la tentative d'enlèvement de Burgess —, sont relâchés sous caution avant que la GRC ne découvre qu'elle vient de faire avorter les «Événements de mai 1970».

Burgess, informé qu'il l'a échappé belle, obtient enfin une protection policière. Au sein du FLQ, cet échec met un terme à un vieux débat. Le réseau Lanctôt, qui, à coups d'enlèvements politiques, veut faire des felquistes les Tupamaros d'Amérique du Nord, l'emporte sur le réseau des frères Rose et de Francis Simard, partisans de poursuivre au contraire le lent travail d'organisation par des vols de banque (un par jour à l'époque), l'achat d'armes, etc. Fourmis, taupes, termites, les felquistes version Rose inclinent à préparer le terrain en catimini pour le grand soir de l'insurrection.

Comme dans une fuite en avant, les affaires Golan et Burgess poussent, pour un temps, à l'action d'éclat. Bref, «la priorité est donnée à la poursuite du projet d'enlever un diplomate américain pour demander la libération des prisonniers politiques», raconte Simard. Mais Burgess et ses collègues, soudain tirés de leur torpeur, accumulent les précautions et se font, dit Simard, «introuvables».

Prudence éphémère. Car lorsqu'à l'été John L. Topping entre en fonction comme nouveau consul général à Montréal, la résidence de la rue Redpath ne bénéficie d'aucune surveillance particulière. Aucune, sauf celle de Lanctôt, passé dans la clandestinité. Ses comparses et lui se demandent si le nouvel arrivant n'est pas la cible qui permettra de prouver une fois pour toutes que les terroristes québécois ne sont pas complètement nuls.

En cet été 1970, les camarades latino-américains montrent la voie avec insistance. En Uruguay, les Tupamaros ont pris en une semaine quatre otages dont deux Américains. Ils en ont exécuté un, Dan Mitrione, agent du FBI sous couverture diplomatique et conseiller de la police locale. Les Tupamaros l'accusent entre autres d'avoir enseigné quelques techniques de torture à ses élèves. (En 1973, dans son film *État de siège*, Costa-Gavras réussira sur ce sujet un tour de force cinématographique: faire des Tupamaros des héros pour leur froide exécution de l'Américain, qu'incarne pourtant le sympathique Yves Montand. Deuxième exploit: valider l'action des terroristes dans un pays où, le film ne le cache pas, une presse libre et une fougueuse opposition ont droit de cité. Entre autres revendications, les Tupamaros réclament la lecture de leur manifeste, ce qui fut fait en Chambre par un membre de l'opposition. On raconte qu'en 1973, les autorités policières québécoises ont organisé des visionnements privés de *État de siège* pour leurs troupes.)

Dans la voisine Argentine, les Montoneros ont enlevé et «exécuté» un ancien chef de l'État, Pedro Aramburu. En Bolivie, des guérilleros ont obtenu la libération de 10 prisonniers en échange de leurs deux otages ouest-allemands. Pour un peu, les felquistes auraient l'air arriérés.

Pendant plusieurs semaines depuis la fin de l'été, Jacques Lanctôt, Jacques Cossette-Trudel et Marc Carbonneau sillonnent la rue Redpath et tout ce quartier où «les maisons sont grosses comme des hôtels et où tous les gens sont riches», selon Cossette-Trudel. Ils hésitent d'abord entre l'Américain Topping; son voisin, le commissaire britannique

James Richard Cross, et un représentant de l'Organisation de l'aviation civile internationale, Charles Butler, qui habite un peu plus loin sur Redpath. On le saura, ce quartier n'est pas sûr.

Ils décident finalement de kidnapper l'Américain. Ils suivent ses allées et venues, savent l'heure de son départ, de son retour, l'itinéraire de ses promenades.

Mais la veille de l'enlèvement, le 4 octobre 1970, les sept felquistes responsables de ce qu'ils appellent «l'opération Libération» révisent leur plan d'action. «Nous nous sommes rendu compte que les Anglais du Québec ne s'identifieraient jamais à un Américain», explique Cossette-Trudel. «Mais nous pensions qu'en prenant le Britannique, nous pourrions provoquer beaucoup plus d'hostilité de la part des Anglais dans la province et au Canada et alors les francophones constateraient l'ampleur du racisme» canadien-anglais!

Ce n'est pas la version que Cross entend de ses ravisseurs. Pendant sa captivité, les felquistes lui expliquent qu'ils ont renoncé à leur cible favorite, John Topping, à cause... de l'opulence de sa résidence. La maison de l'Américain est trop grande, disent-ils, et la disposition de ses nombreuses pièces aurait pu rendre le rapt difficile, désorienter les ravisseurs. Ils ont donc préféré la résidence relativement plus petite de Cross, qui présente moins de difficultés. Mieux vaut être riche...

Doris Topping, épouse du consul américain, reste convaincue que les felquistes en voulaient à son mari jusqu'à la dernière minute. Ironie du sort, c'est la langue française qui l'aurait sauvé. Tous les matins, Topping quitte sa résidence à 8 h 50 pour aller au bureau, explique-t-elle. Mais ce lundi 5 octobre, Madame doit se présenter à son premier cours de français. Le consul général, galant époux, quitte donc sa résidence une demi-heure à l'avance, à 8 h 20, pour aller conduire sa femme. Leur voiture croise probablement le taxi volé par les felquistes qui, à 8 h 20, arrivent rue Redpath et vont interrompre, dans sa salle de bains, la toilette matinale de James Richard Cross.

«J'ai de très bonnes relations avec les francophones», proteste le Britannique. «Ça tombe bien, répondent les intrus, nous avons de très bonnes relations avec les Anglais, c'est pourquoi on vous emmène.»

L'opération ne dure que quelques minutes. Les ravisseurs ont pourtant tout leur temps car, selon une dépêche de Topping, la police met une heure à répondre à l'appel au secours lancé de la résidence de Cross après l'enlèvement. Y avait-il tant de friture sur la ligne que le nom de «Cross» se soit mué en «Grèce»? C'est en tout cas au paisible consulat de Grèce que débarquent d'abord les policiers! Il faut un second appel pour qu'ils mettent enfin le cap sur la rue Redpath.

Le FLQ fait ensuite connaître, par un de ces communiqués qui deviendront la littérature la plus lue au Québec à la fin de 1970, la liste de ses demandes. C'est une copie presque conforme du menu revendicatif élaboré pour l'enlèvement de Burgess.

Quelques heures après l'enlèvement, des policiers se présentent enfin à la résidence des Topping pour assurer une protection continue. On installe aux fenêtres ces affreux barreaux noirs qui donnent à votre boudoir des allures de prison.

«Le consul général américain à Montréal est sauf et vigilant», télexe Rufus Smith à Washington. Smith, le «Monsieur Canada» du Département d'État, a repris du service à Ottawa où il est maintenant chargé d'affaires, pendant une absence de l'ambassadeur Schmidt.

La Maison-Blanche veut savoir

Les Américains n'ont nul besoin de dépêcher à Montréal une équipe spéciale de renseignements pour scruter à la loupe cette première prise d'otage politique nord-américaine. Le dispositif de collecte des données est déjà en place. On ne fait qu'augmenter la cadence.

L'affaire est politique. Plusieurs fois par jour, Smith et son équipe de conseillers pondent télex sur télex pour tenir *Foggy Bottom* au fait des dernières nouvelles. À Montréal, Topping et Burgess font de même. Mais, pour l'essentiel, la diplomatie américaine en saurait autant en écoutant CKAC. Les diplomates ne font que retransmettre, en les commentant parfois, les renseignements publics.

À cette exception près: le sous-secrétaire aux Affaires extérieures et ex-ambassadeur canadien à Washington, Ed Ritchie, rencontre régulièrement Smith — environ une fois par semaine — et fait avec lui le point sur la situation. Dans ces échanges, l'Américain en apprend un peu plus que le meilleur des journalistes. Ritchie donne des informations détaillées sur l'évolution de l'enquête. Il est bien placé pour tout savoir, car les Affaires extérieures sont chargées de superviser l'opération Cross puisqu'un diplomate étranger est en cause. «Il voulait probablement prévenir une pression américaine, une demande d'information de Washington», commente un diplomate américain au courant des échanges Ritchie-Smith. «Il avait assez d'expérience pour apprécier les inquiétudes de Washington et tenter de les apaiser», ajoute-t-il. Son message central: «Nous avons les choses en mains.» Son sous-entendu: nous n'avons pas besoin de vous.

De Ritchie ou d'une autre source proche du ministre des Affaires extérieures, Mitchell Sharp, les Américains apprennent que le cabinet

Trudeau n'est pas aussi monolithique qu'il n'y paraît dans sa stratégie anti-FLQ. «Le premier ministre Trudeau a rejeté avec colère la suggestion de Sharp de diffuser le "manifeste" du FLQ, et ne s'y est plié, à contrecœur, que quand d'autres, particulièrement [son conseiller] Marc Lalonde, ont appuyé le point de vue de Sharp», rapporte Rufus Smith dans une dépêche diplomatique. «"Trudeau est prêt à rester ferme jusqu'au bout", commente notre source, qui ajoute cependant que des membres de son entourage favorisent nettement la libération des prisonniers.»

L'affaire est aussi policière. Le principal canal d'information américain sur la crise passe donc par les agents du FBI en poste à Ottawa. De même que les agents de liaison de la GRC peuvent se balader en toute liberté au quartier général du FBI à Washington, ceux du FBI ont un accès libre aux bureaux de la GRC dans la capitale fédérale.

Joseph Marion, agent de liaison du FBI à Ottawa, va et vient entre son bureau de l'ambassade et les locaux de la Gendarmerie. Il discute le coup avec les responsables de la toute nouvelle section «G» des «Mounties», chargée de la lutte anti-terroriste au Québec et tout à coup investie de la tâche de retrouver Cross. Marion «venait presque tous les jours pendant la crise et il avait une très bonne idée de la façon dont elle évoluait», rappelle un de ses interlocuteurs. «Absolument», confirme Marion. «Si la GRC le savait», dit-il, Washington le savait aussi.

L'échange FBI-GRC, intensifié pendant les événements d'octobre, tient cependant de la routine. Les liens entre le FLQ et des groupes de gauche américains, notamment les Black Panthers et les Weathermen, grands poseurs de bombes, donnent lieu à de constants échanges de renseignements. Marion «arrivait avec les réponses aux questions qu'on lui avait soumises, il présentait ses propres demandes; les échanges étaient très ouverts et on lui faisait confiance», se souvient son interlocuteur. L'agent du FBI n'a généralement pas un accès direct aux dossiers, précise-t-il. De vive voix, il en apprend suffisamment pour aller préparer à l'ambassade le télex quotidien qu'il transmet à son quartier général.

Pendant la crise, cette coopération policière produit au moins un résultat concret. Les postes frontière américains sont alertés, à la demande du Canada, pour le cas où des felquistes auraient l'idée saugrenue, à la manière des Patriotes de 1837 dont ils empruntent l'effigie, de trouver refuge dans la République américaine. À Washington, les journalistes notent que les mesures de sécurité sont resserrées à la Maison-Blanche et près des résidences diplomatiques. Les responsables policiers assurent qu'il n'y a aucun rapport avec le FLQ. Mais le secrétaire à la Justice, John Mitchell, affirme avoir eu vent de projets de prises d'otages élaborés par des groupes terroristes américains. L'enlèvement est un phénomène contagieux. On l'a vu, il a tendance à sauter les frontières.

Une copie de la production quotidienne de Joseph Marion et l'ensemble des écrits des diplomates parvient également à l'INR, chez les analystes du Département d'État. Là, Kenneth Thompson est chargé du dossier canadien, qu'il supervise en même temps que celui d'un autre pays troublé: Malte.

«La situation était unique», se souvient Thompson; «nous n'avions jamais fait face à une affaire de ce genre si près des États-Unis». Chaque jour, Thompson et ses collègues font le tour de l'ensemble des dépêches reçues. «Il y avait beaucoup d'échanges d'informations entre services policiers», dit-il.

Quelques dépêches viennent d'ailleurs. De Paris, par exemple, où on analyse la réaction très «pro-séparatiste» de la presse française et très mesurée du gouvernement. Et d'Alger, où un informateur rapporte avoir croisé le représentant d'Ottawa venu demander au gouvernement local d'accueillir les felquistes qui choisiraient, en échange de la libération de leur otage, de s'exiler en Algérie plutôt qu'à Cuba. Un peu plus tard, une autre dépêche indique que, selon une confidence faite par le correspondant du journal *Le Monde*, le FLQ s'apprête à ouvrir un bureau à Alger. (Une «Délégation du FLQ» à Alger existera de décembre 1970 jusqu'au printemps 1972. Les Black Panthers, entre autres, y ont aussi pignon sur rue.)

On demande à Thompson de faire une brève synthèse quotidienne, une page tout au plus, pour le secrétaire d'État. «Les bureaucrates n'aiment pas lire plus d'une page», commente l'analyste; «et il n'est pas sûr qu'ils la lisent en entier». Mais Thompson sent un intérêt particulier pour le terrorisme québécois. «Un bout de temps pendant la crise et de temps en temps par la suite, se souvient-il, le secrétaire d'État [William] Rogers suivait les développements.»

L'ancien adjoint au directeur de la CIA, Ray Cline, devenu directeur d'INR, informe effectivement Rogers au cours de briefings matinaux. «Bill Rogers était un type épatant mais pas le plus profond des analystes des affaires étrangères», dit-il. «Il voulait seulement savoir ce qu'il avait à faire.» C'est-à-dire, avec Nixon et Kissinger tenant à quatre mains le volant de la politique étrangère, pas grand-chose.

Mais Thompson se souvient que la curiosité suscitée par la crise québécoise se faisait également sentir à des échelons plus élevés de la hiérarchie: «Dans les réunions, des indices nous portaient à croire que le Président s'intéressait à l'affaire.»

Une seconde vue: les Britanniques

Quelques Américains serviables offrent leur aide aux limiers de la Gendarmerie royale. Un détective du Michigan, convaincu de ses dons d'enquêteur, propose ses services. Non merci, lui répond-on. Une jeune voyante de Californie remarque la photo de Cross dans le journal et signale aux policiers locaux que, grâce à ses pouvoirs extra-sensoriels, elle détecte la présence de l'otage dans une église en bois près de Québec. La GRC, qui suit toutes les pistes, trouve une pittoresque église en bois près de Stoneham. Mais pas d'otage.

Il y a bien un espion qui part de Washington pour venir mettre son nez dans l'enquête. Mais il est britannique. L'agent de liaison du MI-5, un des services secrets de Sa Majesté, quitte l'ambassade britannique de Washington pour venir prêter main-forte aux «Mounties».

L'agent apprend qu'une employée du Haut Commissariat britannique à Ottawa, qui connaît Cross et a déjà vécu à Montréal, est elle aussi dotée de seconde vue. Se concentrant sur une photo de l'otage, elle le «voit» dans un entrepôt de la rue Notre-Dame, derrière le palais de justice dans le Vieux-Montréal. Deux agents, dont Donald McCleery, inspectent les lieux, fouillent deux entrepôts, sans succès. La voyante récidive. L'agent de MI-5 l'emmène chez Cross, dans la salle de bains où il a été surpris par ses ravisseurs. Elle touche son rasoir, sa lotion après rasage, et prononce un nouveau verdict: Cross est séquestré rue Sainte-Hélène, toujours dans le Vieux-Montréal. Elle décrit l'immeuble. Il y a un escalier, dit-elle. À mi-chemin vers le premier étage, il y a une trappe dans le mur. Au sommet de l'escalier, un homme monte la garde devant une porte. Derrière la porte: Cross.

McCleery est à nouveau de corvée de divination. L'immeuble existe. L'escalier. La trappe. Au sommet, un homme monte la garde. Il n'a rien d'un felquiste. Il est en uniforme. C'est un simple gardien de sécurité. Derrière la porte, pas le moindre diplomate britannique.

Les agents de la GRC en ont assez de ces inepties. McCleery, qui finira par trouver les ravisseurs de Cross, a mieux à faire. Qu'on les laisse suivre des pistes solides. Mais comment se débarrasser de l'encombrant collègue du MI-5? «Je m'en occupe», promet John Starnes, le directeur général des services de sécurité de la GRC. On ne sait quelle ficelle il tire. Mais en un rien de temps, l'agent de liaison est appelé d'urgence aux Bahamas. De retour à Ottawa une fois Cross libéré, il dira: «Nous étions proches!» Tu parles, commente un «Mountie», «il nous faisait courir dans le Vieux-Montréal pendant que Cross perdait du poids dans une maison de Montréal-Nord».

Ce n'est pas la première fois que les Britanniques se penchent sur le cas québécois. Selon une section toujours confidentielle d'un rapport commandé par le gouvernement américain, «la performance des policiers de Montréal a beaucoup souffert après une réorganisation en 1966», lorsqu'un groupe de conseillers de Scotland Yard, venu donner des avis sur l'action policière canadienne anti-felquiste, avait proposé de «se départir du réseau d'informateurs payés qui infiltraient les groupes terroristes». Selon le document, la surprenante décision de liquider le réseau visait à régler des problèmes de juridiction entre les policiers québécois et fédéraux sur le contrôle des informateurs. En recommandant le démantèlement de la principale source d'information policière (une recommandation seulement à moitié suivie), Scotland Yard a en fait amélioré les chances du FLQ de réussir l'enlèvement d'un diplomate anglais.

Les policiers canadiens n'ont nul besoin des Britanniques pour perdre un temps précieux sur des pistes ridicules. Ils s'égarent très bien tout seuls. Les enquêteurs trouvent dans la maison de Cross plusieurs livres racontant les aventures de Winnie the Pooh et appartenant sans doute à sa fille. Curieusement, des dirigeants de l'escouade anti-terroriste de Montréal en déduisent que les *Winnie the Pooh* sont les livres de chevet du diplomate. De cette piètre évaluation du niveau intellectuel des lectures de Cross, ils concluent que les tribulations du petit ours recèlent la clé d'un code que l'otage emploierait dans les lettres manuscrites qu'il écrit à son épouse depuis son lieu de détention.

En fait, le seul «code» utilisé par Cross repose sur l'orthographe. Alors que ses ravisseurs lui dictent le contenu d'une lettre, il écrit délibérément avec deux «n» le mot anglais «prisoner» pour bien indiquer qu'il n'est pas le véritable auteur des missives.

Mais à Ottawa une équipe d'analystes des services secrets de la GRC, sous la direction de Jim Bennett, est constituée pour produire de savantes exégèses des textes Cross/Winnie. Leur verdict: Cross est détenu dans le fort de l'île Sainte-Hélène!

Une lettre à Pierre Laporte

À Québec, le consul général Joseph Montllor se prépare à quitter son poste. On le demande à Madrid, comme bras droit du nouvel ambassadeur. Il a annoncé son départ avant l'enlèvement de Cross, mais personne au Département d'État ne lui demande de rester sur les lieux pour couvrir de Québec l'aspect politique de la crise. Contrairement à son prédécesseur Cunningham, qui se sentait investi d'une mission, Montllor n'a pas une haute idée de son mandat. «Le poste de Québec était un genre de vitrine pour les Québécois et la province», dit-il; «rien de très important». Tout au plus se souvient-il avoir «appris un peu de ski», avoir conclu que le Québec ne serait pas souverain et que, du côté anglophone, «si les Canadiens avaient pu voter là-dessus, ils auraient voté pour la disparition du Québec».

Pierre Laporte, alors ministre du Travail, écrit à Montllor qu'il regrette son départ. Montllor lui répond, mais sa lettre est encore à la poste le samedi 10 octobre, lorsqu'un second groupe de felquistes enlève le ministre à sa résidence de Saint-Lambert.

Avec le rapt de Laporte, la crise prend de nouvelles proportions. Le FLQ prouve qu'il peut encore frapper malgré l'imposant dispositif policier. «S'ils pouvaient kidnapper Cross et tordre ensuite une chaîne autour du cou de Laporte, alors ils étaient assez dérangés pour tenter de prendre l'ambassadeur américain», pense David Macuk, un des conseillers politiques à l'ambassade.

En fait, s'ils ont enlevé Laporte, c'est qu'il était, pour des raisons purement techniques, une cible plus commode que des diplomates américains. Les frères Rose et Francis Simard sont au Texas, à la recherche de fonds et d'armes dans ce paradis de la gâchette, lorsqu'ils lisent et entendent la nouvelle de l'enlèvement de Cross. Ils conduisent non-stop jusqu'au Québec, où ils sentent que le rapport de force bascule en faveur du pouvoir. Pour eux, le choix de Cross est une erreur. Contrairement à leurs camarades du groupe Lanctôt, ils jugent sa valeur symbolique trop faible. L'État «n'allait rien donner pour sauver un Britannique», pense Simard. Pour rééquilibrer le jeu, ils cherchent, encore, à prendre un Américain.

Première victime envisagée: James H. DeCou. Arrivé en juin, il est le représentant local de l'USIA, United States Information Agency, une organisation dont se sert parfois la CIA comme couverture mais qui, la plupart du temps, s'occupe de la distribution d'informations publiques sur les États-Unis. «Nous savions que l'un des diplomates du consulat américain de Montréal habitait l'île des Sœurs», écrit à son propos Francis Simard. «Les ponts étaient trop surveillés», ajoute-t-il, et dès l'alerte donnée, deviennent des pièges à fuyards. «Un autre [diplomate américain] demeurait à Montréal-Nord. C'était beaucoup trop loin, il aurait fallu traverser toute la ville», précise Simard. De quoi donner aux patrouilles le temps de repérer la voiture du kidnapping.

L'option américaine une nouvelle fois écartée, quelqu'un suggère le ministre du Travail et vice-premier ministre, Pierre Laporte, qui habite à quelques minutes du repaire felquiste. Le ministre joue sur son parterre lorsque le groupe vient le cueillir. Planifié en quelques heures, l'enlèvement ne pose aucune difficulté.

Dans ce contexte, le départ de Montllor pour les États-Unis devient une opération de haute sécurité. À Québec, les policiers l'escortent jusqu'à l'avion. Lorsqu'il atterrit à Dorval, où l'attend une correspondance pour Washington, on interdit aux passagers de descendre de l'appareil. Une voiture de la Sûreté se gare au bas de la rampe d'accès, un officier monte parler à un Montllor médusé —il n'était informé d'aucun de ces arrangements— pendant qu'un silence de plomb règne dans la carlingue. Le diplomate suit l'officier jusqu'à la voiture et s'y engouffre. «Tout le monde nous regardait», raconte-t-il. «Quand ils m'ont vu par les hublots entrer dans la voiture de police, ils ont dû se dire "ils ont arrêté le coupable!"» Le diplomate est frappé par le contraste lorsqu'il débarque quelques heures plus tard à Washington, en simple inconnu dans la foule.

Il se rend quelques jours à Fredericksburg, en Virginie, d'où son épouse est originaire. Il prête si peu attention aux événements québécois, dont les journaux américains font pourtant largement état, que c'est à l'église, le dimanche 18 octobre, qu'il apprend pendant le sermon, de la bouche de son pasteur, la terrible nouvelle.

Pierre Laporte, le seul ministre québécois assez aimable pour écrire un mot d'adieu à l'Américain, a été exécuté par ses ravisseurs. À son bureau à Montréal, quand il prend connaissance de l'assassinat, René Lévesque fond en larmes. Un ancien compagnon de route est mort, une idée nouvelle et fragile est souillée.

De l'utilité des poltrons

À Québec, la chaise de Montllor est vide. À Ottawa, l'ambassadeur Schmidt est absent. Rufus Smith, qui le remplace, a dû lui-même se rendre aux États-Unis, au chevet d'un père malade. L'attaché militaire de l'US Army à Ottawa est en tournée dans le Grand Nord. Bref, les Américains ont failli manquer la Loi des mesures de guerre. Personne, en tout cas, ne les en a avisés à l'avance. L'idée de les tenir au courant du plus important mouvement de troupes canadiennes en temps de paix «ne m'a jamais traversé l'esprit», affirme le ministre Sharp. Le Département d'État réussit tout de même à en apprendre l'existence presque au moment où il est annoncé publiquement. Grâce à Snoopy.

Dans la nuit du jeudi 15 au vendredi 16 octobre, le cabinet fédéral, à la demande du gouvernement québécois de Robert Bourassa, décide de suspendre les libertés civiles des Canadiens. L'armée amplifie un déploiement engagé depuis la veille. Les policiers obtiennent de vastes pouvoirs.

Tard dans la nuit, le chien de Rufus et Peggy Smith se met à grogner. Il s'appelle Snoopy. «Un animal stupide mais une belle bête», se souvient Peggy Smith, qui s'éveille en sursaut et craint le cambriolage. Pour faire fuir les intrus éventuels, elle allume son poste de télévision. Elle tombe sur l'annonce publique, à 5 h 15 du matin, de l'imposition des mesures de guerre. Elle réveille son mari au bout du fil en Illinois, puis elle appelle l'adjoint de celui-ci à Ottawa, Emerson Brown, qui se branche lui-même sur les informations télévisées et avise le diplomate de garde à Washington.

Une mini-crise est ainsi évitée à Foggy Bottom: celle que déclenche parfois un journaliste quand c'est lui qui informe le Département d'État, par une question posée dès l'ouverture des bureaux, qu'un événement majeur vient de se produire dans un pays étranger. Les diplomates détestent ce genre de surprise. Snoopy leur a sauvé la face. «Je comprends pourquoi Rufus est un si bon diplomate», commente Brown; «même son chien a du flair politique.» Snoopy a-t-il entendu le bruit des tanks? Senti la tension dans l'air? Flairé l'angoisse combinée de 150 suspects tirés de leur sommeil à l'aube par des policiers affichant l'arrogance de leurs nouveaux pouvoirs? Est-ce le bruit du coup qu'on inflige à la démocratie, celui de la déchirure du contrat social qui le fait sursauter?

Rien de tel, affirme Peggy Smith. Dans un demi-sommeil, Snoopy prend peur parce que, comme plusieurs politiciens québécois en cette saison des poltrons, il est effrayé par cette vision: son propre reflet qu'il aperçoit dans un miroir.

Les deux visages de Nixon

La rencontre Nixon-Trudeau de mars 1969 à Washington a prouvé que, malgré une aversion mutuelle, les deux hommes «travaillaient ensemble sans tension visible», comme le notera Kissinger dans ses mémoires. «Ils réglaient les problèmes à l'ordre du jour et ne proféraient leurs commentaires peu charitables qu'une fois chacun revenu dans sa propre capitale.»

Nixon a beau mal supporter la coupe de cheveux de Trudeau —trop longue à son goût— ou sa tenue vestimentaire —trop tape-à-l'œil— il est trop futé pour faire de cette antipathie personnelle un paramètre de ses relations extérieures. Mais les politiques du libéral Trudeau commencent à lui monter au nez. Depuis leur première rencontre, le Canadien a lancé une grande étude de la stratégie étrangère du pays et s'interroge tout haut sur l'opportunité de retirer le Canada de l'OTAN et du NORAD. Il annonce en tout cas son intention de «dénucléariser» le pays, ce qui signifie le retrait des fameux Bomarcs. Il peste, avec tous les Canadiens, contre un test nucléaire américain en Alaska. Et il ouvre la porte aux *draftdodgers*, ces jeunes Américains qui préfèrent les boules de neige de l'exil canadien aux balles qui sifflent dans les rizières vietnamiennes.

Bien plus tard, en 1973, Nixon immortalisera les bons sentiments que lui inspirent Pierre Elliott sur une des bandes d'enregistrement qui tournent dans le bureau présidentiel dès qu'on y ouvre la bouche: «that asshole Trudeau», dira-t-il.

Mais déjà, en 1970, son hostilité envers le premier ministre canadien est palpable. En février, il envoie à Kissinger un «Action Memo» dans lequel il ordonne à son conseiller de «trouver un moyen d'attaquer le premier ministre Trudeau sur une question économique qui engage son prestige».

Le Président a accès à toutes les informations de l'administration américaine, et il est probable que les grandes étapes de la crise d'octobre lui sont présentées succinctement au cours du briefing matinal où Henry Kissinger passe en revue les questions internationales. Mais la première chose qui tombe entre les mains présidentielles au lever du jour est le «Sommaire des informations». Préparé pendant la nuit par une petite équipe des services présidentiels, le sommaire synthétise en une trentaine de pages dactylographiées tout ce qu'on peut trouver de nouveau et d'intéressant aux informations télévisées de la veille et dans les journaux du matin. Principales nouvelles, phrases-chocs des éditorialistes influents, importance donnée à telle information plutôt qu'à telle autre dans la presse de province. En moins de temps qu'il n'en faut pour lire un seul quotidien, le Président ingurgite tout ce qu'il doit savoir de ce que tous les journalistes disent. Ce qui, finalement, tient relativement peu de place.

Le 6 octobre, par exemple, le sommaire annonce que «l'enlèvement politique a fait son apparition en Amérique du Nord» avec le kidnapping de Cross. Quelques lignes rapportent des développements les 7 et 15 octobre. Le 16, le sommaire n'est pas tout à fait assez rapide pour inclure l'imposition nocturne des mesures de guerre.

Nixon semble découvrir l'extraordinaire législation le lendemain 17, puisqu'il souligne sur sa copie du sommaire les mots «suspension des libertés, contrôle du gouvernement sur la propriété, la navigation et le transport». En marge, il écrit pour le bénéfice de son chef de cabinet, Bob Haldeman: «H - Surveille la presse, ils vont défendre leur ami "libéral"!»

Le Président ne veut pas dire «leur ami du Parti libéral». Il veut dire que les journalistes, qu'il considère comme une bande de gauchistes démocrates anti-establishment, donc "liberal" au sens américain du terme, vont venir à la rescousse d'un des leurs, Trudeau, malgré la terrible mesure antidémocratique qu'il vient d'adopter. Tout un revirement pour cette même presse qui, cinq mois plus tôt, n'avait pas assez de mots pour dénoncer la force utilisée par la Garde nationale contre des étudiants qui occupaient le campus de Kent State. Tirant dans la foule, la Garde avait fait quatre morts.

Nixon a parfaitement raison. La presse libérale se porte immédiatement à la défense de Pierre Trudeau, évite tout parallèle avec Kent State et n'entend aucune des critiques qui, sur la gauche canadienne, dénoncent la suspension des libertés.

Le jour même du commentaire de Nixon, le porte-drapeau de la presse libérale anti-Nixon, le *New York Times*, applaudit les mesures de guerre, expliquant que «la survie d'un Canada uni dépend peut-être de l'issue de l'intervention spectaculaire du premier ministre». «La plupart des citoyens de ce pays [les États-Unis] lui souhaitent un prompt succès», poursuit l'éditorial, qui condamne au passage la faiblesse du gouvernement du Québec, facteur qui a «renforcé la position des terroristes».

La publication, dans l'édition du lendemain, «d'extraits d'éditoriaux tirés de journaux canadiens représentatifs» montre bien que le *Times* reste sourd à cette partie de l'opinion, notamment québécoise, qui dénonce l'usage d'une arme aussi démesurée: aucun des 10 journaux n'est québécois —ni francophone ni anglophone. Parmi les extraits «représentatifs», seul celui du *Toronto Star* critique l'action gouvernementale.

Le 18 octobre, lendemain de l'assassinat de Pierre Laporte, Richard Nixon appelle Pierre Trudeau. La conversation, précédée par un entretien Nixon-Kissinger d'un quart d'heure, ne dure que trois minutes. Nixon-le-critique disparaît derrière Nixon-le-bon-voisin. «J'ai dit combien je déplorais ce qui était arrivé», explique le Président lors d'une allocution le lendemain. «Un responsable du gouvernement avait été enlevé, le motif avait quelque chose à voir avec la libération du Québec. Mais ce n'est pas l'élément qui importe. Le responsable a été enlevé, une rançon a été exigée et un chantage exercé. Le premier ministre a refusé de payer et le responsable a été tué», raconte Nixon à une petite foule venue l'accueillir à l'aéroport de Grand Forks, dans le Dakota du Nord.

«C'est une terrible tragédie. Ça ne s'est pas passé dans un pays éloigné. Ça s'est passé au Canada. Et ça se passe aussi aux États-Unis.»

De fait, en cette année 1970, on compte environ 60 dynamitages par mois aux États-Unis. Depuis le début de 1969, en 15 mois, on a dénombré pas moins de 4350 explosions et une quarantaine de morts liées à la violence politique. Dans ce tintamarre, les bombes québécoises récentes ne font pas beaucoup de bruit. Seule la prise d'otage fait sortir le FLQ du peloton.

«Faire exploser un immeuble. Brûler un immeuble. Commettre des gestes illégaux», poursuit le Président qui s'étend ici sur le thème qui l'a porté au pouvoir, «la loi et l'ordre». Les jeunes exaltés ne reculent devant rien, ajoute-t-il, ils «ne se contentent pas de manifester paisiblement, mais profèrent des obscénités».

Nixon utilise l'argument de la crise québécoise à des fins politiques intérieures anti-«liberal», donc anti-alliés idéologiques de Trudeau. Sur la piste de l'aéroport de Grand Forks, il enchaîne sans effort les arguments qui vont du meurtre de Pierre Laporte aux obscénités — les fameux «four-letter-words» — et semonce le Congrès pour n'avoir pas encore adopté le projet de loi anti-crime de son administration, projet qui prévoit des sanctions contre la verdeur de langage.

«Voici le principe qu'il faut combattre», dit encore Nixon, qui a ordonné quelques mois plus tôt le bombardement du Cambodge et provoqué la mort de milliers de civils neutres: «Il faut combattre l'idée que tous les moyens sont justifiés si la cause est juste.»

Quoi que pense réellement Nixon des mesures de guerre canadiennes — son secrétaire à la Justice, John Mitchell, affirme que les États-Unis ne prendraient jamais des mesures équivalentes— les professionnels de la diplomatie américaine réagissent à l'utilisation de la force avec une satisfaction qui croît à mesure qu'on s'éloigne du lieu du drame.

Au National Security Council, parmi le personnel de Kissinger, on pense que, «compte tenu du pourrissement de la situation au Québec», Trudeau a agi «avec une fermeté dictée par les événements». Selon Helmut Sonnenfeldt, en charge de l'Europe et du Canada, pas une larme n'est versée pour les indépendantistes arrêtés. À Washington, dit-il, on n'observe «aucune sympathie appréciable pour l'indépendance du Québec, notamment parce qu'elle était appuyée par les Français, qui n'étaient pas particulièrement populaires à cette époque».

La filiation de Gaulle/Indépendance du Québec a la vie dure.

Au Département d'État, en privé, des responsables expriment leur admiration devant la réaction «énergique» de Trudeau. «Quand nos diplomates se font enlever», commente un responsable du Département d'État, «on gazouille et on parle tout bas. Tout ce qu'on récolte, c'est de devenir otage de n'importe quel kidnappeur de pacotille à l'étranger... Il est grand temps de s'inspirer de la tactique de Trudeau.»

À Ottawa, cependant, certains diplomates ont la gorge serrée. «Il n'y a pas de doute que nous étions déçus — le mot est trop faible —, nous étions révulsés — le mot est trop fort —, enfin, nous n'aimions pas les actions extraordinairement impitoyables de la police du Québec», raconte Vladimir Toumanoff, principal conseiller politique de l'ambassadeur Schmidt. «Ils arrêtaient ces gens et les envoyaient en taule et ils ne le faisaient pas avec des gants blancs. Ce comportement répugne dans n'importe quelle société, n'importe quand et n'importe où.»

Plus de 500 suspects sont arrêtés, plusieurs au petit matin, suivant un scénario que les Québécois ne connaissaient jusqu'alors qu'au cinéma, dans ces films où la Gestapo ou quelque police latino-américaine vous tire du lit sans explication pour vous passer les menottes. Les policiers effectueront aussi plus de 4600 perquisitions avec saisie, emportant parfois des livres sur le cubisme, pensant qu'il y est question de Cuba. Mais en bout de course, aucune des accusations portées contre les prisonniers d'octobre ne résistera à l'examen, même préliminaire, des tribunaux. Un demi-millier de suspects, et la foi dans la protection des libertés comme ressort fondamental de la démocratie, sont au nombre des victimes des nuits d'octobre.

Mais, professionnellement, «le fait que quelques diplomates de carrière soient émotivement révulsés par l'action policière n'a aucune importance», note Toumanoff. Leur indignation transpire à peine dans les dépêches qu'ils adressent à Washington. Ce qui compte, c'est l'analyse. «Quelle sera la réaction canadienne? Quel effet aura-t-elle sur la crise en cours? Sera-t-elle d'une quelconque utilité? Qu'est-ce qui motivera la décision? Qui en tirera avantage et dans quel but?...»

Car Toumanoff et ses collègues ne croient pas un instant à la thèse de l'insurrection appréhendée. «Il n'y avait pas le moindre risque que les terroristes prennent le pouvoir ou accroissent leur influence ou quoi que ce soit...» Pour le principal conseiller politique de l'ambassade, les enlèvements du FLQ «ne menaçaient pas la stabilité du gouvernement du Canada. C'était un acte de terrorisme, regrettable mais comparable aux autres actes de terrorisme à l'étranger.»

Alors pourquoi cette mesure? Toumanoff reprend l'explication que Trudeau donnera lui-même après la crise: les mesures de guerre étaient le seul outil disponible, si disproportionné fût-il, pour donner immédiatement aux policiers les pouvoirs qu'ils réclamaient et qui, eux, étaient nécessaires pour retrouver les ravisseurs.

«Je pense que le premier ministre a vraiment suivi cette voie dans le but de sauver la vie d'un homme. Il était même prêt à payer un fort prix politique pour y parvenir», conclut Toumanoff. Comme tous les diplomates américains interrogés, il applaudit Pierre Trudeau pour «l'action ferme et déterminée» — selon l'expression de son collègue Macuk — menée dans ces circonstances difficiles.

Une cure de désintoxication

Pendant que se déroule la crise, les diplomates américains ont beau rejeter l'épouvantail de l'insurrection appréhendée, ils se laissent néanmoins convaincre, comme le reste des Canadiens, que le FLQ est une vaste armée de l'ombre. Lorsque, dans sa seconde allocution télévisée de la crise, le 18 octobre, Pierre Trudeau avise qu'il «est possible que des hommes sans scrupule tentent encore d'ébranler notre volonté dans les jours à venir», l'ambassade y voit un «indice» s'ajoutant à «plusieurs déclarations selon lesquelles la menace que fait peser le FLQ est plus importante que ne l'a révélé le gouvernement canadien».

Intoxiqués par les exagérations fédérales, les diplomates présentent à Washington cette analyse: «Le gouvernement du Canada espère à l'évidence que l'imposant filet policier, mis en place à 4 h 00 a.m. le 16 octobre par l'adoption des mesures de guerre, va décimer les chefs du FLQ au point de détruire sa capacité d'organiser des attentats terroristes et va terrasser le FLQ. Ce résultat offrirait de bien meilleures nouvelles à annoncer à la nation dans quelques jours que ne le serait la description troublante d'un complot qui, selon la déclaration aux Communes [du ministre Jean] Marchand, impliquerait jusqu'à 3000 terroristes armés de mitraillettes, fusils et dynamite, et l'infiltration par le FLQ des niveaux décisionnels des gouvernements de Québec et d'Ottawa.»

Les diplomates ne gobent cependant pas toutes les allégations du ministre Marchand, et surtout pas celle qui lie le FLQ au parti politique municipal de Montréal, le FRAP. Une élection doit avoir lieu dans la métropole le 25 octobre et le FRAP est la seule formation sérieuse à s'opposer au Parti civique du maire Drapeau. Ce dernier, embrayant sur la déclaration du 21 octobre de Marchand selon laquelle «le FRAP est une couverture du FLQ», affirme que le FRAP ouvrirait la porte de l'hôtel de ville aux terroristes. (Quatre des candidats du FRAP sont d'ailleurs derrière les barreaux, victimes de la rafle policière.)

De Montréal, Burgess avise Washington de mettre tout ce charabia aux poubelles. «L'orientation du FRAP est séparatiste et clairement à gauche», écrit-il. «Le Parti a attiré dans ses rangs sa part de personnages louches, y compris, probablement, quelques membres du FLQ. Mais il est considéré comme un mouvement politique légitime qui exprime les revendications des électeurs minoritaires.» Ici, Burgess est presque trop indulgent envers le FRAP qui, le 11 octobre, a tout de même entériné le manifeste révolutionnaire du FLQ. «On peut le dire maintenant: le FRAP était contrôlé par nos cellules», avoue 20 ans plus tard un ex-felquiste. L'affirmation est-elle suspecte d'hyperbole rétrospective? Si l'organisation était pénétrée —et co-fondée— par des felquistes, il y a toujours tout un gouffre entre l'entrisme et l'emprise.

Tout cela n'est qu'académique, suggère Burgess, puisque «le FRAP et le reste de l'opposition n'ont pas la moindre chance d'affaiblir la puissante emprise que Drapeau et le Parti civique détiennent sur l'administration municipale». Le 25, le Parti civique fait effectivement élire tous ses candidats.

S'ils relaient fidèlement les explications fédérales, les diplomates américains restent à l'écoute des voix discordantes qui se font progressivement entendre. Le 22, Rufus Smith rapporte que le gouvernement a toujours l'appui d'une majorité de Canadiens mais que les contradictions dans l'évaluation qu'il donne des forces du FLQ «commencent à semer les graines de la confusion et du doute».

Le 6 novembre, l'ambassadeur Schmidt souligne l'opposition du Nouveau Parti démocratique aux mesures de guerre. «L'Histoire donnera peut-être raison au NPD qui est convaincu que le gouvernement du Canada a réagi trop violemment à la menace felquiste, mais en ce moment le NPD s'aventure en terrain politique extrêmement glissant», note-t-il.

De Québec, où il vient à peine de défaire ses valises, le nouveau consul général Everett Melby analyse les appels à la flexibilité et à la négociation du directeur du *Devoir*, Claude Ryan, du leader du PQ, René Lévesque, et des chefs syndicaux. Il en conclut que, loin de vouloir former un «gouvernement parallèle» comme on le chuchote à Ottawa et comme le clame en première page le *Toronto Star*, ces leaders offrent des critiques «constructives et motivées par [des] inquiétudes légitimes au sujet de la vie des otages et de l'avenir de la démocratie au Québec». Ryan, Lévesque et les autres font même preuve d'un certain courage politique puisque leurs opinions «ne sont apparemment pas partagées par la vaste majorité des Québécois». Des sondages le prouvent, le public québécois est très majoritairement derrière la ligne dure du premier ministre fédéral.

Mais le plus grand coup assené à la crédibilité de l'épouvantail felquiste brandi par le cabinet fédéral vient d'un des terroristes, Bernard Lortie. Arrêté le 5 novembre dans un appartement où deux autres responsables du rapt de Laporte échappent aux policiers en se dissimulant dans le double fond d'un placard, Lortie déballe sa marchandise et raconte l'amateurisme avec lequel la prise d'otage fut improvisée, en 48 heures et sans un sou vaillant.

«L'enlèvement banal, fantaisiste, de Pierre Laporte par quatre jeune ratés met en cause le concept d'un FLQ à la structure élaborée et capable de mettre à genoux le gouvernement du Québec», écrit le consul général John Topping le 12 novembre. «À moins que la cellule Libération [qui détient toujours Cross] et les autres cellules du FLQ ne s'avèrent plus expertes et mieux organisées que ne l'étaient Lortie et compagnie, les doutes sur la nécessité d'imposer la Loi des mesures de guerre vont s'accroître.»

La cure de désintoxication commence.

Le premier décembre, Schmidt écrit que «l'incapacité du gouvernement d'offrir une preuve convaincante de l'existence d'une "insurrection appréhendée" et l'incapacité des policiers (...) de démontrer la présence d'une organisation terroriste sophistiquée ou ramifiée ont émoussé l'argument du gouvernement» invoqué pour justifier le recours aux mesures de guerre.

Le 20 novembre, la chasse aux ravisseurs de Cross demeurant infructueuse, la classe politique québécoise s'intéresse maintenant à la gestion de la crise, note Topping. En plus de s'interroger sur les motifs profonds d'Ottawa et sur la faiblesse réelle du premier ministre du Québec, Robert Bourassa, on se demande si «le FLQ, si affreuse qu'ait été sa conduite dans les circonstances, n'incarne pas quelque revendication valable d'une portion importante de la population». Ce genre de questions, ajoute Topping qui s'en dissocie à peine, «présage une continuation des tensions sociales et, tout au moins, quelques manifestations d'extrémisme pour encore un bon bout de temps».

Le 3 décembre, la libération de Cross est imminente. Ses ravisseurs ont conclu une entente avec Ottawa. La vie de Cross contre un aller simple pour Cuba. Dorénavant, on les appellera les «exilés». Dès qu'il prend connaissance des termes de l'entente, Topping communique l'information par téléphone à Washington. Le Département d'État a l'habitude, et parfois spécifiquement la consigne, d'alerter immédiatement la Maison-Blanche de tout développement majeur dans une douzaine de dossiers chauds. (Sinon, les événements sont résumés dans des sommaires généralement envoyés aux bureaux présidentiels, l'un en début de soirée, l'autre en début de matinée.) Dès le coup de fil de Topping, le secrétariat du Département prépare pour Henry Kissinger un mémo sur les modalités de la libération de l'otage.

Tupamaros-FLQ: la rétroaction

Les membres du Front de libération du Québec avaient puisé une partie de leur inspiration chez les camarades guérilleros urbains d'Uruguay, les Tupamaros. Par un juste retour des choses, le gouvernement uruguayen a voulu tirer les leçons de l'échec de l'enlèvement de Cross pour les appliquer un jour, sait-on jamais, contre sa variété locale de terroristes.

Du 7 au 12 décembre, dans une série de dépêches Montevideo-Washington-Ottawa, la diplomatie américaine va se faire un plaisir de transmettre les messages, y compris le texte du manifeste du FLQ dont le ministre uruguayen des Affaires étrangères, Peirano Facion, souhaite avoir copie. «Le ton et le contenu» de la prose felquiste, note le Département d'État, «sont similaires à ceux des Tupamaros».

Non, explique l'ambassade américaine à Ottawa qui a recueilli les informations réclamées par Montevideo, l'offre de rançon de 150 000 dollars n'a servi à rien, sinon à noyer les services policiers et certains consulats canadiens à l'étranger de centaines d'appels d'arnaqueurs promettant de tout révéler, à condition de toucher d'abord le chèque.

Non, les policiers n'ont utilisé ni sérum de vérité, ni détecteur de mensonge, ni «d'autres moyens» plus musclés que l'interrogatoire pour obtenir de l'information.

Non, les écoutes électroniques n'ont pas beaucoup facilité l'enquête.

Non, les Britanniques n'ont pas insisté auprès du gouvernement pour qu'il transige avec les ravisseurs.

Le succès de l'opération de libération de Cross, disent les Américains aux Uruguayens, «fut le produit d'un effort policier laborieux, détaillé, routinier, de vérification de chaque piste, indice, nom, numéro de téléphone, adresse, etc.»

Les recherches massives et systématiques effectuées quartier par quartier ont aussi accru la pression sur les kidnappeurs.

Le gouvernement canadien a par ailleurs arrêté des centaines de suspects, note l'ambassade, mais «rien n'indique que ceci ait servi ses objectifs».

John Topping envoie au Département d'État le 14 décembre une autre pièce du puzzle. «Nous croyons savoir que des agences gouvernementales américaines envoient des avis de surveillance aux Douanes, à l'Immigration et à d'autres autorités en ce qui concerne les exilés. Sachez qu'un des ravisseurs, Marc Carbonneau, a dit à sa femme, au cours d'une conversation téléphonique avant de partir pour Cuba [avec les autres ravisseurs de Cross], qu'il reviendrait au Canada un jour.» Ah oui, dernier détail «pour vos dossiers», ajoute-t-il, le vrai nom d'un autre des felquistes exilés est Yves Langlois, alias Pierre Séguin.

En 1970, le mois d'octobre prend fin le 29 décembre, avec l'arrestation des assassins de Pierre Laporte.

Les leçons d'octobre

La première prise d'otage politique nord-américaine est riche d'enseignements. En 1973, le Département d'État et le Pentagone commandent à la corporation Rand une série d'études sur les prises d'otages. L'objectif est d'offrir aux décideurs américains débordés par une marée montante d'attentats «une meilleure compréhension de la théorie et des tactiques du terrorisme, particulièrement de son impact sur la sécurité nationale des États-Unis et sur la sécurité de responsables et de citoyens américains à l'étranger».

Une analyse de 65 pages est donc produite sur la crise d'octobre. La recherchiste, Eleanor Wainstein, interroge le personnel américain concerné, lit les dépêches diplomatiques, consulte les journaux de l'époque et les quelques livres publiés depuis l'affaire. Elle va à Ottawa parler à des responsables canadiens extrêmement réticents, qui lui interdisent de poursuivre son enquête au Québec.

Sur la stratégie policière, son rapport recoupe plusieurs des informations envoyées au gouvernement uruguayen au lendemain de la crise.

Mais son objectif est de comprendre ce qui a marché, et peut s'appliquer ailleurs, et ce qui a échoué, et ne devrait pas être répété.

Elle s'interroge sur la raison pour laquelle Cross a survécu, plutôt que Laporte. John Topping, voisin et ami de Cross, lui offre cette explication: «Cross était jusqu'à l'os un Britannique imperturbable, qui allait résister à l'épreuve. Laporte, toutefois, n'était pas un ange, et il se peut que ses ravisseurs aient su des choses sur son compte. Il a dû y avoir des discussions, des échanges d'insultes, qui ont conduit à sa mort.»

Le rapport Rand mentionne les liens encore obscurs que Laporte avait tissés avec le milieu criminel montréalais, mais suppute que le politicien nationaliste a surtout eu le tort de semoncer ses geôliers. «Il aurait été normal pour lui de s'engager dans un dialogue animé» sur le destin national.

Une seule des hypothèses américaines est confirmée par les ravisseurs du ministre. Contrairement au flegmatique Cross, l'émotif Laporte a effectivement craqué. Certain, au début de l'enlèvement, que son ami Bourassa allait payer le prix de sa libération, il tombe dans un état dépressif lorsqu'il constate avec ses gardiens le triomphe de la ligne dure. Pas la moindre discussion de fond ne s'engage alors avec les felquistes. Ni l'avenir national ni les amitiés mafieuses du ministre ne sont abordés.

En fait, Cross bavarde plus volontiers que le Québécois. Sans doute pour amadouer ses agresseurs, il condamne sans nuances la politique britannique en Irlande du Nord. «Il a dit des choses...», affirme Cossette-Trudel; «si la Reine l'avait entendu, elle en aurait perdu sa couronne».

Si on en croit le récit de Simard, la tentative d'évasion de Laporte est un geste plus désespéré que calculé. S'étant défait de ses menottes, il se lance vers la fenêtre sans enlever le bandeau qui le rend aveugle, vouant ainsi sa tentative à l'échec.

Son «exécution» le lendemain obéit à la logique de l'enlèvement. Jusqu'au-boutistes, les ravisseurs remplissent avec un automatisme qui les met, raconte Simard, dans un état second, leur part du contrat d'enfer qu'ils ont eux-mêmes écrit: pas de concessions gouvernementales, pas de pitié pour l'otage. L'étranglement collectif accompli, les meurtriers refusent la réalité de leur geste et emmitouflent le cadavre d'une couverture et d'un oreiller comme si le confort pouvait encore lui importer.

Pour l'analyste de Rand, la mort du Québécois et la survie du Britannique ont d'autres causes que la simple interaction entre otages et ravisseurs.

Le rapport Rand applaudit la tactique employée par l'État envers la cellule qui détenait Cross. «Un mélange efficace de fermeté et de flexibilité a permis de mettre un terme à l'enlèvement de Cross avec succès.» Les Américains ont beaucoup à apprendre de la méthode canadienne et de la manière dont le gouvernement britannique a laissé les mains libres aux autorités locales, estime Eleanor Wainstein.

Au contraire, lors du rapt de Laporte, poursuit-elle, la riposte démesurée des mesures de guerre a nourri la panique qui, à son tour, a contribué à l'exécution de l'otage.

La leçon des mesures de guerre, dit-elle au cours d'une conversation tenue près de 20 ans plus tard, «est qu'il faut s'assurer de la taille du groupe de terroristes avant de trop s'exciter. Il faut découvrir qu'ils ne sont qu'une poignée et faire en sorte que le public n'ait pas l'impression qu'il s'agit d'une crise majeure.»

Faute de quoi, comme le concluait son rapport, non seulement «le gouvernement n'a pas réussi à obtenir la libération de l'otage, mais la perte ne se réduit pas à la vie d'un ministre canadien-français. Avec l'imposition de la Loi des mesures de guerre — parce que le gouvernement surestimait la force du FLQ et parce que le public, la police et les médias ont réagi avec excès à la menace du FLQ —, le Canada français a perdu temporairement une partie de son pouvoir civil et tous les citoyens canadiens ont perdu temporairement bon nombre de leurs libertés.»

Il y a un grand absent dans le rapport Rand comme dans les analyses des diplomates à Ottawa et celles de l'INR: le Complot. L'idée que la GRC ait manipulé le FLQ, ou ait laissé les enlèvements se produire pour mieux briser les reins de l'organisation; l'idée que Pierre Trudeau ait sciemment exagéré la menace felquiste, non seulement pour justifier les mesures de guerre mais pour porter un coup à l'ensemble des forces indépendantistes; la théorie qui veut que sa véritable cible, à travers Rose, Lanctôt et compagnie, ait été René Lévesque. Rien de tout cela n'est entériné, ni même envisagé par les Américains.

Tous les documents ne sont certes pas disponibles. Mais l'absence totale de ces considérations dans des analyses, naguère confidentielles, qui prétendent embrasser l'ensemble des événements et leur contexte, tend à valider dans ses grandes lignes la version officielle, confirmée aussi par l'enquête québécoise menée à la demande du gouvernement Lévesque par Me Jean-François Duchaîne.

L'action policière, après octobre, et le travail de la commission d'enquête fédérale Macdonald sur les activités illégales de la GRC, notamment le vol d'une liste de membres du PQ, ne laissent aucun doute sur la volonté du premier ministre, de son entourage et de la direction de la GRC d'infiltrer le PQ et le FLQ sans faire de distinctions dans la «menace séparatiste», considérée en bloc depuis 1968, comme un plus grand danger pour le pays que la «menace communiste».

Mais que la crise d'octobre ait été délibérément orchestrée pour constituer la pièce maîtresse de la riposte fédérale contre le séparatisme reste essentiellement une vue de l'esprit. Le fait que l'appareil américain, observateur extérieur, intéressé et généralement superbement informé, ne trouve trace ni d'une machination, ni de noires arrière-pensées politiques fédérales, affaiblit jusqu'à la rendre anémique la thèse séduisante de la conspiration.

L'indépendance inévitable?

L'impact immédiat de la crise d'octobre sur l'analyse politique américaine est multiforme. À Ottawa, se souvient le conseiller politique Macuk, plusieurs diplomates sont convaincus que, loin de terrasser l'idée indépendantiste, la crise prouve l'inévitabilité de la sécession du Québec. «Préparez-vous à une victoire indépendantiste», disent-ils à Washington. «Ce mouvement est déterminé, ce mouvement va atteindre son but, et va l'atteindre très très bientôt», soutiennent-ils. Quand? «Qui sait? Cinq jours, cinq mois, cinq ans...»

Les diplomates plus chevronnés ne tirent pas de conclusions aussi alarmistes. L'un d'eux, Mac Johnson, dit n'avoir jamais entendu un pronostic établissant à plus de 50% les chances d'une victoire séparatiste. Macuk, alors personnellement persuadé de l'inéluctabilité de l'indépendance, ne l'annonce que dans un délai de 5 à 50 ans. Le sentiment que les souverainistes voguent vers la victoire est aussi partagé, on le verra, par le représentant de la CIA qui s'installe à Ottawa en 1972, Cleveland Cram.

À Washington, le directeur de l'INR, Ray Cline, fait une tout autre lecture. Chef des analyses à la CIA dans les années soixante, il pensait alors que le mouvement séparatiste avait des chances de réussite parce qu'il représentait une complète inconnue. Mais au début des années soixante-dix, il juge que l'émergence d'un mouvement terroriste permet, paradoxalement, de prévoir l'échec du mouvement souverainiste.

«Il y a un élément modéré dans le nationalisme québécois», dit Cline, un élément que les analyses de l'INR documentent abondamment. Cline pense que «quand des incidents violents ont lieu, ils aliènent les modérés qui se disent: "eh! ce n'est pas ce qu'on veut. On aimerait se dégager de la domination de ces maudits Anglais mais on ne veut tuer personne"».

«Nous pensions qu'il y aurait du grabuge et un peu de violence à venir et ça nous inquiétait», dit-il. «Et nous étions plus conscients qu'auparavant de ce puissant sentiment public sur lequel les séparatistes pouvaient tabler. Mais nous n'anticipions pas une séparation. Seulement un prolongement de ces frictions déplaisantes.» Et il est bien entendu, ajoute-t-il, «que nous n'avions pas beaucoup de sympathie pour les Québécois». Quant à Trudeau, «il n'était pas un grand héros» aux États-Unis. «Mais on jugeait que sa politique québécoise était la bonne.»

Avec deux ans de recul, en 1972, une longue étude de l'INR sur le Parti québécois conclut que la crise d'octobre n'a en tout cas pas nui aux indépendantistes. «Les événements subséquents ont montré que, tout bien considéré, la position ferme du parti en faveur de la modération pendant cette période explosive a accru l'influence du PQ.» Lévesque a réussi ce tour de force en se présentant comme «la seule voie légitime entre la domination par Ottawa ou par le FLQ», note l'analyse. L'INR, comme Lévesque, trouve un indice de la réussite de la stratégie péquiste dans les 33% de voix que récolte le candidat péquiste dans la circonscription du défunt Laporte. C'est l'une des nombreuses «victoires morales» qu'affichera le Parti québécois, faute de mieux. L'analyse prévoit qu'à la prochaine élection le PQ formera l'opposition officielle.

Quant à la «politique québécoise de Trudeau», elle s'effondre moins de six mois après la fin de la crise, écrit d'Ottawa l'ambassadeur Adolph Schmidt. L'échec de la conférence constitutionnelle de Victoria en juin 1971, une de ces multiples conférences de «la dernière chance», prouve que «la solution proposée par Trudeau au problème québécois semble inacceptable aux non-Québécois (c.-à-d. le programme de bilinguisation) et aux Québécois (c.-à-d. le fédéralisme centralisé)».

Schmidt ne mâche pas ses mots. «L'approche rigide, paternaliste et dominatrice (certains diraient arrogante) prise par Trudeau, qui soutient que son concept d'un fédéralisme centralisé est le seul acceptable, a contrarié le premier ministre Bourassa au point qu'il constate maintenant qu'il est politiquement plus rentable de dire NON à Trudeau.» Ce gâchis, conclut Schmidt, peut se traduire par «un nouvel élan du séparatisme».

À Washington, quelques esprits commencent à relancer l'idée d'élaborer un plan d'urgence au cas où l'indépendance se réaliserait. C'est la vieille rengaine du «qu'est-ce qui va se passer? ne devrions-nous pas nous préparer?» se souvient Mac Johnson. «On leur a dit: prenez ça mollo.» La vieille affaire de «Project Revolt», entre autres, les visions de Brzezinski, la paranoïa de beaucoup de Canadiens, qui voient la main américaine derrière chaque événement troublant, poussent la hiérarchie du Département d'État, une fois encore, à faire taire les maniaques de la planification. Car ces Canadiens...

«N'importe quel plan d'urgence serait si facilement interprété comme la preuve que nous étions partiaux, ou que nous favorisions un éclatement du Canada. Il fallait éviter ça», explique Johnson. Son patron, Martin Hillenbrand, prend consciemment la décision de tuer l'affaire dans l'œuf: «Je pense qu'il s'agissait d'un projet interministériel et mon expérience me disait que n'importe laquelle de ces études se retrouve invariablement dans les journaux, notamment si le Pentagone y participe.» (D'après Johnson, Hillenbrand a expressément fait appeler son homologue au Pentagone pour le prier de ne pas toucher au sujet québécois.) «On ne voulait certainement pas avoir l'air de vautours prêts à se jeter sur les restes du Canada», commente Hillenbrand.

Il faut au contraire que les États-Unis apparaissent aux Québécois comme une terre ingrate, dure et violente, donc un bien piètre partenaire pour un État québécois qui ferait faux bond à son conjoint anglo-canadien. C'est du moins ainsi que Toumanoff interprète un des aspects de la politique québécoise de Trudeau.

«Dans ses relations avec les États-Unis, le gouvernement d'Ottawa se devait de toujours se distinguer de la culture américaine, de la politique et de l'économie américaines», explique le conseiller politique. Il lui faut «critiquer les États-Unis, pointer les erreurs et les faiblesses et les faux pas et les aspects repoussants de cette société dans plusieurs de ses dimensions, et à la fois explicitement ou implicitement donner du Canada l'image d'une société plus accueillante, dont il fait bon être membre». Les sautes d'humeur anti-américaines de Trudeau, sa volonté de se distancer du pôle d'attraction économique voisin, de jeter des ponts vers l'Europe et le Japon dans sa politique de «troisième option» participeraient toutes, selon Toumanoff, de cette logique.

Mitchell Sharp, le ministre des Affaires extérieures de Trudeau, avoue que «presque tout ce que nous faisions à cette époque était orienté vers l'objectif d'unité nationale». Henry Kissinger exprime quelque chose d'approchant lorsqu'il écrit que, «convaincus de la nécessité de coopérer [avec les USA], mais poussés à la confrontation par des impératifs intérieurs, les leaders canadiens opéraient à l'intérieur d'une étroite marge de manœuvre qu'ils utilisaient avec un doigté extraordinaire».

Mais jamais les rapports Trudeau-Nixon n'ont été présentés sous l'angle québécois qu'offre Toumanoff. «Pour dire les choses crûment, si le Québec ne pouvait percevoir une différence entre le Canada et les États-Unis..., alors la pression séparatiste allait augmenter», précise-t-il. «Nous le savions et le gouvernement canadien le savait. Cet élément allait s'imbriquer dans presque toutes les relations bilatérales» de l'époque.

Évidemment, Trudeau n'a pas à se faire violence pour critiquer ainsi le voisin américain. Le nationalisme canadien florissant à Toronto rend son discours politiquement rentable —indispensable?— dans le cœur électoral du pays. L'incroyable insensibilité de l'administration américaine, qui frappe sans préavis les exportations canadiennes d'une surtaxe de 10% en août 1971, suffirait à mettre en rogne le meilleur des alliés. Près de 50 000 emplois canadiens sont menacés, pour le bien de la balance des paiements de l'oncle Nixon. «Est-ce que les Américains ne nous aiment plus?» ironise le premier ministre. De passage à Moscou, capitale ennemie, Trudeau se permet même de parler du «danger» que fait courir au Canada la «présence écrasante» des États-Unis. On croirait entendre de Gaulle. Ou Brejnev. Sous leurs chapkas, les Russes sourient à belles dents.

Personnellement, dit Toumanoff qui affectionne la litote, Trudeau «n'était pas amouraché des États-Unis. Alors quand il devait critiquer, sa propre inclination et ses propres opinions sur les États-Unis ne faisaient pas obstacle» à ce calcul stratégique...

Washington et Ottawa jouaient ainsi au «je sais que tu sais que je sais que tu sais» que l'anti-américanisme canadien n'est qu'une façade. Ou du moins qu'il est affiché plus haut que nature.

Trudeau «espérait que nous étions assez intelligents pour nous rendre compte que ça faisait partie de la réalité canadienne. Évidemment nous ne l'aurions jamais admis. L'affirmer publiquement aurait invalidé la stratégie et annihilé toutes ces manœuvres», ajoute le diplomate.

Toumanoff est convaincu que cette arrière-pensée a influencé le discours prononcé par Nixon lors de sa visite officielle à Ottawa en avril

1972. Dans ce texte puissant — écrit en partie par le conseiller de Trudeau aux affaires internationales, Ivan Head —, un président américain insiste pour la première fois sur le caractère pour ainsi dire «distinct» de la société canadienne.

«Il est temps de reconnaître que nous avons des identités séparées, que nous avons des différences significatives et qu'il n'est dans l'intérêt de personne de camoufler ces réalités», dit Nixon devant les deux chambres parlementaires réunies. «Nous pouvons marcher sur nos propres chemins sans nous éloigner l'un de l'autre, nous pouvons nous rapprocher sans nous ressembler davantage.» Aucun président, avant ni après lui, ne flattera aussi bien et dans le sens du poil les aspirations nationalistes canadiennes. Et, si l'explication de Toumanoff tient, aucun n'aura pesé d'un tel poids dans la stratégie québécoise du premier ministre.

Trudeau et Head sont ravis de la tournure des événements. Le discours du Président est un bijou. En grande forme à la sortie d'un tête-à-tête avec Nixon, le premier ministre se permet même une petite blague pour le bénéfice des deux délégations réunies à huis clos. «Je viens d'avoir une intéressante discussion avec mon ami le Président et je lui ai expliqué très soigneusement ce que les Canadiens attendent vraiment des États-Unis: un peu de respect pour notre complexe d'infériorité.»

7
Nos amis de Langley

Au Québec, il n'y a pas de secret d'État.
Car nous n'avons pas de secret, et nous n'avons pas d'État.
Yves MICHAUD,
ami et conseiller de René Lévesque.

Travailler au Canada, ce n'était pas exactement une sinécure.
Cleveland CRAM,
chef du bureau de la CIA à Ottawa, 1971-1975.

Matin d'hiver à Langley. Dans l'édifice de la Central Intelligence Agency, tapi dans une forêt à une bretelle d'autoroute de Washington, on attend le représentant des services secrets de la GRC. Dans une petite salle, une douzaine d'employés de la CIA remarquablement informés sur la situation québécoise veulent mettre à jour leurs connaissances. Ils ont apporté de quoi noter.

La session promet d'être intéressante. La crise d'octobre a pris fin quelques semaines auparavant et le «conférencier invité» s'appelle Joseph Ferraris, un des rares cadres francophones des *Mounties*. L'homme a participé à la chasse aux kidnappeurs, en tant que directeur de la section G (antiterrorisme au Québec) des services secrets canadiens. Des services que les *Mounties* appellent, entre eux et sans ironie, les SS.

Un participant se souvient que Ferraris s'étonne du nombre d'employés de la CIA présents à sa petite causerie. On le serait à moins. Ils sont presque deux fois plus nombreux que ne l'était l'ensemble du personnel de la section G lors de sa création en septembre 1970.

Depuis la fin de la crise, Ferraris et ses supérieurs ont préparé pour les services de renseignements amis de petits rapports concernant essentiellement les stratégies et les tactiques du FLQ. Ce qu'on appelle chez les espions leur *modus operandi*, ou MO. Il est bon de savoir comment la communication s'opère entre les cellules du Front, comment s'organisent le kidnapping, la rédaction des communiqués, la prise de décision. Une fois répertorié, le MO du FLQ est versé dans le savoir commun des forces anti-terroristes d'Occident. On peut observer les mêmes habitudes chez d'autres kidnappeurs. Connaître ces petits secrets, c'est commencer à gagner la guerre. Le FBI et la CIA ont reçu copies de ces rapports. Il n'est donc pas indispensable de rediscuter de cette plomberie interne avec l'invité, un costaud qui se présente accompagné de l'officier de liaison de la GRC à Washington.

Les hommes de la CIA veulent surtout en savoir un peu plus sur le mouvement indépendantiste. Le FLQ, oui, mais aussi le PQ. Sa philosophie, ses effectifs, ses perspectives d'avenir. Les groupes de gauche aussi, cette mouvance pas encore tout à fait marxiste qui sert parfois de support et de coussin aux réseaux felquistes. Le mouvement syndical, la société québécoise tout entière semblent entrer dans une phase de radicalisation. Qu'en est-il? On peut lire la surprise sur le visage de Ferraris lorsqu'autour de la table on se met à lui poser des questions dans un français, ma foi, pas mauvais du tout. Même à Ottawa, avec ses collègues et ses chefs, Ferraris n'a pas l'habitude d'utiliser sa langue maternelle (sauf avec John Starnes, directeur des SS, un ex-diplomate plus lettré).

Ils ne font pas que le parler, ils le lisent. Surtout dans *Le Devoir*. Ils veulent savoir qui est ce Claude Ryan, le directeur et éditorialiste de la maison, qui pontifie avec une rare assurance. Et ce «gouvernement provisoire» que Ryan, avec René Lévesque et quelques autres, aurait proposé pour remplacer le gouvernement de Robert Bourassa pendant la crise? Est-il bien vrai que ce n'était qu'une rumeur? Oui? On s'en doutait.

La petite conférence dure plus de deux heures. Les spécialistes du Québec à la CIA ne posent aucune question qui suggère qu'ils possèdent quelque information privilégiée, qu'ils tirent leurs perceptions d'une source occulte au sein du gouvernement canadien ou du mouvement indépendantiste. Ils donnent plutôt l'impression de lecteurs extraordinairement attentifs du *Devoir* et de la réalité québécoise.

Ils laissent Ferraris partir sans lui faire part des conclusions qu'ils tirent, dans le secret de leur immeuble mythique de Langley, des informations, publiques ou privées, qu'ils emmagasinent avec gourmandise.

Deux scénarios pour le Québec

Ils n'en pensent pas moins. Et exposent le fruit de leurs analyses quelques mois plus tard, au printemps 1971, à un cadre de l'Agence qui doit aller relever, à Ottawa, le responsable sortant de la CIA au sein de l'ambassade américaine.

Cleveland Cram, le nouveau *Chief of Station* de l'antenne de l'Agence à Ottawa, n'en est pas à son premier contact avec le Canada. De retour de la station de Londres en 1958, il avait dirigé jusqu'en 1962, à Langley, la division du Commonwealth britannique, dont le Canada fait partie. En 1971, dans la cinquantaine, Cram est ravi de reprendre du service «dans un endroit aussi charmant qu'Ottawa».

Avant de partir, il lui faut cependant dépoussiérer ses connaissances canadiennes, vieilles de neuf ans. L'adjoint au directeur de la CIA chargé du renseignement, Ed Procter, le fait venir pour son briefing initial, une procédure routinière pour tous les chefs de station en partance pour leur nouvelle affectation.

C'est un de ces carrefours où les deux grandes branches de la CIA se rencontrent: la direction des opérations et la direction des renseignements. Cram et la station d'Ottawa sont chapeautés par le pupitre canadien, lui-même rattaché à la division du Commonwealth britannique déjà nommée, un élément de la division Europe, tout ce beau monde faisant partie de la direction des opérations (qu'on appelle aussi «Plans» ou «Clandestin»). Ce sont les gens qui agissent, ici pour infiltrer un gouvernement, là pour poser un piège à un espion russe, là encore pour assurer la liaison avec un service ami, comme la GRC ou le MI5 britannique. Dans l'autre branche, à la direction du renseignement, on emmagasine l'information, on la gère, on l'analyse, on produit les rapports, les biographies, les portraits psychologiques de dirigeants étrangers, on estime le nombre de troupes ennemies, on soupèse la stratégie de l'adversaire, ou de l'allié.

Ce sont les spécialistes du renseignement que Cram rencontre avant son départ. Procter lui présente deux ou trois de ses analystes les mieux versés en affaires canadiennes. «Des professionnels», se souvient Cram. Leur compréhension de la situation québécoise était «superbe, absolument» superbe, j'aurais aimé pouvoir en emmener un avec moi» à Ottawa, ajoute-t-il, car «à plusieurs égards ils étaient meilleurs que certains des diplomates en résidence à l'ambassade».

Les spécialistes du Canada avisent Cram qu'Ottawa n'est pas au bout de ses malheurs, qu'une «nouvelle poussée de séparatisme est à redouter».

«L'élément principal de l'analyse», se souvient Cram, «était qu'un Québec séparé serait un pays qui: a) ne serait probablement pas stable; b) serait enclin à vouloir se distinguer de différentes façons qui ne coïncideraient pas, dans l'ensemble, avec les intérêts du gouvernement des États-Unis, ni du reste du Canada — affaires étrangères, relations avec les Soviétiques peut-être, ce genre de choses. Il y aurait cette tentation typique pour un pays nouvellement indépendant de vouloir se démarquer.» L'autre hantise des analystes, poursuit Cram, était que le Québec «ne serait pas économiquement viable à long terme et pourrait par conséquent affaiblir la sécurité générale de l'Amérique du Nord». Le chaos économique résultant «rendrait la situation propice, soit à la subversion d'un groupe plus extrême à l'intérieur, soit aux avances du bloc de l'Est, notamment des Soviétiques», raisonnaient les spécialistes de la CIA.

C'est leur scénario le plus noir. Ils en ont d'autres. «Ils pensaient que dans le cas d'une indépendance accomplie dans le calme et la stabilité», ajoute l'élève Cram, l'irruption d'un nouveau pays à la frontière nord «serait une contrariété, un tracas auquel il faudrait se résoudre», mais «pas un danger, pas une menace» pour les États-Unis.

L'analyse rapportée par Cram donne la mesure de la modération de vues de l'agence. Son inquiétude ne concerne pas les forces souverainistes elles-mêmes. Nulle image d'un René Lévesque entouré d'agents doubles soviétiques, d'un Parti québécois dont l'aile gauche serait manipulée par La Havane, d'un FLQ préparant une insurrection avec l'aide du colonel Kadhafi. Nulle trace, donc, de chasse aux sorcières maccarthyste, où l'on sent le bolchevique derrière chaque réformiste.

La CIA voit mieux, et plus loin. Ce qu'elle craint, c'est que par glissements progressifs — indépendance, amateurisme et arrogance du nouveau pouvoir, instabilité économique puis politique —, la situation ne devienne, dans la géopolitique mouvante du début des années soixante-dix, préoccupante. Le tout est de bien surveiller l'évolution des choses.

Arrivé à Ottawa, Cram rencontre une plus forte dose de pessimisme parmi les officiers des SS qu'il côtoie, qui pensent que le terrorisme québécois n'est pas mort avec Laporte. Cram, qui a écrit une thèse de doctorat en histoire sur la révolution irlandaise, devient lui-même convaincu que «les aspects les plus extrêmes du séparatisme allaient l'emporter» au Québec. Il entrevoit «un gouvernement très radical, très gauchisant, peut-être même pro-soviétique ou en tout cas extrêmement neutre», une situation qui «pourrait causer des dommages au Canada et, finalement, au bien-être de l'Occident».

Au printemps 1971, Cram est «certain que le sang allait encore couler, ou que des actes de violence, sûrement, allaient encore se produire». Un jugement qui coïncide avec l'analyse remise au premier ministre par le comité spécial fédéral mis sur pied pendant Octobre, et selon lequel le FLQ est «sans doute plus dangereux maintenant qu'avant la crise». Les autorités fédérales soutiennent d'ailleurs que le séparatisme, plutôt que la menace soviétique, est le plus grave danger qui pèse sur le pays.

René Lévesque sur écoute?

Pour suivre l'actualité québécoise, les analystes de Langley ont droit à une copie de tout ce que produisent les diplomates américains en poste à Québec, Montréal et Ottawa. Leur section d'écoute des émissions de radio et de télévision étrangères peut aussi leur donner le dernier script des informations de Télémédia, celui de la dernière édition du magazine télévisé *Le 60* ou, si le besoin s'en fait vraiment sentir, de la comédie *Symphorien*. Évidemment, ils lisent tout. Il leur arrive parfois d'attraper quelque bribe d'information québécoise dans leur large filet d'informateurs occasionnels américains, hommes d'affaires en tous genres, touristes zélés, universitaires en tournée, ex-policiers en vacances qui, au nom de la patrie et de la défense de l'Occident, rapportent à Langley un incident, une conversation, une rumeur qu'ils ont cueilli au détour d'une rencontre d'affaires ou d'une visite guidée. Dans la montagne de banalités se cachent parfois de petits diamants.

Langley a aussi une ligne directe avec l'agence de renseignements la plus secrète au monde, la gigantesque centrale d'écoute électronique américaine appelée NSA, pour National Security Agency (on la surnomme, à cause du secret qui l'entoure, «No Such Agency»).

Créée en 1952, l'agence a pour mission déclarée «d'intercepter les communications étrangères et d'obtenir des renseignements étrangers nécessaires à la défense nationale, à la sécurité nationale et à la conduite des affaires étrangères des États-Unis». Son budget est officieusement estimé à 10 milliards de dollars, son personnel à 100 000 salariés. Elle a établi son quartier général — dont les caméras ne peuvent approcher à moins d'un kilomètre — à environ 40 km au nord de Washington, à Fort Meade, dans le Maryland.

La NSA constitue la quincaillerie de l'appareil de renseignement américain. Avec ses satellites espions, ses antennes paraboliques et ses échanges d'informations avec ses organisations sœurs, comme la canadienne CBNRC (Communications Branch of the National Research Council, rebaptisée Communications Security Establishment depuis 1975), la NSA peut enregistrer à peu près n'importe quelle communication entre n'importe qui (ou quoi), n'importe où.

Pas étonnant qu'elle détienne dans ses banques de données des informations sur René Lévesque. Combien? Pourquoi? À quel sujet? De quelle date? La NSA refuse de le dire. Tout ce qu'elle confirme, c'est qu'il s'agit d'écoute de communications «relatives à René Lévesque», ayant eu lieu entre 1963 et 1980. S'agit-il de communications de René Lévesque, ou de communications concernant René Lévesque? La NSA maintient que la publication de ces informations, classées SECRET et

TOP SECRET, «pourrait raisonnablement causer des dommages exceptionnellement graves à la sécurité nationale des États-Unis». Elle affirme aussi que la publication des documents qu'elle a en sa possession dévoilerait ses secrets sur le fond et sur la forme.

Sur le fond: les informations concernent «la défense nationale et les relations étrangères des États-Unis». Sur la forme: les documents comportent des indices sur le codage et le décodage de données (ce qui laisse à penser qu'il s'agit de communications diplomatiques ou d'espionnage) et sur les sources d'information ou la méthode employée pour recueillir l'information. Dans ce dernier cas, explique la NSA, toute publication mettrait en danger la source ou la méthode et serait «extrêmement dommageable aux opérations de l'Agence», ce qui laisse à penser que la source et/ou la méthode en question sont encore utilisées aujourd'hui.

Par «communication», la NSA désigne aussi bien des transmissions radio que des transmissions par câble. Enfin, l'agence refuse même de rendre public le moindre paragraphe de ces documents, expurgé de toute référence technique. «Chaque portion de chaque document a été classée SECRET ou TOP SECRET», explique encore la NSA.

Langley a en principe accès aux données de la NSA, donc à ces informations sur Lévesque. Mais la CIA n'a pas, du moins pas légalement, de fenêtre directe sur la mécanique interne du FLQ ou du PQ, sur les forces en présence, l'importance de la pénétration policière, l'état d'esprit des felquistes, l'étendue de leurs réseaux de sympathisants.

Les spécialistes du renseignement demandent donc à Cram d'ouvrir l'œil sur la conjoncture québécoise. «L'appétit de Langley est insatiable», commente l'espion. «C'est une bureaucratie», soupire-t-il; «plus ils ont de papier, plus ils sont contents». Mais si la CIA compte des agents infiltrés dans la société québécoise (voir plus loin), ce n'est pas la station d'Ottawa et ses cinq salariés qui en tirent les ficelles. Le chef de station, son adjoint, le spécialiste des communications — pour les messages codés — et les deux secrétaires de l'agence à Ottawa ne sont des inconnus ni pour les policiers et diplomates canadiens, ni pour les camarades de l'Est en poste à Ottawa. Le comble de l'amateurisme serait d'utiliser l'équipe de Cram à des fins illégales. Et il n'y a pas, dans la structure, de «base» permanente de l'Agence à Montréal, ni à Québec.

Il y a bien une façon d'en savoir plus sur le FLQ. Aller pomper ceux qui ont le mandat de tout connaître, la section G des SS. Ferraris et compagnie. Après tout, les hommes de la CIA à Ottawa peuvent se promener presque sans insigne dans les locaux de haute sécurité des SS de la capitale, comme d'ailleurs les agents de liaison de la GRC à Washington ont un accès quasi complet aux locaux de Langley. Pourquoi ne pas frapper à la porte de Ferraris, de ses adjoints Don Cobb et Don

McCleery et demander: «À propos, combien de nouveaux informateurs avez-vous recrutés cette semaine?»

«Je pouvais aller à cette division des *Mounties* et parler de toutes sortes de communistes subversifs — car ils s'en occupaient aussi un peu —, mais lorsque j'en arrivais au FLQ et aux terroristes québécois», raconte Cram, «ils ne m'éjectaient pas du bureau, mais m'éconduisaient poliment et amicalement». L'Américain ne se dégonfle pas. «J'ai continué à pousser et à sonder et à écouter attentivement autour du traditionnel double martini.» En vain. Les membres de la section G? Des tombes.

«C'est une question de rapport de force», explique-t-il. «Je ne pouvais pas aller au bureau de direction de la GRC et leur dire: "Écoutez, si vous ne nous donnez pas ce que vous savez sur le FLQ et vos évaluations de ce qui peut se produire à l'avenir, je vous coupe le flot d'informations sur les Soviétiques!" Ce n'est pas productif et, après tout, c'était une affaire interne, et nous étions dans la maison de nos voisins, alors...» Quand Cram revient les mains vides, les analystes de Langley rouspètent à peine. «Ils comprennent que les Canadiens sont les gens les plus charmants du monde, mais ne sont pas très faciles à convaincre même dans le meilleur des cas. Ils sont très irritables.»

Quelqu'un quelque part — Cram soupçonne Trudeau — a décidé que les Ricains n'avaient pas à connaître les secrets de la famille canadienne.

À la recherche du complot

Si la GRC refuse d'ouvrir ses dossiers québécois aux envoyés de la CIA, elle n'a en retour aucune hésitation à demander de l'aide à l'Agence.

Car dans l'atmosphère de guerre froide qui règne au sommet des services de renseignements, chacun cherche l'empreinte de l'ennemi planétaire dans chaque recoin de sa vie politique intérieure. Et la GRC, avec la CIA, veut trouver les indices de la main occulte et étrangère qui, c'est certain, agite les indépendantistes.

Quand Cram rencontre son prédécesseur, Robert Jantzen, chef de station depuis 1968, ce dernier l'informe que les SS «ne cesseront pas de vous harceler avec ça, ils vont vous le demander environ une fois par semaine!» La question, résume Cram, se pose en ces termes: «Est-ce un mouvement purement québécois, ou est-on en présence d'un complot plus large, financé peut-être par les Cubains ou les Soviétiques?» (Aux États-Unis, Richard Nixon cherche aussi désespérément la main de Moscou et de Hanoï derrière le mouvement contre la guerre au Vietnam;

comme quoi les leaders politiques d'Amérique du Nord ont une piètre opinion de la capacité de rébellion intrinsèque de leurs administrés.)

Les experts des SS en contre-espionnage déploient tous les efforts pour surprendre tel consul soviétique ou nord-coréen en flagrant délit de passer une enveloppe à un leader felquiste. En vain. La GRC, accusée par le bureau du premier ministre d'avoir fait un bien médiocre travail de renseignement et de s'être retrouvée sans indices sérieux au moment de la crise d'octobre, est plus que jamais mise au défi de produire quelque information tangible. Elle espère donc que la CIA découvre via son réseau international d'espions et de sources, notamment à l'Est, l'indice, la preuve du complot.

La marche à suivre, explique Jantzen à Cram, «consiste à envoyer un télex toutes les semaines à Langley pour s'assurer que personne ne s'endorme là-dessus et que si quelque chose survient, on nous l'envoie immédiatement». Jantzen et Cram savent que, dans le jeu de la liaison entre la CIA et la GRC, une seule bonne source soviétique sur le FLQ vaudrait à Langley la reconnaissance éternelle d'Ottawa. Malheureusement, rien de bien piquant n'arrive aux oreilles des espions yankees.

Il y a bien un transfuge cubain qui vient raconter à la CIA au début des années soixante-dix que les ravisseurs de Cross, exilés à la Havane, vivent une petite vie bien tranquille à leur hôtel, et qu'un d'entre eux donne tous les symptômes d'un sérieux mal du pays. Des agents des SS vont rencontrer le Cubain dans une résidence discrète (il faut dire *safe house*) aux États-Unis.

Trois felquistes pressés de tout connaître des techniques de guérilla (François Bachand, Raymond Villeneuve et Gaston Collin) avaient déjà séjourné à Cuba pendant quelque 18 mois avant 1970. Là encore, Langley avait présenté à des envoyés SS un transfuge qui racontait des histoires un peu affolantes sur l'entraînement que les Cubains auraient offert aux Québécois. La CIA portait foi à ce témoignage, mais à Ottawa, les *Mounties* avaient des doutes. «On savait, par des gens qui les avaient vus, que les felquistes à Cuba n'avaient pas d'entraînement, qu'ils jouaient aux billes dans le corridor de l'hôtel», dit un officier canadien. De fait, on sait maintenant que la formation des trois émules de Che Guevara était toute théorique.

La GRC demande tout de même à la CIA de donner instruction à ses sources à La Havane — sources peu nombreuses et mal informées — d'avoir les exilés felquistes à l'œil. Elle demande aussi à Langley, de temps à autre, de vérifier si elle ne posséderait pas dans ses fichiers des informations sur tel ou tel individu. La procédure est routinière lorsqu'il s'agit d'un nouvel arrivé de l'ambassade d'un pays de l'Est, dont on veut savoir s'il a été repéré photographiant des installations militaires secrètes lors d'une mission antérieure. La GRC demande parfois aussi des informations (en jargon, un *name tracing*) sur un personnage louche, sans attache particulière.

S'il n'y a pas de dossier portant ce nom dans l'ordinateur de la CIA, alors Langley en ouvre un, à tout hasard. «Quand on nous donne un nom, explique un officier de l'Agence, on ne le jette jamais à la poubelle.»

Mais dès le début des années soixante, la GRC demande un *tracing* sur des individus qui n'ont apparemment aucun rapport avec le KGB et consorts. «Juste à voir le nom on se rendait bien compte qu'il ne s'agissait pas d'un Russe», commente un ancien officier américain.

Les *Mounties* veulent savoir si les banques de données de Langley recèlent «quelque chose de dommageable à monsieur X ou Y», selon Seymour Young, alors au pupitre canadien, à Langley. Un autre responsable du Canada à la CIA pendant la première moitié des années soixante estime que la GRC a fait une vingtaine de demandes de ce type. La Gendarmerie, qui n'a pas de personnel à l'étranger hormis quelques officiers de liaison, réclame aussi que les espions de la CIA suivent à la trace certains Québécois, du FLQ ou autres, dans leurs déplacements à l'étranger, notamment en Europe.

Ces requêtes ne sont pas toujours reçues favorablement. Un officier de l'Agence, basé à Ottawa un certain temps, se souvient avoir parfois dit aux demandeurs que la CIA n'avait rien sur l'individu en question, ce qui n'était pas nécessairement exact. Il explique qu'il refusait de coopérer, «d'abord, parce que ç'aurait été nous immiscer dans un problème interne et, ensuite, à cause d'une sympathie implicite pour les causes du problème, c'est-à-dire que j'avais plusieurs amis anglophones, mais aussi plusieurs amis canadiens-français. Et de mon point de vue américain, je trouvais que les Canadiens français en avait enduré assez depuis pas mal longtemps!»

Mais à mesure que le terrorisme québécois passe du graffiti à l'explosif, puis à l'attentat meurtrier, ce genre d'inhibitions fait place à plus de bonne volonté à Langley. Sous Jantzen et Cram, toute demande de renseignement est agréée sans hésitation.

Mis à part quelques renseignements relayés par les services israéliens du Mossad sur l'entraînement de deux felquistes en Jordanie, puis sur les contacts internationaux établis par deux felquistes — les mêmes — basés à Alger, alors capitale mondiale des extrémismes de gauche, la récolte de Langley reste plutôt mince.

S'il ne fait pas de doute que les révolutionnaires québécois ne demandent pas mieux que de s'incorporer au réseau international des guérilleros, notamment à la sauce cubaine, algérienne et palestinienne, cette attraction semble ne s'exercer qu'à sens unique. Des responsables de la GRC pendant la crise d'octobre affirment même qu'il a fallu «tordre le bras» des Cubains pour qu'ils acceptent de recevoir les ravisseurs de Cross. Ils craignaient que ce geste ne compromette leurs rapports avec Ottawa, et la liberté d'action de leurs diplomates et de leurs espions au Canada.

Les listes cubaines

Une seule fois, les services de renseignements ont pu mettre la main sur des documents qui prouvent l'intérêt — mais seulement l'intérêt — porté aux indépendantistes par Cuba. Des documents qui n'arrivent pas par magie dans les coffres de la GRC...

Il est une heure moins le quart dans la nuit du 4 avril 1972 quand une forte bombe placée dans le plafond d'un ascenseur envoyé tout exprès vers le douzième étage du 3737, boulevard Crémazie à Montréal explose, tuant le gardien de sécurité du consulat cubain. En quelques minutes, les policiers de Montréal sont sur les lieux. Ils se heurtent à trois Cubains armés de mitraillettes belges FN. Malgré le foyer d'incendie, le gardien mourant et un deuxième employé grièvement blessé, les Cubains prétendent défendre l'inviolabilité de leur territoire diplomatique. Bonne idée. Car un agent du renseignement de la GRC, responsable du dossier cubain, arrive sur les lieux en moins de temps qu'il n'en faut, affirmeront certains de ses collègues, pour franchir en voiture la distance qui sépare sa résidence de Sainte-Thérèse de l'endroit du sinistre. Désarmés et arrêtés par les policiers, les Cubains se rendent au poste de police. Lorsque le ministère des Affaires extérieures avise les policiers qu'il faut relâcher ces diplomates, les Cubains retournent à leurs locaux et, malgré la résistance désorganisée de policiers complètement dépassés par les événements, réussissent à prendre leurs locaux d'assaut et à se barricader à l'intérieur, pointant leurs armes vers les forces de l'ordre.

Profitant de cet incroyable sursis, ils se hâtent de vider le contenu de leurs dossiers dans des poubelles et tentent d'y mettre le feu. Mais l'explosion ayant actionné le système de gicleurs, les documents trempés ne brûlent pas. Changeant de tactique, les Cubains ont encore le temps de verser un peu d'acide sur les piles de papier, avant que des renforts de policiers, protégés par des gilets pare-balles et armés de mitraillettes, se rendent définitivement maîtres des lieux.

La version officielle a rejeté la responsabilité de l'attentat sur des commandos anti-castristes venus des États-Unis, et qui avaient déjà commis quelques attentats mineurs contre les locaux diplomatiques cubains au Canada. Mais en 1975, le bureau d'un représentant démocrate californien au Congrès et membre du Comité du renseignement de la Chambre (chargé de superviser les opérations de la CIA et d'autres agences de renseignements) a laissé entendre que l'opération se voulait une diversion organisée dans le but précis d'obtenir les documents et de les faire étudier par la GRC et la CIA. Le bureau du représentant Ronald Dellums affirmait avoir des preuves écrites. (Interrogé à nouveau en 1980 par le journaliste et auteur John Sawatsky, le bureau de Dellums refusait de commenter, invoquant le caractère confidentiel de l'affaire. La GRC avait alors nié toute responsabilité. Aujourd'hui encore, Cram, chef de station à Ottawa à l'époque, ainsi qu'un ex-cadre supérieur des SS rejettent la paternité de l'explosion.)

Cuba n'ayant pas de représentation diplomatique aux États-Unis (sauf à l'ONU), il est généralement reconnu que ses antennes de Montréal et d'Ottawa servent de têtes de pont à ses opérations d'espionnage en territoire américain, y compris à Washington. Le personnel cubain jouit d'une grande liberté d'action, n'étant pas soumis aux restrictions de déplacements qui affligent les diplomates soviétiques au Canada. Dans des locaux situés à l'angle des boulevards Crémazie et Saint-Michel, à un jet de pierre des embouteillages de la Métropolitaine, on trouve donc un des principaux relais de l'espionnage soviétique en Occident.

Pas étonnant que Langley ait toujours insisté pour maintenir une étroite coopération entre ses spécialistes des services cubains et le pupitre cubain de la GRC à Montréal, afin de couvrir aussi parfaitement que possible les activités des émissaires de Fidel Castro au Québec. Les services de renseignements de Washington et d'Ottawa, sachant que des cadres soviétiques dirigent les opérations à des postes clés de l'appareil d'espionnage cubain, prennent également pour acquis que Cuba sert de prolongement, d'instrument commode aux visées du KGB.

Lorsque les analystes des SS commencent à dépouiller la moisson de documents et de négatifs photographiques du consulat cubain, ils découvrent des noms, des listes. «Ils avaient des listes assez longues de personnes actives dans le mouvement séparatiste, leurs noms, leurs profils, ce qu'elles faisaient, si on pouvait s'en servir d'une façon ou d'une autre», révèle un ancien cadre des SS. «À l'évidence, ils s'étaient donné le mandat de se tenir bien informés sur le mouvement indépendantiste en soi, et sur les éléments les plus actifs ou les plus militants au sein du mouvement», ajoute-t-il. Les SS trouvent aussi la clé du code employé par la mission cubaine dans tous ses messages précédemment envoyés, notamment à La Havane. Un jeu d'enfant, maintenant, de déchiffrer les messages captés mais remisés dans des dossiers puisque jusqu'ici inintelligibles. À partir de ce jour, évidemment, les Cubains changent de code.

Les listes, surtout les éléments qui portent sur l'évaluation et l'utilisation potentielle de certains militants, sont une importante preuve circonstantielle de l'intérêt porté par Cuba aux indépendantistes. Mais le véritable test est celui du recrutement. Les Cubains ont-ils pénétré le mouvement indépendantiste? Ont-ils soudoyé, idéologiquement, par chantage ou offre d'argent, un de ses membres qui leur sert d'informateur, voire d'agent actif, provocateur? Les documents du consulat semblent muets à ce chapitre ainsi qu'à celui, toujours révélateur, du financement occulte. Nulle trace d'argent ayant changé de mains.

Les diplomates cubains le moindrement entreprenants n'ont pourtant aucune difficulté à se mouvoir dans les milieux de gauche, même modérés, du Québec du début des années soixante-dix. La révolution cubaine, dont la latinité dilue, du moins en surface, le soviétisme et la répression, dégage encore des odeurs rebelles qui envoûtent les réformistes pressés comme les felquistes fatigués. Même Robert Charlebois, au degré zéro de l'analyse politique, chante en 1976 un hymne entraînant à la gloire de «Mon ami Fidel», qui lui vaudra une audience auprès du *líder maximo*. En 1974, même le quotidien indépendantiste social-démocrate *Le Jour* imprime, comme si ça allait de soi, les «dépêches journalistiques» sur l'Amérique latine qu'envoie de La Havane l'agence gouvernementale cubaine *Prensa Latina*. Il faudra encore 15 ans pour qu'on découvre que sous la barbe de l'irrésistible révolutionnaire se cache l'intransigeance totalitaire du dernier des staliniens. En attendant, dans les salons indépendantistes, les Cubains sont comme chez eux. Si le recrutement les intéresse...

Un autre membre des SS affirme que les *Mounties* ont réussi à identifier au sein du mouvement indépendantiste du début des années soixante-dix «une ou deux sources des Cubains». Des militants dont l'action était «motivée par l'idéologie», plutôt que par le gain ou le chantage. Mais une fois cette révélation extirpée, l'espion canadien refuse d'en dire plus, et tente gauchement de ravaler son information. «Disons seulement que les Cubains étaient, peut-être pas les plus actifs, mais en tout cas les plus visibles des services de renseignements [de l'Est] au Québec, sans doute parce qu'étant moins professionnels dans leur travail, ils devenaient plus faciles à repérer.»

Les listes du consulat cubain, précieuses pour ce qu'elles renferment d'informations brutes sur les indépendantistes répertoriés, prennent-elles le chemin de Langley? Cram affirme que non. «Nous pensions hériter de beaucoup de choses mais les *Mounties* nous ont laissés à l'écart», dit-il. «Finalement, nous avons eu quelques bribes. Mais nous n'avons pas pu procéder à l'étude des documents eux-mêmes, et nous n'avons pas eu de gros morceaux. Tout était très secret, rien sur le FLQ en tout cas.»

Dans son livre remarquablement informé sur les services secrets de la GRC, John Sawatsky affirme au contraire qu'en «quelques heures, toute la cargaison de documents, livre de code et le reste, a atterri sur un bureau au quartier général de la CIA à Langley, en Virginie. Dans ce cas, le pupitre cubain de la GRC n'a servi que de messager.»

Jumeler l'Ukraine et le Québec?

La machine d'espionnage soviétique détient elle aussi une liste sur le Québec. Pas une liste de noms, mais une liste de cibles potentielles. Un document qui appelle au recrutement de journalistes, de politiciens québécois, d'abord comme informateurs, ensuite comme agents d'influence et d'action. Le document estime que le Québec, comme toute région où deux cultures se mesurent et s'affrontent, «constitue une terre propice à la dissension et au prolongement des conflits entre les deux ethnies et offre par conséquent un lieu d'intervention naturel pour manipuler, provoquer plus de querelles et de troubles sociaux». Une aubaine, dans «un pays industriel démocratique opposé aux Soviétiques», rapporte le chef de l'important pupitre soviétique des services secrets de la GRC, Jim Bennett, qui a pris connaissance du document.

Bennett obtient cette information vers 1968 ou 1969. Il n'est pas autrement surpris. «On avait toujours cherché ce genre de chose», ajoute-t-il, «puisque les Soviétiques ont développé l'art de monter les peuples les uns contre les autres.» Ce sont les confrères des services britanniques de renseignements qui remettent ce bijou à Ottawa.

Mais il y a un problème. Un problème de date. Le document a plus de 40 ans d'âge. C'est en procédant à une réorganisation de leurs archives à la fin des années soixante que les Britanniques se sont rendu compte que cette information, recueillie en 1920 ou en 1925, n'a jamais été transmise aux Canadiens. Mieux vaut tard...

Dommage. Car les SS sont presque inquiets de déceler chez leurs cibles soviétiques si peu d'intérêt pour les souverainistes québécois. Ils ne croient pas que les Soviétiques se soient assagis. Ils pensent plutôt que les hommes du KGB chargés du Québec déjouent la surveillance.

Ce n'est pourtant pas faute d'ouvrir l'œil. De 1954 à 1972, pendant toute la période où Bennett scrute les allées et venues soviétiques au Canada avec l'aide de ceux qu'il appelle «nos amis de Langley», il ne trouve jamais un seul Soviétique venu s'installer au pays après un quelconque séjour en France. «Ce mouvement de personnel nous aurait évidemment fait soupçonner que cet individu venait probablement préparer des mauvais coups avec les francophones», commente-t-il. Des membres de la CIA chargés des «cibles» (c'est leur terme) soviétiques à la station d'Ottawa depuis le début des années soixante jusqu'au milieu des années soixante-dix ajoutent qu'à leur connaissance, aucun agent ennemi, donc de l'Est, n'a été observé en train de travailler sur le mouvement indépendantiste.

Non que le KGB ignore le Québec. Montréal est régulièrement choisi comme point d'arrivée des «agents illégaux» soviétiques, ces individus qui ne profitent pas de la couverture diplomatique et qui s'introduisent sous un faux nom dans la réalité québécoise ou canadienne, souvent dans le but de passer la frontière et de s'établir aux États-Unis. Un sujet qui intéresse Langley et le FBI au plus haut point. Dans l'esprit des SS, nul doute que des officiers du KGB cultivent des informateurs ou contrôlent des agents illégaux au Québec, dans des buts d'espionnage classique, soit l'obtention d'information militaire, scientifique et économique.

Évidemment, si le KGB désire se renseigner sur les mouvements de gauche du Québec, il n'a pas besoin de gaspiller ses précieuses ressources diplomatiques ou de brûler ses agents illégaux dont l'implantation nécessite souvent toute une vie. Le petit mais loyal Parti communiste du Canada et son appendice le Parti communiste du Québec, présents sur les campus et dans les centrales syndicales, peuvent au besoin fournir toute l'information désirée et signaler au grand frère soviétique quel militant est mûr pour rejoindre ce que les camarades de l'ambassade appelaient naguère «le filet». Utiliser le Parti communiste canadien comme instrument de recrutement pour les services soviétiques est une pratique qui date de 1924, avait révélé à la fin de la guerre le célèbre transfuge Igor Gouzenko.

La GRC a bien identifié un leader de gauche, non québécois et non indépendantiste, mais très présent au Québec depuis la fin des années soixante, dont les activités sont indirectement financées par les Soviétiques. Intéressant détail, l'individu figure sur la liste des candidats à l'arrestation pendant la crise d'octobre, mais se trouve miraculeusement à Moscou.

La finesse des analyses soviétiques sur la situation québécoise est un sujet de débat. À Moscou, pendant la crise d'octobre, l'ambassadeur canadien Robert Ford a pu constater que la plupart des responsables du Kremlin «n'ont jamais compris ce qu'ils considéraient comme la réaction démesurée de Trudeau». «Envoyer les troupes, passe encore, mais pas pour mater seulement quelques terroristes», affirme l'ambassadeur. Les Soviétiques, suggère-t-il, auraient été «beaucoup plus durs» et auraient carrément exilé dans la taïga jusqu'au plus modéré des indépendantistes, une politique qu'ils pratiquaient à l'égard de leurs propres nationalistes ukrainiens, estoniens et autres. Mais puisque Trudeau ne procède pas de la sorte, la mobilisation générale pour deux minables prises d'otages leur semble excessive. «Ils possédaient peut-être de bonnes informations leur permettant de penser qu'il n'y avait pas de situation dangereuse, et certainement pas révolutionnaire, au Québec.»

Ford affirme cependant que Moscou souffre d'une sévère pénurie de connaisseurs en questions québécoises. Lorsqu'en 1972 l'Institut soviétique pour l'étude des États-Unis a élargi son champ d'étude pour y inclure le Canada, note-t-il, il a eu du mal à trouver des universitaires ou des responsables qui connaissaient quoi que ce soit au Québec.

Il ne faut pas voir de lien direct entre la stratégie globale des Soviétiques et leur pratique d'espionnage au quotidien. Il leur est par exemple essentiel d'avoir de bonnes relations avec l'Allemagne de l'Ouest, ce qui n'empêche pas l'intense activité d'espionnage et de sape qu'ils y déploient. Reste que si Moscou n'a aucun scrupule à recruter ses agents et informateurs dans des mouvements politiques qui lui déplaisent, ni à financer ou à appuyer ces mouvements pour des objectifs à court terme, il semble acquis que les Soviétiques sont stratégiquement opposés à l'indépendance du Québec.

«Ils voyaient le Canada comme un contrepoids aux États-Unis en Amérique du Nord, comme un pays pas aussi violemment anti-soviétique que les États-Unis», explique Ford. «Évidemment, ils pensaient que si le Québec devenait indépendant, le Canada éclaterait et serait probablement intégré dans l'empire américain, une perspective qu'ils ne chérissaient pas outre mesure.» Si l'anti-américanisme de de Gaulle passait par l'indépendance du Québec, celui de Brejnev supposait un Canada «fort, stable et uni», selon les mots de Ford.

En 1967, lorsque de Gaulle crie «Vive le Québec libre!» Moscou ne sait d'ailleurs trop comment réagir. Selon une analyse de l'INR qui est portée à la connaissance de Walt Rostow, le conseiller à la Sécurité nationale du président Lyndon Johnson, l'agence Tass tourne autour du pot sans jamais informer ses lecteurs de la phrase du président français. C'est tout juste s'ils apprennent que, «selon Radio Ottawa», le premier ministre Pearson a accusé de Gaulle «d'encourager le nationalisme québécois». Tass fait écho aux moindres commentaires anti-américains prononcés par de Gaulle au Québec mais les sort complètement de leur contexte local.

L'idée de jouer en eaux troubles au Canada, exprimée dans le document des années vingt découvert par les Britanniques, est à cent lieues des intentions du vice-premier ministre soviétique, Dmitri Polianski, qui représente son pays à Terre des Hommes peu après que de Gaulle eut causé le séisme que l'on sait.

L'ambassadeur Ford accompagne Polianski, notamment lors d'un dîner offert en son honneur par le premier ministre Daniel Johnson. Dans ses Mémoires, Ford décrit la scène, qui tient du surréalisme politique:

Dans son discours de bienvenue, Daniel Johnson...

...a expliqué assez longuement qu'il aimerait voir le Québec obtenir le même statut dans la Confédération canadienne que celui dont jouit l'Ukraine en Union soviétique.

J'étais assis à côté du ministre de la Justice, Jean-Jacques Bertrand. Je lui ai dit que le premier ministre était gravement mal informé et que même le pire ennemi du Québec ne lui souhaiterait pas de subir le sort de l'Ukraine. Officiellement, elle a le statut d'une république avec tous les signes visibles d'indépendance: sa propre langue, son drapeau, sa constitution, son ministère des Affaires étrangères et une délégation à l'ONU [...] mais en pratique elle est [...] fermement sous le joug du gouvernement central qui n'a pas le moindre scrupule à réprimer tout signe de nationalisme ukrainien ou de ferveur religieuse. Bertrand m'a écouté avec intérêt, a admis que l'analogie était erronée et est allé en informer Johnson après le banquet.

Dans son propre discours et conscient de l'exemple de de Gaulle, Polianski a ensuite superbement ignoré les remarques du premier ministre. Plus tard, Johnson l'a fait venir à sa chambre d'hôtel. Polianski a accepté de lui faire parvenir de la documentation sur la constitution soviétique mais a demandé au premier ministre de bien comprendre qu'en pratique, l'URSS est dirigée par une administration fortement centralisée. De toute évidence, les Soviétiques ne désiraient pas s'immiscer dans la dispute entre Québec et Ottawa; pourtant il aurait été facile, s'ils l'avaient voulu, de jeter de l'huile sur le feu.

En privé, les membres du consulat soviétique à Montréal ne disent pas autre chose. À plusieurs reprises, avant comme après la crise d'octobre, un consul soviétique confie le plus sérieusement du monde au futur journaliste Michel Vastel, alors employé du Conseil du patronat: «On a assez d'un Cuba en Amérique du Nord, on n'a pas besoin d'un deuxième.»

Lorsque l'agence Tass accuse ensuite le Parti québécois de n'être qu'un «parti petit-bourgeois», l'insulte suscite cette réaction du futur ministre des Finances, Jacques Parizeau: «Pourquoi "petit"?» Fidèle à la logique selon laquelle l'indépendance du Québec créerait les conditions d'une extension du pouvoir américain, Tass accusera le gouvernement du PQ en 1978 d'être «infiltré» par la CIA qui détient par là même «une certaine influence sur les événements dans la province».

Au total, les services secrets canadiens et leurs amis de Langley ont donc toujours eu des soupçons — et dans le cas des Cubains, au moins des indices — que le bloc de l'Est avait quelques informateurs, voire quelques agents, au sein du mouvement indépendantiste. Mais l'absence de pipeline, même minimalement visible, d'hommes, d'argent ou de propagande reliant Moscou aux indépendantistes québécois violents ou modérés les a convaincus que le rôle actif de l'Est ne dépassait guère le stade du renseignement. Point d'aide à l'organisation, point de manipulation ni de contrôle à grande échelle.

«Sauf pour l'assistance qu'ils recevaient de temps à autre lorsqu'ils quittaient le Canada», commente un haut gradé des SS qui a vécu cette période, «je pense qu'on assistait à un véritable mouvement indépendantiste issu de la volonté spontanée de ses membres», plutôt que de quelque stratège de Moscou. De la part d'un spécialiste de la chasse aux bolcheviques, l'aveu a quelque importance.

En somme, au Québec, les ennemis du Canada se sont tenus relativement tranquilles. Il n'est pas certain qu'on puisse en dire autant de ses amis: les Français et les Américains.

French Connection I: l'énigme Rossillon

«Lorsque vous voyez un homme et une femme que vous connaissez entrer dans un motel et qu'à trois heures du matin ils ne sont pas ressortis et que leur voiture est toujours là, vous ne vous demandez pas s'ils font chambre à part.» La boutade est d'un cadre de la CIA. C'est suivant cette logique de la chambre à coucher, explique-t-il, qu'avec ou sans preuve formelle, depuis 1963 Langley tient pour acquis que les services secrets français entretiennent d'affectueux rapports avec les indépendantistes québécois.

La chasse aux espions français au Québec a occupé pendant plus de 15 ans les officiers de renseignements, canadiens, québécois et américains, coûté des sommes considérables en filatures et en écoutes électroniques, et mêlé la question québécoise à l'une des grandes énigmes de contre-espionnage de la guerre froide. C'est essentiellement sur le troisième volet de ce triptyque que Langley interviendra.

Depuis le début des années soixante, les services de la GRC trouvent qu'il y a beaucoup de Français dans les premières cellules du FLQ. François Schirm, par exemple, né en Hongrie mais vétéran de l'armée française, est un des leaders du Front première manière. Les frères André et Roger Normand viennent aussi de France, le premier fut radioélectricien dans l'armée française. La GRC est particulièrement pressée de faire dérailler un des attentats à la bombe des frères franco-felquistes quand ils s'en prennent à un local situé exactement en dessous du bureau d'un cadre des SS à Westmount Square. Georges Shoeters, un autre fondateur du Front, est belge.

Malgré quelques vaines demandes à Interpol — la centrale internationale policière refuse de donner des renseignements «politiques», elle s'en tient aux affaires criminelles — les agents canadiens n'ont jamais réussi à établir un lien direct entre leurs suspects du FLQ et les services français. «On se demandait qui les introduisait» dans le milieu felquiste, rappelle un officier. «Mais ils n'étaient sans doute que des soldats internationaux de la révolution», conclut-il.

Non que le gouvernement français ne se montre pas hospitalier envers les felquistes en cavale. Recherchés par la police canadienne, les poseurs de bombe peuvent trouver refuge à Saint-Pierre et Miquelon ou à Paris, où ils ne sont inquiétés par les services français que pendant les visites officielles de premiers ministres canadien ou québécois. Cette hospitalité serait louche si la France n'était pas traditionnellement la terre d'asile politique de tous les dissidents de la planète, de Trotski à Khomeiny, en passant par les militants nationalistes basques espagnols et les Brigades rouges italiennes.

La GRC, le ministère des Affaires extérieures et le bureau du premier ministre Trudeau ont d'ailleurs du mal à distinguer les lignes mouvantes qui délimitent a) l'action traditionnelle de l'État français envers les réfugiés politiques; b) l'effort, légal mais terriblement irritant, des hommes de de Gaulle pour promouvoir l'indépendance du Québec et les droits des francophones d'Acadie et de l'Ouest; et finalement, c) les activités occultes, illégales, d'agents français dont la mission présumée est d'espionner la réalité québécoise et de donner quelques coups de pouce au mouvement souverainiste. Dans une allusion à cette confusion, la commission d'enquête McDonald sur les activités de la GRC semoncera la Gendarmerie pour n'avoir pas su «faire la différence entre des activités diplomatiques, culturelles et commerciales généralement acceptables de représentants de pays étrangers au Canada, et des activités qui constituent une ingérence abusive dans la vie politique canadienne».

Parmi les funambules français qui dansent sur ces lignes, le plus connu s'appelle Philippe Rossillon. «Rapporteur», à Paris, du Haut Commissariat à la langue française, un organisme qui relève du bureau du premier ministre français, Rossillon a pris sur lui de défendre, partout et toujours, la survivance francophone dans le monde. Au Canada, il s'arrange pour que le quotidien acadien *L'Évangéline* reçoive de France quelques subventions, prête son concours aux Franco-Manitobains, alors ignorés par l'État fédéral, et fraye dans les milieux indépendantistes québécois avec régularité depuis le début des années soixante.

À Paris, où il fréquente la petite communauté de felquistes en exil, il prend sous son aile Gilles Pruneau, un dynamiteur du Front qui a beaucoup fait pour le remplacement prématuré des boîtes aux lettres de Westmount en 1963. Recherché par la police canadienne, Pruneau a fui en France, puis a fait un crochet par Alger où il a établi un premier contact avec des Palestiniens. Rossillon l'embauche dans un organisme chargé de la francophonie dans les territoires français d'outre-mer et dont le bureau parisien est à quelques portes de la résidence de l'ambassadeur canadien. (Les felquistes? «Je ne les ai jamais connus», affirme pourtant Rossillon à deux journalistes français. À l'exception de Michèle Duclos, arrêtée pour avoir trempé dans un bizarre attentat contre la statue de la Liberté, dont on parlera plus loin. Rossillon avoue l'avoir aidée. «Politiquement, c'étaient des cinglés», dit-il encore des felquistes.)

L'emploi du temps du haut fonctionnaire français, on l'aura deviné, ennuie au plus haut point les autorités fédérales. Les membres de la section I des services secrets canadiens, qu'on appelle les *Watchers*, le prennent en chasse dès qu'il met le pied sur un coin du Dominion. «Ça coûtait des fortunes», se souvient un officier québécois. «Il allait à Québec, à Winnipeg, à Moncton, revenait à Montréal, repartait... Il fallait un monde fou pour surveiller ça.» La filature commence vers le milieu des années soixante et dure jusqu'en 1972, quand Rossillon se fait temporairement plus rare au Québec. Les *Watchers* de la GRC sont efficaces. On vient de Londres et d'Amsterdam pour étudier leurs méthodes. Le FBI pense même un temps copier leur structure, mais le caractériel directeur du Bureau, J. Edgar Hoover, met son veto à une initiative qui flatterait trop la GRC.

Les amis québécois de Rossillon réussissent cependant à déjouer ces champions occidentaux de la surveillance. Le sachant suivi, ils l'emmènent dans un bar de la rue Cartier à Québec, alors très populaire parmi les fonctionnaires provinciaux. L'endroit regorge de fêtards. Dans la confusion, les copains de Rossillon font ressortir un complice qui a revêtu des vêtements identiques à ceux du Français. Les *Watchers* tombent dans le panneau.

Ce n'est qu'un sursis, car les SS ont placé — grâce aux bons soins des collègues de la section E, chargée des écoutes électroniques — des micros dans sa chambre d'hôtel du Château Frontenac. C'est là que Rossillon leur réserve une seconde surprise. Dans les ébats amoureux auxquels il s'adonne avec au moins une jeune Québécoise bien informée, le rapporteur du Haut Commissariat à la langue française se plaît à susurrer des propos en portugais. Rossillon coûte décidément cher aux contribuables canadiens. Voici que la Gendarmerie royale doit recourir à un traducteur pour constituer un lexique portugais/anglais du langage amoureux, dont il est peu probable qu'il ait resservi depuis.

Un des agents qui supervise la filature est formel: lors de ses visites au Québec, Rossillon obtient plus que la simple récolte d'information fraîche disponible au hasard de discussions entre fonctionnaires péquistes. On lui livre des renseignements plus pointus. On lui donne copie de documents.

Mais si des citoyens canadiens remettent des secrets à l'agent d'une puissance étrangère, pourquoi la GRC ne les arrête-t-elle pas, offrant en prime au fédéral un beau cas de trahison nationale à mettre au passif des séparatistes? «Les documents que Rossillon reçoit ne sont pas couverts par la Loi sur les secrets officiels», explique un SS. Remettre à un étranger, ou à un journaliste, le procès-verbal de, disons, la dernière réunion du cabinet québécois, n'enfreint aucune législation fédérale. Il faudrait qu'un de ses informateurs remette à Rossillon les plans d'une base militaire canadienne, du réacteur nucléaire Candu ou du satellite Alouette. Mais ni la GRC ni Rossillon n'ont ce bonheur.

Le stakhanoviste de la francophonie

Les services secrets fédéraux, par définition paranoïaques puisqu'ils sont payés pour trouver des agents ennemis, ne sont pourtant pas les seuls à flairer l'espion dans la façon systématique dont Rossillon se renseigne sur le Québec. Un avocat parisien, Maurice Jaquinot, qui fonde en 1967 un «Comité d'action pour l'indépendance du Québec» et une publication, *Pleins Pouvoirs*, avec des sympathisants québécois et français, raconte qu'à court de fonds en décembre 1970, il va demander l'aide de l'Élysée. Le personnel du Président le renvoie à Rossillon, qui suggère alors la possibilité de maintenir le comité en vie, mais de l'utiliser comme un réseau de collecte d'informations. Jaquinot refuse de s'engager dans ce qui sent l'activité clandestine. Il racontera l'incident à l'historien montréalais Dale Thomson.

En 1968, n'y tenant plus, Pierre Elliott Trudeau accuse Rossillon d'être «un agent secret de la France» et d'agir de manière «clandestine et subreptice». Le lendemain, succombant sans doute à l'évidence que Rossillon est trop visible pour être secret, le Premier ministre rectifie et le qualifie «d'agent plus ou moins secret».

Même au sein de la communauté du renseignement, les avis sur Rossillon sont partagés. Un cadre supérieur des SS reprend le concept de Trudeau selon lequel le rapporteur du Haut Commissariat est un agent, justement «plus ou moins» secret. «Il jouait sur deux niveaux, un niveau public et un niveau clandestin», affirme-t-il.

Un officier québécois qui a étudié, à l'époque, la question, est d'avis que Rossillon répond plus à la définition du zélé que de l'espion. «C'est un faiseux», dit-il, un stakhanoviste de la coopération franco-québécoise. «Faiseux», une description également reprise par Claude Morin. Indépendant de fortune, ayant épousé dans la richissime famille Schlumberger, Rossillon fait certainement éclater tous les compteurs de la bureaucratie française en se démenant aux quatre coins du globe pour la survie et le rayonnement de la langue de Molière. Car, mi-Français mi-Haïtien, il est l'incarnation précoce de la francophonie internationale. (Claude Morin explique d'ailleurs que Rossillon n'était en fait pas très chaud à l'idée d'une indépendance complète du Québec, qui selon lui mettrait en péril la survie des francophones du reste du pays.)

«Si Rossillon est un agent secret, commente René Lévesque, moi je suis le Pape.»

D'autres expliquent que son action n'est pas complètement désintéressée. Rossillon va effectivement à la chasse aux renseignements, qu'il redistribue ensuite aux membres du Quai d'Orsay et du personnel du général de Gaulle à l'Élysée qui supervise le dossier Québec. On appelle ce petit groupe d'aficionados de la cause indépendantiste — Jean-Daniel Jurgensen au Quai d'Orsay, Bernard Dorin au ministère de l'Éducation, Xavier Deniau à l'Assemblée nationale, Pierre-Louis Mallen à la télévision française, Martial de la Fournière à la Défense, et leur porte d'entrée chez de Gaulle, René de Saint-Légier à l'Élysée — la «mafia québécoise» à Paris. Expression qu'ils reprennent eux-mêmes sans broncher.

Vu sous cet angle, Rossillon devient un pigiste du renseignement qui utilise ses petits secrets pour se faire valoir auprès des puissants. La technique est courante, dans l'administration française plus qu'ailleurs. Force est de constater que le rapporteur y réussit brillamment. Quelques jours après la dénonciation publique de Rossillon par Trudeau, de Gaulle reçoit à Versailles des parlementaires de langue française. «Entouré d'une foule déférente de dignitaires», se souvient un témoin, le Général se tourne vers Rossillon et lui rend cet hommage: «On dit beaucoup de mal de vous à l'étranger; moi, j'en pense beaucoup de bien.» Un commentaire qui, à Paris, a valeur de carte blanche.

L'hypothèse courante à Ottawa veut que Rossillon n'agisse pas seul. Il ferait partie d'un réseau lié aux services secrets français, sans peut-être y être formellement encadré. Un nom revient dans toutes les conversations, Jacques Foccart. De son bureau de l'Élysée, Foccart a le mandat de coordonner les activités des divers frères ennemis de l'activité clandestine française, notamment le SDECE (Service de documentation extérieure et de contre-espionnage, l'équivalent français de la CIA) et la DST (Direction de surveillance du territoire, équivalent du FBI). Foccart contrôle de surcroît son propre filet «d'honorables correspondants» placés en des postes stratégiques dans les anciennes colonies françaises en Afrique, un dispositif qu'on appelle les «réseaux Foccart».

Dans un des premiers livres publiés en France sur les services secrets gaullistes, *B comme barbouze*, Rossillon est mentionné comme un «agent reconnu de l'organisation Foccart, ayant accompli diverses missions sous la couverture de la société d'Assistance et de Coopération Technique». Il s'en défend. «Non seulement je n'ai jamais reçu de directives de la part de Jacques Foccart, mais nos relations, lorsque nous nous rencontrions, étaient toujours des plus limitées. Je lui disais: "Bonjour monsieur le Secrétaire général" [son titre officiel à l'Élysée]; il me répondait: "Bonjour monsieur le Rapporteur général".»

Foccart lui-même nie avoir jamais trempé dans les affaires québécoises. Jean Chapdelaine, délégué général du Québec à Paris de 1965 à 1973, tente d'obtenir un rendez-vous chez cette mystérieuse et puissante figure de l'entourage gaullien, mais en vain. Un jour qu'il croise Foccart lors d'une réception tenue dans un aéroport, il joue sa chance une nouvelle fois et demande à être reçu. La réponse de Foccart est sans appel. Le Québec, dit-il, «ce n'est pas mon secteur».

Il y a bien un cas où le Québec, Foccart et Rossillon se trouvent réunis à la même intersection. Les deux Français interviennent auprès du président du Niger, Hamani Diori, pour que le Québec soit invité en tant que gouvernement, malgré les récriminations fédérales, aux deux conférences qui posent, dans la capitale nigérienne Niamey, les bases de la communauté internationale francophone. L'épisode relève plus du chassé-croisé politico-diplomatique que de l'espionnage, mais il montre que Foccart s'occupe parfois du Québec, de concert avec Rossillon.

Le rapporteur réfute aussi tout lien avec le SDECE, et raconte que l'ambassadeur français à Ottawa, Raymond Bousquet, lui avait même demandé de «faire quelque chose pour obtenir qu'un membre du SDECE soit délégué à l'ambassade; il n'avait jamais réussi à obtenir, sur place, un représentant des services secrets français». Une anecdote confirmée à Paris par des responsables de la DST.

À quelques détails près, les pièces du dossier Rossillon sont réunies. Le franc-tireur hyperactif de la francophonie, bénéficiant d'amples fonds publics et privés et de la bénédiction du Général, profitant des zones grises de la législation canadienne sur ce qui constitue un crime contre la sécurité nationale, réussit l'exploit de tester jusqu'au bout la patience fédérale, tout en se faufilant avec grâce entre les mailles du filet. Quand, en 1972, il sort de scène, ce n'est que pour l'entracte.

French Connection II: les dossiers du Président

Pendant les sept jours qu'il faut au navire français le Colbert pour franchir la distance qui sépare les côtes du Havre de l'escarpement de Québec, Charles de Gaulle s'adonne, dans la cabine de l'amiral qu'il a réquisitionnée avec un aplomb royal, à d'intéressantes lectures. Certains des dossiers québécois qu'il consulte pour peaufiner ses discours portent l'inscription: «Ministère des Affaires étrangères — Direction des affaires politiques — Amérique». Les renseignements qu'ils contiennent proviennent de la filière diplomatique normale et des notes supplémentaires que Jorgensen, Dorin, Deniau et Rossillon peuvent y insérer.

Un deuxième jeu de dossiers porte le titre «Secrétariat général de la présidence de la République». C'est qu'ils ont transité par le bureau de Jacques Foccart. Leur origine véritable: le SDECE. Ces dossiers reprennent, sous une forme condensée, les rapports qu'envoient du Québec ou de retour de mission en terre québécoise les envoyés du SDECE. C'est ensuite de Gaulle — et non Foccart comme on le croit à Ottawa — qui recoupe les analyses, opère la synthèse, décide de la marche à suivre.

Trois sources françaises affirment la présence du SDECE au Québec. Philippe de Vosjoli, représentant du SDECE à Washington jusqu'en 1963, raconte que l'ordre de commencer à concentrer des énergies au Québec date du retour de de Gaulle au pouvoir, en 1958. L'espion français affirme que l'objectif de l'Élysée est double: attiser le mouvement indépendantiste dans le but d'ennuyer la puissance américaine; surveiller les rebelles anti-gaullistes qui se réfugient au Québec après la guerre d'Algérie.

Selon de Vosjoli, le réseau québécois était contrôlé depuis le consulat français à New York. Lorsqu'il décide de quitter le SDECE en 1963 à cause de doutes croissants sur les agents doubles qu'il croit déceler parmi ses dirigeants, de Vosjoli est certain d'être poursuivi par des tueurs du SDECE. L'espion démissionnaire cherche un refuge sûr. «Le Canada n'était qu'à quelques heures de distance», écrit-il dans ses Mémoires; «mais j'ai écarté l'idée de m'y rendre à cause de la présence de nombreux agents gaullistes envoyés pour organiser des activités subversives dans les provinces francophones. J'ai choisi de me rendre au Mexique...»

Les auteurs Anne et Pierre Rouannet, dans *Les trois chagrins du général de Gaulle*, affirment que les deux branches du SDECE, la branche renseignement — qui s'informe — et la branche action — qui intervient — œuvrent au Québec, du moins pendant la première moitié des années soixante. Ils identifient un membre de la branche action:

«...le colonel Flamant. Cet ancien officier parachutiste ne décourageait pas les garçons en peine de fabriquer une bombe sur le passage de la reine d'Angleterre [en octobre 1964]. Il leur enseignait plutôt la manière — quitte ensuite et sans citer ses sources à faire savoir aux collègues britanniques de se méfier sur tel point du cortège. Quitte à avertir ses jeunes amis activistes québécois que le projet semble éventé. C'est ce qu'on appelle la non-intervention active. Ces officiers français ne voulaient aucun mal à la reine d'Angleterre. Leur travail était de faire savoir à Paris qu'au Québec des gens avaient telles et telles raisons de vouloir du mal à leurs colonisateurs anglais. Tout cela, mis dans une forme plus décente, s'incorporait à des notes que le SDECE condensait périodiquement pour le Président de la République.»

Une troisième information provient de la Direction de la surveillance du territoire (DST), qui ne regarde pas toujours avec sympathie les aventures étrangères de ses copains du SDECE. Un ancien de la DST affirme qu'un militant du Front de libération de la Bretagne (FLB), René Vaillant, arrêté en 1968 lors d'attentats de son groupe, avait fait ses classes au Québec au sein du FLQ. «Pour lui, ce n'était pas contradictoire: les petites nations contre les centralismes», raconte l'officier à deux journalistes français. «Mais, à son insu, au Québec, son action a été manipulée par le SDECE. Nous le savions, à la Surveillance du territoire...»

Interrogé directement sur l'utilisation que pouvait faire le Président des troupes du SDECE au Québec, Michel Debré, premier ministre de de Gaulle au début des années soixante, répond: «La chose lui était disponible, il aurait été fou de ne pas s'en servir.»

Le journaliste québécois Louis Fournier ajoute une information incidente. Il cite un des ex-felquistes d'Alger, selon lequel de Gaulle a enjoint personnellement au président algérien Ben Bella d'aider les Québécois dans leur «lutte de libération nationale». C'est Ben Bella qui rapporte la conversation au felquiste. On sait que des membres du FLQ profitent de l'hospitalité algérienne.

À Ottawa, l'inquiétude latente sur les activités françaises occultes passent à l'alerte rouge lorsqu'à la fin des années soixante les SS apprennent des services britanniques que «des felquistes sont entraînés par le SDECE dans une école de terrorisme dans le sud de la France». Lorsqu'ils insistent auprès des Britanniques pour obtenir quelques détails supplémentaires, ils se font répondre que l'officier responsable «n'a plus accès à la source». Plus d'un an plus tard pourtant, un politicien canadien revient de Paris avec la même rumeur, cueillie sur le circuit des cocktails. Le dossier n'a jamais dépassé ces deux bribes d'informations, et aucun felquiste n'a jamais témoigné d'un entraînement au soleil du Midi.

Mais l'affaire a de quoi nourrir l'imagination des autorités fédérales. Lorsque s'ouvre la crise d'octobre, Ottawa et Québec, soucieux de suivre toutes les pistes, envoient conjointement au Quai d'Orsay le délégué général Chapdelaine et l'ambassadeur canadien à Paris, Léo Cadieux, pour demander s'il n'y aurait pas parmi les dossiers du ministère quelque information propre à accélérer la libération des otages. Les deux diplomates montent jusqu'au bureau du principal adjoint du ministre, Hervé Alphand, qui les reçoit froidement. «On n'en a pas tiré une ligne», raconte Chapdelaine; «on s'est fait dire d'aller se faire voir ailleurs».

Pierre Trudeau expliquera après la crise qu'il n'y a pas lieu de croire «que des agents provocateurs français aient pu jouer un rôle» dans les enlèvements. Une opinion confirmée par un gradé des SS.

Tout de même, lorsque l'histoire du camp d'entraînement lui parvient, Ottawa pense assister à une offensive française totale. Sur le front politique, le Général vient en personne en 1967 mettre le feu aux poudres; front régional, Rossillon et compagnie financent directement la culture acadienne; front international, on manigance pour émousser la souveraineté canadienne dans les conférences francophones; front de l'espionnage, les Français sont pour le moins remarquablement introduits; et maintenant, le soutien au terrorisme. Qu'on leur dise que les gaullistes financent directement le jeune Parti québécois, et le tableau sera complet. Cette touche finale, précisément, arrive aussitôt.

Des millions de centimes pour le PQ

Deux hommes d'affaires anglophones de Montréal viennent frapper à la porte du bureau du premier ministre Trudeau au tout début de 1970. Ils déballent le secret qui leur brûle les lèvres: en voyage d'affaires à Paris, ils sont introduits dans le bureau d'un haut fonctionnaire d'un ministère français chargé de la coopération. Pendant la discussion, leur hôte tapote gentiment de la main une enveloppe posée sur sa table. «Ça, dit-il, c'est de l'argent pour le PQ!» Les deux anglophones, nullement partisans de la souveraineté du Québec, n'en croient pas leurs oreilles.

L'affaire est transmise aux SS, avec ordre de faire enquête. On mentionne un montant, sorti d'on ne sait où: 350 000 dollars. Quelle aubaine, pour les libéraux fédéraux et provinciaux, si on pouvait prouver cette allégation! L'élection provinciale d'avril 1970, le premier test électoral du PQ, est justement au coin de la rue.

En 1982, dans un livre qui a causé un petit scandale — et une pluie de dénégations — un ancien cadre du PQ, Marc Lavallée, affirme avoir personnellement sollicité en 1969 et 1970, à la demande de René

Lévesque, une contribution financière de la mafia québécoise à Paris. Il est porteur d'une lettre de Lévesque qui l'habilite à établir au nom du PQ «tous contacts et [à] traiter de tous sujets qui lui paraîtront utiles» pour l'avancement «de la souveraineté du Québec». Lavallée relate que le 6 février 1970 à midi, il rencontre à Paris Jurgensen, qui lui pose la question centrale: Combien? Lavallée évalue lui-même une somme à partir des besoins du parti pour l'achat de publicité pendant la campagne et lâche le montant: 300 000 dollars (et non 350 000). Jurgensen accepte sans sourciller, rapporte Lavallée. Reste simplement à décider des modalités du paiement.

Selon le récit de Lavallée, Lévesque décide de remettre le dossier entre les mains de Jacques Parizeau, qui part lui-même pour Paris. Lavallée affirme ne pas connaître la suite. Mais il se souvient de l'explication officielle donnée ensuite aux cadres du PQ: Parizeau se rend compte à Paris que cette histoire de subvention court dans tous les salons. Trop risqué. Il annule tout et revient les mains vides.

Les révélations de Lavallée étaient d'abord destinées à une barre de tribunal, celui du procès d'agents de la GRC accusés du vol des listes de membres du PQ. Mais lorsque le premier ministre Lévesque a fait quelques déclarations à ce sujet à l'Assemblée nationale, le juge dans l'affaire a mis fin au procès, déclarant les procédures entachées par la sortie intempestive du leader péquiste. «On lit maintenant dans la presse que le Premier ministre a pu faire ces déclarations intentionnellement pour avorter le procès avant que Lavallée ne témoigne», rapporte à Washington le consul général à Québec qui suit l'affaire. Il décrit aussi le démenti de Parizeau, qui brandit à l'Assemblée nationale une copie de son passeport, mettant ses contradicteurs au défi d'y trouver un tampon d'entrée à Paris au début de 1970, date de sa visite présumée. Le ministre des Finances admet tout de même avoir fait envoyer une lettre, à l'époque, à Jurgensen, rapporte encore le consul, «l'informant que le PQ ne pouvait accepter de contributions françaises "juste au cas", explique mollement Parizeau, où les Français auraient l'idée de faire un don». Jurgensen à Paris et Lévesque à Québec démentent également chaque détail de l'affaire.

C'est la chasse à ces 300 000 dollars qui conduit les membres de la section G à vouloir obtenir une copie des bandes informatisées du Parti québécois, contenant la liste de membres et leurs contributions financières. Les officiers supposent que les 300 000 dollars ont dû être dépecés en des douzaines de petites sommes puis répartis entre plusieurs membres du PQ avant d'être acheminés à la caisse du parti. Il suffit d'assembler les pièces du puzzle et de voir si «des gens dont on savait qu'ils étaient proches des Français», selon un SS, n'auraient pas offert les deniers recherchés.

L'obtention des listes doit aussi permettre de courir d'autres lièvres. Déterminer par exemple quels fonctionnaires fédéraux et provinciaux sont membres du Parti québécois. La GRC soupçonne avec raison l'existence, au sein de la fonction publique fédérale, d'un «réseau Parizeau» qui remet au PQ des informations confidentielles. («On prenait les moyens d'apprendre ce qu'on voulait», avouera plus tard Parizeau.) De Québec, le bureau du premier ministre Robert Bourassa se plaint que des documents du cabinet tombent entre les mains de l'opposition péquiste avant même qu'ils ne soient remis aux ministres. Les listes comprennent aussi les noms de felquistes ou d'ex-felquistes inflitrés, ou assagis, dans l'organisation péquiste.

Finalement, la section G veut savoir si des membres de la Gendarmerie royale ont leur carte de membre du PQ, car elle-même constate que ses informations coulent parfois en direction du parti, affirme un des officiers.

À l'origine, les officiers de la section G pensent que les données informatiques sont acheminées par téléphone du quartier général du PQ à l'immeuble où est situé le centre d'ordinateurs. L'interception des données équivaudrait donc à une simple écoute électronique. Mais ils découvrent que tout le matériel est au centre d'ordinateurs. La solution du vol et de la reproduction accélérée des données s'impose. Ils franchissent sur leur élan les limites de la légalité.

La procédure n'est pas simple. Les données doivent être copiées, la nuit, en quelques heures. Selon des témoignages recueillis par le journaliste Sawatski, mais contredits par le chef de la CIA à Ottawa, Cleveland Cram, les experts de la GRC ont d'abord consulté Langley pour s'enquérir de la faisabilité de la manœuvre. Langley a fait savoir qu'il était impossible de tout copier en une nuit. Lorsque la GRC accomplit l'exploit, en trois heures dans la nuit du 8 janvier 1973, on ressent parmi les membres des SS une bouffée de fierté nationale.

L'opération, impliquant des membres des section G (anti-subversion québécoise), E (écoute électronique), I (*Watchers*) et quelques autres, fut, techniquement, un des succès de l'histoire moderne des SS. Le résultat: une pile de papier imprimé d'ordinateur, de 16 pouces sur 12 pouces et de... 6 pieds de haut.

Au moment de mordre dans le fruit de tant de préparations, la Gendarmerie perd pourtant l'appétit. Le travail de recoupements et d'analyse pour lequel le vol fut organisé semble dépasser sa capacité. «La section G avait perdu son dynamisme», affirme un de ses membres. La montagne de papier reste intouchée, elle prend de l'âge dans des boîtes de carton. Le 18 juillet 1975, on jette finalement la mine d'information non prospectée dans un incinérateur de la GRC. «Ça m'a toujours fasciné, commente un SS rageur, de voir qu'on avait une bande [informatique] qui aurait pu prouver l'existence de la contribution française, ou prouver que ce n'était pas vrai... et qu'on ne s'en est jamais servi.»

Lavallée doute que les meilleurs experts aient pu trouver quoi que ce soit dans le charabia informatique que constitue selon lui à cette époque les listes subtilisées. Même pour les responsables péquistes attitrés, «il était absolument impossible de se comprendre dans le système» informatisé, écrit Lavallée. «Nous nous sommes dit que l'analyste de la GRC avait dû se suicider devant l'énormité de la tâche.»

Suivez ce diplomate...

Avec le recul, un cadre de la section G n'hésite pas à dire qu'à la fin des années soixante et au début des années soixante-dix «un genre de paranoïa anti-française» anime Ottawa. John Starnes, le directeur général des services secrets, va d'ailleurs présenter le problème au premier ministre Trudeau. Les suspicions sont d'une telle gravité, lui explique-t-il, qu'il faut se résoudre à prendre en filature plusieurs diplomates français qui pourraient, comme Rossillon, danser avec un peu trop d'agilité sur les lignes. Trudeau acquiesce mais se prévaut de la théorie, alors en vogue aux États-Unis, de la *plausible deniability*, la capacité d'un élu à prétendre ignorer les frasques de ses services spéciaux. «Si vous vous faites prendre, je devrai nier avoir été informé», répond le premier ministre. On se croirait à *Mission: Impossible*.

Son ministre des Affaires extérieures, Mitchell Sharp, pense d'ailleurs que les filatures des diplomates étaient justifiées, même si aucun acte illégal n'était commis ou suspecté. «S'ils soutenaient la cause de la séparation du Canada, nous les faisions filer. Pourquoi pas?» demande-t-il. «Si nous avions appuyé une faction politique quelconque en France — Seigneur! — nous aurions été surveillés!»

L'ampleur de l'effort de couverture des diplomates français au Canada par la GRC n'a jamais été révélée. Ni le nombre de micros installés dans les locaux diplomatiques ou les résidences. Selon une source, l'intérêt ne se limite d'ailleurs pas aux seuls diplomates mais s'étend aux représentants de grandes compagnies françaises — aviation, automobile — à Montréal, notamment soupçonnées d'avoir servi de relais pour les fameux et introuvables 300 000 dollars du PQ.

Les auteurs français Pascal Krop et Roger Faligot publient dans leur livre *La piscine* (c'est le sobriquet parisien du SDECE, dont les bureaux font face à une piscine) une liste des cibles des *Watchers*. On y trouve Pierre de Menthon, le consul général de France, que de Gaulle envoie à

Québec en novembre 1967 en lui disant que le premier ministre Daniel Johnson manque du «culot» nécessaire pour faire l'indépendance; Robert Pilquet, premier conseiller à l'ambassade de France à Ottawa, le conseiller commercial Jean Troché, le conseiller scientifique Jean-Claude Corbel, le chargé de mission Jacques Flaud.

Un gradé des SS qui connaît tout de l'affaire et qui lit cette liste ne bronche pas. Il devrait. Elle est incomplète. Manque entre autres Philippe Bey, l'attaché culturel du consulat français à Québec. En novembre 1971, lorsque des membres de la section G se disputent quant à l'utilisation qu'il faut faire d'une de leurs sources rémunérées à Québec — un haut fonctionnaire — on leur répond d'Ottawa que la priorité absolue doit être «le développement d'information relative au personnel diplomatique français à Québec et à Montréal. La principale cible dans ce secteur est Philippe Bey».

Bey, affirme Claude Morin qui l'a bien connu, est un diplomate actif, au tempérament un tantinet agressif. De quoi attirer en effet les soupçons des *Mounties*.

La source québécoise, indique un document de la GRC, doit servir «d'appât». Bien entraînée, elle «pourrait facilement se placer en position d'être recrutée par Bey. Ceci constitue en fait une opération de contre-espionnage», insiste le document.

La surveillance policière s'étend aussi aux fonctionnaires français qui viennent remplir de brèves missions dans le cadre de la coopération franco-québécoise alors florissante. Qu'un d'entre eux s'écarte de l'itinéraire prévu, et il devient suspect. Claude Morin, alors sous-ministre des Affaires intergouvernementales, aide par exemple un fonctionnaire français à allonger de deux jours son carnet de rendez-vous à Québec. Morin reçoit deux mois plus tard la visite d'un enquêteur qui a conclu de la modification de l'itinéraire que le visiteur était en «mission spéciale».

Beaucoup de filatures, mais avec quel résultat? Trudeau souligne avec raison en 1981 qu'«aucun diplomate français n'a jamais été déclaré persona non grata, ni prié de quitter le pays». Et il est tentant de penser que, dans sa lutte pour sauvegarder l'unité canadienne pendant les années soixante-dix, le premier ministre fédéral n'aurait pas hésité à faire un coup de publicité en montrant du doigt des diplomates français pris en flagrant délit de jeux d'ombres séparatistes. Le sentiment anti-français, Trudeau le sait, est presque épidermique chez les électeurs québécois. Qu'on leur prouve que les «maudits Français» viennent se mêler de politique partisane, et les intentions de vote du PQ accuseront le choc. Si Trudeau n'utilise pas ces munitions, c'est probablement parce que, malgré tous les efforts, il ne les obtient jamais.

En 1971, la GRC décide d'aller à la source de l'intervention française, et délègue à Paris un officier de liaison, installé à l'ambassade. Pas n'importe lequel. Joseph Ferraris, jusque-là chef de la section G. Il pourra reconnaître d'un coup d'œil les visages felquistes qui se promènent dans le paysage parisien. Avoir l'œil sur les allées et venues de Rossillon, et de Pruneau, qui se tient assez tranquille. Tenter de soutirer quelque information de collègues de la DST ou du SDECE entre deux ballons de rouge, au bar-tabac du coin.

Ferraris subit à Paris le même sort que les autres diplomates canadiens. Il est dans le repaire de l'ennemi. Pourtant, on ne lui dit rien. Les secrets de la filière québécoise du SDECE n'ont rien à craindre.

French Connection III: les taupes du KGB

Anatoli en avait assez d'attendre. Mais que faisaient donc ces idiots de la CIA? Ne voyaient-ils pas qu'il était mûr pour le grand saut, qu'il avait compilé, dans le secret du 2, place Dzerzhinski à Moscou, assez de données sur l'espionnage soviétique en Occident pour mettre le KGB sens dessus dessous? Avec le rang de major dans la section anglo-américaine, puis dans la section OTAN du directoire étranger du KGB, Anatoli a étudié les rapports des meilleures sources soviétiques en Occident. Leurs noms n'apparaissent évidemment pas sur les rapports. Il a donc rempli sa mémoire de dates, de codes et de descriptions. Muté en Finlande à l'automne 1961, il se dit que les amis d'en face l'identifieront sans mal comme une cible de choix au recrutement. Complexe de supériorité, femme fantasque, il présente en effet toutes les qualifications idéales.

Début décembre, pressé de commencer sa nouvelle vie en Amérique, il débarque sans avertissement au bureau du chef de la station de la CIA à Helsinki, une liasse de documents sous le bras. Le monde de l'espionnage ne sera jamais plus le même. Et le casse-tête des services de renseignements étrangers au Québec prend une toute nouvelle dimension.

Anatoli Golitsine identifie une centaine d'agents soviétiques en Occident. Il dissèque pour la CIA la structure du KGB, les activités de ses agents, la stratégie de ses directoires. Ses indices aident à confondre un membre de l'Amirauté britannique vendu aux Soviétiques, un sergent de l'armée américaine qui livre les secrets de la stratégie militaire unifiée de l'OTAN, un ex-ambassadeur canadien à Moscou, John Watkins, qui s'est fait prendre au jeu du chantage homosexuel.

Mais Golitsine ouvre une énorme boîte de Pandore lorsqu'il se met à parler des agents que le KGB a recrutés au sein même des réseaux d'espionnage des pays de l'OTAN. Deux taupes ont déjà été découvertes dans les rangs du MI5 britannique. Il dit qu'il y en a cinq. De fait, Kim Philby et Anthony Blunt s'ajoutent bientôt à la liste des coupables. La cinquième taupe manque toujours à l'appel. Il affirme aussi qu'une taupe œuvre en liberté quelque part au sommet de la CIA. Son nom de code est Sacha, et son nom commence par un K.

Toute une génération de professionnels de la CIA sont encore marqués par ce qu'on a appelé «la grande chasse à la taupe». Des centaines de suspects, des milliers d'interrogatoires, des carrières brisées, des opérations immobilisées. La paranoïa ambiante à Langley atteint un point tel dans les années soixante qu'on ordonne de cesser le recrutement de tout nouvel agent à l'Est, de peur que l'information retourne immédiatement à Moscou, par les bons soins d'une taupe qu'on n'a jamais trouvée. Golitsine, affirment plusieurs participants et victimes de la grande chasse, «n'aurait pas fait davantage de dégâts s'il avait été lui-même en mission pour Moscou.»

Lorsqu'on lui montre, au début des années soixante-dix, les pièces du dossier canadien contre Jim Bennett, chef du pupitre russe de la GRC — qui avait rencontré le transfuge six fois auparavant pour parler des agents soviétiques au Canada — Golitsine donne un élan significatif aux accusateurs de Bennett en déclarant que son dossier présente les empreintes caractéristiques du trajet d'une taupe soviétique.

Si Anatoli Golitsine voit des taupes un peu partout, il en voit en France plus qu'ailleurs. «Il affirmait avoir entendu un général du KGB, en charge du directoire qui contrôle l'Europe de l'Ouest et la France, parler de ses sources, de ses taupes dans les services français qu'il appelait ses Saphirs, les joyaux du KGB», raconte un cadre de la CIA. «Ils étaient si efficaces, disait le général. Malheureusement le KGB n'avait plus son réseau en Angleterre, mais il avait ses Saphirs en France, recrutés pendant et après la guerre.»

Quand John Kennedy apprend ces révélations, il fait porter directement à de Gaulle une lettre où il l'avise du danger. Golitsine affirme que certains des Saphirs se trouvent au sommet: un ancien ministre, deux ou trois membres de l'appareil d'État ou du parlement, un collaborateur du général de Gaulle. La chasse à la taupe française s'ouvre alors — nous sommes en 1962 — et fera quelques victimes mineures, dont un officier français à l'OTAN.

Plusieurs ministres importants sont suspectés, leurs dossiers, tous secrets compris, sont étalés sur la table de Golitsine, qui donne des avis. De Vosjoli, encore liaison du SDECE à Washington, jette même quelques doutes sur un certain François Mitterrand. Le gros des soupçons visent cependant l'homme qui, à l'Élysée, supervise les services de renseignements: Jacques Foccart.

Pour les Américains, il est le coupable rêvé. Car en Afrique, grâce à ses réseaux, il dame constamment le pion aux manigances de Langley. Si on pouvait seulement l'écarter... Mais le curriculum vitæ de Foccart, s'il comporte quelques points obscurs, ne cadre pas exactement avec la feuille de route dessinée par Golitsine pour le Saphir proche du Général. Et les gaullistes, on s'en doute, se demandent si les rivaux américains ne se servent pas de Golitsine pour miner l'action française. Les années passent sans que le réseau Saphir livre tous ses secrets. Les principaux suspects au sein du SDECE finissent par se retrouver sur des voies de garage. (Au début des années quatre-vingt, un membre du personnel de de Gaulle pendant les premières années de sa présidence avouera à la DST avoir informé Moscou. En échange de ses aveux, il ne sera pas inquiété.)

Ce n'est qu'au début des années soixante-dix, lorsque la paranoïa anti-française atteint son paroxysme à Ottawa, que la GRC prend conscience des ramifications québécoises du réseau Saphir. Car si c'était Moscou, grâce à ses agents infiltrés jusqu'au sommet du SDECE, ou de la DST ou encore via — bon sang, mais c'est bien sûr! — Foccart, qui tirait les ficelles du mouvement séparatiste?

Les deux hantises canadiennes, la russe et la française, se nouent en cet endroit stratégique, confie un gradé des SS.

Les services secrets canadiens ne sont pas les seuls à établir cette jonction. À Langley, une des figures les plus légendaires de l'histoire de l'espionnage abonde dans ce sens. Et en rajoute.

Le super-espion et le Québec

James Jesus Angleton, depuis la Deuxième Guerre un des piliers de la jeune CIA, fait sa spécialité de l'art difficile du contre-espionnage. Selon un collègue, l'homme en est venu à posséder «une meilleure compréhension des opérations soviétiques d'espionnage que quiconque à l'Ouest». Au sommet de la super-secrète et toute-puissante division du contre-espionnage dans les années soixante, Angleton hante Langley comme un inquisiteur de la vieille Espagne. Il s'adjoint Golitsine dont il boit chacune des paroles. Ils sont inséparables. Et lorsque Angleton traverse un bureau de Langley, ses occupants se raidissent, craignant qu'il n'identifie sur-le-champ Sacha ou quelque traître infiltré.

Angleton «avait pour ainsi dire hypnotisé les officiers supérieurs de la GRC dans les services secrets», affirme un témoin de Langley. «Et quand Angleton parlait, sa voix de Dieu était Anatoli Golitsine.» Au tournant des années soixante-dix, plusieurs commencent à douter sérieusement de la fiabilité du transfuge, dont les informations datent tout de même de dix ans, «mais les *Mounties*, qui étaient amoureux d'Angleton de toute façon, avalaient tout ce que Golitsine disait», poursuit l'espion américain.

«Je me souviens en particulier que pendant et après la crise d'octobre, les *Mounties* insistaient lourdement pour rencontrer Golitsine» et examiner avec lui «si les Français, le SDECE, avaient pu influencer les événements, avaient cherché à manipuler ou à appuyer clandestinement» les felquistes.

Pour Angleton tout se tient. Les services français sont «malades» (infiltrés), ils sont donc sujets «aux manœuvres clandestines du KGB dont l'objectif était d'affaiblir le Canada et par conséquent les États-Unis. Le jeu soviétique serait de travailler sur tous les fronts pour susciter l'apparition non seulement d'un État séparé mais du plus radical et extrémiste État séparé qu'on puisse imaginer», résume un Américain qui le côtoie. (Angleton, on le voit, ne retient pas la thèse selon laquelle Moscou craint comme la peste l'indépendance du Québec.)

Angleton pense même que le KGB serait heureux «de provoquer une guerre civile» entre francophones et anglophones.

Au moins une fois entre la crise d'octobre et 1972, des agents des services secrets canadiens font le voyage à Washington. On les emmène dans une *safe house* où Golitsine est introduit avec la plus grande discrétion, car on craint toujours que le KGB vienne mettre une fin précoce à sa carrière de délateur.

Longuement, les spécialistes de la GRC l'interrogent, lui montrent les rares morceaux de preuve qu'ils ont pu réunir. Golitsine soupèse les arguments, tente de trouver des adéquations entre sa connaissance des méthodes d'intervention et de pénétration soviétique et la réalité que lui décrivent ses visiteurs. Toute la science de Golitsine n'est pas périmée. Grâce à Angleton, il a accès à tous les dossiers, y compris aux dossiers français. Par ailleurs francophile, il suit avec intérêt les progrès de la chasse à la taupe outre-mer, et sait qu'elle n'aboutit pas.

Mais Golitsine ne peut offrir à la GRC beaucoup plus que ses propres élucubrations. Au fond, il ne sait rien. Et moins il en sait, plus il suppose. L'idée d'un complot soviétique pour briser le Canada en deux ne le surprend vraisemblablement pas outre mesure, lui qui affirme que le schisme entre la Chine et l'Union Soviétique est une gigantesque machination imaginée dans le seul but d'égarer les esprits occidentaux!

Les agents des SS repartent de Washington avec des idées à peine moins embrouillées qu'à leur arrivée. «Ils n'allaient pas dire, "l'empereur est nu"», se souvient un cadre de Langley. «Ils ont été diplomates.

"C'était très utile. Golitsine, brillant individu, très intéressant", ont-ils dit. Mais en fait, ils n'en ont pas tiré grand-chose.»

La CIA à Montréal

Taupes russes, agents français, centrale cubaine: le cocktail d'intrigues louches qui semblent se dérouler au Québec — sans même mentionner la véritable cause de toute cette visite, le mouvement indépendantiste —, ne suffit-il pas à attirer à Montréal un bataillon d'officiers de la CIA avec mandat exprès de pénétrer chaque cellule du FLQ, chaque exécutif de comté du PQ, histoire de faire au moins l'inventaire des troupes ennemies?

Même à Ottawa, des hauts fonctionnaires ne peuvent s'empêcher de jouer avec l'équation. «S'ils ont magouillé dans tous les pays du monde, pourquoi ignoreraient-ils le Canada», se demande par exemple le futur ambassadeur à Washington, Allan Gotlieb.

Sur le terrain, au Québec, on est quasi unanimes. Felquistes, péquistes, policiers québécois et canadiens tiennent pour acquis qu'un ou plusieurs réseaux de la CIA œuvrent dans l'ombre.

«Je pouvais faire la différence entre un infiltrateur de la GRC et un agent de la CIA», dit avec aplomb un ancien felquiste. «Celui de la GRC se plaçait à l'extrême, poussait les cellules à prendre des risques. Celui de la CIA se tenait dans la majorité, il était là pour se renseigner.» Conclusions évidemment fondées sur des soupçons jamais vérifiés.

Plus intéressant est ce témoignage d'une Montréalaise jouissant d'une certaine notoriété qui entretient, de 1969 jusqu'après la crise d'octobre, une relation avec un membre des services secrets israéliens qui séjourne à Montréal pour, dit-il, poursuivre des études. Un jour qu'elle critique devant lui l'activité de la CIA quelque part dans le monde, il lui répond: «Je ne comprends pas ton agressivité. Les types de la CIA, ce sont des copains. D'ailleurs, je les rencontre partout dans les bars ici.» Tout au long de leur liaison, il croise «ses copains», dont il lui parle en diverses occasions.

Des officiers des SS, qui travaillent en 1969 sur les «éléments subversifs» infiltrés dans les mouvements de contestation, se persuadent peu à peu — à tort selon une de nos sources — qu'une figure importante dans la mouvance du FLQ est en fait un agent de la CIA. Il s'agit de Stanley Gray, un Anglo-Québécois, né Américain, très actif dans la mouvance indépendantiste de gauche, alors chargé de cours en sciences politiques à l'université McGill. «Il était notre Cohn Bendit», dit un de ses amis militants de McGill Michel Celemenski, faisant référence au bouillant juif allemand ayant dirigé à Paris la contestation étudiante de mai 68. Gray «était notre juif révolutionnaire importé», ajoute-t-il encore admiratif. Gray dirige le «Front de libération populaire», un groupe qui a fait scission du RIN et qui tangue entre la contestation légale et la tentation de la clandestinité. Gray est surtout le leader du mouvement «McGill français» qui vise à dénoncer la domination anglophone à Montréal. Pendant une manifestation du mouvement en 1969, deux officiers en civil des SS s'approchent de Gray dans le cortège et, de leur propre initiative, lui lancent cet avertissement: «Arrête de travailler pour la CIA!»

Un rapport, vraisemblablement de la GRC, daté d'octobre 1969 le désigne aussi comme un agent de liaison avec les Black Panthers. Il est arrêté le jour de la grande manifestation de 1969 qui réunit 15 000 marcheurs en faveur de «McGill français», et fait ensuite partie des prisonniers d'octobre.

Les services de renseignements québécois en viennent également à penser que Gray représente Langley. Le Centre d'analyse et de documentation (CAD), mis sur pied pendant le premier mandat du premier ministre Bourassa pour accumuler et recouper des informations sur les individus jugés subversifs, monte un dossier Gray. En 1974, lorsque les officiers du CAD pensent avoir atteint un «degré suffisant de fiabilité», ils font parvenir le dossier à Robert Bourassa. À ce moment, Gray a cependant quitté le Québec pour l'Ontario et le dossier a valeur «d'illustration historique» d'une action de la CIA au Québec. Un haut fonctionnaire du ministère de la Justice qui a l'œil sur le CAD ne prête toutefois pas beaucoup de crédibilité à l'affaire. «C'étaient, dit-il, des policiers énervés qui pissaient à côté de leurs couches».

Gray, aujourd'hui activiste syndical dans la région de Hamilton en Ontario, croit que ces accusations ont été montées de toutes pièces par les policiers pour discréditer ses activités militantes. «Venez voir comment je vis», lance-t-il, «j'ai travaillé en usine pendant 11 ans, ce que ne font pas les ex-agents, vous savez. Ils reçoivent une récompense quelconque. Ils ne vont pas travailler à la chaîne.» Gray se souvient avoir entendu dire, à l'époque, que des policiers répandaient «ces calomnies» sur son compte, mais il affirme que l'incident de la manifestation de McGill n'a jamais eu lieu.

Une source américaine qui a un accès indirect aux fichiers de Langley a par ailleurs pu vérifier qu'aucun Stanley Gray ne possède ou n'a possédé de numéro de code qui identifie toutes les sources, informateurs ou agents de la CIA. «S'il y avait un Stanley Gray, il ne nous appartenait pas», affirme l'Américain.

Les services de renseignements québécois compilaient aussi toute une liste de couvertures possibles sous lesquelles, croyaient-ils, se cachaient les envoyés de la CIA. Une entreprise américaine, un institut de recherche, une église. Un temps, certains policiers soutiennent qu'un petit groupe de gauche au grand complet, une demi-douzaine de membres, un bureau, un téléphone, est en fait l'antenne montréalaise de Langley.

Un membre des SS rapporte qu'au hasard d'une discussion en 1971 ou 1972, alors qu'on échangeait des nouvelles de copains du renseignement autour d'un verre avec des amis de Langley aux États-Unis, un des confrères de la CIA a imprudemment demandé: «Est-ce que vous travaillez avec nos gars de...» Et de donner le nom d'une petite entreprise de service qui a toujours pignon sur rue à Montréal et qui était jusqu'alors inconnue de la GRC. Personne, à la connaissance du membre des SS, n'a poussé l'enquête plus loin.

Puis il y a ce recherchiste canadien-anglais qui jure avoir rencontré au début des années soixante-dix, à Montréal, un Américain qui prétendait travailler pour Langley et détenir au moins une source au sein du FLQ. Selon ce récit, le felquiste enrôlé par la CIA avait été recruté alors qu'il était déjà informateur pour la GRC. Son nom n'a été prononcé par aucune des commissions d'enquête. Un cadre de la section G confirme que des informateurs recrutés à l'époque restent inconnus du public.

Le recherchiste et un expert québécois du renseignement affirment cependant que la présence de la CIA à Montréal s'est estompée à partir de 1972, lorsqu'il n'y avait plus guère que des informateurs de la section G et de la Sûreté du Québec dans un FLQ brisé par la crise d'octobre et ses suites.

Certains membres du gouvernement Lévesque disent avec beaucoup de légèreté qu'ils ont parlé à des membres de la CIA après l'élection de 1976. Ils désignent en fait les diplomates en poste à Montréal et à Québec qui assurent le travail régulier d'information diplomatique.

Ce qui manque à ce faisceau de, disons, pistes, c'est la contribution directe, vérifiable, d'un ex-agent ou d'un ex-cadre de la CIA impliqué dans une opération qui aurait eu le PQ ou le FLQ pour cible, ou d'un ex-informateur de l'Agence. Le témoignage le plus souvent cité dans les rares écrits canadiens sur la CIA au Canada est celui d'un ancien cadre supérieur à Langley, Victor Marchetti. Membre du bureau du directeur de la CIA, Richard Helms, entre 1966 et 1969, Marchetti déclare qu'il a parfois entendu ses collègues «mentionner la base de Montréal». (Une «base», formée parfois d'un seul officier, est la succursale de la station.) Ces gens travaillaient-ils sur le FLQ ou sur les Soviétiques, étaient-ils présents avec l'aval de la GRC ou en secret? Il ne sait pas. En fait, pressé de questions, il admet qu'il n'est pas vraiment certain d'avoir entendu parler de la «base», mais, ajoute-t-il, «je ne peux pas croire qu'il n'y en ait pas eu une».

Une statue en danger

L'idée selon laquelle la CIA œuvre dans l'ombre à Montréal est d'autant plus crédible que des officiers et agents américains se sont déjà infiltrés dans des organisations de gauche au Canada. Un agent noir du FBI, Warren Hart, a joué la taupe dans des groupes de militants noirs de Toronto et un de ses confrères, Joseph Burton, a fait de même chez les marxistes-léninistes canadiens.

Le FLQ fut en 1965 la cible d'une troisième opération du genre, au cours du plus important effort conjoint anti-felquiste GRC-FBI. Un agent noir des services policiers de New York, Raymond Wood, infiltré dans un petit groupe de nationalistes noirs new-yorkais, le Black Liberation Front, avait aidé, et un peu poussé, ses camarades à mettre à exécution le projet de faire exploser plusieurs symboles de l'Amérique blanche, dont la statue de la Liberté à New York, la Cloche de la Liberté à Philadelphie, et le gracieux obélisque du monument à George Washington à Washington.

Les groupes militants noirs «avaient toujours des idées grandioses, mais il leur manquait le sens de l'organisation pour les mettre en œuvre», explique Frank Donner qui a longtemps enquêté sur les techniques du FBI, notamment pour l'American Civil Liberties Union. «Alors, ajoute-t-il, les agents infiltrés les aidaient à mieux s'organiser.»

Est-ce l'agent Wood qui incite les membres du Black Liberation Front à s'attaquer aux monuments nationaux du pays, puis à s'approvisionner de dynamite chez les camarades du FLQ, rompus à l'art délicat du vol d'explosifs? C'est ce que soutiennent au procès les militants noirs et leur avocat, qui accusent les forces policières d'avoir fourni à Wood et au leader noir Robert Collier la voiture qui a servi à leur visite à Montréal. Wood a aussi remis au groupe de militants un livret d'instructions de l'Armée américaine sur les explosifs et les détonateurs. N'empêche que le Black Liberation Front et le FLQ étaient entrés en contact l'année précédente à Cuba, où Collier avait fait la connaissance d'une sympathisante du FLQ, Michèle Saulnier. C'est elle qu'il va d'abord retrouver, avec l'agent Wood, à Montréal. Des felquistes locaux lui procurent assez de bâtons d'explosifs pour sérieusement amocher, selon des artificiers, la tête de la fameuse statue, ou lui faire perdre le bras qui tient fièrement le flambeau. La GRC assure la filature des suspects pendant leurs déplacements au Canada.

Le directeur du FBI, J. Edgar Hoover, annonce en personne le 17 février 1965 la capture des suspects, et l'affaire s'étale à la une des grands journaux américains. Trois militants noirs et trois felquistes sont emprisonnés. Un prévenu du FLQ, Gilles Legault, se suicide dans le pénitencier de Bordeaux avant de subir son procès.

Pour les services policiers, la coopération paie. Un complot abracadabrant mène au démantèlement d'un groupe révolutionnaire noir américain, écornant le capital de sympathie populaire dont d'autres organisations noires bénéficient. Les policiers canadiens, en remontant la filière du vol de dynamite, réussissent encore à coffrer trois sympathisants felquistes et à étoffer considérablement leurs dossiers. Un autre personnage intéressant traverse furtivement cette scène. Philippe Rossillon, haut fonctionnaire français, vient en aide à Michèle Duclos, une felquiste arrêtée à New York et reconnue coupable de contrebande d'explosifs.

Mais Wood, comme Burton et Hart, agissent avec la bénédiction de la GRC, pas à son insu. Wood ne fait que passer à Montréal, il n'y établit pas de réseau. Et le FBI est trop proche de la GRC, a trop besoin de sa coopération dans une myriade d'affaires criminelles, pour lui faire un enfant dans le dos. La présence d'infiltrateurs du FBI au Canada ne livre pas de leçons utiles pour percer les activités occultes de Langley.

L'Expo: Terre des Espions

Le fait est qu'il y a des agents de la CIA à Montréal, de temps à autre ou pour des périodes prolongées. Les experts du pupitre cubain à Langley viennent souvent rencontrer leurs homologues montréalais de la GRC, pour les raisons que l'on sait. Après 1958, deux membres de l'Agence, un homme et une femme, sont postés pour 18 mois au consulat américain de Montréal pour aider à repérer de potentiels agents de l'Est parmi le flot d'immigrants hongrois qui fuient la répression déclenchée depuis la révolte de 1956 et arrivent en grand nombre au Canada.

En 1967, la CIA répond avec empressement à la demande de la GRC de dépêcher à Montréal un expert en affaires soviétiques qui parle parfaitement le russe, Jeff Gould. Il a pour mission de donner un coup de main aux *Mounties* qui doivent surveiller, parmi le personnel envoyé par les pays de l'Est pendant l'Expo, 50 présumés officiers de renseignements. Il doit aussi être prêt à accueillir, sait-on jamais, un défecteur, soit du groupe des 50, soit parmi les nombreux visiteurs de l'Est qui viennent s'emplir les yeux des pavillons de Terre des Hommes ou se tourner la tête dans les manèges de la Ronde. Peu après la fin de l'Exposition universelle, Gould est muté à Rome, un poste que lui envient bien des collègues.

Les certitudes s'arrêtent là. Les dénégations et les hypothèses prennent le relais.

Les témoignages de deux diplomates américains laissent songeur. Le 9 mai 1968, une dépêche de la Presse Canadienne datée d'Ottawa cite une «source autorisée» au sein du gouvernement canadien, selon laquelle la CIA a embauché des étudiants sur les campus universitaires montréalais pour réunir des informations sur le mouvement indépendantiste. Le consul général à Montréal, Richard Hawkins, donne une série d'interviews pour démentir l'information. Dans une lettre qu'il écrit quelque temps après à un ami diplomate américain, Hawkins donne de ses nouvelles et mentionne qu'il a dû «être interviewé à CJAD et à CTV et cité par la Presse Canadienne, tout cela pour démentir la vieille légende qui veut que la CIA espionne à Montréal. C'est la vie».

Le commentaire, privé et gratuit, de feu M. Hawkins tendrait à infirmer la présence d'envoyés de Langley à Montréal — du moins une présence connue des diplomates américains — n'était la troublante réaction de l'adjoint de Hawkins, Harrison Burgess, au cours d'une interview. Burgess, à Montréal de 1966 à 1971 et cible d'une tentative d'enlèvement du FLQ en mars 1970, nie que la CIA ait participé à l'enquête policière pendant la crise d'octobre, déclare qu'il ne connaît pas le nom de Stanley Gray et confirme la présence de Gould pendant l'Expo 67 et l'existence de la station d'Ottawa. Témoignage concordant en tous points, donc.

Mais voilà qu'interrogé sur d'autres activités de la CIA à Montréal, il se retranche derrière un «je ne veux pas parler de ça». Une esquive qui détonne, quand la plupart des diplomates interrogés affirment catégoriquement tout ignorer d'activités québécoises de la CIA. Burgess, au contraire, laisse clairement entendre que tout n'a pas été dit.

Cleveland Cram qui, on l'a vu, s'occupe du Canada au début des années soixante, puis vient en poste à Ottawa de 1971 à 1975, assure qu'il a passé en revue les dossiers de la Station qui remontent jusqu'à 1960, qu'il a discuté avec son successeur Stacy Hulse (1975-1977) et qu'il n'a jamais relevé trace d'une opération d'infiltration. Un cadre de la CIA qui supervise les questions canadiennes jusqu'en 1968, des membres du pupitre canadien à Langley pendant une partie des années soixante, des officiers affectés à la Station pendant le milieu des années soixante et le milieu des années soixante-dix, tous retraités de la CIA et parlant ouvertement dans des témoignages donnés séparément, jurent que l'Agence a les mains parfaitement propres. Deux officiers du FBI postés à Ottawa entre 1969 et 1979, et dont le mandat comporte l'ordre exprès de rapporter au quartier général toute irrégularité que pourraient commettre les éternels rivaux de la CIA, certifient aussi qu'ils n'ont jamais pris les hommes de Langley la main dans le sac.

(À partir de mars 1977, le chef de la CIA choisi par le nouveau président Jimmy Carter, Stansfield Turner, démantèle jusqu'à la faire presque disparaître la structure clandestine de l'Agence. Des centaines de professionnels sont mis à pied, beaucoup d'activités souterraines sont annulées. Un des membres de la station d'Ottawa, vétéran de missions autrement excitantes, paie de son emploi son refus de proposer lui-même une liste du personnel congédiable. Qu'une opération secrète québécoise ait survécu à cet anéantissement dépasse les imaginations les plus débordantes. Ce n'est qu'au printemps 1981, donc un an après le référendum, que le successeur de Turner, William Casey, se mettra à reconstruire avez zèle les capacités d'action occulte de l'Agence.)

Des conditions difficiles

L'obstination à voir des agents américains infiltrés dans la réalité canadienne et québécoise ne veut pas mourir. Plusieurs raisons rendent pourtant leur présence improbable. Aucune ne la rend impossible. Mais leur accumulation élève d'autant le niveau de volonté politique et de clandestinité requises de Langley pour lancer une telle opération.

Premièrement—et c'est sans doute la raison la moins contraignante quoique la plus souvent citée — la CIA et la GRC ont conclu un pacte qui interdit à chacune d'envoyer ses espions renifler les secrets nationaux de l'autre. Conjointement, elles traquent les mouvements nord-sud de Cubains, Hongrois, Soviétiques et autres ennemis à la mine suspecte. La direction des Renseignements de Langley envoie au ministère canadien des Affaires extérieures des montagnes de documents sur la situation politique au Brésil, l'état de la dissidence en Lithuanie, la dernière récolte de riz en Chine, les mouvements de sous-marins soviétiques dans le Pacifique. Bref, la presque totalité de la production de Langley, dont on n'a gommé que les sources et les méthodes de collecte de renseignements, parvient aux analystes canadiens qui n'ont pas les ressources d'en faire autant. En retour, la diplomatie canadienne refile à Langley des informations privilégiées qu'elle a pu obtenir par ses propres contacts, notamment dans des endroits comme les Caraïbes et, présumément, l'Afrique francophone où elle est plus présente que ne le sont les copains yankees. Les rapports de la mission canadienne de surveillance au Vietnam, qui se voulait pourtant neutre, ont aussi atterri à Langley et au Pentagone.

Plusieurs hauts fonctionnaires canadiens ont une telle confiance dans les analyses de Langley — notamment les remarquables National Intelligence Estimates (NIE) qui font le tour de tout un sujet ou la synthèse de la conjoncture dans un pays — qu'il leur est arrivé de participer de plein gré à la confection d'un NIE sur le Canada.

Lorsque la situation interne d'un des deux pays peut avoir des répercussions chez le voisin, on prépare un petit précis, comme le rapport sur le FLQ, pour l'aviser de potentiels dangers.

Quand les espions américains sont sur la piste d'un agent du KGB qui passe la frontière nord, ils demandent aux confrères des SS de le prendre en filature, ou ils organisent une opération conjointe. Ici, affirment Cram et tous les officiers de la CIA interrogés, on «respecte scrupuleusement l'entente»: «pas touche au Canada». Il y a toujours, bien sûr, des bavures.

À la fin des années cinquante, des agents de la section scientifique de la CIA venaient rencontrer à Montréal le docteur Ewen Cameron du Allan Memorial Institute, dont ils finançaient en sous-main les recherches folles sur la «modification de comportement» induite par des lavages de cerveaux. Plusieurs cobayes involontaires souffrent encore des retombées de ces expériences. La présence de ces scientifiques de Langley contrevenait à l'entente CIA-GRC.

Au début des années soixante-dix, un officier américain de la CIA a, dans un excès de zèle, suivi son sujet jusqu'à Toronto, où il a été repéré par un corps policier canadien. Cram a dû subir les foudres du ministère des Affaires étrangères.

«Lorsqu'on obtenait le moindre indice de la présence non autorisée de la CIA, on piquait de ces colères...», se souvient un mandarin du ministère, Allan Gotlieb.

Deuxième raison qui rende improbable une action occulte de la CIA au Québec: le faible bénéfice à en retirer.

Le lien avec la GRC n'assouvit certainement pas la boulimie des analystes américains pour une connaissance profonde, détaillée, du ferment québécois pendant les années clés 1963-1972. Mais la disponibilité d'un bon nombre de sources, rapports de la GRC, dépêches diplomatiques, écoutes de la NSA, font que la CIA est tout de même relativement bien renseignée.

Sans compter que, si les Américains n'arrivent pas à obtenir l'information voulue au sommet de la pyramide policière et du renseignement par le lien GRC-CIA, ils ne peuvent faire autrement que de nager dedans au niveau de la coopération entre flics.

Le FBI et d'autres corps policiers américains ont une bonne raison de poser des questions sur le FLQ, car les extrémistes québécois multiplient les liens avec les organisations terroristes américaines, tels les efficaces poseurs de bombes du groupe Weathermen ou les nationalistes noirs des Black Panthers.

Les groupes radicaux américains veulent parfois faire passer au Canada, via un *underground railroad* (réseau de cachettes clandestines), des individus recherchés aux États-Unis. Le va-et-vient entre New York et Montréal oblige les enquêteurs de la section G à échanger informations et indices avec leurs collègues du FBI d'Ottawa, et plus régulièrement encore avec ceux de Buffalo et d'Albany, dans l'État de New York, et de Burlington, au Vermont. En mai 1972, la section G soupçonne par exemple un groupe de felquistes de s'apprêter à tenir une réunion avec des Black Panthers dans une grange de Sainte-Anne-de-la-Rochelle en Estrie. Mais les policiers n'ont pas le loisir de mettre l'endroit sur écoute avant le rendez-vous et préfèrent mettre le feu au bâtiment, qui abrite une commune de jazz, plutôt que d'ignorer le contenu de la rencontre. C'est l'un d'une série de gestes illégaux des SS qui motiveront l'ouverture de commissions d'enquêtes sur les activités de la GRC.

Intéressés aux Panthers, les agents du FBI ne sont pas seulement des experts en agitation politique. «Un jour, j'en ai appelé un à Burlington, mais il était parti travailler sur une affaire de vol de banque», se souvient un collègue canadien.

En principe, «on ne leur donnait que des informations qui étaient pertinentes à leurs opérations», ajoute-t-il. Il faut que l'affaire ait une dimension américaine. «On ne leur donnait pas la liste noire des suspects du FLQ», explique le Canadien, qui ajoute cependant qu'il «est assez facile de trouver des dimensions américaines» aux desseins felquistes. Si les collègues du FBI n'ont pas accès aux rapports écrits de la section G, beaucoup d'information s'échange autour d'une bière ou pendant une rencontre de stratégie. En pratique, «on leur disait tout», affirme l'agent de renseignement canadien.

Sauf dans les périodes où le directeur du FBI, J. Edgar Hoover, pique une de ses colères contre la CIA rivale, les rapports du Bureau portant sur le terrorisme à l'étranger sont distribués aux autres membres de ce qu'on appelle à Washington «la communauté du renseignement». Après l'opération de la statue de la Liberté, par exemple, le bureau de Hoover envoie à l'INR (la branche du Département d'État chargée des analyses) copie d'un rapport sur «les activités présumées des nationalistes français au Québec». Un ancien officier du FBI affirme que ce genre d'information va également tout droit dans les ordinateurs de Langley. Pendant que Cram fait chou blanc à Ottawa malgré les demandes de renseignements répétées que lui font parvenir des analystes mieux informés que lui, les informations sur le FLQ s'accumulent donc dans les banques de données de l'Agence.

Pour grignoter la marge qui lui manque pour compléter le tableau, il faudrait que la CIA envoie ses propres officiers recruter sur place des militants séparatistes, courir ainsi le risque d'une grave crise politique avec Ottawa (Car ces Canadiens sont tellement...) et perdre peut-être la coopération précieuse des SS sur les activités des Cubains et des Soviétiques. (Sans parler des écoutes canadiennes dans le Grand Nord, qui repèrent le moindre mouvement soviétique.)

«On risquerait beaucoup plus que ce que nous rapporterait une telle opération», explique un cadre de Langley. La difficulté de ce genre d'exercice, dit-il, c'est qu'on se marche invariablement les uns sur les autres. «Vous recrutez quelqu'un parce qu'il possède de l'information... et ils [la GRC] décident de recruter la même personne», pour la même raison. Ou inversement. Un jour, «l'Américain arrive au rendez-vous avec la source et se retrouve dans une salle pleine de *Mounties*. On ne prend pas ce risque».

Un troisième motif a trait à l'allocation des ressources. Pendant les années soixante, la CIA est sollicitée de toutes parts, notamment au Vietnam. La question québécoise, affirme un cadre de Langley qui détient alors le pouvoir de distribuer les budgets, «nous intéressait suffisamment pour vouloir savoir ce qui se passait, mais pas assez pour y consacrer du personnel». «Quand vous avez 20 pays, 15 services de renseignements étrangers, que vous opérez contre vos principales cibles (...) et que vos moyens sont limités, vous ne pouvez détourner du temps et des ressources pour un problème qui ne préoccupe pas vraiment votre gouvernement.» Surtout, ajoute-t-il, quand on est convaincu que «les Canadiens peuvent très bien s'en tirer eux-mêmes».

Ce sont les raisons qu'a la CIA, en amont, de ne pas intervenir. Il y a aussi, en aval, des raisons de penser qu'il n'y a effectivement pas eu d'intervention.

D'abord, la CIA fait depuis vingt ans l'objet d'enquêtes, d'articles et de livres innombrables, où des centaines d'anciens employés de Langley — notamment des victimes innocentes de la Grande Chasse ou des sévères dégraissages d'effectifs sous l'administration Carter — ont vidé leurs sacs de secrets. Or jamais l'un d'entre eux, nulle part, n'a fait la moindre allusion à des opérations illégales au Canada, français ou anglais. Rien non plus dans les comptes rendus de la myriade de commissions d'enquêtes du Congrès.

Ensuite, les informations recueillies par les agents de la CIA sur le terrain sont normalement distribuées, sous une forme qui ne trahit pas les sources, aux autres membres de la communauté américaine du renseignement. La branche d'analyse du Département d'État, l'INR, reçoit de façon routinière des rapports de Langley. Plusieurs analystes interrogés soutiennent que, bien qu'ils aient travaillé à partir de textes de la CIA lorsqu'ils écrivaient des notes sur d'autres pays, ils n'ont jamais eu la moindre parcelle d'information de la CIA semblant provenir du Québec. (À l'exception de rapports d'hommes d'affaires ou d'universitaires de retour de voyage, selon une procédure dont on a parlé plus haut.) Une diplomate experte en affaires canadiennes se souvient avoir lu «une analyse assez plate» produite par la CIA sur le gouvernement Lévesque, mais qui ne comportait rien qui ne puisse avoir été repris de sources publiques ou diplomatiques.

C'est dire que les fruits d'une hypothétique mission clandestine de Langley au Québec auraient été gardés sous clé, même dans les secteurs du gouvernement américain, comme l'INR, soumis à une rigoureuse sécurité.

Bref, si on veut maintenir la thèse de la présence de la CIA dans les mouvements indépendantistes à Montréal, on doit donc être en présence d'une opération conçue et dirigée par une section de Langley qui court-circuite les réseaux normaux d'opération, qui tient l'organisation de la mission et ses résultats dans un secret qui n'a jamais été percé à ce jour aux États-Unis, et dont même de proches collaborateurs du directeur de l'Agence n'auraient pas eu vent. Une opération menée à l'insu des forces policières canadiennes, au mépris de l'accord bilatéral de coopération, et à l'insu des membres de la station d'Ottawa et du pupitre canadien de Langley. Une opération, enfin, suffisamment habile pour éluder la détection d'envoyés du FBI et des informateurs de la section G au sein du mouvement indépendantiste.

«C'est une possibilité», affirme Victor Marchetti, qui pense que, dans ce cas, seuls quelques individus, dont le chef de la division Opérations et le directeur de l'Agence lui-même, Richard Helms pour la période en cause, auraient été informés. Techniquement, ailleurs, ça s'est vu, ça s'est fait. La décision de lancer une petite équipe clandestine à Montréal aurait pu être menée sans l'autorisation de la Maison-Blanche et «surtout pas», dit Marchetti, en en informant le Département d'État. L'ignorance de la station d'Ottawa ne serait alors qu'un gage supplémentaire de la réussite de l'opération.

Mais pour admettre que toutes ces conditions aient été réunies, il faut faire un grand acte de foi. Il faut croire, contrairement à tous les Américains rencontrés dans cette enquête, que quelqu'un de très puissant à Langley a jugé que le Québec représentait un danger stratégique à court terme pour Washington. Un danger suffisamment grave et pressant pour justifier qu'on saute ces obstacles et qu'on prenne des risques.

On trouve au sommet du gouvernement canadien des gens prêts à faire cet acte de foi. Ivan Head, le conseiller de Pierre Elliott Trudeau en matière internationale de 1968 à 1978, sans détenir d'indice précis, affirme qu'il serait «surpris» d'apprendre que le renseignement américain n'était pas présent au Québec, du moins pendant la crise d'octobre. «Nous sommes des adultes», dit-il. «Nous savons que ce genre de choses existe.»

En devenant un proche partenaire de Langley en matière de renseignement, le Canada doit toujours garder à l'esprit ce déplaisant effet secondaire, explique Head: le partenaire «va partager avec vous absolument tout ce qu'il sait, sauf ce qu'il sait de vous et ce qu'il fait chez vous».

Deuxième partie

LE SPECTATEUR ENGAGÉ

Quand on m' a demandé d'exposer
la pensée du gouvernement américain
sur l'indépendance du Québec, ma réaction fut semblable
à celle du prêcheur auquel un jeune élève a demandé
d'où viennent les femmes de Caïn et d'Abel.
«Jeune homme, a répondu le prêcheur,
ce sont des questions comme celle-là
qui font du tort à la religion.»

John ROUSE,
diplomate américain, au moment de rendre publique
la position de son gouvernement.

8
Angoisse au 24 Sussex

*«Il n'est pas un homme d'État américain
qui ne désire s'approprier le Canada.»*
John A. MACDONALD

*Les Américains? «Ce qu'ils ont, ils le gardent,
et ce qu'ils n'ont pas, ils le veulent.»*
Wilfrid LAURIER

15 novembre 1976. L'événement contre lequel Pierre Elliott Trudeau
œuvre depuis son entrée en politique s'est produit. Six mois après qu'il
eut proclamé la «mort du séparatisme», le Québec lui fait un énorme pied
de nez. Le vieux frère ennemi, René Lévesque, est porté au pouvoir. La
surprise est presque générale. Elle n'arrive pas seule. Avec elle, se faufile
sa compagne de route: la peur.

Trudeau, Lévesque, ces deux incarnations du destin québécois, la
ressentent de part et d'autre de l'Outaouais, aujourd'hui un peu plus
large, un peu plus tumultueuse que la veille.

Au moment de monter sur l'estrade pour avouer à ses partisans
pleurant de joie que, cette victoire, «on l'espérait de tout notre cœur mais
on l'attendait par comme ça cette année», René Lévesque semble
assommé par la gravité du processus qu'il a mis en branle. Pendant un
bref instant, raconte la journaliste Joan Fraser qui l'observe à quelques
pas de distance, son visage trahit une vraie, profonde et paralysante peur.

À Ottawa, au lendemain du tremblement de terre politique québécois, quelqu'un lit sur le visage de Pierre Trudeau l'image inversée de
cette même émotion.

Trudeau, «angoissé», «inquiet», dit le témoin, se demande si les
Américains s'empareront de la victoire péquiste comme d'une occasion
de «redessiner les frontières de l'Amérique du Nord». S'ils comptent
s'approprier, donc, les futurs lambeaux d'un Canada déchiqueté. «À
l'évidence, il craignait que les États-Unis ne jugent pas que le maintien
de l'unité canadienne soit nécessairement dans leur intérêt», se souvient
ce témoin, l'ambassadeur américain à Ottawa, Thomas Enders.

Et si le premier ministre du Canada a invité le représentant de la superpuissance voisine à son bureau dans les trois jours qui suivent la victoire péquiste, c'est qu'il comprend n'avoir une chance de reprendre l'initiative qu'on lui a si brutalement arrachée la veille que dans la mesure où les sécessionnistes, maintenant maîtres du Québec, ne bénéficient pas des encouragements de l'Oncle Sam.

Il pose la question. «Les États-Unis jugent-ils vraiment dans leur intérêt que le Canada reste uni?» L'ambassadeur Enders, jeune star — il a 45 ans — de la diplomatie américaine, ne connaît pas la réponse. Il promet de se renseigner, de quérir des instructions.

Pierre Trudeau n'est pas le seul fédéraliste à craindre la formation d'un axe Washington-Québec. Dans les jours qui suivent l'élection, les deux hommes d'affaires les plus puissants de Montréal, le président de Power Corporation, Paul Desmarais, et le président du Canadien Pacifique (et directeur de 23 autres compagnies), Ian Sinclair, viennent partager chez lui leurs premières impressions de la défaite. Broyer un peu de noir. Ils conviennent avec lui qu'il faut s'assurer que Washington choisisse le bon camp. Le premier ministre leur demande d'aller faire eux-mêmes un petit pèlerinage chez l'Américain.

Devant Enders, Desmarais et Sinclair plaident, non la cause du Canada, mais les arguments qui veulent que les États-Unis ne puissent se passer d'un voisin stable, fort, uni. L'ambassadeur est un tantinet surpris de cette offensive. «Je pense qu'il y avait beaucoup de Canadiens qui n'étaient pas certains de la manière dont nous allions réagir.»

La visite des deux hommes «m'a permis d'obtenir des informations utiles sur les vues de la communauté des affaires à cet égard», dit-il, comme s'il y avait eu le moindre doute sur le fédéralisme des hommes d'affaires canadiens.

Desmarais et Sinclair repartent, comme Trudeau, bredouilles. L'administration américaine, en ce mois d'élection présidentielle, est à cheval entre le chef d'État défait, Gerald Ford, et l'inconnu au large sourire qui a pris le pays comme une tornade, Jimmy Carter. Presque tous les quatre ans, entre l'élection de novembre et l'intronisation du nouveau président en janvier, les États-Unis demandent à la planète de patienter. Le sort du Canada ne fait pas exception.

Guatemala 1954, Canada 1976?

Trudeau craint de trop bien savoir ce que les Américains ont dans leur manche. Lui qui a mis la politique étrangère canadienne sens dessus dessous depuis son irruption au pouvoir huit ans auparavant, lui qui a reconstruit la vision internationale du pays sur la seule et unique base de «l'intérêt national» canadien plutôt que sur les alliances militaires ou sur les rapports commerciaux existants, redoute aujourd'hui que cette même vision ne revienne le hanter.

Car rien ne lui dit que «l'intérêt national» américain exige la permanence de l'union canadienne. L'Histoire enseigne le contraire. L'actualité le crie.

L'Histoire: Teddy Roosevelt, le dernier d'une série de dix occupants de la Maison-Blanche à désirer ardemment avaler le jeune Canada dans l'insatiable Amérique, n'a quitté son poste que 68 ans auparavant. Son successeur, William Taft, a voulu un traité de réciprocité commerciale dont il était convaincu qu'il «ferait du Canada un auxiliaire des États-Unis». Officiellement, la doctrine de la «destinée manifeste» qui voulait, qui réclamait que Washington étende son pouvoir sur le territoire entier de l'Amérique du Nord, n'a pas trouvé de défenseur parmi les chefs d'État américains du dernier demi-siècle. Mais moins de trente ans avant l'élection du PQ, le premier ministre canadien qui avait le plus fréquenté les présidents américains, Mackenzie King, affirmait à son cabinet qu'il était «convaincu que l'objectif à long terme des Américains était de contrôler le continent», de faire du Canada «une partie des USA».

Il y a dix ans à peine, George Ball, le bras droit du secrétaire d'État américain, dressait dans son bureau les plans d'un État anglophone qui embrasserait le continent, et au delà. Ce stratège brillant, respecté, continue, en ce milieu des années soixante-dix, de répéter sur les tribunes qu'une union nord-américaine est aussi inévitable que souhaitable.

Combien d'autres George Ball se cachent aujourd'hui parmi les éminences grises des puissants américains, se demandent à Ottawa Pierre Trudeau et certains de ses proches collaborateurs? Et si on trouvait encore hier des Américains prêts à jouer avec ce concept lointain de l'absorption du Canada, combien de vocations annexionnistes fleuriront-elles, maintenant que se présente une occasion réelle, palpable, immédiate de rendre un dernier et final hommage à la destinée manifeste?

L'actualité: depuis le début de la décennie, elle porte un nom. Pétrole. Le premier choc pétrolier a effondré la folle insouciance de l'Occident à l'égard d'une ressource dont on commence à comprendre qu'elle n'est pas inépuisable. Le carburant de la gloutonne et gaspilleuse économie américaine, hier concentré dans des pays, sinon amis, du moins malléables, est aujourd'hui l'instrument d'un cartel international agressif: l'OPEP. Washington, Londres et Tôkyô, dans une analyse d'où le racisme n'était pas totalement absent, en croyaient les Arabes bien incapables.

Il y a du pétrole et du gaz en Amérique du Nord. Depuis des années déjà, Ottawa et Washington s'entre-déchirent sur un dossier épineux: celui du gazoduc qui relierait l'Alaska, via le territoire canadien, aux autres États américains. Au-delà des arguties légales, le problème fondamental n'est-il pas la présence d'un pays étranger — le Canada — entre l'Alaska et le Midwest? Une évidence que Trudeau a lui-même soulignée en multipliant par 2,5 le prix du gaz naturel vendu au sud et en réduisant, il y a deux ans, les exportations de pétrole canadien aux États-Unis. Car il y a aussi du pétrole en Alberta, qui en ces années de soudaine fortune se pose plus que jamais la question du profit qu'elle tire de son appartenance à la Confédération canadienne. Il y en a aussi au Manitoba, comme peut-être sur les côtes de Terre-Neuve, sans parler du Grand Nord canadien, dont le sol gelé recèle des réserves qu'il sera bientôt rentable de prospecter.

Teddy Roosevelt pensait que l'Ouest canadien «devrait être entièrement contenu dans nos frontières… moins pour notre propre intérêt que pour celui de ses habitants». Aujourd'hui cet altruisme de façade fait sourire. Le jeûne de pétrole imposé aux États-Unis par l'OPEP et par le Canada pousse les Yankees à se poser la question de toutes les ressources non renouvelables. Combien de minutes leur faut-il avant de constater qu'au nord un minuscule 20 millions de Canadiens prétendent posséder le plus grand potentiel de ressources en Occident?

En tant que membre du Club de Rome, Trudeau avait martelé cette thèse de l'épuisement des ressources. Il rêvait du jour où les Européens, mais surtout les Américains, sortiraient de leur sommeil repu pour admettre la terrible réalité. Il voulait qu'ils modèrent leurs appétits. Mais les voilà éveillés. Et voilà qu'on leur offre, des rives du Saint-Laurent, la clé de tout un garde-manger.

Pierre Trudeau est de ces hommes d'État qui savent qu'il n'y a d'alliances que tactiques. Le premier président qu'il a fréquenté, Richard Nixon, s'était bien prêté à quelques gentillesses comme son discours d'Ottawa. Mais il n'a pas hésité à assener un coup de massue à l'économie canadienne en taxant toutes ses importations. L'intérêt national américain le réclamait. Son successeur, Gerald Ford, était plus avenant, ayant par exemple obligé les Français — toujours emmerdeurs neuf ans après la visite de de Gaulle — à admettre le Canada au nouveau club sélect des sept pays les plus industrialisés. Un cadeau qu'il se fait un peu à lui-même, car c'est aussi dans l'intérêt national américain que d'avoir le Canada comme «partenaire junior».

Trudeau aurait-il changé d'avis depuis qu'il écrivait 13 ans plus tôt: «Mais pourquoi pensez-vous donc que les États-Unis en useraient différemment avec le Canada qu'avec le Guatemala, quand la raison d'État l'exige et que les circonstances s'y prêtent?» La comparaison guatémaltèque est un peu forte. En 1954, les Américains avaient financé, armé et épaulé de leur aviation un coup d'État contre un réformiste élu avec 65% des suffrages mais qui avait eu le mauvais goût de confisquer, sans compensation, les avoirs de la puissante compagnie américaine United Fruit.

Au Canada, la situation n'exige pas de mesures aussi grossières. Une toute petite poussée suffirait à donner à René Lévesque un élan décisif et à enclencher le processus de désintégration du pays. «C'aurait été si facile», commente un proche de Trudeau, Allan Gotlieb, alors sous-secrétaire d'État aux Affaires extérieures. «Nul besoin pour le Président de se prononcer publiquement. Il aurait suffi qu'un diplomate quelconque lâche quelques mots d'encouragement.» Chacun aurait compris le signal. «La capacité des Américains de semer le trouble était gigantesque, gigantesque», dit-il encore.

Que les séparatistes puissent faire le tour des patelins du Québec et déclarer que, quoi qu'il arrive, Washington voit d'un bon œil la construction du nouvel État, et le discours fédéraliste prendra eau de toutes parts. Le proaméricanisme de l'électorat conservateur québécois n'est un secret pour personne. L'idée de quitter le Canada lui donne des frissons. Le quitter avec l'aval des États-Unis le rassurerait.

Les conditions énoncées par Trudeau — «quand la raison d'État l'exige et que les circonstances s'y prêtent» — semblent réunies. «Si une grande puissance mondiale [la France] avait désiré la destruction du Canada, pensait en tirer profit et y contribuait, pourquoi pas une deuxième?» demande Gotlieb. À Ottawa, d'autres mandarins de la politique étrangère jonglent avec ce scénario. «L'idée nous traversait l'esprit», confirme l'ex-ambassadeur des États-Unis, Charles Ritchie. «On se demandait si les Américains ne se disaient pas: "il serait plus facile de composer avec ce voisin du nord s'il était divisé en morceaux, et nous pourrions conclure un marché avec le Québec".»

Des preuves? Il n'y en a pas. Aucune. Nulle part. «Mais on ne pouvait croire qu'il n'y avait pas dans les entrailles de l'administration américaine des gens qui proposaient cette idée», dit Gotlieb.

La tentation semble d'autant plus forte qu'à mi-parcours de cette décennie, les relations canado-américaines laissent au sud un fort goût d'amertume. En 1975, le ministre Mitchell Sharp annonce la mort définitive de la «relation spéciale» entre le Canada et les États-Unis. Avec son patron le premier ministre, il veut en quelque sorte «séparer» le Canada de l'Amérique du Nord, le mener dans cette «troisième voie» de relations avec l'Europe et le Japon. Un virage stratégique mal accueilli aux États-Unis, où l'hebdomadaire financier new-yorkais *Barron's* fustige «l'anti-américanisme» qui s'empare du Canada. Trudeau choisit ensuite 1976 pour crier «Vive Castro!» à La Havane, ce qui n'aide pas sa popularité au pays de l'anticastrisme militant.

La même année, William Porter, le prédécesseur d'Enders comme ambassadeur américain à Ottawa, célèbre son départ en portant un toast empoisonné devant une petite troupe de journalistes invités à un cocktail d'adieu. Quittant le terrain des mondanités, Porter se met à réciter en termes peu diplomatiques une liste des méchancetés dont son pays accuse les Canadiens: la politique de l'énergie, d'abord et surtout; le tamisage alors modeste mais tout de même dérangeant des investissements étrangers (lire «américains»); une législation qui empêche les stations de télévision américaines de profiter pleinement des publicités d'entreprises canadiennes. La liste de Porter a été préalablement revue et approuvée par le Département d'État et la Maison-Blanche.

Porter est d'autant plus cinglant que, contrairement à l'usage, Trudeau et ses ministres ont refusé de le saluer avant son départ. Ils espèrent un remplaçant plus avenant. Ils héritent d'Enders qui, à sa première sortie publique en mars, affirme sans ambages: «de mon côté de la frontière, les gens ont l'impression que leurs intérêts ne sont pas pris en considération» quand les Canadiens arrêtent leurs décisions. En juin, il précise sa pensée. «Nous tentons de faire passer ce message: le Canada ne peut réduire unilatéralement ses relations avec les États-Unis et s'attendre à ce que nous ne réagissions pas.» En septembre, finalement, Enders dénonce le «style paranoïaque» avec lequel les Canadiens mènent leur politique américaine.

Enders et Trudeau personnifient alors la mésentente canado-américaine.

«René Lévesque», soupire un haut fonctionnaire fédéral, «avait beaucoup de cartes dans son jeu» américain. Son équipe en est consciente quelques mois avant l'élection, constate Daniel Latouche, un observateur sympathisant, qui écrit qu'ils «espèrent tirer le maximum du climat tendu qui prévaut aujourd'hui dans les relations canado-américaines».

L'appréhension fédérale serait moindre si la «destinée manifeste» n'était qu'un marotte de Yankees. Mais d'une mer à l'autre, des provinces canadiennes autres que le Québec se laissent bercer par l'idée d'appartenir à la grande famille américaine. Même les plus loyaux sujets de Sa Majesté.

Un diplomate américain à Ottawa, en tournée dans les Maritimes en 1964, n'en a pas cru ses oreilles lorsque le lieutenant-gouverneur d'une de ces provinces lui a fait cette remarque au sujet du Québec: «Laissons ces bâtards partir, de toute façon vous nous prendrez bien comme

51ᵉ État!» En 1976 est né un parti politique prônant l'indépendance de l'Ouest canadien, et certains de ses membres iront frapper à la porte de l'ambassadeur américain pour lui demander quelque appui. (Il refusera.) Déjà, le premier ministre de l'Alberta, Peter Lougheed, est accusé d'aller chercher à Washington des alliés contre la politique énergétique d'Ottawa. Au Nouveau-Brunswick, un groupe d'hommes d'affaires anonymes demandent à une firme de consultants d'étudier la faisabilité d'une annexion de leur province aux États-Unis, en cas de sécession du Québec.

Pierre Trudeau voit donc d'un coup son échiquier politique basculer. Ayant diagnostiqué le décès de la menace séparatiste, il pensait que rien ne le retenait d'opérer, comme il s'y emploie depuis deux ans, son divorce d'avec le géant américain. L'élection du 15 novembre lui fait comprendre combien il a besoin de son voisin.

Ce n'est pas nouveau, Trudeau prend peu d'intérêt à tout ce qui est américain. Sur ce plan comme sur cent autres, il représente le contraire de René Lévesque. Un de ses plus brillants observateurs à Ottawa, Richard Gwynn, résume ainsi la relation de Trudeau à la chose américaine: «De tous les premiers ministres canadiens depuis Mackenzie King, Trudeau comprenait le moins les Américains et faisait le moins d'efforts pour les comprendre. En dehors des voyages officiels, il connaissait à peine le pays, sauf les pistes de ski et les discothèques de Manhattan. Lui-même, comme Joe Clark l'a pertinemment observé, était moins un Nord-Américain qu'un Européen qui aurait grandi au Canada. Dit plus simplement, Trudeau était un snob au sujet des Américains.»

Il n'en a plus les moyens.

L'intuition de Monsieur Vine

L'élection du Parti québécois a beau prendre Lévesque et Trudeau par surprise, à Washington, «pour autant que nous étions concernés, c'était plutôt un "anti-climax"». Richard Vine, qui a remplacé Rufus Smith à la tête des Affaires canadiennes au Département d'État, accueille l'élection du PQ comme s'il s'agissait de l'arrivée de l'automne. Un événement qu'il avait prédit. «Je trouvais amusant au plus haut point qu'Ottawa ait été époustouflé par le résultat de l'élection», commente-t-il, heureux d'avoir battu les Canadiens sur leur propre terrain.

Vine ne connaissait rien du Canada à peine deux ans auparavant. Expert des questions allemandes, il a remplacé Smith lorsque les «hommes de Kissinger» ont pris d'assaut la forteresse de *Foggy Bottom* et voulu dépoussiérer l'appareil diplomatique. Smith, se rendant compte que personne n'allait le nommer ambassadeur au Canada, a profité d'une question de forme administrative pour prendre une retraite anticipée confortable.

En plus d'être dans les bonnes grâces de ses supérieurs, Vine a cet avantage sur son prédécesseur de comprendre et de parler le français. Deux ans en France pendant la guerre (où il assiste à la libération de Paris), trois ans diplomate en Suisse et quatre en Belgique ont fait de lui un champion du bilinguisme.

Encore peu conscient du phénomène indépendantiste à la fin de septembre 1976, il fait ses classes lorsqu'il se rend à une conférence sur les relations canado-américaines à Niagara-sur-le-lac, en Ontario. Après une longue journée de palabres sur les maux qui affligent les liens entre les deux pays, Vine et quelques autres vont casser la croûte dans un élégant restaurant. Parmi les convives, un personnage particulièrement en verve domine la discussion: André Fortier, sous-secrétaire au Secrétariat d'État, le drôlement nommé ministère canadien qui gère le bilinguisme fédéral.

Les habitués de ce genre de conférence conviendraient qu'il y a là une bonne table. Outre Vine, le plus haut gradé des Américains responsables du Québec, on trouve William Diebold, président du Council on Foreign Relations de New York; Al Hero, de Harvard, principal expert américain en affaires québécoises; un quatrième Américain dont la petite histoire a oublié le nom; Fortier et deux ou trois Canadiens anglais, dont un historien qui se pose en expert ès politique québécoise. La discussion a ceci de particulier qu'elle se déroule complètement en français, et strictement entre les quatre Américains et Fortier puisque les autres convives n'ont pas la compétence linguistique requise pour participer à ce moment privilégié du dialogue américano-québécois. Le lendemain, un des exclus du bilinguisme fera savoir à Vine qu'il est fort outré du peu de délicatesse dont a fait preuve la veille la petite troupe d'américano-francophonisants.

Dialogue, le mot est trop fort. Interview irait mieux. Car Vine est fasciné par ce Québécois qu'il juge «brillant, articulé et politiquement très au fait». Vine vient de découvrir le nationalisme québécois traditionnel. Variante Jean Lesage ou Daniel Johnson. Fortier lui explique la montée du nationalisme, la nécessité d'un statut distinct, particulier pour le Québec. Il est persuadé que le Parti québécois va l'emporter, sinon cette fois-ci — les rumeurs d'élection vont bon train au Québec — du moins la prochaine. Que c'est inéluctable. Il lui explique l'étapisme, le processus qui fera du Québec, pas nécessairement un État, mais un associé différent des autres membres de la fédération. Il lui dit que le temps est mûr pour une démarche qui irait aussi loin que l'élection du PQ. Lui, Fortier, est fédéraliste. Ses arguments n'en ont que plus de poids. Pour que le Québec gagne la place qu'il lui faut au pays, explique-t-il, les Québécois sont prêts à s'engager dans le détour péquiste.

Explique-t-il aussi les scandales qui affligent le Parti libéral de Robert Bourassa? L'unanimité que le chef libéral réussit à faire contre lui sur les questions syndicales, de langue ou de probité politique? Son souvenir n'est pas si précis, mais Vine absorbe, là ou ailleurs, chacun de ces arguments.

Lorsque Richard Vine revient à Washington, il convoque, comme chaque semaine, le groupe interministériel qui coordonne, sous sa présidence, l'ensemble des relations canado-américaines. Un représentant du Pentagone, de la CIA, de la Maison-Blanche, du département du Commerce, de l'Agriculture, etc.

«J'estime qu'il existe une possibilité extrêmement forte que le Parti québécois remporte la prochaine élection», leur annonce-t-il. Il aurait aussi bien pu déclarer que la Californie venait de tomber dans la mer. La réaction, parmi la vingtaine de personnes présentes, est franchement incrédule. Ceux qui lisent les dépêches diplomatiques savent que, pas plus tard qu'en avril, René Lévesque lui-même confiait aux deux consuls généraux américains au Québec que la victoire lui échapperait. Leur révélant les résultats de sondages internes, il mettait ses espoirs sur l'obtention d'au moins 35 sièges, soit le tiers seulement de l'Assemblée, et ne pensait former un gouvernement minoritaire que dans l'hypothèse où une «troisième force» prendrait son envol. Ce qui ne semble pas vouloir se produire. Alors. Si René Lévesque prédit la défaite, pourquoi s'énerver?

Pour les membres du petit groupe, depuis la crise d'octobre 1970, le problème du séparatisme est de toute façon entré dans une longue hibernation. À l'automne 1972, l'INR a produit une étude de plus de 20 pages sur le Parti québécois, ornant la page couverture d'une jolie photo de René Lévesque. Essentiellement descriptive, l'étude notait la respectabilité croissante du parti, l'habileté politique et la modération de René Lévesque. Mais elle prédisait tout au plus que le PQ formerait l'opposition officielle au scrutin suivant. L'étude, comme tous les autres écrits de l'INR sur le Québec, évacuait la question de l'intérêt américain dans l'affaire, sauf à noter que «Parizeau a dit à notre consul général à Québec que [le récent] manifeste du parti a été écrit avec le souci de rassurer les États-Unis sur l'orientation d'un éventuel Québec indépendant. Le PQ voulait également démontrer sans équivoque qu'un Québec indépendant ne serait pas un autre Cuba et resterait un endroit accueillant pour les investissements américains existants et à venir».

En mars 1973, le consul général à Québec, visiblement impressionné par le PQ, rapportait que le dernier congrès avait produit «probablement le programme politique le plus professionnel au Québec». Le PQ a «plus de cerveaux au pied carré» que ses opposants, mais le diplomate doutait que l'électorat se reconnaisse dans ces universitaires.

En juillet 1973, l'INR se fendait à nouveau d'une analyse d'une vingtaine de pages sur «le séparatisme tranquille mais pas mort», (aussi avec photo). Le document jugeait globalement que «les Québécois ne se sentent pas assez menacés pour réclamer activement l'indépendance». Au lendemain de l'élection d'octobre 1973, une autre analyse d'INR — écrite par une Québécoise embauchée à Washington, Line Robillard Rosen — prédisait qu'en dépit de l'iniquité électorale qui réduisait d'un membre la députation péquiste malgré un gain de 7% du vote (le PQ a maintenant 5% des sièges mais 30% des voix), «la possibilité d'un retour à la violence est faible».

Depuis, la machine diplomatique américaine au Québec a fonctionné au ralenti sur la question indépendantiste. Fin 1975, Claude Morin, le haut fonctionnaire québécois rallié à Lévesque, assure un diplomate que le PQ compte tout au plus «400 marxistes» en son sein. Lévesque affirme aussi aux envoyés américains qu'en ces années de radicalisme il ne veut pas associer formellement son parti aux centrales syndicales, «surtout pas aux leaders ouvriers actuels», les Louis Laberge, Marcel Pepin et Yvon Charbonneau.

Pas de gains électoraux, pas de violence, pas de radicalisme, Bref, pour *Foggy Bottom*, rien que des nouvelles endormantes.

C'est le mouvement du PQ vers la respectabilité qui domine dans les dépêches, notamment la question de savoir si le populaire ex-ministre libéral Claude Castonguay va mettre sa crédibilité au service des indépendantistes. «Morin m'a dit que son ami Castonguay aimerait se joindre au PQ mais a peur du séparatisme, fondamentalement parce qu'il n'a pas confiance dans la capacité des Québécois et craint que l'indépendance du Québec n'ouvre la voie à un État néo-fasciste», rapporte un diplomate. (Castonguay dément avec force avoir jamais nourri, de près ou de loin, en public ou en privé, de telles opinions. «Au contraire», dit-il, il a «toujours été impressionné par le sens de la démocratie de Lévesque et de ses partisans», même si par ailleurs il soutient n'avoir jamais été attiré par le PQ.) Dans un entretien séparé, René Lévesque ajoute que son ami Castonguay «est trop inflexible» pour devenir péquiste. Castonguay a affirmé qu'il se retirait de la vie politique. «Il ne fait pas de déclarations à la légère», dit de lui le leader indépendantiste, «on peut s'attendre à ce qu'il tienne parole».

Quand, de son côté, le chef haut en couleur de la vieille Union nationale, Maurice Bellemare, affirme qu'avec 11 000 membres en règle son parti vit une nouvelle jeunesse, Lévesque avise ses interlocuteurs américains de ne pas en croire un mot. Bellemare «est le plus gros menteur de la province après Bourassa», tranche-t-il.

En cet automne 1976, ceux que la possibilité d'une victoire péquiste laisse sceptiques peuvent d'ailleurs tirer d'autres arguments des confidences que René Lévesque déverse à l'oreille des Américains qui viennent le rencontrer. Il les assure par exemple que malgré la nouvelle loi linguistique de Bourassa, la loi 22, les anglophones du Québec vont obéir à «leur instinct de troupeau» et voter libéral une fois encore. (Il a tort.) Il dit encore que Trudeau et Bourassa se détestent suffisamment pour qu'il soit «tout à fait possible que les libéraux fédéraux appuient un troisième parti au Québec, contre Bourassa». (Encore faux.) Mais à part le lapsus du consul général à Québec, Francis McNamara, qui appelle le gouvernement Bourassa le «régime Bokassa» dans une dépêche, personne ne subodore une prochaine fin de règne.

Vine n'a que faire de ces informations qui datent. L'hibernation des Québécois va prendre fin, il le sent. La discussion avec Fortier a cristallisé ses propres analyses, affermi sa conviction. Il répète sa prémonition à la petite troupe de spécialistes. «Je pense que le PQ va remporter l'élection et, s'il la remporte, nous serons immédiatement confrontés à une série de décisions politiques importantes. Je suggère qu'on se mette à y travailler immédiatement.»

De l'incrédulité, le sentiment du groupe passe à la rébellion. «Immédiatement, tout le monde a protesté. Tout le monde», raconte Vine. Se préparer pour l'élection du PQ? Mais cela fait 15 ans qu'on fait exprès de ne pas s'y préparer. Quinze ans que la peur des fuites et de la réaction de «ces-Canadiens-qui-sont-tellement...» immobilise les cerveaux diplomatiques américains. On ne va pas, aujourd'hui, renverser une politique coulée dans le ciment depuis le fiasco de «Project Revolt», tout de même!

«J'ai bien peur d'être un président de groupe assez dur», confie Vine, qui n'a pas tant consulté le groupe qu'imposé la marche à suivre. Il mandate John Rouse, le directeur du pupitre canadien au Département d'État, pour consulter chacune des agences gouvernementales représentées et produire, de concert avec les analystes de la CIA, «une étude très détaillée de ce que représentent nos intérêts au Canada, de l'impact de [l'indépendance du Québec] sur ces intérêts et de la politique que nous devrions adopter».

Du jamais vu. Décrire les événements québécois, les analyser, oui. Mais discuter de l'indépendance du Québec à travers le prisme de l'intérêt américain, définir une position qui dépasserait le haussement d'épaules, non.

Rouse fait partie de cette race de diplomates américains brillants et travailleurs. En quelques semaines, avec une petite équipe de deux ou trois personnes, il fait le tour des problèmes, assimile les informations, synthétise le tout en une vingtaine de pages.

Trudeau, Desmarais, Sinclair, Gotlieb, Ritchie ont raison. Lorsque les Américains pèsent le pour et le contre de l'indépendance du Québec, ils mettent dans la balance la virtuelle désintégration du Canada. Ils voient des provinces levant l'ancre canadienne. Cette préoccupation existe, «pas seulement, mais particulièrement dans le cas de la Colombie-Britannique», dit Vine. Mais Trudeau et compagnie ont aussi tort. Car le goût de l'annexion est introuvable à *Foggy Bottom*. En fait, c'est presque un tabou. L'idée d'annexer l'Alberta, par exemple, «n'a jamais eu la moindre crédibilité, elle n'a jamais été évoquée comme une possibilité réaliste», se souvient Vine.

La perspective de deux, pire encore, de trois, plusieurs Canada au nord inquiète au contraire la petite équipe de Rouse, qui y voit notamment un danger pour l'organisation de la défense de l'Amérique du Nord. Les unités de combat du Canada, déjà atrophiées par la politique de défense de Trudeau, seraient encore scindées en plus petites formations, pensent-ils. À lui seul, le problème d'organisation serait gigantesque. «Nous ne pouvions imaginer de façon de gérer toutes les fonctions de défense du NORAD [le traité de défense de l'Amérique du Nord]» avec un Canada éclaté comme le Pakistan, se souvient Vine. Le Pakistan, «un modèle beaucoup cité» pendant la discussion, dit-il.

Dans cette optique, la dissolution complète du Canada «aurait été la pire des possibilités pour les États-Unis. La pire», tonne Vine. «On ne s'est même pas donné la peine de l'analyser en détail.»

Évidemment, les problèmes de coordination de la défense avec plusieurs alliés au nord seraient réglés si une majorité de provinces s'intégraient tout simplement dans le melting-pot américain, culturel, politique... militaire.

Le refus de la diplomatie américaine, à cette première étape, de retenir cette hypothèse de travail tient à plusieurs raisons. D'abord, la fameuse peur de la fuite. Qu'une étude portant sur l'indépendance du Québec tombe entre les mains du *Globe and Mail* ou d'autres membres de la presse canadienne, et le choc sera dur. Surtout que la communauté journalistique au nord est «paroissiale et provinciale dans le pire des sens et n'a vraiment aucun sens des proportions», selon Vine qui fustige les «idioties» qu'on y publie. Alors, qu'une étude portant sur les conséquences de l'annexion de la Colombie-Britannique ou de l'Alberta se trouve en une, et le ressac politique sera terrifiant. Mieux vaut simplement ne pas toucher au sujet.

Dans l'immédiat, le danger se limite à l'élection d'un parti indépendantiste au Québec. Pour l'avenir, on franchira les ponts un à un.

Au-delà de ce problème de relations publiques, la classe politique
américaine n'est plus, comme au temps de Teddy Roosevelt, mue par la
soif de territoire. Au contraire, depuis l'entrée de l'Alaska et de Hawaï
dans l'union en 1959, toute nouvelle adhésion se heurte à une écrasante
inertie politique. Les chances, par exemple, du district de Columbia, le
mini-territoire qui contient la ville de Washington, de se faire reconnaître
comme État sont minimes. Comme il est certain que ses électeurs noirs
enverraient constamment au Congrès deux sénateurs démocrates, donnant ainsi au Parti démocrate un avantage permanent dans l'assemblée
des 100 sénateurs où les majorités sont souvent extrêmement minces, les
républicains s'opposent catégoriquement à la création d'un État de
Columbia.

Suivant ce même raisonnement, dans les années soixante déjà, l'ex-
ambassadeur à Ottawa, Walton Butterworth, a décrété impensable
l'annexion du Canada. Sachant les Canadiens plus sociaux-démocrates
que la majorité des Américains, il a expliqué à un adjoint pourquoi les
deux pays étaient condamnés à rester distincts: «Réfléchissez un peu. Si
nous avions dix nouveaux États, les dix provinces du Canada, votant
toutes démocrate à cause de leur admiration pour Franklin Roosevelt et
Kennedy... nous aurions 20 sénateurs démocrates de plus. Cela briserait
l'équilibre de notre politique intérieure.»

Les problèmes de cohésion interne des États-Unis prennent le pas
sur le vieux rêve de continentalisme, vu aujourd'hui comme une simple
addition de difficultés. «Peut-être», avouera en 1979 un cadre du Département d'État, «si nous pouvions choisir, prendrions-nous la Colombie-
Britannique. Ses forêts seraient utiles. Comme le pétrole d'Alberta.»
Quant au reste...

Des Américains sont souvent irrités lorsqu'on insiste dans ce type
de discussion. «Un soir, l'épouse d'un homme politique canadien très
important a commencé à m'engueuler», raconte un cadre de la CIA.
«"Vous n'allez pas réussir à faire du Canada le 51e État", disait-elle.
"Mais qu'est-ce qui vous fait penser qu'on vous laisserait entrer?" ai-je
répondu. Là-dessus, elle s'est mise à tenter de me convaincre qu'on
n'avait pas le droit de leur fermer la porte!»

L'étude de Rouse en mains, Vine convoque à nouveau le groupe
interministériel. La décision est prise, nette, attendue: «Le morcelle-
ment du Canada en plusieurs entités politiques serait dévastateur pour la
sécurité des États-Unis», résume Vine. «En ce qui nous concerne, nous
voulons garder un Canada uni.»

Cela dit, si le Québec «désire vraiment se séparer, c'est en son
pouvoir, et on s'en accommoderait».

L'intérêt des États-Unis ainsi défini, reste à concevoir la politique elle-même. Qu'est-ce que le gouvernement américain va faire, dire, dans l'éventualité de l'élection, dans quelques semaines, du Parti québécois?

C'est ici que la machine diplomatique américaine, après 15 ans d'observation de l'histoire québécoise, accouche de la souris. Vétéran de pays, Belgique, Suisse, traversés par des remous linguistiques et culturels, Vine est convaincu qu'il «n'y a foutre rien qu'un acteur extérieur puisse faire, sauf à susciter contre lui la colère des deux parties en cause».

À peine peut-il dire une ou deux choses. Prononcer des phrases presque vides. Le processus n'est ni vain ni insignifiant. Dans les petits mots anodins qui sont alors choisis pour synthétiser la politique américaine se trouve concentré, non la substance, mais l'écho de tous les débats passés. Il faut lire ce qui ne s'y trouve pas, tout autant que ce qui s'y trouve.

La «ligne» américaine, dans sa première manifestation, tient en deux volets: Primo, la question québécoise est un problème interne au Canada, et nous avons toute confiance en la capacité des Canadiens de le résoudre. Ici, le mot clé est «Canadiens». Washington, contrairement à Paris, ne reconnaît pas qu'il appartient aux seuls Québécois de «résoudre» la question. Le Département d'État ne veut surtout pas se mêler de problèmes de droit à l'autodétermination. Secundo, les États-Unis admirent la Confédération canadienne dans sa force et sa vigueur. C'est «le meilleur voisin qu'on puisse avoir». L'appui à l'unité canadienne est clair mais indirect. Point de grande déclaration de solidarité avec la cause d'Ottawa, de promesse d'engagement. Point, non plus, de scénario apocalyptique.

Ces quelques phrases sont réunies dans un court mémo, un *memorandum of policy*, qui sera largement distribué au sein de l'administration. L'étude de Rouse, au contraire, dont seulement une poignée de copies ont été faites, restera dans un tiroir, loin des yeux indiscrets.

Lorsque les bureaux de vote québécois ouvrent leurs portes le 15 novembre, le Département d'État est fin prêt.

Main de fer, gant de velours

La leçon s'applique à tous les plans d'urgence, projets de réactions, scénarios prévisionnels. «Quand la guerre commence, la réalité prend le contrôle», disait le stratège allemand Clausewitz. Et quand le Parti québécois est porté au pouvoir, quand Pierre Trudeau voit Tom Enders, l'ambassadeur américain tient pour acquis que, malgré la prescience de Vine, l'étude de Rouse et les savantes préparations, tout a changé. Hier, on jouait avec des hypothèses. Aujourd'hui, l'avenir d'un pays est en jeu. Confronté à la question que lui pose le premier ministre d'un voisin en péril, l'ambassadeur refuse de commettre son gouvernement avant d'en avoir consulté directement les leaders. Pense-t-il aussi qu'en tant que premier représentant américain au Canada, c'est à lui que revient le rôle de proposer une politique?

Non que sa conclusion sera opposée à celles du *memorandum of policy*. Mais elle sera différente sur d'importants détails. Et Enders fera lui-même son petit tour de piste. L'étude de Rouse? «J'en connaissais l'existence mais je ne sais pas dans quelle mesure ses conclusions, dont je ne me souviens plus, ont eu un important impact au sein du gouvernement.»

Après ses entretiens avec Trudeau, Desmarais et Sinclair, Enders part pour Washington. Il voit Vine, bien sûr, qui lui ressort ses propres conclusions. Il voit Henry Kissinger, le secrétaire d'État sortant, Brent Scowcroft, le conseiller du Président à la sécurité nationale, sortant aussi. Il rencontre également les membres de l'équipe de transition de Jimmy Carter, qui se prépare à entrer en fonction dans moins de deux mois. Personne, dans cette tournée de consultations, ne voit d'intérêt américain à la désagrégation du Canada.

Enders propose à chacun de mettre en œuvre une politique à deux vitesses. D'abord, publiquement, le calme plat. Rien «d'agressif, de voyant et de trop public», explique-t-il. Tout en demi-teintes. Dire que c'est un problème canadien que les Canadiens vont résoudre. Mais attention, «il ne faut en aucun cas laisser l'impression que si deux Canada émergent [de la crise] plutôt qu'un, nous dirions "pas de problème, nous allons nous en accommoder".» C'est en fait exactement ce qu'ils diraient, mais dans l'immédiat il faut faire savoir que les États-Unis «ne sont pas indifférents». Qu'ils ont, comme le plaide Pierre Trudeau, un intérêt dans la permanence de l'unité canadienne.

Telle doit être la position publique. En privé, on passe la deuxième vitesse. Pas de brusque accélération. Mais une présence plus nette. Enders et quelques autres, craignant une offensive tous azimuts du gouvernement québécois sur le territoire américain, veulent ériger des barricades idéologiques.

Ils appellent les grands journaux. Ceux de Washington, de New York, de Chicago, de Boston. Les «faiseurs d'opinion», explique Enders. Ils leur font part de la position fraîchement élaborée: «Le gouvernement américain ne tient pas à ce que l'idée d'un nouvel État au nord de la frontière reçoive un accueil impartial, et tel n'est pas le résultat que devrait produire une visite de M. Lévesque», raconte Tom Enders. «Nous étions très actifs à cet égard.»

Enders trouve au *New York Times* un allié précieux, influent et crédible pour cette préparation du terrain politique. Le chroniqueur politique James «Scotty» Reston, une des grandes plumes du journalisme américain, partage la volonté d'Enders d'épandre un peu d'huile sur la route américaine que doit emprunter René Lévesque.

James Reston est un ami de Lester Pearson, qu'il a connu au début des années cinquante, quand le futur premier ministre était ambassadeur à Washington, et qu'il a consolé ensuite lorsque Lyndon B. Johnson lui faisait des misères. Un des rares Américains intéressés à la chose canadienne, James Reston devient, après l'élection du PQ, un des meilleurs alliés des fédéralistes canadiens dans la presse américaine.

Rien n'est cependant plus pressé que de vacciner la future audience new-yorkaise de René Lévesque. Fin 1976, début 1977, on commence à parler de sa prochaine venue à une importante tribune de Manhattan, l'Economic Club. On voit ce discours comme la pièce maîtresse, ou le coup d'envoi, de l'opération de charme séparatiste aux USA.

Enders, Reston et quelques autres «passent un temps considérable au téléphone», se souvient l'ambassadeur, pour contacter les «membres importants de son auditoire, compagnies d'assurances, banquiers» et leur faire partager la position gouvernementale américaine.

Enders le fait d'autant plus volontiers que l'équipe de Carter, avant même l'intronisation du nouveau président, fait savoir qu'elle «approuve l'approche» qu'il a définie.

Entre plusieurs de ses va-et-vient à Washington au cours de l'automne et de l'hiver, l'ambassadeur Enders retourne voir le premier ministre pour lui livrer l'heureux résultat des courses: «Nous avons essentiellement attaqué le problème comme vous pensiez que nous devions le faire.»

Les deux hommes discutent alors longuement de l'ampleur que devrait prendre l'intervention américaine dans le débat (bi?)national canadien. Enders veut savoir si Trudeau «désire que nous soyons plus actifs», mais ils sentent tous deux un danger. «Nous sommes convenus qu'il serait dommageable que les États-Unis soient perçus comme les garants, dans un sens, de l'union canadienne», raconte-t-il. Subtilement, promet Enders, son gouvernement va s'assurer qu'entre Québec et les États, «aucun canal de communication séparé, aucune entente commerciale ou d'investissement séparée ne sera ouverte». Et si les péquistes veulent frapper à notre porte à Washington, nous la leur claquerons au nez. Il ne faut surtout pas donner au PQ l'argument de l'ami américain.

En revanche, il ne faut pas non plus que les firmes américaines aggravent le défaitisme ambiant dans la communauté des affaires anglophone de Montréal, en prenant, comme plusieurs Canadiens anglais, la poudre d'escampette. La tentation du sauve-qui-peut a beau être moins forte chez les Américains que chez les *Montrealers*, Enders ne se dépense pas moins «en un assez grand nombre de discussions avec des compagnies américaines» pour leur enjoindre de maintenir leurs activités québécoises. Ce qu'elles font pour la plupart. Enders leur conseille en plus d'être de bons citoyens, et d'appliquer à la lettre la nouvelle législation linguistique québécoise, la loi 101. Il le dira, dans son impeccable français, lors d'un discours à la chambre de commerce de Montréal en mars.

La politique québécoise des États-Unis, c'est la proverbiale main de fer dans un gant de velours.

En cas de besoin, précise Enders, Washington aurait pu retirer son gant, montrer sa poigne de métal. «Si cela s'était avéré nécessaire, peut-être serions-nous allés à cet extrême» de la position publique, bruyante. «Certainement à ces premiers stades, si le Canada nous l'avait demandé, je n'ai aucun doute que nous l'aurions fait.» Mais, ajoute-t-il, «ce n'était pas si sérieux». Et le premier ministre canadien ne l'a pas jugé bon.

Bref, Trudeau et Enders s'entendent désormais à merveille.

Les deux hommes font pourtant une drôle de paire. «On ne peut pas dire qu'ils s'aimaient particulièrement», commente l'ancien bras droit d'Enders, Robert Duemling.

Un ambassadeur de Hollande, auquel on demande quelques mois après son arrivée au Canada de donner ses premières impressions sur le pays, capture l'élément qui à la fois unit et repousse les deux hommes: «Les deux individus les plus arrogants au Canada sont Pierre Trudeau et Tom Enders.»

Ils inaugurent cependant à l'automne 1977 une entente cordiale. Lorsque des déclarations publiques controversées d'Enders sont critiquées par le pauvre ministre Eugene Whelan, désorienté comme bien d'autres par ce renversement d'alliances, Pierre Trudeau prend la défense de l'ambassadeur, affirmant qu'il «respecte» ce «gentleman» qui «fait son devoir» en exprimant sans détour sa pensée.

Paul Desmarais et Ian Sinclair, hier chargés de rallier Enders à la cause, deviennent les instruments du nouveau couple politique. Ils ont servi, explique Enders, «de canal par lequel des messages que je voulais faire parvenir à Trudeau directement et personnellement pouvaient être acheminés. C'était utile à un moment où je ne voulais pas — et je suis certain que M. Trudeau ne voulait pas non plus — donner l'impression d'être toujours fourré chez lui». Desmarais et Sinclair, les coursiers les plus riches du monde. Ils ont dispensé Enders et Trudeau de se voir en tête-à-tête plus souvent que... «environ une fois par mois», selon l'estimation d'Enders. Ces deux-là avaient beaucoup de choses à se dire.

Lorsque le premier ministre libéral sera chassé du pouvoir en 1979 par le conservateur Joe Clark et sera tenu pour un paria politique, Enders l'invitera à la splendide soirée qu'il offre pour le mariage de sa fille. Célibataire depuis sa séparation, Trudeau fait son apparition après tous les invités, choisit la plus jolie des femmes présentes, la fait virevolter sur le plancher de danse jusqu'à lui faire oublier l'existence de son cavalier, et l'entraîne avec lui vers la sortie.

Mais n'anticipons pas. À la fin de 1976, sur le front américain de la guérilla politique qui s'ouvre entre Ottawa et Québec, Pierre Trudeau a gagné une importante bataille. Il n'a pas, il le sait, gagné la guerre. Enders est un allié solide, certes. Mais qu'en est-il du puissant Congrès américain, où logent certains des plus durs critiques de l'effronté Canadien? Et Enders, apparenté au camp républicain par ses états de service, peut-il vraiment parler au nom de la nouvelle administration démocrate, dont les membres — notamment cette «mafia géorgienne» que le Président recrute dans son État d'origine — forment une masse d'inconnus?

Trudeau ne veut surtout pas se faire resservir à la sauce canadienne la citation la plus célèbre de la culture de Géorgie: «*Frankly, my dear, I don't give a damn.*» Tant que le nouveau président n'aura pas énoncé, du haut du pupitre présidentiel, sa préférence pour un Canada uni, Trudeau ne sera qu'à moitié rassuré. Il prend rendez-vous avec Carter pour le 21 février suivant.

Et il ne se hasarde plus à mettre en rogne son nouvel allié. Trudeau, l'ancien trouble-fête, l'ancien snob dédaigneux des Américains, devient pour les États-Unis le plus charmant des voisins. Il ne faut donner à Washington aucune raison, pendant les années troubles qui s'ouvrent, de souhaiter la disparition du Canada. Bientôt l'agence de tamisage des investissements se fait si gentille avec les compagnies américaines que *Barron's*, hier alarmé par l'anti-américanisme au nord, peut écrire: «La seule compagnie étrangère qui ne pourrait s'installer au Canada est Murder Inc.» Les pubs canadiennes réapparaissent sur les télés américaines. La «troisième option» retourne au néant. Les rapports avec Washington sont de nouveau «les plus importantes de toutes nos relations extérieures», annonce Trudeau. Il y avait longtemps!

La politique énergétique canadienne se fait tout à coup plus conciliante. Début 1977, pendant qu'une vague de froid traverse le continent, Trudeau ouvre les vannes de son pétrole vers une Amérique reconnaissante. Et ce fameux pipeline qui doit traverser le Canada verra finalement le jour, le vent politique ayant tourné.

Sentant l'ouverture, le fin politique Enders en profite pour entonner la vieille rengaine du libre-échange, de la «convergence» des économies d'Amérique du Nord.

Trudeau a raison de ne rien tenir pour acquis. Car entre temps, la «ligne» présentée par Enders n'est pas reprise par toute la diplomatie américaine. Fin janvier, lorsque John Rouse est envoyé à Chicago pour annoncer à un groupe d'hommes d'affaires comment s'articule la position américaine à ce sujet, on ne perçoit guère que le gant de velours.

«Le gouvernement américain n'a rien à dire au sujet du Québec et de son avenir au sein du Canada, sauf que ce problème est uniquement et entièrement canadien. C'est un problème qui doit être résolu par les Canadiens sur la base des intérêts du Canada, sans la moindre intervention américaine, bien intentionnée, accidentelle ou autre», explique-t-il.

Sa visite à Chicago a surtout pour but de contrer les propos disséminés par un des membres les plus proaméricains du nouveau cabinet péquiste, Rodrigue Tremblay. Ministre de l'Industrie et du Commerce, auteur en 1969 d'un livre prônant la constitution d'un marché commun Québec-États-Unis, Tremblay affirme à qui veut l'entendre et vient répéter aux hommes d'affaires rassemblés à Chicago que son gouvernement «a de bons contacts au sein du gouvernement américain», que des responsables américains appuient l'autonomie du Québec et jugent artificielle l'économie canadienne construite sur l'axe Est-Ouest, alors que les rapports Nord-Sud, qu'aiderait à promouvoir l'indépendance du Québec, seraient plus «naturels».

Le Parti québécois «voulait créer l'impression qu'il avait un appui quelconque des États-Unis. C'était exactement ce que nous voulions éviter», raconte Vine. Il a donc envoyé Rouse «avec la mission explicite de s'assurer que cette impression soit dissipée».

À Chicago, Rouse rétorque donc à Tremblay que son gouvernement voit au contraire à sa frontière nord un Canada «vigoureux, confiant en lui-même, indépendant et engagé activement dans le monde». Pour ce qui est des contacts québécois à Washington, il énonce la politique officielle: «Ottawa représente les intérêts du Québec à Washington», un principe que «le gouvernement américain va continuer à respecter». Pour les contacts, donc, vous repasserez!

Le directeur du pupitre canadien envoie cependant quelques fleurs au nouveau gouvernement québécois en affirmant que le problème québécois «est dans les mains de leaders responsables dans les deux camps».

Deux mois après l'élection du Parti québécois, la diplomatie américaine n'a décidément pas encore complètement fait son lit. À la base, une constatation: l'intérêt américain réclame le maintien du lien fédéral canadien. Parmi les diplomates, deux approches: l'interventionnisme feutré d'Enders, le neutralisme plus marqué de Vine et de Rouse. Une nuance.

Il faudra attendre le tête-à-tête entre Pierre Trudeau et Jimmy Carter pour établir une synthèse. Dans l'intervalle, le grand absent de ces palabres, consultations et décisions, celui par qui le scandale est arrivé, René Lévesque, fait sa spectaculaire entrée sur la scène américaine.

9
Bousculade à Wall Street

Bon, ben, ça passera pas comme dans du beurre, hein?
René LÉVESQUE,
après son discours de New York.

Deux heures du mat'. L'homme marche, seul, dans la froide nuit new-yorkaise. Insensible aux sirènes de police et d'ambulance qui fendent les avenues de la cité de leurs sons stridents, sourd aux appels des putes lasses d'arpenter le trottoir, indifférent aux *muggers* embusqués dans les ruelles, l'homme au crâne dégarni et aux longs favoris n'a de pensées que pour le gâchis qui vient de s'accomplir sous ses yeux.

Il se fiche qu'on l'ait accusé, lui, d'être responsable. Il joue assez souvent le rôle du bouc émissaire. C'est surtout l'impuissance qui l'accable. Le sentiment d'avoir pressenti l'avalanche alors que la montagne paraissait encore sereine. Il aurait voulu crier, prévenir le terrible déferlement. Mais la technique, il le savait, est contre-indiquée. Tirant sur la pipe qui ne le quitte jamais, Claude Morin croise-t-il quelque metteur en scène de Broadway devant un kiosque, attendant l'arrivée des journaux du matin pour y lire les critiques qui mettent en pièces, ou portent aux nues, la première de son œuvre?

Le ministre québécois des Affaires intergouvernementales n'a pas besoin des journaux. Il sait qu'au soir de sa première internationale, la star de la nouvelle troupe gouvernementale québécoise a, comme le dira le *Baltimore Sun*, «fait un four». S'arrêterait-il pour parcourir la première page du *New York Times* qui sort des presses, qu'il y trouverait la remarque lapidaire d'un des membres du glacial auditoire. «Cet homme est séditieux», affirme le spectateur non identifié, «il faut l'arrêter.»

Hier, Morin savait la diplomatie québécoise au pied de la pente raide de l'opinion américaine. Cette nuit, face au mur, il ne voit plus guère qu'une stratégie: l'alpinisme.

Dans l'euphorie de la victoire

Le nouveau premier ministre québécois est à peine remis de ses émotions électorales du 15 novembre lorsqu'il trouve sur sa table de travail l'invitation de l'Economic Club. La tribune est prestigieuse, réservée aux grands de ce monde. Qui voudrait écrire un *Who's who* de l'oligarchie financière américaine n'aurait qu'à prendre les présences lors d'une des réunions annuelles du Club. Et ces richards new-yorkais offrent au petit Gaspésien la place d'honneur. Peut-on être plus flatteur? Le gouverneur de l'État de New York, un des hommes les plus puissants du pays, sera réduit à jouer pour René Lévesque la vedette, disons, américaine.

«Nos sources au PQ soutiennent que Bourassa a longtemps voulu s'adresser au prestigieux Club», rapporte de Québec le consul général Francis McNamara. «Lévesque, au pouvoir depuis à peine deux mois, a réussi à pénétrer ce cercle d'or, gazouillent-ils, omettant d'expliquer que l'invitation est le symptôme de l'incertitude créée par l'élection du PQ dans les milieux financiers de New York.»

Lévesque n'hésite pas. Depuis Lesage, la tradition veut que le chef du gouvernement présente ses hommages à Manhattan peu après son élection. Même Claude Morin, qui n'apprend qu'en décembre que l'invitation a été lancée et acceptée, ne pense pas un instant déroger au protocole et imposer un crochet préliminaire par Paris. Le premier pèlerinage doit se faire au sud. Personne ne discute non plus le choix de l'auditoire, essentiellement financier. Une autre tribune, universitaire ou diplomatique, offrirait un terrain d'atterrissage moins abrupt. Mais pour l'heure, l'équipe Lévesque vole encore à haute altitude au carburant de «l'euphorie de la victoire», note le chef de cabinet, Louis Bernard. L'avion vient de décoller, on n'envisage nullement la possibilité d'un écrasement.

Et puis, avec Lévesque aux commandes, comment pourrait-on se perdre dans cette Amérique qu'il arpente depuis qu'il a des jambes? «Lorsqu'on en parlait, lui ne voyait pas de problème avec l'indépendance du Québec vis-à-vis des Américains», se souvient son vieux complice Yves Michaud. «Il se faisait fort, sans doute, de pouvoir leur expliquer ça», ajoute-t-il.

René est dans son élément, il est parfait. Aurait-on même le choix qu'on le laisserait faire.

Le 23 janvier, la veille du départ, Morin franchit les quelques pas qui séparent son bureau de celui du premier ministre. Il y fait régulièrement escale, vers 18 h 00 en fin de journée, pour échanger une impression, évoquer une stratégie. Lévesque écrit sur un coin de table. Se déroule alors une de ces conversations révélatrices du capharnaüm qu'on appelle le bureau du premier ministre.

«Je veux pas vous déranger, vous êtes en train de travailler, lui dit Morin.

— Pas de problème, répond le premier ministre, j'écris le discours de New York.

— Comment le maudit discours de New York, il est pas prêt? rétorque Morin qui, s'il ne fait pas partie de la poignée de gens qui tutoient Lévesque, a cette habitude de ne pas prendre de gants.

— Ben, je le fais, là, pour le traduire.»

Le chef de la diplomatie québécoise n'en revient pas, lui qui écrit ses discours un mois à l'avance.

«Êtes-vous en train de me dire qu'à une journée et demie, c'est pas fini?»

C'est pas fini. Ça ne fait que commencer.

D'abord, il y a la répétition générale. Le 24 janvier au soir, la veille du grand discours, Lévesque, Parizeau et quelques autres rencontrent au Links Club de New York les 25 Américains qui détiennent entre eux le plus de pouvoir économique sur le Québec. Ils représentent les grands investisseurs comme la Prudential Insurance et la Metropolitan Life Insurance, qui achètent pour des centaines de millions de dollars d'obligations d'Hydro-Québec ou du Trésor québécois. C'est avec leur argent que des milliers de travailleurs érigent les titanesques barrages de la baie James. C'est avec leur argent que Québec a de quoi payer les augmentations de salaire arrachées à Robert Bourassa par le front commun des travailleurs du secteur public. Depuis le 15 novembre, ces grands prêteurs ont le sommeil léger. Ce soir, ils veulent entendre le nouveau maître du Québec leur dire de dormir tranquilles. Ils se sont trompés d'adresse.

Comment les blâmer? Ils ont l'habitude de ce petit jeu. Jean Lesage, Daniel Johnson, Robert Bourassa, tout feu tout flamme à Québec, réduisaient la vapeur lors de leurs tournées new-yorkaises. «On dit bien des choses chez nous, mais il ne faut pas prendre tout ça au pied de la lettre», avertissaient les premiers ministres, selon Claude Morin qui, en tant que haut fonctionnaire, était de tous les voyages. «Ce n'était pas un reniement, c'était un bémol», dit-il. Mais René Lévesque ne sait pas — pas encore? — jouer sur les touches noires. Plus il s'éloigne de chez lui, plus il martèle tout le clavier.

D'ordinaire, le Links Club épate les profanes. C'est un de ces endroits fermés et énigmatiques où, selon les auteurs de fiction, les puissants se partagent la planète. Entre ces murs tapissés il ne se passe pourtant rien de remarquable: sur des fauteuils mieux rembourrés que la moyenne, des gens riches posent aux bourreaux de travail et échangent des banalités.

Nullement décontenancé mais passablement nerveux, Lévesque annonce d'emblée la couleur. L'indépendance, c'est certain. «Le Québec et le Canada ne peuvent continuer à se comporter comme deux scorpions dans une bouteille», leur dit-il. Jacques Parizeau entend la musique du chef et ponctue aux cymbales: «À toutes fins utiles, le gouvernement fédéral n'existe plus.» Les amants du statu quo en prennent plein la figure.

«Ce qui les a renversés», note Morin, présent à la table, «c'est que c'était la première fois qu'ils rencontraient quelqu'un qui leur disait: "Écoutez, j'ai dit ça à Québec, pis c'est ça que ça veut dire!"»

Leur trouble ne pourrait être plus profond. Lévesque leur parle d'indépendance. Eux voient défiler sur leurs terminaux intérieurs des colonnes de chiffres à l'encre rouge, des courbes qui piquent du nez. «À cette table», se souvient un témoin, Joe Wilson de la firme de courtage Merrill Lynch, «certains pensaient qu'un Québec séparé ne pourrait pas rembourser ses dettes». Un scénario cauchemardesque. Car le Québec et Hydro tiennent alors la tête du palmarès des plus gros emprunteurs de la place new-yorkaise. Si elle advenait, la faillite serait historique. L'impact sur les investisseurs, dévastateur.

«Comment, dans ces conditions, pensez-vous rembourser vos dettes?» demande un des hommes d'argent, dans une question qui frise l'insulte. Lévesque ne mâche pas davantage ses mots et lui balance «l'absolue nécessité» pour Québec de s'engager dans la voie de la souveraineté. «Toutes ces raisons philosophiques sont bien belles», rétorquent ses auditeurs, selon le résumé qu'en fait Wilson, «mais qu'est-ce que vous faites de tous ces gens qui vous ont prêté de l'argent et qui vont se retrouver avec des obligations qui pourraient ne plus rien valoir? Vous n'avez pas pensé à ça!»

Loin de vibrer à l'aube d'une nouvelle nation, ils frissonnent, craignent pour leur investissement, le rendement de leur portefeuille, leur prime de fin d'année, leur portrait flatteur dans la presse profession-nelle. Ils entendent les ragots des concurrents ravis. «Vous savez, Machin, il avait mis deux milliards dans la baie James. Le pauvre. Ils l'ont muté à Bonn. Pas à Zurich, à Bonn!» On s'esclaffe. «Vous prendrez bien un autre martini...»

La discussion prend un tour combatif. Lévesque n'est pas autrement surpris. Il n'apprécie guère les gens qui l'entourent. «C'est clair, il n'aimait pas les banquiers», affirme Alex Tomlinson, l'homme de la First Boston qui coordonne les levées de fonds québécoises à New York.

«Il les voyait comme un genre d'élite puissante dont il était exclu. Pour lui, ces gens-là représentaient l'opposition puisqu'ils incarnaient l'essence du capitalisme.» À un moment il leur lance: «Nous ne voulons pas de votre soutien, nous voulons que vous compreniez que nous allons accomplir le même type d'indépendance que vous avez atteint il y a 200 ans.» Un participant relève cette comparaison avec l'indépendance américaine et la déclare ridicule. «Vous n'êtes pas opprimés» comme les 13 colonies de 1776, dont l'économie était étouffée à dessein par les taxes de Londres. «Le Canada a une tradition de gouvernement bon et stable», cela n'a rien à voir.

Le gestionnaire de portefeuille qui fait directement face au premier ministre s'emporte, frappe du poing sur la table. «J'aurais voulu lui dire de la fermer», dit Wilson. Lévesque répond, sur le ton du «vous n'avez pas à décider pour nous». Il saupoudre son propos des «bloody hell» et «goddammit» qu'il croit indissociables de la langue de Shakespeare mais qui crèvent le tympan de son auditoire guindé. C'est à Washington que les puissants jurent comme des débardeurs. Ça fait viril. À New York, on assassine avec des petites phrases savamment tournées. Ça fait chic. Wilson, dont le travail à Merrill Lynch est de vendre des obligations du Québec, de faire le lien, donc, entre son client et les investisseurs réunis, a les nerfs à vif. Cette fois, c'est à Lévesque qu'il voudrait pouvoir dire de «la fermer» et de cesser de jeter de l'huile sur le feu.

«Ce que nous décidons de faire, politiquement, au Québec est notre affaire, et vous n'avez pas à vous en mêler», lance René Lévesque. «Ce que nous faisons avec notre argent est notre affaire, rétorque un banquier, pas la vôtre.»

Les journalistes, exclus de la rencontre à huis clos, attendent le premier ministre à son hôtel. Il leur annonce «le succès» de la rencontre et ajoute, avec son art de la litote: «Ce qui me frappe — et ces gens étaient importants... — c'est que s'ils ont quelque chose à dire, ils le disent!»

Ce soir-là, Claude Morin cherche encore, en vain, une copie du grand discours qui doit être prononcé le lendemain. Il ne se doute pas qu'à peu de chose près, il vient de l'entendre.

En regardant l'avalanche

Le lendemain, René Lévesque fait son chemin de croix économique. Avec Tomlinson pour guide, il rencontre quelques grands investisseurs, banquiers, représentants de compagnies d'assurances. L'après-midi, il passe chez David Rockefeller, président de la Chase Manhattan Bank, alors première banque américaine.

Pas plus que la veille, Lévesque ne se sent chez lui. «Ces horribles souliers de suède beigeasse Wallabees» déparent son costume, par ailleurs très correct, se souvient Tomlinson qui, comme ses compatriotes de Wall Street, s'habille sur le modèle de l'aristocratie du Nord-Est. Pas un cheveu qui dépasse, pas d'infâme galoche au bas de l'impeccable pli du pantalon. Et Lévesque, la tignasse en broussaille, va de rendez-vous en rendez-vous avec un pardessus de cuir brun, «ce qui ne se fait vraiment pas à Wall Street!» dit Tomlinson, qui en rigole encore.

Mais le propos du premier ministre est plus sage. Tomlinson l'entend parler «d'obtenir un meilleur arrangement avec le Canada» et mettre la pédale douce sur l'indépendance. «Nous ne sommes pas assez fous pour ruiner notre économie et notre capacité d'emprunter», dit-il encore. «Nous ne poserons pas de geste que vous, investisseurs, ne comprendriez pas», se souvient en substance Tomlinson. Le choc, dans quelques heures, n'en sera que plus étourdissant.

Pendant que Lévesque visite les quartiers généraux du capitalisme, Morin, dans une petite salle de réunion, tient enfin la copie du discours. C'est un désastre. Il le voit tout de suite. Ça ne passera pas. «On pourrait scraper ce paragraphe-là, pense-t-il, mais il faudrait aussi faire sauter celui-là, puis il faudrait tout refaire...» Le texte, platement intitulé *Québec: A Good Neighbour in Transition*, est déjà imprimé, on commence à le distribuer, sous embargo, aux journalistes. À la rigueur, on peut pousser des virgules, ajouter une ligne, sans plus. Au cours de la réunion convoquée tout exprès pour passer le texte en revue une première et dernière fois, un représentant d'Hydro-Québec lit le document, dit-il, «le grain serré». L'image du Québec à New York, c'est surtout Hydro qui l'a faite. On a vendu «un paquet de christophe de papier» (d'obligations) à New York, pense-t-il, notre crédibilité est en jeu. Il propose deux ajouts, un sur Hydro, un qui vante l'hospitalité québécoise envers le capital étranger. Morin saute sur la perche. «Parfaitement d'accord, parfaitement d'accord, je vais le dire à M. Lévesque...»

Morin croise ensuite Claude Ryan qui, en tant que «pape» du *Devoir*, a toute une collection de chapeaux: journaliste et conseiller, critique et éminence grise. Il a lu le texte. Ça ne va pas. C'est gauche, pas fouillé, mal adapté.

Mais l'heure est venue de se rendre dans la grande salle de bal du Hilton pour affronter la foule. Lévesque joue à guichets fermés. Il a fallu mille prouesses pour entasser sur les balcons le fort contingent de journalistes canadiens venus assister à l'événement, sans compter la presse locale, plus curieuse qu'impressionnée. Les scribes et les porteurs de caméras piétinent, parqués à l'écart.

Lorsque Lévesque sort de la suite des invités où il vient d'être salué par l'exécutif de l'Economic Club et qu'il se dirige vers la salle, une équipe de télévision locale l'attend dans le corridor pourtant interdit à la presse. Le projecteur s'allume, le journaliste — qui est une célébrité mineure de la télé new-yorkaise — tend le micro et pose une question. Il n'a pas le temps de la terminer.

«Un bonhomme sorti de nulle part s'est interposé rudement, pour dire le moins», se souvient Robert Mackay, un conseiller du premier ministre pris dans la mêlée. L'inconnu musclé, en smoking comme Lévesque et tout le monde, bouscule le journaliste et envoie promener la caméra. Des gens crient «atteinte à la liberté de la presse!» raconte Mackay. La bande vidéo tourne, elle capture la scène. Les images, qui passeront souvent à l'écran ce soir-là et au cours des jours suivants, donneront l'impression d'un premier ministre lâchant ses sbires sur la presse. Mackay flaire le coup monté. Qui a laissé l'équipe pénétrer dans le corridor interdit? Le journaliste aussi veut savoir qui l'a violemment agressé. Il s'en plaint à un tabloïd new-yorkais.

Le fil qui mène à l'inconnu en smoking part probablement de Dorval. Le coup de fil, s'entend. Le 23 janvier, quelqu'un à l'aéroport entend deux individus, un Blanc, un Noir, qui menacent d'attenter à la vie du premier ministre du Québec lors de sa visite à l'Economic Club. Inquiet, le témoin appelle les services de police de New York, qui relaient l'information au bureau du FBI. Mais Lévesque est un étranger. Il ne peut bénéficier de la protection policière américaine sans être expressément désigné «Invité officiel» du gouvernement. Le FBI envoie la balle au Département d'État le 24 janvier. Deux jours plus tard, la chef du protocole, Shirley Temple Black — oui, la petite Shirley Temple des premières années du cinéma parlant — «statue que tout préjudice causé à la personne ou à la propriété de M. René Lévesque peut avoir un effet négatif sur les relations étrangères des USA». Le Québécois est donc officiellement «invité». À New York, on inspecte la chambre du premier ministre et la grande salle du Hilton pour y déceler une quelconque bombe et on détache un membre du service de renseignements de la police de New York à la couverture des déplacements de Lévesque. Lorsque le policier en civil «de garde» pour la soirée voit une équipe de télé s'approcher, en violation des arrangements, décide-t-il de jouer du muscle? Dans son rapport, le lancer de caméra ne vaut en tout cas pas la moindre mention. «À aucun moment pendant la visite de Lévesque à New York il n'y a eu de menace à son endroit», affirme un mémo du FBI.

Mais l'épisode du corridor met de méchante humeur un Lévesque «visiblement pas très en forme», selon Mackay, et déjà irrité d'avoir dû revêtir ce smoking, loué, qu'il déteste. «Ce discours-là, c'est une bousculade», résume Mackay. «On a été bousculés à Québec pour l'écrire, puis on a été bousculés à New York avant de le prononcer.»

René Lévesque est à la tribune. Les projecteurs s'allument, son image est retransmise, en direct, sur les écrans de télévision du Québec et du Canada *coast-to-coast*. «Le premier objectif» de son gouvernement «est la souveraineté politique du Québec», dit-il en guise de lever de rideau. Ayant répété à New York ce qu'il dit à Québec, René Lévesque passe à la comparaison historique qui occupe toute la première partie du discours. Elle semble destinée à faire vibrer le patriotisme de son auditoire au diapason québécois. «Je dois vous confier à quel point j'ai été frappé par les similitudes que j'ai retrouvées entre le climat psychologique que l'on sent aujourd'hui au Québec» et «l'état d'esprit qui régnait ici il y a deux siècles».

La salle se glace. Mais l'orateur maintient le cap — que peut-il faire d'autre? — et cite aux Américains le préambule, qu'ils connaissent par cœur, de leur propre déclaration d'Indépendance. S'appuyant sur ce texte sacré, il explique que la question «n'est pas tant de savoir *si* le Québec deviendra indépendant ni même *quand* il le deviendra, mais plutôt *comment*, en temps et lieu, les Québécois assumeront la pleine maîtrise de leur vie politique».

Il est à mi-parcours lorsqu'il aborde, en termes généraux, les questions économiques. Outre l'association avec le Canada, qu'il présente comme une «proposition», nullement une condition de la souveraineté, il s'engage à limiter la croissance du déficit québécois et entonne un petit couplet sur Hydro — avec l'ajout. Suivant un avis donné par First Boston, il confirme à demi-mot son soutien des travaux de la baie James, un projet qu'il critiquait naguère vivement. Mais il ne dit pas, comme First Boston l'en implore, que la caisse d'Hydro est hors de portée de la main avide du gouvernement. «Si la situation devient délicate», lâchait-il inconsidérément quelques semaines plus tôt dans une maladroite interview à l'hebdomadaire *Business Week*, «il y a de l'argent disponible; Hydro a de l'argent...» Cette petite phrase de Lévesque, ce danger d'un pillage d'Hydro par Québec et d'un affaiblissement de la rentabilité de la plus endettée des compagnies d'électricité au monde, «est ce qui dérange le plus la communauté financière» de New York, affirme en privé un de ses membres ce soir-là. Mais le premier ministre a, là encore, le mérite de la franchise. Car d'ici quelques années, les ponctions gouvernementales sur Hydro vont croître exponentiellement.

Abordant ensuite l'épineuse question des investissements étrangers, il souffle le chaud et le froid et ne réussit qu'à tout embrouiller. «Il y a eu trop longtemps chez nous ce sentiment curieux que notre économie ne pouvait être développée que par les autres», dit-il, ce qui ne flatte pas l'auditoire. Mais le PQ «reste ouvert» aux investissements étrangers, plus même que ne l'est actuellement le gouvernement fédéral, ajoute-t-il, plus charmeur. Puis il ouvre tout grand la porte à l'incertitude en annonçant à ses hôtes qu'il établira un «code d'investissement» qui déterminera dans quels secteurs le capital étranger sera le bienvenu, quels secteurs seront «complètement ou partiellement réservés au contrôle local». Les investisseurs attendent des éclaircissements. Lévesque leur livre ce brouillard: le capital étranger sera mal vu «dans les secteurs sensibles comme les institutions bancaires et les choses comme les mass media, les publications, et cætera, qui ont un impact direct sur le développement culturel».

Quoi? «Comme les institutions bancaires»? «Les choses comme les mass media»? «Et cætera»? Qu'est-ce que ça veut dire «et cætera»?

Mais Lévesque ajoute encore une couche de confusion en déclarant que cette histoire de secteurs, «inutile de le dire», ne s'appliquera que quand «l'indépendance nous en aura donné les instruments nécessaires». Évidemment, il ne peut donner de date.

En attendant, «nous n'avons pas l'intention de lancer de politique de nationalisation», sauf en ce qui concerne une compagnie d'amiante. «Bref, nous ne sommes pas contre l'investissement étranger en tant que tel», résume-t-il fort bien. Il ajouterait «malheureusement, c'est parfois un mal nécessaire» qu'il serait juste dans le ton.

Le discours semble se diriger vers un point final bien senti lorsque Lévesque parle des «liens d'amitié et de coopération» tissés entre «les éternels voisins» d'Amérique du Nord. Mais, ajoutée comme un post-scriptum, reste encore une page un peu fourre-tout où il parle des états de service de ses ministres, comme du taux de chômage «tragique» et des disparités régionales «inacceptables». Tout bien considéré, termine-t-il, cette fois assez mollement, «nous allons y arriver... ne serait-ce que parce que nous ne pouvons nous permettre d'échouer».

Après quelques applaudissements polis, le maître de cérémonie remercie l'orateur «pour son discours informatif et rassurant». C'est le signal. La salle, jusqu'alors attentive et crispée, est traversée d'éclats de rire. «Rassurant». Elle est bien bonne!

Dans la mare aux grenouilles

«Nous pensions avoir des garanties que nos investissements au Québec étaient en sécurité. À la place, il nous a fourgué une citation de notre déclaration d'Indépendance», peste devant le premier journaliste venu un vice-président de la grande banque Manufacturers Hanover

Trust. La situation du Québec n'est pas comparable à notre indépendance, ajoute-t-il, «nous y voyons plus de ressemblances avec notre guerre de Sécession». Décidément...

«Nous ne savons toujours pas (...) ce qu'il va faire avec les investissements étrangers», se plaint un porte-parole d'AFCO, une importante compagnie d'assurances. «Va-t-il nationaliser l'assurance, oui ou non?» Son collègue d'ITT, dont la filiale Rayonnier est lourdement engagée dans la forêt québécoise, sonne la même note. «Il a le droit de nationaliser tout ce qu'il veut, mais nous devons savoir ce qu'il va faire si nous voulons prendre des décisions d'investissement intelligentes.»

Plusieurs apprécient la franchise du premier ministre, mais peu cachent leur surprise devant une telle brusquerie.

.   En privé, c'est pire. La grande représentation terminée, Lévesque, Parizeau et un petit groupe de convives sont reçus par le président du Club. Les hommes d'affaires américains présents offrent des signes d'indigestion idéologique. À quelques pas du premier ministre, un important chef d'industrie affirme qu'il ne va pas investir de sitôt pour augmenter la capacité de ses usines du Québec. Un cadre supérieur compare les volontés de Lévesque à celle du «Kenya, de l'Éthiopie ou de quelqu'État d'Afrique de l'Ouest». Un banquier affirme que le premier ministre est économiquement aveugle.

Elizabeth Harper, consul général à Montréal, a fait le voyage, histoire de prendre personnellement le pouls de la salle. Elle diagnostique l'hypertension. Un participant qui a assisté aux performances du Links et de l'Economic Club juge Lévesque «cinglé» et, ne voulant pas s'attirer la même épithète, se promet de ne pas recommander à son entreprise d'acheter des obligations d'Hydro-Québec. Le vice-président d'une autre firme confie à Harper «qu'auparavant, sa compagnie pensait que Lévesque pouvait être "mis à sa place" et forcé à se soumettre aux réalités financières. Après avoir entendu le discours et les échos des rencontres privées, il voit que ce n'est à l'évidence pas le cas». Lévesque, lui dit-il, «a flanqué une frousse terrible» à ses associés. Deux autres hauts gradés de la finance affirment à Harper que Lévesque laisse derrière lui l'impression que «la séparation est la raison d'être et la seule préoccupation du PQ, un objectif qui doit être atteint quels qu'en soient les coûts».

À l'échelle Richter de la secousse émotive, les Canadiens anglais présents à New York frisent le maximum. Le consul général à Toronto, John Diggins, assiste, devant son petit écran, à «l'évidente colère rentrée» du journaliste Bruce Phillips qui, de New York, commente l'événement. Diggins entend les reporters débiter de longues citations de Canadiens anonymes, brandissant les mots «sédition et trahison». L'un d'entre eux, assis à la table d'honneur non loin de Parizeau, dirige A.E. Ames, la firme de courtage canadienne qui représente le gouvernement du Québec sur les places financières de Montréal, Toronto et Vancouver. Il confiera à Diggins que «dans le temps, des gens comme le premier ministre auraient été pendus haut et court pour des déclarations aussi insurrectionnelles». L'homme semble penser, selon Diggins, «que Lévesque mériterait ce sort, si les usages actuels ne s'y opposaient».

Peter C. Newman, directeur de l'hebdomadaire *Maclean's* et auteur de *The Canadian Establishment*, est «dans un état de démence avancée», affirme Morin, qui subit ses foudres après le discours. «Il était hors de lui. Qu'un Canadien dise ça aux États-Unis, il y voyait une trahison contre le Canada.» En mari jaloux, le Canada anglais tolère mal qu'on le menace de divorce dans le salon familial. Mais que l'épouse latine aille s'ouvrir des problèmes matrimoniaux chez le voisin, et la coupe déborde. Quelques minutes plus tard, Newman décrète en ondes que ce discours marque «le début de la fin» pour Lévesque. Dans son éditorial du numéro suivant de *Maclean's*, il jette son meilleur fiel: «Le masque tombe et René Lévesque se révèle être un fanatique dans un smoking loué, un animal sauvage pris en flagrant délit de manger du brocoli.» (Étrange, le menu n'annonce comme légumes que petits pois, français, et mini-carottes, belges.) Sachant que Morin écrit habituellement les discours des premiers ministres québécois en excursion à l'étranger, Newman le tient pour responsable.

Tous les anglophones ne sont pas aussi survoltés. Le soir du discours, Diggins appelle Marshall McLuhan, spécialiste planétaire du message médiatique. L'éminent Canadien juge «très maîtrisée» la prestation de Lévesque et s'étonne de ce que les médias crient à «l'extrémisme».

Ryan, plus courroucé encore que pendant l'après-midi, revient également voir Morin. «C'est un message partisan», dit-il en substance. «Ce n'est pas le premier ministre qui parle, c'est le chef du PQ!» Morin ose à peine le contredire. Lui qui pratique de longue date, dans les discours qu'il écrit, l'art délicat de «la distinction entre le premier ministre et le chef de parti», se formalise que Lévesque ait parlé, non pas au nom du Québec, mais, pense-il, de «ceux des Québécois qui sont partisans du PQ».

À son hôtel, Lévesque joue les impénitents. Il est «content de les avoir bousculés», se souvient Morin qui, lui, ne cache pas sa mauvaise humeur. «Lévesque avait ceci de très charmant» qu'il était foncièrement «anti-establishment», dit son ministre. Lorsqu'il pouvait «envoyer un pavé dans la mare aux grenouilles, déranger les diplomates constipés, les hommes d'affaires... les establishments, il était ravi». Il ne veut surtout pas entendre Morin lui reprocher d'avoir érigé, à lui tout seul et en 24 heures, le mur de l'argent américain contre les espoirs du Québec. Il lui cloue le bec avec cette remarque qu'il emploie souvent pour exprimer embarras et impatience: «Si sont pas contents, qu'y mangent d'la marde, bon.» Dans ces cas-là, «fallait pas discuter, ça sert à rien», dit Morin qui, mal résigné, va broyer du noir sur les longues avenues de Gotham.

Le lendemain, la secousse de l'Economic Club se concrétise. Le président d'une banque d'investissement ordonne que ses cadres installés au Québec déménagent en Ontario et qu'on procède le plus tôt possible à la vente de tous les actifs que la banque possède au Québec. Ses cadres de Toronto et de Montréal réussissent à le calmer, lui disant qu'il est trop tôt pour «filer à toutes jambes».

À la Bourse, les détenteurs d'actions de la firme américaine Johns-Manville, premier producteur d'amiante au Québec, ont entendu René Lévesque parler de nationalisation. Ils larguent un demi-million de leurs titres pendant la journée, soustrayant aux actions de la compagnie 14% de leur valeur. Les titres de Johns-Manville comptent parmi les 30 valeurs de l'indice Dow Jones, principal baromètre de la Bourse de New York. Leur chute constitue l'élément principal du déclin du Dow Jones, qui perd en tout près de 1% de sa valeur, et entraîne l'indicateur fétiche dans ce que les courtiers appellent «la zone de résistance», en-dessous de laquelle on craint pour la performance de la Bourse à moyen terme. Ironie du sort, les titres de General Dynamics, la vraie proie — non encore désignée — de la nationalisation, ne perdent que 4% de leur valeur. Des porteurs d'obligations du Québec et d'Hydro-Québec multiplient les ordres de vente, mais «le plancher tient», note un cambiste, et les dégâts sont limités. Le dollar canadien vaut presque un demi-cent de moins que la veille.

De retour à Québec pendant que la Bourse frémit, René Lévesque change de refrain. Reconnaissant enfin le revers, il trouve des coupables: les hommes d'affaires canadiens-anglais qui ont, dit-il, «colporté leurs idées antédiluviennes sur le Québec» jusqu'à New York. Cette «cinquième colonne», cette «mafia canadienne-anglaise» à New York, selon ses termes, sera toujours à ses yeux l'architecte de l'échec new-yorkais. Dans ses Mémoires, il harponne encore cette «diaspora sournoise» qui avait «contribué de son mieux à faire un bide retentissant de ma première incursion chez nos voisins». Son amour de l'Amérique l'aveugle, René Lévesque refuse de voir que la belle l'éconduit. «Il ne pouvait comprendre que les Américains sont une bande de réactionnaires», commentera dans un raccourci de pensée son conseiller Daniel Latouche.

Le diplomate américain à Québec, Terry McNamara, prend Lévesque au pied de la lettre. Jugeant que le premier ministre a, comme d'habitude, dit exactement ce qu'il avait l'intention de dire, il décortique le discours dans une analyse envoyée à Washington. Si Lévesque s'en est tenu à des généralités en matière économique et s'il a frappé si fort la balle de l'indépendance, c'est qu'il «ne peut se permettre de s'aliéner» les «nationalistes purs et durs» du parti. Mais, et c'est là le hic, juge McNamara, Lévesque a justement besoin de la caution des hommes d'affaires étrangers et nationaux pour «convaincre la masse des électeurs» que les conséquences économiques de l'indépendance «ne seront pas désastreuses».

Il y a deux inconnues, et deux épilogues, au périple new-yorkais de René Lévesque.

Qui, s'interrogent ses collaborateurs depuis le soir du 25 janvier 1977, a écrit, commis, le discours? Louis Bernard prend la responsabilité du brouillon principal, élaboré à partir de notes envoyées par plusieurs ministères. On l'a vu, les Finances avaient même demandé à First Boston de formuler quelques suggestions, dont l'essentiel prit le chemin de la corbeille.

Dans le discours, «on sortait l'aspect politique très fort», dit Bernard, alors qu'en principe, «dans notre planification, la question de l'indépendance venait plus tard», après que le cabinet Lévesque eut gagné ses galons de «bon gouvernement». Robert Mackay, conseiller de Lévesque, voit passer la dernière mouture, avant qu'elle ne prenne sous presse le poids de l'irréversibilité. Lévesque affirme aussi à Morin que «quelqu'un à Hydro-Québec» a vu le texte, et donné son imprimatur. Entre la première et la dernière mouture s'étend l'ombre du leader indépendantiste.

«Dis donc, Lévesque, tu parles drôlement bien, toi, mais je commence à me demander si tu sais écrire?» lui avait un jour lancé, pour faire sa connaissance, le jeune et arrogant Pierre Trudeau dans une cafétéria de Radio-Canada, au début des années cinquante. Trudeau cherchait un nouveau scribe pour *Cité libre*. Il apprit rapidement que Lévesque excellait à l'encrier comme au micro. Devenu homme politique, l'ancien journaliste acceptait qu'on lui écrive des discours, mais les retaillait à la tronçonneuse dès que l'événement importait. Claude Morin et Louise Beaudoin se souviennent de son grand discours à l'Assemblée nationale française, écrit dans la nuit, et qu'il voulait tout axé sur la réforme des caisses électorales — un sujet qui rend hilares les politiciens français grands amateurs de caisses occultes — plutôt que sur la loi 101. D'autres revoient Lévesque à l'arrière d'un avion, compulsant ses petits papiers et créant, de sa magistrale calligraphie — on aurait pu imprimer l'original — un nouvel hymne à la québécitude.

Pour sa première grande sortie internationale, devant cette Amérique qu'il révère et, en direct sur le petit écran, vers ce Québec qui l'écoute anxieux comme toutes les petites nations de voir confirmer par les autres la valeur d'un des siens, Lévesque laisse-t-il à des subordonnés le soin d'écrire sa prose? Il l'affirme, dans ses Mémoires, une décennie plus tard. «J'avais consenti pour la première et dernière fois à débiter un texte préparé par une équipe dont le talent n'était malheureusement pas sur la longueur d'ondes américaine et qui m'avait mis dans la bouche de ces petites gaucheries qui écorchent les oreilles.» Son bras droit, Louis Bernard, n'ose pas le contredire. «Il a peut-être moins mis la main que d'habitude», dit-il, puisque dans les deux premiers mois du gouvernement «on avait énormément de choses à faire». Il l'a bien «remis à sa façon», mais sans s'arrêter pour discuter du fond, du message central, suppute-t-il.

Voire. La patte du chef est partout visible dans le discours de New York. Sa foi en l'Amérique, sa certitude exprimée quelque mois plus tôt dans *Foreign Affairs* que les Américains «n'ont aucune raison imaginable» de se méfier de l'indépendance du Québec — «particulièrement pendant l'année du bicentenaire» (1776-1976) de la révolution américaine — emplissent les pages. L'idée d'établir ce parallèle, justement, entre les États de 1776 et le Québec de 1977 est du Lévesque tout craché. Il reprend spontanément au Links Club ce raisonnement plausible mais fautif qu'il ébauchait déjà, neuf ans plus tôt, dans une interview à Peter Desbarats. C'est l'argument d'un homme qui se sent trop proche d'autrui pour voir la distance qui l'en sépare, d'un voisin trop convaincu de son appartenance à la famille pour imaginer un instant qu'on le rejettera comme un intrus. En se comparant aux premiers Américains, il veut rendre hommage à George Washington. C'est une prière. Ses auditeurs entendent un blasphème.

Qui aurait eu le culot d'écrire pour le premier ministre du Québec cette phrase qui capture une fois pour toutes la méprise du leader: «Il y a au Québec un élan soutenu d'émancipation collective, à ce point comparable à vos propres origines que, naturellement, nous espérons et attendons peut-être la sympathie, certainement la compréhension, de l'opinion américaine.»

Son conseiller Yves Michaud se souvient que Lévesque était «assez irrité de voir l'amoncellement de paperasse et toutes les notes» qu'une demi-douzaine d'adjoints avaient préparés pour l'occasion. «Finalement il les a pris et a commencé à écrire son discours» lui-même, se souvient Michaud. Par la suite, «il n'avait pas l'air particulièrement content de lui».

Si René Lévesque n'a pas peiné sur chacun des mots de *Québec: A Good Neighbour in Transition*, alors l'auteur a collé à la pensée du chef comme un maître faussaire. La copie est parfaite.

Picasso avait l'habitude de se rendre chez les collectionneurs pour déclarer que telle toile signée de lui était authentique, que telle autre était fausse. Il confia un jour que, ne pouvant réellement se rappeler toutes ses œuvres, il n'avait qu'un critère. Déclarer «vraies» les toiles qu'il aimait, rejeter les autres. René Lévesque n'aimait pas *A Good Neighbour...*

Ce discours était-il si mauvais? La réponse est oui. Mais eût-il été cent fois meilleur que la réaction n'aurait pas été différente.

Certes, «de l'avis général, la comparaison avec la révolution américaine est complètement inappropriée», affirme Tomlinson. La révolution, ajoute Joe Wilson, «est sacrée dans ce pays», et les Américains qui l'écoutaient ont trouvé «présompteux que quelqu'un se serve de cet icône pour un objectif que certains croyaient bassement politicien». La bévue est aggravée, note un diplomate américain qui observe la conjoncture québécoise, du fait que «les gens auxquels il parlait auraient de toute façon été du côté des Britanniques pendant la guerre d'indépendance!»

Certes, le passage sur Hydro péchait par sa brièveté, et l'embrouillamini sur les investissements étrangers n'a éclairé la lanterne de personne. S'il avait dit: «nous allons devenir indépendant et voici les cinq secteurs desquels l'investissement étranger sera exclu et les trois conditions à remplir pour s'établir chez nous», il aurait parlé le langage de ses hôtes. Une ode à l'entrepreneurship québécois, à Bombardier, au Mouvement Desjardins, les aurait rassurés sur ses allégeances capitalistes.

Certes, Lévesque aurait pu entonner son credo indépendantiste avec moins d'emphase. Après tout, il a employé 13 fois les termes «indépendance» et «souveraineté» — et prononcé le mot honni de «séparation» inscrit dans la déclaration d'Indépendance — en ne les mariant jamais au mot «association». Un record. (Il faudra attendre une interview en mars 1977 pour qu'il décide que la «souveraineté-association» ne nécessite pas une «rupture avec le Canada». À partir de là, les jeux de mots ne s'arrêteront plus.)

Mais tout cela est secondaire au regard de la véritable découverte que font le 25 janvier les grosses légumes de l'économie américaine: René Lévesque veut vraiment l'indépendance du Québec et il a l'envergure des bâtisseurs de nation.

Les hommes d'affaires de New York, c'est une tradition, presque une religion, n'ont pas une haute opinion des hommes politiques. Washington, pontifient-ils, est un mal nécessaire. Et encore. Ils ne

croient ni aux promesses électorales, ni aux professions de foi grandilo-
quentes. Ils ont connu, et maté, assez de politiciens étrangers pour
prendre leurs programmes révolutionnaires pour des romans-savons ou
des paillassons. Plusieurs pensaient que Lévesque, comme tant d'autres,
«disait n'importe quoi pour se faire élire», rapporte Wilson. «D'autres le
considéraient comme un Messie auto-proclamé aux vues irréalistes.»
Quelqu'un, bref, qui trébucherait sur la première crise venue.

Leur surprise fut de rencontrer un homme sincère, solide, inébranlable. La congrégation de banquiers et de barons d'industrie, résume la
diplomate Harper, réagit en deux temps. «D'abord, ils appréciaient mal,
avant le discours de Lévesque, la profondeur de sa conviction séparatiste.
Ensuite, Lévesque a impressionné son auditoire en prouvant qu'il était un
politicien hautement articulé et persuasif, éclipsant le gouverneur [de
New York, Hugh] Carey qui parlait immédiatement avant lui. En
conséquence, ceux qui ne craignaient précédemment pas la possibilité de
la séparation sont maintenant inquiets du soutien populaire que Lévesque,
avec ses dons politiques, pourra réunir d'ici plusieurs années en faveur
de ses objectifs.»

Tomlinson fait la même lecture. «Il est entré dans des détails tels
qu'on ne pouvait s'empêcher de penser "bon sang, ce gars-là est vraiment
sérieux... il va y arriver s'il en a l'occasion".»

Bref, Lévesque s'est révélé si compétent, si éloquent, si inspiré,
qu'il a fait trembler Wall Street.

Un mois passe. Alex Tomlinson est appelé à Québec, pour décrire
au chef l'émoi américain. «J'essayais vraiment d'établir un contact avec
lui pour qu'il ait confiance en moi personnellement et pour qu'on
surmonte cette méfiance et cette antipathie qu'il éprouvait pour les
banquiers, mais il parlait tout le temps.

«Je lui exposais les réactions des investisseurs, il m'avait demandé
de le faire. En réalité, il connaissait la réaction, je n'avais vraiment pas
à lui dire, mais alors que je tentais de lui expliquer, c'est lui qui a
immédiatement commencé à me dire pourquoi ils avaient tort!»

On devine ses arguments, il les a cent fois ressassés avec son
meilleur ami américain, un adepte comme lui du Poker et de la cigarette,
le gouverneur du Vermont, Richard Snelling. «Il avait l'impression que
la communauté financière n'avait pas évalué le Québec en fonction de
ses ressources ou de ses projets économiques. Il voyait la question du
séparatisme s'emberlificoter dans les analyses» des pontes de Wall
Street. Snelling partageait son sentiment.

Tomlinson, à Québec, se noie dans la mer de mots que déverse le premier ministre. «Il a parlé et parlé jusqu'à dire quelque chose qui m'a suffisamment choqué — j'avais déjà tenté de l'interrompre à plusieurs reprises, en vain —; il m'a tellement choqué que j'ai dit:

— Écoutez, Lévesque, j'ai passé quatre ans de ma vie à tenter de préserver Montréal en tant que centre financier [Tomlinson avait ouvert en 1972 et géré jusqu'en 1976, à Montréal, le siège de la grande firme de courtage Sterling Morgan Stanley Canada] et vous cassez la baraque! Je me sens personnellement impliqué là-dedans. Je ne veux pas vous dire quoi faire, j'essaie seulement de sauver ce qui reste de ce que j'ai tenté d'accomplir!

«Lévesque en est resté bouche bée. Je pense qu'à partir de ce moment nous sommes devenus bons amis et il m'a respecté. Parce que je lui avais dit la vérité.»

Des mois passent. Claude Morin, son épouse, René Lévesque et Corinne, deux autres convives sont reçus chez Louise Beaudoin et François Dorlot. On joue aux cartes. On boit quelques martinis. Un peu de vin. L'alcool aidant, on va se parler franchement.

Morin raconte:

«Ouin, a dit Lévesque, vous pis votre ministère de faiseux...

— Ben, j'ai dit, un instant, qu'est-ce que c'est ça, mon ministère de faiseux?

— Même pas capable de donner des renseignements intelligents quand on va faire des discours importants aux États-Unis.

— Ah ben, j'ai dit, baptinsse... j'l'ai jamais vu votre discours.

Il dit:

— On peut rien attendre de ces gens-là.

Pis il s'en prend aux diplomates de carrière...

— Ils sont bons pour des cocktails, des réceptions, connaissent rien, sont pas actifs, pas capables de faire venir des investisseurs, vont faire des conférences dans les universités, participent à des colloques, prennent leurs vacances (toutes sortes de préjugés sur les diplomates — qui en partie sont vrais probablement) pis sont pas capables de nous aider...

Il blâmait des gens de mon ministère de ne pas lui avoir fourni le discours qu'il aurait fallu.

Ben là, j'ai rétabli les faits. J'ai dit:

— Écoutez, vous vous souviendrez très bien que je le savais même pas...

Mais il répondait pas. Il continuait sur sa lancée.

— Bon ben, j'ai dit. Écoutez. Moi, je suis fatigué, je vais aller me coucher...

On n'en a jamais reparlé.»

10
Le boulet new-yorkais

Monsieur Lévesque est un homme qui forge le destin.
En tant que prêteurs, nous devons maintenant décider
si nous voulons faire partie de ce destin.
Le dirigeant d'une grande maison d'investissement
de New York, le lendemain du discours à l'Economic Club.

Les parades de militants du PQ ivres de leur surprenante victoire électorale résonnent dans les rues de Montréal lorsque l'homme du jour, revenu chez lui après l'exaltant bain de foule du centre Paul Sauvé, décroche le téléphone. Au bout du fil, la réalité économique.

Roland Giroux, président d'Hydro-Québec, veut voir son nouveau patron dès l'ouverture des bureaux, demain, 16 novembre 1976. Un seul sujet: les gigantesques emprunts qu'Hydro négocie sur les marchés internationaux pour financer la baie James. Il faudra 16 milliards pour transformer les eaux de la rivière La Grande en kilowatts. Hydro n'a amassé qu'une moitié du pactole. Pas assez pour se débrouiller seule. Trop pour faire demi-tour ou changer de cap. L'élection, Giroux le sait, va lever grand vent sur les places financières. Il faut préparer le vaisseau amiral de l'économie québécoise pour la houle et le remous.

Lancé en 1971, le projet tient à la fois du moteur, par ses retombées économiques, et du frein, par les contraintes qu'il impose. Bourassa l'a-t-il fait exprès? En misant l'héritage familial sur le Grand Nord, en empruntant à grande fournée à même les caisses américaines, il décuple l'influence que détient New York sur la gestion du Québec, complique la course d'obstacles menant à l'indépendance, oblige son adversaire séparatiste nouvellement élu à s'y engager en traînant aux pieds un gigantesque boulet financier. En plus, bien sûr, de ses Wallabees.

Assis en cette nuit électorale dans un café du Vieux-Montréal, non loin du domicile du premier ministre, Fred Ferber écoute les chansons nationalistes, voit les buveurs ravis agiter le fleurdelisé. Entraîné là par des hommes d'affaires québécois de ses amis, le New-Yorkais ne comprend pas les paroles sur les mélodies. Mais le langage des drapeaux est limpide. Ferber est un de ces hommes dont Giroux et Lévesque vont s'entretenir. Il gère le portefeuille de la Prudential Insurance. La Pru, pour les intimes. Il prête les milliards de la grande compagnie d'assurances et accumule dans son coffre-fort plus d'«I-O-U» signés Giroux que n'importe qui, sauf son collègue de la Metropolitan Life, la Met. Ferber, rappelle un participant à la soirée, veut constater sur place le culot des Québécois. Prêter à des gouvernements ne constitue pas un risque démesuré, pense-t-il, «les entités politiques font rarement faillite». Mais ce Lévesque «veut modifier l'entité politique», déplacer, sur le compas, Ouest et Est.

Les cognoscenti et les ignares

Les politiciens innocents qui pensent trouver dans le *bunker* du premier ministre à Québec les commandes de la politique québécoise perdent leur virginité au lendemain de leur élection. Sur le tableau de bord, les deux tiers des leviers sont actionnés à distance, de la rive outaouaise. Sous l'écriteau *emprunts*, outre l'interrupteur *Caisse de dépôt*, il n'y a guère qu'un téléphone et deux numéros, celui de Toronto et celui de New York.

René Lévesque et Jacques Parizeau, qui ont vécu ensemble une première tempête financière, celle de la nationalisation de l'électricité en 1962, ne comptent pas parmi les innocents. Seulement parmi les têtus.

Lévesque traîne une première fois son boulet quelques jours après l'élection, au petit déjeuner. «*What the hell*, vous vous rendez compte de ce que vous me demandez? *Son of a gun*, Wilson, pourquoi faites-vous ça?» peste le premier ministre, cigarette au bec, entre café et jus d'orange. Joe Wilson, le porteur de mauvaises nouvelles, représente la deuxième race d'hommes d'argent new-yorkais qui pèsent sur le budget du Québec plus que n'importe quelle chambre de commerce de Beauce ou syndicat de Jonquière. Quand les Ferber signent les chèques, c'est aux Wilson qu'ils les donnent.

Ferber, la Pru, la Met et les autres prêtent, investissent. Entre eux et le Québec, Wilson, les Merrill Lynch, First Boston, Salomon Brothers, servent de ponts, d'intermédiaires. Moitié *bookies*, moitié conseillers, d'abord attentifs à leurs propres intérêts, ces banques d'investissement ne décident jamais vraiment lequel, de Québec ou des prêteurs, est leur patron, lequel est leur client.

A-t-on dit qu'ils sont aussi trapézistes? Car dans l'exercice de haute voltige appelé émission d'obligations, arrive un instant où, entre ciel et terre, les banques d'investissement achètent la nouvelle dette d'Hydro tout entière, lâchent la main du Québécois, puis, après un hiatus infernal, agrippent celle des prêteurs. S'ils ont mal calculé l'élan (la valeur courante d'Hydro, par exemple), le vent (les fluctuations du marché new-yorkais), la force d'un partenaire (l'argent disponible des prêteurs), ils se retrouvent au filet.

Exemple typique, et réel, du coup de vent qui peut faire vaciller plusieurs banques d'investissement: un jour, entre la vente d'obligations d'Hydro et la revente aux prêteurs, le président de la Réserve fédérale, Paul Volker, laisse entendre que les taux d'intérêts vont monter. Dans ces conditions, s'exclament les prêteurs, pourquoi acheter les titres d'Hydro au taux offert, puisque les autres taux vont monter? La banque d'investissement doit alors surenchérir, offrir aux clients la dette d'Hydro à un tarif plus avantageux qu'elle ne l'a elle-même acquise. Un banquier affirme avoir perdu 300 000 dollars dans cette seule transaction.

Les banques d'investissement se livrent une farouche concurrence. Elles veulent décrocher les meilleurs contrats, courtisent donc les plus gros clients. Plus importants les emprunts, plus grosses les commissions. S'ensuivent expérience, crédibilité, prestige, entraînant d'autres clients, d'autres commissions.

Hydro et la province de Québec figurent parmi les plus alléchants contrats. De longue date — «depuis la nuit des temps», affirme Parizeau — leurs intérêts à New York sont représentés par un groupe, on dit «un syndicat», de banques d'investissement, dont le chef est First Boston. Ce privilégié, dont Québec est le principal client, est le *lead manager*. Il a la part du lion. Mais il partage le boulot avec quatre partenaires, les *managers*. Dans l'ordre: Halsey Stuart, qui avait eu le flair d'offrir ses services en 1962; A.E. Ames, la firme qui dirige le syndicat canadien du Québec et d'Hydro et qui donne, par sa participation au syndicat new-yorkais, l'indispensable «caution de respectabilité» torontoise, dit un banquier; Salomon Brothers, que le milieu appelle Solly; Merrill Lynch, représenté par Joe Wilson.

Chacun, c'est entendu, veut être calife à la place du calife. Et certains ne se privent pas de faire la cour, dans ce dossier comme dans bien d'autres, à des leaders de l'opposition, au cas où, sait-on jamais, ils prendraient le pouvoir. Tout est bon pour s'asseoir au sommet de la montagne de dettes de la baie James, visible dès l'aube des années soixante-dix. «Nous ne pouvions pas nous permettre d'être trop snobs si nous voulions être sûrs que notre nom soit au moins sur la liste des possibles *lead managers*», explique un des acteurs principaux de cette comédie dramatique, un cadre de Solly, qui affirme avoir «fait une cour assidue» à Lévesque et Parizeau pendant leurs années dans l'opposition. Les chances de décrocher le titre «étaient meilleures en annonçant nos intentions aux éléments radicaux potentiels, à la garde montante, qu'en espérant bouleverser la structure en place depuis Duplessis», explique-t-il.

S'il y a une règle dans la chasse à la poule aux œufs d'or, c'est de s'assurer que la poule reste en santé et que, par-dessus tout, elle ne se suicide pas.

C'est la santé de la poule qui inquiète Wilson au petit déjeuner du premier ministre. La flamme des Jeux olympiques de Montréal s'est éteinte il y a trois mois à peine. La facture est salée. Montréal n'est pas, comme New York, au bord de la faillite. Mais son bilan financier — merci monsieur Drapeau, merci monsieur Taillibert — est plein de trous. La firme Moody's — c'est, avec sa jumelle Standard & Poor's, une troisième race new-yorkaise, celle qui donne les bonnes ou mauvaises notes aux emprunteurs et influe ainsi sur l'humeur des prêteurs — menace de faire chuter la cote de Montréal. Et si Montréal tombe, Québec glisse, Hydro frémit. Veaux, vaches, cochons, couvée, toute la basse-cour québécoise de la banque d'investissement a la fièvre.

Il y a une solution. Wilson la présente à Lévesque. Forcez Montréal à imposer une taxe spéciale pour éponger le déficit olympique. Les comptes de la ville s'assainiront, Moody's maintiendra la cote, ce sera une embûche de moins pour Hydro et Québec sur les marchés. «*Son of a gun*, Wilson, pourquoi faites-vous ça, mes plus solides appuis sont à Montréal!» Tout un remerciement aux électeurs fidèles, une taxe spéciale.

«Monsieur le premier ministre», répond Wilson qui le connaît depuis le chassé-croisé financier de 1962, «il y a un moment où il faut cesser d'être un politicien et commencer à être un homme d'État.»

«J'ai cru qu'il allait me verser son café sur la tête», se souvient Wilson. Mais son scalp est sauf, seuls les Montréalais trinqueront.

Lévesque choisit d'épingler ce vieux routier sur un autre problème. «*Well*, Joe, maintenant que je dirige le gouvernement, je suppose que vous allez vous forcer un peu, parler français? Vous connaissez nos positions là-dessus.» Wilson, natif de Vancouver mais à New York depuis un quart de siècle, promet sur-le-champ de doubler son vocabulaire français. «Ah, *well*», rétorque Lévesque, espiègle, «ça va vous mener à, peut-être 12, 15 mots?»

Wilson, Ferber, les gens de Moody's, comptent parmi les rares cognoscenti de la chose québécoise. L'économie provinciale, les budgets, les hommes, les jeux de coulisse gardent pour eux peu de secrets. Pour l'heure, ces initiés sont dans l'expectative. Pas question de se départir des milliards d'obligations qu'ils détiennent déjà. Pas question non plus de s'engager à en acheter d'autres avant que la poussière électorale ne soit retombée, avant que les nouveaux élus n'aient fait connaître leurs véritables intentions. Et la rumeur circule que Lévesque viendra bientôt à New York...

La président de la Met prend toutefois les devants et écrit au gouvernement Lévesque, exprimant le désir de rencontrer la haute gomme pour parler gros sous. À Québec, la secrétaire égare-t-elle la missive... le conseiller n'a-t-il jamais entendu parler de la Met (un des plus gros investisseurs au monde)... le ministre pense-t-il que c'est un prospectus? Quoi qu'il en soit, personne ne répond. À la Met, le silence québécois laisse songeur. L'assureur décide de ne plus bouger. L'absence de réponse cadre d'ailleurs bien avec l'idée qu'on se fait à New York du nouveau cabinet. Une «collection de bureaucrates, d'universitaires et de technocrates», dans la tradition du «socialisme français», alors fortement marqué au coin du marxisme, bref un «groupe de gens qui ne comprennent pas vraiment les affaires», résume un cognoscenti.

Il y a bien ce Parizeau, dont on dit autant de bien que de mal. On l'avait connu dans les années soixante. Un «économiste libéral» comme il y en a à la douzaine à Harvard, se souvient un interlocuteur. Mais les années soixante-dix avaient poussé le brillant homme de chiffres loin sur la gauche. Le même témoin raconte, encore indigné, une visite de Parizeau à Boston en 1974, deux ans à peine avant l'élection.

«Un groupe d'économistes et d'hommes d'affaires américains lui ont sauté dessus pour lui demander, "si vous devenez indépendant, qu'allez-vous faire avec les investissements, le commerce, les transferts de technologie" et toute une liste de trucs spécifiques. Et ils entendent cet économiste, professeur aux Hautes Études Commerciales et PhD de la London School of Economics, futur responsable de la politique économique d'un Québec indépendant, répondre: "Bien, l'économie, vous savez, c'est comme pour l'achat d'une maison. L'économie, c'est la plomberie. On se préoccupe d'abord de l'architecture, de la qualité des écoles, du quartier, du coût, du taux hypothécaire. La plomberie, on ne s'en inquiète qu'une fois la maison achetée, au moment d'emménager." Son auditoire était livide. Si telle était sa vision des relations économiques avec les États-Unis, la plus fondamentale relation extérieure que le Québec allait avoir... alors je comprends certains des participants de l'avoir pris pour un illuminé.»

Vu de New York il ne faisait pas de doute que, de Lévesque et de Parizeau, le second était le plus intransigeant dans la recherche de l'indépendance. «Tout ce qu'il disait était déterminé par l'objectif» souverainiste, rappelle un banquier. Mais l'opinion qu'on se faisait de lui dans la capitale financière n'était pas dénuée d'une certaine fascination. Outre qu'il semblait toujours sorti de chez le meilleur tailleur londonien, «il avait le look, le vocabulaire et les idées de ce mélange d'intellectuel technocratique, bureaucratique, qui peut souvent exprimer brillamment les concepts. Un profil assez semblable à celui des meilleurs commis de l'État français», dit un de ceux qui l'ont observé.

Il faut en tout cas quelques mois avant qu'une banque d'investissement moyenne, Kidder Peabody, ait vent du bris de communication postale entre la Met et Québec. Sitôt informée, Hydro expédie au président du géant de l'assurance la plus courtoise, la plus prévenante, la plus tardive des invitations. Le courant interrompu repasse.

À New York, il y a aussi les ignares. Et en ces jours de la mi-novembre 1976, ils s'affolent.

Le lendemain de l'élection, lisant dans leur journal du matin qu'un parti — comment? séparatiste? — a pris le pouvoir au Québec, ils ont deux réactions: s'informer ou paniquer. Parfois les deux.

Plusieurs s'informent auprès de William Diebold, le président du Council on Foreign Relations, le prestigieux club new-yorkais, mi-économique, mi-diplomatique, où les puissants étrangers viennent s'expliquer à huis clos. Des représentants de banques demandent à Diebold de quelle idéologie se chauffe ce — comment? Partee quouay-bayquoua? Diebold est atterré par «le niveau d'ignorance» de ses interlocuteurs. «J'ai dit: Gee Wizz, si la banque a fait des prêts sans se préoccuper de considérations politiques, c'est un peu tard pour y penser!»

Lorsque le marché des obligations s'ouvre, une poignée de petits porteurs institutionnels, petits fonds de pensions ou compagnies d'assurances mineures, larguent les titres d'Hydro et du Québec qui, croient-ils, vont leur brûler les mains. Car les prêteurs peuvent revendre leurs morceaux de dette. Ce marché secondaire n'a pas d'effet direct sur Hydro, mais le montant qu'un investisseur est prêt à payer pour racheter le titre agit comme un indicateur de la confiance qu'inspirent ce jour-là Hydro et son gouvernement. En bradant leurs titres, les petits porteurs font chuter la valeur marchande de la dette d'Hydro. Ce qui valait 100 dollars n'en vaut plus que 98. Mais Hydro s'est engagée à verser, disons, 10% d'intérêt sur le titre de 100 dollars. Puisque le nouvel acheteur a payé son titre 98, une aubaine, il empoche en fait, non 10% d'intérêt annuel sur son investissement, mais 10,2% (et, grosso modo, 0,2% de gain de capital à échéance). La prochaine fois qu'Hydro voudra émettre des obligations, il lui faudra tenir compte de cette variation. Ce qu'elle aurait pu emprunter à 10% sans l'élection du PQ, elle devra l'emprunter à environ 10,4%. C'est le prix à payer pour l'insécurité du prêteur. C'est ce que Lévesque refuse d'accepter. «Vous leur flanquez la trouille», lui dit Wilson. «Pourquoi? Qu'est-ce qui leur prend?» répond Lévesque, qui ne se résignera jamais à l'émotivité du marché.

Toutes les obligations des gouvernements et des grandes entreprises sont ballottées par les vagues du marché secondaire. Les taux d'intérêt montent et descendent pour des raisons qui n'ont souvent rien à voir avec la rentabilité de l'entreprise, la stabilité du gouvernement ou les projets d'expansion. Un choc pétrolier, une éruption volcanique au Japon, une déclaration présidentielle intempestive fait virevolter les taux d'Hydro comme ceux de General Motors.

C'est pourquoi il faut comparer les sautes d'humeur des courbes d'Hydro-Québec à celles d'autres témoins: les courbes des obligations d'une grande compagnie américaine ou d'autres sociétés d'électricité canadiennes, comme British Columbia Hydro, utilisée ici comme étalon.

Le matin du 16 novembre, la courbe d'Hydro-Québec commence à fausser compagnie à celles de ses soeurs canadiennes. Cet écartement ne se stabilise qu'à la mi-décembre. Alors, les titres d'Hydro-Québec ne trouvent preneur qu'en offrant 0,5% — il faut dire «50 points de base» — de plus que d'habitude. C'est ce qu'on appellera ici «l'écart». Il donne la mesure réelle de l'angoisse américaine face aux bouleversements québécois. Plus il augmente, plus les Québécois paieront cher, via leurs comptes d'électricité ou leurs taxes, leur décision de jouer avec leur avenir. Plus il se rétrécit, plus l'Amérique exprime sa satisfaction ou, à tout le moins, son indifférence.

L'élection du PQ ajoute donc 50 points d'écart. Si Hydro-Québec choisissait ce moment pour lancer un de ses emprunts de 500 millions pour 30 ans, le surcoût pour les Québécois serait d'au moins 75 millions de dollars.

Premier Commandement, premier pécheur

Le nouveau ministre des Finances réunit son état-major financier américain. Les cinq membres du syndicat d'investissement — Tomlinson, de First Boston, en tête — écoutent le boniment de leur nouveau — client? patron? — de leur nouveau partenaire.

«On se comprend, vous faites de la finance et je fais de la politique, on ne mélangera pas les rôles», leur dit le ministre dont la corpulence prospère est enveloppée dans un complet trois-pièces, son uniforme de banquier de bonne famille. Il faudra 12 ans avant que des conseillers en image le convainquent, non sans mal, que cet attirail l'exclut plus qu'il ne le distingue.

«On s'entendra très bien, leur dit-il encore», édictant le Premier Commandement de Parizeau, «dans la mesure où vous n'intervenez pas politiquement parlant. Je ne veux pas de déclarations de votre part.»

Parizeau sait que le marché est sensible à la situation politique. Il sait que ses banquiers demanderont le prix fort pour placer ses emprunts, ceux de l'Hydro, sur le marché. C'est leur droit et leur boulot. Qu'ils pleurent dans le secret de leurs gratte-ciel sur le mauvais sort jeté à la poule aux œufs d'or, on s'y attend. Mais en public, ou devant les investisseurs, le mot d'ordre est formel: rangs serrés, une seule chanson de marche, celle du Québec. Sinon? On verra. Parizeau est sur la défensive, donc il attaque.

Le Premier Commandement est immédiatement entériné par le syndicat. «Monsieur, non, non», disent-ils. «Professions de foi — tout le monde regarde les emprunts de l'Hydro en salivant», raconte Parizeau. «Non, non, non, vous en faites pas, y aura pas de...», résume le ministre.

Les membres du syndicat encaissent de mauvaise grâce l'abordage agressif du ministre. Un interlocuteur le dira «caustique». Tomlinson en garde le souvenir le plus froissé. «Quand il nous recevait, il restait à son bureau plutôt que de venir s'asseoir à une table comme c'est l'usage. Nous formions un demi-cercle autour de lui et je me disais, c'est étrange, il n'est pas si grand. Pourtant, il nous regarde de haut. Je ne comprenais pas, jusqu'à ce qu'un jour, tout le monde s'étant levé pour partir, j'ai regardé furtivement et j'ai découvert qu'il avait ajusté sa chaise à la hauteur maximale, pour se donner une position de puissance.» (Parizeau, outré, rétorque que son fauteuil ne pouvait s'ajuster.)

Pour ces hommes d'argent, politiquement conservateurs, les raisons de s'inquiéter ne manquent pas. Comment garder son calme lorsque le nouveau gouvernement joue les Père Noël, offrant le plus fort salaire minimum du continent pour les fêtes? Et quand René Lévesque se dit «socialiste», quoique modéré, dans une interview à *Business Week*, employant pour des Américains un terme qu'il évite au Québec? (Il en remettra d'ailleurs en septembre 1977, affirmant au conservateur de *US News & World Report* ne pas être un «socialiste dogmatique» mais notant qu'il y a «un mouvement vers la gauche à long terme dans le monde, y compris aux États-Unis, et ça va continuer». En décembre, il explique à *Newsweek* vouloir créer au Québec un modèle économique de cogestion, comme en Scandinavie. «Finalement, nous aurions le patronat et les syndicats gérant l'économie en partenaires égaux.» Trois mois plus tard dans *Time*, même refrain: «Le pouvoir absolu des intérêts privés a fait son temps et devra s'adapter aux économies mixtes. Cela va devenir vrai, à terme, aux États-Unis comme partout.»)

Pour l'instant, en tout cas, on reste dans l'expectative. Ni Hydro ni surtout le Trésor québécois n'osent tester le marché new-yorkais. On attend janvier, l'Economic Club. L'avalanche.

Parizeau se souvient avec détachement de l'épisode du discours. «Qu'est-ce qu'ils voulaient savoir, ces gens-là? Si on était des Cubains du nord. Là, ils ont appris qu'on n'était pas des Cubains du nord mais, d'autre part, qu'on était des gens qui allaient probablement créer des tas de problèmes au gouvernement canadien ou au Canada. Ça les transportait pas d'enthousiasme!»

Au lendemain du discours, les titres d'Hydro font de l'hypotension. D'abord, de 50, l'écart monte à 150 points — encore les ignares — mais le titre récupère assez de terrain pendant la journée pour stabiliser l'écart à près de 70 points. Un record, tout de même. Un emprunt de 500 millions d'Hydro sur 30 ans, introduit à ce stade, coûterait 100 millions de dollars de plus aux Québécois que s'il avait été lancé en novembre.

Mais Hydro n'a même pas le loisir de payer cette prime usuraire car New York, au lendemain de la visite de Lévesque, n'a pas l'âme prêteuse. Déjà, depuis novembre, les marchés de Montréal et de Toronto verrouillent leurs portes. Celui de New York, maintenant, serre les verrous.

Cette année, pourtant, Hydro doit trouver un nouveau milliard d'argent frais. Le calendrier de financement de la baie James n'attend pas.

Non, il n'y a pas de complot. Pas de Comité de Sauvegarde du Capitalisme ou de sinistre Trilatérale qui se réunisse à minuit au sommet de l'Empire State Building pour décréter le blocus financier du Québec. Le système possède une logique interne dont les rouages sont mus à la fois par la réalité économique et par la perception politique.

Bien sûr, certains pensent que les titres québécois viennent de rendre l'âme, on l'a vu au Links Club. Ils sont en minorité. Un investisseur interrogé après le discours explique au contraire à la diplomate Elizabeth Harper que, s'il était seul juge, il achèterait tous les titres d'Hydro-Québec à portée de la main, puisque, Lévesque ou pas, «c'est la meilleure compagnie d'électricité en Amérique du Nord». Mais voilà, les petits porteurs vont faire déraper la valeur des titres sur le marché et c'est en fonction de cette cote que sont évalués les portefeuilles des investisseurs. La Pru, par exemple, a beau être absolument certaine de toucher chaque année pour 30 ans les 8% promis par Hydro-Québec, reste que quand les membres du conseil d'administration viennent vérifier les comptes, ils constatent que Ferber a acheté à 100, le jour de l'émission, ce qui, six mois plus tard sur le marché, se négocie à 94. Pas une bonne note. Et si la cote passe à 88, voire 85, la dépréciation devient assez lourde pour entraîner dans son déclin la valeur boursière des actions de la compagnie détentrice des titres Hydro. Les actionnaires, alors, demandent des comptes.

Il devient donc «difficile d'expliquer aux actionnaires (...) l'intérêt d'investir à nouveau au Québec», dit à Harper un gestionnaire de portefeuille qui, lui, se doute bien qu'indépendantes ou non, les rivières québécoises couleront toujours dans le même sens, celui des profits d'Hydro.

Évidemment, plus l'incertitude est grande, plus l'écart gonfle, plus Hydro est forcée d'offrir un taux d'intérêt élevé pour ses emprunts. «En général, note un investisseur, on peut financer n'importe quoi si on y met le prix.» En général. Il y a un seuil au-dessus duquel l'emprunteur se fait si généreux que l'investisseur s'interroge. Si c'est trop beau, ça sent mauvais. Dans le lobby de l'Economic Club, des banquiers d'investissement jugent ce seuil franchi. Ils confient à Harper que «la question du séparatisme est tellement unique qu'il sera difficile d'attirer des investisseurs à un prix tolérable».

Le marché obéit presque malgré lui à ce mécanisme logique qui referme une cloison étanche sur le pipeline de dollars US vital à la baie James. Le consul général américain à Toronto décrit le phénomène d'un mot: «boycott».

Le Québec peut sortir du boycott de trois façons, estiment les Américains, diplomates et banquiers: abandonner le séparatisme, calmer le marché en se montrant fiscalement sage, ou contourner l'affolement nord-américain en allant s'alimenter à d'autres goussets.

Quand les prêteurs ferment leur livret de chèques, les banquiers d'investissement, *managers* de la poule québécoise, se demandent si le temps n'est pas venu de quitter la basse-cour. Le président de Merrill Lynch, Don Regan, qui a assisté depuis la table n° 163 à la prestation de Lévesque, somme Joe Wilson de «venir en haut» faire un dessin ou deux au comité exécutif. Incarnation du rêve américain, Don Regan est le fils d'immigrant irlandais, le *self-made-man* qui a conquis New York, bâti Merrill Lynch, et dirige d'une main de fer ses employés et sa destinée. Il ne trouvera tête plus dure que la sienne qu'une décennie plus tard, chez une mégère interventionniste et férue d'astrologie, Nancy Reagan. (Au terme d'une dispute hargneuse et fort publique, Nancy réussira à évincer Don de son poste de chef de cabinet du Président, qui en faisait le second homme le plus puissant du pays. «C'est lui ou moi», aurait-elle dit à son époux.)

Don Regan sait qu'il y a des risques qu'on ne saurait prendre. «Lorsque vous vendez des obligations, vous n'aimez pas qu'on vienne vous dire "vous nous avez vendu des obligations qui n'ont pas été remboursées"», dit Tomlinson. Dans ce métier, la crédibilité, la fiabilité, est l'argument de vente principal. Il y a pire. Lorsqu'un manager a vendu des obligations d'une entreprise qui fait faillite, les investisseurs furieux peuvent le poursuivre. (Le cas est rare, mais s'est produit en 1983 quand le Washington Public Supply System — appelé WOPSS! par ses clients — n'a pu honorer les paiements de ses 2,5 milliards de dollars d'obligations. Merrill Lynch et Salomon Brothers figuraient parmi les cibles des poursuites de 22 000 porteurs d'obligations.)

Un Québec séparé, affirme Wilson à Don Regan et au petit groupe de dirigeants de Merrill Lynch, présenterait ce genre de risque. Mais dans un rapport de moins de deux pages—«Je pars du principe que la plupart des membres du comité exécutif s'endorment à la fin de la deuxième page», explique-t-il — le natif de Vancouver affirme que la probabilité de l'indépendance du Québec est extrêmement faible.

Don Regan lit et relit les feuillets de Wilson. S'il juge que le risque est trop grand, il retirera Merrill du syndicat québécois. Cela signifierait qu'un des cognoscenti n'a plus foi en la parole et la capacité de payer des Québécois. Un coup pire que celui de l'Economic Club. Les obligations d'Hydro feraient le grand écart. À cette table, ce jour-là, on joue l'avenir de la baie James.

«Il y eut des moments, admet aujourd'hui Parizeau, où il n'était pas évident qu'Hydro obtiendrait l'argent qu'il lui fallait.» C'en est un. Les Québécois auraient-ils pardonné à René Lévesque d'avoir fait subir à Hydro-Québec un revers historique? Comment le «bon gouvernement» qui aurait estropié le symbole de l'affirmation québécoise aurait-il pu prétendre conduire son peuple à l'indépendance?

Sans compter que le freinage du plus grand chantier de l'histoire du Québec aurait eu l'effet d'une douche froide sur une économie qui, avec un taux de chômage de 10%, est déjà sérieusement enrhumée. Un argument de plus pour ceux qui prédisent la ruine d'un Québec indépendant.

Pour Don Regan aussi, l'enjeu est de taille. S'il se trompe, s'il quitte un bateau qui ne coule pas, Merrill sera probablement banni, pour une génération, des transactions jusqu'ici lucratives des titres québécois.

«Joe, pourquoi ne parles-tu pas de ce sujet quelques minutes», dit enfin Regan. Wilson élabore son argument pendant un quart d'heure. Sous le parapluie économique canadien, les obligations du Québec sont «exactement aussi solides qu'avant l'élection». Oui, mais... «Pourquoi êtes-vous certain que le Québec ne se séparera pas?» demande un directeur. «Que se passera-t-il s'ils se séparent?» demande un autre. Wilson connaît bien les Québécois, il les croit doués de «bon sens, de logique et de raison». Trois vertus qui militent bien sûr, personne à cette table n'en doute, pour le maintien du mariage fédéral. Merrill n'a pas de raison de se retirer de l'important négoce de titres d'Hydro, dit Wilson.

À ce détail près que personne ne veut en acheter, affirme-t-il en substance, les titres sont en béton.

Don Regan tranche. «*Well*, ce que tu dis me semble sensé.» Le reste du comité s'empresse d'approuver. Il fait rarement autrement.

Chez un autre membre du syndicat, le canadien A.E. Ames, on ne songe pas à se retirer. Mais au moins un de ses porte-parole transforme le Premier Commandement de Parizeau («vous faites de la finance, je fais de la politique, on ne mélangera pas les rôles») en passoire, tant il décoche de flèches politiques à l'endroit du nouveau pouvoir. On l'a vu, il confie au consul général américain à Toronto que les propos de Lévesque à l'Economic Club devraient valoir la potence au séditieux séparatiste. Les larrons d'A.E. Ames n'en restent pas là, ils s'épanchent aussi bien à New York qu'à Toronto. Mais dans le petit milieu financier, on se refile les commérages plus vite qu'à Balconville, confie un banquier. Québec a ses antennes à New York et les propos reviennent rapidement à Parizeau. Et la moutarde commence à lui monter au nez.

«Ah! Ça aide pas pour placer des titres», se souvient le ministre, mi-outré mi-amusé, «quand tout le monde sait que le [*lead manager*] traditionnel du Québec au Canada se promène sur tous les marchés financiers, les chevaliers de la triste mine, en disant "mais vous avez pas idée, c'est effrayant, c'est épouvantable ce qui se passe... on devrait être très, très, très prudents".»

Ça tombe d'autant plus mal qu'entre Parizeau et A.E. Ames il y a comme une rancune. Au moment de la nationalisation de l'électricité — on revient toujours à ce point de départ, véritable étincelle du feu économique et financier qui chauffera dorénavant le Québec — Parizeau était le jeune maître d'oeuvre du financement. Sous la direction du ministre Eric Kierans et avec l'appui de Lévesque, Parizeau avait découvert les joies de la concurrence et remis en question pour la première fois le monopole que l'argentier traditionnel de la province, Ames & Sons, détenait depuis 1920. Le responsable du dossier québécois chez Ames, une figure presque mythique, Doug Chapman, avait fort mal pris cette outrecuidance, traitant Parizeau — en privé — de *dirty little rat*. L'expression, rappelle le ministre, avait fait son chemin jusqu'à *La Presse*.

Chapman a depuis longtemps quitté la scène lorsque le nouvel incident se produit. Mais virer Ames du syndicat une fois pour toutes serait une douce revanche. Malheureusement, trop risquée. «On ne prend jamais des virages comme ça», explique Parizeau, ça fait désordre. Il faut «envoyer un signal» et faire preuve d'une «certaine délicatesse». Parizeau garde A.E. Ames comme membre mineur du syndicat américain — la caution torontoise, toujours — mais retire à la banque indiscrète son rôle historique de *lead manager* du syndicat canadien. Il la remplace par deux *co-lead*, un francophone, Lévesque Beaubien, un anglophone, Wood Gundy. Que les autres bavards se le tiennent pour dit!

Il y a quelque chose d'ironique dans le choix de Wood Gundy. Dix ans auparavant, René Lévesque l'avait cité comme archétype de l'entreprise anglophone anti-québécoise, lors de sa première rencontre privée avec le consul général américain à Québec, Francis Cunningham. Lévesque «prédit que si le Québec s'engage dans le sens de son projet séparatiste, les financiers anglophones de Montréal, comme Wood Gundy, ne ménageraient aucun effort pour ruiner le crédit du Québec» avait rapporté le consul. Pourtant, lorsqu'on leur offrira la chaise d'Ames, les anglophones de Wood Gundy travailleront comme des forçats pour placer 200 millions d'obligations du Québec sur un marché canadien extrêmement difficile.

La Providence des innocents

Lorsqu'ils lisent leurs journaux le matin du 7 février, les hommes d'argent new-yorkais pensent que leur cauchemar québécois va prendre fin. Pendant le week-end, René Lévesque a, croient-ils, mis fin à sa carrière politique. Vu des États-Unis, tous les ingrédients sont réunis. Lévesque, sortant à quatre heures du matin d'une soirée chez son ami Michaud, a heurté un clochard étendu sur la chaussée. L'homme est mort. L'état d'ébriété du premier ministre reste un point obscur puisque l'agent de police dépêché sur les lieux n'a pas osé tester l'haleine du malheureux couche-tard. Les enquêteurs notent cependant que Lévesque conduisait sans lunettes, ce qui enfreint les conditions de son permis. Le public apprend finalement, et c'est pour les New-Yorkais un point essentiel, que Lévesque, homme marié, était accompagné de sa secrétaire avec laquelle il entretient une liaison depuis six ans.

Mort d'homme, adultère, infraction au code de la route et douteuse sobriété, son compte est bon. Celui de n'importe quel candidat présidentiel américain, en tout cas, le serait. À l'ouverture des marchés, on se frotte les mains, on achète de l'Hydro, la vie est belle. En 15 jours, l'écart s'amenuise un tantinet.

L'éclaircie ne dure pas car l'accident de René Lévesque teste comme jamais auparavant l'affection que les Québécois lui portent. De Québec, McNamara a peine à retenir son ironie tant la chose lui paraît incongrue. Dans un télex intitulé *N'est-ce pas terrible ce qui est arrivé à ce pauvre René?*, le diplomate note que «même quelques vieilles dames de nos connaissances agissent presque comme si Lévesque avait été la victime de l'accident». Dans cette affaire, précise-t-il, le fait que «le pauvre diable qui a succombé était un alcoolique notoire tend à obscurcir les jugements moraux». Le consul général révèle aussi que Parizeau lui «a expliqué avec soin que tout le monde sait que Lévesque ne boit pas beaucoup». Les libéraux qui pensent faire de l'incident un «scandale majeur», ajoute McNamara, «rêvent en couleurs».

Avec la fin de l'hiver, on commence à sentir les signes d'un dégel financier. Trois bonnes nouvelles appliquent un peu de baume sur les plaies du Québec à New York. D'abord, la compagnie Kidder Peabody publie une analyse qui affirme avec force qu'Hydro-Québec, loin de constituer un risque, est «sous-évaluée et offre d'alléchantes perspectives de gain de capital». L'indépendance? On s'en fout. Hydro-Québec «ne sera pas affectée par la forme d'autonomie provinciale qui finalement verra le jour, celle du premier ministre Lévesque (un Québec souverain dans une association canadienne) ou celle offerte par voie de "compromis" par le premier ministre Trudeau» dans des discours récents où il laisse entendre, sans jamais s'y engager vraiment, que si Québec choisit de rester canadien il se verra gratifier d'une plus grande marge de manœuvre.

L'étude de Kidder Peabody affirme aussi que les maisons comme Moody's et Standard & Poor's devraient donner à Hydro leur meilleure note, AAA, plutôt que les AA qu'elle détient. Après tout, écrit l'auteur Ed Waters, la performance d'Hydro est la meilleure des compagnies canadiennes d'électricité et se compare à celles des «meilleures sociétés d'électricité, privées ou publiques, des États-Unis». En plus, Hydro profite de la garantie de l'État québécois.

Un argument à double tranchant. La blague parmi les investisseurs de Wall Street est de savoir si Hydro «va survivre à sa garantie de l'État», tant on craint que le Trésor provincial ne pille la caisse de la compagnie. Si Hydro était privatisée, confie Joe Wilson, il n'y a pas de doute qu'elle obtiendrait son AAA.

L'étude de Waters donne un coup de pouce salutaire à la crédibilité d'Hydro. Quoique les langues perfides du milieu ne manquent pas de supposer quelque arrière-pensée au travail de bénédictin de Waters. (L'étude devait être publiée à l'automne 1976, mais l'élection du PQ a forcé Waters à refaire tous les calculs.) Kidder, ce n'est pas un secret, meurt d'envie d'entrer au syndicat d'Hydro. Mais Waters n'a pas tout de suite ce que son concurrent de Solly, Richard Schmeelk, appelle «la récompense». Hydro sait que la crédibilité du rapport vient justement de ce que Kidder est «indépendant» de la fortune québécoise. Tout au plus Hydro accepte-t-elle de payer les petits fours lorsque Waters vient présenter son étude à Montréal, où il se fait apostropher par le premier journaliste à poser une question: «Quel bénéfice personnel allez-vous retirer de ce volumineux travail?»

«Hydro m'a dit à l'époque, "on ne peut pas vous prendre comme *manager*, on ne veut pas que quelqu'un puisse insinuer qu'il y a eu un troc quelconque"», raconte Waters. Québec choisit tout de même Kidder comme conseiller dans le dossier de nationalisation de l'Asbestos Corporation, filiale québécoise de General Dynamics.

Simultanément, Moody's, assagie seulement temporairement par la taxe olympique, revient à la charge et réexamine les cotes québécoises. À First Boston, Tomlinson s'attend au pire. Hydro comme la province de Québec pourraient perdre leur note AA. Tomlinson va plaider chez Moody's. Un: les finances d'Hydro sont saines. Deux: si le Québec devient indépendant, il déploiera nécessairement des efforts considérables pour maintenir sa capacité de payer. Trois: en regroupant tous les pouvoirs de taxation à Québec, il disposera de l'instrument approprié. Quatre: le Québec, de toute façon, possède cette splendide compagnie appelée Hydro. Tomlinson se dit «raisonnablement convaincu» de la valeur de ces arguments.

En présente-t-il un cinquième: son sentiment personnel que le séparatisme n'a pas d'avenir? C'est en tout cas celui que retient Moody's: «le prétendu séparatisme est indéfini et sans calendrier», décident les analystes, qui sont, comme tout le monde, dans le noir quant à l'année du référendum. Le projet souverainiste «introduit un élément d'incertitude sur le marché», mais son impact sur la sécurité des titres est «flou», conclut Moody's qui maintient la cote AA pour Hydro et, plus surprenant encore, pour Québec. Le dollar canadien gagne un demi-cent. (En juin, Standard & Poor's imite Moody's, affirmant que la classe moyenne québécoise finira par comprendre que l'indépendance n'est pas dans son intérêt et retirera son appui au projet séparatiste. Le consulat général canadien à New York, on le verra, n'est pas étranger à la bonne volonté de ces firmes.)

Quelques semaines plus tard, Parizeau enfonce un troisième crampon d'alpiniste dans le mur de l'argent avec son premier discours du budget. Le ministre social-démocrate met ses sensibilités redistributrices en veilleuse et déploie des astuces de percepteur pour ce premier exercice immédiatement surnommé «le budget des banques». «Quand on n'a pas d'argent, on ne fait pas de miracle», dit-il.

À New York, l'effet combiné de l'enquête Kidder, de la cote Moody's, du budget des banques et de la promesse faite par Trudeau en février à Washington que le Canada survivra, dégonfle progressivement l'écart. À la mi-mai, l'écart postélectoral d'Hydro, de son sommet de près de 70 points après l'Economic Club, est redescendu à 40.

Ce n'est pas trop tôt car, six mois après l'élection, Hydro n'a toujours pas tiré un dollar des investisseurs américains, ce dont, en temps normal, elle aurait du mal à se remettre. Mais voilà, un malheur vient parfois seul, car Hydro a profité de ce que son trésorier appelle «la Providence des innocents».

Dès le début du financement de la baie James, Hydro avait décidé d'augmenter ses liquidités, sa caisse de secours en quelque sorte, histoire de pouvoir traverser un ou deux hivers. De 25 millions en 1972, la petite caisse était passée à 500 en 1975. L'objectif, pour 1976, était d'engranger un autre 300. Mais en début d'année, les grandes compagnies d'assurances avaient un argent fou, et se bousculaient aux portes des emprunteurs comme Hydro-Québec. Pourquoi ne pas en profiter? Hydro avait réalisé, à bon compte, son plus gros emprunt privé à New York, plus d'un milliard. Le 15 novembre 1976, avant bien sûr qu'on ne commence à compter les votes, Georges Lafond était encore occupé à percevoir 50 millions à l'Equitable Life Assurance, avenue des Amériques à New York. Une dernière récolte avant l'hiver précoce de 1976. Et lorsque Bernard Derome annonce à 20 h 40 «un gouvernement majoritaire du Parti québécois», quand la bise, donc, fut venue, Hydro est assise sur une chaufferette d'un milliard cent millions.

L'approche du colimaçon

Il faudra bien revenir sur le marché new-yorkais. Nulle part ailleurs on ne trouverait assez de remblai pour combler le gouffre financier qu'on appelle baie James. Huit milliards manquent encore à l'appel. Mais le chemin de New York emprunte maintenant mille détours. Ed Lemieux, Georges Lafond, l'équipe de financiers d'Hydro n'ont pas la forme qu'il faut pour le marathon de New York. Ils s'occupent, sur un autre sol, plus ferme, à prendre l'élan voulu, à s'entraîner au sprint, «loin, dit Parizeau de l'épicentre du séisme».

Dix jours après l'élection, Lafond entreprend ce qu'il aime appeler «l'approche du colimaçon». Le chemin de New York est une spirale. Wall Street, Parizeau le dit, en est le centre. Il faut donc entrer dans le tourbillon par l'extrémité extérieure, via Zurich. Les trois plus grandes banques privées de Suisse n'ont pas l'épiderme idéologique fragile de leurs cousines américaines. À New York, on demande: «Votre gouvernement est-il socialiste?» C'est oui ou non. À Zurich, on demande: «Votre gouvernement est socialiste, mais de quelle variété?» Les banquiers suisses connaissent par cœur la gamme de différences qui sépare le social-démocrate de droite du socialiste de gauche, ils savent que de Moscou à Trois-Rivières il y a comme une rupture de ton. Ils prennent chacun 100 millions de dollars d'obligations, en francs suisses, sur cinq ans. L'affaire est bouclée avant Noël.

«Diable, si c'est bon pour les Suisses...» Le colimaçon réduit le périmètre. Les banques allemandes entrent aux deuxième tour, avec une somme comparable. «Si c'est bon pour les Suisses et les Allemands...» Le marché des capitaux européen verse ses eurodollars au troisième tour. Les Japonais, au quatrième.

«Évidemment, ça a changé l'atmosphère au Canada», raconte Parizeau. «Dans la mesure où on n'avait aucune difficulté à emprunter en dehors de l'Amérique du Nord», les banquiers, *brokers*, agents et toute la panoplie d'intermédiaires financiers se rendent compte que «toutes les réactions de mauvaise humeur qu'ils avaient à notre égard, tout ce que ça voulait dire, c'est qu'ils perdaient des commissions».

C'est alors seulement que la bestiole met le cap sur New York. Pour le cinquième tour, crucial, il faudra mettre le paquet. Hydro et ses managers montent ce qu'on appelle un *road show*. La technique tient de l'opération de relations publiques, de la campagne électorale, de la tournée d'évangélisation et de la stimulation érotique. Tout se passe en un 168 heures infernal, à la fin duquel le consommateur se précipite sur le produit, l'électeur prend sa carte du parti, le fidèle a le don des langues, l'amant connaît l'extase. Pendant l'orgasme, on les fait signer.

Une équipe attaque sur le flanc est: Boston, New York, Chicago, quelques autres. Une autre, avec Lafond, martèle depuis l'Ouest: Seattle lundi, Los Angeles mardi, San Francisco mercredi, Dallas jeudi, Atlanta vendredi. Le matin, rencontres en tête-à-tête avec les deux plus grandes institutions de la ville. Le midi, cocktail puis lunch avec les plus gros comptes institutionnels: fonds de pension, compagnies d'assurances. De 30 à 50 personnes. Nouvelle rencontre privée en après-midi avec une cible juteuse. Le soir, entretien avec les représentants locaux du syndicat des managers. Bilan, appel à l'autre équipe, à Québec, et au représentant de First Boston qui, à New York, tient *the book*, le livre quotidien des progrès de la stimulation, le carnet de commandes de ces titres d'Hydro naguère intouchables. Avion, hôtel, on recommence.

«Ce n'est pas une élection qui va changer le cours des rivières», explique Lafond aux businessmen locaux qui, à six heures d'avion de Montréal, ont appris simultanément qu'on parlait français au Canada et qu'on parlait, en français, de s'en séparer. L'équipe d'Hydro veut vanter ses barrages. C'est à l'épreuve de la pollution, ça, monsieur. À l'épreuve de l'inflation, à l'épreuve du temps, à l'épreuve de l'épuisement des ressources naturelles, à l'épreuve de la politique.

Vraiment? répondent les auditeurs. Et ce référendum, c'est pour quand? «C'était systématique», dit Lafond. «Les Américains veulent la formule du café instantané... Leurs problèmes, ils peuvent prendre dix ans pour les régler, mais les problèmes des autres, il leur faut une réponse tout de suite, des solutions tout de suite.» Quand, Georges? *When? When?* «*God knows when*», répond Georges, qui fait l'éducation de son public. Le fait français, l'affirmation nationale, le Bloc populaire, la Révolution tranquille, le Parti québécois. «Ça les mettait dans un état de choc», dit-il. Puis il leur annonçait que, Canada, États-Unis, ce n'est pas le même tricot. Les mailles canadiennes sont plus lâches, les provinces plus fortes, et l'instabilité politique, une condition permanente. Comme la neige, le Bouclier canadien, le sens des rivières. D'ailleurs, ajoutait pendant le *road show* un porte-parole québécois audacieux, «s'il y a une province qui va se séparer, ce ne sera pas d'abord le Québec, mais la Colombie-Britannique». Dans l'Ouest américain, où on n'a jamais vraiment saisi la différence entre Seattle et Vancouver, l'argument porte.

Au troisième jour, *the book* s'épaissit au point que First Boston propose d'augmenter la mise. Pourquoi n'emprunter que 200 millions? Pourquoi pas 250? 300? Le but de l'opération, pense Lafond, n'est pas d'avaler la plus grosse bouchée, mais de prouver qu'on veut bien de nous à table. Et si on veut nous servir un second plat, on pourra toujours se le faire réchauffer.

Le 13 septembre 1977, Hydro-Québec refait surface à New York. Un 200 millions US tout rond, dont 60 pour la seule Pru, le reste partagé entre 25 convertis, du Connecticut au Texas, de l'Ohio à la Californie. Il a fallu, bien sûr, payer l'écart. Mais il n'est plus que de 15 points. Le surcoût pour les Québécois sur les 13 ans de l'emprunt frise les quatre millions. Les trois quarts du mur de l'Economic Club ont été franchis. Et Hydro atteint son objectif de financement pour l'année.

L'hiver a duré dix mois.

Le marché s'habitue à l'idée de l'indépendance. Et se plaît à penser que Lévesque, malgré les «dons politiques» qu'on lui reconnaît, a peu de chance de l'emporter. Les péquistes, hormis cette idée fixe, «ne sont pas aussi extravagants et mal dégrossis que certains le pensent», note Richard Schmeelk, de Salomon Brothers. Et le référendum paraît si loin... On verra.

Hydro ne cache d'ailleurs pas l'objectif souverainiste. On lit noir sur blanc dans les prospectus qu'elle publie pour ses emprunts que «le gouvernement a annoncé une politique visant à atteindre la souveraineté politique de la province par des voies démocratiques».

Parizeau tient à ces petites phrases. En «père de la dé-confédération» — l'expression est de lui — il aurait voulu, rapporte Joe Wilson, se servir des prospectus comme instrument de propagande indépendantiste. Mais aurait-il au contraire tenté de camoufler son message qu'on l'en aurait empêché.

Le prospectus est la bible de l'investisseur. Une erreur, un mensonge, un vice caché et, en cas de pépin, le porteur d'obligation fait intervenir son avocat, qui poursuit l'emprunteur. La puissante Securities and Exchange Commission (SEC), équivalent américain de la Commission des valeurs mobilières, passe d'ailleurs au peigne fin chaque paragraphe. Au début de janvier 1971, déjà, Hydro avait dû mentionner l'existence de «certaines activités terroristes dans la province» et l'imposition des mesures de guerre, alors toujours en vigueur. Un peu plus tard, la SEC envoie à Rufus Smith, «monsieur Canada» au Département d'État, copie d'un projet de prospectus québécois, demandant s'il ne minimise pas trop la menace séparatiste. Après 1977, les correcteurs attentifs demandent parfois plus de précision sur cette nébuleuse souveraineté-association. Quelles en seront les conséquences économiques? Bonne question. Wilson se souvient d'avoir tenté de leur répondre que, justement, il n'y avait pas de réponse. Le prospectus note tout bonnement que les effets économiques de la souveraineté «ne peuvent être déterminés».

Enfin réceptif à Hydro, le marché n'est pas assez rasséréné pour accueillir les bons du Trésor québécois. Parizeau fait son propre tour du colimaçon, mais ne se rend pas jusqu'à New York, du moins pas avant le référendum. Il manipule plutôt les vases communicants. Avant 1976, la Caisse de dépôt du Québec achetait chaque année des obligations d'Hydro et du Trésor. Après 1976, elle achète surtout des bons du Trésor, forçant Hydro à combler ailleurs ce manque à emprunter.

Il y a des nostalgiques du boycott, des Américains et plusieurs Canadiens anglais, ces derniers étant naturellement «les plus farouchement anti-PQ qu'on puisse trouver», note William Diebold, du Council on Foreign Relations. Ils approchent les managers du syndicat bancaire pour leur chuchoter une stratégie, se souvient Tomlinson. Pourquoi ne pas simplement dire au gouvernement québécois «qu'il était impossible de leur trouver les capitaux nécessaires dans ces circonstances», c'est-à-dire à cause de l'objectif souverainiste?

Un représentant de la Chase Manhattan Bank déclare même au *Toronto Star* qu'il n'y a qu'une façon «pour le Québec de trouver l'argent qu'il lui faut: abandonner le séparatisme et promettre de rester dans le Canada».

À Ottawa, un diplomate américain qui lit le *Star* trouve la menace farfelue. «Je me suis demandé si quelque personne haut placée au gouvernement américain n'avait pas poussé David Rockefeller [président de la Chase] à prendre une telle position», se souvient Robert Duemling, principal adjoint de l'ambassadeur Enders. «Je ne comprenais pas comment la communauté bancaire new-yorkaise pouvait adopter cette attitude de son propre chef.» Une telle coalition paraît d'ailleurs au-dessus des forces des banques. «Les financiers sont très indépendants et sont motivés par le profit.»

La logique du marché, justement, déjoue le volontarisme politique. «Si on peut les financer et qu'on leur dit qu'on ne peut pas les financer», décrète Tomlinson, «alors quelqu'un d'autre leur dira que c'est faisable, vous perdrez votre clientèle et on vous traitera de menteur». Puisque, c'est entendu, chacun veut être calife à la place du calife. Ce qui ne va plus tarder.

Les malheurs de Solly

À l'automne 1979, les remous de l'année 1977 semblent vieux d'une éternité. En juin, Hydro a levé 200 millions à New York et l'écart devient trop faible pour alimenter les conversations.

Ed Waters, de Kidder Peabody, tient enfin son siège au syndicat des managers. Un des membres, le bon vieux Halsey Stuart, a fait l'objet de tellement de fusions que sa nouvelle maison mère, Prudential-Bache, est invitée à se retirer en janvier 1979. Décision purement économique.

Mais à l'automne, la domination de First Boston va chanceler. Un analyste parmi la cinquantaine qu'emploie la firme, spécialisé dans les questions pétrolières, pond un texte où il explique, résume Tomlinson, «que le gouvernement séparatiste ne vaut rien et va se faire virer par les électeurs et que ça aura tel ou tel impact sur le pétrole». Quand Tomlinson voit l'analyse, déjà distribuée, il est «pris de panique». Car lui se souvient du Premier Commandement que Parizeau, du haut de sa chaise surélevée, a formulé.

Quelqu'un suggère de faire comme si de rien n'était. L'idée est ridicule. Un concurrent se fera un plaisir de vendre la mèche. Il n'y a qu'une solution, décide Tomlinson: avertir Parizeau directement. Faute avouée...

«On n'avait pas contrôlé notre analyste» — Parizeau prend ici le relais du narrateur — «c'est une malheureuse erreur, on est désolés». «J'ai dit: bon, ben, vous êtes peut-être désolés, mais attendez la suite des événements.» La mode est alors aux *co-leads managers*, soit aux managers qui alternent à la direction d'un syndicat et en rajoutent l'un l'autre pour garder la faveur du client qui prend de plus en plus les airs d'un patron. Parizeau veut pour ce poste quelqu'un qui travaille le marché au détail, au niveau des petits investisseurs, terrain sur lequel

Merrill Lynch a une longueur d'avance. Il demande donc à Joe Wilson, de Merrill Lynch, d'alterner dorénavant avec First Boston qui n'est, on le voit, qu'à moitié pardonné. Solly (c'est le sobriquet de Salomon Brothers), qui convoitait le poste de *lead* ou de *co-lead* depuis bientôt dix ans, reste mal mariée.

Elle a un autre amant. Hydro-Ontario. Un autre poids lourd. Et sur ce compte, Solly est seule *lead manager*. (First Boston a tenté vainement d'y être nommé *co-lead*.) À la direction de Solly, Richard Schmeelk et John Wiley s'occupent d'Hydro-Québec et Peter Gordon d'Hydro-Ontario.

Solly est alors au faîte de sa gloire. La princesse de Wall Street «regardait le Québec d'assez haut», se souvient un diplomate québécois à New York. Mais Solly aura deux malheurs.

Début 1980, Hydro-Québec attend le moment propice pour effectuer une nouvelle levée de fonds. Car on ne décide pas un an à l'avance de la date d'une émission d'obligations. Il y a des mois entiers où les investisseurs sont sans le sou. Il y a des semaines où le marché est pris de folie, où les taux d'intérêt jouent au yo-yo. Il y a des semaines où les prêteurs sont liquides, où le marché est sage. C'est là qu'il faut frapper.

En février, Hydro-Québec pense flairer le bon moment. Ses financiers sont connus comme les emprunteurs les plus rapides de la côte est. En trois jours, ils montent leurs dossiers, composent le prospectus, contactent les investisseurs, négocient les taux d'intérêt et partent avec l'oseille. Lorsqu'un représentant d'Hydro décide d'écourter une tournée européenne pour venir à New York battre l'emprunt quand il est chaud, il trouve à sa chambre d'hôtel un message qui l'ennuie suprêmement. On l'informe qu'Hydro-Ontario prépare sa propre émission et, pire, sait qu'Hydro-Québec s'apprête à éponger le marché.

D'abord, elle ne devrait pas le savoir. Ces choses-là sont secrètes. Le Québécois apprend que Peter Gordon, «le Canadien de service», dit-il, a vendu la mèche. Gordon confirme, mais ajoute que ses collègues chargés du dossier québécois devaient informer du même coup Hydro-Québec. Le procédé, proteste-t-il, est celui d'un gentleman qui avise deux navires qu'une collision nocturne est imminente.

Ensuite, Hydro-Ontario demande à Hydro-Québec de reporter sa levée de fonds. «Il y a quinze jours qu'on se prépare», plaide l'Ontarien. Lorsque deux emprunteurs arrivent sur le marché à quelques heures, ou un jour, d'intervalle, le premier tend à siphonner l'argent disponible, le second est parfois réduit à payer un peu plus cher pour aspirer les dernières gouttes. Hydro-Québec et Hydro-Ontario se braquent; les deux émissions sortent presque simultanément. Hydro-Québec soupçonne Toronto d'avoir avancé sa date d'émission, forte de l'information privilégiée de Gordon. Un membre du syndicat québécois affirme avoir perdu de l'argent à cause de l'embouteillage canadien.

De retour à Montréal, Hydro informe le bureau de Parizeau du cafouillage new-yorkais. Selon une version contestée par le ministre, Parizeau ordonne alors le renvoi pur et simple de Solly. Un représentant des Finances viendra-t-il livrer la mauvaise nouvelle? demande-t-on à Hydro. Pas question. Qu'Hydro assène le choc!

Quand deux cadres supérieurs d'Hydro viennent leur donner leurs huit jours, Richard Schmeelk et John Wiley font pleurer les violons. Dans la seule année précédente, Hydro a versé près d'un demi-million au chiffre d'affaires de Solly. Et la carte de visite d'Hydro-Québec est un gage de prestige. Sa perte entachera la réputation de la maison. «Nous allons construire une cloison étanche» entre l'opération québécoise et l'opération ontarienne, promettent-ils. Mais le mandat d'Hydro est clair. C'est non.

Schmeelk présente la chose à peine différemment: «Nous avons eu de longues conversations sur la manière de résoudre ce problème et avons mutuellement conclu que nous devions mettre fin à nos rapports.»

La version de Parizeau est tout autre: «J'étais convaincu qu'il n'y avait pas de drame. Bon, c'est un accident, ils auraient pas dû faire ça... j'ai demandé qu'on fasse une enquête rapide.» Il est prêt à pardonner. Mais un second malheur vient régler le compte de Solly. La presse rapporte que Peter Gordon a jeté, en interview, de sérieux doutes sur la capacité du Québec à financer ses emprunts à Wall Street. «Dieu le bénisse!» C'était une déclaration «indiciblement stupide» dit un concurrent qui a profité de la bévue en rit encore. Gordon affirme avec force avoir été mal cité et n'avoir exprimé qu'une évidence: le fait que l'instabilité politique creusait un écart préjudiciable aux obligations d'Hydro-Québec. (De fait, il était ridicule de nier qu'Hydro-Québec pouvait se financer, puisqu'elle le faisait sans mal.) Mais pour Parizeau, la faute est impardonnable. «Je leur ai fait téléphoner par le sous-ministre en leur disant "Ah bon, vous êtes pas d'accord, ben nous, on n'est pas d'accord pour que vous fassiez des déclarations comme ça. Alors vous êtes dehors!"»

Il faudra six ans à Solly pour rentrer en grâce auprès du Québec. Après le départ de Parizeau, bien sûr.

Le Premier Commandement de Parizeau donne une telle frousse aux banques d'investissement que lorsqu'un analyste francophone de Merrill Lynch à Montréal critique publiquement le gouvernement du Parti québécois, le président de Merrill Lynch Canada s'empresse de rassurer le ministre: «Ben, j'attendrai pas que vous me sortiez; je vais sortir le gars!»

«Au fond, on a l'impression», résume Parizeau, «que les petits gouvernements sont nécessairement écrasés» par les grandes maisons financières. «On oublie toujours», ajoute-t-il avec son plus grand sourire, «que la concurrence est merveilleuse.»

11
Le sudiste et les sécessionnistes

Ne t'en tiens pas à des subtilités.
Pour qu'ils comprennent, il faut les effrayer.
Prêtres pharisiens complotant contre Jésus,
livret de *Jesus Christ Superstar*.

Pétrole. Pétrole et Canada. Canada et Québec. Québec et États-Unis. États-Unis et pétrole. Pétrole.

Ces mots résonnent dans le Bureau Ovale que Jimmy Carter occupe depuis quelques semaines à peine. Il se prépare à y recevoir son voisin canadien, Pierre Elliott Trudeau. Le premier ministre d'un pays qui pourrait, bientôt, ne plus en être un. Mais deux.

Jimmy Carter n'a jamais vu, lu, entendu autant de faits sur le Canada, sur le Québec. Pendant la longue campagne présidentielle qui a transformé un politicien inconnu au-delà des frontières de sa Géorgie en une figure nationale apte à remoraliser la politique américaine, Carter n'a pas abordé une seule fois un problème canadien. Il ne le connaît pas, n'y a jamais été exposé. Pourtant, le jour de son intronisation en janvier, il avertissait une adjointe: «Nous allons nous occuper plus sérieusement de notre voisin du nord pendant mon mandat.»

Cette semaine de février 1977, ce maniaque du détail s'est plongé dans le dossier canadien avec un appétit d'information qui ne s'apaisera plus, qui fera sa force lors de négociations délicates comme celles des accords de paix de Camp David, et sa faiblesse lorsque viendra le temps de trancher et non de se perdre dans les virgules.

Thomas Enders est devant lui, dans un fauteuil. Le problème n'est pas strictement canadien, explique l'ambassadeur. Il faut voir l'impact qu'aurait sur les États-Unis la dislocation du Canada. Les questions de défense pèsent peu dans son analyse. Les complications diplomatiques, la future politique étrangère d'un Québec indépendant restent à la périphérie de ses préoccupations.

Enders raconte:

«C'était un briefing assez exhaustif. Il m'a demandé de lui exposer en détail mes vues sur ce qui pourrait se produire, ce qui pourrait mal tourner, la force du mouvement pour l'indépendance, les compromis possibles. Il m'a demandé comment je prévoyais que la situation allait évoluer... Carter était déjà bien informé avant que j'entre dans la pièce, et nous avons fait une analyse complète.

«Je lui ai dit que le mouvement indépendantiste allait certainement encore gagner de l'élan, mais que son issue finale était impossible à prévoir. Que nous devions donc agir avec la plus extrême prudence... Il était un peu inquiet de la situation québécoise mais pensait que la crise se développerait lentement. Qu'elle n'était pas aiguë mais qu'elle pourrait avoir des conséquences imprévues énormes pour les États-Unis.»

Des conséquences énormes, à cause de ce damné pétrole. Parce qu'il n'y en a pas assez, et qu'il coûte trop cher, aux États-Unis. Cette pénurie pousse le Président à faire, à propos de la crise canadienne, le cheminement intellectuel exactement inverse de celui que l'on craint à Ottawa.

«Les États-Unis, poursuit Enders, se débattaient à ce moment-là avec les effets de la crise pétrolière et notre propre pays montrait des signes de divisions profondes entre les régions productrices de pétrole [comme le Texas] et les régions consommatrices [comme le Nord-Est]. La capacité de notre gouvernement d'imaginer des politiques qui créeraient un sentiment de communauté rassemblant toute la nation était sévèrement mise à l'épreuve. Pour le chef de l'État, l'idée qu'il pourrait y avoir ultimement une redéfinition des frontières d'Amérique du Nord était donc mal venue. (...) Après tout, il y avait l'Ouest canadien qui réclamait des droits et s'opposait à la politique pétrolière du centre du Canada. Une des questions inquiétantes était de savoir dans quelle mesure les efforts du Québec de desserrer les liens allaient trouver ensuite un écho dans l'Ouest.»

«Quelles seraient les implications pour les États-Unis de l'affirmation politique d'une province canadienne, jusqu'à peut-être l'obtention de pouvoirs d'État sur des questions vitales? (...) Quel serait l'impact d'un processus de décentralisation des pouvoirs?»

«Nous étions confrontés aux États-Unis à une panoplie d'intérêts divergents extrêmement puissants, les consommateurs, les producteurs de pétrole, l'industrie pétrolière elle-même (...) Si une grande fédération au nord commençait à se dissoudre, quel genre d'exemple est-ce que ça aurait donné aux États-Unis?»

«C'était une question à long terme mais on l'identifiait comme une possibilité», dit encore Enders. «C'était pour Carter une conséquence potentielle.»

De vieux points de suture

L'indépendance du Québec, facteur aggravant des tensions qui déchirent les États-Unis: jusqu'ici, l'argument n'avait été entendu que derrière les portes closes du Bureau Ovale. Que le combat québécois trouve une résonnance en Corse, en Écosse, en Bretagne, au Pays Basque, voire en Ukraine, oui, on l'a dit. Mais qu'il donne le signal de la décentralisation des pouvoirs aux États-Unis, directement ou par ricochet via l'Ouest canadien, voilà un jeu de dominos géo-politique inédit. Seul le leader américain soucieux de la cohésion de sa politique intérieure et inquiet des failles qu'il y décèle peut percevoir la crise canadienne par ce bout de la lorgnette, appliquer à sa politique québécoise des impératifs issus d'un rapport de forces où s'affrontent les richards du pétrole de Dallas et les citoyens frigorifiés de Boston.

Mais comment Carter pourrait-il ne pas y penser? L'hiver 1977 n'annonce aucun réchauffement de la planète. L'économie du pays souffre de la cherté de son énergie. Le Nord-Est, saigné de surcroît par la reconversion industrielle, est rebaptisé la «ceinture de la rouille», alors que les États du Sud, en plein boom pétrolier, se proclament «ceinture du soleil», façon de tourner le fer dans la plaie: non seulement l'huile à chauffage est presque gratuite à la Nouvelle-Orléans, mais en plus, on n'en a presque jamais besoin.

À la Maison-Blanche, que Carter-le-Sudiste chauffe à peine, les sensibilités régionales sont épidermiques. Carter n'est-il pas le premier fils du Vieux Sud à être porté directement à la Maison-Blanche depuis la guerre de Sécession? (Lyndon Johnson, du Texas, avait usé du marchepied de la vice-présidence) «Cent ans après, nous commençons à peine, sous Jimmy Carter, à réintégrer le Sud du pays dans l'Union», écrit par exemple James Reston pour illustrer combien le projet québécois «semble un peu daté et quasi tragique». Comment Carter, soucieux de panser les vieilles plaies des divisions de son pays et d'éviter que le pétrole n'ouvre une nouvelle blessure suivant pratiquement la même cicatrice géographique, pourrait-il aujourd'hui voir un voisin subir des amputations sans que ses propres points de suture le démangent?

Il y a d'autres raisons qui font d'un Canada uni un allié précieux pour Washington, raisons que son envoyé diplomatique à Ottawa lui énumère. Enders lui parle bien sûr de la question des alliances militaires, que le Parti québécois nouvellement élu promet de bouder. Il lui parle aussi de l'aile gauche du parti, mollement représentée au cabinet québécois. Mais ce sont là des préoccupations mineures, précise-t-il.

«Je lui ai dit que, selon moi, il y avait un problème beaucoup plus important. Le Canada était une des sociétés les plus admirables d'Occident, une des sociétés multilingues les plus réussies, tout en étant un joueur important sur la scène internationale et, bien sûr, notre principal partenaire commercial. Sa prospérité et sa force étaient donc d'une énorme importance pour nous, tout autant que son influence dans le monde.»

«S'il devait tomber en pièces, son influence diminuerait, il pourrait être moins prospère, ce qui serait inquiétant. Je ne voyais pas comment nous pourrions avoir le moindre intérêt à la redéfinition des frontières.»

Le président démocrate américain n'en est pas moins «absolument» d'accord avec certains des griefs exprimés par les Québécois, rapporte Enders, et «il voulait se garder de prendre une position qui aurait l'air anti-québécoise».

Un second expert en affaires canadiennes participe à l'éducation québécoise de Jimmy Carter. Zbigniew Brzezinski, l'ancien Montréalais, le brillant universitaire qui avait fait une première apparition au Planning Group en 1967 et avait sonné l'alarme sur le danger indépendantiste, est maintenant à la Maison-Blanche.

Conseiller à la Sécurité nationale, donc un des deux hommes que le Président voit le plus souvent, Brzezinski — surnommé Zbig ou Big Z — prépare son patron à la venue de Pierre Trudeau.

«Nous percevions Trudeau comme quelqu'un qui, en fait, sauvegardait le Canada en tant qu'entité binationale, qui préservait le Canada en tant qu'État viable», se souvient Brzezinski. Si les Québécois veulent leur place au sein de la Confédération, Trudeau est en train de la leur donner, pense Zbig, qui dit avoir soigneusement averti Carter de «l'importance de la visite et du rôle très spécial que jouait Trudeau dans la crise canadienne».

Carter tient ses informations. Il a consulté Enders, un des diplomates les mieux cotés à Washington. Il a lu le matériel envoyé du Département d'État par Richard Vine et son équipe. Il a tenté de saisir quelques-unes des subtilités canadiennes auprès de son bras droit Brzezinski. Il ne lui manque que l'occasion de rencontrer un Canadien en chair et en os, Pierre Trudeau. Puis il donnera, du sommet de l'État, la forme et le contenu de la position américaine sur la question du Québec...

...sans avoir jamais entendu directement ou indirectement les arguments des Québécois. Enders n'a pas discuté avec les nouveaux représentants du gouvernement québécois avant de voir Carter. Brzezinski n'a aucune source, il l'admet, au sein du mouvement indépendantiste. Vine n'a jamais dialogué directement avec un souverainiste. Les diplomates américains à Québec et Montréal constituent le seul point de contact entre Washington et Québec. Mais ils ne sont présents que par leurs dépêches dans les synthèses et analyses faites à Washington.

Longtemps, les péquistes et leur petite équipe de diplomates rageront de ne jamais pouvoir s'expliquer directement avec les décideurs américains. De ne jamais pouvoir présenter face à face leur version des choses, les arguments qui feraient de l'indépendance un avantage pour Washington, non une épine à son pied. «Le gouvernement américain, pour prendre une position quelconque, devrait avoir l'intelligence élémentaire de s'informer de toutes les facettes de la réalité», fulminera le diplomate québécois en chef, Claude Morin. «Il y en a une qu'il n'a jamais, c'est la nôtre». Il est extrêmement improbable que les péquistes aient pu changer l'analyse américaine. Mais il feront de cent façons savoir, on le verra, qu'ils veulent être entendus.

Le «démenti vraisemblable»

Dans l'air raréfié des cercles supérieurs du pouvoir américain comme de la diplomatie, il y a un monde entre ce que l'on pense, ce que l'on veut et ce que l'on dit.

Jimmy Carter pense que la secousse de l'indépendance du Québec ferait tressaillir les failles de l'union américaine. Il veut éviter ce désagrément, sans toutefois tomber dans l'ornière de l'interventionnisme qu'il a si brillamment dénoncé aux tribunes des primaires présidentielles. Que dira-t-il?

Il y a des gens qui sont payés pour lui souffler les réponses. Se fondant sur le matériel envoyé par Vine — sans doute une version à peine remaniée du «memorandum of policy» — Robert Hunter, le conseiller du National Security Council chargé des affaires canadiennes en même temps que de l'Europe (c'est une manie), prépare pour le Président les réponses qu'il devrait donner aux Canadiens dans l'interview qu'il a accepté d'accorder au réseau CTV. Après une page des platitudes de rigueur sur l'admiration réciproque, la justice et la paix, Hunter donne au grand patron de précises instructions, où il souligne les mots clés:

> Québec: il est important de ne pas s'engager dans une discussion de la politique québécoise en affirmant dès le départ: «Je ne crois pas que je devrais commenter ce qui se passe dans votre pays, et surtout pas une question sur laquelle les gens ont des convictions aussi profondes.» Toutefois, soigneusement présenté, vous pouvez faire savoir combien vous admirez «la Confédération canadienne forte et vigoureuse» — ce qui transmet le message en évitant de trébucher sur le mot piège «unité».

«L'ennui avec les présidents, c'est qu'ils ne suivent pas toujours le texte», commente Robert Duemling, diplomate américain à Ottawa, qui a entendu Jimmy Carter s'écarter considérablement des paramètres proposés par Hunter.

Il a une excuse. Entre la réception de ces instructions et l'interview, il a rencontré Trudeau. À une cérémonie officielle d'abord, puis en privé avec Brzezinski et le vice-président pro-canadien Walter Mondale. «L'amitié personnelle fut presque instantanée lorsque j'ai rencontré Pierre Trudeau», affirmera Carter, ce que Brzezinski confirme le jour même. Rien n'a transpiré de ce premier contact, mais Duemling suppute que, «sortant de sa rencontre avec Trudeau», Carter «s'est senti d'humeur à moins mâcher ses mots que ses propres conseillers ne l'auraient souhaité».

Il ne se passe que quelques minutes entre ce premier contact et l'entrevue que le Président accorde à Bruce Phillips, du réseau de télévision CTV. Le Président n'emploiera pas le mot «unité». Il est trop faible.

«La stabilité du Canada est d'une importance cruciale pour nous», dit-il, poussant la chanson entonnée par Pierre Trudeau plus fort qu'on ne l'avait jamais entendue aux États-Unis. Non seulement Washington a intérêt à l'unité canadienne, mais il la juge carrément «cruciale».

Cette stabilité «est une partie intégrante de nos vies», ajoute-t-il, comme si briser le Canada ce serait aussi, justement, briser les États-Unis.

«Si j'étais celui qui devait prendre la décision, je donnerais la préférence à la Confédération», dit-il encore, piétinant à chaque mot les instructions de Hunter. «Mais c'est une décision que le peuple canadien doit prendre», ajoute-t-il, revenant sur les rails en précisant bien que «les Canadiens», non «les Québécois», doivent décider. Le Canadien anglais Phillips, qui revient à la charge avec une belle constance, n'a ni la présence d'esprit, ni l'inclination de souligner la nuance.

Washington reconnaîtrait-il un Québec souverain? interroge-t-il tout de même. «Je ne sais pas, nous franchirons ce pont lorsque nous y serons», répond Carter.

Phillips demande ensuite si le gouvernement américain possède, prépare ou préparera une étude sur le Québec.

«Non», répond Carter, affirmant qu'il tire ses informations sur la crise canadienne de «briefings routiniers, de la lecture des journaux», etc.

L'absence d'étude, reprend le journaliste Phillips, «suggère-t-elle qu'à votre avis rien de très grave ne va se produire?»

«C'est mon avis», répond le Président.

Réponses mensongères.

Il y a déjà une étude, bien sûr, celle de Rouse. Et une seconde est en cours. Commandée le 9 décembre précédent avec l'imprimatur de Henry

Kissinger alors encore en poste, l'étude couvre tous les aspects de l'élection du PQ, ses effets internes et internationaux. Diplomates et fonctionnaires ont été conviés à rendre leurs copies préliminaires le 15 janvier, afin que Rouse écrive un premier brouillon pour le 30, répertoriant les scénarios possibles pour les cinq ans à venir et la probabilité d'une victoire péquiste au référendum. Dans sa contribution, le consul général à Québec, Francis McNamara, prévoit que le Québec accédera à l'indépendance après une période de «désordre» politique. Le brouillon de Rouse doit déjà être quelque part dans les dossiers des conseillers du président.

Au moment où Carter parle à Phillips, la seconde étape de la formulation de l'étude est en cours, celle qui évalue l'impact des scénarios sur l'avenir du Canada et des États-Unis et propose finalement une définition de la politique de Washington.

Pourtant, personne ne prend la peine de corriger le Président en mentionnant ces études. Certes, rien ne prouve qu'il en connaissait personnellement l'existence. Mais Enders, Vine et Hunter, par exemple, en étaient complètement informés.

Carter «n'avait pas de raison de savoir» qu'il y avait des études, explique Richard Vine. «En fait, je trouve parfait que des hauts responsables puissent être en position d'offrir un démenti vraisemblable!»

Quoi qu'il en soit, en termes diplomatiques, Jimmy Carter a franchi sur la question du Québec une démarcation importante. Il a exprimé une préférence dans un débat national étranger, il a associé le devenir canadien au bien-être de son propre pays.

À l'ambassade américaine à Ottawa, «nous avons jugé que c'était une faute», se souvient Duemling. «Il faut faire preuve de beaucoup de subtilité pour dire à la fois que nous appuyons quelque chose [la Confédération] et dire que nous ne nous ingérons pas dans les affaires intérieures d'un autre pays [le Canada].»

Un «crime contre l'histoire de l'humanité»

Pour Trudeau, la visite à la Maison-Blanche a payé. Sur la glace américaine, le compte est: Trudeau 2 - Lévesque 0. Car à Ottawa on avait prévu que Lévesque jouerait gagnant à sa sortie new-yorkaise. «C'était une surprise de voir qu'il s'était présenté comme une sorte de radical en économie et comme un séparatiste», se souvient Allan Gotlieb; «son discours sentait l'amateurisme et nous avions l'impression qu'il avait raté sa chance».

Le premier ministre canadien va compter un troisième but — au hockey on dirait qu'il fait un tour du chapeau — et prendre une avance décisive, au lendemain de l'interview de Carter, en présentant devant les deux chambres du Congrès américain un discours bien senti sur l'avenir du Canada.

L'occasion sent l'Histoire à plein nez. C'est la toute première fois qu'un premier ministre canadien s'adresse aux législateurs américains (alors qu'il est de coutume d'entendre le chef d'État américain aux Communes). Lorsqu'il le fait, c'est pour attaquer de front le problème de politique intérieure canadienne qui l'obsède, la question québécoise. Il est vrai qu'il parle aussi, en direct à la télévision, à la population canadienne. Son discours est perçu comme un combat revanche, un mois après celui de Lévesque à l'Economic Club. Plusieurs au Canada se sentiront blessés d'avoir à observer les deux principales figures canadiennes leur parler, et se quereller, via la caisse de résonnance américaine.

Mais plus nombreux encore sont les Canadiens qui se reconnaissent enfin dans leur leader national, dont la popularité, affaiblie, a bien besoin de ce remontant. Car la réaction à ce que des analystes appellent «le meilleur discours de sa carrière» est immédiate. Le standard téléphonique du premier ministre à Ottawa est débordé, certains suggèrent même le déclenchement d'élections immédiates pour profiter de la soudaine vague de soutien.

«Je vous dis avec toute la certitude dont je peux faire preuve que l'unité du Canada ne sera pas fracturée», dit-il aux 200 législateurs venus l'entendre. Il accuse le gouvernement du Parti québécois de ne représenter qu'une «petite minorité», nullement mandatée pour briser le pays. Mais il admet que les francophones canadiens ont des raisons de ne pas se sentir «complètement égaux» dans l'actuelle Confédération.

Dans des termes aussi ambigus que ceux qu'il emploiera pendant la campagne référendaire, Pierre Trudeau promet que «des accommodements» et des «révisions» devront être apportés «pour faire en sorte que la constitution canadienne soit perçue par les six millions et demi de Canadiens parlant français comme leur plus solide garantie contre la submersion dans l'Amérique du Nord peuplée de 220 millions d'anglophones».

La mauvaise foi — l'absence de mandat — du PQ révélée, sa propre bonne volonté établie, Trudeau décrit l'enjeu. La rupture du lien fédéral, dit-il, «créerait des ondes de choc d'incrédulité parmi tous ceux qui dans le monde tiennent pour les plus nobles réalisations de l'homme ces communautés où des personnes d'origines diverses vivent, aiment, travaillent et trouvent leur profit mutuel».

Puis il a cette phrase clé:

«La plupart des Canadiens comprennent que le fractionnement de leur pays serait une aberrante entorse aux normes qu'ils ont eux-mêmes fixées, un crime contre l'Histoire de l'Humanité.»

Les législateurs réunis applaudissent à tout rompre. On compare Trudeau à Churchill, on dit que c'est le meilleur discours entendu en cette enceinte depuis 20 ans. (Un commentaire prononcé régulièrement après le discours d'un homme d'État étranger.) Edmund Muskie, ex-candidat présidentiel et puissant sénateur du Maine, le déclare «éloquent» et affirme suivre la crise canadienne un peu comme s'il apprenait que «des voisins pour lesquels on a de l'affection divorçaient».

Ouvrant une fenêtre sur les monuments d'ignorance qui trônent parfois au Congrès, un représentant du Wisconsin remarque que certains de ses collègues «ne savaient pas qu'un Canadien pouvait parler aussi bien l'anglais»!

«Un crime contre l'Histoire de l'Humanité.»

Le discours ne se veut pas rassurant. Trudeau aurait pu tempérer son propos, pour les rasséréner, leur parler de cette association économique, monétaire, peut-être militaire et diplomatique que lui proposent les sécessionnistes. Il aurait pu leur dire que les dégâts, s'il y en avait, seraient limités. Qu'ils n'avaient vraiment pas à s'en faire, ou à s'en mêler. L'éditorialiste Claude Ryan, entre autres, notera cet «oubli».

C'est que Pierre Elliott Trudeau n'est pas venu dire aux Américains que tout est presque pour le mieux. Il est venu leur dire que leur propre avenir est en jeu. Il est venu les enrôler dans la cause canadienne. Le lendemain, devant les journalistes réunis au National Press Club, il dira que la sécession québécoise serait pour les États-Unis «beaucoup plus grave que la crise des missiles de Cuba». Cette équivalence entre l'entrée du Québec aux Nations Unies et la menace, en 1963, d'une guerre nucléaire entre les USA et l'URSS en a fait sursauter plusieurs, à Washington comme à Ottawa. Mais l'inflation verbale du Premier ministre suit une stratégie toujours nourrie par l'angoisse. Celle que les Américains, malgré la rhétorique, se trompent de camp.

Aux journalistes de l'émission *Meet the Press*, qui trouvent la comparaison cubaine un peu outrée et demandent franchement pourquoi les Américains devraient avoir peur d'une rupture qui pousserait des provinces canadiennes dans leur orbite, Trudeau serine imperturbablement le même topo: «Si votre voisin du nord tombe en pièces, il me semble que cela va envoyer des ondes de choc dans beaucoup de capitales du monde. Je serais très surpris si Washington n'était pas inquiet.»

Trudeau semble avoir réussi à alarmer suffisamment d'Américains pour amener son hôte Carter à faire un dernier pas pro-canadien. Au retour de son discours au Congrès, il s'entretient avec Carter et le secrétaire d'État Cyrus Vance pendant un peu plus de 10 minutes. Dans le secret du Bureau Ovale, Carter félicite d'abord son invité pour son excellente performance. Mais le Québec se séparera-t-il, demande le président? En politique, rien n'est inévitable répond Trudeau, qui affirme cependant être personnellement convaincu qu'en fin de course, le Canada survivra intact. Content d'avoir sensibilisé Carter — qui est, selon un chroniqueur proche du pouvoir, James Reston, «impressionné par la franchise de Trudeau en privé, sa prudence en public» — le premier ministre ne veut tout de même pas en faire trop. Il veut des Américains fédéralistes, mais pas ouvertement interventionnistes. L'amitié américaine, il le sait, est parfois envahissante.

Carter comprend aussi ce message. Il ne mettra le pied dans l'arène que lorsqu'il y sera invité. Le président explique au premier ministre comment il compte aborder lui-même la question québécoise lors de la conférence de presse télévisée qu'il doit donner le lendemain. Le Premier ministre est ravi. Les deux hommes sont sur la même longueur d'ondes. Pierre Trudeau n'a jamais été aussi heureux d'être dans le Bureau Ovale.

Le lendemain, Jimmy Carter modifie un tantinet sa position. Alors qu'à Bruce Phillips il avait déclaré trois fois «ne pas être inquiet du tout» quant à la crise québécoise, en conférence de presse il affirme: «Il y a beaucoup d'inquiétude en ce pays sur l'avenir du Canada.» C'est bien le message que Trudeau voulait faire passer.

Mais Carter fait aussi une promesse qui a de quoi réjouir ceux qui l'écoutent à Québec: «Je ne ferais certainement pas de geste public ou privé pour tenter de déterminer l'issue de ce grand débat. Je vous le promets.»

Il vient pourtant bien de faire un geste, public et privé, qui influence le débat. Au-delà même de ses déclarations qui épousent la ligne dessinée par Trudeau, la façon dont il a accueilli le premier ministre témoigne implicitement du parti qu'il a pris. «Recevoir le premier ministre, l'inonder de bravos, parler de ce que le Canada signifie pour nous», explique Bob Hunter, faisait partie du coup de pouce donné à la cause fédéraliste.

Une semaine plus tôt, le président mexicain, Lopez Portillo, avait été salué par une maigre foule à la Maison-Blanche. Pour Trudeau, on avait trouvé 3,000 figurants enthousiastes par un froid de canard. Le leader de la Chambre, Tip O'Neill, était opposé à la venue du premier ministre au Congrès, prétextant que le dernier chef d'État à s'y être présenté, le pauvre Lopez Portillo, n'avait attiré qu'une poignée de législateurs. La Maison-Blanche a pourtant convaincu Tip d'inviter Trudeau et a insisté auprès des sénateurs et des représentants pour qu'ils assistent à l'événement.

Le sommet de Washington constitue pour Trudeau une éclaircie dans le climat politique canadien. Il doit une fière chandelle aux hommes du Président.

La vraie nature de Brzezinski

Tout n'est pourtant pas net à la Maison-Blanche. Ivan Head, le conseiller de Trudeau aux affaires internationales, un genre de Kissinger canadien, revient du sommet sans avoir percé le secret de son influent vis-à-vis américain: Zbig.

Head et son patron Trudeau seraient furieux s'ils savaient que, peu après son arrivée à la Maison-Blanche, Zbig a demandé à ses adjoints de lui préparer une singulière carte géographique.

«C'était à l'occasion d'un événement particulier, une information venant du renseignement ou une dépêche d'ambassade ou du consulat», se souvient Gregory Treverton, un adjoint de Brzezinski. «Zbig a demandé qu'on fasse une carte de ce qui se passerait si le Canada se désintégrait (...) la question, je suppose, était de voir si le Canada se déglinguerait politiquement en cas d'indépendance du Québec, si les provinces des Prairies voudraient se joindre aux États-Unis, ce qui se passerait avec les Maritimes.»

Treverton se souvient avoir pensé que c'était là «Zbig à son summum d'espièglerie intellectuelle, jouant avec une idée» un peu comme s'il était encore à l'université Columbia de New York, d'où Carter l'avait tiré. Brzezinski nie avoir demandé une carte, et personne ne sait qui l'a finalement vue. Mais Bob Hunter confirme que des discussions ont lieu au National Security Council (NSC, l'équipe de politique étrangère de Brzezinski à la Maison-Blanche) «sur des scénarios possibles». On s'amuse à des devinettes du genre: «Les Maritimes allaient-elles rester ou y aurait-il trois pays?» Treverton précise que personne ne dit tout haut que la séparation des provinces de l'Ouest peut servir certains intérêts américains, mais il note que «cette idée était sous-jacente». L'hypothèse avancée ne prévoit pas que les provinces de l'Ouest deviennent des États américains, mais que, «laissés à eux-mêmes, les Albertains et les autres en arriveraient, de notre point de vue, à de meilleures ententes avec les États-Unis».

L'existence de ces discussions, comme la confection d'une carte, constituent d'importants indices, dans la mesure où l'intime conviction du conseiller à la Sécurité nationale, Zbigniew Brzezinski, sur l'avenir du Québec reste, à ce jour, une énigme. S'il considère en 1977 que le fédéralisme canadien est une bonne cause, mais une cause perdue, il a le pouvoir de «positionner» Washington pour la période postconfédération. Le pouvoir de quitter le navire canadien avant qu'il ne sombre. Au Canada, certains s'en inquiètent.

«Zbig jugeait le Canada à l'article de la mort», rapporte un haut responsable canadien, qui affirme que l'intéressé lui a personnellement fait part de cette opinion à l'époque. «C'était un homme qui pensait que le Canada allait se briser. Brzezinski avait ses sources au Québec [anglophone] et je pense qu'il est de ceux qui croyaient que c'était très très sérieux et que ça pourrait aller jusqu'au bout (...) que c'était irréversible. Il ne veut peut-être pas l'avouer aujourd'hui», ajoute-t-il. (De fait, Brzezinski nie avoir jamais tenu ce propos.)

Brzezinski le stratège a d'ailleurs développé, dans son livre alors le plus lu, une théorie voulant que les mouvements nationalistes comme celui du Québec soient le contrepoids normal, souhaitable même, de l'avènement du village global.

Comme les Flamands et les Écossais, explique-t-il dans *Between Two Ages*, «les Canadiens français et les Canadiens anglais affirment (...) que leur État-nation ne correspond plus à leurs besoins historiques. Au niveau supérieur il est devenu superflu à cause (...) de regroupements régionaux, alors qu'au plan intérieur une communauté linguistique ou religieuse plus intime est nécessaire pour surmonter l'impact des caractéristiques d'implosion-explosion de la métropole globale». Cette réaction, ajoute Brzezinski qui entre ici en collision frontale avec la pensée de Pierre Trudeau, «n'est pas un retour aux émotions exaltées du nationalisme du 19e siècle». Au contraire, ce nationalisme est moderne, écrit-il et, (comme s'il savait que les Québécois seraient les plus enthousiastes partisans du libre-échange) il ajoute que ce nationalisme «accepte comme idéal l'intégration fonctionnelle de régions et même de continents entiers; il est le reflet du désir d'un sens mieux défini de la personnalité dans un monde de plus en plus impersonnel».

Porteur, concepteur même, de cette tendance historique, Brzezinski croit-il que le Canada peut y résister? Deux fois, il donnera à Ottawa des raisons de s'inquiéter.

En septembre 1977, dans un entretien au réseau CTV, Zbig puise dans ses origines montréalaises pour illustrer sa compréhension du conflit. «J'ai grandi à Westmount et en un sens mon enfance me permet de comprendre la nature du problème. Lorsque je suis allé au collège, qui était un excellent collège, et plus tard à d'autres écoles, je n'ai jamais fréquenté de Canadiennes françaises. Ça ne se faisait pas. Nous vivions vraiment dans un petit compartiment britannique. Et il y avait incontestablement parmi mes amis, non seulement la notion d'identités séparées, britannique et française, mais une vraie notion de hiérarchie.»

«Par conséquent, je suis très sensible aujourd'hui aux revendications des Canadiens français, ou si vous préférez aux revendications des Québécois. Et j'ai le sentiment que, dans une perspective historique, il y a des choses qui doivent être corrigées.»

Les anglophones, poursuit-il, n'ont pas fait preuve de suffisamment de flexibilité, mais il ajoute qu'il est «terriblement important que la communauté québécoise ne réagisse pas avec excès historique à cette négligence».

Brzezinski n'a pas tout dit à la caméra. Il n'était pas seulement observateur, dans cette «hiérarchie» où les Québécois sont tout en bas. En tant que Polonais à Westmount, il est lui-même victime de l'échelle des ethnies.

Lorsque l'ambassadeur canadien à Moscou, Robert Ford, vient le rencontrer en avril 1978 pour préparer une position commune sur les rapports Est-Ouest en vue du prochain sommet des Sept, il entend Brzezinski lui tenir des propos renversants. «Dans les écoles privées de Montréal il disait avoir constaté l'arrogance des étudiants anglophones, non seulement envers les francophones, mais aussi les gens comme lui», raconte Ford. «Il était carrément, complètement monté contre les anglophones québécois à cause de ça et on sentait encore la rancœur chez lui. C'était curieux.»

La discussion glisse naturellement sur le problème politique de l'indépendance. Brzezinski «se montre considérablement, considérablement favorable au point de vue des séparatistes québécois à l'époque, ou du moins, peut-être pas des séparatistes nécessairement, mais certainement des nationalistes», ajoute Ford, qui refuse d'en dire plus.

De retour à Ottawa, Ford rapporte ces paroles à un Trudeau «un peu inquiet». Après les avoir longuement soupesées, Trudeau et Ford concluent qu'elles «reflètent une opinion personnelle de Brzezinski, qui n'affecterait probablement pas la politique américaine».

Cette anecdote est d'autant plus surprenante que Ivan Head, le conseiller de Trudeau, a tiré de ses propres conversations avec Brzezinski le sentiment que le conseiller américain à la Sécurité nationale est au contraire affolé par la menace souverainiste.

Pendant le sommet de Washington, Head se souvient avoir «croisé le fer intellectuel de façon assez acerbe» avec Zbig. Car l'ancien Montréalais prétend mieux comprendre le Québec que la délégation canadienne. Au sortir d'une rencontre entre Carter et Trudeau, Brzezinski ne rate pas l'occasion de dire à Head — exclu de la discussion —

que Trudeau «ne semblait pas être d'accord avec ses prédictions ou son analyse de la scène» québécoise. Head comprend qu'inspiré par les cogitations de Zbig, Jimmy Carter a posé une question ou fait une remarque à Trudeau qui a suscité un désaccord. Laquelle? Mystère.

Head le prend mal. Il trouve un peu fort, dit-il à Zbig, «qu'un ancien professeur de New York résidant maintenant à Washington prétende avoir une meilleure analyse et un meilleur sens des événements dans la province de Québec que Pierre Elliott Trudeau, lui-même un Québécois».

«Évidemment, une fois lancé, rien ne pouvait freiner Brzezinski», ajoute Head. «Bien sûr, lui répond le conseiller présidentiel, lorsque quelqu'un est trop proche de la situation, il peut avoir une perception brouillée. Alors on doit prendre du recul et voir les choses de loin.» Washington étant évidemment le meilleur promontoire d'où observer le monde.

Head est d'autant plus irrité que Brzezinski ne fonde pas ses présomptions sur les rapports d'ambassade ou de consulats. Il tire sa science «de son passé canadien et de son sens polonais du nationalisme» et il mentionne même, sans en révéler le contenu, le mémo préparé en 1967. Brzezinski, dit Head, «signalait que les prédictions qu'il avait faites dans son mémo étaient maintenant en train de se réaliser et que le problème allait devenir sérieux». (Rétrospectivement, Brzezinski met en doute cet aspect du récit de Head.)

Ivan Head critique finalement «l'arrogance» de Zbig, qui n'a, d'après lui, pas mis les pieds à Montréal depuis un bout de temps. Ce qui n'est pas nécessairement le cas, puisqu'il y a cette rumeur, que Brzezinski confirme à demi-mot, selon laquelle il serait venu à Montréal pendant qu'il était conseiller à la Sécurité nationale, voir sa famille et... assister à un match des Canadiens.

Mais de ces discussions, Head ne tire pas la conclusion que Zbig est favorable aux nationalistes québécois. Bien au contraire.

«Si Brzezinski pensait qu'il y aurait un schisme au Canada et que ce schisme n'était pas dans l'intérêt des États-Unis à cause de la voie maritime internationale, des ententes militaires et autres choses nuisibles à la Sécurité nationale, alors quel genre de plan d'urgence élaborait-il?» se demande Head.

«De la position stratégique qu'il occupait» à la Maison-Blanche, ajoute le conseiller du Premier ministre, «Brzezinski pouvait très bien, sans que nous le sachions, être en train d'envoyer aux autorités militaires américaines des indications que nous aurions jugées inacceptables quant au rôle qu'elles devraient ou ne devraient pas jouer.»

Head redoutait particulièrement que le Pentagone ou la Maison-Blanche élaborent publiquement des scénarios militaires. «Ç'aurait été très mal compris partout au Canada et aurait pu créer un contrecoup aux proportions malencontreuses», ajoute-t-il.

Depuis, Head a interrogé Brzezinski sur la formulation de tels scénarios. «Il prétend qu'il ne s'en souvient pas.»

En entretien, Brzezinski affirme maintenant qu'aucun plan d'urgence n'a été commandé. Que seules quelques discussions théoriques sur différents scénarios ont pu avoir lieu, comme celles que relatent Hunter et Treverton. Rien, en effet, ne permet d'en conclure autrement.

Mais il y a des signes qui suggèrent que Brzezinski, indépendamment de son antipathie pour les anglophones de Montréal, voyait la sécession du Québec comme un problème stratégique grave. À l'époque, dans son entretien à CTV, il utilise l'expression «résultat apocalyptique» pour décrire l'indépendance. Et en entretien, s'il refuse de discuter de tout ce qui touche à «la sécurité nationale», il n'écarte pas l'idée que ce développement aurait pu constituer «une menace» pour les États-Unis.

C'est peut-être la synthèse entre ses intuitions divergentes qui, à l'époque, le préoccupe tant: certain que le Canada entre en agonie parce que les forces centrifuges de l'histoire moderne sont à l'œuvre et se nourrissent d'une rivalité ethnique qu'il a encore fraîche en mémoire, Brzezinski craint plus que tout autre le bouleversement stratégique qui en résultera.

Mais si Brzezinski est alarmiste, sa position n'est nullement partagée par le reste de la diplomatie américaine. Lorsque le Département d'État explore, une nouvelle fois et avec plus d'attention que jamais, la question québécoise, il aperçoit bien quelques ennuis à l'horizon, mais pas de monstre du Saint-Laurent.

«Il est dans l'intérêt des États-Unis...»

Le document marqué SECRET et daté d'août 1977 tient en 22 pages de texte serré. C'est le résultat de l'étude lancée en décembre par Kissinger. Il est intitulé «La situation du Québec: perspectives et conséquences». Il survole la situation historique et actuelle, définit l'inté rêt, les préférences du gouvernement américain, lance des hypothèses, propose une marche à suivre*.

Jean Lesage serait content. Les Américains appuient la thèse du statut particulier pour le Québec.

---

* Le texte intégral du document est reproduit en annexe.

Dans les deux paragraphes centraux du sommaire, la politique américaine devient limpide:

«Les États-Unis préféreraient, comme l'a indiqué le Président, que le Canada reste uni. Ceci est clairement dans notre intérêt national, compte tenu de l'importance du Canada pour les États-Unis sur le plan de la défense, du commerce, des investissements, de l'environnement et des affaires internationales.»

Mais le document enchaîne:

«Aussi longtemps que ses revendications légitimes restent sans solution, le Québec va continuer à être instable, au détriment des intérêts des États-Unis. Il est par conséquent dans notre intérêt que ce problème soit résolu.»

Le document — dont la facture, selon Richard Vine, révèle qu'il a été soumis au secrétaire d'État Cyrus Vance et au président — étudie cinq scénarios. Le statu quo, d'abord, poserait «le moins de problèmes» aux États-Unis. L'étude, qui décrète «l'échec de la politique de bilinguisme de Trudeau», prévoit qu'une défaite des forces souverainistes pourrait susciter de l'anti-américanisme au Québec, redonner à Ottawa le champ libre en politique étrangère et «le rendre probablement moins accommodant aux intérêts américains». Car l'étude note aussi combien Pierre Trudeau est aimable envers Washington dont il a voulu «obtenir le soutien public» comme élément de sa stratégie anti-séparatiste. (En avril, un mémo faisant le point sur les relations bilatérales notait d'ailleurs l'état «de vulnérabilité économique et politique» du Canada et le profit que les États-Unis pouvaient en tirer.) L'idée que le pro-américanisme de Trudeau ne survivra pas à une victoire référendaire fédéraliste tient de la prescience.

Second scénario: la décentralisation des pouvoirs au profit de toutes les provinces. Le Département d'État frissonne à la perspective de l'imbroglio de relations USA-provinces qui en résulterait.

Troisième: un statut particulier pour le Québec. «Il serait plus facile de composer avec un Canada dont seul le Québec, plutôt que toutes les provinces, aurait un statut particulier», dit le document. «Ce serait à certains égards plus heureux que la situation actuelle, puisqu'il n'y aurait plus d'incertitude quant aux règles du jeu, incertitudes qui prévalent actuellement et qui persisteront tant que le problème du Québec ne sera pas résolu.»

Le penchant des États-Unis en faveur d'une nouvelle constitution canadienne qui contenterait spécifiquement le Québec ne date pas de 1977. Dix ans plus tôt, dans ses longues dépêches envoyées d'Ottawa, l'ambassadeur américain Walton Butterworth applaudissait déjà le leader conservateur Robert Stanfield qui, écrivait-il, «voit le problème sous son vrai jour et a engagé sa personne et son parti à promouvoir le concept des "deux nations"». Et lorsque Butterworth cite Jean Lesage affirmant que «grâce à l'obtention d'un statut particulier pour le Québec, le Canada pourra vraiment survivre», ce n'est pas pour contredire le père de la Révolution tranquille. Pour l'ambassadeur, le programme de bilinguisation de la fonction publique fédérale et la promesse d'écoles françaises pour les francophones hors-Québec doivent être vus comme «au mieux, un premier pas et au pire, des modifications superficielles».

Un de ses successeurs à Ottawa, Tom Enders, et McNamara à Québec, sont aussi adeptes d'une formule à géométrie variable, épousant les désirs autonomistes québécois: «La meilleure solution à la menace séparatiste, écrivent-ils, pourrait être finalement une formule que le Québec pourrait appeler la souveraineté et que le reste du Canada pourrait appeler la confédération».

«La situation du Québec» étudie ensuite un quatrième scénario: la souveraineté-association.

Évidemment, explique le document, cela dépend. De la capacité et de la volonté des deux pays de s'entendre, du contenu de l'association. Washington formule le souhait que le fédéral «garde le contrôle sur la défense, les affaires étrangères et la politique monétaire». C'est certain, il faudrait redéfinir les relations américano-canadiennes. «De toute façon, dans l'éventualité qu'Ottawa et Québec puissent en arriver à une entente amiable», poursuit le document, «les États-Unis devraient pouvoir trouver des solutions acceptables aux problèmes avec chacun ou conjointement, même si le processus s'en trouvait plus compliqué et alourdi.»

Cinquième et dernière possibilité: la déclaration unilatérale d'indépendance, que le document insiste pour appeler, en anglais, UDI. C'est ce qui se passerait si, après un référendum où le gouvernement péquiste aurait obtenu le «mandat de négocier la souveraineté-association» (car le document devine, deux ans et demi à l'avance, le libellé de la question), Ottawa refusait de négocier, poussant Québec à déclarer l'indépendance, peut-être à l'issue d'une seconde consultation.

Sauf si elle consiste en un bref intervalle précédant la négociation de l'association, l'UDI est de loin le scénario le plus problématique. D'abord, elle plonge Washington dans le bourbier de la reconnaissance du nouvel État.

Le problème est complexe, puisque la décision de Washington se fonderait en partie sur la réaction d'Ottawa, celle des autres pays, et sur l'attitude du Québec envers les États-Unis, notamment sur les questions de défense. Mais résister à une reconnaissance serait difficilement défendable, puisque «le Québec satisfait aux critères généralement admis d'autodétermination nationale, à savoir un caractère ethnique distinct, dans un espace géographique clairement défini, avec un système légal et gouvernemental existant et séparé». Le nouveau pays serait peut-être moins bien nanti que l'ancienne province, note le document, «mais il n'y a aucun doute sur la viabilité fondamentale à long terme d'un Québec indépendant, du point de vue économique ou en ce qui concerne sa capacité d'être un membre responsable de la famille des nations». En fait, ajoute le document, «le Québec serait certainement un pays plus viable que la plupart des membres des Nations Unies».

Quel genre de pays serait ce nouveau Québec? Difficile à dire. «Il est possible que le Québec indépendant ou le Canada subsistant deviennent plus anti-américains que le Canada actuel», les deux États voulant défendre leur fragile identité. Mais ce n'est qu'une possibilité. Car en fait, l'étude du Département d'État croit qu'il est au contraire «probable qu'un Québec indépendant tente, tout au moins, d'établir de bonnes relations avec les USA». Et qui sait, «ayant assuré une fois pour toutes la suprématie du caractère français de sa langue et de sa culture, le Québec pourrait bien devenir moins xénophobe. Cela pourrait permettre aux éléments fortement nord-américains de la société québécoise d'influer sur les orientations politiques» du nouvel État.

Ça ne se présenterait donc pas si mal, en fait, si le Québec était seul en cause. Seulement voilà, «nous avons de sérieux doutes quant à la capacité du reste du Canada de demeurer uni si le Québec se sépare», affirment les auteurs, qui «voient les perspectives d'un Canada plus faible ou de plusieurs mini-États au Nord comme une situation moins désirable que le statu quo. L'hypothèse voulant qu'une ou plusieurs provinces canadiennes demandent à se joindre aux États-Unis ouvre des perspectives que nous n'avons pas examinées. Elles peuvent être positives ou négatives mais poseraient des équations difficiles à résoudre».

Pour se résumer, le document affirme que «la situation actuelle n'est pas dans notre intérêt. Tant que les revendications et les aspirations légitimes de la majorité francophone du Québec, visant à sauvegarder son identité ethnique, ne sont pas satisfaites d'une manière qu'elle juge acceptable, l'instabilité va perdurer. Elle pourrait nuire aux intérêts américains, aggraver l'impuissance du Canada et même amener un retour du terrorisme et de la violence au Québec».

Le Département d'État favorise donc un accommodement constitutionnel pour le Québec seul. Il entend les allusions à des «révisions» que Trudeau laisse tomber de temps à autre. L'étude demande «combien de temps» Trudeau — ce «fédéraliste centralisateur» qui ne se résoudrait à lâcher du lest «qu'en dernier ressort» — «pourra aguicher ses auditoires avec de vagues références à de nouvelles approches des relations fédérales-provinciales sans jamais vouloir clarifier ses positions».

Le vote de l'Oncle Sam

La dernière page de l'étude du Département d'État, celle qui clôt l'exercice et lui donne tout son sens, détermine la politique américaine pour «les deux prochaines années — qui pourraient être considérées comme une période de transition puisqu'aucune action déterminante n'est attendue au Québec».

La politique tient en quatre points:

1. Le président en février 1977 a fait savoir que:
   a. Les États-Unis considèrent qu'il revient aux Canadiens eux-mêmes de résoudre la question du Québec; et
   b. Les États-Unis considèrent que les Canadiens sont parfaitement capables de résoudre la question; et
   c. Les États-Unis préfèrent la Confédération.
2. Dans les déclarations publiques, les représentants du gouvernement des États-Unis n'iront pas au-delà de la position détaillée au point 1.
3. Dans les communications privées avec le gouvernement du Canada, le gouvernement des États-Unis va réitérer sa volonté, déjà exprimée, d'examiner des façons de se rendre utile sur la question du Québec, si le gouvernement du Canada devait conclure que le gouvernement des États-Unis peut jouer un rôle utile.
4. Les représentants du gouvernement des États-Unis vont assurer les relations avec les autorités provinciales canadiennes, y compris celles du Québec, de la manière qui a été d'usage jusqu'à maintenant.

   En même temps, le gouvernement des États-Unis va suivre de près et analyser les événements au Canada et au Québec sur une base continuelle et va revoir sa politique périodiquement, selon les besoins de la conjoncture.

Tout va se jouer au point 3. Washington ne promet pas d'agir sur toute requête présentée par Ottawa, souligne Richard Vine, responsable du dossier au Département d'État. Washington promet seulement de l'«examiner». Toutefois, le Département sait déjà à quoi s'attendre. «À l'approche du référendum, Ottawa pourrait demander aux États-Unis de prendre une position sans équivoque en faveur de l'unité canadienne.» Spécifiquement, le Canada pourrait vouloir que les États-Unis déclarent «hors de question» toute «entente commerciale particulière» avec le nouveau pays. Car «le meilleur argument pour persuader les Québécois de rester au Canada est la menace de l'isolement économique». Si Washington intervenait de la sorte, il torpillerait l'hypothèse souvent avancée par Lévesque selon laquelle sans association avec le Canada, les États-Unis ouvriraient les bras au Québec. À l'inverse, indique le document, Québec «tentera de persuader les États-Unis d'adopter une position de neutralité».

Le document ne tranche pas. Car ce dilemme se trouve, dans le temps, à l'extérieur de la «période de transition» de deux ans. (Et il contrevient, mais tout le monde semble s'en balancer complètement, à la promesse de Carter de ne pas intervenir.) Les auteurs de l'étude et des recommandations laissent entendre qu'il faudra se pencher à nouveau sur cette question l'heure venue et définir, peut-être, une nouvelle orientation.

Pour l'équipe de René Lévesque, une intervention américaine bruyante à la veille du référendum est le pire des cauchemars.

«Stratégiquement, les fédéraux n'avaient pas tort de chercher une sympathie américaine publique aux positions de Trudeau», explique Claude Morin. À l'approche du référendum, cet appui américain aux forces du NON «se fût-elle produite de façon le moindrement claironnante, l'adhésion des Québécois à la souveraineté-association eût été, a mon avis, grandement diminuée».

Lévesque et Morin ont toujours pensé que, dans la meilleure des hypothèses, ils ne gagneraient le référendum que par une faible marge. Le vote de l'Oncle Sam l'aurait, pensaient-ils, annihilée.

«Admettons qu'un jour un président des États-Unis», spécule un des architectes de la diplomatie québécoise sous Lévesque, Richard Pouliot, «sur la place publique, en plein milieu du référendum, dise que les Américains sont en désaccord avec l'idée de souveraineté-association, que si les Québecois votent OUI ils peuvent s'attendre à des représailles (...) le résultat eût été fort différent».

Comment se calcule la peur américaine des Québécois? 1%, 2% de transfert dans un scrutin serré?

«Ça aurait pu être 20%», tranche Pouliot, qui ne sous-estime pas la réaction conservatrice de Québécois auxquels on aurait opposé le NON de l'Amérique du Nord tout entière.

Dès lors, la priorité américaine absolue des hommes de Lévesque est de neutraliser Washington, de mettre les Américains hors-jeu. Il y va de leur projet politique.

Mais au début de 1977, la diplomatie américaine du Québec reste à inventer.

12
Un Québec aphone

[Le Québec] ayant chanté
[à Paris] tout l'été,
se trouva fort dépourvu
quand la bise [américaine] fut venue.
LA FONTAINE [revu et corrigé].

Comme Hollywood, Washington est une *company town*, une ville dominée par une seule industrie. Là le cinéma, ici le gouvernement. Comme Hollywood, Washington a son *trade paper*, le quotidien dont la lecture, avec le pain et le jus d'orange, constitue le point de départ obligé de chaque journée. Là *Variety*, ici *The Washington Post*.

Deux pages sont cruciales au *Post*. La première, qui détermine le sujet de discussion — de scandale — du jour à la Maison-Blanche comme au Congrès. Puis la page commentaire, dans laquelle de grands noms de gouvernements passés et futurs, comme Kissinger ou MacNamara, des chroniqueurs à la dent dure, quelques universitaires chanceux, réussissent à placer une idée, une belle phrase. C'est la vitrine des concepts, la page que l'on découpe souvent dans l'administration et jusqu'à la Maison-Blanche pour reprendre une proposition, emprunter une analyse.

Le dimanche, la page commentaire prend de l'expansion. Toute une section, intitulée «Outlook», surnommée «section des cerveaux» par son créateur Ben Bradlee, régale les bruncheurs du *Post* dominical (une majorité des foyers de la ville), d'une bonne assiettée d'analyses inédites, de points de vue nouveaux.

Le dimanche 17 avril 1977, au menu de «Outlook», on peut déguster: les prédictions d'un prof de Duke University sur les probables successeurs de Brejnev; le compte rendu d'un spécialiste sur l'état endémique des MTS (le sida n'est pas encore inventé); l'éloquent témoignage d'un «jeune journaliste canadien-français» sur «Ce que signifie être français au Canada».

Jamais le Québec n'a eu accès à si belle tribune. L'article occupe deux colonnes en une de la section et s'étale sur une pleine page intérieure. Jamais autant de Congressmen, de lobbyistes, de diplomates, de journalistes locaux et étrangers, de hauts fonctionnaires n'auront eu en même temps sur leur palier, avec l'aura de crédibilité du *Post*, une description aussi détaillée de la réalité québécoise. Il faudra attendre trois ans avant que le quotidien revienne sur la question en profondeur. D'ici là, sur la vaste ignorance washingtonienne du Québec, l'article d'«Outlook» aura jeté une première couche de faits, d'impressions, de couleurs.

Une couche suffisamment préoccupante pour que l'ambassadeur américain à Ottawa, Tom Enders, en visite à Québec la semaine suivante, affirme, lors d'une rencontre avec le ministre péquiste Robert Burns, que l'article a «provoqué tout un émoi à Washington», parmi la petite poignée de cognoscenti. Un peu plus, il s'excuserait. L'article, dit-il, présente «une vision lugubre du Québec». Le fonctionnaire qui prend des notes pendant l'entretien pense que c'est là le titre du papier.

Car Robert Guy Scully, qui signe l'article plein de fougue et de passion, dresse un réquisitoire contre la nation québécoise francophone, une société qu'il dit irrémédiablement «malade». «Personne ne voudrait y vivre à moins d'y être obligé», écrit-il. «Il n'y a pas un seul avantage matériel ou spirituel qu'on ne saurait trouver, sous une forme supérieure, du côté anglais de Montréal.»

Scully semble tirer de quelque souvenir familial le portrait qu'il brosse du quartier d'Hochelaga-Maisonneuve, un des «Harlem», dit-il, du Montréal francophone:

> ... les enfants sont gavés de bonbons et de graisses, ils sont poussés à manger à chaque occasion, comme si on allait être à court de provisions demain. Leur dents et leur santé sont foutus lorsqu'ils atteignent l'âge de 10 ans.
>
> Plus tard, à 40 ans, quand les premières maladies se déclarent, résultats de décennies de mauvaise alimentation, d'alcool, d'air vicié et d'absence d'exercice, les gens ont peur d'aller voir un médecin, ou même d'en appeler un. Il leur arrive d'essayer plutôt les restes de pilules de la vieille prescription du voisin. Mais ils auraient une terreur folle de sortir de leurs cuisines sombres et graisseuses et d'entrer dans des locaux d'hôpitaux propres et éclairés.
>
> Parce qu'ils pourraient apprendre qu'ils sont vraiment malades et pourraient être hospitalisés. Alors ils ne pourraient plus dormir à deux ou trois par lit, comme les veuves ou les grands-mères le font souvent avec leurs fils aînés et leurs filles qui ne se marient pas. Certaines mères vont même jusqu'à garder le petit dernier à la maison, de peur que le monde extérieur ne le leur ravisse. Alors cet enfant va grandir illettré, et les adultes auront peur de répondre au téléphone, au cas où ce serait la commission scolaire.

Les lecteurs du *Post* apprennent aussi que «la fonction publique du Québec est souvent une bureaucratie corrompue, style république de banane», que les Québécois sont sommés de «ne jamais acheter de produits "étrangers" comme du ketchup Heinz».

Ne pouvant faire l'impasse sur la vitalité de la société québécoise des années soixante-dix, Scully évacue en quelques mots cette «extraordinaire créativité névrotique» qui, selon lui, «ne signifie rien». Il résume son plaidoyer — fortement teinté d'un regret que les francophones n'aient pas été assimilés à l'anglais — en quelques mots: «Le Québec est petit et isolé. Cela ne changera jamais: un cul-de-jatte ne peut faire repousser ses jambes.»

Si, quelque part, chez quelque démocrate de gauche avait germé l'intuition d'une quelconque parenté du combat québécois avec le progressisme et avec le combat pour les droits civils, s'il y avait vu un mouvement positif, la lecture — captivante autant qu'ahurissante — du texte de Scully le convainc que les Québécois, loin d'être admirables, ne réclament que le droit de se recroqueviller sur une société misérable, xénophobe et corrompue. C'est leur rendre service que de les empêcher de se gouverner seuls.

Robert Burns informe Enders qu'il écrira peut-être une lettre au *Post*. Mais les deux seules lettres publiées à la suite de l'article proviennent de lecteurs qui ont pris la prose de Scully pour argent comptant. Le Québec, écrit l'un d'eux, est «une province qui veut se détacher d'une société libre pour former un État fermé, autoritaire». Une lectrice proteste ensuite et déclare que si Montréal est conforme à cette description, le reste de la province n'est pas si désolant. Il faudrait «que Montréal se sépare». Avec des rectifications comme celles-là...

Que le jeune Robert Guy Scully, Franco-Américain, puis Franco-Ontarien, puis Montréalais, puis cosmopolite, décide de mettre son talent considérable au service de sa révolte anti-nationaliste, pourquoi pas? Evelyn Dumas, une journaliste indépendantiste proche de René Lévesque, écrit un commentaire dans lequel elle enjoint aux nombreux critiques de Scully, notamment parmi les Canadiens anglais, de le «laisser tranquille». Il a droit de dire ce qu'il veut, «on ne demande pas à James Joyce de faire la propagande de l'Irlande», explique-t-elle.

(Un Scully fort contrit tentera d'expliquer dans plusieurs lettres envoyées aux journaux québécois que son texte du *Post* avait pour but de «frapper fort, de *fesser*, de mettre le nez de ces gens dans notre misère», afin de «briser, violemment si nécessaire, le mur d'indifférence qui sépare le Québec des États-Unis». Il croit avoir réussi, et prétend que «maintenant, des hommes et des femmes du Maryland et de la Virginie éprouvent de la sympathie pour ce morceau d'île qui s'appelle Hochelaga-Maisonneuve».)

La décision du *Post*, par contre, de donner une telle place à une vision aussi minoritaire, isolée et atypique de la société québécoise — autrement ignorée dans ses pages — reflète un problème plus grave. Douze ans plus tard, John Anderson, l'éditorialiste du *Post* qui a présenté Scully au personnel d'«Outlook» donne candidement cette explication: «C'était un article qui expliquait la vie dans une ville non loin de nous mais que nous connaissions mal.» Anderson pense, aujourd'hui comme à l'époque, que l'article représente correctement, journalistiquement, la réalité québécoise. Al Horne, le rédacteur en chef d'«Outlook» qui a commandé le papier à Scully (ce dernier avait d'abord présenté ces idées sous forme de discours à un symposium à Washington), se souvient que l'article lui a semblé «provocant et sujet à controverse», exactement le type de matériel qu'il recherche. Mais il affirme ne pas avoir entendu dire, à l'époque, que cette description était loin en marge des représentations, même critiques, du Québec moderne.

Les réactions de l'éditorialiste et du rédacteur en chef posent un double constat: l'absence de la voix québécoise dans les réseaux d'informations d'Amérique du Nord, l'analphabétisme de la presse américaine envers la réalité du Québec.

Horne explique qu'il aurait probablement publié un autre son de cloche québécois, une réplique au texte de Scully, si on lui en avait présenté un. Mais personne ne s'est donné le mal de réparer les considérables dégâts. Et lui même n'a passé aucune autre commande.

Une marée d'encre noire

Laissés à eux-mêmes, les médias américains suivent la pente naturelle des principes de base de leur culture: le rêve du melting-pot, le cauchemar de la guerre de Sécession. En avril 1977 toujours, le *National Geographic* offre à son vaste lectorat un coup d'œil sur le Québec et compare Pierre Trudeau à Abraham Lincoln.

Claude Ryan, du *Devoir*, qui s'est tapé la lecture d'une centaine d'éditoriaux américains publiés au lendemain de l'élection du Parti québécois, n'a relevé que deux signes de compréhension envers l'idéal séparatiste. Un quotidien de Richmond, ancienne place forte de la Confédération sudiste, «s'appuyant sur l'expérience des États du Sud, dit comprendre les aspirations qui ont donné naissance au désir de sécession des souverainistes québécois», rapporte Ryan. Pour une raison non expliquée, le *Indianapolis Star* présente aussi l'indépendance comme une solution acceptable aux problèmes linguistiques canadiens.

Ce n'est évidemment rien en regard des réactions négatives. Certains dénoncent la «folie sans nom» du projet séparatiste. Le *Los Angeles*

Times, un des grands journaux du pays, compare l'élection de René Lévesque à celle de Hitler en 1933. Plus on est loin...

Pas question non plus de laisser le bénéfice du doute au nouveau pouvoir. Au lendemain du discours à l'Economic Club, l'éditorial du *Wall Street Journal* n'a que faire des promesses de Lévesque de ne procéder qu'à une seule nationalisation, celle d'une compagnie d'amiante. Si Lévesque semble plus ouvert que Trudeau à l'investissement étranger, avertit le *Journal*, il faut se rappeler que «Fidel Castro lui-même avait fait de pareilles promesses lors d'une de ses premières tournées aux États-Unis. De plus, les propositions les plus radicales se présentent parfois dans des emballages conservateurs». Les Américains ont une expression pour le test que le *Journal* impose à Lévesque: *Catch 22*. Une situation où le joueur, quelle que soit l'option choisie, ne peut que perdre.

Pour mieux éclairer leur lanterne, les médias américains ont le réflexe presque automatique de faire appel aux confrères canadiens-anglais. C'est ainsi que l'influent hebdomadaire financier *Barron's* demande à John Harbron, de la chaîne de journaux canadiens Thomson, d'écrire un long papier économique sur le Québec. Harbron compare Lévesque à Castro et annonce des nationalisations en série. «Le socialisme, non le séparatisme, a triomphé au Québec», clame l'hebdomadaire.

L'influent trimestriel *Foreign Policy*, destiné aux spécialistes américains des affaires étrangères, publie de même en fin d'année 1977 les textes de deux commentateurs anglophones du Canada. F.S. Manor, chef de la page éditoriale du *Winnipeg Free Press*, affirme qu'en cas d'indépendance «l'option tiers-mondiste d'inviter l'aide soviétique serait alléchante pour un Québec assiégé, une option hautement favorisée par l'aile marxiste influente du Parti québécois». Manor, qui n'a aucune foi dans la capacité de Pierre Trudeau de surmonter la crise, conclut que, «puisque les intérêts les plus vitaux des États-Unis sont en jeu, Washington n'a pas les moyens de se cacher derrière l'excuse de la non-ingérence». Le pas logique suivant est de demander l'envoi des *Marines*. Manor se retient.

Son confrère Nicholas Stethem, rédacteur en chef adjoint du *Canadian Defence Quarterly*, qui signe le second article, n'a pas ces scrupules. Contre les «fanatiques» et notamment l'aile gauche du PQ, truffée de «marxistes-léninistes les plus radicaux», et devant «l'inévitabilité de la violence dans la province, ou la république, du Québec», et compte tenu, finalement, de l'impératif de la stabilité militaire du continent, Stethem supplie les décideurs de Washington: «La réalité stratégique réclame que toute tentative d'accomplir ce changement soit brisée, sinon par le Canada, alors par les États-Unis.»

Ces alarmistes n'ont aucun impact sur les spécialistes américains de la chose québécoise. L'étude d'août 1977 du Département d'État, déjà citée, explique on ne peut plus clairement qu'au sein du PQ, «les radicaux sont trop peu nombreux et jouissent de trop peu de soutien pour prendre le pouvoir au Québec dans un avenir prévisible, même dans un scénario où il deviendrait clair que la poussée indépendantiste a échoué et où des solutions radicales connaîtraient plus d'écho».

Mais ces articles sont lus, à Washington, parmi le personnel du Congrès, les membres du Pentagone, les universitaires. Comme le texte de Scully, ils sont les premiers à occuper le terrain de l'information dans la capitale et ont pour effet de poser le débat dans des termes qui, même pris avec un grain de sel, noircissent le tableau. (Le rédacteur en chef de *Foreign Policy*, Leigh Bruce, confiera à Evelyn Dumas avoir demandé à l'ambassade canadienne à Washington de suggérer un auteur québécois francophone versé dans les questions stratégiques pour participer à ce numéro. Il «s'est fait répondre par le conseiller de presse de l'ambassade que de telles personnes n'existaient pas», rapporte Dumas.)

L'intelligentsia américaine, curieuse d'en savoir plus sur le Québec, a aussi accès à un long article sur le Québec publié en décembre dans l'éminemment respectable, beaucoup et bien lu, *The Atlantic Monthly*. Ses éditeurs, qui n'ont pas l'excuse de la distance puisqu'ils siègent à Boston, font appel à leur collaborateur occasionnel, Mordecai Richler. Auteur du sensible et exquis *The Apprenticeship of Duddy Kravitz*, Richler est une des grandes figures littéraires de la communauté juive anglophone de Montréal, un des meilleurs auteurs que le Québec ait produit. Dans son papier, de couverture, et long de 13 pages, Richler offre une vision autrement plus nuancée du Québec que celles citées plus haut. De son poste d'observation dans la minorité d'une minorité (la communauté juive anglophone formant un peu plus de 10% de la minorité anglophone du Québec), Richler distribue les blâmes avec humour et talent, fustigeant, d'une part, «le choquant refus de tant d'anglophones influents d'apprendre le français» et, d'autre part, «le système d'éducation moyenâgeux et clérical» que les politiciens québécois ont imposé à leurs citoyens jusqu'en 1960, «laissant le champ libre aux anglophones» en économie.

La raison pour laquelle les articles de Richler (il y en aura d'autres) «font grincer les dents» de René Lévesque, selon un de ses proches, c'est qu'ils expriment aussi l'idée que le Québec vogue sûrement vers le totalitarisme. «Il n'est pas encore criminel de penser en Anglais ici», écrit-il, mais il ne doute pas que la «paranoïa culturelle» en cours pousse les fonctionnaires québécois de la langue française — qu'il dit «zélés ou corrompus» — à bientôt «sévir contre un restaurant grec s'ils entendent un aide-cuisinier pousser un juron dans sa langue natale». Lorsqu'il décrit un Québec indépendant, c'est pour parler d'un «ghetto culturel, peut-être charmant, certainement sans le sou. Une Irlande d'Amérique du Nord».

Richler, comme Scully et les autres, font leur devoir en exposant précisément ce qu'ils voient, pensent et ressentent. Mais *The Atlantic Monthly*, ayant montré cette vision particulière des choses, ne sent pas le besoin de revenir sur la question du Québec avant 1983. Et cette fois, il sera spécifiquement question de la législation linguistique. Un auteur, un, rien qu'un: Mordecai Richler.

L'interpénétration naturelle entre journalistes américains et anglophones du Canada joue d'autres tours au gouvernement du Québec qui, tentant de passer par-dessus ses concitoyens anglophones, veut inviter de «vrais» Américains à observer sans préjugés la réalité québécoise. À l'automne 1977, le ministère de l'Industrie et du Commerce invite par exemple cinq grandes publications (*Time*, *Boston Globe*, *Chicago Tribune*, *The San Francisco Chronicle* et *The Forth Worth Tribune*) à envoyer chacune un journaliste économique pour un voyage de presse.

Ce dont rêve le gouvernement péquiste, c'est d'une floppée de journalistes qui, personnellement, ont bien leur opinion, mais qui, professionnellement, n'ont pas à faire d'effort surhumain pour être impartiaux. Quelqu'un comme Henry Giniger, envoyé par le *New York Times* pour suivre la joute référendaire.

«J'ai moins de bagage émotif en tant qu'étranger que si j'étais concerné par le conflit», explique-t-il à un confrère américain. «Je ne pars pas d'un point de vue lourd de préjugés comme les membres de la communauté canadienne-anglaise peuvent en avoir. Je me déplace d'un monde à l'autre. Je peux les comprendre tous les deux — mais je ne suis pas mêlé à cette damnée affaire. Si le Québec veut être indépendant, ça ne me fait rien.»

A contrario, un chef des nouvelles de l'estimable *Globe and Mail* de Toronto confie à son correspondant à Montréal: «Sur toute cette question, je suis Canadien d'abord et journaliste ensuite.» Une note de service de *Maclean's* avise un journaliste de pas donner un pouce à ce «gouvernement pas comme les autres», surtout pas en exposant dans les articles du magazine «l'alternative factice de la souveraineté-association».

Les rédacteurs en chef des cinq publications américaines contactées à l'automne 1977, et des dizaines comme eux par la suite, ne saisissent pas cet impératif. Eux qui ne penseraient pas un instant faire couvrir une lutte ouvrière par un syndiqué ou par un patron, eux qui ont fait des merveilles pour rendre compte, via des journalistes du Nord, les troubles raciaux du Sud du pays, abordent le problème québécois avec une franche désinvolture. Leur réaction, toujours la même, est de choisir le membre de leur salle de rédaction qui connaît le mieux le Canada. Donc, le Canadien anglais établi là temporairement ou définitivement. Quatre des cinq journalistes participant au voyage de presse en question répondent à cette description. Rompus au professionnalisme et à la rigueur de la presse américaine, ces journalistes sont tout à fait capables de rendre une copie équilibrée. Mais aucun ne peut dire, comme Giniger, «ça ne me fait rien».

D'où cette incapacité pour le Québec de jouer sur le terrain médiatique américain à partir d'une position neutre. La connotation émotive — pour ne pas parler des carnets d'adresse et de l'accès linguistique plus aisé aux sources anglophones — semble incontournable.

Le plus grand chagrin de René Lévesque

Rien dans ce que publie la presse américaine ne met René Lévesque plus hors de lui, ne le blesse plus profondément, que l'accusation d'antisémitisme portée contre le Parti québécois.

La principale charge est lancée en septembre 1977 par le mensuel *Commentary*, de New York, le principal organe des intellectuels juifs américains, largement lu dans les universités et parmi les journalistes. Ses lecteurs forment également une partie importante de la gauche américaine, la communauté juive, libérale et généreuse, se plaçant à l'avant-garde des combats sociaux du pays et formant un des piliers du Parti démocrate. Bref, c'est un des auditoires auxquels rêvaient les indépendantistes lorsqu'ils songeaient à trouver des alliés au sud.

Deux intellectuels juifs montréalais respectés, Ruth Wisse et Irwin Cotler, y résument le malaise des leurs avec cette blague: «Comment un Juif montréalais intelligent parle-t-il à un Juif montréalais idiot? Par un appel interurbain!»

«Les Juifs, évidemment, sont hantés par une mémoire nationale qui interprète les événements actuels sous un éclairage lourd de menace», écrivent les auteurs, qui pondent ensuite de longues colonnes où, précisément, ils interprètent les événements actuels sous un éclairage lourd de menace. S'ils admettent que la société québécoise a traité mieux que bien d'autres sa minorité juive, ils s'inquiètent des manœuvres du gouvernement pour franciser les écoles bilingues qu'il finance et où Juifs francophones et anglophones étudient côte à côte, une situation unique dans la province. Le gouvernement souverainiste répugne à subventionner des écoles qui, croit-il, anglicisent les Juifs francophones. Les auteurs de l'article voient dans ce souci de protection linguistique une «politique voilée d'intimidation» envers les Juifs.

Outre ce problème réel et spécifique à la communauté juive, les auteurs ne réussissent à trouver, en cinq pages de conditionnels alarmants, qu'une autre cause documentée de récrimination: l'attitude pro-palestinienne adoptée par certains leaders de gauche québécois, y compris René Lévesque. Un homme «honnête et bon», précisent-ils, mais qui a eu, en effet, le très mauvais goût d'écrire au lendemain du massacre des athlètes israéliens à Munich en 1972 un commentaire où il condamnait à la fois l'acte «extrémiste insensé» des terroristes et «l'intransigeance impériale d'Israël qui ne laisse aux militants d'autre choix» que cette folie meurtrière. (Le haut fonctionnaire Richard Pouliot se souvient par contre d'une discussion privée où Lévesque défendait une position très pro-israélienne.)

«Le pluralisme ethnique et religieux qui était si hospitalier à la créativité et à l'autodétermination juive semble laisser place à un nationalisme unidimensionnel qui tourne le dos aux caractéristiques distinctives des minorités», concluent Wisse et Cotler.

Contrairement à ces auteurs, Richler, dans *The Atlantic*, a le mérite de signaler que, hormis quelques discours et écrits antisémites présents dans le nationalisme québécois d'avant-guerre, la réelle discrimination dont les Juifs montréalais ont eu à souffrir leur a été infligée par la minorité anglophone qui, note l'auteur, imposait un quota aux étudiants juifs à l'Université McGill et refusait les Juifs dans leurs *country clubs* et au Montreal Stock Exchange. Ça se passait, bien sûr, au temps du «pluralisme hospitalier».

Richler a aussi l'honnêteté de signaler que, s'il y a malaise, quelqu'un a tiré le premier. Il note qu'à la veille de l'élection, une influente figure du Montréal juif, Charles Bronfman, dans un discours à 400 leaders juifs, a affirmé au sujet du PQ: «Ne vous y trompez pas, ces bâtards veulent nous tuer.» Bronfman, propriétaire des Expos de Montréal et important investisseur dans la province, a ensuite menacé de déménager ses biens en cas de victoire péquiste.

Que la communauté juive de Montréal, à cause de son appartenance à la minorité anglophone et de son hypersensibilité à tout mouvement nationaliste — sauf l'israélien — ait mal vécu les années péquistes est une évidence. Que malgré l'existence d'un fort contingent de Juifs francophones ou anglophones bilingues, les leaders — et la presse — de la majorité québécoise, enferrés dans leur propre logique de minoritaires au sein du Canada, n'aient jamais trop su avec quelles pincettes prendre la minorité juive du Québec en est une autre.

Mais au-delà des désolantes perceptions et des malentendus, le dossier est vide. Un professeur de l'université de l'État de New York, Martin Lubin, d'origine juive montréalaise, a pu constater que, pendant toute la période, les deux organisations juives nord-américaines basées à New York, le World Jewish Congress et l'American Jewish Congress, ne pouvaient pointer du doigt «une seule plainte de discrimination antisémite provenant de Montréal, de discrimination dans l'emploi ou autre mauvais traitement par la majorité québécoise». Le responsable du dossier canadien au World Jewish Congress, écrit Lubin, «fait valoir que les événements concernant les Juifs dans d'autres parties du monde ont éclipsé tout "problème du Québec", à supposer qu'en fait les politiques du gouvernement du PQ ou les relations avec la majorité francophone en général aient vraiment posé des problèmes significatifs au bien-être des Juifs». Une troisième organisation, l'Anti-Defamation League, affirme à Lubin n'avoir jamais considéré le Québec comme faisant partie des nombreux «environnements problématiques» pour les Juifs.

Mais faute de cas concrets, Richler, Wisse et Cotler présentent un autre argument. Le plus dommageable, le plus insultant, le plus ridicule et le plus mensonger.

«Quand la jubilante masse des partisans du Parti québécois réunis pour célébrer la victoire au soir du 15 novembre ont chanté une version française de "Demain m'appartient", la chanson du Parti nazi tirée de *Cabaret* qui a été malheureusement adoptée comme hymne nationaliste canadien-français, cela a déclenché dans d'innombrables esprits juifs des images fraîches de sections d'assaut nazies et des sons de bruits de bottes retentissant dans la nuit», écrivent Wisse et Cotler dans des mots presque identiques à ceux de Richler.

Le fait est, et ces trois auteurs le reconnaîtront par la suite à contrecœur, que la chanson de Stéphane Venne «Demain nous appartient», ne ressemble en rien à la chanson de *Cabaret*, ne constitue ni une «version française» de ses paroles, ni une reprise de sa mélodie. Elle n'est pas non plus l'«hymne nationaliste canadien-français», cet honneur revenant, comme chacun au Québec le sait, à «Gens du pays» de Gilles Vigneault.

Mais dans ces paragraphes publiés à des dizaines de milliers d'exemplaires, dans cette anecdote qui bondit de la page pour entrer dans les conversations, on semble entrevoir — qui sait? — Lévesque, Parizeau et Venne, dans un sous-sol une nuit d'hiver, se demandant «quelle bonne chanson nazie pourrait-on traduire pour s'en faire un hymne?» En réponse à Venne qui proteste de sa bonne foi dans les pages des deux mensuels, Richler accorde que la chanson «n'était pas une provocation volontaire, seulement un manque de tact». L'auteur de *Duddy Kravitz* suggère sans doute que tout nouveau titre de chanson soit d'abord comparé au registre complet des chansons nazies réelles ou fictives (car la chanson de *Cabaret* fut écrite en 1972, spécifiquement pour l'œuvre de fiction). Mais il ne lui vient pas à l'esprit qu'accuser les militants et la direction du Parti québécois de chanter sciemment une chanson nazie dénote, de sa part, un certain «manque de tact». La réplique de Wisse et Cotler à Venne ne présente pas, non plus, la moindre trace de regret.

Ces articles causent un tort considérable à l'image du Québec dans les milieux universitaires, notamment sur la côte est. «Ça revenait tout le temps, c'était dans les dossiers des gens à qui on parlait», raconte Evelyn Dumas, conseillère à l'information à la Délégation du Québec à Boston à compter de 1978.

Lorsque René Lévesque vient parler à l'université de Harvard en avril 1978, il est, selon son hôte Elliot Feldman, «obsédé par la question». Toute la journée, raconte Feldman qui dirige à la prestigieuse université un programme de recherche sur le Québec, Lévesque «demandait pourquoi les Américains percevaient le Québec, le Parti québécois en particulier, comme antisémite». En privé et en public — suffisamment pour qu'un journaliste américain fasse remarquer à Dumas que son insistance semblait suspecte — Lévesque veut se défendre contre une accusation qui le heurte profondément. En tant que correspondant de guerre, Lévesque fut parmi les premiers Nord-Américains à découvrir les horreurs des camps de concentration et à les décrire à un monde incrédule. Il accepte mal qu'on puisse douter de sa bonne foi.

Feldman aurait voulu que Lévesque attaque ce problème de front, qu'il aille en discuter devant un auditoire de l'université Brandeis, étroitement associée à la communauté juive du Nord-Est.

Mais le recteur de Brandeis, Marver Bernstein, influencé par les articles de *Commentary* et de *Atlantic*, refuse d'inviter sur son campus le premier ministre séparatiste et présumé antisémite, raconte Feldman.

Le parti palestinien

L'épithète qui sied au Premier ministre n'est certainement pas «antisémite». L'épithète qui sied est «gauche».

À Harvard, par exemple, il tente de redresser les choses en parlant de «l'effort financier spécial» que sa province veut bien faire pour les écoles francophones juives. Mais le problème n'est pas là. La communauté juive considère que, membre de la diaspora nord-américaine, l'anglais fait partie de sa culture de base. C'est son esperanto. Plus Lévesque parle de les franciser, plus ils se rebiffent.

Presque au même moment, pour tenter de redorer son blason, le Premier ministre fait acheter une demi-page de publicité dans une «Section spéciale Israël», publiée dans le quotidien new-yorkais *News-*

day. Mais plutôt que de s'en tenir strictement à «l'esprit de coopération dont a toujours fait preuve la communauté juive de Montréal», au futur Québec qu'il promet ouvert à «la contribution de chacun», le texte signé de sa main s'embourbe dans la question palestinienne et réussit l'exploit d'associer la notion d'autodétermination pour les Palestiniens — une idée répugnante pour beaucoup de Juifs — à celle d'autodétermination pour le Québec. René Lévesque peut avoir ses opinions sur la solution de la crise du Proche-Orient, mais elles réduisent à néant ses efforts de relations publiques.

La présence d'un «parti palestinien» au sein de la mini-diplomatie québécoise est d'ailleurs d'autant plus mal perçue par une communauté juive attentive à ce genre de choses, que le Québec n'a pas d'autre politique étrangère. Le ministère des Affaires intergouvernementales, sauf pour plaindre le sort de victimes de tremblements de terre, ne prend pratiquement jamais position sur des questions internationales, sauf quand elles concernent le Proche-Orient, et alors toujours pour soutenir le point de vue arabe. «C'était une drôle de politique étrangère», se souvient Evelyn Dumas, une des rares péquistes branchées sur le monde anglophone, qui se charge aussi de la liaison avec les Juifs de Montréal.

Une des forces derrière ces déclarations s'appelle Louise Beaudoin, chef de cabinet du ministre Claude Morin. Elle relaie sur les questions arabes des positions parfois adoptées par des instances du parti. Beaudoin se formalise particulièrement de la position franchement pro-israélienne prise par le gouvernement conservateur de Joe Clark élu en 1979. Mais elle se heurte à la résistance de Morin, un champion de la stratégie de modération. «Moi je poussais dans un sens, lui poussait dans l'autre, pis comme c'était lui qui était le ministre, ça finissait qu'on faisait pas grand chose!» explique-t-elle.

Le penchant pro-arabe est cependant assez systématique. Le Livre blanc sur la souveraineté-association, publié en 1979, devait donner une idée du nombre de représentations qu'un Québec indépendant ouvrirait à l'étranger. En mai, une version préliminaire du texte ne mentionne aucun pays arabe. Le Québec a déjà, à l'époque, une délégation à Beyrouth. Mais en octobre, quelqu'un ajoute l'Algérie, l'Irak et l'Arabie Saoudite à la liste. Le mot Irak est ultérieurement biffé, mais au total Québec aurait eu quatre bureaux en terre hostile à Israël, aucun dans l'État juif.

Toute l'affaire est un peu folklorique et se résume à une poignée d'individus. «Mais quand vous ne savez pas ça, explique Feldman, vous constatez qu'une haute responsable proche du pouvoir produit ce type de déclarations (...) ça rendait les gens perplexes.» Personne, apparemment, ne s'avise que les impératifs de politique intérieure montréalaise et extérieure américaine exigent de reporter à un lointain futur le développement d'une politique québécoise au Proche-Orient. Ce qui en dit long sur la déconnexion et l'amateurisme qui règnent à ce sujet à Québec.

Le ministre Bernard Landry est envoyé à New York en «pèlerinage très important», dit-il, chez l'ex-montréalais Edgar Bronfman Sr., président de Seagram (et frère de Charles). Éminence grise de la communauté juive nord-américaine, il dirige le World Jewish Congress, met sa fortune au service de la communauté juive et, parfois, de candidats démocrates. En septembre 1977, dans *Newsweek*, ce naturalisé américain a offert sa propre solution à la crise canadienne: un État central fort, à l'américaine, «plutôt que le glissement rétrograde vers le provincialisme».

Landry a deux objectifs: faire comprendre au leader juif que «l'extrême droite, c'est tout le contraire de ce qu'on représente» et que le Parti québécois «reconnaît le droit à l'existence d'Israël». Il ne faut donc pas s'en faire avec les positions pro-palestiniennes, qui viennent «du mouvement syndical», explique-t-il. Devant le Rodin qui orne le hall d'entrée de la résidence Bronfman, Landry rappelle aussi au propriétaire — «très courtois» — l'expérience de Lévesque pendant la guerre et souligne la présence d'un Juif, Henry Milner, à l'exécutif national du PQ. Il repart sans savoir s'il a convaincu, mais avec la satisfaction d'avoir été entendu.

Le stigmate antisémite ne cesse de tourmenter Lévesque. Feldman se souvient d'une autre occasion, plus tardive, où le Premier ministre trébuche encore sur la question juive. À la fin de son mandat, au printemps 1985, il est reçu à Boston par le gouverneur Michael Dukakis. C'est l'époque où les Américains sont divisés sur la décision du président Ronald Reagan de se rendre à Bitburg, un cimetière allemand où sont enterrés des officiers SS.

Lévesque explique alors «comment nous pouvons tous être amis puisque si le Président va à Bitburg cela prouve que même les ennemis peuvent devenir amis». Cette déclaration «extraordinairement idiote» terminée, selon Feldman, des murmures réprobateurs traversent la salle. Notamment parce que Kitty Dukakis, l'épouse du gouverneur, est non seulement juive, mais membre de la Commission nationale sur l'holocauste, et scandalisée, comme tous les Juifs du pays, du projet de visite présidentielle. Lévesque «était à l'évidence inconscient de la signification de ce qu'il avait dit», explique Feldman. Son hypothèse: empêtré dans sa bonne volonté, Lévesque tente gauchement de panser une plaie, mais ne parvient qu'à y jeter du sel. Il le fait parce que les accusations d'antisémitisme, pense Feldman, «l'ont préoccupé jusqu'au bout».

«*Anyway, we don't trust you!*»

Sur la question du Québec, dans les 18 mois qui ont suivi l'élection du PQ, la presse américaine a dans l'ensemble échoué dans sa tâche pourtant centrale, sa fonction même, de refléter les deux aspects d'un débat émotif et complexe. (Deux exceptions notables: Stanley Meisler du *Los Angeles Times* et Henry Giniger du *New York Times*. Un diplomate canadien à Ottawa se plaint d'ailleurs, dans une dépêche de décembre 1977, que ce dernier est «de plus en plus "compréhensif" envers le gouvernement Lévesque».)

Mais la presse n'est pas la seule force à l'œuvre aux États-Unis pour noircir le dossier québécois. Les rumeurs les plus folles, circulant de Montréal à Toronto, trouvent preneurs à New York comme au Texas.

Bernard Landry se souvient qu'à l'issue d'un discours prononcé à Manhattan, quelqu'un lui a demandé: «Pourquoi avez-vous fermé l'Université McGill?» McGill, un des plus fiers symboles de la communauté anglophone de Montréal, se porte bien, merci. À Toronto, la rumeur veut même qu'on ait interdit les cours en anglais à McGill, et que les cinémas de Montréal ne puissent plus présenter de films en anglais, rapporte Morris Wolfe, journaliste au mensuel torontois *Saturday Night*, qui recense les exagérations véhiculées par le bouche-à-oreille comme par les médias canadiens.

«Quelle amende doit-on payer si la Police de la langue française surprend un citoyen à parler anglais au Québec?» demande un autre auditeur américain à un Claude Morin qui n'en revient pas.

Même le président de la Commission des affaires culturelles de New York et ex-danseur étoile, Edward Villella, affirme que s'il devait monter un ballet à Montréal, il hésiterait. «Je me demanderais: "Quel est le vent politique dominant? Devrais-je employer seulement des artistes canadiens-français?" Si oui, j'y songerais à deux fois!»

Un jour, à Austin, au Texas, un auditeur apostrophe le ministre Morin sur un thème facile. Morin le détrompe, explique la réelle position de son gouvernement, content de pouvoir aborder une question où il est franchement sur la même longueur d'ondes que son interlocuteur. Louise Beaudoin, qui assiste à la scène, se souvient de la réaction du Texan qui, à court d'arguments, se lève et affirme:

«*Anyway, we don't trust you!* (De toute façon, on ne vous fait pas confiance.)

«Là, Claude et moi on s'est dit, c'est le fond du problème. On avait beau dire n'importe quoi, le fond c'était la confiance. "*We don't trust you!*"»

«Il y avait comme un barrage», dit Beaudoin qui accompagne le ministre dans plusieurs de ces causeries, «de la méfiance très souvent,

Le président Franklin Delano Roosevelt. Une solution aux problèmes canadiens-français: l'assimilation. *Black Star*

Lévesque, correspondant de guerre dans la U.S. Army. Roosevelt était pourtant son idole. *Québec/Amérique*

Kennedy en 1961 aux Communes. Les voix franco-américaines, dit-il, «suffisent à déterminer l'issue d'une élection». Dont la sienne en 1952. *Canapress*

L'Irlandais et le Franco-Américain. John F. Kennedy et le père Armand Morissette, une passion commune pour l'autodétermination des peuples. *Armand Morissette*

Kennedy avec son secrétaire d'État Dean Rusk. Une discussion sur «l'intérêt national américain» et l'indépendance du Québec. *Canapress*

De Gaulle au balcon. Viser le Canada pour frapper les États-Unis? *Canapress*

George Ball, stratège américain, en 1965. Il aurait noyé le Québec dans une confédération de cinq pays anglophones, dont les États-Unis. *Canapress*

Le super espion James Angleton, avec le chapeau *Homburg* qui était devenu son symbole. Il pensait que le KGB, infiltré dans les services secrets français, tirait les ficelles de la violence québécoise. *Dennis Brack/Five Star*

Langley, «l'immeuble mythique» de la CIA près de Washington. Après la crise d'octobre 1970, des spécialistes du Québec y interrogent un officier de la GRC. *Fred Ward/Black Star*

Richard Nixon et Pierre Trudeau. Une solide inimitié. *Canapress*

Alfred Hero, universitaire américain. Un des seuls alliés du Québec aux États-Unis. *Centre québécois de relations internationales (CQRI)*

Une base radar de la ligne Pinetree au Québec (mont Apica). La tâche québécoise dans le NORAD: détecter l'arrivée de bombardiers soviétiques... *Forces canadiennes*

.. et les intercepter. Un avion chasseur Voodo, comme il y en avait à Bagotville, Québec, et son ennemi présumé, le bombardier soviétique. *Forces canadiennes*

Le Pentagone. La valeur stratégique du Québec laissait les militaires américains indifférents. *Jim Pickerell/Black Star*

Paul Desmarais, président de Power Corporation, et Ian Sinclair, président de Canadien Pacifique. Les deux coursiers les plus riches du monde. *Canapress*

Thomas Enders, ambassadeur américain à Québec de 1975 à 1979. Pierre Trudeau, Paul Desmarais et Ian Sinclair viennent plaider chez lui, après l'élection de Lévesque, la cause d'un Canada uni. *Canapress*

Lévesque et Parizeau. Pour les investisseurs de Wall Street, des messagers de malheur. *Canapress*

Georges Lafond, vice-président d'Hydro-Québec. Après l'Economic Club, il doit réparer les pots cassés. *Hydro-Québec*

René Lévesque à l'Economic Club en janvier 1977. Dans le smoking loué qu'il déteste, avant de faire le plus grand four de sa carrière. *Canapress*

Le Sommet de février 1977 à Washington. Pierre Trudeau vient demander au président Jimmy Carter de voter NON. *Canapress*

Trudeau au Congrès américain. Il veut les effrayer. L'indépendance du Québec, dit-il, serait «un crime contre l'histoire de l'humanité». *Canapress*

Zbigniew Brzezinski, conseiller du président Carter pour la sécurité nationale. La pensée de cet ancien Montréalais sur l'indépendance du Québec est aussi cruciale qu'énigmatique. *Black Star*

La crise du pétrole. En 1977, elle déchire les États-Unis. Le pétrole de l'Alberta serait bien utile... *Canapress*

Claude Morin, le diplomate en chef de
René Lévesque. Pour «neutraliser» les
États-Unis dans le débat référendaire, il
invente «l'Opération Amérique».
Canapress

Francis Terry McNamara, consul général
à Québec de 1975 à 1979. Dans des
dépêches diplomatiques ironiques et
informées, il suit à la trace la «paire de
prestidigitateurs» politiques Claude
Morin et René Lévesque. *Le Soleil*

Le Gouvernement du Québec a fait connaître sa proposition d'en arriver, avec le reste
du Canada, à une nouvelle entente fondée sur
le principe de l'égalité des peuples;

cette entente permettrait au Québec d'ac-
quérir le pouvoir exclusif de faire ses lois, de
percevoir ses impôts et d'établir ses relations
extérieures, ce qui est la souveraineté — et,
en même temps, de maintenir avec le Canada
une association économique comportant l'utilisation de la même monnaie;

aucun changement de statut politique
résultant de ces négociations ne sera réalisé
sans l'accord de la population lors d'un autre
référendum;

en conséquence, accordez-vous au Gouvernement du Québec le mandat de négocier
l'entente proposée entre le Québec et le Canada?

Pierre Trudeau avec le Secrétaire d'État Cyrus Vance, à Ottawa, 27 jours avant le référendum. L'heure de vérité: l'Américain vient-il convaincre les Québécois de dire NON à la souveraineté? *Canapress*

The Government of Québec has made public its proposal to negotiate a new agreement with the rest of Canada, based on the equality of nations;

this agreement would enable Québec to acquire the exclusive power to make its laws, levy its taxes and establish relations abroad — in other words, sovereignty — and at the same time, to maintain with Canada an economic association including a common currency;

no change in political status resulting from these negotiations will be effected without approval by the people through another referendum;

on these terms, do you give the Government of Québec the mandate to negotiate the proposed agreement between Québec and Canada?

Le bulletin du référendum, le 20 mai 1980. Une inconnue: le vote de Washington.

George Jaeger, consul général à Québec de 1979 à 1983. Une double personnalité, un don pour le psychodrame. *Le Soleil*

Le sénateur Jesse Helms. L'homme le plus à droite du Congrès américain multiplie les gentillesses à l'égard de René Lévesque pour narguer le «socialiste» Pierre Trudeau. *Dennis Brack/Black Star*

René Lévesque et Jacques-Yvan Morin à Washington le 14 juillet 1982. Un mariage de convenance avec la droite reaganienne. *Canapress*

Ronald Reagan et Brian Mulroney, deux Irlandais au Sommet de Québec en mars 1985. Et René Lévesque. «Puisqu'on ne pouvait trouver en nous une maudite goutte de ce noble sang irlandais où que ce soit», dit-il, un peu amer, le lendemain, «on a eu un peu l'air de moujiks.» *Canapress*

En novembre 1987, Pierre Trudeau est aux funérailles de son frère ennemi. Mais Washington n'envoie pas de fleurs. *Canapress*

une espèce d'indifférence, de toute façon, qu'il fallait percer.... "Qui sont ces zozos, ces farfelus qui essaient de changer l'équilibre stratégique nord-américain?"», semblait demander le public de l'Amérique profonde.

Morin raconte qu'il passait souvent le plus clair de son temps à expliquer l'abc de la réalité canadienne. L'existence du Québec francophone. La différence entre les Québécois et les immigrants. Entre les provinces et les États. Entre les Québécois et les Cajuns. «Parfois même, la substance de mes interventions, mon message en somme, consistait presque exclusivement à établir ces faits», note Morin. Il affirme avoir fait entre 15 et 20 de ces brefs séjours américains, parlant surtout aux sections locales du Council on Foreign Relations, ces petites assemblées où élus locaux, universitaires, hommes d'affaires et journalistes intéressés viennent prendre le pouls du reste du monde. Jamais Morin n'invite la presse québécoise ou ne l'informe même de ces excursions, sachant le mauvais effet qu'une seule question agressive provenant la plupart du temps, dit-il, d'un Canadien anglais local, peut faire une fois relayée par la presse québécoise.

«Au moins, dit Beaudoin en haussant les épaules, on neutralisait une certaine agressivité.

«C'était dur.»

La diplomatie canadienne: l'indispensable ennemi

Les leaders péquistes ont longtemps accusé les diplomates canadiens aux États-Unis de brandir l'épouvantail du méchant Québécois. Aucune preuve ne vient étayer cette affirmation, bien au contraire. Les diplomates canadiens pèchent sans doute par omission, ne rectifiant pas les contre-vérités et exagérations publiées ici et là —aucune réaction à l'article de Scully, par exemple. Bien sûr, ils tentent d'empêcher les contacts directs entre Québec et Washington.

Mais les efforts du personnel du ministère des Affaires intergouvernementales du Québec pour trouver un témoignage de «sabotage» fédéral sont vains. Les copies de discours qu'ils obtiennent de tel ambassadeur ou de tel consul canadien aux USA, par exemple, sont des chefs-d'œuvre de retenue et d'équilibre, exposant parfois avec force la légitimité des revendications des francophones canadiens tout autant que la certitude que le Canada en son entier pourra y répondre.

Sur le terrain, les rapports entre diplomates québécois et canadiens passent du bain tourbillon à la douche froide. À New York, par exemple, la Délégation générale du Québec accuse le Consulat général canadien de traîner les pieds lorsqu'il s'agit de représenter Québec à l'ONU — une zone grise de représentation internationale où Ottawa a tout intérêt à freiner les ambitions québécoises — et de mal expliquer la nouvelle loi 101, qui fait du français la seule langue officielle du Québec. (Essentiellement, la loi impose l'affichage unilingue francophone, restreint l'accès à un réseau scolaire anglophone par ailleurs bien nanti, établi la primauté du français comme langue de travail, de la justice et du gouvernement, et oblige le riche réseau hospitalier anglophone à offrir des services en français aux patients qui le désirent.)

Mais à New York les Québécois font un faux procès aux Canadiens puisqu'en ce qui concerne l'immigration, le Consulat prend grand soin de n'utiliser que des agents d'immigration d'origine québécoise pour répondre aux questions des candidats qui désirent s'installer au Québec. Face aux hommes d'affaires, par contre, les agents consulaires originaires de Brandon ou de Moose Jaw éprouvent sans doute quelques difficultés à justifier les subtilités de la loi.

Plus grave, le délégué général, Marcel Bergeron, trouve les conseillers économiques canadiens plus efficaces lorsqu'il s'agit de promouvoir les produits ontariens: «On ne peut pas leur en vouloir, c'est naturel qu'ils vendent ce qu'ils connaissent le mieux.» Une affirmation que le consul général canadien, Barry Steers, reçoit comme une insulte personnelle, lui qui estime que son équipe est largement responsable des succès d'exportation aux États-Unis de l'industrie montréalaise du textile.

En fait, le gouvernement du Québec doit deux ou trois fières chandelles au personnel diplomatique canadien de New York. Les explications de First Boston et d'Hydro-Québec n'ont nullement suffi à convaincre les firmes de cotation Standard and Poor's et Moody's de ne pas abaisser les cotes des obligations du Québec et de l'Hydro en 1977. Des briefings détaillés du Consulat ont fourni la crédibilité sans laquelle les deux firmes se seraient montrées moins sereines. Des investisseurs affolés de lectures indigestes sont plus à même de communiquer avec les Canadiens qu'avec ces Québécois dont on dit tant de mal dans *Barron's*, *Fortune* ou *Financier's*. Un important investisseur de Virginie ayant lu dans ce dernier magazine que les bons du Québec allaient peut-être être remboursés en future monnaie québécoise sans valeur (dans un autre article, *Fortune* se demande si elle s'appellera «le franc»), un diplomate canadien le rassure et évite un brutal retrait de capitaux. L'important Teachers Pension Fund, réticent à acheter de nouveaux bons québécois, se laisse convaincre et investit finalement 40 millions de dollars au Québec après que des conseillers canadiens de New York eurent montré les chiffres, organisé des rendez-vous à Ottawa et à Montréal, notamment chez André Raynauld, l'économiste du Parti libéral québécois.

L'intérêt économique du Canada, tel que le comprend le consul général Steers, est de calmer le jeu, de «promouvoir l'idée de la stabilité et de la continuité au Canada», pas de faire fuir les investisseurs potentiels. Et il est difficile d'attirer les Américains au Nouveau-Brunswick tout en leur parlant de révolution au Québec.

Puisque la tradition diplomatique canado-québécoise l'exige, il y a bien quelques tiraillements de tapis rouges. Comme lorsque Marcel Bergeron et son conseiller Jean-Marc Blondeau ont bruyamment quitté l'avant-première d'une pièce de théâtre canadienne off-Broadway organisée par le Consulat, parce que leurs fauteuils, aux dernières rangées de la minuscule salle, ne seyaient pas à leurs rangs. L'attaché culturel canadien, Guy Plamondon, accusé d'avoir insulté le gratin new-yorkais de la diplomatie québécoise, a dû protester de sa bonne foi (c'était premier arrivé, premier servi, explique-t-il) dans une lettre à Bergeron, dont copie s'est rendue à Ottawa. On a les crises qu'on peut.

Steers, pour sa part, a l'œil sur les allées et venues des Québécois auprès des «consulats étrangers à New York» et des agences gouvernementales américaines et met en garde Ottawa contre ces «tentatives d'établir une présence politique souveraine».

Mais susceptibilités et soupçons n'empêchent pas, à l'occasion, coopération. Jean-Marc Lajoie, alors conseiller économique québécois à New York, confirme que malgré quelques accrochages entre le personnel «politique» de la Délégation et du Consulat, lui et ses collègues canadiens entretiennent de très bons rapports. Il arrive même que Marcel Bergeron et Barry Steers s'assoient à la même table pour mieux harmoniser leurs tirs. «Personne ne dit du mal du Québec dans mes bureaux», tonne Steers. «Et si quelqu'un le faisait, je piquerais une fichue de belle colère!»

Par contre, des contacts personnels directs entre Canadiens anglais influents et Américains sont souvent empreints de la panique qui règne à Toronto et dans le West Island. Willis Armstrong, qui passe sa carrière à entrer et sortir des administrations américaines, membre de l'influent groupe de réflexion politique The Atlantic Council et conseiller, à ses heures, de la CIA, raconte qu'à l'approche du référendum, «de très importants hommes d'affaires», qu'il refuse de nommer, l'ont entrepris dans le décor feutré d'un club privé de Toronto.

«Nous sommes fous d'inquiétude, vous devriez l'être aussi», lui disent-ils. «Si une guerre civile éclatait chez nous, viendriez-vous à notre rescousse?» Armstrong reste de glace. «Je ne vais pas être aussi apeuré que vous voudriez que je le sois. Je suis allé au Québec et ils ne m'inspirent aucune crainte.»

Bernard Landry affirme surprendre un général canadien en train de tracer un alarmant portrait à un diplomate américain. «Ce sont de véritables socialistes, des gauchistes dangereux», dit le général, décrivant les péquistes. Le ministre accoste ensuite le diplomate pour donner sa réplique idéologique. «Mais la crédibilité d'un "socialo-communiste" face à un général...», soupire Landry.

Bourassa: la traversée du disert

Puis il y a Robert Bourassa.

Après sa défaite, le premier ministre a choisi l'exil. Aux États-Unis, il donne des conférences, réside un temps à Washington où il est professeur invité au Centre d'études canadiennes du Johns Hopkins University. L'endroit sert de caisse de résonnance et de lieu de rencontre aux spécialistes américains du Canada, d'interface entre l'administration, le monde universitaire et l'ambassade canadienne voisine.

Quand Claude Morin vient parler aux étudiants de Johns Hopkins en avril 1978, il fait face à un auditoire bien préparé... par leur professeur Bourassa. Quand Bernard Landry se rend à Chicago pour présenter ses arguments aux universitaires... il tombe sur des jeunes qui ont assimilé les arguments que leur a servis un Robert Bourassa de passage la semaine précédente. Pour les péquistes en vadrouille aux États-Unis, Bourassa est une malédiction qui ne veut pas mourir.

L'ancien premier ministre ne mène cependant aucune cabale antiquébécoise pendant son long séjour washingtonien. John Anderson, l'éditorialiste du *Post* que Bourassa invite un jour pour un brin de causette, a souvent rencontré «de ces gens qui ont perdu des élections et qui vous disent [parlant des vainqueurs] "attention ce sont des communistes!"» Mais Bourassa, dit Anderson, «n'était pas très véhément». Que disait-il? Rien de mémorable, selon l'éditorialiste. «C'était juste un type de plus qui avait perdu ses élections.»

Il y a une forte dose de nostalgie dans les années d'exil de Robert Bourassa. Est-ce l'éloignement, la volonté de rentrer dans le rang, ou la réapparition d'un vieux virus souverainiste qu'il aurait attrapé dix ans plutôt au contact de Lévesque mais qu'il a soigné depuis pour cause de carrière politique? Quelle qu'ait été sa motivation, le fait est qu'un temps, Bourassa joue avec l'idée d'appuyer le projet de souveraineté-association.

Il s'en ouvre à Claude Morin et à Louise Beaudoin, qu'il croise à Bruxelles, Paris, Washington et Montréal. Mais il a une condition. Il faudrait selon lui que le projet d'association comprenne une espèce de parlement fédéral commun, formé de députés élus et doté d'un certain nombre de pouvoirs. Avec une telle proposition, dit-il, «80% des

Québécois voteraient oui», lui compris. Morin, qui n'est pas le dernier venu dans l'entreprise de dilution de l'option indépendantiste, trouve cependant que la proposition arrache le cœur de l'idée de souveraineté, et non plus seulement l'épiderme et les terminaisons, que lui et Lévesque veulent bien sacrifier. Morin se méfie aussi de ce rival politique, et ne s'accroche pas à la perche, si perche il y a, tendue.

La démarche prouve, s'il en était besoin, que l'ancien chef libéral meurt d'envie de revenir dans l'arène. Il ne vit que de politique québécoise et, même à l'étranger, suit pas à pas les développements de la conjoncture. Sachant que Morin vient à Washington, Bourassa l'appelle et lui demande, en vieux compagnon de travail — car Morin fut aussi son expert constitutionnel — d'apporter des journaux et des *Argus*, la revue de presse quotidienne du gouvernement québécois.

Après une longue discussion qu'ont les deux hommes dans la chambre d'hôtel du ministre à Washington, Morin regarde par la fenêtre l'ancien chef du Québec. «Le voir s'en aller dans la rue, avec son paquet de journaux, chercher un taxi, c'était à la fois triste et symbolique», raconte Morin. «Il était vraiment tout seul.»

Les absents sont toujours tard

Les forces médiatiques et les réseaux de relations personnelles qui se conjuguent à partir de 15 novembre 1976 pour ériger une digue idéologique anti-souverainiste ont un effet d'autant plus démesuré que le Québec en tant qu'État et les indépendantistes en tant que parti ont commis l'erreur stratégique de ne pas préparer le plus petit bout de terrain.

Vingt-deux ans ont passé depuis qu'André Patry a constaté «l'urgence» d'entreprendre un «véritable effort d'éducation auprès des milieux capables de nous venir en aide quand il sera nécessaire». Personne, depuis, n'a cultivé le jardin américain. Les rachitiques bureaux du Québec à New York, Boston et Los Angeles s'occupent strictement d'économie, pas de politique, ni de relations publiques. Et aujourd'hui que le Québec a besoin aux États-Unis, sinon d'alliés, du moins d'oreilles informées, il ne trouve que des visages fermés ou incrédules.

Non que le Parti québécois n'ait pas eu, depuis le début, conscience de l'enjeu. Courtiser les Américains? «Il y avait toujours au parti du monde qui disait ça, il n'y a jamais eu personne pour le faire», affirme Louise Beaudoin. «Personne qui avait le feu sacré» américain, comme elle-même et quelques autres ont le «feu sacré» français.

On le sait, Lévesque pense pouvoir amadouer tout le continent à lui seul, en quelques apparitions télévisées où son charme et son honnêteté, transperçant l'écran, feraient vibrer chez les auditeurs quelque vieille corde révolutionnaire.

Mais même Lévesque, dans l'interview futuro-rétrospective donnée à Peter Desbarats en 1969, donnait le scénario de ce que son parti devait faire, dans les années précédant son accession au pouvoir: «mettre sur pied des bureaux du parti à New York et aux Nations Unies, à Washington et à Boston et établir des relations assez étroites et fructueuses avec les groupes franco-américains de la Nouvelle-Angleterre». Lors de l'élection du PQ, le nouveau gouvernement devait «empocher les dividendes de cet effort de représentation», nommément «une compréhension beaucoup plus grande du côté américain que quiconque l'avait espéré».

Lévesque, on l'a vu, répondait toujours «présent» lorsqu'un diplomate américain voulait le rencontrer. Mais ni bureaux de Washington et de New York, ni effort concerté pour habituer les esprits du sud à l'idée d'indépendance ne voient le jour. Le Parti québécois, absent, a tous les torts.

Une de ses rares apparitions à New York, au prestigieux Council on Foreign Relations en 1972 — il s'agit de la maison mère, la mieux fréquentée — est encore fraîche à la mémoire d'un témoin sympathisant, l'universitaire d'origine louisianaise Al Hero.

Le Council reçoit chaque semaine hommes d'États, banquiers et grands de ce monde, selon des règles strictes et rigoureusement observées. Le discours commence à 17h30, dure précisément une demi-heure. La seconde demi-heure est consacrée aux questions. À 18h30, tout le monde se lève et se précipite vers les limousines ou les trains de banlieue. Les discussions sont à huis clos. C'est un briefing sur invitation seulement. Souvent, quelques membres du groupe sélect dînent avec l'invité.

Lorsque Bourassa y avait fait une première apparition, avant son élection au début de 1970, il avait épaté ses hôtes. Selon un diplomate canadien qui a recueilli les commentaires des participants, le futur premier ministre était «excellent» et a «impressionné les membres du Council par sa modestie et son absence totale d'arrogance». Certains affirment que le leader libéral — un participant le trouve, à 37 ans, un peu trop jeune pour diriger un gouvernement — fait preuve d'une «maîtrise détaillée des sujets touchant la situation économique et politique actuelle». Ses analyses montrent qu'il a «réfléchi aux problèmes et aux solutions de la manière la plus satisfaisante qui soit». Autre bonne note: Bourassa est arrivé à l'heure.

«Lévesque, comme c'est souvent le cas, est arrivé en retard», raconte Hero. «Le Council n'est pas habitué à attendre», ajoute-t-il. Plusieurs membres, froissés de cette inconvenance, partent avant que l'indépendantiste ne se présente. Hero a ensuite «toutes les misères du monde à trouver des gens pour venir manger avec lui». Finalement, quatre personnes seulement, trois universitaires et le président du Council, William Diebold, parlant tous un excellent français, accompagnent l'invité indiscipliné dans un club privé de New York.

Les propos que tient René Lévesque devant les membres du Council, puis au dîner, convainquent Hero de la «terrible naïveté» du politicien québécois quant aux rapports avec les États-Unis. Sur la participation du Québec aux alliances militaires, par exemple, le chef du PQ peste contre «ces symboles» qui «ne veulent rien dire». Tout au plus, dit-il, «j'accepterais probablement de maintenir la contribution [du Québec] si les Américains voulaient régler la note»! Quant au contrôle des leviers économiques, Lévesque utilise une manière désastreuse de présenter les choses, «une catastrophe de relations publiques»: il dit ne voir aucun inconvénient à ce que les Américains gardent «le contrôle complet de Pepsi-Cola».

«Les gens étaient renversés», dit Hero. Le leader nationaliste fait la liste de ses états de service dans l'armée, parle de son amour pour le pays, pour la région de Boston, et jure qu'il préfère les Américains aux Français «rouspéteurs, grincheux, condescendants et snobs», donne donc tous les signes de pro-américanisme. Cela ne cache pas le fait qu'il «ne sait pas parler avec autorité des États-Unis», songe Hero. Pour cet auditoire, c'est bien gentil, mais un peut court.

«Je me souviens avoir pensé que si ce type prenait le pouvoir et venait aux États-Unis avec ce genre de discours, il se ferait massacrer», dit l'universitaire Hero.

Si Lévesque, et même Parizeau à l'époque, suscitent ce genre de réaction chez les Américains qu'ils côtoient, il n'est peut-être pas plus mal pour leur réputation que le Département d'État considère les péquistes comme des lépreux politiques desquels il ne faut surtout pas s'approcher. Dès 1972, le Département d'État, par la voix de Rufus Smith, statue que «des représentants américains doivent se garder de participer à des discussions», débats ou rencontres universitaires auxquels des membres du PQ sont invités.

L'ambassade américaine à Ottawa prend même la peine d'aviser les ambassades des USA en Europe de n'offrir «absolument aucun encouragement, social ou autre» à Lévesque qui entreprend en juin 1972 une mini-tournée européenne.

La mesure, que Hero et d'autres organisateurs de conférences sur le Canada trouvent bornée et injustifiable, limite effectivement aux seuls diplomates envoyés au Québec, et souvent en instance de retraite, la répugnante tâche de frayer avec les séparatistes.

Tout contact avec le Québec doit être avalisé par Ottawa, même lorsqu'il s'agit, en 1968, de remercier verbalement le premier ministre Daniel Johnson pour le mot de condoléances envoyé à la Maison-Blanche au lendemain de la mort de Robert Kennedy.

En juillet 1976, quand René Lévesque envoie un message de félicitations au président Gerald Ford à l'occasion du bicentenaire de la révolution américaine (décidément, c'est une idée fixe), le Département d'État n'ose imaginer que la Maison-Blanche puisse lui répondre directement. Il est vrai que le Québécois inclut dans son message un passage politique lourd de sens, où il note que la déclaration d'indépendance de 1776 demeure «chez nous... une puissante source d'inspiration pour tous ceux qui espèrent accéder à leur tour à cette liberté et à cette souveraineté...» Washington demande au consulat de Québec d'informer verbalement Lévesque (car les écrits restent) que son message a été reçu.

À Québec, pendant ces années d'opposition, le consul général Everett Melby use d'ailleurs de la plus grande discrétion lorsqu'il rencontre des membres de la députation péquiste et se trouve un peu embarrassé lorsque le ministre libéral Guy Saint-Pierre le surprend dans un restaurant de Québec en compagnie de nul autre que le député «socialiste» du PQ, Robert Burns. Melby évite scrupuleusement d'inviter des péquistes aux cocktails qu'il donne à sa résidence, ce qui est dommage car, explique-t-il, «les péquistes parlaient mieux anglais que les libéraux, notamment Parizeau qui pourrait passer pour un lord anglais».

Privés de tout contact avec les péquistes, les diplomates américains à Washington ont toutefois sur place un Québécois énergique et passionné qui leur explique sans détour les tenants et les aboutissants de la situation. Marcel Cadieux, premier ambassadeur francophone du Canada à Washington, une des chevilles ouvrières de la bilinguisation de l'État fédéral et de l'effort diplomatique d'Ottawa envers la francophonie, sème à tout vent la bonne parole d'un Canada bilingue selon la pensée trudeauiste. «Il était complètement plongé dans le problème, on ne pouvait pas aller manger avec lui sans en entendre parler», se souviennent ses amis, Willis Armstrong, George Springsteen.

Brillant, persuasif et, parce que francophone, éminemment crédible, Cadieux est véhément lorsque le sujet du séparatisme est abordé. Il ne fait pas de quartier, mais on se souvient à Washington que son épouse,

Anita, est encore moins tendre que lui à l'endroit des péquistes.

Cadieux raconte d'ailleurs comment, ayant appris qu'il était une cible potentielle du FLQ au début des années soixante-dix, il avait adressé au leader du Front de la région d'Ottawa-Hull un message sans équivoque. Cadieux, sans doute informé par la GRC, savait que le felquiste avait un frère qui travaillait au ministère des Relations extérieures. Il lui a tenu ces propos: «Dis à ton frère que si quoi que ce soit arrive à ma femme ou à mes enfants, il est mort».

L'anecdote fait grand effet sur Armstrong. «Marcel était un dur à cuire», dit-il.

Architecte conscient de son propre isolement politique américain — dans le droit fil des gouvernements québécois nationalistes successifs qui font l'impasse au sud pour ne courtiser que la France — le Parti québécois paie au pouvoir le prix de son insouciance passée, de sa bévue stratégique.

S'il veut neutraliser la voix américaine à l'approche du référendum, une condition qu'il juge indispensable à la victoire de son projet, il lui faut renverser la vapeur chez cette partie de l'opinion publique américaine qui peut infléchir la position gouvernementale: membres des Councils on Foreign Relations, lecteurs du *Post*, du *Atlantic*, de *Commentary*, cadres de l'appareil d'État et conseillers de congressmen. Pour l'instant, abreuvés aux seuls robinets du négativisme et de la paranoïa, ils donnent les signes extérieurs de militants convaincus du comité du NON.

13
Opération Amérique

Les neuf dixièmes de la diplomatie,
c'est d'être là.
Adage diplomatique.

La tentation est forte, dans les milieux gouvernementaux québécois, de bouder les Américains. De les placer définitivement dans la colonne «ennemis». De démissionner devant l'énormité de la tâche.

L'arme suprême, le chef pro-américain du PQ en personne, n'a pas passé la rampe. Pourquoi gaspiller son énergie dans une cause perdue, alors que cent dossiers occupent le fébrile gouvernement? Nettoyer les caisses électorales et réinventer l'assurance-automobile, dépoussiérer le zonage agricole et franciser le paysage linguistique, hausser le salaire minimum et protéger, comme personne d'autre sur le continent, les grévistes contre les *scabs*. Par-dessus tout, préparer les esprits pour le grand défi référendaire.

Au lendemain des déclarations de Jimmy Carter au sommet de février 1977 avec Trudeau, René Lévesque, dont les rêves de «sympathie et compréhension» américaines ont péri un mois plus tôt à New York, commente en haussant les épaules: «On va vivre avec ça.» La petite promesse du Président de ne pas intervenir, son insistance sur le fait que «c'est aux Canadiens de décider» semblent écarter le pire.

Outre la certitude de ne pouvoir se mesurer à la machine diplomatique fédérale sur le terrain américain, quatre arguments militent en faveur de l'immobilisme.

«Faut-il réveiller le chat qui dort?» demandent d'abord les fonctionnaires québécois qui craignent d'être mangés. La peur du géant américain paralyse les frileuses velléités.

Ensuite, mais cela coule d'une même source, ils souffrent d'une remarquable ignorance de la réalité du pouvoir américain. Washington leur donne l'impression d'un mystérieux monolithe, organisé, efficace, implacable. Y mettre le doigt, c'est se le faire couper. En réalité, bien plus qu'à Paris, le pouvoir y est fluide, morcelé, constamment changeant et superbement perméable aux corps étrangers.

Cette méprise a un corollaire: la certitude que, Washington formant un organisme cohérent, point n'est besoin de s'y rendre pour en prendre le pouls. «Il n'est pas démontré que le fait d'avoir quelqu'un avec un bureau dans une ville va mieux renseigner ses mandataires», explique Claude Morin, qui a d'habitude de meilleures intuitions. Or Washington, plus encore que Québec ou Ottawa et à cause de sa complexité, est une ville qui ne se lit correctement que de l'intérieur. Même de New York, on a peine à faire le tri entre ce qui est primordial, secondaire ou insignifiant, ce qui était vrai la semaine dernière, faux cette semaine, sera jugé inconstitutionnel la semaine suivante, obligatoire le mois d'après.

L'écran légal, troisièmement, bloque la vue de la diplomatie québécoise. Pour qu'un diplomate provincial ouvre son bureau à Washington — ou à Kalamazoo, d'ailleurs — il lui faut en principe la double estampille de Washington et d'Ottawa. Il lui faut remplir des formulaires annuels d'activités et de dépenses, justifier le moindre écrit à caractère politique. Or le Département d'État a pris la ferme décision de ne reconnaître officiellement qu'une sorte de Canadiens à Washington: les fédéraux. Un temps, le Département refuse même d'envoyer à la Délégation générale du Québec à New York copies de documents officiels publics et mis à la disposition du premier piéton venu. «Adressez-vous à votre ambassade», répond-on aux Québécois dépités.

Le personnel diplomatique américain à Québec, Montréal et Ottawa, finalement, joue parfaitement sa partition d'étouffoir. «Ils nous disaient de garder un profil bas», de ne pas faire de vagues, de rester tranquillement chez nous, racontent plusieurs de leurs interlocuteurs. Des réponses motivées par une double logique: relayer les instructions envoyées de Washington, assurer la suprématie de leur propre rôle. Seuls gardiens de cet unique canal de communication, ils sont influents à Québec, écoutés à Washington. Contournés, débordés par leurs «clients» québécois (c'est le terme consacré), ils ne seraient plus guère que des boîtes aux lettres.

Ironiquement, les Américains, et des membres de l'entourage de Trudeau, sont certains que le nouveau gouvernement du Québec va immédiatement se lancer dans une campagne agressive et, croient-ils, potentiellement fructueuse, pour établir sa crédibilité et chercher des alliés au sud. C'est pourquoi l'ambassadeur Thomas Enders s'épuise au téléphone pour tenter de prévenir l'assaut péquiste. C'est pourquoi aussi l'étude «La situation du Québec» d'août 1977 du Département d'État informe ses lecteurs très sélects que «le Québec va tenter de mettre les USA de son côté», et d'enrôler notamment les Franco-Américains «qui pourraient user de leur influence sur le gouvernement américain et le Congrès».

Lorsqu'on explique aux responsables américains que les Québécois ne se sentaient pas légalement autorisés à mettre pied à Washington, on voit un large sourire fendre leurs visages. L'Ontario a longtemps eu son lobbyiste, sous un déguisement transparent. Il y a cent façons d'être présents si on le désire vraiment. Un opportun comité d'amitié Québec-Amérique peut avoir une antenne. Hydro-Québec peut ouvrir un bureau de complaisance. Le quotidien *Le Jour*, devenu hebdomadaire au début du mandat Lévesque, peut envoyer un pseudo-correspondant. Ce que peut faire d'ailleurs une simple feuille du Parti québécois. *La Pravda* a bien son bureau!

Et puis, si le Département ferme «officiellement» ses portes, émet dûment tous les sons qu'Ottawa veut entendre, qui ne connaît les entrées dérobées qui transpercent *Foggy Bottom* comme un gruyère? Et des portes, le pouvoir américain en a des milliers. Il faut des livres entiers, à Washington, pour les répertorier.

En fait, Washington attend les Québécois. Washington s'attend à ce que les Québécois arrivent. C'est presque un test de volonté, de compétence.

Par le trou de la serrure

Le gouvernement Lévesque a deux alliés au sud: Elliot Feldman et Alfred Hero. À eux deux, ils forment toute la «mafia québécoise» aux États-Unis. Organisent des conférences, facilitent les contacts, passent des messages.

Hero, brillant universitaire originaire de Louisiane, est en fait le seul véritable expert américain des affaires québécoises. Directeur, à Boston, de la World Peace Foundation, il suit le dossier et écrit sur le sujet depuis les années soixante. Il est incontournable.

C'est ce qui le rend si utile.

Au début de 1977, le Département d'État s'avise d'organiser, pour les responsables des dossiers canadiens et européens dans l'administration, une conférence de deux jours sur les mouvements séparatistes. Québec, Pays Basque, Écosse, quelques autres. Pendant deux jours, sous le couvert d'un *think-tank* washingtonien, une vingtaine de fonctionnaires se réunissent en secret à Airlie House, en banlieue de Washington, pour entendre une série de conférences et parfaire leurs connaissances. Y assistent des représentants du département du Trésor, du Commerce, du Pentagone, du NSC, toute la colonie. Un représentant de la division des analyses de la CIA, section économie, est aussi présent. Pas de secrétaires ou de sous-secrétaires, mais de ces cadres de moyen niveau qui gèrent les dossiers, écrivent les recommandations.

On demande à Al Hero de préparer une des deux présentations québécoises. Au départ, il suggère aux organisateurs d'inviter carrément un nationaliste québécois, un Écossais, etc. On lui rétorque que seuls les Américains sont conviés. Soit, répond-il, mais il présentera d'abord son texte, pour commentaires, à des Québébois nationalistes de ses amis. «La position des fédéralistes, explique-t-il, je la connaissais déjà.»

Ce n'est pas une boutade. Hero, favorable au combat souverainiste, est le plus critique des alliés. Il vitupère contre le manque de préparation du nouveau gouvernement face aux États-Unis. Il dénonce son amateurisme et sa naïveté. Entretient même quelques doutes sur ses compétences.

Lorsqu'il écrit son document, qui fera 24 pages, il critique d'abord assez durement le nouveau pouvoir sur ce point, une position qui n'est pas pour rassurer son auditoire. Mais lorsqu'il distribue des copies de son brouillon au Québec, certains de ses interlocuteurs, proches du PQ, modèrent ses ardeurs.

Un de ses lecteurs est Richard Pouliot... l'homme choisi par Claude Morin pour organiser la diplomatie québécoise aux États-Unis.

«Je ne pense pas qu'ils aient changé l'orientation générale du texte», affirme Hero, qui, guidé par son honnêteté intellectuelle plutôt que par ses sympathies, déclare aux cadres américains: «Il est difficile de concevoir comment un Québec indépendant pourrait directement ou indirectement servir les intérêts des États-Unis à long terme.»

Hero explique cependant que «tout le bout sur le PQ qui n'arrivait pas à ajuster sa politique face aux USA, je l'ai atténué au grand complet». Car ses lecteurs, dont Pouliot, font valoir que le PQ «ne pensait pas être élu, vient tout juste de prendre le pouvoir, a écrit [des plates-formes électorales ambiguës] pour être élu». Avec un peu de temps, plaident-ils, on finira par rectifier le tir.

Si ces interventions atténuent son propos, il serait intéressant de voir le brouillon d'origine. Aux fonctionnaires américains, Hero dit en effet:

Il est trop tôt après l'élection pour évaluer comment le gouvernement du PQ va dans les faits se comporter quant aux questions économiques chères aux Américains. Des rencontres privées avec des leaders du PQ pendant près de dix ans, depuis que Lévesque a mis sur pied le mouvement souverainiste, permettent de penser qu'ils n'ont pas examiné de façon empirique ni même systématique les questions de relations économiques (ou autres) avec les USA. D'autres questions, plus directement liées à la victoire électorale et aux négociations avec le gouvernement fédéral, ont monopolisé leur attention. La plupart de leurs perceptions des réactions probables des élites qui prennent part aux prises de décisions du gouvernement américain ou du secteur privé ont été plutôt vagues, sans nuance et naïves, marquées aussi d'une propension à prendre leurs désirs pour des réalités.

La mise au point est importante, car à cette rencontre et pendant les mois qui suivront, Hero entend toujours la même question à propos du PQ: «Sont-ils seulement naïfs ou cachent-ils quelque chose dans leur manche, auquel cas nous devrions vraiment avoir peur?»

Sur l'essentiel, l'analyse de l'universitaire est proche de celle que proposera, six mois plus tard, «La situation du Québec». Sa contribution à la discussion et au débat d'Airlie House sert à calmer les inquiétudes des fonctionnaires quant à la nature idéologique du PQ. «Ils plaçaient le PQ beaucoup plus à gauche qu'il ne l'était en réalité», affirme-t-il. Le représentant du département du Commerce est particulièrement effrayé. Mais le proaméricanisme de Lévesque, élément rassurant, passe clairement. Il y a des questions sur Parizeau et certaines de ses déclarations passées. Aussi sur le «code d'investissement» pour un Québec indépendant.

«Je ne pouvais les rassurer que jusqu'à un certain point, parce que certaines des positions du PQ ne militaient pas en sa faveur», dit-il. Autre point difficile: la peur de la violence. Plusieurs intervenants, y compris Hero, doutent que le processus d'indépendance puisse se dérouler sans quelques réactions violentes spontanées des deux ethnies en cause.

La principale recommandation de Hero à la troupe de cadres américains a cependant de quoi réjouir Pouliot et son équipe: «La pratique de refuser les occasions d'avoir des contacts directs avec des observateurs talentueux favorables au PQ ou membres de la direction du parti, qui a semblé être la règle avant le 15 novembre, doit être rapidement corrigée.» Les graves carences observées dans l'appréciation américaine de la réalité québécoise sont imputables, dit-il, au monopole que détiennent «des Canadiens anglophones ou des hommes d'affaires et professionnels francophones bilingues conservateurs et fédéralistes» dans les réseaux de contacts entre Américains et Canadiens.

Pouliot ne peut savoir que la copie du document que Hero lui remet est proche de la pensée du Département d'État. Elle lui donne toutefois une lecture américaine du problème vu de l'intérieur, mille fois plus pertinente que les analyses concoctées à l'aveuglette dans les salons de Québec. Quelques jours après la conférence à huis clos, Pouliot entend Hero à Boston lui faire une description scandalisée de la rencontre, notamment de la méconnaissance du Québec dont certains fonctionnaires présents ont fait preuve.

Le monolithe du pouvoir américain commence à s'effriter dans l'esprit de Pouliot, d'abord consultant de Morin, puis sous-ministre adjoint. Il se souvient avoir déjà croisé John Rouse, le directeur des affaires canadiennes au Département d'État, lors d'une réunion d'un quelconque comité Québec-Canada en 1975. (Pouliot, qui n'est pas un politique lié au PQ, était alors haut fonctionnaire au ministère de l'Industrie.) Devenu maître d'œuvre de la diplomatie québécoise en Amérique, il décide d'appeler directement Rouse et de voir si, après tout, on ne pourrait pas casser la croûte, en souvenir de...

Une douzaine de fois entre 1977 et 1981, Richard Pouliot aura ainsi un contact direct avec la cheville ouvrière du dossier canadien au Département d'État, Rouse, son successeur Richard Smith et quelques autres. Souvent, la rencontre a lieu dans un restaurant de Washington. Quelquefois, à *Foggy Bottom* même.

Rien de bien mystérieux ne se passe lors de ces contacts, sinon que Rouse a accès à un acteur réel, direct, du gouvernement québécois, qui peut lui expliquer le détail des politiques de son gouvernement, transmettre l'esprit des décisions prises, dissiper des malentendus. Vérifier aussi la qualité des renseignements que Rouse obtient de ses diplomates de Québec et de Montréal, et inversement, comparer le discours que tient Rouse à celui que tiennent ses consuls.

Entre les deux hommes, le courant passe. Ils ont tous deux l'esprit vif, l'expérience d'une mi-carrière bien remplie, l'assurance et le dynamisme des gens qui montent.

En termes diplomatiques, c'est une révolution. Et c'est précisément leur caractère informel, presque routinier, qui donne à ces conversations directes toute leur valeur. Pour le Département d'État, le Québec n'est plus seulement des télégrammes ou des bouts de papier envoyés par avion. Pour le conseiller de Morin, le Département d'État n'est plus ce puits insondable.

Au printemps 1978, est aussi ménagée une rencontre entre Claude Morin, John Rouse et son adjoint Carl Clement en présence de l'ambassadeur canadien Peter Towe et sur un terrain neutre, l'hôtel Capitol Hilton de Washington. À une autre occasion, Pouliot rencontre ses interlocuteurs du Département d'État en présence d'un fonctionnaire fédéral, Jacques Cousineau. Un journaliste de Radio-Canada, Normand Lester, les surprend à la sortie de l'immeuble et l'affaire suscite quelques questions outrées aux Communes. C'était pourtant le seul cas où un représentant du fédéral était présent à une des petites sessions de Pouliot.

Notre homme à Washington

Foggy Bottom est l'endroit où on connaît et comprend le mieux le Québec. C'est ailleurs dans l'administration, au Congrès, dans les associations, chez les journalistes qu'on trouve les analphabètes du Canada et du Québec. Pouliot ne peut pas se faufiler à Washington pour les voir tous et les charmer de ce regard calme qui donne à sa carrure imposante des allures de force tranquille.

Mais l'idée d'ouvrir une délégation du Québec à Washington, qui un instant flotte dans l'air et les esprits, est torpillée sans pitié par Ottawa, qui avait fait de même pour un projet ontarien quelques années auparavant, et par le Département d'État. C'est l'écran légal qui joue son rôle à merveille.

Pourtant, ce n'est qu'une illusion d'optique. À Ottawa, où on s'interroge sur la légalité d'une offensive diplomatique québécoise à Washington, on conclut qu'elle a de bonnes chances de succès: «Le Québec pourrait installer un agent d'information à Washington sans que l'administration américaine ait à indiquer son accord ou à intervenir de quelque façon», écrit le directeur général de la coordination au ministère des Affaires extérieures, James Hyndman. En fait, le Québec a le champ libre, ajoute-t-il, «compte tenu du fait que le bureau du Québec à New York, pour son enregistrement au département américain de la Justice, a mentionné des intérêts "financiers, commerciaux, touristiques et culturels" et que les autres bureaux du Québec aux USA sont considérés comme des prolongements du bureau de New York.»

Un lobbying québécois agressif auprès du Congrès, ajoute de Washington Gilles Mathieu, le bras droit de l'ambassadeur canadien, pourrait certes contrevenir à une législation américaine, mais dans l'ensemble, écrit-il, «le symbole de la présence d'un agent à caractère politique du gouvernement du Québec à Washington peut devenir significatif à la longue». Ses «contacts avec le Congrès peuvent influencer quelques membres importants».

Défaitisme? Manque de moyens? Québec ne se donne pas la peine d'analyser d'aussi près que le fait Ottawa les failles du prétendu barrage légal. Et si on conclut un peu vite qu'il est impénétrable, on traîne par contre pendant des mois avant de songer à explorer les multiples façons de le contourner.

Si on ouvrait un bureau de Tourisme, ce qui tombe sous le sens puisqu'il faut solliciter, pour le nouveau Palais des congrès de Montréal, la clientèle des associations nationales agglutinées dans la capitale américaine? Et si on ajoutait un bureau, une chaise, pour un «agent d'information»?

Pour l'anémique équipe de la «direction Amérique» à Québec (au début ils ne sont que deux professionnels pour couvrir «de l'Arctique à l'Antarctique»), c'est une audace folle. «Je crois que le risque d'incommoder les autorités américaines est trop grand», écrit dans un mémo un haut fonctionnaire en juin 1977.

La réaction est typique. Lorsque l'État du Rhode Island, où on trouve une forte population franco-américaine, propose à la même époque la signature d'une entente-cadre avec le Québec, un fonctionnaire écrit: «Washington n'approuverait sans doute pas une entente sans accord parapluie préalable venant du gouvernement fédéral canadien... quoiqu'en 1970 les deux gouvernements fédéraux adoptèrent une attitude de laisser-faire envers les États et les provinces.» De fait, le gouvernement péquiste multipliera par la suite les ententes de tous ordres avec les États du Nord-Est, sans interférence fédérale significative. Un supérieur qui lit le mémo trouve que l'immobilisme a des limites. «Soyons prudents mais pas timorés!» écrit-il en marge.

Francis McNamara, le consul général à Québec, a vent du projet de bureau de Tourisme et demande à Pouliot si la rumeur dit vrai. Le sous-ministre adjoint acquiesce, McNamara a ce mot: «Surtout, ne nous demandez pas la permission!»

Rien dans la loi américaine n'empêche l'installation d'un tel bureau. Tout ce que les diplomates réclament, c'est qu'on ne les mette pas en demeure de se prononcer. La voie est libre? Ce serait sans compter sur ce que les diplomates américains appellent encore et encore dans leurs dépêches le «conservatisme traditionnel des Québécois».

En décembre, quand on annonce pour février 1978 l'ouverture du fameux bureau (donc 15 mois après la prise du pouvoir), René Lévesque confie, grand sourire aux lèvres, que quelqu'un sur place sera habilité à donner des informations politiques sur le Québec à quiconque voudra en avoir.

À propos du matériel publicitaire que le ministre du Tourisme, Yves Duhaime, présente à la presse lors de l'ouverture des locaux en février, on ne peut manquer de remarquer que les dessinateurs ont pris quelques libertés cartographiques. Sur la carte du Canada, le Québec, mis en relief, occupe un espace disproportionné, et à sa frontière nord-est, pas la moindre trace de Labrador (dont le Québec conteste la cession à Terre-Neuve). Articles de journaux, tribunes téléphoniques, débats à l'Assemblée entourent l'événement, chacun y voyant la preuve que l'opération est principalement politique.

Une fois cette micro-tornade calmée, le gouvernement péquiste a son bureau à Washington. Il a payé le prix politique, en termes d'embarras et de récriminations, de sa présence dans la capitale, et plusieurs de ses interlocuteurs sont convaincus qu'il a établi son antenne. Pourtant non. On y trouve seulement un véritable agent de tourisme, entouré de ses drôles de cartes. Pas le moindre «agent d'information» à l'horizon. Le David québécois a bravé la tempête, franchi les obstacles... et est rentré chez lui sans occuper le terrain.

À partir de l'automne 1978, cependant, un Québécois vient parfois utiliser, pour de brèves périodes, la chaise et le bureau réservés naguère à «l'agent d'information». Jean-Marc Blondeau, conseiller politique à la délégation de New York où il assure la liaison avec les Nations Unies, les universités et quelques autres, fait un saut à Washington environ toutes les trois semaines. Il s'agit de préparer la visite que René Lévesque doit effectuer dans la capitale en janvier 1979, mais également de tisser des liens avec la faune politique locale, pour autant que ces expéditions éclairs le permettent.

Au Département d'État, où les présentations sont déjà faites, l'accès est aisé. Blondeau rencontre un membre du pupitre canadien à chacun de ses séjours, la plupart du temps dans un restaurant, mais une fois dans l'édifice sacré. Pour des dossiers ponctuels — environnement, énergie — il lui arrive de rencontrer l'adjoint d'un sénateur, le spécialiste d'une agence gouvernementale.

Ce défrichage au millimètre n'est pas facile, mais la promesse qu'il porte ne suffit pas à convaincre Québec qu'une présence plus continue décuplerait les gains. Un temps, le ministère des Affaires intergouvernementales pense organiser une «semaine du Québec» à Washington, autour de la visite de Lévesque. Mais le bon vieux conservatisme vient encore à la rescousse. Cette manifestation «risque de provoquer de l'activisme de coulisse de la part de l'ambassade canadienne et d'entraîner un blocage au Département d'État», décident les responsables de l'opération. Ils proposent de déplacer la «semaine» à Philadelphie (où elle aurait tout un impact sur les décideurs de la capitale!), mais elle n'aura finalement pas lieu.

Et quand Blondeau quitte son poste de New York à l'été 1979, la chaise de Washington reste vide.

Mais la «période préréférendaire» est toute proche. Le scrutin aura lieu au printemps, c'est promis. L'idée renaît de faire acte de présence dans la capitale car le temps approche où le Président ou un membre de son gouvernement pourra effectuer la sortie fatale, appeler les Québécois à voter NON, et déterminer l'issue du scrutin.

Le ministère des Affaires intergouvernementales pense envoyer un diplomate à Washington à temps plein. Ce sera le «lobbyiste» québécois, dit-on. Le processus d'interviews des candidats est lent et, chemin faisant, on se demande s'il ne vaudrait pas mieux le poster seulement aux

Nations Unies, ou diviser son mandat entre ces deux univers complexes et distincts.

Ottawa a vent du projet. Sachant que leurs arguments juridiques n'ont rien de solide, les fonctionnaires fédéraux utilisent la stratégie du tigre de papier: ils rugissent. La politisation du bureau de Tourisme de Washington «par l'ajout d'un agent d'information serait vue d'un très mauvais œil par le gouvernement fédéral», dit un haut fonctionnaire, François Beaulne, à James Donovan, directeur des États-Unis aux Affaires intergouvernementales.

Ottawa «s'efforcerait sans doute de circonscrire dans la mesure du possible les activités de cet agent d'information, surtout auprès de l'administration américaine», rugit-il encore. La menace porte cependant un aveu: Ottawa ne peut que circonscrire, il ne peut interdire. Personne, à Québec, ne fait le décodage approprié.

Finalement, tard dans l'année, le sous-ministre Robert Normand, un des grands mandarins de la fonction publique québécoise, maintenant adjoint de Morin, décide de se frapper la tête une nouvelle fois sur l'écran légal, en tâtant le terrain auprès du consul général à Québec, George Jaeger (prononcer «yégueur»), qui a remplacé McNamara dans l'intervalle. Que diriez-vous, cher consul, si on vous demandait la permission d'envoyer un lobbyiste du gouvernement séparatiste à Washington quelques mois avant le référendum? Surprise! Il est contre! «*No fucking way*», résume Normand à ses collègues. (Traduction libre: «Hors de question»)

Jaeger, pourtant extrêmement jaloux de ses prérogatives, semble avoir un peu pitié de la manière dont les Québécois se lancent sur les obstacles dressés devant eux. «Vous savez», murmure-t-il à un fonctionnaire engagé dans le dossier, «il y a une navette très pratique qui relie New York et Washington toutes les heures».

Le ministère finit par trébucher sur cette évidence: il suffit de nommer le «lobbyiste» à New York, l'affubler du nouveau titre de «conseiller aux affaires nationales», lui donner une carte de crédit pour qu'il puisse prendre l'avion qui relie en 50 minutes les deux villes et occuper la chaise et le bureau trois jours par semaine. C'est la technique Blondeau, améliorée.

Temps nécessaire pour ces cogitations: six précieux mois. Le nouveau représentant québécois abonné au trajet New York-Washington est Peter Dunn, jusque-là fonctionnaire à la nouvelle direction États-Unis à Québec. Il ne débarque à son bureau qu'en février 1980, trois mois avant le référendum. Parfaitement bilingue — il vient d'une de ces grandes familles anglophones de Québec — Dunn a l'air plus jeune que ses 34 ans. Il reprend des contacts de Blondeau, fréquente les restaurants avec les hommes du Département d'État. Il va frapper à la porte de l'ambassade canadienne où le diplomate chargé du commerce, de l'environnement, de l'énergie et des relations avec les provinces, Jacques Cousineau, l'informe que «aucun document ou information concernant un dossier en négociation ne pourra être transmis» au Québécois dont la présence, on s'en doute, suscite «des réticences». Dunn se trouve quelques atomes crochus avec d'autres diplomates, notamment canadiens-anglais, moins puritains.

«La personne qu'on a choisie était assez junior», explique un fonctionnaire, parlant de Dunn. «C'est qu'on ne voulait pas faire de vagues. On ne voulait pas attirer l'attention sur le conseiller.» Un temps, la direction du ministère avait jonglé avec l'idée de nommer un «ambassadeur itinérant», expérimenté et crédible qui aurait pu «fouiner dans les cabinets des décideurs clés et leur entourage». La technique de ces «chargés de mission» plus ou moins officiels est fréquente en diplomatie. Mais la proposition n'a vécu que le temps d'une réunion.

Jusqu'au référendum et malgré l'enjeu, Québec est déterminé à raser les murs à Washington.

Pourtant, remarquablement, les Québécois réussissent à ouvrir deux portes à la Maison-Blanche. L'une est un pur produit de ce qu'une lente et persistante présence à Washington peut générer: Jean Chapdelaine, longtemps délégué général à Paris, était issu de la diplomatie fédérale. À ce titre, il avait été troisième secrétaire de l'ambassade canadienne à Washington en... 1940. Un de ses jeunes amis de l'époque, un journaliste du nom de Hedley Donovan, a depuis fait son chemin jusqu'à devenir éditeur du magazine *Time*. Les deux hommes ne se perdent jamais complètement de vue et, lorsque Donovan devient *Senior Adviser* de Jimmy Carter en 1979, Chapdelaine va le rencontrer une fois ou deux à Washington, une ou deux fois à New York.

«On n'est pas entrés profondément dans le dossier québécois», raconte Chapdelaine, mais ce canal personnel avec une des trois personnes qui ont un accès direct au président américain est une des choses les plus précieuses au monde. Des pays étrangers paient des millions à des lobbyistes locaux pour obtenir ce privilège. En cas de coup dur, des messages pouvaient passer, dans les deux sens.

Evelyn Dumas ouvre la seconde porte, qui donne celle-là sur la boutique de Brzezinski, au National Security Council. C'est là que les recommandations du Département d'État, du Pentagone et de la CIA font un dernier arrêt, subissent une dernière synthèse, avant d'être relayées au président. Dumas établit la communication avec un des responsables du NSC via un ami commun, et le rencontre en 1978 pendant qu'elle prépare, avec Blondeau, la visite de Lévesque à Washington. Elle voit son contact — dont elle préfère taire le nom — à quelques reprises, entre autres pendant la semaine où un magazine parle d'un «plan d'urgence de la CIA» en cas d'indépendance du Québec. «La dernière fois qu'on a eu un plan d'urgence, lui dit-il, c'était pour la crise de Berlin, et quand la crise a commencé, personne n'a même regardé le plan.» La déconfiture de la politique américaine en Iran, alors d'actualité, est une éclatante illustration de cet état de fait. Dumas et interlocuteur conviennent de rester en contact au besoin.

Département d'État, conseiller présidentiel, National Security Council, descriptions, via Hero, de discussions à huis clos sur le Québec. Pas mal pour des plroucs qui s'y prennent comme des manches...

Inventer une politique

La timidité des efforts québécois pour s'installer en permanence à Washington reflète mal la fébrilité de la petite équipe de la direction États-Unis. Ils ne s'aventurent qu'en tremblant, clopin-clopant, jusqu'au cœur de la bête, mais ils déploient une énergie et un talent considérable sur les autres parties de son anatomie.

En un an et demi, du début de 1977 au milieu de 1978, 25 visites ministérielles sont organisées aux États-Unis, et selon une comptabilité tenue par le ministère des Affaires extérieures à Ottawa, des envoyés du gouvernement québécois participent à plus de 100 conférences.

Mais cette action est initialement brouillonne, désorganisée.

«Au PQ, il y avait autant de politiques étrangères que de ministres», soupire un haut fonctionnaire.

Soucieux de systématiser l'effort, Claude Morin présente en novembre 1977 les plans de l'Opération Amérique au cabinet Lévesque. Il s'agit de renverser la vapeur, de rectifier (d'inventer?) l'image du Québec aux États-Unis, de réparer deux décennies de laisser-faire. La bataille pour façonner les esprits américains sur le sens de l'élection du PQ d'il y a un an est perdue, tournons la page. L'offensive référendaire est autrement importante. La réputation du Québec est à ce point mauvaise qu'il n'y a de toute façon qu'une évolution possible: l'amélioration.

L'Opération Amérique doit avoir un budget de 1,5 million de dollars, s'étaler sur 18 mois avant le début de 1980 et concentrer sur les États-Unis le plus de ressources et d'énergies possibles. Cinq ministères sont mis à contribution, des visites ministérielles en série sont organisées comme jamais auparavant. (Le délégué à Lafayette, Jules Poisson, demande cependant qu'on ne lui envoie pas le ministre Camille Laurin, père de la loi 101, «trop gauchiste pour la Louisiane», dit-il dans une réunion.)

L'objectif, tel qu'il est décrit dans les documents internes:

Amener les États-Unis à <u>observer à tous les niveaux une attitude de neutralité bienveillante</u> à l'égard du cheminement politique et social du Québec et, <u>dans certains secteurs</u> (économique, par exemple), à <u>prendre une attitude de sympathie active et agissante</u>.

Il faut, explique le document, «rassurer les milieux d'affaires», «faire rayonner la culture québécoise», «contrer l'influence d'informations tronquées», «projeter l'image d'un Québec moderne, dynamique, civilisé» et «créer dans tous les milieux qui comptent aux États-Unis un intérêt permanent à l'égard du Québec».

Au départ, disent les concepteurs, «la clientèle-cible privilégiée est celle des milieux d'affaires». Ce sont eux, selon l'objectif défini, qui peuvent offrir une «sympathie active». Pour les atteindre, on «n'exclut pas des actions dans les milieux des preneurs de décisions dans les domaines de l'éducation, de la culture, des communications et de l'économie». Cette description, faite lors de la première réunion du comité interministériel de l'opération en août 1978, omet les hommes politiques et les journalistes.

À l'automne on rectifie le tir. «Les milieux et les hommes qui font l'opinion», donc journalistes, universitaires, «politiciens de tous les niveaux», figurent maintenant parmi les «clientèles primaires», aux côtés des hommes d'affaires. (Les «clientèles secondaires» sont «la population québécoise» et «la fonction publique» qu'il faut sensibiliser à l'importance d'entretenir de bons rapports avec les États-Unis. Ces cibles prennent de l'importance lorsque, au lendemain de la loi 101, de plus en plus d'Américains se plaignent d'une forte chute de la courtoisie dans les établissements touristiques de Québec et de Montréal.)

L'idée de concentrer le tir sur les «milieux économiques» relève d'une logique de la rentabilité politique. Les Québécois redoutent les retombées économiques négatives de la souveraineté. Chaque fois qu'un important responsable d'entreprise américain exprime sa confiance dans l'avenir économique d'un Québec indépendant, le PQ marque un point. En janvier 1977, par exemple, le vice-président d'Imperial Oil affirme qu'un futur État du Québec «offrirait aux investisseurs une économie viable et saine».

Si cette confiance se traduit immédiatement en investissement et en création d'emplois, l'impact est mesurable sur deux publics: les Québécois et les milieux d'affaires américains en général, pour lesquels c'est *«business as usual»*.

Vaste ambition. Mais les concepteurs d'Opération Amérique ont raison de penser qu'au sein du monde américain des affaires on peut trouver des gens qui ont intérêt à l'indépendance du Québec.

Sur le terrain à New York et à Washington, les responsables américains tenants de la neutralité se souviennent qu'à l'époque, leurs interventions les plus fréquentes s'exerçaient, non sur des industriels qui réclamaient l'envoi de *Marines*, mais sur ceux qui pensaient justement tirer profit de l'indépendance du Québec. Des chefs d'entreprise ont notamment tenu ce genre de propos devant George Vest, sous-secrétaire d'État aux Affaires européennes. «Après tout, les hommes d'affaires peuvent être si vénaux», commente Vest, qui s'est astreint à les convaincre que l'intérêt américain à long terme militait pour un Canada uni. Cela suffisait généralement à calmer leurs élans souverainistes, dit Vest.

À New York, Alex Tomlinson, de First Boston, se rappelle aussi ces notes discordantes. «Il y avait toujours des gens qui disaient: "Gee, s'ils se séparent on pourrait en profiter... peut-être devrions-nous encourager ces gens-là plutôt que de rester neutres."» Tom Enders, se souvient Tomlinson, «était on ne peut plus clair» devant ces têtes folles. «Chaque fois qu'on voyait un indice de ce genre de réaction, on se jetait dessus et on disait: "Écoutez, vous ne devez pas vous en mêler."» (On sait aussi qu'Enders convainc des compagnies américaines de ne pas désinvestir du Québec.)

A contrario, Vest admet que dans le cas d'une entreprise américaine qui voulait faire la promotion d'un Canada uni, «je n'aurais rien fait d'autre que de lui dire de faire attention», et lui servir une mise en garde du genre: «N'allez pas en faire trop et donner à penser aux Canadiens que vous intervenez dans leurs affaires intérieures».

Le terrain économique, donc, est fertile pour l'Opération Amérique, peut-être justement parce qu'on y joue sur l'intérêt pécunier, et non sur l'idéologie des Américains concernés.

Toutes cibles confondues, l'Opération dresse une liste d'une cinquantaine de projets à réaliser pendant les 18 mois, avec description, échéancier, distribution des responsabilités et budget. D'inexistante, la direction États-Unis devient hyper-active. Son personnel à Québec a un peu plus que doublé — quatre professionnels pour les USA plutôt que deux pour tout l'hémisphère — un nouveau directeur à l'information est envoyé à New York, un autre à Boston, et les effectifs du réseau québécois au sud sont de 68, plutôt que de 48 l'été précédent.

Le document Opération Amérique est vivement contesté par plusieurs diplomates québécois en poste aux États-Unis. «Quand on l'a reçu, on l'a mis dans un tiroir», commente Rénald Savoie, directeur des communications à New York. Reste que l'esprit d'Opération Amérique, sinon la lettre, donne un fort coup d'accélérateur à la présence québécoise au sud.

Charmer les médias

Dans les sessions de remue-méninges où se mitonne l'Opération Amérique, on voit grand. Pourquoi ne pas faire passer René Lévesque à l'émission télévisée de Barbara Walters? Quelqu'un fait une douteuse analogie avec Fidel Castro, que l'interview accordée à Barbara a réussi à humaniser aux yeux de beaucoup d'auditeurs.

La journaliste la mieux payée au monde ne mord pas à l'hameçon. On propose aussi Dick Cavett, qui a alors un talk show écouté. Il n'y a pas de suites. (Personne ne propose Johnny Carson.) L'émission américaine d'affaires publiques la plus crédible, mais où on pose aussi les questions les plus difficiles, est *Meet the Press*, sur le réseau NBC. Lévesque y était d'ailleurs passé en 1964. NBC est intéressé, mais il y a hic. Le premier ministre doit s'engager à ne participer à aucune autre émission d'affaires publiques aux États-Unis pour six mois! Un peu dur pour une campagne tous azimuts. Québec décline la proposition.

À la place, Lévesque aura les honneurs d'une émission spéciale du réseau public PBS, certes susceptible d'attirer le public des décideurs mais dont la cote d'écoute est infinitésimale en comparaison de celle de Barbara.

Pour le grand public, une autre solution vient à l'esprit de Roger Cyr, le coordonnateur de l'Opération Amérique. L'émission matinale de NBC, le *Today Show*, se déplace parfois une semaine entière dans un autre pays, et se fait la vitrine de la culture, de la couleur locale. Mais Cyr s'impose le visionnement de la série du *Today Show* au Mexique et réalise avec effroi qu'entre danseuses folkloriques et *chili con carne*, ils font aussi du vrai journalisme. Il suggère des mesures préventives, entre autres: «qu'une équipe gouvernementale prenne la précaution de sélectionner les séquences à proposer à l'équipe de production, ceci pour éviter que l'on passe son temps à chercher la bête noire». Qui sait, peut-être que les recherchistes de NBC passeront à côté du déménagement, de Montréal vers Toronto, du quartier général de la compagnie d'assurances Sun Life en guise de protestation contre la loi 101?

Cyr propose aussi «que l'on suscite à travers l'ensemble des séquences québécoises une atmosphère de joie de vivre endiablée (pour ne pas dire une atmosphère de foire) de telle sorte que les interviewers aient peu envie de mener des entrevues trop sérieuses». Tout juste s'il ne recommande pas de mettre du petit caribou dans leurs cafés.

Un travail de sensibilisation autrement plus sérieux est aussi engagé. Il s'agit parfois de prendre contact avec les journalistes qui ont écrit des textes jugés offensants, ou de se plaindre carrément à leurs supérieurs (le rôle de «chien de garde», note un document). Dans un des premiers mémos de l'Opération Amérique, on suggère de créer un fichier des journalistes américains pour répertorier le biais politique de chacun. L'idée, d'une imprudence politique rare, n'est jamais réalisée.

Dans chaque ville visitée, ministres et responsables québécois rencontrent systématiquement les comités éditoriaux des grands journaux, tentent de leur expliquer la différence entre «souveraineté-association» et «séparatisme» — ce qui constitue toujours un défi conceptuel. Le discours de l'Economic Club est pour ainsi dire utilisé comme exemple de ce qu'il ne faut pas faire. Lorsque René Lévesque se présente à Boston au printemps 1978, on lui demande s'il va parler encore de l'indépendance américaine. «Je ne ferai aucun parallèle de ce genre aujourd'hui», répond-il. «J'ai essayé l'an dernier, et ça n'a pas fait fureur.»

Quand Bernard Landry prépare une visite à New York en 1979, la Délégation lui soumet une petite liste de choses à dire: «1. Prouver que le Québec n'est pas socialiste; 2. Démontrer que le Québec n'est pas anti-américain.» Et «si le ministre peut développer l'idée du marché commun [Canada-Québec] proposé par le gouvernement, ce serait excellent».

Un des journalistes les plus influents sur la question québécoise est William Safire, l'ancien *speechwriter* de Nixon, devenu auteur et chroniqueur vedette au *New York Times*. Son intérêt pour le séparatisme québécois, depuis sa brève conversation à ce sujet avec de Gaulle, ne le quitte pas. En 1977, il publie un roman de politique-fiction futuriste, *Full Disclosure*, dans lequel il décrit un monde où l'équilibre stratégique a changé. Un de ses personnages, le secrétaire d'État, explique l'état des forces à un président devenu aveugle à la suite d'un attentat en URSS:

> Nous avons un problème immédiat à nos frontières, comme vous le savez: les Québécois et les Mexicains se sont unis contre nous, et, de concert avec le Nigeria, dirigent le Quart-Monde [formé des nations pauvres d'Afrique et d'Amérique latine]. Cela rend d'autant plus nécessaire une alliance soviéto-américaine solide pour empêcher le monde d'éclater.

C'est la lecture de ses chroniques, pas de ses œuvres de fiction, qui fera dire à René Lévesque que Safire est «strangelovien», une référence au docteur Folamour du film de Kubrick, où une guerre nucléaire est malencontreusement déclenchée. Car Safire, dans une chronique publiée peu avant la visite de Lévesque à Washington en 1979, braque l'attention sur «les dangers d'un Canada balkanisé, entre la Russie et les USA». Cet ultra-conservateur, dont les écrits sont repris dans des douzaines de grands journaux au pays, admoneste le Département d'État pour sa timidité dans ce dossier, et juge que Pierre Trudeau «n'a ni la stature ni la débrouillardise voulue pour rallier tous les Canadiens» à sa cause. M. Safire sait se faire des amis.

Il a, en tout cas, le courage de ses opinions et se porte à la rencontre de Lévesque à Washington. Le premier ministre lui confie avoir lu deux fois sa dernière chronique, et lui dit, à travers son sourire narquois, qu'il l'a encore moins aimé la deuxième fois.

Les conseillers de Lévesque sautent sur l'occasion et leur organisent un tête-à-tête pour bientôt. Safire est en effet suffisamment lu, et cru, pour qu'à New York les diplomates québécois et canadiens disent accuser le contrecoup, chez leurs contacts économiques, chaque fois qu'il pointe sa plume — une des meilleures du pays — vers le Québec. Or l'ancien scribe de Nixon a décidé de faire de la sécession du Québec une croisade personnelle.

«Je ne veux pas qu'on se fasse prendre au Canada comme on s'est fait prendre en Iran» où le Shah vient de tomber, dit-il, «et qu'on se demande comment tout cela a pu arriver». Selon un journaliste canadien qui l'interroge, Safire souhaite que Washington avertisse les Québécois, avant le référendum, que les USA verraient d'un très mauvais œil toute tentative de démembrement du Canada, et qu'un Québec indépendant paierait cher, économiquement et politiquement, une telle audace. Une tirade qui va plus loin que les scénarios les plus pessimistes de Claude Morin.

À Montréal, en avril, Safire et Lévesque se parlent. «Monsieur Safire semble revenu chez lui», écrit un fonctionnaire après l'entrevue, avec «un respect mêlé d'appréciation» envers Lévesque, mais toujours la même «hantise de la déstabilisation» du continent.

En effet, une semaine après leur rencontre, Safire écrit dans le *Times* que «Lévesque est assurément le leader révolutionnaire le plus sympathique au monde.» Il l'a trouvé «personnellement» et «intellectuellement honnête» et prédit qu'il «gagnera probablement» le référendum. Lévesque lui a expliqué qu'il est proaméricain, socialiste mais à la sauce modérée scandinave, et que côté économie tout ira bien, puisque même l'Arabie Saoudite pense investir quelques-uns de ses pétrodollars au Québec.

Conclusion de Safire dans le *Times*: Après l'indépendance, «quand cet amical fondateur [de l'État québécois] prendra sa retraite, le reste du Canada et les États-Unis seront face à un avenir imprévisible, sauf que nous saurons que notre partenaire du Saint-Laurent sera socialiste, influencé par les Arabes et que son amitié sera un point d'interrogation».

La neutralisation des journalistes américains n'est pas chose facile.

Le retour de René Lévesque

Malgré son premier échec à New York, René Lévesque reste convaincu que ses pouvoirs de persuasion peuvent faire la différence aux

États-Unis. À sa première récidive américaine, devant un millier d'étudiants et d'universitaires à Boston en avril 1978, sa préoccupation concernant l'antisémitisme ne lui coupe pas tous ses moyens. Il réussit à faire rire la salle et se gagne de chauds applaudissements. Parmi les admirateurs locaux qui viennent le rencontrer après le discours, on trouve un père oblat de Lowell, Armand Morissette. Mais à Harvard plus question, comme à New York, de se gargariser du mot *indépendance*. Ici, on parle de *souveraineté-association*. Il semble faire quelques conquêtes puisque trois semaines plus tard, lorsque le secrétaire d'État canadien John Roberts vient parler au même auditoire, certains étudiants reprennent des arguments de Lévesque pour contester l'option fédéraliste du ministre.

Mais la sortie bostonienne n'est qu'un amuse-gueule. C'est à New York, le mois suivant, qu'il fait sa véritable rentrée. L'auditoire: le Council on Foreign Relations, des ambassadeurs, des banquiers, d'anciennes et futures vedettes de la politique.

Le nouveau désastre aura lieu à huis clos.

Cette fois-ci, René Lévesque est à l'heure. Mais cet exploit trahit sa nervosité. Au moment de prendre la parole — pour une vingtaine de minutes, donc jusqu'à 18 h, lui dit-on — il sonne une fausse note en semonçant le maître de cérémonie, le président de la Banque de Montréal William Mulholland, pour l'avoir présenté comme *Prime Minister* alors qu'en anglais il faut dire *Premier* pour les chefs provinciaux et que, dit-il, «il n'y a qu'un Prime Minister au Canada», Pierre Trudeau. Pourquoi cette argutie protocolaire? Mystère.

René Lévesque parle. Ses quelque 140 auditeurs veulent savoir ce qu'il en est de son projet de souveraineté, de ses intentions en politique étrangère, de ses velléités de centre gauche. Il leur parle de l'assurance-automobile pendant quinze minutes. En détail. Puis de l'industrie de l'amiante. En détail.

Il est 18 h. Le protocole veut qu'on consacre la seconde demi-heure aux questions. Lévesque parle encore. Mulholland place sa montre sur le lutrin, où une autre montre tique-taque pourtant déjà. Lévesque est intarissable. À 18 h 08, Mulholland lui donne un bout de papier indiquant que son temps est plus qu'écoulé. Rien ne l'arrête. À 18 h 18, un directeur du Council, Zygmunt Nagorski, se lève et chuchote à l'oreille du Québécois qu'il faut passer aux questions. Il parlera pourtant encore pendant de longues minutes, l'auditoire étant clairement conscient du drame chronométrique qui se déroule à la table d'honneur. Lorsque Lévesque met un point final à sa présentation, il est 18 h 22. La rencontre doit encore durer huit minutes.

Lévesque répond à une première question, sur l'«exode» des Canadiens anglais du Québec, pendant six minutes. Une deuxième, sur l'intérêt de l'indépendance pour le Québécois moyen, occupe la fin de la période. «La frustration du groupe était visible», note Nagorski dans une lettre au délégué général à New York où il fait état de ces chronométrages.

Jean-Marc Blondeau, le diplomate québécois à New York, pense que «l'exposé de M. Lévesque a en général été bien reçu», malgré les anicroches. D'autres témoins sont plus durs. «Il a fait le plus grand four que j'aie jamais vu à une rencontre du Council», dit l'un. «Il faisait très amateur. C'était comme si le maire d'Albany avait essayé de parler aux Nations Unies: complètement dépassé.» «Les Québécois sont peut-être naïfs», dit un autre. «Nous ne le sommes pas. Il ne sera jamais plus invité.»

Lors d'une réception au lendemain de son discours, René Lévesque demande à Nagorski s'il est vrai que le Council est insatisfait de sa prestation. Nagorski — qui, la veille, affirmait que Lévesque avait «tué la rencontre» — confirme ses craintes. Selon un diplomate canadien, «la réponse de Lévesque fut de tirer la langue» à la face de son interlocuteur.

Quelques jours plus tard, Nagorski écrit à Lévesque et il n'est pas question de ne plus le réinviter. Mais il ne manque pas de souligner que «les explications sur l'assurance-automobile et l'industrie de l'amiante et d'autres sujets auraient peut-être pu être omis». Le message du premier ministre, ajoute-t-il, «était assez obscurci par notre incapacité d'engager un dialogue, quelque chose dont nous avons l'habitude lors de nos rencontres avec des chefs d'État et d'autres importants visiteurs.»

Le directeur du Council a la délicatesse de ne pas mentionner que d'autres visiteurs récents, Pierre Trudeau et Claude Ryan, notamment, ont été plus respectueux des règles du lieu. Trudeau n'a parlé que dix minutes et a consacré le reste de la période aux questions.

Lévesque poursuit sa visite new-yorkaise par un arrêt à l'émission matinale *Today Show*, où Tom Brokaw — futur présentateur des informations du soir — le bombarde de questions sur le projet souverainiste. Lévesque tente de défendre la ligne Maginot idéologique qui distingue *séparatisme* et *souveraineté-association*. Mais sous le feu nourri elle s'écroule. «Vous pouvez l'appeler *séparation* si vous voulez, puisqu'on veut notre propre constitution», admet-il. «Nous voulons sortir du système fédéral canadien, ce qui veut dire *séparation*. C'est un terme plutôt négatif mais nous ne voulons pas provoquer de rupture au Canada en même temps.» Séparation, mais pas rupture? Même Brokaw démissionne devant la nouvelle nuance. Un réalisateur de NBC juge toutefois que Lévesque passe bien l'écran. «Il a quelque chose du gagnant», dit-il. Près de cinq millions de téléspectateurs peuvent le constater.

Lévesque aurait aussi voulu rencontrer Kurt Waldheim, alors secrétaire général des Nations Unies. Le blocus fédéral s'applique ici comme
ailleurs et on fait savoir aux diplomates québécois qu'Ottawa n'ac-
quiescerait à la rencontre qu'à la condition que Waldheim et Lévesque
n'abordent que des sujets de juridiction provinciale. Quant aux questions
internationales: pas touche! Mais Waldheim étant absent pendant la
visite du Québécois, Lévesque n'a même pas le loisir de l'entretenir des
problèmes de voirie de Trois-Rivières et des eaux usées de Paspébiac.

De toute façon, Lévesque a quelqu'un de beaucoup plus important
à voir à New York qu'un simple secrétaire général de l'ONU.

Le cas Rockefeller

Le premier ministre a rendez-vous au Rockefeller Plaza avec
l'homme dont le nom est associé plus que tout autre au capitalisme
américain: David Rockefeller. Président de la Chase Manhattan Bank,
Rockefeller domine également l'intelligentsia financière américaine. Il
représente l'argent qui pense. Il influence, par ses prises de positions, la
bonne ou mauvaise volonté avec laquelle Wall Street traite tel ou tel
nouveau chef d'État. Les audiences que ce pape de Manhattan accorde
aux politiciens de la périphérie de l'empire américain leur confèrent un
prestige certain. Robert Bourassa, par exemple, ne manquait jamais une
occasion de franchir sa porte new-yorkaise.

Le banquier est aussi fondateur de la Trilatérale, cette pompe-
à-idées de haut vol où on cause économie géopolitique entre Nord-
Américains, Européens et Asiatiques. Des centaines d'auteurs et de
journalistes de gauche (dont Pierre Vallières au Québec) sont convaincus
que cet éminent club est en fait l'embryon déguisé d'un directoire
mondial qui fait et défait les gouvernements.

Une certitude, c'est chez Rockefeller que trois figures prometteuses,
Zbigniew Brzezinski, Cyrus Vance et Jimmy Carter se sont rencontrés.
Leur parrain politique a donc encore plus de poids qu'à l'habitude à la
Maison-Blanche. Il s'en servira entre autres pour convaincre le président
de surmonter ses réticences et de laisser son vieil ami le Shah d'Iran venir
profiter de la médecine de pointe américaine. Décision qui servira de
prétexte à la prise de l'ambassade américaine à Téhéran par les «étudiants révolutionnaires».

Pour l'heure, l'étoile de Rockefeller brille encore de tous ses feux.
Et entre lui et Lévesque, la page n'est pas complètement blanche. Dix ans
auparavant, dans la foulée du «Vive le Québec libre!», Rockefeller avait
déclaré à un journaliste français qu'il réagirait à l'indépendance du

Québec avec calme et doigté, et traiterait le nouvel État comme tout autre emprunteur.

Le leader indépendantiste a souvent utilisé cette petite phrase depuis, pour montrer justement que si le premier des financiers n'est pas affolé...

Le jour de son discours à l'Economic Club, Lévesque est d'ailleurs passé voir le banquier, lui a dit tout le bien qu'il pense de son attitude modérée et lui a avoué combien «les Québécois apprécient la compréhension qu'il a de leurs objectifs». Mais Rockefeller est un tantinet froissé par ces libertés oratoires. «Il me semble que c'est un bien piètre argument — ce que j'ai dit il y a dix ans», se plaint-il à un journaliste.

Car Rockefeller est financièrement mais surtout personnellement et émotivement attaché à l'unité canadienne. Mackenzie King, le premier ministre canadien pendant la guerre, a imprimé une marque importante dans sa vie. Embauché comme avocat en 1914 par le père de David, John Jr, King avait inventé pour les Rockefeller le concept des «syndicats jaunes». Le jeune David s'était pris d'affection pour l'impressionnant Canadien, devenu une sorte d'oncle adoptif. Lorsque Rockefeller termine ses études collégiales à Harvard en 1936, il prend un train pour Ottawa où il veut discuter de son avenir en tête-à-tête avec King. Le premier ministre du Canada l'attend sur le quai de la gare d'Ottawa et passe avec le futur banquier une fin de semaine amicale. Bien plus tard, Rockefeller financera à Harvard une chaire d'études canadiennes qu'il nommera: «William Lyon Mackenzie King Chair».

Au début de 1978 (donc quelques mois avant de recevoir Lévesque à New York), David Rockefeller décide de se rendre au Canada mettre quelques pendules à son heure. Il bénéficie des conseils intéressés des diplomates canadiens à New York, qui lui transmettent les vœux d'Ottawa.

Il faut éviter, lui dit le consul général canadien Barry Steers, qu'on puisse tirer de ses paroles «toute allusion ou déduction pouvant donner réconfort et munition aux forces de la division du Canada». Le banquier acquiesce, affirmant comprendre que «les séparatistes pourraient gagner une autorité considérable s'ils pouvaient se prévaloir de l'appui tacite d'une personnalité internationale» de son envergure.

Rockefeller réserve l'essentiel de son message pour le gratin de l'économie torontoise du Canadian Club. Oui, déclare-t-il, «comme je l'ai dit il y a dix ans, il n'est pas du ressort des étrangers de dire aux Canadiens comment gérer leurs propres affaires. C'est particulièrement vrai en ce qui concerne la question du Québec».

Cela étant clairement posé, Rockefeller dit aux Canadiens comment gérer leurs propres affaires: «Mon opinion est que le Canada, comme nation unie depuis plus d'un siècle, a servi de partenaire vigoureux et important pour les États-Unis. Je crois qu'il est absolument essentiel — pour les USA et pour le monde — que ce partenariat se perpétue, sans interruption, dans les mois et années difficiles à venir.»

Pendant son séjour canadien, un journaliste de Radio-Canada, Gilles-André Gosselin, épingle Rockefeller et lui demande si les financiers américains investiraient dans un Québec indépendant. Le banquier entend profiter de la question pour annuler la citation qui lui colle à la peau depuis 1967. «L'incertitude est une chose contre les investissements», répond-il notamment, dans son français hésitant. Content de lui, le banquier s'éloigne. Mais il a dû trop forcer sur les nuances, car le journaliste tire de l'entrevue une conclusion étonnante. Selon Rockefeller, dit-il, «les investisseurs ne s'inquiètent nullement du résultat du référendum, à savoir qui l'emportera de la thèse souverainiste ou de la thèse fédéraliste; pour le président de la Chase Manhattan Bank, l'argent n'a pas d'odeur politique, si bien qu'il ne voit aucun problème pour un Québec souverain à attirer des investissements pour autant que les investisseurs sachent à quoi s'en tenir».

Le lendemain, quand Rockefeller vient voir Pierre Trudeau, il n'est pas peu surpris que le premier ministre se formalise de «l'appui» que l'éminent New-Yorkais «a donné au mouvement séparatiste sur les ondes de Radio-Canada». Décontenancé, Rockefeller plaide non coupable et convainc Trudeau que son intention était tout autre.

Lévesque ne peut ignorer que le discours du Canadian Club est le bon, que Rockefeller cherche à se distancer du projet québécois. En avril 1978 à New York, le chef du PQ s'attelle tout au moins à persuader l'éminent milliardaire que son gouvernement ne veut pas de mal aux entreprises privées. Pendant les quarante-cinq minutes que dure l'entretien, il lui cite un discours surprenant prononcé par le responsable des affaires canadiennes de la Prudential Life, un Canadien anglais du nom de Lewis, qui applaudit le budget québécois, la loi d'assurance-automobile, le principe de la loi 101 et le sommet économique organisé en mai 1977 par le gouvernement québécois. Les actifs de la Prudential au Québec dépassent le milliard de dollars — bien davantage que ceux de la Chase Manhattan — et pourtant Lewis déclare qu'il «n'y a pas de scénario, y compris l'indépendance ou la séparation du Québec, auquel la Prudential ne pourrait s'adapter pour autant que l'orientation politique générale du Parti québécois permette aux entreprises privées de fonctionner de façon raisonnable». Ce dont il est par ailleurs convaincu. Peu après, Lévesque fait envoyer une copie complète du discours à Rockefeller.

Le banquier n'a pas vraiment besoin d'un briefing. C'est un des hommes les mieux informés du monde. Il demande tout de même des nouvelles de l'économie québécoise, dont on dit tant de mal, discute des chances du premier ministre Trudeau d'être réélu — on en dit aussi beaucoup de mal — et il demande son avis à Lévesque sur la nouvelle loi bancaire fédérale.

Il permet finalement à Lévesque de repartir avec le sourire. Selon le diplomate Blondeau, qui prend des notes, «M. Rockefeller a assuré M. Lévesque que, même s'il avait indiqué lors d'un discours à Toronto qu'il préférait le système fédéraliste pour le Canada, il voyait sans difficulté un nouveau régime politique pour le Québec, si le peuple québécois en décidait ainsi lors du référendum.»

L'ultime conviction de David Rockefeller n'appartient qu'à lui, mais il est probable qu'en homme d'affaires prévoyant, il a décidé de jouer sur les deux tableaux. Un autre indice tend à confirmer qu'il aborde sereinement la question québécoise: il finance partiellement l'organisme dirigé par Feldman à Harvard, le University Consortium for Research on North America. Feldman reçoit aussi des fonds du gouvernement du Québec et son Consortium travaille, en fait, essentiellement sur des questions québécoises. Il est même vu comme une tribune servant à la diffusion des thèses souverainistes. Rockefeller n'ignore rien de tout cela. «Dans un secteur où il aurait pu avoir une influence, dans un sens ou dans l'autre», affirme Feldman, «il n'a jamais essayé de l'exercer».

À l'automne de 1978, le premier ministre part pour toute une semaine de lobbying américain, qui le mène de Chicago à San Francisco et Los Angeles («on se demande pourquoi Disneyland n'a pas été inclus dans la tournée», ironise McNamara, qui envoie à *Foggy Bottom* le détail de l'itinéraire). Depuis New York, son message s'est raffiné. Et il peut enfin répondre plus précisément aux questions sur la souveraineté-association puisque son équipe — deux ans après la prise du pouvoir et dix ans après la création du PQ — s'est mise d'accord sur le principe d'une union monétaire et douanière avec le Canada.

Sur toutes les scènes du Midwest et de l'Ouest, Lévesque entonne trois refrains: 1. Nous sommes des Nord-Américains; 2. Nous sommes un bon gouvernement; 3. Cessez de vous inquiéter du risque d'éclatement du Canada une fois le Québec parti: nous vous jurons que le Canada sortira renforcé de l'épreuve.

Cette fois, il ne fait pas un four. Les critiques locales sont bonnes: «Un orateur hors pair», «un plaidoyer efficace», «une performance impressionnante». Un journaliste du *San Francisco Chronicle* résume bien l'impression générale: «Nous le trouvons sympathique, mais nous ne trouvons pas ses politiques sympathiques.»

Il intéresse toujours, rassure parfois, ne persuade presque jamais. Lévesque lui-même trouve, lors de ce voyage, la formule qui dépeint l'atmosphère. Les Américains font preuve, dit-il, de «scepticisme cordial». «Ils doutent que les choses se passent comme nous le prévoyons», ajoute-t-il.

Il ne fait qu'un faux pas dans sa ruée vers l'Ouest. Lors d'une apparition d'une heure à une station locale du réseau public à San Francisco, il se met à monopoliser l'antenne par des réponses interminables. Est-ce parce qu'un des journalistes lui a demandé: «Pourquoi les Juifs quittent-ils le Québec?» Le ton monte sur les ondes alors que les journalistes tentent, sans grand succès, de couper la parole au volubile Québécois. Des téléspectateurs appellent la station pour se plaindre du manque de doigté des interviewers. Après le match verbal, un journaliste confie qu'il a été tenté de dire à Lévesque: «À l'évidence, vous n'avez pas l'intention de répondre à nos questions, alors pourquoi ne parlez-vous pas sans interruption pour les prochaines quarante minutes?» (Comment pourraient-ils savoir qu'à l'émission *Point de mire*, qu'il animait trente ans auparavant, Lévesque recevait parfois des invités de marque qui n'arrivaient pas à placer un mot, parce que «l'introduction» du reporter vedette occupait tout le temps alloué au programme?)

Lévesque avoue. L'émission de San Francisco, sa chance de rejoindre en une heure le plus grand nombre de Californiens, fut «catastrophique», dit-il.

Ottawa semble toutefois juger que le voyage a un certain impact (Trudeau: 3 — Lévesque: 1?), puisque le ministre fédéral Marc Lalonde se produit peu après devant le World Affairs Council, un des auditoires importants auxquels s'est adressé Lévesque à San Francisco. «Peut-être assisterons-nous au spectacle d'une "escouade de la vérité" canadienne suivant Lévesque dans ses campagnes américaines», écrit le consul général à Québec, Terry McNamara qui fournit le commentaire entre les périodes.

Rêves de Bureau Ovale

Son spectacle politique relativement bien rodé dans l'Ouest, René Lévesque est prêt pour la finale, à Washington, prévue pour janvier 1979.

Depuis un an, on s'y prépare, et le conseiller aux Affaires internationales du premier ministre, Yves Michaud, demande à McNamara si un entretien peut être aménagé avec Jimmy Carter. À défaut, Michaud est prêt à se contenter du vice-président Walter Mondale.

Aussitôt qu'il apprend la chose, John Rouse, à Washington, se hâte de piétiner cette étincelle et reproche à McNamara de ne pas l'avoir fait lui-même. «L'impression laissée peut être plus positive que la situation ne l'exige», écrit-il. Il faut immédiatement prétexter l'absence de précédent historique et l'emploi du temps chargé de ces messieurs pour faire avorter toute cette affaire. D'ailleurs, note Rouse, l'idée qu'une telle rencontre soit envisageable «encouragerait les projets de visite à Washington», ce que *Foggy Bottom* voudrait éviter. McNamara passe le message à Michaud et rassure Rouse: «Les rêves de Bureau Ovale ont été exorcisés.»

Les leaders québécois ont décidément bien du mal à se faire voir avec les chefs d'État américains. La demande de Daniel Johnson, en 1967, n'avait pas eu l'ombre d'une chance. Robert Bourassa, plus modeste, avait souhaité rencontrer à Washington, à l'été de 1975, Nelson Rockefeller, le vice-président de Gerald Ford. En vain.

À la fin de 1977, René Lévesque avait demandé à rencontrer le vice-président Walter Mondale, ce dernier ayant fait escale à Ottawa avant d'aller rencontrer le premier ministre de l'Alberta, Peter Lougheed. Malheureusement, a répondu Ottawa, «l'emploi du temps chargé du vice-président pendant sa courte visite à Ottawa nous a empêché d'accéder à la demande du premier ministre du Québec». Et Lougheed? C'est presque un voisin de Mondale, répond-on, car le vice-président est natif du Minnesota.

À la longue, ça devient un réflexe. Chaque fois qu'un membre important du gouvernement américain vient à Ottawa, Québec demande à le rencontrer. Chaque fois, Ottawa prend note et met la requête à la corbeille.

À Washington, où elle prépare le voyage de René Lévesque, Evelyn Dumas («hautement respectée», écrit McNamara) ne vogue pas de victoire en victoire. Le sénateur Frank Church, célèbre pour avoir déterré les scandales de la CIA, voudrait bien recevoir Lévesque pendant sa visite. Mais maintenant que le sénateur est devenu président du puissant Comité des affaires étrangères du Sénat, c'est un personnage quasi officiel, qui ne peut recevoir de premiers ministres provinciaux... sans l'aval de l'ambassade canadienne. Ted Kennedy, content de parler d'assurance-maladie avec des hauts fonctionnaires, refuse de se mouiller avec les souverainistes. Seul Edmund Muskie, le sénateur du Maine, qui avait applaudi si fort le discours de Pierre Trudeau, accepte de voir René Lévesque. C'est une bonne adresse. Les prérogatives de l'ancienneté font de Muskie un des sénateurs les plus influents de l'endroit.

On achemine directement au Département d'État une demande pour que Lévesque rencontre le secrétaire d'État Cyrus Vance ou quelqu'autre personnage important. «Adressez-vous à l'ambassade», répond le Département, selon la formule consacrée. Mais les diplomates américains se croisent les doigts. S'il fallait que l'ambassade dise oui, ils seraient bien embêtés! Mais le Département n'aura plus de nouvelle de la demande. Yves Michaud accusera cependant l'ambassade de ne pas avoir organisé la moindre rencontre. (Rétrospectivement, Ivan Head, conseiller de Pierre Trudeau, affirme qu'il aurait donné son aval: «Je leur aurais dit: "Faites-vous votre propre opinion de cet homme".»)

La principale tribune à laquelle René Lévesque s'adressera est le National Press Club, dont les déjeuners-causeries sont retransmis par des douzaines de stations de télévision du réseau câblé américain. Dumas, grâce à un ami journaliste membre du comité qui lance les invitations, cimente cette pièce maîtresse.

Le Club a une longue table d'honneur à garnir. Il invite l'ambassadeur canadien Peter Towe, qui accepte, et un représentant du Département d'État. Même manège. Adressez-vous à l'ambassade. Towe acquiesce, et le successeur de Rouse, Richard Smith, daigne être vu en public avec le chef séparatiste québécois. Le chargé d'affaires de l'ambassade de France vient équilibrer le tout. L'ambassade française donne d'ailleurs quelques coups de pouce à l'organisation de la visite.

Dumas réussit également à ouvrir à Lévesque la porte du Center for Strategic and International Studies (CSIS), une pompe-à-idées de la capitale qui réunit une partie du gratin des Affaires étrangères. Mais l'ex-journaliste doit d'abord elle-même passer le test, et répondre aux questions agressives de six experts qui, le temps d'un dîner, passent au crible le programme du PQ sur les questions stratégiques et soulèvent cette question, presque jamais discutée, de la frontière polaire qu'un Québec indépendant partagerait avec l'URSS. Dumas n'est pas tombée de la dernière pluie et répond avec aplomb, donnant l'impression qu'il y a, au bureau du premier ministre, des gens qui voient aussi loin. (De fait, il y en a.)

Lorsque Lévesque se présente, le 25 janvier, à la tribune du National Press Club, quelque 350 journalistes, lobbyistes, diplomates — l'ambassadeur de Suisse, notamment — et hauts fonctionnaires viennent l'entendre. Cas rarissime, une douzaine de journalistes demandent même des autographes. Lévesque se fait rassurant et promet que le Québec va «demeurer un partenaire loyal en Amérique du Nord et un membre en règle de l'alliance occidentale». Le discours, décousu comme à l'habitude, captive la foule.

Malgré les remontrances de son entourage, Lévesque dépasse de quinze minutes le temps alloué à son allocution, ce qui oblige le maître de cérémonie à prolonger aussi de 15 minutes le temps prévu pour les questions. Tout le monde est content. Les questions posées sont d'ailleurs précises et pointues, dénotant une connaissance du sujet québécois qui aurait été impensable deux ans plus tôt. Lorsqu'on lui sert le parallèle avec la guerre de Sécession américaine, Lévesque tonne: «C'est une comparaison ridicule [*sick*, dit-il] répandue par des gens qui paniquent.»

À la fin, les applaudissements sont nourris, le *New York Times* parle même de *standing ovation*, ce que des témoins québécois contesteront. «Je pense qu'il était intéressant, intelligent et énergique», explique le président du Press Club, Arthur Wiesse, du *Houston Post*. «Mais l'idée d'un Québec autonome est une autre affaire», ajoute-t-il. C'est apparemment le maximum qu'un discours souverainiste peut obtenir dans la capitale. Richard Zimmerman, du *Cleveland Plain Dealer*, résume la situation autrement: «Il parle remarquablement bien. Il est passionné, mais en même temps projette une image raisonnable. Cela ne veut pas dire qu'il m'a fait changer d'idée.»

C'est déjà mieux que ce que le journaliste Zimmerman dit entendre lorsqu'il retourne en Ohio, où les gens «ont l'impression que [les Québécois ont] un gouvernement de débiles dirigés par des *frogs* malades qui veulent se séparer».

Au Press Club, Lévesque est chahuté par un groupe d'une dizaine de manifestants anglophones venus du Québec pour protester contre sa politique linguistique. Preuve tangible de l'acuité du problème, on lit sur leurs pancartes «En bas (*sic*) la loi 101!», «Movement (re-*sic*) de la liberté». Même leur anglais est boiteux: «*Second Class Citicens*» (re-re-*sic*).

Lévesque se rend ensuite au Sénat, où sa rencontre avec Ed Muskie est reportée d'une heure, car ce dernier est en train de parler budget avec Jimmy Carter. Lorsque Muskie revient de la Maison-Blanche, il s'entretient brièvement avec Lévesque de la souveraineté-association, puis d'énergie et de possibles achats d'électricité par son État, le Maine. Lévesque n'en demande pas plus.

Mais en sortant, Muskie étonne et ravit le premier ministre en déversant dans les micros une prose comme on n'en a jamais entendue de la part d'un politicien américain haut placé. «Il semble y avoir quelque chose comme de la panique chez les Montréalais non francophones et beaucoup de ce qu'on ressent ici n'en est que l'écho. En fait, il semble que *séparation* ne soit pas un mot très précis pour décrire ce que monsieur Lévesque propose. Mon impression est que son objectif n'est pas le séparatisme dans le sens d'isolement mais une nouvelle relation qui apporterait une dimension nouvelle au Canada.» Ce n'était pas prévu. «C'était du glaçage sur le gâteau», raconte Dumas. De Québec McNamara suppute que le Sénateur a succombé «à une demi-heure d'exposition concentrée au charme désarmant» de Lévesque.

Muskie prend sa rencontre très au sérieux. Quatre jours plus tard il écrit au secrétaire d'État Cyrus Vance pour lui demander de donner suite aux possibilités d'achat d'énergie dont il a parlé avec Lévesque, qu'il a eu, écrit-il, «le plaisir de rencontrer».

Lévesque donne ensuite un long entretien au *McNeil-Lehrer News Hour*, sur la chaîne publique PBS, l'émission cérébrale écoutée par les décideurs de la capitale et qui rejoint 10 millions d'auditeurs parmi les plus influents. Ce soir, toute l'émission est consacrée au premier ministre. Peut-être galvanisé par la bonne surprise de Muskie, Lévesque est en forme, il ne s'emporte pas, présente clairement et fermement son projet politique.

Il part ensuite pour le Center for Strategic and International Studies (CSIS), où une vingtaine de convives l'attendent pour un dîner à huis clos. Dumas est furieuse que la liste des invités réunis ne soit pas du calibre annoncé par les organisateurs. Lorsqu'il le veut, le CSIS peut asseoir à sa table l'establishment washingtonien des Affaires étrangères, membres du Cabinet inclus. Ce soir, on y trouve quelques hauts fonctionnaires, mais pas de noms impressionnants.

La visite à Washington devait toucher les journalistes au Press Club, la classe politique en général au *McNeil-Lehrer* et les décideurs au CSIS. Un volet du triptyque manque à l'appel. «J'ai pris bonne note de la duplicité» des organisateurs, écrit Dumas.

Rufus Smith, l'ancien «monsieur Canada» du Département d'État, est aussi parmi les invités (il confirme l'absence de «grands noms»). Il ne laisse pas passer une allusion où le premier ministre évoque les «appuis étrangers» du Québec. Soucieux de dissiper tout malentendu sur de possibles appuis américains, Smith demande à Lévesque de quels appuis il s'agit. Le Québécois esquive la question. Smith la pose à nouveau; il est clair que Lévesque «n'aime pas le ton de ma question», raconte-t-il, mais laisse finalement tomber qu'il y a «beaucoup de sympathie en France», et enchaîne rapidement sur un autre sujet.

Lévesque se fait cependant charmeur et épate un fonctionnaire important, James Timberlake, responsable du dossier canadien au Pentagone, à qui on le présente au début de la soirée. Lévesque reviendra plus tard vers l'expert militaire, l'appellera par son nom et lui posera une question. «J'étais renversé», se souvient Timberlake qui, par ailleurs (ou à cause de cela), affirme: «J'ai été très impressionné, je veux dire: il m'a plu. Je n'étais pas d'accord avec ses idées», ajoute-t-il, répétant ce qui semble être la nouvelle réaction standard à une prestation de Lévesque. «Il parlait très bien et avait un certain charme», ajoute Timberlake.

Le lendemain, le premier ministre rencontre le comité éditorial du *Washington Post*. L'accueil est glacial. L'argument, toujours le même, est résumé par un des participants: «Lévesque ne semble pas comprendre que les Américains se foutent complètement d'une nouvelle entente constitutionnelle entre Canadiens. Nous serions par contre inquiets de voir un genre d'Amérique centrale du Grand Nord, chaque province [devenue indépendante] se lançant dans sa propre direction et instaurant toutes sortes de régimes, du révolutionnaire au dictatorial.»

La nationalisation de la potasse en Saskatchewan, l'élection d'un gouvernement néo-démocrate en Colombie-Britannique, les élans séparatistes des Albertans donnent aux spécialistes du *Post* des raisons de penser que, après le départ du Québec, les Canadiens anglais ne seront plus aussi ennuyants qu'auparavant.

De Québec McNamara se demande si la visite de Lévesque et, par extension, l'Opération Amérique, sert vraiment, par ses succès, la cause québécoise. «Lévesque espérait, tout au moins, neutraliser l'opinion américaine par ses propos rassurants. Il peut avoir secoué, au contraire, plusieurs Américains, jusqu'ici inconscients du danger, et les avoir persuadés qu'il faut prendre au sérieux un projet dirigé, non par un groupe de dérangés, mais par des gens sains, déterminés et convaincus, qui pourraient très bien réussir.»

Mais la visite de Lévesque est complètement éclipsée, même dans les médias américains comme le *New York Times*, par la publication ce jour-là — pure coïncidence? — du très attendu rapport fédéral Pépin-Robarts sur l'unité canadienne qui recommande, entre autres, de déléguer aux provinces la responsabilité des questions linguistiques et de la protection des minorités. Ce que Pierre Trudeau, le lendemain, rejette sans appel, prouvant s'il en était besoin que l'exercice était un gigantesque et coûteux trompe-l'œil.

Des alliés à portée de la main

Si Robert Bourassa avait rivé un boulet financier au pied de René Lévesque avec son projet de la baie James, il lui a fourni du même coup son meilleur argument de vente aux États-Unis.

Le délégué du Québec à Boston, Jacques Vallée, constate à la Conférence des gouverneurs de la Nouvelle-Angleterre, en octobre 1979, où il est le seul Québécois invité, que le gigantesque projet hydroélectrique «exerce une véritable fascination sur les Américains du Nord-Est, qui sont obsédés, à un degré qu'on imagine encore mal chez nous, par la crise de l'énergie». Les gouverneurs et leurs conseillers, dont certains ont déjà visité les installations de la rivière La Grande où l'on met la dernière main aux turbines, sont intarissables sur le sujet.

Vallée discerne «une sorte d'admiration pour l'esprit d'entreprise un peu *new frontier* des Québécois, qu'on a tendance à envier puisqu'ils paraissent capables de régler leurs problèmes d'énergie.» Revenu de la rencontre presque bouleversé, et certainement ahuri qu'on dise tant de bien de sa province aux États-Unis, Vallée pousse l'équipe de l'Opération Amérique à exploiter ce filon qui génère, dit-il, «un climat de sympathie et d'admiration pour les réussites du Québec moderne dont les conséquences politiques ne doivent pas être sous-estimées».

C'est par chargements entiers qu'on emmènera les Américains admirer le lac artificiel «grand comme la Suisse», à marcher sur la digue gigantesque, à se pâmer devant les «marches du géant» du canal de déversement de crues.

Devant tant d'ingéniosité et d'ingénierie francophones, investisseurs et diplomates américains (43 dans un même vol, en juin 1978) découvrent un aspect du Québec difficile à concilier avec des images de bureaucrates marxistes incompétents défendant à leurs enfants, qui couchent trois par lit, ne vont jamais à l'école et avalent les pilules du voisin, de goûter au ketchup «étranger» Heinz.

Lorsqu'on prépare, en 1979, une visite du président Carter à Ottawa, Québec suggère qu'il vienne... à la baie James. La Maison-Blanche refuse de considérer cette hypothèse. (Le projet de sommet sera de toute façon abandonné quand Ottawa interdira aux agents de sécurité présidentiels d'entrer au pays avec leurs armes.)

Québec ne s'éveille que tardivement à la géopolitique locale. Au départ, les relations avec les États de la Nouvelle-Angleterre sont plutôt réduites et l'institution que représentent les Conférences des gouverneurs et premiers ministres de l'Est est mourante. Daniel Latouche, conseiller du premier ministre pour les «questions constitutionnelles», mais qui trempe aussi un doigt ou deux dans les eaux américaines, considère d'ailleurs ces gouverneurs comme des «présidents de clubs Richelieu».

Mais les négociations entourant les ventes d'électricité aidant, il devient peu à peu évident qu'il y a là, plutôt qu'à San Francisco, des alliés potentiels et une source de bienveillance politique et économique. Muskie, par exemple, est-il plus aimable parce que le Maine compte aussi une large population franco-américaine? Richard Snelling, en tout cas, le gouverneur du Vermont élu quelques jours avant René Lévesque, reluque l'énergie de la baie James avec un intérêt qui augmente proportionnellement aux coûts de l'huile à chauffage. Mais son attention dépasse bientôt ce seul aspect et il finit par établir avec Lévesque des liens durables d'amitié et de respect.

Dans un éloquent retournement d'attitude, Lévesque décide de redonner vie à la Conférence des gouverneurs et des premiers ministres, et reçoit tout ce beau monde avec éclat à l'Estérel. Un peu plus tard, la délégation du Québec à New York s'avise d'entreprendre des contacts avec l'État de New York. Jusqu'alors, «on nous avait toujours raconté qu'ils ne voulaient pas nous voir à Albany», la capitale de l'État, affirme Richard Pouliot. Balivernes!

Le réseau de contacts établi dans les États, déjà payant en soi, produit des résultats sur le plan national. Le républicain Snelling, par exemple, intercède pour faciliter une rencontre entre Pouliot et le secrétaire à l'Énergie. Gaston Harvey, conseiller à l'information à la délégation de Boston, connaissait Paul Tsongas avant qu'il ne soit élu sénateur. Tsongas, d'ailleurs, est un démocrate de la ville de Lowell. Un gouverneur démocrate fournira à des péquistes des laissez-passer pour le congrès démocrate de l'été 1980, que le PQ réclamait en vain au Parti démocrate à Washington.

Les gouverneurs permettent aussi d'intercéder auprès des sénateurs, de faciliter des rencontres, de passer de l'information. Ces relations, note un mémo, «sont difficilement critiquables sur le plan constitutionnel». C'est dans le Nord-Est que l'Opération Amérique aura le plus de succès.

Au milieu de 1979, l'Opération est vieille d'un an. À Québec, c'est l'heure des bilans. On souligne «l'amélioration sensible de la perception du Québec par les milieux politiques et parapolitiques. Des pas importants ont été faits. L'image d'une société radicale ne tient pas. Le premier ministre Lévesque a acquis le respect de ses interlocuteurs et dans certains cas leur confiance».

Dans la presse, les efforts ont aussi payé, note le ministère des Affaires intergouvernementales. «Les préjugés primaires se sont considérablement résorbés. On ne parle plus de guerre tribale et de phénomène passager.» (L'ambassade canadienne à Washington note aussi que «la perception du problème s'approfondit, du moins dans les grands journaux».) Les fonctionnaires québécois applaudissent la nomination d'un plus grand nombre de correspondants de presse américains bon teint au Canada pour couvrir le Québec et la «nette régression» des pigistes canadiens-anglais. Qui est responsable de ce changement? «Nous», répond le coordonnateur de l'Opération, Roger Cyr: «La qualité et l'objectivité des articles publiés dans la presse américaine sont en relation directe du temps investi pour familiariser leurs auteurs avec la réalité québécoise», souligne-t-il, littéralement, dans un document.

Les universités, hier chasses gardées de l'Association of Canadian Studies in the United States (ACSUS), créature de l'ambassade canadienne à Washington, offrent maintenant des programmes d'études québécoises (Harvard, Duke, Northwestern, Orono). Même au sein de l'ACSUS, une petite «opposition» proQuébec se fait jour; Bernard Landry se fait d'ailleurs inviter à l'un de ses congrès. Les milieux académiques «ont développé à l'égard du Québec une curiosité qui frôle la fringale», note Roger Cyr dans un mémo. «C'est sans doute le secteur qui observe le mieux l'attitude de neutralité bienveillante que nous recherchions à l'origine.»

L'action des relationnistes québécois auprès de l'American Association of Teachers of French — un important marché de produits francophones — offre à l'équipe d'Opération Amérique une de ses mini-victoires les plus délicieuses. La présidente de l'association, Anne Slack, affirme à l'émission de Keith Spicer, au réseau CBC, que la décision de son groupe de tenir à Québec en 1980 son premier congrès jamais organisé à l'extérieur des États-Unis est d'abord due aux actions de sensibilisation entreprises par le Québec à l'endroit de ses membres.

Point de triomphalisme, cependant. Il ne faut pas prendre «cette normalisation pour une sympathie favorable», avertit le ministère. Tout au plus, les Québécois ont-ils simplement «résorbé l'alarmisme». Et s'il y a une «bonne évolution de l'opinion des milieux d'affaires et des milieux industriels», force est de constater qu'au «niveau du milieu financier, l'Opération Amérique n'a pas atteint ses objectifs».

Pendant la première année de l'Opération, note Cyr, «nous n'avons pas traversé de crise ou de période de tension véritable. La machine est en place, mais rien ne nous permet d'affirmer qu'elle sera vraiment efficace en période de crise». Notamment à l'approche de la période référendaire.

Mais la comparaison entre l'état des lieux au début de 1977 et le constat des actions complétées trente mois plus tard ne trompent pas. L'effort est considérable, multiforme, cumulatif. Des réseaux hier inconnus sont répertoriés. Des listes informatisées d'abonnés à la lettre d'information *Quebec Update* s'allongent; on les compte par milliers. Les possibilités d'approcher certains sénateurs s'accumulent, la quantité et la qualité des interlocuteurs, tant chez les républicains que chez les démocrates, augmentent. La diplomatie québécoise aux États-Unis est passée, en un temps record, du degré zéro à l'établissement d'une base vaste et prometteuse. Malgré les ratages, les retards à l'allumage, les pesanteurs de l'ignorance et de la timidité.

Mais n'est-ce qu'une goutte dans l'océan? Après avoir fait irruption dans l'actualité américaine à l'automne 1976, n'était-il pas normal, voire prévisible que l'alarmisme fasse place à une meilleure compréhension, que la gestion raisonnable d'un gouvernement rassure, en soi, sur la stabilité de la situation, que les rapports politiques routiniers, banals, jettent naturellement des ponts, développent progressivement des liens?

Difficile à dire. Cyr a raison. Il faudra une crise pour savoir si son équipe a construit une digue ou un château de sable. Il y en aura une: le référendum.

14
Pentagone: le Québec, combien de divisions?

Un nouveau venu n'a pas intérêt,
en règle générale, à faire une entrée fracassante.
Louis Balthazar,
spécialiste des États-Unis à l'Université Laval,
conseillant Québec sur sa politique militaire.

Scénario n° 1.   La guerre civile canadienne fait rage. L'armée fédérale, envoyée pour empêcher la sécession de la province francophone (ou pour sauver la minorité anglophone assiégée) rencontre une vive résistance de la part des nouveaux patriotes québécois. Aux informations du soir au réseau CBS, Dan Rather commente la prise de Beaconsfield par les troupes loyales à René Lévesque, mais signale que les parachutistes fédéraux arrivés la veille au centre de Sherbrooke ont réussi à rejeter un bataillon de Beaucerons indépendantistes dans la rivière Saint-François où la pollution, plus que les glaces de décembre, décime leurs rangs. Le tiers des soldats francophones du 22ᵉ Régiment, dont la loyauté à la reine est mise en doute, sont toujours aux arrêts dans leurs casernes. Claude Morin, dépêché à Paris, tente sans succès de convaincre la France d'envoyer sa marine pour déloger la flotte canadienne déployée sur le Saint-Laurent devant Montréal et Québec, mais une «brigade internationale» essentiellement formée de Bretons et de Gabonais est en route.

«Compte tenu de l'intérêt qu'ont les États-Unis à l'unité du Canada, Washington se verrait forcé de poursuivre ses relations normales avec le Canada —y compris la livraison d'armes conformément à l'Accord de partage de la production et du développement de la défense— tout en empêchant l'utilisation du territoire américain à la frontière du Québec comme sanctuaire ou point d'entrée vers le Québec.» La position américaine est difficile, car «s'il est improbable que le Québec gagne une guerre civile, il est également improbable que le Canada soutienne un long effort de guerre».

Scénario n° 2.   Les forces armées québécoises, portant le fleur-delisé et chantant «Demain nous appartient», lancent dans la nuit du 24 juin une guerre éclair sur deux fronts: le Labrador et l'Acadie. L'opération «récupération-libération» est dans un premier temps couronnée de succès, sauf à Moncton où la population anglophone, prenant les soldats pour des participants à une parade de la Saint-Jean, tente de leur couper la route. «Parce que les provinces maritimes sont importantes pour la sécurité des États-Unis, tout doute sur la capacité du Canada de les protéger mènerait à une réponse américaine rapide.»

Scénario n° 3.   À la présidence de la république du Québec, René Lévesque est politiquement débordé par son «aile marxiste-léniniste» qui ouvre la porte à la racaille terroriste internationale. La nouvelle ambassade soviétique ne compte pas moins de 850 diplomates, en plus des 75 du consulat de Rock-Island, dont les antennes paraboliques frôlent la frontière américaine, gardée pour la première fois par un bataillon armé. Les sous-marins soviétiques mouillent impunément en rade à Sorel, non loin d'un camp d'entraînement tenu conjointement par Cuba et l'OLP. Le «gouvernement socialo-communiste français» exerce «une influence considérable sur un Québec turbulent et des escouades de la métropole française pourraient venir y jouer le rôle des Cubains en Angola».

Scénario n° 4.   Trois jours après que le nouveau ministre de la Défense (du pacifisme) de l'État québécois, Reggie Chartrand, ait eu coupé le courant électrique aux cinq stations radars Pinetree situées au Québec, des bombardiers soviétiques supersoniques Backfire chargés de missiles nucléaires de croisière quittent leur base de la péninsule de Kola, survolent l'Arctique, puis le territoire du Québec. «Juste au centre du territoire québécois, les bombardiers lancent leurs missiles vers le sud» et font demi-tour, ni vu, ni connu. L'approche de leurs missiles de moyenne portée n'est détectée qu'à l'orée de la frontière américaine, quelques minutes seulement avant l'impact des engins de mort sur les bases militaires et les grandes villes du Nord-Est américain. Le dernier missile est abattu en vol par les efforts héroïques des Top Gun de l'US Air Force avant qu'il ne frappe Washington, mais les retombées nucléaires, portées par les vents, auront tôt fait d'envoyer tous les habitants de la capitale aux abris ou au cimetière. Boston et New York sont vitrifiés. Longtemps le Kremlin a attendu l'ouverture d'une brèche dans l'édifice de dissuasion nord-américain. Grâce au trou stratégique creusé par le Québec, il a enfin pu déclencher la Troisième Guerre mondiale.

Ces scénarios, hormis la couleur locale ajoutée ici par souci de réalisme (hum!), sont présentés avec le sérieux le plus froid, en 1977 et

1978, dans des publications destinées aux experts et penseurs américains de la défense. Leurs auteurs, deux spécialistes, l'un américain, l'autre canadien, des affaires militaires, veulent prévenir leur public privilégié, le Pentagone, du danger qui guette les «intérêts vitaux» des États-Unis. «Chacun des scénarios décrits ci-dessus est une sérieuse possibilité», avertit le professeur de l'Université de New York, Howard Lentner, qui propose les cas de la guerre civile et de ce qu'il appelle «l'impérialisme québécois» face aux Maritimes. Il publie ces cogitations dans *Orbis, A Journal of World Affairs.* (En 1969, un diplomate américain de retour de Montréal, Roger Provencher, avait aussi soulevé la possibilité d'une conquête du Labrador par le Québec*.) La dérive gauchiste du Québec et la trajectoire québécoise des bombardiers soviétiques sont avancés par Nicholas Stethem, directeur adjoint d'une revue canadienne de défense. Son récit alarmiste est publié dans *Foreign Policy.* Des versions à peine divergentes de ces quatre visions d'apocalypse apparaissent aussi dans de brefs articles publiés des deux côtés de la frontière.

Qu'en pense James Timberlake, celui qui a coordonné le dossier canadien au Pentagone de 1974 à 1980? «C'est un tas de conneries», répond-il avec dédain. Aucune de ces hypothèses ne trouve grâce à ses yeux. Sagesse rétrospective? Un responsable du Centre d'études canadiennes de Johns Hopkins University à Washington, Joseph Jockel, qui a fait enquête auprès de Timberlake et de ses collègues à l'époque pour écrire sa propre analyse des aspects militaires d'un Québec souverain, confirme que ces scénarios sont alors considérés au Pentagone comme étant «à peine bons pour la poubelle».

Les maigres dossiers du Pentagone

Le mouvement indépendantiste québécois a certes le potentiel de modifier la façon dont le Pentagone conçoit la défense du continent. Personne chez les militaires n'envisage de gaieté de cœur les complications, tout au moins administratives, qu'entraînerait une victoire du séparatisme. Pourtant, de 1960 jusqu'au référendum et au-delà, les généraux américains ont adopté envers la turbulence québécoise une attitude de détachement et de laisser-faire qui jure avec la réputation qu'on voudrait bien leur tailler.

Le ton semble avoir été donné, un jour de l'hiver 1968, par Paul Warnke. Futur négociateur du traité SALT II, Warnke est alors assistant du secrétaire à la Défense pour tout ce qui chevauche le politique et le

---

* Voir chapitre 5, «Envahir Terre-Neuve?»

militaire. Une information en provenance du Québec —un attentat terroriste ou un épisode politique important, comme la défection de René Lévesque du Parti libéral— retient l'attention de Warnke, qui met la question québécoise à l'ordre du jour lors d'une des réunions qu'il tient chaque jeudi matin avec l'officier le plus puissant aux États-Unis, le général Earl G. Wheeler, chef d'état-major des forces armées.

Les deux hommes se demandent si le mouvement indépendantiste et sa composante terroriste menacent sérieusement l'unité canadienne et, partant, les intérêts militaires américains. Warnke et Wheeler tombent rapidement d'accord. La réponse est non. «L'impression générale était que ça ne constituait pas une menace particulière pour les intérêts des États-Unis», se souvient Warnke. «Nous n'avons jamais discuté de l'utilisation éventuelle de la force militaire américaine dans ce cas de figure.»

Warnke et ses successeurs ont deux raisons de ne pas s'en faire à cause du Québec.

D'abord, ils pensent que le Canada a les choses bien en main, que le Québec restera sagement dans le giron fédéral. Alors qu'au Département d'État et à la CIA les prédictions sur les chances de succès des souverainistes québécois changent régulièrement, au Pentagone — ce monument à la gloire du statu quo — on tiendra toujours pour acquis la permanence du lien fédéral.

Deuxièmement, les hommes du Pentagone ne croient pas que le Québec a une grande valeur stratégique. À partir du milieu des années soixante, la menace soviétique est essentiellement incarnée par les missiles nucléaires intercontinentaux plutôt que par les bombardiers qui peuvent survoler le Canada pour venir frapper les États-Unis.

Or le Québec ne joue aucun rôle dans la détection des missiles soviétiques. Les installations militaires canado-américaines du Commandement intégré de la défense aérienne nord-américaine (NORAD) sises au Québec font partie du système de détection et d'interception des bombardiers, dont l'importance est en régression. Le personnel de ce système de préalerte a été réduit de 75% entre 1960 et 1980. Au Québec, le NORAD se résume à cinq bases radar Pinetree — au lac Saint-Denis, à Senneterre, à Chibougamau, au mont Apica et à Moisie— dont la tâche est de repérer l'arrivée d'avions soviétiques. À Bagotville, l'escadron 425 des *Alouettes* de la Royal Air Force canadienne est chargé d'intercepter, ou de reconnaître en vol, ces intrus. Les radars et l'escadron prennent leurs ordres d'un centre de contrôle situé à North Bay, en Ontario.

Dans le cas où le Québec aurait voulu se départir de ces équipements, Warnke considère qu'au Pentagone, «il n'aurait pas été très difficile» de s'en passer. «Nous aurions encore eu accès à beaucoup de territoire», ailleurs en Amérique du Nord, explique-t-il; «des mesures de rechange auraient été prises qui n'auraient pas nécessité l'utilisation du territoire du Québec».

D'autres experts du Pentagone estiment qu'en déplaçant les radars et la base de l'escadron canadien, une utilisation de l'espace aérien québécois ainsi que l'obtention du droit de se poser et de refaire le plein auraient toutefois été requis.

Mais pour la défense de l'Occident, affirme un successeur de Warnke, Robert F. Ellsworth, au bureau du secrétaire à la Défense de 1974 à 1977, un Québec neutraliste «aurait été, de loin, moins perturbateur que le retrait de la France du commandement intégré de l'OTAN en 1967. Un geste grave, mais qui finalement n'a pas détruit l'OTAN et ne l'a pas ébranlée outre mesure». Selon Warnke, Ellsworth, Timberlake et tous les anciens cadres supérieurs du Pentagone interrogés, quiconque soutient que la perte du Québec aurait été stratégiquement dramatique pour Washington «ne parle pas sérieusement».

Warnke affirme même que le Pentagone aurait été irrité, mais n'aurait pas bronché, dans le cas de l'établissement d'une base militaire française en territoire québécois.

L'évaluation que font les militaires américains des perturbations causées par l'éventuelle défection du Québec est essentielle. S'ils avaient jugé la participation de la province indispensable à la défense du continent, ils auraient pu insister auprès du Département d'État ou de la Maison-Blanche pour qu'ils interviennent de façon plus agressive dans le débat référendaire. Mais puisque le Québec est un pion sans importance sur l'échiquier stratégique, le jeu n'en vaut pas la chandelle.

Tout au plus, sous Warnke, l'État-Major avise-t-il les Américains qui assurent certaines tâches avec l'armée canadienne de redoubler de vigilance autour des installations militaires, car on craint les attentats du FLQ.

En octobre 1969, à l'occasion de l'une des rares rencontres que le Pentagone a pu avoir avec un membre du Parti québécois, un officier de l'État-Major assiste, à Racine, dans le Wisconsin, à une conférence sur les affaires canado-américaines où Jacques Parizeau est orateur invité. L'officier lui demande quelle serait la position d'un Québec indépendant face aux deux alliances militaires, l'OTAN et le NORAD, qui lient le Canada et les États-Unis. Parizeau, toute douceur, répond que le Québec serait disposé à s'entendre avec les États-Unis pour qu'ils résolvent les questions militaires d'une manière qui soit mutuellement satisfaisante.

Car le Parti québécois n'a pas encore, en 1969, commencé à innover avec la politique militaire. Il faut attendre le congrès de 1970 pour que le PQ précise qu'un Québec indépendant se retirerait de l'OTAN et du NORAD.

Même ce parti pris neutraliste ne fait vibrer aucune sonnette d'alarme à Washington, notamment parce que la position du PQ est à peine plus tranchée que celle du gouvernement fédéral. Pierre Trudeau jongle alors avec l'idée de retirer le Canada de l'OTAN. «Nous n'avons pas de politique étrangère de quelque importance, hormis celle qui découle de l'OTAN», déclare-t-il en avril 1969. «Il est erroné de définir sa politique étrangère à partir d'une alliance militaire. La politique étrangère devrait au contraire définir notre politique militaire.» Trudeau décide en septembre de ramener de 10 000 à 5000 hommes la participation canadienne à l'OTAN. Dans ce contexte, le pacifisme d'un parti qui fête son troisième anniversaire n'a rien de spectaculaire.

En 1975, le PQ revient sur sa position et adopte une approche gaulliste: le Québec, comme la France, sera membre de l'OTAN, mais pas de sa structure militaire. Pendant cette période, qui va de 1973 à 1976, René Lévesque affirme à qui veut l'entendre qu'il maintiendrait bien ces alliances, à condition que Washington paie la note! Le leader indépendantiste ne semble pas gêné par l'idée que les forces armées du pays à naître seraient alors sous le contrôle effectif d'une autre nation. Ce qui est précisément le contraire de la position de de Gaulle.

En 1976, la plate-forme du Parti ne fait cependant aucune mention de l'approche gaulliste et propose une politique étrangère pacifiste, le désarmement, le retrait des alliances et une réduction substantielle des dépenses militaires du Québec.

Mais les programmes politiques des partis d'opposition —sauf s'ils sont communistes— ont peu de valeur aux yeux des représentants du Pentagone. «Lorsque les gens sont à l'extérieur du pouvoir ils disent une chose, lorsqu'ils obtiennent le pouvoir ils découvrent une nouvelle sagesse», affirme par exemple George Bader, chargé de l'OTAN et du Canada au bureau du secrétaire à la Défense à partir de 1978. «Vous ne pouvez jamais accepter comme vérité les propositions hypothétiques prononcées avant le fait», dit-il.

Cette certitude que le pouvoir finira par raisonner les opposants à la défense est si parfaitement ancrée au Pentagone qu'à l'hiver 1976, une ébauche d'étude sur les aspects militaires d'un Québec souverain suggère, comme si c'était un fait acquis, qu'un gouvernement du PQ resterait dans le NORAD et l'OTAN, quoi qu'en dise son programme électoral.

Le colonel Charles Roades, de l'État-Major, décide alors de produire un bref document pour cerner un peu mieux l'enjeu. Roades, un des membres américains du Bureau conjoint permanent pour la défense avec le Canada, demande aux services de l'US Air Force, de l'US Army et de l'US Navy de concocter chacun un petit bout d'analyse.

L'US Air Force, de loin le participant le plus important à cause de l'escadron 425 et des radars Pinetree, conclut qu'il n'y aurait aucun changement notable dans les arrangements entre le Québec et le Pentagone, notamment parce que «le poids de la logique politique convaincrait les nouveaux dirigeants de ne pas agir de façon bizarre», d'éviter par exemple de perturber l'accord du NORAD, se souvient Roades, lui-même colonel de l'US Air Force.

La recherche de Roades rencontre des difficultés majeures lorsque vient le temps de décrire une future armée québécoise créée à partir des membres francophones de l'armée canadienne. Combien l'aviation canadienne compte-t-elle de Québécois, combien d'officiers? Y a-t-il des bases d'entraînement au Québec qui pourront servir à la future armée? Satisfont-elles aux normes de l'OTAN? Roades constate que le Pentagone ne possède pas ce genre d'informations. Seule solution: les demander aux militaires canadiens. C'est hors de question. Ce serait avouer que le Pentagone envisage sérieusement l'indépendance du Québec. Et ces Canadiens sont tellement...

Faute de données à partir desquelles travailler, Roades se voit contraint de laisser sa petite étude inachevée. Les services de la marine, qui devaient s'inquiéter de la détection des sous-marins ennemis au large des côtes du Québec, n'ont d'ailleurs jamais rendu leur texte. (En fait, cette tâche n'est pas effectuée à partir du Québec.)

Le document de travail incomplet, de moins de six pages, circule chez quelques gradés qui s'occupent des relations canado-américaines. Leur réaction, selon Roades: «Il n'y a rien de très important dans ce dossier, il ne semble pas que cela devienne un problème sérieux, alors laissons tomber...» L'Air Force ayant répondu à la question essentielle — le NORAD ne souffrira pas en cas d'indépendance — le Pentagone peut dormir tranquille. Aucun autre document n'est ensuite produit sur la question du Québec. Les dossiers du Pentagone sont vides.

(Avec une exception: en mai 1977, l'US Army Corps of Engineers, la branche de l'armée qui gère et exécute les grands travaux de barrages et de canaux, fait état des «événements politiques au Québec» pour justifier une étude de 1,5 million de dollars portant sur la réfection de la rivière Hudson et du canal Érié de façon à ouvrir un passage *all-American* aux navires marchands océaniques en route vers les Grands Lacs. Le projet permettrait de se passer complètement de la voie maritime du Saint-Laurent, qui a le défaut d'être situé au Québec. Les navires auraient mis le cap sur New York, remonté le fleuve Hudson jusqu'au nord d'Albany, emprunté le canal Érié —complètement reconstruit— et abouti à Buffalo, sur le lac Érié. L'étude, commandée par un comité du Congrès plus soucieux de l'économie régionale de Buffalo et du transport du charbon par péniche que de géopolitique fluviale, montrera en 1980 que la construction de ce Saint-Laurent artificiel coûterait entre 37 et 54 milliards de dollars. Affaire classée.)

En 1976, Lévesque annonce que le Québec serait prêt à assumer la défense de son propre territoire, en constituant une armée de 14 000 hommes, soit le nombre de soldats canadiens basés au Québec. Dans un autre discours, Jacques-Yvan Morin affirme que la défense du territoire, notamment de l'Arctique, serait une des priorités de cette armée. Les voisins du Québec accepteront une certaine neutralité de la part du nouvel État, dit-il, mais ils ne toléreront pas qu'un vide militaire se crée à leur frontière. Lévesque prête des rôles différents à l'armée qu'il imagine: une intervention en cas de grève des policiers ou de désastre naturel et la participation aux forces de paix de l'ONU, tâche traditionnelle de l'armée canadienne.

À l'occasion du discours de Lévesque, le général René Gutknecht, commandant du 22e Régiment basé à Québec, confie au consul général à Québec, Francis McNamara, cette curieuse statistique: 13 800 de ses 14 000 soldats refuseraient de servir une armée québécoise.

Des Soviétiques angoissés

S'il n'est pas crucial pour le maintien du réseau stratégique américain, l'attachement du Québec à l'OTAN et au NORAD fait cependant figure de symbole. Experts dans les questions stratégiques, membres du Congrès et journalistes spécialisés ont tôt fait d'étiqueter idéologiquement une formation politique ou un gouvernement à partir de sa position sur les alliances militaires.

Le principe de la politique étrangère américaine est celui de l'incendie. Tant que la maison québécoise ne brûle pas, on lui porte assez peu d'attention. Mais au lendemain d'un vote positif au référendum, des membres du Congrès, des *think-tanks* et du Pentagone allaient tout à coup poser des questions difficiles, brandir des épouvantails propres à modifier la suite du processus au Québec même. Les scénarios présentés en tête de chapitre «auraient certainement trouvé un écho chez des Américains partageant ces craintes, dont certains en position d'influence», estiment deux politologues ontariens qui ont étudié la question. On pense aux milieux conservateurs dont l'influence est souvent prédominante en matière de défense. Les écrits du chroniqueur conservateur William Safire entre 1976 et 1980 préfiguraient sans doute ce type de débats.

Pendant que Lévesque prépare tranquillement le terrain pour la joute référendaire, la classe politique américaine discute passionnément du canal de Panama, dont Carter veut rendre le contrôle aux autorités locales. La peur d'un vide stratégique —même imaginaire— au Nord-Est aurait très bien pu déclencher une polémique du même ordre.

Aux États-Unis, où on accuse en général les Alliés de refuser de payer leur juste part de l'arsenal occidental et de s'en remettre aux gros budgets du Pentagone, les discours pacifistes occidentaux provoquent trois réactions: l'impatience devant tant de naïveté, la suspicion que des forces ennemies tirent les ficelles de cet idéalisme et l'accusation que ces alliés déloyaux veulent s'abriter sous le parapluie américain sans payer de droits d'entrée.

Même si, en fait, le Québec ne pèse pas lourd dans la défense de l'Occident, il est clair que pour un esprit américain, le programme pacifiste du Parti québécois est à mettre au passif du Québec et risque d'inciter l'administration à parler un peu plus fort, le jour venu, contre l'option souverainiste.

Après l'élection de novembre 1976, les diplomates étrangers qui défilent dans le bureau du ministre des Affaires intergouvernementales, Claude Morin, l'interrogent sur le sérieux de la position péquiste. Les Allemands et les Britanniques, entre autres, disent au ministre qu'il faut être aveugle à la menace soviétique, que les Européens sentent toute proche, pour envisager d'affaiblir ainsi le camp occidental.

Morin, qui ne s'était jamais trop préoccupé de cet aspect des choses, est particulièrement frappé par la réaction du consul soviétique, Vladimir Gavryushkin. Il lui confirme de vive voix ce que la diplomatie canadienne avait cru comprendre de la timidité de Moscou envers les indépendantistes. «Les Soviétiques étaient contre la souveraineté du Québec, se souvient Morin, la raison étant que si on devenait un État indépendant — et à l'époque on avait une politique pacifiste dans le programme du PQ, donc on désarme —, pour les Soviétiques on créait un vide dans le bouclier américain protégeant les États-Unis de l'URSS, ce qui pousserait les Américains à venir défendre le Québec malgré lui, et à se rapprocher géographiquement de l'Union soviétique.» Moscou craint aussi, comme Washington, que le reste du Canada ne survive pas au départ du Québec. Suivant la logique soviétique, telle qu'expliquée à Morin, les Américains occuperaient ainsi tout le terrain stratégique ouvert par la sécession des provinces et auraient un accès direct à toute la frontière commune avec l'URSS, via l'Arctique.

Pour Moscou, mieux vaut côtoyer un allié modéré des États-Unis que l'ennemi capitaliste lui-même. Paradoxalement, l'appartenance du Canada aux alliances militaires américaines forme donc un bouclier stratégique pour Moscou autant que pour Washington.

Cette surprenante réaction soviétique et les inquiétudes exprimées par les diplomates européens, plus que les commentaires de leurs homologues américains, convainquent Morin que la position du Parti québécois est un boulet dont il faut se défaire.

En mai 1977, malgré la résistance de militants radicaux du parti, le congrès péquiste accepte de retirer du programme les dispositions concernant l'OTAN et le NORAD. Le Parti n'a donc plus, officiellement, de position. Mais Morin et Lévesque, dans leurs conversations et dans leurs entrevues, commencent à annoncer qu'un Québec indépendant adhérerait effectivement aux deux alliances. «Il serait complètement idiot de ne pas garder nos liens normaux, de base, avec l'Occident, y compris l'OTAN», dit le premier ministre au magazine *Time* en février 1978.

Assez tôt, à compter de 1977, la diplomatie américaine est convaincue que la position du gouvernement québécois s'aligne rapidement sur les impératifs de défense de Washington, ce qui explique sans doute pourquoi le document d'analyse interne «La situation du Québec», produit en août de cette année-là, effleure à peine le sujet.

Finalement, au congrès du PQ de 1979, Morin obtient que d'autres ministres — dont Bernard Landry, Camille Laurin et Richard Guay — mènent avec succès la charge gouvernementale pour l'adoption d'une nouvelle résolution. Elle prévoit qu'un Québec souverain accepterait «d'établir conjointement avec le Canada et les autres partenaires impliqués les modalités de sa participation à des organismes de sécurité tels que l'OTAN et le NORAD».

Le virage à 180 degrés aura pris trois ans.

Après le vote, Morin est tenté d'appeler le Soviétique Gavryushkin pour lui annoncer la bonne nouvelle, lui dire qu'il «n'aurait plus désormais à se faire du mauvais sang à cause de la politique québécoise de défense», raconte le ministre. «Inspirés par ses remarques convaincantes sur le "vide" qu'aurait créé en Amérique du Nord un Québec désarmé et vulnérable, nous avions résolu de nous protéger en adhérant à l'OTAN et au NORAD.»

Mais Morin s'abstient. Le souvenir du consul soviétique lui revenant en mémoire, le ministre songe que «la Providence n'a pas distribué à tous les humains une ration suffisante de sens de l'humour».

René Lévesque, le pacifiste

La conversion de René Lévesque aux alliances militaires est essentiellement tactique. Même la nécessité d'une armée québécoise ne lui apparaît que sur le tard. En 1969, il explique qu'un Québec souverain n'aura «aucune force armée de quelque nature que ce soit» et il fustige la «fixation morbide des États-Unis pour les affaires militaires».

Près de vingt ans plus tard, et quelques années après l'invasion de l'Afghanistan et la mise au pas de la Pologne par Moscou, Lévesque met en doute le besoin même, pour l'Occident, de se préparer à une agression soviétique. Dans ses Mémoires, il parle de la «soi-disant défense américaine» et affirme: «Aussi loin qu'on puisse voir en avant, jamais l'URSS n'aurait la témérité ni surtout les moyens de passer à l'attaque.» Au moment où il écrit ces lignes, le nom de Michael Gorbatchev est encore inconnu. Lévesque tient là un discours pacifiste que, comme premier ministre, il se gardait bien de prononcer pendant ses périples américains.

Son aversion pour la chose militaire se manifeste cependant dans les nuances qui accompagnent la formulation du livre blanc sur la souveraineté-association, en 1979, où doit être avancée, entre mille autres précisions sur l'architecture politique d'un Québec souverain, la politique d'alliances du futur État. Car une des marottes du leader péquiste touche les économies que le Québec pourrait faire sur le dos de la défense, où il voit un gaspillage éhonté. En fait, la construction d'une défense québécoise autonome coûterait plus cher que la proportion québécoise de l'armée canadienne, ne serait-ce qu'à cause des infrastructures séparées dont il faudrait se doter, l'absence d'économies d'échelles, le dédoublement des commandements, de l'entraînement, etc.

Le conseiller de Lévesque pour les questions constitutionnelles, Daniel Latouche, remet en mai 1979 une première ébauche de livre blanc où la politique de défense du Québec est présentée de la manière la plus rassurante — et l'une des plus économiques — qui soit.

Non seulement l'armée québécoise répondrait toujours à l'appel des alliances américaines, propose Latouche, mais l'actuelle contribution du Québec à la défense canadienne, «tout en passant sous la juridiction québécoise, continuerait d'être intégrée opérationnellement aux forces de défense du Canada».

Pour les fonctions d'alliances militaires et la défense du Canada tout entier, les ordres viendraient de la «communauté de défense Canada-Québec», donc essentiellement d'Ottawa avec des représentants (des figurants?) québécois parmi les généraux. Pour la fonction de sécurité intérieure du Québec, les unités de l'armée seraient sous contrôle québécois.

Pour le Pentagone, cette solution serait idéale, car elle ferait l'économie de la renégociation de l'OTAN et du NORAD. Les changements organisationnels n'affecteraient que la structure interne du partenaire canadien. Advenant un OUI au référendum, la présentation de ce document aux politiciens américains soudain éveillés aux implications militaires et inquiets de l'avenir de leur défense ferait beaucoup pour apaiser leurs craintes.

Latouche prévoit même qu'en acceptant la responsabilité de la surveillance du NORAD pour la portion de l'Arctique qui se trouve au nord du Québec, le nouvel État ferait un premier pas vers la revendication de sa souveraineté sur cette portion de banquise.

Cela ne signifie pas que le Québec demeurerait ensuite enfermé dans cette position de départ. Avant la rédaction du document de Latouche, Louis Balthazar, un spécialiste des États-Unis à l'Université Laval et un ancien élève de Henry Kissinger à Harvard University, avait aussi suggéré au ministère des Affaires intergouvernementales que le Québec s'engage à conclure une alliance militaire avec le Canada pour «rassurer et apprivoiser» les États-Unis. «Rien ne rassurerait davantage les Américains que de voir le Québec agir de concert avec le Canada», écrivait Balthazar. «Bien entendu, après quelques années, quand le Québec se sera fait reconnaître et accepter comme un acteur responsable, poursuivait-il, il sera toujours temps de remettre en cause notre participation, ou tout au moins les modalités de cette participation, à des organisations comme l'OTAN, le NORAD et d'autres.»

Le texte de Latouche concrétise le conseil de Balthazar. À ce chapitre, comme à bien d'autres, son projet de livre blanc se lit toutefois comme un traité de sciences politiques plutôt que comme un appel à l'indépendance. Mais on attend un best-seller, un document vif, optimiste, convaincant. Il doit faire vibrer, au-delà des spécialistes et des indépendantistes, un public indécis.

Claude Malette, secrétaire exécutif de Lévesque, sort à l'été de 1979 une seconde version, plus courte. Une seule phrase sur les alliances survit à la refonte: «Pour ce qui est des alliances comme l'OTAN et le NORAD, le Québec en restera solidaire, mais évaluera sa contribution en fonction de ses objectifs.» Ce qui rouvre toute grande la porte à l'incertitude et à l'interprétation. Quels objectifs? Quelle contribution?

Malgré sa concision, la version de Malette se brise contre le même écueil que celle de Latouche. Comment en effet rassurer — donc être relativement précis sur le fonctionnement du futur État — tout en évitant les considérations techniques, le style bureaucratique?

Lévesque soumet cette seconde version à Jean Paré, le directeur de *L'Actualité*, qui rend un verdict sans appel: il faut tout refaire. Dans une lettre à Lévesque il écrit, tout en majuscules: «CE DOCUMENT DOIT ÊTRE UN COUP DE POING. PAS UNE DISSERTATION ÉLÉGANTE. IL EST L'ÉQUIVALENT DE LA DÉCLARATION AMÉRICAINE D'INDÉPENDANCE. DONC PAS DU DIDEROT OU DU MON-

TESQUIEU, MAIS DU JEFFERSON. AFFIRMATIF. IMPÉRATIF. ÉVIDENT.» Le journaliste suggère aussi qu'on insère une «liste catastrophique, dite LISTE NOIRE du fédéralisme actuel, faite d'au moins une centaine d'horreurs (réelles) imposées par le système».

«Paré a raison», tranche Lévesque. Le texte proposé n'a «pas de souffle, il n'est pas senti», dit le premier ministre. La tendance est donc à la simplification.

Dans la préparation d'une troisième version, Latouche réussit toutefois à réintroduire quelques paragraphes explicatifs sur les alliances. Ils affirment que «l'avenir du Québec est relié au sort des démocraties européennes et américaines», ce qui justifie son rattachement aux deux organisations militaires. L'idée de l'alliance avec le Canada fait aussi une dernière apparition. Les hésitations sur les objectifs et l'importance de la contribution du Québec sont écartées.

Cette version survivra à plusieurs refontes successives, jusqu'à ce que, le 9 octobre, René Lévesque décide d'y faire un ajout et de verser un peu d'eau froide sur l'effort militaire québécois: «Tout ceci n'impliquera, en termes d'obligations, que le maintien des installations de défense qui se trouvent au Québec, de même que la préservation, dans ce secteur, des emplois militaires et civils de quelques milliers de Québécois. L'objectif du Québec sera, cependant, d'accroître la part des budgets d'équipements et de fournitures qui est dépensée chez nous, et d'économiser une importante portion des sommes astronomiques que nous coûte annuellement la défense.»

Avec ce nouveau paragraphe, le chef péquiste introduit un autre élément préoccupant pour le complexe militaro-industriel américain, dont le Pentagone est le grand gérant.

Si Lévesque entend économiser des «sommes astronomiques», il achètera moins de matériel aux États-Unis. Or, Ottawa et Washington ont une entente qui couvre la fabrication de matériel militaire. Dans la mesure où l'armée canadienne s'équipe largement aux États-Unis, le Pentagone accepte de s'approvisionner au Canada pour une partie de ses vastes besoins.

Dans le secteur de l'aéronautique, Montréal a eu la part du lion de ces achats américains. Une bonne moitié des 10 000 emplois montréalais de ce secteur sont soutenus par les emplettes du Pentagone. Mais ces achats ne se justifient que dans la mesure où Montréal fait partie d'un pays qui achète, en contrepartie, du matériel américain.

Par la suite, quelqu'un édulcore quelque peu la prose de Lévesque, et les «sommes astronomiques» deviennent seulement «importantes». La proposition d'une entente militaire Québec-Canada, argument de poids pour le Pentagone, n'apparaît pas dans la version finale, publiée le 1er novembre 1979 sous le titre apaisant de *La Nouvelle Entente Québec-Canada.*

En dernière analyse, le Québec détient une très grande marge de manœuvre sur le plan militaire. Le Pentagone se sait capable, au pire, de se passer du Québec et, au mieux, de convaincre le nouvel État de rester dans le rang nord-américain.

«Pour moi tout est clair», explique James Timberlake, qui allait conseiller ses supérieurs sur la marche à suivre en cas de victoire du OUI. «La position des États-Unis devait être de garder le silence, attendre que la poussière retombe et, selon notre analyse, tenter de convaincre le gouvernement Lévesque de jouer le rôle que le Québec jouait dans l'ancienne structure. J'ai l'impression que si nous avions négocié avec Lévesque nous aurions probablement trouvé une solution raisonnable à tous les aspects du problème. Probablement pas aussi facile qu'avec un Canada uni, mais qui aurait servi les intérêts de sécurité des trois gouvernements.»

D'autres solutions étaient possibles. Le professeur Jockel suggère que les cinq radars Pinetree sur le territoire québécois auraient pu transmettre aux Américains leurs données sur la détection de bombardiers soviétiques, mais sans plus. Une entente de services, plutôt qu'une adhésion au NORAD, aurait suffi.

Le Québec aurait très bien pu jouer cyniquement sur les marges de la tolérance américaine. David Roader, responsable de la branche nord-américaine à l'État-Major, de 1976 à 1979, fait le raisonnement suivant: «Si j'avais été Canadien français et que j'avais réussi à créer un pays séparé, la logique pure m'aurait dit que je pouvais bénéficier de la couverture de l'OTAN sans y contribuer.»

Tout le reste relève de la tactique politique et de la diplomatie. L'itinéraire le plus prudent, y compris celui du neutralisme, passe par un désengagement extrêmement lent, tel que suggéré par Balthazar. Si on veut jouer cette carte, il faut la jouer jusqu'au bout. Et dans un premier temps, montrer tous les signes d'une grande volonté d'intégration.

René Lévesque refuse de faire ce pas. Il préfère afficher une politique militaire en demi-teintes, offrant à ses critiques américains un argument qui peut mettre en pièces la tentative québécoise de neutralisation des États-Unis dans le débat référendaire. Le scrupule du leader étonne. Car la stratégie de Balthazar et de Latouche a un nom qui, d'habitude, ne lui fait pas peur: l'étapisme.

15
Les queues de veaux

Il y a beaucoup d'ambassadeurs, de représentants étrangers
qui sont littéralement comme des queues de veaux
— je m'excuse de l'expression — à Québec.
[Ils] trouvent le Québec remarquablement
intéressant, ces années-ci.
René LÉVESQUE
à l'Assemblée nationale.

Le gouvernement du Québec est
considérablement plus transparent qu'un iceberg.
[Son] plus grand bavard,
quoique pas toujours volontaire,
semble être Lévesque lui-même.
Francis Terry MCNAMARA
consul général américain à Québec.

C'était viscéral. Il ne pouvait pas le supporter. Le premier ministre du Québec était presque malade en présence de l'ambassadeur américain à Ottawa, Thomas Enders. «Lévesque était incapable physiquement de le voir, de le rencontrer, de le côtoyer», se souvient un haut fonctionnaire. «Quand il le faisait, c'est en ramassant toute son énergie pour accomplir son devoir d'État.»

La raison de cette répulsion? La réputation d'Enders, son rôle dans le conflit vietnamien. En tant qu'adjoint à l'ambassadeur américain au Cambodge de 1970 à 1974, Enders avait la tâche d'approuver les bombardements aériens sur le territoire cambodgien près du Vietnam. En deux occasions au moins, l'aviation américaine a bombardé par erreur des cibles civiles. (Enders aurait aimé faire carrière dans l'armée, mais sa trop grande taille —six pieds huit pouces— et un défaut de vision l'en ont empêché.) Un comité du Congrès américain a par la suite accusé Enders d'avoir caché la vérité sur ces bombardements controversés à des enquêteurs du Sénat venus l'interroger en 1973. La reconnaissance de ses grandes capacités intellectuelles —tout le monde s'accorde à le dire «brillant»—plus que le parrainage de Henry Kissinger, lui ont permis de poursuivre son ascension dans le monde diplomatique. Jusqu'à ce qu'il soit considéré trop modéré pour l'équipe de Ronald Reagan.

Rien n'indique qu'à Québec on est conscient de ces détails. Mais l'association Enders-Vietnam, l'impression qu'il y a là quelque chose d'occulte et de louche déclenche automatiquement chez René Lévesque cette réaction négative que suscitent chez lui l'establishment, les combines et l'abus de pouvoir, ce dont il a toujours accusé les Américains au Vietnam. Dans une de ses répliques les plus épicées, rapportée par son chef de cabinet Jean-Roch Boivin, Lévesque déblatère contre cette incarnation de la face honnie de son Amérique, autrement chérie: «C'est lui le câlisse qui a lancé des bombes au Vietnam. C'est un hostie d'espion, dit-il, il doit travailler pour la CIA.»

Le proconsul et le rebelle

Quand les deux hommes se rencontrent, en avril 1977, à Québec, Lévesque met sa répulsion dans sa poche et sort son plus beau sourire. «Il était à la fois charmant et méfiant, se souvient Enders, il m'a traité avec beaucoup d'hospitalité.»

L'ambassadeur aussi se fait charmant et méfiant. Lors de son séjour précédent à Québec, il s'était montré plus cassant. Son hôte s'appelait Robert Bourassa, dont le gouvernement allait de désastre en désastre. La rencontre avait pris une tournure d'interrogatoire. Enders, «très proconsul qui s'informe sur ce qui se passe dans les marches de l'empire», selon un témoin, décochait froidement ses questions: Serez-vous réélu? Quelles sont vos chances? Que ferez-vous d'ici l'élection? Lorsque Bourassa mord la poussière le 15 novembre, Enders ne verse pourtant pas de larmes. Il met dans le même panier Bourassa et Richard Nixon. «Deux salopards», dit-il alors.

Un an plus tard, le proconsul aborde le rebelle québécois avec beaucoup plus de courtoisie. Enders est «prudent, distant», presque discret. Cette fois — comme toujours —, Lévesque prend le contrôle de la conversation. Enders lui parle dans son français distingué, Lévesque enchaîne dans son anglais de charretier. Il expose son projet politique, parle de «l'inévitabilité historique» de l'autodétermination québécoise. «Il n'est pas dans l'intérêt des États-Unis de traîner les pieds», dit Lévesque à celui qui, dans l'administration américaine, est le plus disposé à mettre des bâtons dans les roues de l'indépendantiste en chef.

Enders pose quelques sous-questions, répète la position de Washington, exprimée par Carter quelques mois auparavant.

L'ambassadeur veut, comme tout un chacun, connaître la date du référendum. Lors d'une seconde rencontre, en avril 1978, il pose la question. «Ce que nous avons obtenu après dix ans de travail inlassable, lui répond Lévesque, c'est le droit de déterminer la date du référendum.»

Le chef du gouvernement ne prend par ailleurs pas de gants blancs pour fustiger en privé les décisions «à caractère politique» de certaines entreprises, notamment la Sun Life qui quitte Montréal avec fracas pour cause de loi 101. «Cette compagnie va payer pour, et cela a déjà commencé», dit-il sèchement à l'ambassadeur. (Il est encore plus dur en public, dénonçant dans une interview au magazine *Time* «le chantage de ces bâtards».) Enders l'assure que «quand il y a des mouvements qui se dessinent de la part de certaines compagnies [américaines] pour quitter le Québec, nous les encourageons à bien réfléchir avant de poser un tel geste».

Espiègle, Lévesque insiste pour être photographié debout aux côtés d'Enders, pour marquer le saisissant contraste entre le gigantesque Américain et le petit Québécois. César et Astérix.

Comme une compétition sportive

Enders s'occupe essentiellement de l'aspect fédéral de la crise canadienne. Ses visites à Québec, où on le voit faire son jogging sur les plaines d'Abraham, ont valeur de symbole. Car dans la capitale québécoise, depuis 1975, un autre Américain veille à temps plein sur la classe parlementaire et ministérielle: le consul général. La plupart du temps, et contrairement aux autres consuls américains au Canada soigneusement contrôlés par les services de l'ambassadeur, celui de Québec prend ses instructions directement de Washington.

Peu de Québécois connaissent son nom. Il n'apparaît que rarement sur les photos officielles ou dans la presse. Pourtant, il fait partie de la faune politique locale, au même titre qu'un sous-ministre, un chroniqueur ou un organisateur électoral. Au second rang, donc, mais présent, actif, superbement introduit et informé, souvent respecté, parfois craint. Toujours il parle français.

Le consul général est d'abord un intermédiaire entre Washington et Québec. Depuis l'élection du PQ il a le mandat d'être le seul intermédiaire. Il a la tâche de dire non, de réprimer les ardeurs américaines du gouvernement péquiste.

Il consacre cependant le plus clair de son temps à la collecte d'informations. Car il doit expliquer la bizarre réalité québécoise à ses supérieurs de *Foggy Bottom*. À ce titre, c'est un journaliste amélioré.

Journaliste, parce qu'il pond plusieurs fois par semaine des synthèses de la situation politique locale, ou des rapports pointus sur un dossier qui intéresse son gouvernement. Amélioré, parce que sa production n'étant distribuée qu'à une poignée de lecteurs, ses sources gouvernementales ou de l'opposition lui livrent d'autant plus volontiers leurs secrets, petits et grands. (On a pu vérifier que deux consuls généraux successifs avaient des informations rapides et précises, par exemple, sur les accointances françaises de Louise Beaudoin.) On soupçonne parfois le consul général de couler ses informations aux adversaires politiques du gouvernement, mais on ne se souvient pas que la presse ait jamais eu vent de confidences qu'on lui aurait faites. À Québec, il est un des rares qui sachent tenir leur langue.

En coulisse, il assiste à tous les événements importants. Il est particulièrement friand de congrès politiques, ou de réunions du Conseil national du Parti québécois. C'est une bonne occasion d'étendre le réseau de ses relations, de cueillir un ministre au détour d'un couloir, de «sentir» les effluves idéologiques qu'exhalent la fameuse «base» et cette «aile gauche» du PQ dont on dit tant de mal. Une fois, pris de zèle, le consul enverra à Washington par courrier diplomatique la liste complète de tous les candidats aux postes de membres de l'exécutif national (pas seulement les élus, les candidats!), leurs biographies... et leurs photos.

Le stakhanovisme des diplomates américains à Québec sous Lévesque est tel qu'Ottawa voudrait bien savoir si quelque chose se traficote dans son dos. Peter Dunn, l'envoyé intermittent du Québec à Washington, rapporte qu'un adjoint de l'ambassadeur canadien demande franchement de lui «transmettre les différents renseignements à saveur politique que nous obtenons de nos confrères du consulat américain à Québec». Entre compatriotes...

L'importance du consul général tient essentiellement à la personnalité du diplomate choisi par Washington. De 1965 à 1969, Francis Cunningham avait, de loin, montré l'intérêt le plus marqué pour le Québec. Depuis, et notamment après la crise d'octobre, le Département d'État prenait pour acquis que la province s'était assoupie. Les «stars» diplomatiques ne se bousculaient pas au portillon de Québec.

C'est pourquoi, en novembre 1975, le poste est offert à Francis Terry McNamara, de retour d'une mission diplomatique particulièrement éprouvante à Can Tho, dans le delta du Mékong. On lui présente la tranquille capitale québécoise presque comme une oasis de calme, un endroit où recharger ses batteries. «Avant de partir de Washington, on m'a dit qu'il n'arriverait pas grand-chose, qu'il y avait un mouvement séparatiste pas très important et qu'on ne pouvait pas prendre au sérieux.» Domicilié au Vermont, ayant toujours sa mère non loin de la frontière new-yorkaise, McNamara vient à Québec presque en vacances, à quelques heures de route de son pays, de sa famille.

À l'aube de la cinquantaine, expert des questions politiques et diplomatiques, McNamara est cependant équipé pour l'aventure politique qui va s'ouvrir. Après le conflit vietnamien, la déroute américaine, le stress de l'évacuation, la tempête politique québécoise a des allures de pique-nique.

Sobre et réservé dans ses contacts avec les membres du gouvernement, McNamara déchaîne son ironie devant sa machine à écrire. Il aborde la joute politique avec le recul d'un commentateur sportif misérieux, mi-amusé. Les titres de ses dépêches diplomatiques sont toujours accrocheurs. Au sujet de Lévesque et de son aile gauche: «René le jongleur»; au sujet de Trudeau: «Soyons sérieux, Pierre»; sur Lévesque et le patronat: «René a du mal à garder son pantalon attaché pendant qu'il jongle avec trois balles»; sur Lévesque et la clause Canada de la loi 101: «Lévesque joue à *Let's make a deal*», puis «Lévesque tourne le fer dans la plaie». McNamara peut même sortir son slang à propos du voyage de Lévesque à Paris: «*How ya gonna keep René on the farm after he's seen Paree?*» (traduction libre: «Comment tenir René sur la ferme après Paris, France?»)

Sur le fond, l'information de McNamara est toujours juste, ses analyses pertinentes, son approche modérée. Il explique que «le Parti québécois n'est pas un parti nord-américain comme les autres mais un mouvement nationaliste largement fondé sur la ferveur de ses membres», notamment ceux de l'aile radicale qui «se rebelleront contre tout ce qu'ils considèrent être une dilution de la pureté de leur croisade». Le cabinet trouve grâce à ses yeux: «Étincelant de talent inhabituel, le cabinet inclut les meilleurs et les plus brillants parmi la vibrante société québécoise de la post-Révolution tranquille.» Une équipe qui «n'a pas d'équivalent au Canada». Il considère cependant «clairement revanchardes» certaines dispositions de la Charte de la langue française.

McNamara entame, dans ses dépêches, la longue chronique des glissements et contre-glissements sémantiques portant sur la souveraineté-association, avec ou sans trait d'union, avec ou sans emphase sur le premier terme, ou le second, avec irruption de l'expression «une vraie confédération» dans le vocabulaire de Lévesque, etc.

Lorsque Lévesque et Claude Morin se mettent à parler de «confédération radicalement décentralisée» comme étant une «solution de rechange sérieuse» à la souveraineté, devant les premiers ministres provinciaux réunis à Regina en 1978, McNamara garde son calme. «Ceux qui écoutent Lévesque et Morin avec leurs appareils de décodage du langage péquiste auront compris», écrit-il, que les deux champions de l'étapisme

ajoutent «scrupuleusement à chacune de leurs déclarations une note affirmant que leur gouvernement maintient son objectif de souveraineté».
Cette «paire de prestidigitateurs» ne modifie en surface la formulation de
son option indépendantiste que «pour y revenir lorsque l'électorat aura
la tête ailleurs». McNamara a cet autre titre de dépêche: «Les traits
d'union sont toujours les meilleurs amis du séparatiste.»

Résumant les dissensions internes provoquées par l'ajout d'une
étape au processus — un second référendum pour décider vraiment de
l'indépendance —, McNamara écrit que «le sentiment séparatiste pur et
dur survit avec vigueur dans le PQ». «Plusieurs font confiance à Lévesque et croient à ses bonnes intentions, mais ont parfaitement conscience
que c'est un gros fumeur, mortel, ventru, et qui ne rajeunit pas.»

Des scoops comme s'il en pleuvait

L'accès privilégié à l'information confidentielle dont jouit l'homme
de Washington à Québec ferait pleurer d'envie tout journaliste parlementaire normalement constitué. Le Québec? Considérablement plus transparent qu'un iceberg.

«On avait une politique de porte ouverte avec les Américains», se
souvient un proche conseiller de Lévesque, Louis Bernard. Lorsqu'ils
voulaient être reçus, ils l'étaient, explique-t-il. Lorsqu'ils posaient des
questions, on leur répondait «sur la vie du parti, sur les finances,
énormément de choses». Face au consul général, «on a pris la chance de
jamais lui cacher quoi que ce soit sur nos intentions», explique encore
Bernard. L'objectif: «Que Washington soit toujours bien informé de ce
qui se passait parce qu'on pensait que c'était la seule façon qu'ils puissent
ne pas être nerveux.»

En tête de liste des «sources» américaines: René Lévesque. Dans ses
rencontres privées avec l'ambassadeur ou le consul général, il déballe sa
marchandise stratégique inédite comme s'il s'agissait d'informations
déjà usées. Pronostics pour le référendum, commentaires sur ses adversaires politiques, intentions de nationalisation de l'amiante, rien n'est
tabou. La valeur géopolitique de cette information, il faut l'avouer, est
tempérée du fait que le premier ministre change d'avis presque tous les
mois. Ses interlocuteurs américains ont tout de même, en moyenne,
trente jours d'avance sur le public — et sur la plupart des ministres.

Dans son entourage immédiat, Louis Bernard, d'abord chef de
cabinet puis secrétaire général du gouvernement, donc détenteur et
distributeur d'informations confidentielles, fait partie des bonnes sources.
La presse se répand en conjectures sur la question référendaire: est-elle

formulée, oui ou non? Bernard donne l'heure juste à l'Américain. De plus, dit-il, «on lui a toujours donné les résultats de nos sondages internes», qu'ils portent sur l'action du gouvernement, la popularité du premier ministre, la question constitutionnelle ou tout le reste.

Jean-Roch Boivin, qui succède à Bernard au poste de chef de cabinet, n'est pas moins bavard. «Vous savez, on se disait beaucoup de choses en prenant un verre», souligne-t-il. Et le bar du consulat général est souvent ouvert. Daniel Latouche, le conseiller constitutionnel de Lévesque, offre une autre fenêtre aux Américains qui veulent observer le monde désorganisé du bureau du premier ministre. «Moi, j'avais la réputation de dire n'importe quoi», avoue candidement Latouche. «Je ne me sentais pas d'appartenance politique partisane, dit-il, donc je leur parlais assez librement et, dans le fond, ils aimaient bien me rencontrer.»

Aucun membre du gouvernement Lévesque n'est cependant aussi ouvert, disert, que Claude Morin. En tant que ministre des Affaires intergouvernementales, la liaison avec les diplomates est de son ressort. Il joue la carte de la transparence avec un zèle calculé —ne rien cacher afin de rassurer— mais avec zèle tout de même.

Lorsque le Parti québécois, après une rencontre de stratégie cruciale, s'apprête à révéler que la souveraineté-association impliquera notamment des unions monétaires et douanières, une banque centrale commune et des passeports communs, Claude Morin donne le *scoop* à McNamara, dans un briefing matinal particulier. McNamara transmet son résumé de la stratégie à Washington avant que Lévesque n'ait le temps de l'annoncer au public et aux journalistes. Un mois avant la publication du livre blanc sur la souveraineté-association — dont Latouche a raconté les épisodes à l'Américain, y compris sa tentative de démission après le rejet de sa version —, Morin offre au diplomate une explication détaillée de son contenu encore en évolution.

Lorsque le document ultrasecret est fin prêt, Morin en remet une copie au consulat américain, une journée avant qu'on ne le distribue aux journalistes.

Sur la question de la date exacte du référendum, Lévesque, invité à dîner au consulat général, confie, trois mois à l'avance, qu'il songe sérieusement à la date du 26 mai 1980. (Il se décidera finalement pour le 20 mai.)

Il n'y a cependant aucun sujet sur lequel le gouvernement Lévesque ne se montre plus ouvert avec la diplomatie américaine qu'à propos de sa volonté de nationaliser la compagnie d'amiante Asbestos Corporation, filiale de la géante américaine General Dynamics.

La position des Américains sur les nationalisations est claire. D'abord, ils sont contre. Ils le disent. Ensuite, ils ne bougent pas le petit doigt dès lors que trois conditions sont réunies pour le dédommagement des actionnaires. Trois adjectifs, serinés par chaque diplomate comme s'il s'agissait de la réponse numéro un du petit catéchisme de *Foggy Bottom*: le dédommagement doit être «honnête, adéquat et rapide». Si, comme au Chili de Salvador Allende, l'expropriation se fait sans compensation, ils se fâchent.

Mais au Québec, comme dans le cas de la nationalisation de l'électricité quinze ans plus tôt, les conditions leur semblent assez vite réunies, ce qu'Enders explique d'ailleurs aux représentants de General Dynamics, venus lui demander un peu d'aide. En vain. Les services légaux du Département d'État étudient le projet de loi d'expropriation à la loupe et lui donnent, en gros, leur bénédiction. Un détail, à leur goût, vaudrait d'être précisé? Le consul général à Québec présente un amendement à Louis Bernard. Il concerne «le caractère de l'indemnité qui devait être déterminée par le tribunal», dit celui-ci, qui l'insère dans le texte du projet de loi. «On était d'accord, on a accepté.»

Lorsque le gouvernement de la Saskatchewan avait nationalisé son industrie de la potasse en 1975, Washington avait officiellement exprimé son «inquiétude». Dans le cas de l'amiante, Washington n'a rien exprimé du tout. Les documents internes du Département d'État montrent d'ailleurs que la position de General Dynamics est loin d'être immaculée, puisque, de toutes les compagnies d'amiante, «elle a la pire feuille de route de l'industrie pour le respect de la réglementation» en matière de «santé au travail et d'environnement».

Mais tous les membres du gouvernement québécois ne comprennent pas que les trois adjectifs de *Foggy Bottom* sont une rengaine. Claude Morin, par exemple, y lit une sérieuse mise en garde: «C'était pas du chantage, mais ils voulaient nous inquiéter», dit-il. René Lévesque s'enquiert auprès d'un diplomate: «Nous vous faisons vraiment peur avec notre histoire d'expropriation, non?»

Poussant la transparence à son point limite, prenant même le risque que certaines informations privilégiées rejoignent le camp ennemi, Lévesque, Parizeau et les autres décident d'informer le consul général à Québec de chaque épisode de la longue saga politico-économico-juridique de l'expropriation. Lorsque le ministre des Finances Jacques Parizeau décide de lancer un ultimatum à General Dynamics, un de ses adjoints en informe le consul général — George Jaeger, qui remplace McNamara en 1979 — et lui donne même, vingt-quatre heures à l'avance, le prix que Québec sera prêt à payer par action en cas d'expropriation: 42 dollars. (Information qui aurait pu faire la joie de bien des spéculateurs à la Bourse.)

Lorsque le Cabinet adopte le texte de l'avis d'expropriation de la compagnie, Jaeger en obtient une copie plusieurs mois avant sa publication. Quand Parizeau écrit à General Dynamics dans un dernier effort de négociation avant l'expropriation, une copie de la lettre est remise à Jaeger, avant même que la compagnie américaine ne la recoive et vingt-quatre heures avant sa distribution à la presse. Lorsque l'expropriation est finalement imminente, on assure le consul général que la décision du Cabinet lui sera communiquée dès qu'elle sera prise. Les confidences viennent aussi de l'opposition. L'ex-directeur du *Devoir* devenu chef libéral, Claude Ryan, confie lui-même au diplomate que, s'il devient premier ministre, il remettra tout le dossier de la nationalisation sur la planche à dessin.

Avec une telle qualité et une telle quantité d'informations, on comprend que Washington n'ait eu nul besoin d'agents de la CIA à Québec.

Les diplomates américains ne sont pas les seuls à bénéficier du franc-parler des Québécois. À un cocktail auquel assistaient l'Américain Jaeger et le Soviétique Vladimir Gavryushkin, Morin décide de faire d'une pierre deux coups et de mettre tout le monde en confiance. Sachant que la *Pravda* accuse le PQ d'être manipulé par la CIA, sachant que certains Américains voient la main du KGB derrière René Lévesque, Morin dit aux deux invités: «Parlez-vous; Jaeger va vous dire que c'est pas la CIA, puis vous [le Soviétique] allez lui dire que c'est pas le KGB. Si le consul de France était ici, je lui ferais dire que ce n'est pas le SDECE non plus.» Avant de les laisser se débrouiller avec cette mise en situation, le ministre leur lance: «Allez, bonne chance!»

Un peu plus tard, après l'invasion de l'Afghanistan par les troupes soviétiques, quand Ottawa suspend complètement les projets économiques soviéto-canadiens, le nouveau consul soviétique, Alexander Ereskovsky, vient demander à Morin s'il ne pourrait trouver un moyen de faire preuve de plus de compréhension envers les camarades, en ne mettant pas le hola aux quelques projets économiques Québec-URSS. Ottawa et Québec sont en mauvais termes, se dit sûrement le Soviétique, pourquoi ne pas mettre à profit les dissensions fédérales-provinciales? «J'ai la solution, il y a bien un moyen», lui répond Morin. Le consul sort son crayon, s'apprête à prendre des notes. «Je vous recommande une chose, la seule; après, ça va aller, enchaîne Morin: sortez de l'Afghanistan.»

Le retour de la French Connection

À Québec comme à Paris, la diplomatie américaine remet en service son vieux système de surveillance du triangle Québec-Paris-Ottawa.

L'élection du PQ provoque dans la presse française une réaction «de pure joie», rapporte un diplomate à Paris. Les grands journaux se repentent d'avoir jadis émis quelques critiques à l'endroit du général de Gaulle, qui a le mérite, écrit *France-Soir*, d'avoir exprimé avant les autres ce qui est devenu une évidence. *Le Quotidien de Paris* appelle carrément le gouvernement français à mettre son poids dans la balance et à appuyer la démarche du gouvernement québécois.

Les Américains vont aux nouvelles au Quai d'Orsay, où on les rassure sur les intentions du gouvernement français. L'élection du PQ a été accueillie ici comme une surprise, et le chef du pupitre canadien au Quai assure que le président Valéry Giscard d'Estaing et ses conseillers vont «résister à toute pression de l'opinion publique visant à les immerger dans un problème qui concerne Québec et Ottawa».

Deux jours après l'élection, pourtant, les réseaux français pro-indépendantistes sont en branle-bas de combat. Le parlementaire français Xavier Deniau rend visite à Lévesque, puis fait escale dans les bureaux de McNamara. Deniau, «défenseur auto-proclamé de la cause du Québec», écrit le consul général, «cherchait clairement à nous convaincre d'être réceptifs à René Lévesque». Le Français décrit le nouveau chef du gouvernement québécois comme «un grand admirateur des États-Unis et un démocrate convaincu». «Les sentiments de Lévesque envers la France, ajoute Deniau entre parenthèses, sont moins chaleureux», rapporte McNamara.

Deniau fait ensuite escale à Washington où il entend présenter le même topo pro-Lévesque aux supérieurs de McNamara, dont Richard Vine. Véritable commis-voyageur de la cause, il portera une fois encore la bonne parole dans la capitale américaine à l'automne 1977.

En septembre 1977, un autre membre de la mafia québécoise, Bernard Dorin, directeur des Affaires francophones au Quai, accompagne au Québec le ministre Alain Peyrefitte, qui donne le *la* de la politique française vis-à-vis le Québec: «Non-ingérence mais non-indifférence.» Dorin, écrit McNamara, «semblait faire preuve d'une curiosité excessive envers les opérations de notre consulat général.» Quant à Peyrefitte, il s'est offert une journée de pluie à chasser sur l'île d'Anticosti, «mais, note McNamara, les 70 000 chevreuils de l'île ont réussi à rester hors de sa portée».

La visite de Peyrefitte doit établir les fondations de la grande affaire de l'automne: la visite de Lévesque à Paris. Les Américains, comme les responsables fédéraux, sont un peu inquiets des rumeurs qui circulent sur une invitation qui aurait été lancée au premier ministre séparatiste pour qu'il s'adresse à l'Assemblée nationale française, geste que McNamara compare au «Vive le Québec libre!» du général de Gaulle. «On ne manquerait pas de faire le parallèle avec le discours de Trudeau au Congrès américain», note-t-il. Même Winston Churchill au lendemain de la guerre n'avait pas eu cet honneur. Le dernier leader étranger en date à s'adresser aux parlementaires français dans leur enceinte sacrée fut Woodrow Wilson, président américain pendant la Première Guerre mondiale.

À Paris, une source à l'Élysée calme les esprits américains: «La politique personnelle de Giscard est ferme, il n'est pas question d'encourager le séparatisme québécois.» L'ambassadeur américain en France se dit convaincu que «le gouvernement français, au niveau le plus élevé, est conscient des pièges psychologiques en jeu». Pourtant, dans une lettre que Giscard envoyait à René Lévesque peu après la victoire du PQ, le Français esquissait une ligne politique plutôt souple: «Respectueuse des choix du peuple québécois, elle [la France] demeure, autant que jamais, disposée à seconder les efforts qu'il déploie pour préserver son identité et assurer son avenir.» Autant que jamais? C'est beaucoup, de la part d'un homme qui, quand ce «jamais» s'était produit, avait soulevé quelques doutes sur les capacités intellectuelles du général de Gaulle.

En fait, au jeu de l'intensité sonore et de la visibilité d'un voyage officiel — outil politique souvent plus puissant que les mots ou les budgets —, l'équipe de Giscard prépare pour Lévesque un niveau de décibels et de luminosité à faire pâlir la réception réservée à Trudeau à Washington en début d'année.

Pour commencer, il s'agit d'accorder à Ottawa une faveur qu'il regrettera d'avoir demandée. Car sous la forte pression fédérale, Paris modifie son invitation et offre à Lévesque de s'adresser aux parlementaires... mais pas à l'Assemblée. Trudeau est content.

Lévesque parlera cependant dans la «Salle des fêtes» du palais Bourbon, donc dans l'édifice où siège l'Assemblée. Les parlementaires ajourneront leurs travaux pendant sa visite, mais pas avant d'avoir applaudi, de leurs banquettes, l'arrivée du premier ministre dans les murs du Palais, par une porte qui n'avait pas été ouverte depuis 150 ans. Il n'y a donc plus seulement *un* énorme précédent mais plusieurs précédents protocolaires en succession serrée, dont l'ensemble frappe l'imagination avec plus de force que le plan d'origine. Illustration s'il en est de l'agilité de la diplomatie française.

Lévesque reçoit à Paris un accueil princier des dignitaires et de la presse. Au Québec, sa visite est perçue «comme un triomphe personnel majeur et un coup de pouce très important pour la cause séparatiste», juge McNamara, un verdict que partage «même la presse anglophone», ajoute-t-il. C'est tout dire. «Seule une victoire serrée de la coupe Stanley par les Canadiens pourrait égaler l'intérêt populaire et l'enthousiasme suscités par la marche triomphale de Lévesque en France», écrit-il encore dans une dépêche intitulée «René revient du pays des merveilles».

Giscard, pris dans le tourbillon de cette «intensité émotive spontanée», selon une source américaine à l'Élysée, et poussé par son ministre Peyrefitte qui l'incite à «lever les freins», selon une source américaine au Quai d'Orsay, multiplie les gentillesses à l'endroit de son hôte, tombe de tout son long dans les «pièges psychologiques» qu'il voulait, disait-on, si fermement éviter. Il remet à Lévesque la Légion d'honneur, un geste imprévu. Et, *dixit* Ottawa, illégal, car toute remise de décoration étrangère doit d'abord être avalisée par les autorités fédérales.

Le président français lance aussi la pratique des visites annuelles de premiers ministres, créant ainsi entre Paris et Québec un «lien quasi organique», écrit un diplomate américain. Il parle du «printemps» québécois et prononce cette phrase, négociée mot à mot et écrite d'une même main par Louise Beaudoin et Bernard Dorin: «Ce que vous attendez de la France, dit le président, c'est sa compréhension, sa confiance et son appui. Vous pouvez compter qu'ils ne vous manqueront pas le long de la route que vous déciderez de suivre.»

Façon poétique d'exprimer le droit à l'autodétermination des Québécois, de mettre dans le camp du Québec, et non du Canada, le sort de son avenir. Commentaire de l'ambassade américaine: «Giscard a distribué juste assez de manne pour satisfaire les Québécois.» Commentaire de McNamara: «Sauf à reconnaître le Québec comme un État souverain, on voit mal comment la France aurait pu aller plus loin.» Commentaire d'Enders: tout cela est bien joli mais «les Québécois ne peuvent pas se nourrir de médailles». Commentaire du *Washington Post*: dans une caricature, on voit Giscard remettre à Lévesque une «médaille de l'autodétermination» pendant qu'à l'arrière-plan des manifestants réclament la Corse, la Bretagne et le Pays Basque «libres».

Élément mineur mais curieux: pendant que ces événements se déroulent, et sont rapportés par la presse américaine, le Département d'État envoie une directive à ses attachés de presse d'Ottawa et de Paris pour le cas où des journalistes poseraient des questions sur la position de Washington: «La question du Québec doit être résolue par le peuple canadien lui-même.» La réponse omet cependant le couplet habituel sur la «préférence» accordée à l'unité canadienne, et ne souligne même pas combien le Canada est un «beau et grand pays». La douche proquébécoise administrée par les Français aurait-elle, temporairement, refroidi les ardeurs fédéralistes américaines? Plus vraisemblablement, Washington, dont les relations avec Paris sont au beau fixe — Carter est en admiration devant l'intellect de Giscard — ne veut pas souligner ce qui les sépare sur cette question.

René Lévesque se charge précisément de marquer cette différence à gros traits, en exprimant à la télévision française son espoir que l'accueil qu'il a reçu à Paris ait quelqu'impact sur les inclinations fédéralistes du président Carter.

Cette élasticité de la position américaine est pratique. Deux ans et demi plus tard, lorsqu'un lecteur du *Washington Post* proteste contre la présence du consul général à Québec, à une rencontre du corps consulaire avec Lévesque — cela donne de la légitimité aux indépendantistes, écrit-il —, le Département prépare un autre mémo de presse où il restaure la phrase: «Nous espérons que le Canada restera fort et uni.» Face à un Giscard proquébécois, il fallait arrondir les angles, face à un critique antiquébécois, il convient de les aiguiser. Illustration s'il en est de l'agilité de la diplomatie américaine.

Ces micropirouettes passent cependant inaperçues et n'ont que peu de poids au regard des retombées sur la politique intérieure québécoise du périple français du premier ministre. «Malgré tout le travail des conseillers en image de Lévesque pour qu'il nettoie sa désinvolture fripée, il semble toujours mal à l'aise passant la Garde républicaine en revue, une image somme toute charmante», commente le consul général à Québec avant d'offrir son analyse de fond: «Le fait que les quartiers les plus vénérés de la France politique et culturelle acceptent en leur sein le petit René de Gaspésie est chargé d'une valeur symbolique qui n'est totalement compréhensible que pour un peuple aussi déficient au niveau de la confiance en soi que l'est le peuple québécois.»

L'ombre au tableau français, relevée par le rapporteur diplomatique à Paris, est l'absence de toute manifestation d'intérêt, ni spontanée ni même forcée, de la part du leader de l'opposition de gauche, François Mitterrand. Ce dernier visite le Québec à la fin de 1978 et adopte, pour l'essentiel, la position giscardienne selon laquelle il acceptera toute décision des Québécois «comme l'affirmation d'un peuple frère». Mais il refuse d'avancer quelque préférence que ce soit ou d'endosser l'option souverainiste. Pour McNamara, Mitterrand n'est venu à Québec que pour occuper le terrain proquébécois, autrement tenu par son rival au Parti socialiste, Michel Rocard, plus franchement autonomiste.

En privé avec une vingtaine d'hôtes québécois, dont le ministre Denis Vaugeois et le conseiller de Lévesque Yves Michaud, Mitterrand fait cependant valoir envers leurs thèses une compréhension mêlée d'admiration et de sympathie. Selon un témoin qui a pris des notes ce jour-là, le futur président prononce ces paroles, les plus prosouverainistes qu'on lui connaisse:

> Ce que vous entreprenez est courageux. Je souhaite que vous réussissiez dans des formes qu'il ne m'appartient pas de définir pour vous, que ce soit la souveraineté, la souveraineté-association, que j'essaie de comprendre, ou sous la forme d'autres arrangements avec le Canada. La France est un peu dans votre situation puisqu'elle est appelée à faire partie d'un grand ensemble, l'ensemble européen, sans cependant renoncer à être elle-même. La démarche du Québec est identique. On ne peut participer à un ensemble sans être d'abord soi-même.

Trudeau, de passage à Paris le mois suivant, reçoit un accueil glacial, comme si Giscard voulait lui faire comprendre que son attitude pendant la visite de Lévesque n'avait rien de fortuit ou de temporaire. Pour créer l'atmosphère d'inimitié appropriée, le président français fait savoir la veille de l'arrivée de Trudeau que le Canada ne sera pas convié au sommet que Giscard prépare à la Guadeloupe pour le président Carter et les chefs d'État européens. Une fois sur place, il lui annonce que la France ne participera à aucun sommet francophone auquel le Québec n'aura pas la chaise, le drapeau, l'étiquette qui lui conviennent. Pour ne rien gâcher, la rumeur persistante, reprise par la diplomatie américaine malgré les dénégations fédérales, veut que Giscard ait écourté un déjeuner avec Trudeau, ce qui, en termes diplomatiques, est une insulte carabinée.

Trudeau se venge trois mois plus tard, affirmant quelques jours avant l'arrivée du premier ministre Raymond Barre au Canada que les Français ont tort de «jouer avec» le séparatisme et ne comprennent tout simplement pas la réalité fédérale canadienne. Québec parti, dit Trudeau à des journalistes français, le Canada tombera en miettes et les États-Unis occuperont tout le continent, sauf le Mexique et «peut-être» le Québec. La France sera bien avancée.

En plus de Deniau et de Dorin (et sans compter les services rendus par l'ambassade de France à Washington pour l'organisation de la visite de Lévesque au début de 1979), un autre membre éminent de la mafia québécoise de Paris refait son apparition: Philippe Rossillon, celui que Trudeau avait accusé en 1968 d'être un «agent plus ou moins secret de la France».

Souvent à Québec, il passe aussi la frontière américaine et entretient quelques contacts auprès du nouveau sénateur du Maine, un républicain modéré et prometteur, William Cohen, dont la base politique compte bon nombre de Franco-Américains. L'activiste français suggère fortement aux responsables du ministère des Affaires intergouvernementales la tenue d'une rencontre entre Cohen et René Lévesque, dans le cadre de l'offensive de charme québécoise en Nouvelle-Angleterre. Cohen est d'accord, mais la rencontre n'aura jamais lieu, faute d'enthousiasme au bureau du premier ministre.

À la même époque, l'ambassadeur Enders est remplacé à Ottawa par l'ancien gouverneur du Maine, Kenneth Curtis. Un des proches collaborateurs de Curtis, un ancien maire franco-américain de Lewiston, Robert Couturier, «figure au circuit Rossillon», note un fonctionnaire québécois. D'ailleurs, Couturier se dit «indépendantiste», rapporte la délégation de Boston. Rossillon partage ces munitions franco-américaines avec le personnel de la délégation du Québec à Boston.

Les services du ministère des Affaires extérieures à Ottawa ont bien sûr vent du retour de Rossillon sur la scène. Il est repéré en 1979 à Moncton, parmi les Acadiens. En fait, il était à Québec dès l'élection du 15 novembre 1976. «Il s'activait beaucoup, tous ses agissements semblaient légaux», se souvient un conseiller ministériel, «mais avec ce genre de personne, on se posait des questions». Cette fois-ci, ajoute-t-il, il n'y a pas de filature.

On informe toutefois la ministre Flora MacDonald. Lorsqu'elle lit le nom du fameux Français dans un mémo, elle s'exclame: «Oh *my!* Pas encore lui!»

16
En attendant Cyrus

Même les paranoïaques ont des ennemis.
Dicton populaire américain.

L'heure de vérité approche. Bientôt, la question sera posée. Bientôt, deux petits mots, OUI, NON, accapareront les placards publicitaires, le temps d'antenne, les titres de journaux, les revers de veston, les balcons d'appartement. Ils essaimeront dans les conversations, ponctueront les discours, porteront des promesses et des chantages. Ils se déguiseront dans des publicités contre l'alcool (*Non, merci*) ou pour l'esprit d'entreprise (*OSE*). Ils tenteront même, ultime camouflage, de se faire passer l'un pour l'autre (*Un NON au référendum sera un OUI pour le renouvellement.*)

Bientôt, Washington devra faire un choix. La «période de transition» entre l'élection du PQ et la campagne référendaire, définie dans le document de politique interne «La situation du Québec: perspectives et conséquences» en août 1977, tire à sa fin. «Quand le référendum approchera», expliquait le document, «Ottawa pourrait demander que les USA prennent une position sans équivoque en faveur de l'unité canadienne», alors que Québec «tentera de persuader les USA d'adopter une position de neutralité». Selon l'échéancier imaginé à l'époque, Washington doit maintenant «revoir sa politique», «selon les besoins de la conjoncture».

D'abord c'est Carter lui-même qui doit venir à Ottawa pour une visite officielle à l'automne de 1979, mais elle est décommandée pour des raisons techniques. Puis, au début de 1980, on parle de la venue probable du secrétaire d'État américain, Cyrus Vance. Que fera-t-il? Que dira-t-il?

À Ottawa, les chiffres font peur. Lorsque Pierre Trudeau réintègre en février 1980 son bureau de premier ministre après un an d'absence, il y trouve copie d'un sondage commandé par le gouvernement conservateur. Pour la première fois, le OUI est clairement en avance, à 52% contre 36%. L'éclatement du Canada, le cauchemar de toute une vie, est à portée de la main. En mars, puis en avril, de nouveaux sondages internes confirment, avec des variations, l'avance du OUI et hantent l'entourage du premier ministre.

À l'évidence, l'équipe libérale québécoise du NON, dirigée par le respecté mais antitélégénique Claude Ryan, court vers la défaite. Trudeau sonne la charge. «La formidable machine politique libérale se mit en branle pour un saccage en règle du Québec», notent deux journalistes du *Globe and Mail*, Robert Sheppard et Richard Valpy, dans un livre qui retrace l'aspect fédéral de ce combat. «Jamais le parti libéral fédéral ne s'était immiscé avec autant d'audace dans les affaires provinciales depuis l'élection de 1939, quand les libéraux fédéraux avaient envahi le Québec pour défaire Maurice Duplessis, opposé à l'effort de guerre, et faire élire à sa place Adélard Godbout et ses libéraux.»

Comités ministériels, comités de députés, comités de hauts fonctionnaires sont organisés en catastrophe pour coordonner la campagne. Contre la tentative québécoise d'associer fierté, progrès et souveraineté (et de dénigrer l'héritage anglophone de Pierre *Elliott* Trudeau), le message fédéral table sur la grandeur canadienne, les inconnues économiques de la séparation, mais aussi sur la menace d'une perte des pensions de vieillesse, pensions familiales et assurance-chômage, tous ces chèques bilingues sur lesquels apparaissent le drapeau canadien. «C'était la politique de la peur», notent encore Sheppard et Valpy, «déployée à outrance, et avec les premiers ministres du Canada anglais jouant d'important rôles de soutien.»

Une défaite fédéraliste est à ce point plausible que le conseiller favori de Pierre Trudeau, Michael Pitfield, sort de son tiroir un vieux projet de loi qui donnerait au gouvernement fédéral le droit de tenir après le 20 mai un contre-référendum, strictement au Québec si nécessaire, pour brouiller les cartes.

Son vis-à-vis québécois, Daniel Latouche, avec quelques autres, imagine lui aussi une stratégie postvictoire du OUI. Pour ouvrir les négociations sur la souveraineté-association, pourquoi ne pas emprunter un détour américain? «La stratégie, c'était d'annoncer les propositions de négociations du Québec à la conférence des premiers ministres de l'Est et des gouverneurs de la Nouvelle-Angleterre», explique Latouche. «L'idée était de s'adresser d'abord aux Maritimes, qui se disaient les plus menacées par la souveraineté, donc les plus vulnérables, mais de le faire en présence des Américains qui pourraient leur dire: "Vous voyez, c'est raisonnable, il n'y a pas de raison de s'en faire". C'était jouer la carte de la Nouvelle-Angleterre.»

Mais Ottawa a aussi une carte américaine à jouer. Avant le référendum. Le NON qui vient du Sud. Celui qui fait basculer les indécis.

Et on attend. On attend Cyrus.

La liste: neutralisation au sommet

À Québec, depuis le milieu de l'année 1979, les pilotes de la grande opération de neutralisation des États-Unis se sont enhardis à passer à la vitesse supérieure. L'Opération Amérique a tissé la trame de nouveaux réseaux d'affinités québécoises aux États-Unis. Mais qu'en est-il des faiseurs d'opinion, de ceux qui influencent toute la nation, des politiciens auxquels un passé glorieux ou un avenir prometteur assurent une audience?

En août 1979, on prépare «la liste» des leaders qu'il faudrait contacter pour répandre la bonne nouvelle souveraineté-associationniste ou, à défaut, les arguments qui militent en faveur d'une attitude américaine de stricte neutralité. James Donovan, le méthodique directeur de la division des États-Unis au ministère québécois des Affaires intergouvernementales, utilise deux critères pour départager les membres de la classe politique américaine qui pourraient être utiles au Québec.

«Opportun», d'abord, car il ne faut pas gaspiller les maigres ressources de l'Opération Amérique sur des *has-been* comme l'ex-président Gérald Ford («moins opportun», écrit Donovan) et l'ex-chef de cabinet de Richard Nixon, Alexander Haig (noté «moins opportun», il deviendra cependant secrétaire d'État sous Reagan).

«Possible», ensuite, car rien ne sert de s'exténuer sur des cibles inatteignables. Le président Carter, par exemple, ne figure pas sur la liste. Ça ne fait rien car, diagnostique Donovan en accord avec beaucoup d'observateurs de la scène politique à l'époque, le sénateur Ted Kennedy vogue vers la victoire dans la course à l'investiture démocrate et pourrait être le prochain président. Il est malheureusement noté «plus difficile». Québec lui envoie cependant «de l'information» par l'un de ses adjoints.

Le vice-président Walter Mondale, aux fortes amitiés profédérales, obtient la double couronne sur la liste des 22 Américains: il est «non opportun et difficile». Tout de même, Claude Morin lui fait porter un message par un universitaire qui doit le rencontrer. D'une personnalité à l'autre, le message est toujours le même, selon Morin: «Avant de se prononcer sur quoi que ce soit, il serait peut-être important qu'on ait notre mot à dire nous autres aussi, et ce ne serait pas vilain qu'on soit contactés si jamais ils prenaient une décision» préréférendaire.

Les autres, tous «opportuns et possibles», vont de l'ex-secrétaire d'État Henry Kissinger au conseiller de Carter, Zbigniew Brzezinski, en passant par un bon nombre de sénateurs ainsi que d'importantes figures sociales comme le héros des consommateurs, Ralph Nader, le syndicaliste agricole Cesar Chavez et la féministe Gloria Steinem.

Résultat des courses à la neutralisation au sommet? Aucune de ces cibles n'est contactée, selon trois des responsables de l'Opération Amérique. Yves Michaud, en tant que délégué aux organisations internationales, tente bien de frapper à la porte de l'ambassadeur américain aux Nations Unies, Andrew Young, un des politiciens noirs qui montent, mais en vain. Les services canadiens à l'ONU ne sont pas étrangers à cet échec. Le ministre Bernard Landry, de passage à Los Angeles, voit cependant un des membres de la liste, le gouverneur de Californie, Jerry Brown. «Nous avons sympathisé», se souvient Landry; Brown évoque devant lui l'hypothèse d'une Californie indépendante, affirmant qu'elle serait un des pays les plus prospères au monde. Le vieil ami de Jean Chapdelaine, Hedley Donovan, le conseiller de Carter, fait partie de la liste, et il est contacté sans trop de difficulté.

Plusieurs parlementaires figurant parmi les cibles seront aussi vus par René Lévesque, comme le puissant speaker de la Chambre, le démocrate Thomas «Tip» O'Neill, mais longtemps après le référendum, donc après l'opération *neutralisation*.

Le cas le plus intéressant reste celui de l'aîné de la liste, un ex-gouverneur de Californie dont on ne veut pas croire qu'il a un avenir politique, Ronald Reagan.

Ronald et René

Comment le bureau du premier ministre Lévesque apprend-il, en juillet 1979, que Ronald Reagan vient au Canada et qu'une rencontre avec René Lévesque pourrait être ménagée? Mystère.

L'ancien acteur est considéré comme le favori dans la course présidentielle républicaine. En 1976, il a bien failli battre Gerald Ford à la convention d'investiture et aujourd'hui son seul adversaire sérieux est un certain George Bush, dont la feuille de route n'est pas particulièrement reluisante. En 1978 et 1979, Reagan tente de pallier sa réputation d'ignare en politique étrangère en multipliant les voyages à l'étranger, d'où son crochet canadien.

Les conseillers de Reagan à l'époque sont pourtant formels: jamais, nulle part, l'éventualité d'une escale québécoise n'a été soulevée. «Ça l'aurait introduit indûment dans un débat canadien très controversé qui n'était pas pertinent aux États-Unis», se souvient son organisateur de campagne, Paul Hannaford. «Il n'aurait récolté que des critiques.» Mais, racontent Hannaford et un autre conseiller de Reagan, Michael Deaver, une campagne présidentielle, surtout à ses premiers stades, est entourée d'une multitude de francs-tireurs qui tendent des perches, font miroiter leur association avec le (futur?) grand homme, répandent à son insu des promesses, multiplient les sollicitations.

Le fait est que René Lévesque est informé de la possibilité d'une visite. Il faut donner une réponse. Mais Reagan est de cette race d'Américains qui l'horripilent. C'est NON. Il ne veut pas le voir. Pour le premier ministre, Reagan représente l'extrême-droite, ce qui est inacceptable, et est de surcroît un nain intellectuel, ce qui est insupportable. «Pour lui, Reagan était un genre de Jean-Marie Le Pen en politique française», se souvient un haut fonctionnaire. «Il avait peu de respect pour l'envergure intellectuelle et peu de sympathie et aucune relation de symbiose avec les positions idéologiques ou sociales de Reagan».

Consternation chez ses conseillers. «Monsieur Lévesque, arrêtez! c'est pas possible», plaident-ils. «On ne vous demande pas en affaires internationales de porter un jugement de valeur ou un jugement de moralité sur tout le monde; autrement vous ne ferez plus affaire avec personne sur cette planète.»

Le cas n'est pas unique. «Quoique désireux de réussir en politique, il n'était pas prêt à prendre n'importe quel moyen», explique Morin, lui-même conquis par le côté antidiplomatique de son chef. «S'il avait fallu, pour donner un coup de main au Québec, faire des mamours à Khomeiny, à Kadhafi ou à Pinochet, il ne l'aurait pas fait.» Voilà pour les principes. C'est le Lévesque antiestablishment, tout d'une pièce, honnête à tout prix. Il a aussi un côté enfantin, presque mesquin. Il refusait de voir «certains politiciens européens qu'il n'aimait pas», explique Morin, «parfois à cause de l'allure physique de quelqu'un». Tel ministre français passe par Québec? Lévesque rechigne à rencontrer l'envoyé du seul pays allié des souverainistes: «Ah ben, je veux pas le voir, c'est un faiseux.» Tel grand journaliste demande audience? «Ce fatigant-là, ça se prend pour un autre, il viendra pas se faire sa gloire en me voyant.» Souvent, dit Morin, il ne cédait pas.

Mais refuser de rencontrer un des deux hommes qui sera, demain, chef du monde libre, est un luxe que le Québec ne peut pas s'offrir. «Les intérêts du Québec demandent que vous le receviez», lui notifie-t-on solennellement. Et ça marche! «Je boirai le calice jusqu'à la lie», répond-il sur le même registre. Sacrifice cependant inutile. Reagan ne viendra pas. Cette fois-là.

La neutralité et la bienveillance

L'échec de l'opération *personnalités américaines* importe peu. Car au début de 1980, à quelques mois du référendum, les diplomates québécois pensent avoir réussi un tour de force. Ils espéraient la «neutralité bienveillante» des États-Unis. Ils pensent avoir obtenu, presque partout, la neutralité et, en certains endroits, la bienveillance.

C'est le résultat d'une fébrile occupation du terrain. Depuis 1976, des ministres ont fait 38 fois le pèlerinage yankee (quatre fois plus que les ministres de Bourassa), sans compter, pour la seule année 1979, les visites de 60 autres conférenciers québécois et d'universitaires comme Léon Dion, Louis Balthazar, Paul Painchaud et autres. Car les colloques sur le Québec pullulent. «Pour les universitaires spécialisés, c'étaient des années grasses», se souvient un des rares Américains répondant à cette description, Joseph Jockel. «On avait des subventions, des conférences, de l'argent, on prenait l'avion aux quatre coins du pays pour expliquer tout ça.»

Les cercles universitaires et intellectuels se familiarisent avec la problématique québécoise, ce qui a pour effet de la banaliser.

La baie James, puis la conférence des gouverneurs et des premiers ministres tenue dans les Laurentides avec un maximum d'hospitalité, l'interconnexion entre Hydro-Québec et l'État de New York ont permis, «grâce aux éclairages favorables qui s'en sont dégagés, de marquer des points en matière de perception du Québec», note Donovan dans un mémo.

Le délégué du Québec à Boston, Jacques Vallée, raconte qu'autour de lui, les milieux d'affaires sont dans l'ensemble hostiles au OUI, que les milieux universitaires sont partagés et que l'appui des Franco-Américains au OUI est inversement proportionnel à leur âge. Mais les décideurs du Nord-Est américain — le personnel politique — sont particulièrement frappés par l'audace québécoise, autant à la baie James que sur la question nationale.

Vallée envoie ce rapport aux accents inédits:

> Les milieux politiques de la Nouvelle-Angleterre avec qui nous sommes en contact constant (State Houses, New England Regional Commission, élus des divers niveaux et fonctionnaires) montrent beaucoup d'intérêt et une certaine sympathie pour l'évolution du Québec. Paradoxalement, c'est dans ces milieux (et l'échantillon sur lequel je me base est vaste) que je rencontre le moins d'attitude négative. L'hostilité est au degré zéro. Le respect est certain. On pose beaucoup de questions. À l'inverse des milieux universitaires, on ne prétend jamais savoir à notre place. On ne s'identifie pas aux Canadiens anglais. On exprime une sorte de très bienveillante neutralité envers un Québec qui est relativement familier, même s'il ne s'agit pas d'une préoccupation majeure. Fait aussi surface une sorte d'admiration de professionnels de la politique à l'endroit du gouvernement actuel du Québec. *You got leadership. They have guts.* [Le milieu politique]

est celui où les sentiments sont les moins partagés et où l'on observe le plus une sorte de sympathie diffuse assez unanime.

La presse américaine accourt aussi vers le Québec —150 journalistes entre janvier et avril 1980 — et offre une couverture que Québec juge équilibrée. La situation dans ce secteur «est sous contrôle», dit Donovan, qui affirme disposer d'un «système de protection contre le feu». Le feu référendaire, bien sûr.

Les braises de l'affolement de 1976 et de 1977 semblent complètement éteintes, même parmi la masse des Américains par ailleurs peu au fait de la réalité canadienne (un sondage vient de montrer qu'une vaste majorité d'entre eux ne peuvent nommer la capitale du Canada), puisque les grossistes en tourisme augmentent leurs prévisions de voyages au Québec pour la saison 1980-1981, sans penser que le résultat du référendum pourrait avoir quelque effet sur leurs clients.

De Washington, un diplomate canadien rapporte aussi que c'est «le calme plat». Il ne donne aucun crédit à l'effort d'explication québécois et trouve les raisons de cette accalmie dans la politique intérieure américaine. L'administration Carter, prise dans l'interminable crise de Téhéran, où des fanatiques partisans de l'ayatollah Khomeiny ont pris le personnel de l'ambassade américaine en otage, est aussi très préoccupée par sa campagne présidentielle (Ted Kennedy contre Carter: nous sommes en pleines primaires). À mesure que les jours et les sondages passent, avertit le diplomate, «la possibilité accrue d'un OUI a tendance à hausser le niveau réel ou prétendu tel de la nervosité».

Cette nervosité reste, pour l'instant, imperceptible. En avril, Claude Morin fait une dernière escale préréférendaire au Council on Foreign Relations de New York. «Contrairement aux rencontres de 1977, l'animosité était totalement absente de cet auditoire», écrit Donovan.

À l'approche du référendum, les dernières activités québécoises sur le front américain se font sur le mode mineur. Lorsque Vallée propose d'organiser un grand raout québécois en marge des festivités du 350e anniversaire de Boston en mai, le sous-ministre Robert Normand plaque les freins. «C'est trop risqué», dit-il, il faut dorénavant garder une modération aux États-Unis, ne pas réveiller celui que l'Opération Amérique a lentement endormi. Normand suit en la matière le conseil donné au début de l'année par le consul général américain: «Ne pas faire de grand éclat aux États-Unis avant le référendum, restreindre au maximum les visites ministérielles, toucher le public plutôt indirectement par les contacts universitaires et culturels.»

À la délégation du Québec à New York, comme au consulat canadien, les briefings d'hommes d'affaires se succèdent autour d'un unique thème: le référendum est un non-événement, sans importance et sans impact immédiat. Au consulat, malgré les sondages contradictoires, on se plaît à prédire une victoire du NON. Cette coïncidence des discours s'explique: les Québécois souhaitent bien sûr calmer le jeu alors que les Canadiens du consulat, dont le rôle est d'attirer les investisseurs, ne veulent effrayer personne.

Plusieurs gobent le soporifique. Dans un mémo à ses vendeurs de titres, la vice-présidente de la grande firme de courtage EF Hutton, Ruth Corson, explique que même une victoire, improbable, du OUI ne signifiera rien d'autre que le déclenchement de négociations constitutionnelles «en direction d'un système de plus grande autonomie pour les provinces». Pour le Québec, il s'agirait d'un «statut spécial séparé» dans un délai minimal de cinq ans. Donc, «aucun changement à court terme pour la structure politique et pour la cote de crédit du Québec».

Le gestionnaire d'un portefeuille d'investissements important de New York donne de bonnes notes à l'opération: «Le PQ a fait un bon boulot et a présenté les choses comme il le souhaitait. Il ne s'en est pas trop mal tiré avec la presse.» L'effet sur sa compagnie? «Notre position est de n'avoir pas de position», dit-il, sous le couvert de l'anonymat. N'est-ce pas là l'exacte définition de la neutralité?

«Flatter légèrement les Américains sans trop pousser non plus»

La grande inconnue du système politique américain est le Congrès. Dans cet océan politique, des raz-de-marée peuvent surgir de ce qui semblait un jour plus tôt être une mer morte. Pourtant, la question québécoise n'y suscite ni vagues, ni remous. Un sondage réalisé auprès d'une centaine des membres du Congrès indique que 71% des répondants veulent que le gouvernement américain «n'entreprenne aucune action» sur cette «question intérieure canadienne».

Parmi les 12% qui pensent le contraire, la moitié voudrait que les États-Unis expriment publiquement leur préférence pour un Canada uni, le tiers (donc quatre répondants) proposent de «décourager les leaders séparatistes par une pression économique américaine» et un répondant réclame carrément «un embargo commercial et la saisie des avoirs québécois aux États-Unis». Compte tenu du large éventail politique représenté par les 535 membres du Congrès, dans lequel on trouve toujours un petit contingent d'extrémistes, ce résultat est on ne peut plus rassurant.

Même au sein de la petite troupe de parlementaires spécialisés dans les questions canadiennes, le manque d'intérêt pour la question québécoise est flagrant. Le «Caucus canadien», formé de parlementaires d'États limitrophes du Canada, se réunit pourtant fréquemment. Mais Richard Vine, le représentant du Département d'État qui assiste à ces réunions, rapporte que les discussions tournent toujours autour des questions bilatérales de porc, de saumon, de copeaux de bois ou de subventions à l'industrie de la patate.

Le ministre de l'Industrie et du Commerce, Yves Duhaime, est chargé d'administrer un dernier somnifère à Washington. Il parle au Johns Hopkins Center for Canadian Studies devant une centaine d'Américains spécialistes du Québec, dont une économiste de la CIA, Eleanor Lowenkron. Ses conseillers lui préparent un discours truffé de chiffres enthousiastes, intitulé *Vers l'an 2000: Québec et l'économie de l'Amérique du Nord.*

Si près du référendum, rien que du piano. Pianissimo. L'un de ces conseillers écrit au ministre qu'il doit chercher:

1. à vendre le point de vue politique sans trop insister;
2. à flatter légèrement les Américains sans trop pousser non plus;
3. à éviter d'exposer trop ouvertement à l'étranger les questions internes;
4. à ne pas trop insister sur la présence étatique dans l'économie québécoise, ni sur les politiques protectionnistes (politique d'achat), ni sur notre intention de percer le marché américain (Société d'exportation) pour leur ravir leur clientèle, ni sur nos faiblesses à venir (baisse des populations)...

Duhaime suit ces instructions à la lettre et jette un doute sur les récits économiques catastrophistes provenant du Montréal anglophone en servant cette citation, tirée de la meilleure source qui soit, le très torontois *Financial Times*: «Il est vrai, par exemple, que l'économie du Québec a crû plus rapidement que l'économie de l'Ontario, au cours des trois années écoulées depuis la victoire du Parti québécois.» Par rapport au taux de chômage ontarien, poursuit le *Times*, le taux de chômage québécois a diminué de près d'un pour cent en trois ans.

(L'illusion d'optique économique sur la performance du Québec pendant le premier mandat Lévesque tient à la dégradation très réelle des conditions de l'économie montréalaise, due notamment à la fin du boom de la construction des installations olympiques en 1976. Cette dégradation se trouve cependant plus que compensée par la rapide expansion dans les régions du Québec de PME nombreuses et vivaces et par la poursuite des chantiers de la baie James. Les analyses du Département d'État sur l'économie québécoise au cours de ces années notent le déplacement des sièges sociaux de Montréal vers Toronto, mais imputent le phénomène à des raisons historiques et économiques, plus qu'aux politiques du PQ. Les hommes d'affaires anglophones montréalais, vivant personnellement le microcosme de crise économique de leur cité, sont mal placés pour transmettre ces nuances à leurs collègues américains.)

Après 15 pages de bonnes nouvelles économiques, Duhaime aborde la question du référendum. En une phrase: «Très bientôt nous allons demander à notre peuple, par référendum, le mandat de négocier une nouvelle entente avec le reste du Canada, fondée sur le principe de l'égalité entre nos deux nations vivant au Canada.» Comme si l'idée n'était pas, justement, de ne plus «vivre au Canada». Quoi qu'il en soit, on est à mille lieues, avec ce genre de prose, de «l'inévitabilité de l'indépendance» clamée trois ans plus tôt de la tribune de l'Economic Club.

Au département du Commerce, dont le représentant s'inquiétait tant de la nature socialiste du PQ lors de la rencontre à huis clos d'Airlie House au début de 1977, on accueille le référendum québécois comme une bonne nouvelle. Le magazine maison *Business America*, dont l'édition de mars est consacrée au Canada, annonce gaiement aux commerçants du pays que «au Québec, plusieurs projets majeurs devraient offrir des occasions intéressantes aux fournisseurs américains agressifs. Le référendum québécois sur la séparation ou "souveraineté-association" avec le Canada sera tenu ce printemps. Les investisseurs de capitaux sont encore hésitants, mais les intentions d'investissement indiquent que la confiance revient. La fin de l'incertitude politique devrait être utile à ce chapitre». OUI ou NON, la réponse, quelle qu'elle soit, sera bienvenue, suggère l'auteur.

Dans un autre article, un officier économique au consulat général de Montréal avise ses lecteurs que trois éléments viendront troubler l'économie québécoise cette année. Dans l'ordre: «La récession appréhendée aux États-Unis, d'importantes négociations salariales et le référendum.» Et il enchaîne sans plus de détails sur la spécificité du marché québécois.

A very Foggy Bottom

Au Département d'État, on s'assoupit également. Tout doucement.

En janvier 1977, McNamara avait pourtant affirmé que le Québec s'engageait fermement sur la route de l'indépendance. «Nous pensons que l'issue la plus probable sera une période de désordre menant à une éventuelle déclaration d'indépendance à la suite d'un ou plusieurs référendums», écrivait-il.

Il constate ensuite ce phénomène curieux, typiquement québécois, que malgré la victoire du PQ et la bouffée de fierté nationale qui l'accompagne, malgré même l'extraordinaire coup de pouce français et le haut taux de satisfaction exprimé envers le gouvernement, l'option souverainiste fait du sur-place dans les sondages.

En 1978, il rectifie le tir: «Tous les indices disponibles semblent maintenant mettre en doute la possibilité d'un résultat référendaire favorable à toute question qui donnerait de la légitimité à un mouvement en direction de la souveraineté politique. Une défaite référendaire est probable», écrit-il, et «les chances du gouvernement du PQ de gagner la prochaine élection provinciale, prévue pour 1980, ne sont pas brillantes».

Thomas Enders est plus lent que McNamara à effectuer ce virage. En décembre 1978, il annonce encore que «en l'absence d'un effort fédéral manifeste et résolu de redistribution des pouvoirs entre le gouvernement fédéral et les provinces, incluant une forme de reconnaissance du statut unique du Québec, il semble que Lévesque peut gagner un mandat de négocier la souveraineté-association». Il lui faut six mois pour adopter la position inverse.

En avril 1979, un analyste de l'INR (Bureau of Intelligence and Research) du Département d'État annonce également que le chef libéral Claude Ryan — qu'il couvre de louanges — «a une bonne chance de réussir à polariser l'opinion québécoise et à gagner le référendum». Ryan, que l'analyste semble avoir rencontré, «ne se voit pas comme un coureur de sprint, mais comme un coureur de marathon. Par le passé, il a toujours vaincu ses adversaires sur le terrain de la tactique, de la productivité et de la durée».

Le mois suivant, Pierre Trudeau perd l'élection fédérale face à l'anglophone conservateur Joe Clark. McNamara modifie à peine son pronostic: «Avec un gouvernement inexpérimenté et pratiquement totalement anglophone à Ottawa, le pari référendaire peut ne pas être aussi intenable qu'il le paraît.» Ce n'est toutefois qu'une nuance dans la grisaille car, ajoute-t-il, «les présages de victoire référendaire ne sont pas nombreux».

Un des diplomates américains les plus écoutés sur la question du Québec (il préfère ne pas être nommé) va même, à l'époque, plus loin: «On pouvait voir tout le scénario. Ils allaient tenir un référendum, ils allaient le perdre. Ils allaient tenir une élection, ils allaient la gagner. Et la question de l'indépendance allait disparaître pour une génération.»

Jusqu'à l'automne de 1979 ces analyses rejoignent celles des observateurs locaux de la scène politique. Mais à partir de là, quelques signes avant-coureurs montrent que le OUI peut gagner. Au début de 1980, on l'a vu, cette tendance passe de la possibilité à la probabilité, puis, selon les sondages fédéraux, à la forte probabilité. Alors que le corps politique canadien serre ce virage de près, les Américains, autrement à la fine pointe de ce genre d'information, se laissent distancer.

En septembre 1979, une nouvelle analyse de l'INR présente la situation canadienne comme si la question du référendum n'était plus pertinente. Fanée, finie, foutue, l'option souverainiste «perd son élan» et la tâche à l'ordre du jour devient la «restructuration fondamentale des relations fédérales-provinciales». Conséquent avec l'analyse *La situation du Québec* de 1977, qui appuyait la thèse du statut particulier, ce nouveau texte est enthousiasmé par le rapport Pépin-Robarts, qui réclame de donner plus de pouvoir au Québec, notamment en matière de culture, de communications, de droit familial, de politique étrangère et d'imposition. Trudeau jette aux poubelles le rapport dès sa publication, mais l'INR espère que ses recommandations vont réussir à «faire fondre l'indifférence glaciale du Canada anglais face aux demandes d'autonomie du Québec».

L'ambassadeur Enders quitte son poste en octobre 1979, non sans avoir rencontré Lévesque une dernière fois et l'avoir entendu prédire, chiffres à l'appui, une courte victoire référendaire. Mais Enders rend son verdict: «Au moment de mon départ j'étais convaincu que le Canada n'allait pas se scinder, même si cette question allait persister pour un long moment» dans la vie politique. La probabilité d'une victoire du OUI, tranche-t-il, «n'était pas zéro, mais elle était très faible».

À la fin du mois, le successeur d'Enders, l'ambassadeur Kenneth Curtis, ex-gouverneur du Maine, homme discret et sans prétention, vient faire connaissance avec un Lévesque détendu. Le courant passe. Lévesque et Curtis «ont vite trouvé ces affinités qui rapprochent des hommes dont la carrière s'est déroulée en politique», note Jean Chapdelaine, qui assiste à la rencontre.

Le premier ministre annonce à l'Américain que la question référendaire sera longue et portera sur le «mandat de négocier», car des sondages internes lui disent qu'il peut aller chercher ainsi jusqu'à 54% du vote. Assommé par une récente grève du transport, le chef indépendantiste se montre cependant ambivalent, affirmant que rien n'est gagné et que, qui sait? il pourrait ne récolter qu'entre 40 et 44% du vote, ce qui lui donnerait probablement une majorité de francophones. Ce qui rejetterait le blâme de la défaite sur les anglophones, créant ainsi, «des situations extrêmement délicates», souligne-t-il.

Morin, qui rencontre Curtis par la suite, profite de l'occasion pour souligner que rien de ce qu'entreprend le Québec n'est hostile aux États-Unis. Le consul général Jaeger, successeur de McNamara, qui rapporte l'échange, note que les péquistes «n'entretiennent pas l'espoir que les USA appuient leur projet, mais espèrent que nous [les Américains] n'allons pas explicitement nous y opposer».

En décembre, Jaeger est au Québec depuis cinq mois. En professionnel, il a tâté le terrain, s'est inséré dans les réseaux d'information, a senti le vent. Il reçoit presque tous les soirs chez lui des personnalités des champs politique, économique, sociale. Il avoue même inviter régulièrement un «groupe de gens ordinaires» pour prendre le pouls de la plèbe.

Il envoie à *Foggy Bottom* son premier pronostic ferme: «Nous pensons que Lévesque, malgré tous ses dons de persuasion, ne sera pas capable de reprendre le terrain perdu.» Jaeger est particulièrement frappé par l'échec péquiste dans les trois élections partielles du 13 novembre, qui porte à six sur six le nombre de partielles perdues par le gouvernement.

Le nouveau consul général trace un portrait de fin de régime. Des péquistes lui confient qu'ils cherchent à se lancer dans de «nouvelles carrières». Depuis les revers électoraux, «Lévesque est entré dans une profonde dépression, tyrannisant ses conseillers et vitupérant contre ses "ennemis" de gauche de Montréal, comme [Louise] Harel et [Pierre] Bourgault, dont l'indiscipline est largement responsable, selon lui, du désastre». «Si nous devions faire une prédiction aujourd'hui, nous dirions que Lévesque pourra s'estimer heureux d'obtenir 44% du vote» au référendum, conclut-il.

Trois éléments viennent pourtant bousculer les règles du jeu, effacer le sentiment de défaite des partielles. D'abord la publication de la question référendaire sur le «mandat de négocier», le 20 décembre, porte le débat sur l'avenir, non sur le passé. En février 1980, l'extraordinaire retour de Pierre Trudeau au pouvoir, avec un appui électoral massif du Québec, ranime le vieux paradoxe Trudeau/Lévesque. La nouvelle polarisation fait monter les intentions de vote en faveur du OUI. En mars, les cotes d'écoute des débats de l'Assemblée nationale atteignent des sommets jusque-là vierges, grâce à la performance impeccable des députés péquistes lors du débat sur la question référendaire face à une opposition libérale désorganisée et lente au démarrage. À Ottawa, on ne prend plus rien pour acquis.

Fin mars, Jaeger reçoit Lévesque à dîner. Le chef du PQ lui fait, comme d'habitude, une série de confidences. D'abord, les bonnes nouvelles. Le premier ministre lui dit que «s'il gagne le référendum, et même s'il n'obtient que quelques points au-dessus de 45%, il pourrait déclencher des élections immédiatement». «Dans le premier cas [la victoire], il forcerait son avantage; dans le second [45%], il règlerait la question avec Ryan avant que la confusion et les tensions augmentent.

Dans les deux cas, il pense avoir une excellente chance de l'emporter. Si les résultats sont de moins de 45% de OUI, c'est-à-dire s'il a "clairement perdu", sa ligne de conduite dépendra de sa capacité à maintenir l'unité du PQ. Si le parti est solide, il pourra attendre janvier [1981] avant de déclencher des élections. Sinon, il les tiendra en novembre, "pour en finir".»

Ensuite, les mauvaises nouvelles. Si le résultat est dans une fourchette de 40 à 44% du vote, donc si une majorité de francophones ont voté OUI mais que le gouvernement ne peut même pas en retirer le bénéfice d'une victoire morale (spécialité péquiste), «Lévesque exprime la crainte qu'il y ait un retour de la violence au Québec, "comme en Irlande"».

Mais à la très bonne table du consul général, le chef souverainiste n'est pas venu broyer du noir. «Lévesque affirme que, pour la première fois depuis plusieurs mois, il a retrouvé le sentiment que le OUI avait des chances de gagner.» Des sondages privés et un sondage public le lui indiquent.

Jaeger n'ignore rien, par ailleurs, des dissensions qui déchirent le camp fédéraliste. Il sait que les relations entre Trudeau et Ryan sont au plus mal. Ses sources auprès du chef libéral québécois lui font part de cette dérive. Pourtant, il maintient imperturbablement le cap. Il parie toujours sur le NON. «Ryan va probablement l'emporter, et à tout le moins tenir le OUI dans le milieu des 40%», écrit-il à ses supérieurs.

Claude Morin, lui, est stratégiquement ravi de la sérénité des Américains: certains que la menace séparatiste va s'effondrer, ils n'ont aucune raison de venir se mêler des oignons québécois. Mais, tactiquement, il est moins tranquille. Pour deux raisons. D'abord, si le OUI l'emporte — Morin pense aussi que c'est possible — la réaction du géant américain, mal préparé à cette éventualité, pourrait être excessive: «Je me disais, si jamais on gagne par 51%, il ne faudrait pas qu'il y ait un désastre.» Ensuite, ce Jaeger parle à tout le monde. S'il affirme à d'autres péquistes ou à des journalistes que des ministres comme Morin ne le contredisent pas quand il prédit une victoire fédéraliste, le moral des troupes en pâtira.

Le ministre déballe donc une nouvelle fois son sac de secrets et montre au consul général les sondages internes du Parti québécois, où la courbe du OUI prend son envol en laissant le NON en bas, sur le plateau.

Mais rien n'y fait: Jaeger n'envoie à Washington que des dépêches apaisantes. Tout juste avise-t-il *Foggy Bottom* le 14 avril que «le résultat le plus probable est une défaite assez serrée des forces de Lévesque, le OUI obtenant entre 43 et 47%». Elles font effet. Le chef du Pupitre canadien, Richard Smith — un économiste qui a remplacé le politique

John Rouse — affirme qu'autour de lui l'hypothèse d'une victoire du OUI n'est jamais sérieusement envisagée. À l'échelon supérieur, Sharon Ahmad a remplacé Richard Vine comme adjoint à l'assistant du secrétaire d'État, le plus haut cadre chargé du dossier canadien. «Le débat était assez confus, et le choix pour l'électeur québécois était assez confus, avec le libellé de la question et le débat sur le libellé», dit-elle, un peu confuse. «La situation n'était pas nette», dit Ahmad, qui n'est évidemment jamais informée de la possibilité d'un résultat positif. Ce qui, de toute façon, ajoute-t-elle, «n'aurait pas signifié la fin» du Canada. Bref, «les vibrations ressenties au niveau supérieur du Département d'État et ailleurs n'atteignaient pas la cote d'alerte.»

La quadrature du cercle québécois

Quelqu'un, quelque part aux États-Unis, devrait tout de même bien s'apercevoir que la logique étapiste qui risque de s'enclencher le 20 mai conduira bel et bien à une redéfinition de la carte politique du nord du continent. Que malgré tous les liens associatifs promis entre les deux nouveaux États souverains, le Québec acquerrait le pouvoir, explique Morin, «de définir lui-même les conditions de son interdépendance». Que sous des airs de ne pas y toucher, le 20 mai, une victoire du OUI mettra toute une machine en marche. Que les points de départ sont plus déterminants que les points d'arrivée.

Il y a bien quelqu'un. Lors de son dernier séjour new-yorkais, Claude Morin rencontre un membre de la direction éditoriale du *New York Times*, Karl Meyer. Le libellé de la question référendaire est public depuis la fin décembre, mais Meyer ne l'a pas lu. Morin lui en montre une copie:

> Le gouvernement du Québec a fait connaître sa proposition d'en arriver, avec le reste du Canada, à une nouvelle entente fondée sur le principe de l'égalité des peuples;
>
> cette entente permettrait au Québec d'acquérir le pouvoir exclusif de faire ses lois, de percevoir ses impôts et d'établir ses relations extérieures, ce qui est la souveraineté — et, en même temps, de maintenir avec le Canada une association économique comportant l'utilisation de la même monnaie;
>
> tout changement de statut politique résultant de ces négociations sera soumis à la population par référendum.
>
> En conséquence, accordez-vous au gouvernement du Québec le mandat de négocier l'entente proposée entre le Québec et le Canada?
>
> OUI   NON

Sa lecture terminée, Meyer demande au ministre: «Expliquez-moi comment ceci ne mènera pas au séparatisme?»

Morin explique alors comment la démarche mènera, effectivement, à l'indépendance. Pour l'expert constitutionnel de Jean Lesage, Daniel Johnson, Robert Bourassa et René Lévesque, c'est l'aboutissement de toute une vie politique. La quadrature du cercle québécois. Un cercle vicieux qui consiste, pour une majorité de citoyens, à vouloir rapatrier à Québec suffisamment de pouvoirs pour vider de sens la confédération canadienne, tout en insistant cependant pour maintenir coûte que coûte son appartenance au pouvoir fédéral. Avec une majorité de OUI, des négociations s'ouvriront, explique Morin, qui affirme que les premiers ministres des provinces l'en assurent en privé. Les résultats de ces discussions, sorte d'entente de principe, seront soumis, dans deux ou trois ans, à un second référendum. Comment les électeurs pourraient-ils alors s'opposer à un marché conclu, rassurant? Bref, à une victoire? Le Québec souverain et associé sera né. Si ces négociations échouent, le second référendum portera sur la souveraineté elle-même plutôt que sur un mandat de négocier. Dans l'intervalle, une élection provinciale permettra au gouvernement québécois d'aller ressourcer son mandat dans l'électorat.

La démarche ne mène pas inexorablement à l'indépendance. Entre les deux référendums, la contre-stratégie fédérale peut avancer de puissants pions. Mais la logique du processus oblige les joueurs à évoluer sur le terrain des souverainistes. Évidemment, l'échec des négociations serait à mettre au passif de l'adversaire fédéraliste.

Quelqu'un, quelque part aux États-Unis, va peut-être aussi s'apercevoir que, contre toute attente, les souverainistes ont une bonne chance de remporter le référendum.

Une source fédérale pourrait leur mettre la puce à l'oreille.

Pourrait leur demander de rendre un petit service.

De dire quelques mots.

Ou juste un.

NON.

L'ombre de Cyrus Vance

L'annonce de l'arrivée de la cavalerie américaine dans le débat référendaire tombe comme une enclume sur un lit d'eau vingt-neuf jours avant le scrutin. George Jaeger en fait d'abord part à Richard Pouliot, sous-ministre adjoint de Claude Morin, puis à Morin lui-même.

Un insidieux vent de panique leur chuchote soudain que tous les soporifiques administrés aux représentants des strates inférieures de la politique américaine n'ont servi à rien. Que les décisions se prennent au sommet, entre une poignée de décideurs bien éveillés, et souvent pour des considérations qui ont peu à voir avec le sujet qui va être mangé.

Cyrus Vance sera à Ottawa le 23 avril 1980. Il y aura une conférence de presse. Il y aura, c'est certain, une question sur le référendum. Il y aura, annonce Jaeger, une réponse. Une réponse peut-être plus dure, plus nette, que toutes celles qui ont été données jusqu'à maintenant.

Jaeger lui-même en est contrit.

Pouliot rapporte :

[Jaeger] m'a évidemment réaffirmé que le gouvernement américain comprenait beaucoup mieux la position du Québec aujourd'hui, mais il m'a aussi dit que les États-Unis avaient des intérêts globaux et qu'il pouvait très bien se produire que le gouvernement américain fasse de la «realpolitik». Il a enchaîné en me disant que le secrétaire d'État avait reçu un briefing approfondi sur toute la situation canadienne avant son séjour de cette semaine à Ottawa. Il a également indiqué que leur recommandation au secrétaire d'État avait été dans le sens de l'abstention. [...]

Il a ajouté qu'en tant que fonctionnaire, il ne pouvait que faire des recommandations au Département d'État, mais il ne pouvait m'assurer que ces recommandations seraient suivies par le secrétaire d'État qui est généralement reconnu comme un «conservateur» en politique étrangère. Le qualificatif est de lui et non de moi. Dans les circonstances présentes, a-t-il ajouté, au moment où le contentieux entre Ottawa et Washington s'accroît, il n'est pas impensable du tout que le secrétaire d'État se fasse «tordre le bras» par le premier ministre Trudeau. Je signale encore une fois que l'expression est de lui et non de moi.

Il a par la suite parlé de l'importance pour les États-Unis d'obtenir l'adhésion du Canada au plan de boycottage des Jeux olympiques de Moscou [pour protester contre l'invasion de l'Afghanistan par les Soviétiques].

J'en conclus, comme je l'ai laissé entendre au ministre après mon entretien avec monsieur Jaeger qu'il pourrait très bien se produire que monsieur Vance troque une déclaration sur l'unité canadienne contre l'assurance d'un appui par Ottawa à sa politique à l'égard du boycottage des Jeux de Moscou.

Quelques heures plus tard, Jaeger brosse le même tableau à Morin. «Je m'en souviens, certain! Il m'a dit qu'il y avait beaucoup de pression fédérale», dit Morin. «Les fédéraux n'étaient pas contents des nuances et d'une sorte de sourdine que les Américains mettaient, et voulaient que ce soit très clair que les Américains étaient défavorables à l'idée de la souveraineté et souhaitaient un NON.» En somme, résume-t-il, Ottawa voulait que les Américains disent: «Aye, un instant, finies les folies!» Jaeger annonce que le secrétaire d'État se vante de bien connaître le Canada et de pouvoir arrêter tout seul sa décision. Il parle de débats entre conseillers américains à Québec, Ottawa et Washington.

La menace de l'intervention de Vance, la perspective que — malgré l'Opération Amérique, malgré la livraison de tonnes d'informations confidentielles à la porte du consulat général, malgré le changement de position sur l'OTAN et le NORAD, malgré, bref, trois ans de flatteries dans le sens du poil — le sommet de la pyramide américaine décide tout de même de frapper un grand coup et d'offrir une victoire au NON, est d'autant plus choquante qu'elle est crédible.

Pas plus tard qu'en août 1979, Jaeger, à peine débarqué à Québec, a dû éteindre un feu semblable, allumé à Washington par un membre du National Security Council (NSC). Selon le *Globe and Mail*, un des conseillers de Zbigniew Brzezinski a confié en privé que l'Administration américaine s'inquiétait de la façon dont le gouvernement québécois organisait le référendum. Si le scrutin n'est pas démocratique, a-t-il affirmé à deux reprises dans sa conversation avec le journaliste Lawrence Martin, Washington devra intervenir en dénonçant la procédure. «Il pensait être une grosse légume, il donnait l'impression d'avoir accès aux informations, de parler au nom de l'Administration», se souvient Martin.

Une pluie de démentis officiels tombera dès le lendemain. À Québec, George Jaeger, rencontrant Louis Bernard, s'empressera de lui dire qu'il a «reçu le matin même une confirmation écrite de Washington», écrit Bernard dans une note à Lévesque, assurant que la menace d'une «intervention possible de la Maison-Blanche au cours du référendum était absolument sans fondement».

Renvoyer l'ascenseur d'Abraham Lincoln

L'irruption de Vance dans la politique intérieure canadienne n'est-elle qu'une confirmation à retardement de l'indiscrétion du membre du NSC? Et si elle répond à l'appel d'Ottawa — ou au troc *boycott olympique* contre *finies les folies!* — traduit-elle aussi la pression de ce noyau d'Américains inquiets du référendum, dont fait d'ailleurs partie l'influent chroniqueur du *New York Times* James Reston? Il avait prêté main forte à Enders au moment du voyage de René Lévesque à l'Economic Club. Il avait écrit que Washington voyait la sécession du Québec comme «la pire proposition qu'on ait faite au gouvernement américain depuis que

Nikita Kroutchev l'a invité à accepter l'installation de missiles nucléaires soviétiques à Cuba». Il donne maintenant à Cyrus Vance un bon conseil, trois jours avant sa visite à Ottawa: «Rien dans la constitution canadienne ou américaine ne nous empêche», écrit-il, «d'envoyer quelques remarques affectueuses à nos amis au nord de la frontière». «Le Canada est, dans un sens, notre affaire», dit son commentaire, c'est «notre bouclier stratégique», «notre plus grand partenaire commercial», «notre ami le plus cher».

Pas plus que son collègue Karl Meyer, Reston ne voit comment une victoire référendaire pourrait mener à autre chose qu'au séparatisme. Face à cette menace, appuyer la position fédérale serait une juste façon de renvoyer l'ascenseur, car «le Canada n'était pas indifférent quand M. Lincoln a décidé de préserver l'union des États-Unis même au prix d'une guerre entre les États». Alors, comment Vance pourrait-il se taire à Ottawa?

L'histoire le demande, le boycott des Jeux olympiques le réclame, la simple reconnaissance — presque la bienséance — l'exige. Le Canada n'a-t-il pas, quelques semaines auparavant, sauvé six otages américains à Téhéran, au péril de la vie des diplomates canadiens impliqués dans l'évasion? L'opération a été réalisée sous Joe Clark (au téléphone, fin janvier, Jimmy Carter lui souhaitait «Bon 1980»; Clark perdait son élection dix-huit jours plus tard) mais le sentiment procanadien qui déferle depuis sur l'Amérique vaut bien «quelques remarques affectueuses à nos amis au Nord».

Sans compter que ce ne serait pour Cyrus Vance qu'une redite. En novembre 1978, il a déjà accompli ce saut diplomatique de venir répéter en territoire canadien ce que Carter avait dit l'année précédente à Washington. Claude Morin et Louise Beaudoin avaient pourtant averti McNamara: «Ce serait quand même mieux s'il ne se mêlait pas de nos affaires», avaient-ils dit. On transmettra le message, avait promis McNamara.

«Tous les Américains», expliquait Vance dans un discours longuement préparé, «espèrent que ce pays grand et riche restera uni». Il a répété les mots «Canada uni» une deuxième fois dans son discours, puis à deux reprises encore, le lendemain, en conférence de presse.

À Québec, la déclaration a été plutôt mal accueillie. Un haut fonctionnaire jugeait que cette insistance représentait une «ingérence dans nos affaires internes» et qu'il fallait empêcher qu'elle ne se réitère: «Elles auraient un effet néfaste sur l'opinion publique» car «on craindrait les "représailles" américaines». Il proposait l'envoi d'une note diplomatique de protestation en bonne et due forme. La note aurait d'abord fait état de «l'étonnement» du Québec devant de telles audaces verbales. Puis elle aurait mis carrément les points sur les i:

Le peuple québécois comprendrait mal qu'on puisse sembler peser de l'extérieur sur les décisions qu'il sera appelé à prendre conformément aux droits universellement reconnus et dont le gouvernement américain se déclare ardent défenseur.

De tels malentendus s'expliquent peut-être du fait que les autorités américaines n'ont eu jusqu'à présent que l'occasion d'entendre la version du gouvernement fédéral.

Yves Michaud a transmis le projet de note, accompagné de commentaires, à René Lévesque. «Je me demande si le projet d'intervention ne soulèvera pas trop de lièvres, qu'il sera par la suite difficile d'attraper», s'est interrogé le conseiller aux Affaires internationales. Un fonctionnaire craignait, pour sa part, qu'en cas de fuite la note ne produise le titre: «Le Québec déclare la guerre aux USA.» «*Le Devoir* en serait capable», notait-il.

Michaud a laissé cette affaire à l'arbitrage de Lévesque, compte tenu, écrivait-il au premier ministre, «de la connaissance intime et précise que vous avez de la société américaine et de ses hommes politiques.» En marge du mémo de Michaud, Lévesque a tranché: «Totalement d'accord — Bloquer toute "note" SVP.»

Fin politique, Claude Morin a choisi de tourner la gifle diplomatique de Cyrus Vance en gain pour le Québec. C'est ainsi qu'un journaliste de Radio-Canada a cru pouvoir affirmer que «la surprise» causée par la déclaration de Vance «n'a d'égal que le peu d'importance que semble lui avoir accordé le gouvernement du Québec». À l'écran, un Morin affable a expliqué qu'il était «normal, quand un visiteur étranger aille à Ottawa, qu'on s'attende pas à ce qu'il dise "Vive le Québec Libre!"» En fait, a souligné le ministre, Vance a chaque fois indiqué que l'affaire était du ressort des Canadiens. «On considère que c'est un progrès par rapport à l'impression qui pouvait exister, il y a quelques années, ici au Canada ou aux États-Unis», a-t-il ajouté. Un peu plus et il annonçait l'envoi d'une note de remerciements à Foggy Bottom.

L'épouvantail anti-américain

Vance à Ottawa en 1978, c'est une chose. Tout le monde a oublié son petit tour de piste.

Vance à Ottawa le 23 avril 1980, c'en est une autre. Tout le monde aura les yeux et les oreilles braqués sur l'Américain.

Il faut éviter le désastre: les indécis, cette masse de Québécois qui n'arrivent pas à choisir entre leurs deux héros, Lévesque et Trudeau, entre leurs deux reliefs, les Rocheuses et la Gaspésie, sont en jeu. Sans Vance, le référendum peut être gagné. Avec lui, il faut baisser pavillon, monter l'unifolié.

Morin et Pouliot s'accrochent à Jaeger comme à une planche de salut. Il reste encore quarante-huit heures. On peut encore agir.

«Jaeger a semblé, à ce moment-là, prendre notre parti», se souvient Morin. Le consul était vraisemblablement soucieux du guêpier où la déclaration de Vance allait le fourrer, lui, au Québec. Devançant les désirs de ses interlocuteurs, affirmant qu'il veut lui-même prêcher le mutisme, il demande s'il peut, s'il vous plaît, aviser Washington que Québec verrait d'un mauvais œil une intervention américaine.

«J'ai dit oui, répond Morin, pis là, j'en mettais.»

L'argument: toute intervention à ce moment-ci du débat provoquera un raz-de-marée anti-américain chez les Québécois comme on n'en a jamais vu. «C'est très curieux, ils avaient peur de ça», dit le ministre. «Comme on n'était pas de vrais Américains, en ce sens qu'on était francophones, reliés à la France», dit-il, les Américains se méfiaient des réactions imprévisibles de ces *Frenchies*.

L'épouvantail anti-américain a déjà été utilisé. Lévesque avertissait le *New York Times* un an plus tôt que si «les Américains devenaient stupidement négatifs» cela «créerait un anti-américanisme virulent, qui pour l'instant n'existe pas au Québec». À l'époque, le premier ministre soulignait que cette intervention aurait un second impact: «Le géant d'à côté pourrait susciter la peur. Comme tous les peuples colonisés, les Québécois ont des complexes. Il est toujours facile de faire appel à un de ces complexes: la peur. C'est ce que nos adversaires au Canada font constamment. Ils adoreraient voir Washington dire "Pas question".» Le sentiment anti-américain serait le prix à payer pour réussir à «retarder» l'indépendance, avertissait Lévesque.

En fait, certains, à Washington, faisaient au même moment le calcul inverse. Selon une analyse de l'INR, «les États-Unis pourraient susciter la fierté nationaliste du Québec s'ils épousaient trop publiquement la cause de l'unité canadienne» et, ce faisant, auraient aidé la cause des partisans du OUI.

Quoi qu'il en soit, Pouliot et Morin martèlent le thème de l'anti-américanisme. L'actualité leur donne un argument en or. Le socialiste français, Michel Rocard, en affirmant mollement dans une lettre qu'il approuve la logique du cheminement souverainiste, ne vient-il pas de s'attirer les foudres de la presse et de l'opposition pour son «immixion» dans les affaires intérieures? (En fait, Morin accuse Bourassa d'avoir remis cette lettre confidentielle à un journaliste, mais la fuite lui donne une arme inespérée. Merci Robert!)

«Rocard est même pas intervenu [officiellement], et vous voyez ce que ça donne!», insiste Morin devant Jaeger, qui prend mentalement des notes. «Imaginez-vous ce que ça va être pour les États-Unis qui sont juste à côté.»

Le stratège souverainiste en chef, qui connaît l'âme québécoise pour avoir voulu la pousser délicatement vers l'indépendance, croit-il un seul des mots qu'il prononce devant l'Américain, avec toute l'urgence que sa fonction et sa voix lui permettent?

«Pantoute. Ben voyons donc!»

L'antiaméricanisme des Québécois, réel ou appréhendé, ça n'existe pas.

Cyrus et le supplice de la question

23 avril 1980. La journée commence mal. Dans les journaux, à la radio, on n'entend que ça: Mark MacGuigan, le secrétaire d'État aux Affaires extérieures, a annoncé que le Canada se joignait au boycott américain des Jeux de Moscou. Le troc a-t-il eu lieu?

Cyrus Vance converse avec son homologue MacGuigan toute la journée. Il déjeune en compagnie de Pierre Trudeau.

Arrive l'heure de la conférence de presse. MacGuigan l'avertit — comme s'il ne le savait déjà — que la question du Québec va lui être posée.

Dans la grande salle de conférence de presse à Ottawa, tout le monde est venu. Les caméras tournent. Les magnétophones aussi. Les stylos crachent frénétiquement leur encre sur les calepins.

À Québec, Louis Bernard, Claude Morin, Richard Pouliot et James Donovan ont fait sortir des archives les principales déclarations qu'ont faites des membres de l'Administration américaine depuis deux ans sur le Québec. Car chaque mot compte.

Un journaliste qui ne laisse rien au hasard pose la première question:

«Comme vous le savez, les Québécois tiennent le 20 mai un référendum historique sur la place du Québec dans la confédération. En 1977, quand le premier ministre Trudeau était à Washington, le président Carter a déclaré dans une interview télévisée que, s'il avait à exprimer une préférence, il souhaiterait le maintien de la confédération. Est-ce encore la position ferme de votre gouvernement?»

Cyrus Vance répond: «Notre opinion est que cette question doit être tranchée par le peuple canadien et sera tranchée par le peuple canadien.»

Il y a une pause. On attend la suite.

Il n'y a pas de suite.

Après quelques questions sur d'autres sujets, un journaliste revient à la charge, sous un angle différent: «Si le Québec décidait de devenir indépendant, les États-Unis seront-ils disposés à reconnaître son droit à l'autodétermination?»

Le secrétaire d'État: «C'est une question hypothétique que je ne veux pas commenter. J'ai déjà dit que cela est une question que le peuple du Canada devra trancher. C'est tout ce que j'ai à dire.»

Tout ce qu'il a à dire? Il y a sûrement erreur. Les reporters présents sentent bien qu'il y a dans les réponses du secrétaire une absence, un vide: la préférence pour la confédération. Un d'entre eux tend une dernière perche au diplomate américain en chef.

«Je voudrais revenir à cette affaire de référendum. Vous ne semblez pas vouloir aller aussi loin sur ce sujet que le président Carter. Dans son interview en 1977, il a dit que les États-Unis avaient un intérêt national certain quant aux résultats de ce référendum, jugeant que le maintien de l'unité canadienne était dans l'intérêt des États-Unis. Êtes-vous en train de nous dire que vous n'êtes pas disposé à appuyer cette position?»

Cette fois, Vance est agacé. Il répond sèchement.

«Je ne répudie rien de ce que le président a dit. Je dis que cette question doit être tranchée par le peuple canadien.»

Point. Final. Les mots «préférence...» ne franchissent pas ses lèvres. Rien pour le journal télévisé. Rien pour les manchettes de journaux du lendemain. Rien pour nourrir la peur des Québécois.

La conférence de presse est terminée. Le tremblement de terre n'a pas eu lieu.

Les États-Unis ont annulé leur vote.

Triste, nerveux, amer

Loin de voler au secours du NON, Cyrus Vance a fait marche arrière, a dit moins qu'à l'habitude. Pour la première fois, «une attitude de stricte neutralité» a été adoptée, note un télex envoyé par Québec à toutes ses délégations américaines. «M. Vance va en deçà des déclarations précédentes (en 1977 et 1978) de dirigeants américains, dont M. Vance lui-même et le président Carter qui, tout en se gardant de vouloir s'ingérer dans les affaires du Canada, avaient indiqué leur préférence pour le fédéralisme et un Canada uni.»

Comment expliquer qu'à la ligne d'arrivée, la cavalerie américaine ait fait demi-tour?

«C'est facile», exulte Claude Morin, «on a gagné». Le chantage à l'antiaméricanisme, croit-il, a payé.

«J'ai sauvé la situation», affirme pour sa part George Jaeger à une journaliste, expliquant qu'il avait dû intervenir, malgré la réticence de ses collègues diplomates à Ottawa et à Washington, pour calmer l'ardeur fédéraliste du secrétaire d'État.

Dans les quartiers généraux péquistes, on imagine avec délectation la rage qui doit s'emparer des ennemis fédéraux. Pierre Trudeau doit fulminer devant Marc Lalonde et Michael Pitfield contre la traîtrise de ces Américains, dont on sauve les otages, dont on appuie les boycotts, et qui vous tournent le dos ou — pire — vous poignardent dans le dos à l'heure de votre plus grande détresse? On aurait aimé voir la tête de MacGuigan après le désastre de la conférence de presse.

Pourtant non. Trudeau ne rage pas. MacGuigan n'est pas surpris. Tout le monde salue gaiement Vance, qui repart chez lui le soir même, car de graves événements s'y préparent.

À Ottawa, personne n'attendait la cavalerie. Personne ne l'avait même appelée. «Il n'y avait aucun sentiment de déception», affirme un haut fonctionnaire canadien qui a organisé la visite. Une grosse déclaration sur le Québec? On n'en avait jamais parlé. MacGuigan, de même, est surpris d'apprendre qu'à Québec on a eu peur de cette visite. Personne ne lui a dit que Vance devait jouer un rôle quelconque dans le drame national. Allan Gotlieb, sous-secrétaire d'État aux Affaires extérieures et proche de Trudeau, présent à toutes les rencontres, ne bronche pas. La visite s'est déroulée comme il l'avait prévu.

Tout indique que, côté fédéral, le Pierre Trudeau de 1980 veut mener le combat canadien avec son propre arsenal. Il se satisfait de ce que Washington observe, silencieux, de la coulisse. Car malgré les sondages et le sentiment de panique autour de lui, le premier des Canadiens croit que l'avenir du pays doit reposer sur son propre rapport de forces, pas sur une intervention choc de l'Oncle Sam, à qui, tôt ou tard, il faudrait rendre la politesse. L'issue du combat est incertaine, mais Pierre Trudeau veut passer à la postérité comme celui qui, seul, aura mâté la bête.

Les témoignages américains abondent en ce sens. L'ambassadeur Kenneth Curtis se souvient vaguement d'avoir indiqué dans une dépêche qu'Ottawa s'attendait à une répétition de la ligne politique habituelle sur le Québec. Mais non. Sur le coup, il ne s'est même pas aperçu que la déclaration de Vance avait omis l'aspect «préférence pour un Canada uni». Autour de lui, en tout cas, aucun débat n'a précédé ou n'a suivi la venue du secrétaire d'État. Même son de cloche de la part de son bras droit, Robert Duemling.

George Vest, l'adjoint de Vance pour les Affaires européennes (donc canadiennes), qui l'accompagne dans ce voyage, est de même amusé d'apprendre, neuf ans plus tard, que son patron a pu causer tant de nervosité à Québec. Aucun débat, aucune stratégie, aucun troc ni pression d'Ottawa ou de Québec n'ont laissé la moindre trace dans sa mémoire. Avait-on au contraire décidé de raser les murs? «Nous n'avons reçu aucune instruction de plus haut nous disant de nous taire à partir de maintenant», tranche-t-il. «Plus haut», à la Maison-Blanche, Zbigniew Brzezinski affirme avec le même aplomb n'avoir senti aucune pression, fédérale ou québécoise, et n'avoir jamais changé de cap.

Richard Smith, directeur du Pupitre canadien à Foggy Bottom, et son adjoint Wingate Lloyd affirment aussi n'avoir pas eu la moindre idée, disent-ils, de la tenue d'un débat interne sur ce que Cyrus Vance devait ou ne devait pas dire.

Rien. Zilch. Zéro.

Tout le monde, en revanche, sait combien Vance est nerveux et triste, presque amer, en ce 23 avril 1980. Car c'est son dernier jour au travail. Il a remis sa démission depuis une semaine déjà pour protester contre la tentative de sauvetage militaire des otages américains en Iran. Les éléments de l'opération se mettent en place, sur les navires qui sillonnent la mer Rouge et dans des déserts du Moyen-Orient pendant qu'il répond aux questions des reporters canadiens. Eux ne pensent qu'à leur mini-crise québécoise. Lui s'inquiète du drame qui s'enclenche à une demi-planète de distance.

Le lendemain matin, Jimmy Carter annonce à une nation déjà usée par six mois de haine et de rancœur que la fière armée américaine a lamentablement manqué son coup. Qu'elle a été terrassée non par l'ennemi chiite mais par sa propre désorganisation. Carter, c'est maintenant certain, ne sera président que pour un mandat.

Vance «avait peut-être beaucoup d'autres choses en tête» que le Québec... dit Vest.

Mais il est difficile de croire qu'un diplomate professionnel comme Cyrus Vance ait pu «oublier» de prononcer les petites phrases —la même rengaine qu'en 1978 — qui apparaissaient pourtant dans son *briefing book*.

Dans l'avion de Cyrus

En réalité, la réputation de Cyrus Vance à propos de son intérêt pour la question québécoise est surfaite. D'abord, il s'en moque. Ou plutôt, il n'est pas intéressé. Le 30 décembre 1976, un mois et demi après l'élection du PQ, l'ambassadeur canadien à Washington, Jake Warren, revient tout surpris de sa première rencontre avec le nouveau chef de la diplomatie américaine. Il informe Ottawa: Vance «n'a pas — je répète — pas mentionné la question du Québec».

Vance s'entend à merveille avec son homologue canadien Don Jamieson, qu'il rencontre régulièrement, notamment pour des négociations internationales sur la Namibie. Selon un adjoint qui suit Jamieson dans tous ses déplacements, jamais Vance n'aborde la crise québécoise. D'ailleurs, note un des proches du ministre, «Jamieson aurait été le dernier à connaître» l'évolution du dossier québécois. Avec Flora Macdonald, la ministre conservatrice qui remplace ensuite Jamieson, puis avec MacGuigan, même topo. Vance ne s'informe ni de la situation ni de l'évolution des sondages, n'offre lui-même aucune information, mise en garde ou conseil. Indifférence absolue.

«Vance est quelqu'un de très très gentil, et il n'aime tout simplement pas mettre son nez dans les affaires des autres», explique Richard Vine. Trait de caractère pour le moins inattendu chez un chef de la diplomatie américaine. Mais il est vrai que Vance est considéré à Washington comme «la colombe», celle qui tombe sous les coups du «faucon» Brzezinski.

Même ses déclarations de novembre 1978 ont dû lui être arrachées. Richard Vine avait préparé le discours, intégré les petites phrases similaires à celles qui avaient été prononcées par Carter. La routine, donc. Mais dans l'avion gouvernemental qui conduisait Vance et Vine à Ottawa, le secrétaire d'État s'était rebiffé.

«Il a dit: "je n'en veux pas", se souvient Vine. «Il ne voulait pas prononcer le paragraphe.»

«Le ministère [canadien] des Affaires extérieures s'attend à ce que vous le lisiez» insiste Vine. «L'absence de cette déclaration sera perçue comme un changement de politique de notre part.»

Mais Vance ne veut rien entendre. Il ne veut pas d'ingérence dans les affaires canadiennes, peste-t-il. Le texte tel que rédigé, avec ces appuis à un Canada uni, «sonne comme une intervention américaine», allègue-t-il encore. Il se tourne vers un assistant, Lloyd Cutler, et lui demande de retravailler le paragraphe honni. De limer un peu la prise de position.

«Je lui ai dit que c'était là simplement l'expression de notre préférence», explique Vine, «qu'Ottawa voulait catégoriquement entendre ce libellé». Et puis, fait-il valoir au ministre alors que leur avion s'approche d'Ottawa, le texte est déjà si timide qu'on ne peut pas en dire moins et dire encore quelque chose.

À l'arrivée, Tom Enders s'en mêle, et appuie Vine. Finalement, Cyrus Vance cède à la pression de ses deux conseillers. Il lira le texte intégral.

Après son discours, à voir les visages ravis des responsables canadiens, puis à lire les quotidiens locaux qui reprennent le lendemain ce paragraphe entre tous, Vance avoue à Vine que oui, bon, finalement, il avait peut-être raison.

Mais deux ans plus tard, Vine n'est plus là pour insister sur ses petites phrases. Enders aussi a quitté la scène. Et Curtis n'est pas homme à faire des misères à son patron sur cette question. «Quoi qu'il arrive», a-t-il déjà dit à Lévesque, «nous resterons voisins et les gens du Maine continueront à épouser des Québécois et des Québécoises par-dessus la frontière».

Le 23 avril 1980, il n'a même pas de texte de discours sur lequel ratiociner. Il n'y a qu'un *briefing book*, qui prédit de toute évidence la victoire du NON, et une conférence de presse. Vance n'a aucune raison, cette fois-ci, de ravaler ses convictions neutralistes. Demain, il démissionne sur une question de principe. Ce n'est pas aujourd'hui qu'il fera un compromis inutile.

Cyrus Vance: le seul membre de l'Administration américaine qui ait été vraiment en accord avec l'Opération Amérique, avec la neutralisation des États-Unis.

L'après-Cyrus

Pourquoi le consul général américain à Québec a-t-il plongé ses «clients» dans un tel tourment? George Jaeger croyait-il vraiment que Vance allait jeter un pavé dans la mare référendaire, ou jouait-il sur la paranoïa des péquistes pour rehausser son propre statut à leurs yeux?

L'épisode Vance, explique un de ses interlocuteurs québécois, prouve que «la filière des consulats peut avoir une certaine influence» sur Washington. Bref, que les intérêts du Québec sont en bonnes mains chez le représentant local de la puissance voisine.

Cette conclusion a de quoi plaire à Jaeger car, en avril 1980, il est «d'humeur plutôt massacrante», note un fonctionnaire, et en veut à Claude Morin et son équipe. Dans une entrevue à une publication universitaire américaine assez lue dans les milieux des affaires étrangères, le *Fletcher Forum*, Morin vient de fustiger le refus des dirigeants américains de jamais rencontrer un membre du gouvernement péquiste. «Nous pensons que nous avons le droit d'être entendus par le gouvernement des États-Unis», a affirmé le ministre. «Mais jusqu'ici le gouvernement américain n'a demandé des explications sur l'évolution interne du Québec qu'au gouvernement central, opposé à nos idées!»

«Et moi, et moi?», semble protester Jaeger, qui est «vexé» que, dans cet entretien, «Morin ne donne pas un rôle très particulier au consulat général à Québec». Jaeger soupçonne d'ailleurs les adjoints du ministre de faire circuler un tiré à part de la revue, dont des éléments apparaissent en première page de *The Gazette* le 17 avril. Il manifeste son agacement ce jour-là à un responsable du protocole, puis en rajoute devant Pouliot, le 21. Le consul général se «plaint du fait qu'on l'utilisait peu, que généralement lorsqu'il était question des États-Unis, c'est lui qui devait prendre l'initiative de demander les rendez-vous». Alors cette entrevue, quelle ingratitude! «Il a pris évidemment pour exemple la visite du secrétaire d'État à Ottawa en m'indiquant qu'il ne voulait pas me faire la leçon, mais que personne dans le gouvernement ne l'avait convoqué pour en discuter.»

Le psychodrame de la visite de Vance permet de braquer les projecteurs, comme jamais auparavant, sur l'influence du consul général. Une fois Cyrus retourné chez lui, Jaeger confie à un haut fonctionnaire qu'il a «réussi à faire en sorte que Vance ne sorte pas aussi fort» que prévu, qu'il «n'antagonise pas le débat politique qui se déroulait ici». Merci, Monsieur Jaeger.

Au-delà de ce bizarre épisode, la question de l'intervention américaine reste posée. Pourquoi Washington ne sent-il pas le besoin, par l'intermédiaire de Vance ou d'un autre de ses nombreux porte-parole, de réitérer sa position dans les semaines qui précèdent le référendum?

On l'a vu, l'assoupissement de Foggy Bottom, sa certitude que le NON va l'emporter, y est pour quelque chose. De même que le refus apparent du premier ministre Trudeau de leur faire un appel du pied en fin de course.

L'Opération Amérique? Au dernier étage du Département d'État, on n'ignore pas son existence. «Le gouvernement du Québec a tenté d'utiliser tous les canaux d'influence à sa disposition», constate placidement George Vest. «Nous en étions conscients et nous disions: "C'est leur affaire", mais leur action ne nous a jamais influencés», ajoute-t-il. «Nous n'avons senti aucune pression» venant des milieux où Québec intervenait. Il est plus difficile cependant de jauger dans quelle mesure l'action québécoise a pu prévenir une pression proféderaliste.

Rien n'est cependant plus déterminant dans la propension américaine à jouer les indifférents pendant la campagne référendaire que cette prémisse: René Lévesque n'est pas, ou n'est plus, indépendantiste.

Le respect et l'incrédulité

«Lévesque n'était pas vraiment un séparatiste, pas du tout. Il n'a jamais eu l'intention d'en arriver à l'indépendance comme telle», soutient un des diplomates américains (qui requiert l'anonymat) chargés de suivre le dossier Québec. Selon lui, Lévesque «était politiquement obligé de tenir le référendum, mais il savait que ça allait échouer». Son objectif était de «faire peur aux Canadiens afin d'obtenir beaucoup d'autonomie pour les Québécois». Toute la stratégie référendaire, tout le projet souverainiste ne serait donc qu'un levier au service du véritable objectif de René Lévesque: le fédéralisme décentralisé, le statut particulier pour le Québec.

René Lévesque, l'homme qui ne sait pas retenir sa langue dès lors que les portes sont fermées, aurait vécu un gigantesque mensonge. Les Américains l'en croient capables. Pour eux, c'est un compliment. Cette analyse, que le diplomate en question développe dès 1978, devient bientôt la pensée dominante à Washington et dans certains cercles économiques à New York.

Elle a une variante. Il y a ceux qui croient que Lévesque n'a jamais voulu l'indépendance. Il y a ceux qui croient que Lévesque a admis que l'indépendance était impossible.

Le meilleur ami américain de Lévesque, le gouverneur du Vermont Richard Snelling, est du premier groupe. «Le séparatisme et le référendum et tous ces trucs étaient en partie un jeu de scène, alors que le vrai théâtre n'était pas le séparatisme mais l'égalité ou même la supériorité des francophones au Québec et la fin de la domination des anglophones à la direction des affaires.»

Lévesque, pour lequel il avait «une grande admiration», «n'a jamais cru que l'indépendance allait se réaliser». Son ami québécois ne s'est jamais confié totalement sur ce point, mais Snelling a la conviction que le chef du PQ cherchait la justice sociale plutôt que la souveraineté.

Richard Vine, à Foggy Bottom, est du second groupe. «Quelque part en 1978-1979, nous avons conclu que Lévesque n'avait plus les moyens d'aller» vers l'indépendance. «Je pense qu'à mesure qu'il poussait, combinait, modifiait son approche pour faire avancer le séparatisme, il s'est progressivement rendu compte que c'était un bon slogan, mais qu'il n'arriverait jamais à le concrétiser. Vers 1978-1979 il était parfaitement évident qu'il en serait incapable.»

Selon Vine, la problématique de la réforme constitutionnelle remplaçait donc celle de la sécession du Québec, «ce qui est très intéressant, mais ne nous inquiète pas du tout». Puisque le référendum n'est qu'un expédient, un truc de politique intérieure, même une victoire du OUI n'a plus aucune importance. Car Lévesque, dit Vine, «n'avait nulle part où aller». Son adjoint Richard Smith dit quelque chose d'approchant: «Le véritable objectif à long terme [de Lévesque] n'était pas complètement clair, loin de là.»

À New York, ces thèses circulent parmi les financiers. Déjà à l'automne de 1977 les responsables des pages étrangères du *Wall Street Journal* confiaient au consul général canadien à New York qu'ils «doutent que le gouvernement du Québec soit vraiment déterminé à la séparation», qu'à leur avis, «Lévesque serait prêt à se contenter de concessions constitutionnelles de la part du fédéral».

Trois mois plus tard, cette version des choses apparaissait en toutes lettres dans les colonnes du quotidien financier.

> Il y a des indices que le gouvernement du Québec s'éloigne du concept de séparation. Une source proche du gouvernement provincial à Québec affirme que «tout ce charabia de Lévesque sur la souveraineté et l'association économique avec le reste du Canada et sur un référendum sur l'indépendance est destiné à mettre Trudeau et les Anglais en déséquilibre». En fait, ajoute-t-elle, on reconnaît que le Québec peut obtenir «plus de pouvoir» en restant au Canada.

Un partner de Salomon Brothers — donc membre du syndicat représentant Hydro-Québec sur le marché — fait la remarque suivante en mai 1978: «Quant au Québec, on note un regain d'intérêt attribuable à l'abandon par le gouvernement Lévesque d'une stratégie séparatiste.»

Ces hommes d'argent, qui ont eu la frousse de leur vie en découvrant à l'Economic Club quelqu'un qui semblait croire réellement à sa promesse électorale, s'accrochent à la première mesure économique modérée du gouvernement Lévesque, comme le «budget des banques», pour refouler loin dans leur inconscient la furtive révélation.

Car cette gigantesque mystification, ce tenace refus de croire à l'éventualité d'un Québec indépendant, relève de l'autohypnose collective. Robert Duemling, adjoint d'Enders et de Curtis, exprime le mieux ce réflexe à demi conscient des rescapés de la guerre de Sécession: «J'avais ce sentiment viscéral que ce n'était pas possible. Et je ne pourrais sans doute pas vous l'expliquer très rationnellement.»

Les Québécois, bien sûr, apportent quantité d'eau à ce moulin de l'incrédulité américaine. Le refus du mot *séparatisme*, l'insistance sur l'*association*, la fiction qui veut que l'indépendance ne provoque pas «la rupture du Canada», tous ces tours de passe-passe des Lévesque et Morin alimentent mille fausses joies.

Daniel Latouche contribue à ce grand brouillage de cartes quand il explique aux Américains qui veulent l'entendre que la négociation suivant le référendum pourra, compte tenu du rapport de forces, produire une souveraineté-association diluée, une «véritable confédération dans laquelle le Québec aurait eu de larges pans de responsabilités». Si le conseiller constitutionnel du premier ministre le dit...

René Lévesque, fédéraliste?

Les Américains auraient-ils eu raison? Pierre Bourgault ne tire-t-il pas les mêmes conclusions?

Les témoignages des proches de René Lévesque, des gens qu'il tutoyait ou qu'il côtôyait depuis de longues années, concordent. Yves Michaud, Claude Morin, Louis Bernard, Jean-Roch Boivin, Louise Beaudoin, affirment tous, croix de bois, croix de fer, que son objectif fondamental était la souveraineté. «S'il avait pu la faire, il l'aurait faite», résume par exemple Michaud. «La pensée constitutionnelle de René Lévesque n'a pas beaucoup changé depuis *Option Québec*», le livre dans lequel il exposait en 1968 les principes de la souveraineté-association, affirme Boivin. «C'est clair et net», ajoute Bernard. «J'ai connu monsieur Lévesque intimement et la thèse qu'il a défendue publiquement, c'est la thèse pour laquelle il se battait et à laquelle il croyait.» Le chef était disposé à multiplier les compromis sur la monnaie ou les passeports, explique aussi Morin, mais il n'aurait pas sacrifié cette «masse critique» de pouvoirs, enchâssés dans la question référendaire: le pouvoir exclusif de faire ses lois, de percevoir ses impôts, d'établir ses relations extérieures — ce qui est, bref, la souveraineté.

Pensait-il pouvoir la faire? Ici, les opinions divergent. Et il a dû lui-même les revoir plusieurs fois. Jean-Roch Boivin et Yves Michaud ont senti — sans vraiment le savoir, disent-ils, car Lévesque ne se confiait pas là-dessus — que leur chef a toujours été pessimiste sur ses chances de victoire. Louis Bernard dit au contraire que son patron lui a fait part de son sentiment «qu'il y avait une chance raisonnable de gagner le référendum». Et Corine Côté-Lévesque, son épouse et peut-être sa seule vraie confidente, affirme qu'encore en mars 1980, alors qu'un sondage montrait le OUI à 4% de la barre des 50%, «René a toujours cru qu'avec une bonne campagne on pourrait récupérer ça. Il visait à obtenir une nette majorité chez les francophones, quelque chose comme 75%» (donc 60% du vote total). Une vraie victoire, un vrai mandat.

Finalement, qu'aurait-il fait avec une victoire? Lévesque savait que «le rapport de forces en présence aurait beaucoup plus d'influence sur le statut [du Québec] que tout essai de définition in abstracto», affirme Boivin. De 51 à 55% des voix, sans conteste Lévesque aurait vogué vers la souveraineté-association, disent ses proches. Entre 44 et 50%, avec cette «victoire morale» dont il parle à Jaeger, il aurait sans doute utilisé ce «pouvoir très puissant de négociation», mais «pas nécessairement pour une séparation», alors hors de portée, suggère Boivin. Sa «masse critique» lui aurait — temporairement? — échappé.

Les Américains n'ignoraient rien de ces calculs car Lévesque les fait devant eux, en privé.

Avec Jaeger, qu'il aime beaucoup, et McNamara, qu'il respecte, Lévesque utilise d'ailleurs sans pudeur le mot *indépendance*. Même en public, lorsqu'on insiste un peu, comme l'a fait Tom Brokaw sur NBC en 1978, il admet chercher «la séparation».

Mais ces pierres blanches posées sur la route référendaire échappent à ceux qui veulent croire qu'entre leurs désirs et la réalité il y a coïncidence.

Les Américains ne sont pas les seuls. Trudeau avait annoncé le déclin du séparatisme en 1964, puis sa mort en 1976. Les premiers ministres provinciaux, réunis à dîner au 24 Sussex peu après la victoire péquiste, donc pour la première fois confrontés à René Lévesque, lui demandent tout bonnement quelles sont ses intentions réelles pour le Québec et le Canada. «J'ai l'intention d'en sortir», répond Lévesque, qui prend le raccourci de la vérité et assène un électrochoc à ses homologues, jusque-là convaincus que l'indépendance n'était qu'une ficelle pour gagner les élections et obtenir plus de pouvoir. Un d'entre eux, Alex Campbell, de l'Île-du-Prince-Édouard, griffonne sur un bout de papier en caractères de deux centimètres de haut le mot *OUT*. Trudeau et les Canadiens anglais restent bien éveillés à partir de ce moment. Mais les Américains prennent la relève du blocage mental en 1978 et 1979.

L'autosuggestion américaine a une caractéristique spécifique: elle progresse en parallèle avec la réputation de modération et de bonne gestion qu'acquiert aux États-Unis le gouvernement péquiste et avec le respect qui se développe à l'égard de son chef. Plus Snelling et les diplomates admirent le flair politique et le sens stratégique de Lévesque, moins ils croient à son indépendantisme.

Dans l'esprit des Américains, un homme intelligent, un homme qu'on respecte, ne peut tout simplement pas nourrir une idée aussi répugnante que la scission du Canada. Un cadre de la CIA a, le mieux, posé cette équation: «Je n'ai jamais rencontré un Canadien français intelligent qui croie vraiment à l'indépendance». Vu du Sud, les deux termes — intelligence/indépendance — s'opposent. Lévesque ne peut incarner l'un et l'autre.

Les historiens connaissent bien le phénomène. Munich, la ligne Maginot, Pearl Harbor, la chute du Shah. On ne veut pas croire au pire. À quelques exceptions près, comme le chroniqueur William Safire, refusant de «se faire prendre au Canada comme on s'est fait prendre en Iran», se lever un matin et «se demander comment tout cela a pu arriver».

L'aveuglement des Américains sert pourtant bien les intérêts du Parti québécois. Car si, dans leur esprit, le chef indépendantiste est un fédéraliste déguisé, il n'y a pas lieu de lui mettre des bâtons dans les roues.

Compte à rebours

Vingt-trois jours avant le référendum. Le président Carter annonce la nomination de son nouveau secrétaire d'État: le sénateur du Maine, Edmund Muskie.

À Québec, René Lévesque sourit de toutes ses dents. Le seul politicien américain qui ait dit des choses gentilles sur la souveraineté-association vient de prendre la direction de la diplomatie US. Un don du ciel.

Dès le lendemain, le Premier ministre sort sa plus belle plume pour rappeler à Muskie leur rencontre à Washington, en janvier 1979. «N'hésitez pas à venir à Québec n'importe quand, Monsieur le Secrétaire», écrit Lévesque, «si vous voulez poursuivre la discussion que nous avons eue l'an dernier». La relation entre le Maine et le Québec, poursuit Lévesque, qui n'ose pas ajouter qu'elle ne passe pas par l'intermédiaire d'Ottawa, «est un exemple très positif» du type de rapports qui «devraient exister entre les États voisins, et est un bien précieux pour le développement de nos relations mutuelles à l'avenir».

Le secrétaire d'État américain répond au premier ministre québécois, le 12 mai. Du jamais vu, Muskie envoie un petit paragraphe poli où il est question de la «coopération entre les États-Unis et le Canada» et où il affirme: «Nous allons continuer à travailler ensemble pour affronter les durs défis du futur» (la phrase est écrite de façon à ce qu'on ne puisse dire si *nous* réfère aux deux pays ou aux deux hommes).

C'est maintenant au tour d'Ottawa de s'inquiéter un tantinet des affections québécoises du patron de Foggy Bottom. Le lendemain de sa nomination, un haut fonctionnaire des relations extérieures proche de Trudeau, de Montigny Marchand, demande à son pupitre américain si ce Muskie est digne de la confiance du Canada. Les services diplomatiques sont mis en alerte pour retrouver des traces des déclarations de l'ex-sénateur. «Il y a urgence», note un fonctionnaire dans un mémo.

Heureusement, l'ambassade canadienne à Washington indique que, quelques mois après sa rencontre avec Lévesque, Muskie a fait pendant une réunion d'un comité sénatorial une profession de foi fédéraliste, qui est cependant passée inaperçue, mais dont on a copie. On respire. On n'attendra pas Edmund.

Huit jours avant le référendum. Des membres des délégations du Québec aux États-Unis sondent l'humeur du pays. De Chicago l'un d'eux rapporte que les médias locaux comprennent bien «le caractère véritablement démocratique du processus référendaire». De New York un autre annonce que les hommes d'affaires ont saisi que «les changements ne se feront pas le lendemain du 20 mai». La notion de souveraineté «n'occasionne plus d'hostilité», écrit-il, parce que «l'on ne croit pas à sa réalisation ou que, si elle se réalise, on pourra s'en accommoder». Le plus proche, à Boston, donne le son de cloche le plus positif; mais des plus éloignés parviennent quelques fausses notes. À Los Angeles, «le Québec fait figure de trouble-fête» et on s'inquiète des mouvements indépendantistes qui commencent à apparaître dans l'ouest du Canada. On tient «le Québec, plus qu'Ottawa, responsable de cette situation». À Atlanta, l'Américain moyen se dit que «ce serait si simple de suivre l'exemple des USA, du "melting-pot américain"». Pour certains, «la sauvegarde de notre langue et de notre culture, écrit le délégué, est un indice de manque d'évolution qui va à l'encontre du progrès».

Quatre jours avant le référendum. Ottawa envoie à ses consulats américains et à ses ambassades dans le monde un long mémo sur les réponses à donner aux interlocuteurs et journalistes au lendemain du vote. Deux pages d'instructions en prévision d'une «victoire décisive du NON (55% ou plus)» ou d'une «courte victoire du NON (51%)»; douze pages en cas de victoire du OUI.

Le même jour, sur le marché obligataire de New York, ce baromètre ultime de la confiance, les investisseurs américains font tout de même preuve de la susceptibilité qui les caractérise. L'écart qui sépare les obligations d'Hydro-Québec de celles d'autres compagnies d'électricité canadiennes atteint un sommet préréférendaire: 100 points. Quelques semaines plus tôt, l'écart avait pourtant disparu. Retour en force des ignares?

Un jour avant le référendum. Les diplomates canadiens compilent les reportages et commentaires de la presse nationale américaine. Sur 38 articles analysés, 15 appuient le NON (39%), 19 restent neutres (50%) et 4 penchent vers le OUI (11%, soit cinq fois plus que les 2% trouvés par Claude Ryan au lendemain de l'élection du 15 novembre).

20 mai 1980, jour du référendum. Pendant la journée, Jean-Marc Roy télexe ce commentaire d'Atlanta: «À l'école, beaucoup d'enfants (entre 10 et 14 ans) en discutent avec mes enfants. Pour le commun des gens, la séparation du Québec se décide aujourd'hui.»

Les délégations de New York, Boston, Chicago, Los Angeles, Atlanta, Dallas et Lafayette s'apprêtent à recevoir des centaines d'invités pour la soirée référendaire. Budget: 20 520 dollars. En Nouvelle-Angleterre, cinq stations du réseau public PBS retransmettent les résultats en direct.

Au Département d'État, Richard Smith s'assure que des résultats lui seront acheminés aussitôt que possible.

18 heures. Au bureau de la Presse canadienne/*Canadian Press* à Montréal, seul endroit au pays où journalistes francophones et anglophones travaillent à quelques pieds les uns des autres, un cadre demande le silence dans la bruyante salle de nouvelles. Il implore les futurs vainqueurs de ne faire aucun éclat, de ne manifester aucune joie, lorsque les résultats seront connus.

18 heures 30 minutes. Environ 300 personnes ont répondu à l'invitation de la délégation générale de New York. Un fort contingent de professeurs de français de la région et un bon nombre de représentants de la communauté des affaires, notamment du syndicat financier représentant le Québec à Wall Street, se mêlent aux Québécois de la ville et de la délégation.

19 heures. Clôture des bureaux de scrutin. Environ 4,4 millions de Québécois, soit 85,6% des inscrits, ont voté.

19 heures 15 minutes. À la réception de New York, rapporte un diplomate canadien, «dès les premières minutes de couverture télévisée, quand le NON a pris de l'avance, l'atmosphère assez amicale de la petite foule s'est transformée, pour une part, en une excitation contrôlée et un optimisme grandissant et, pour l'autre part, en une résignation croissante. Malgré le bar ouvert, on a assisté à très peu d'expression d'émotion».

19 heures 55 minutes. Radio-Canada a annoncé la victoire du NON. «C'est un désastre», affirme à New York un membre du personnel de la Délégation, pendant que sur les trois téléviseurs retransmettant la CBC et les deux téléviseurs retransmettant Radio-Canada, les gros plans de partisans du OUI en larmes percent l'écran. «La majorité des invités semblaient satisfaits des résultats, les hommes d'affaires exprimant la plus grande satisfaction.»

20 heures 15 minutes. À la Presse canadienne/*Canadian Press*, malgré une salle de rédaction fonctionnant à plein rendement, le niveau sonore est anormalement bas.

20 heures 30 minutes. Le chef indépendantiste se prépare à affronter ses partisans. Jean-Roch Boivin accompagne René Lévesque lorsqu'il prend connaissance de l'ampleur de la défaite. Le OUI se dirige vers un maigre 40% du vote. Le NON vers un massif 60%. «Là, sa face a changé», dit Boivin.

«On le savait qu'on gagnerait pas», soupire Lévesque, qui vivait depuis la fin avril avec cette impression. «Mais, maudit! on n'a même pas une majorité de francophones!»

À la Maison-Blanche, les résultats sont communiqués à Zbigniew Brzezinski, l'ancien Montréalais devenu conseiller présidentiel. Il peut les comparer aux pronostics qu'il avait avancés en 1967. Il transmet la nouvelle de la victoire du NON à Jimmy Carter, qui en prendra connaissance avant d'éteindre sa lampe de chevet, certain que l'intégrité du continent est sauvée, que les tiraillements qui opposent ses propres régions ne seront pas amplifiés par un mauvais exemple venu du Nord.

21 heures 31 minutes. René Lévesque arrive sur l'estrade du centre Paul Sauvé. George Jaeger rapporte la scène. «Lévesque, presque en sanglots, accepte la défaite devant un stade comble de partisans qui applaudissent en pleurant.» Les électeurs québécois «l'ont frustré, mais de peu, de la majorité francophone dont il avait besoin pour prétendre à une victoire morale». Lévesque «a mis un terme à ce qu'il a appelé le discours le plus difficile de sa carrière en appelant ses partisans péquistes à garder l'espoir».

«Nous avons un rendez-vous avec l'histoire, un rendez-vous que le Québec tiendra», dit effectivement Lévesque. «Ce soir, je ne pense pas vous dire quand ni comment, mais j'y crois.» Il quitte la foule en entonnant — et en ajoutant des bémols de son cru — une chanson usée, meurtrie: *Gens du pays*.

21 mai 1980. Dépêche de George Jaeger: «Au lendemain de la victoire du NON, il est clair que la souveraineté-association, le rêve des uns et le cauchemar des autres, n'est plus une option — au moins pour le moment.»

Les analystes de tout poil accaparent tous les micros pour décortiquer le vote des Québécois en ne portant, avec raison, aucune attention au poids de Washington dans la balance. La petite équipe de l'Opération Amérique a une consolation: «On a peut-être perdu le référendum, soupire Louis Bernard, mais au moins c'était pas la faute des Américains.»

À Harvard, en ce lendemain de défaite, Daniel Latouche explique qu'au-delà des statistiques et des stratégies, «le parti des poètes a perdu». «C'est ce qui m'inquiète le plus.»

Et le poète de l'indépendance, incarnation de sa terre et de son peuple, se réfugie ce jour-là dans un long mutisme. Quand il en sortira deux ans plus tard, Gilles Vigneault révélera en quelques mots l'explication définitive du vote référendaire.

«Je n'étais pas assez nombreux à penser comme moi.»

Troisième partie

LES ALLIÉS TARDIFS

L'important, ce n'est pas
de bien parler le français
mais de comprendre la culture.
Depuis que Jacques Cartier
m'a confié ce secret,
je suis un grand admirateur
de tout ce qui est
canadien-français.

Ronald REAGAN,
Président des États-Unis.
Sommet de Québec, mars 1985.

17
Les sourires du président Reagan

Ils voulaient qu'il redevienne séparatiste.
[Ils] l'appuyaient comme les guérillas, je dirais.
Comme les Contras.
Allan GOTLIEB
Ambassadeur canadien à Washington.

L'acteur devenu président est plongé dans sa lecture. Est-il assis à son fauteuil du «bureau ovale», devant les photos de sa femme, de ses enfants et de son cheval? Est-il plutôt dans son bureau personnel au second étage de la résidence présidentielle, lieu plus informel, plus californien, où il se sent vraiment chez lui? Est-il encore en pyjamas, dans son lit aux côtés de celle qu'il appelle *Mommy*?

Difficile à dire. Ronald Reagan n'aime pas lire. Plutôt que des *briefing books* sur les sommets auxquels il doit participer, il se fait préparer des *briefing videos* sur les lieux et les personnages qu'il doit rencontrer. Lorsqu'il s'astreint à la lecture, il préfère souvent les lettres de ses fans, que la Maison-Blanche reçoit par milliers et qu'il feuillette presque tous les jours, répondant longuement aux plus louangeuses. Il aime aussi les ouvrages de fiction. L'homme le plus puissant au monde passe au moins une demi-heure chaque jour à lire les trois pages de bandes dessinées du *Washington Post*. Et pour bien se préparer à sa première visite en terre soviétique, il lit un bouquin de politique-fiction sur une troisième guerre mondiale déclenchée par Moscou .

Bande dessinée, politique-fiction. Ces descriptifs peuvent s'appliquer à l'article de magazine qui retient l'attention du président en ce jour de juin 1982. La photo du premier ministre canadien orne la couverture d'une des publications favorites de Ronald Reagan: l'ultra-conservatrice *National Review*.

Écrit par un chroniqueur politique du *Toronto Sun*, Lubor Zink, l'article affirme, à toutes fins pratiques, que Pierre Elliott Trudeau est une taupe soviétique infiltrée au sommet de l'État canadien. À toutes fins pratiques, car Zink place tous les indices, aligne tous les arguments, coiffe son texte de cette idée de «pénétration» (le titre de l'article est «Le problème non-pénétré de Pierre Trudeau») et laisse à tout lecteur qui connaît John Le Carré le soin de tirer l'évidente conclusion.

Le flirt de Trudeau avec le marxisme après la Seconde Guerre «n'a évidemment pas manqué d'attirer l'attention des recruteurs de Moscou», écrit-il. «La première manifestation d'intérêt soviétique à l'égard de Trudeau survient en 1952», quand l'intellectuel montréalais dirige à un congrès, à Moscou, une délégation formée de cinq communistes, «quoique lui-même n'était pas un membre régulier du Parti communiste». Un membre irrégulier, alors? Suivez ma plume, semble dire Zink.

En 1956 Trudeau n'écrit-il pas qu'il faut «entrer dans un des vieux partis et le transformer de l'intérieur»? Comment ce touriste en Chine réussit-il, en 1960, à «obtenir des entretiens privés avec Chou en-Lai et Mao lui-même», s'il ne fait pas partie de l'armée invisible de l'ennemi? Et pourquoi, lorsqu'on prononce en privé le mot «Canada» devant le moribond Léonid Brejnev, celui-ci esquisse-t-il un sourire et prononce-t-il les syllabes Tru deau?

Au pouvoir avec sa «troïka socialiste du Québec» (dont les deux autres membres seraient bien sûr Gérard Pelletier et Jean Marchand), en 1968 le marxiste camouflé se met au travail: il affaiblit l'armée canadienne et sa contribution à l'OTAN, livre ses secrets à l'URSS, «appuie les luttes de libérations marxistes». Mais il n'a que de bons mots pour la mise au pas de la Pologne.

Depuis la fin de sa traversée du désert (il faudrait dire son *sprint*, car il n'a duré que neuf mois) et son retour au pouvoir en février 1980, Trudeau a lancé un effort tous azimuts pour atteindre l'objectif qui n'a jamais quitté son esprit: «La transformation du Canada, d'une démocratie parlementaire libérale, en un État planifié depuis le centre — une refonte fondamentale des structures sociales, politiques, économiques pour codifier la révolution invisible.»

Cette offensive se joue sur le plan de l'économie et de la constitution, et à ce dernier chapitre, les visées de Trudeau «ne sont gâchées que par le refus du Québec de s'y plier».

Ronald Reagan est «impressionné» par l'exposé, confie un de ses proches. Ce n'est d'ailleurs pas la première fois que Trudeau est ainsi associé à la faucille et au marteau. Le gouverneur de l'Alabama George Wallace, un précurseur du conservatisme populiste de Reagan, affirmait déjà en 1971 que les États-Unis «étaient pris avec un premier ministre crypto-communiste au nord de la frontière; il a un passé plus chargé que Castro lui-même».

Reagan pourrait ajouter quelques paragraphes contemporains au récit de Zink. Car sous l'éclairage du scribe torontois, tout s'explique.

L'Administration américaine est presque en guerre ouverte avec cet arrogant premier ministre, qui prétend non seulement freiner le capital américain qui veut s'installer au Canada, mais de surcroît expulser une bonne partie des compagnies américaines de son industrie du pétrole.

La «canadianisation» de l'économie du Nord annoncée par Trudeau et ses deux complices en «nationalisme canadien», le ministre de l'énergie Marc Lalonde et le ministre de l'Industrie Herb Gray, entre en collision frontale avec les volontés de l'équipe Reagan de rendre le monde plus ouvert, plus accueillant à l'industrie américaine. De surcroît, Trudeau traîne les pieds dans la grande entreprise de reconstruction de «l'arsenal de la démocratie». Pingre envers l'OTAN, critique de la rhétorique de guerre froide de Reagan, peu disposé à appuyer sa politique nicaraguayenne, Trudeau contredit le premier des Américains plus souvent et avec plus d'ardeur qu'un vrai socialiste, le président François Mitterrand, qui a pourtant quatre communistes à son cabinet et un ancien guérillero, Régis Debray, à l'Élysée. Certes, Mitterrand est engagé dans un vaste programme de nationalisations, mais elles visent des entreprises françaises (une entreprise peut-elle être à la fois française et capitaliste?), pas de vraies entreprises privées américaines. De plus, le grand projet politique intérieur de Mitterrand est la «décentralisation» des pouvoirs.

Trudeau, lui, veut réduire la présence des Américains dans son pays, augmenter le poids de l'État dans l'économie, centraliser les pouvoirs à Ottawa. Lequel répond le mieux à la définition de la taupe soviétique?

Changez de partenaire

Tout se passe comme si le lexique utilisé en 1977 pour caractériser le Parti québécois avait été retrouvé au fond d'un tiroir, amplifié, puis utilisé pour tirer à boulets rouges sur Pierre Trudeau.

Les deux projets de Trudeau, la Politique énergétique nationale (PEN, visant à obtenir 50% de contrôle canadien dans l'industrie du pétrole) et le renforcement des mécanismes de l'Agence de tamisage des investissements étrangers (en anglais FIRA, tendant essentiellement à freiner l'achat de compagnies canadiennes importantes par des compagnies américaines) déchaînent contre lui les passions les plus vives.

Incidemment, la grande offensive de Trudeau survient juste après le référendum. «Trudeau était très opportuniste», explique Allan Gotlieb. «Il a suivi une politique très prudente vis-à-vis des Américains jusqu'au référendum... et il a annoncé la PEN et le renforcement de la FIRA après, tout de suite après.»

Cette nouvelle orientation constitue une politique «xénophobe» écrit le *Wall Street Journal*. Elle traduit une volonté de «se retirer du reste du monde», tonne un haut fonctionnaire à Washington. La nationalisation de l'amiante respectait les formes, mais une des dispositions de la PEN dégage une odeur insupportable «d'expropriation sans compensation», écrit un adjoint de l'ambassadeur américain à Ottawa.

Après Lévesque, que l'on accusait d'être un «Castro du Nord», voilà que Trudeau porte ce bonnet d'âne politique. Le premier ministre du Nouveau-Brunswick Richard Hatfield, s'étant rendu au Texas pour vendre des obligations d'État, se fait demander lors d'une réunion avec des investisseurs s'il est vrai que «votre premier ministre a déjà ramé jusqu'à Cuba».

Carter craignait le précédent créé par l'indépendance du Québec. Les hommes de Reagan craignent maintenant les retombées du modèle Trudeau. «Si les USA laissent faire le Canada», dit un membre de l'Administration, «à quoi peut-on s'attendre de la part du Mexique? On ne peut pas laisser passer ça tout bonnement, sans se défendre». «Quand le Chili a nationalisé notre cuivre», soupire un fonctionnaire, «nous pouvions interrompre le flot de notre aide économique. Mais on ne donne pas d'aide économique au Canada!» Problème épineux en effet.

Alors que faire? «Si nous avisons Wall Street que le Canada n'est pas un bon endroit où investir», poursuit ce même interlocuteur anonyme, «le dollar canadien va tomber, l'inflation va décoller et le niveau de vie va baisser». L'Ontario et le Québec, deux places fortes libérales, vont écoper, et retirer leur appui à Trudeau.

Un très haut fonctionnaire américain attaché au Bureau commercial de la Maison-Blanche, David Macdonald, le dit tout net à des diplomates canadiens. Son gouvernement «pourrait avoir l'obligation d'énoncer publiquement les risques que comporte le fait d'investir au Canada».

Jamais ce type de scénario n'a été imaginé pour contrer l'avance des souverainistes québécois. Jamais un responsable américain n'a prononcé des paroles aussi lourdes de menace devant un représentant du Québec. Mais contre le socialiste Trudeau, rien ne retient plus la charge américaine.

Félicitations, Ronald!

Au lendemain du référendum, le dossier québécois a d'abord été brusquement jeté au panier des crises révolues. Sur le circuit universitaire, l'attention accordée aux affaires québécoises est retombée comme un soufflé raté. «Je n'ai jamais pardonné aux Québécois d'avoir voté

NON», commente à la blague un des experts américains de la question, Joseph Jockel, dont une importante source de revenus s'est subitement tarie.

Même William Casey, le nouveau directeur de la CIA, dont le mandat est de reconstruire l'appareil clandestin de l'Agence, d'avoir l'œil sur les futurs points chauds du globe, ne manifeste aucun intérêt pour le dossier. «J'avais beaucoup de contacts avec Casey, nous parlions souvent du Canada, mais je ne l'ai jamais entendu soulever la question» québécoise, affirme un de ses conseillers, expert en affaires canadiennes. Casey n'avait d'yeux que pour le péril rouge, notamment en Amérique centrale et en Afrique. Il savait qu'il y a «toute une distance entre Moscou et Trois-Rivières».

René Lévesque ne veut pas courir de risques. Au lendemain de l'élection de ce candidat présidentiel qu'il répugnait hier à rencontrer, il prend sa plume. C'est un geste préventif. Si le Québec était devenu indépendant sous Reagan, dira-t-il un jour à Latouche, «qu'est ce qu'on aurait fait avec les *Marines* à Montréal en décembre par -40 degrés?» Pour l'heure, celui qui se définissait comme «socialiste» dans les grands hebdomadaires américains n'a rien de plus pressé que de rassurer le nouveau maître du capitalisme mondial.

«Sur le plan politique, nous partageons les mêmes idéaux démocratiques», lui écrit le Québécois. «Nous, au Québec, sommes déterminés à assumer entièrement les obligations que nous partageons avec les pays occidentaux et le Monde libre.» *My, My*! De la part d'un ex-socialo-pacifiste, la prose sonne toute reaganienne. Et ce «Nous, au Québec» veut-il marquer un contraste avec «Eux, à Ottawa»?

«Culturellement, nous participons pleinement aux courants de pensée majeurs issus de votre pays», écrit-il encore. Fait-il allusion au néo-conservatisme, principal «courant de pensée» alors en vogue aux États-Unis? «Nous pouvons être nord-américains tout en gardant le français comme langue», note-t-il en terminant. Félicitations pour votre élection, et mes plus hautes considérations.

Quand la missive est remise au consul général à Québec, George Jaeger, elle lui brûle les mains. Manquait plus que ça. Il appelle ses collègues à Ottawa et à Washington. Finalement, si le sous-ministre des Affaires intergouvernementales Robert Normand s'engage — juré craché — à ce que «l'existence de cette lettre et sa transmission par ce canal ne fassent l'objet d'aucune publicité», alors d'accord, on l'enverra.

Il y a une chance sur un milliard que la missive de René Lévesque atterrisse sur le bureau du président élu. Et la réponse reaganienne, signée de la main électronique d'un ordinateur, est en fait rédigée à *Foggy*

Bottom par un bas fonctionnaire, approuvée par deux échelons supérieurs, et envoyée par l'entremise de Jaeger.

«Je porte un grand intérêt aux importants liens traditionnels qui ont existé depuis longtemps entre Canadiens et Américains et j'espère pouvoir les renforcer encore», indique banalement la note, qui crée cependant un intéressant précédent. Jamais, en effet, un président américain (son ordinateur ou son bas fonctionnaire) n'avait répondu à une lettre d'un premier ministre québécois. Même les condoléances de Daniel Johnson à Lyndon Johnson après la mort de John Kennedy n'avaient valu qu'un accusé de réception verbal de la part de l'ambassade.

En mars 1981, alors que la crise entre Ottawa et Washington s'échauffe sérieusement, Ronald Reagan tombe sous les balles d'un assassin fou. Il n'est que blessé. René Lévesque, en vieux et fidèle correspondant, écrit combien il est «consterné» par l'horrible événement. Pour changer, c'est un bas fonctionnaire de la Maison-Blanche qui écrit la réponse. «Nancy et moi sommes profondément touchés» par l'attention du premier ministre. «Nous apprécions vraiment beaucoup de savoir que vous pensez à nous et que vous souhaitez mon prompt rétablissement. Pendant ma convalescence, mon Administration va continuer à appliquer les politiques que nos deux pays partagent», poursuit le message, sans préciser si ces derniers mots relèvent du gag. «Sincèrement, Ronald Reagan.»

Cette fois, le secret est levé. Foggy Bottom indique, sous la signature d'Alexander Haig, qu'il n'y a «pas d'objection à ce que le destinataire, s'il le désire, rende le message public».

Infatigable, Lévesque écrit une troisième fois à son copain Ronnie le 4 juillet 1982 pour la fête nationale américaine. Le consul général Jaeger suggère à Washington de n'offrir cette fois qu'un remerciement verbal. Rien à faire, l'ordinateur de la Maison-Blanche accuse réception: «Sincèrement, Ronald» apprécie «profondément» le geste du Québécois et lui laisse le loisir de publier cette nouvelle missive.

Que pouvons-nous faire pour vous?

«Depuis le référendum, nous constatons une plus grande ouverture des fonctionnaires du State Department à l'égard de leurs interlocuteurs québécois», écrit dans un mémo Peter Dunn, celui qui fait la navette New York-Washington pour assurer la présence québécoise dans la capitale. Il traduit ensuite cette réalité en termes délicatement diplomatiques: «La défaite du référendum a rendu leurs fesses un peu moins serrées.» Lui-même a eu droit à un tour guidé personnel de la Maison-Blanche.

C'est d'autant plus vrai après avril 1981 et la réélection surprise du Parti québécois. Des dizaines de portes de Washington, naguère fermées aux diplomates du Québec, commencent alors à s'ouvrir.

Richard Pouliot, devenu délégué général à New York, constate *de visu* que l'univers idéologique a basculé. Il déjeune en août 1981 à Washington avec William Desrochers, haut fonctionnaire du département du Commerce, alors à couteaux tirés avec Ottawa. Desrochers n'a aucun scrupule à montrer le linge sale bilatéral au représentant d'un gouvernement séparatiste. «Nous devons abattre le Canada», lui dit-il, discutant de possibles représailles américaines contre la NEP et FIRA.

Flairant l'ouverture, Pouliot lui demande «ce qu'idéalement les États-Unis attendaient de nous», Québécois, dans cette escarmouche. Rien de précis, à l'évidence, mais Desrochers souligne que «dans le conflit avec le Canada», les États-Unis «devraient viser les provinces ayant du poids politique à Ottawa».

De cette conversation et du reste de sa visite washingtonienne, Pouliot tire l'impression que «l'administration Reagan cherche un moyen de contre-attaquer Ottawa et qu'un des moyens serait d'ennuyer temporairement le pouvoir fédéral canadien en prêtant une oreille bienveillante au "langage" des provinces».

C'est ainsi qu'un représentant du Bureau du commerce à la Maison-Blanche lui dit du mal de «l'exemple» donné par le Canada aux autres partenaires commerciaux américains. En présence d'un diplomate canadien, Pouliot est aussi présenté à Thomas Niles, assistant du secrétaire d'État pour les Affaires européennes et futur ambassadeur au Canada. Nouveau précédent: jamais représentant québécois n'avait été reçu si haut à Foggy Bottom. Niles, le successeur de George Vest, prend directement ses ordres du secrétaire d'État Alexander Haig. Et il n'a qu'un souhait — c'est trop beau! — venir visiter la baie James.

Le délégué général se rend également chez le secrétaire à l'Énergie James Edward, qui le retient pendant une heure pour parler d'hydro-électricité. Un membre du cabinet américain et un délégué québécois? Sans escorte canadienne? Encore du jamais vu. La rencontre a été organisée grâce aux bons soins du gouverneur républicain du Vermont, Richard Snelling.

Décidément, le Parti québécois a erré toutes ces années en se cherchant des amis chez les Démocrates. La droite républicaine est nettement plus accueillante.

La nouvelle tombe d'autant mieux que le Québec a été récemment englouti sous une nouvelle marée d'encre noire. Les réseaux de l'Opération Amérique ont été bien incapables de l'endiguer. L'occasion: l'entrée en vigueur, au début de 1981, des dispositions de la loi 101 sur l'affichage. Quelques titres: San Francisco — «Le Québec devrait avoir honte»; Atlanta — «Ne creusez pas le fossé»; Detroit — (en français dans le texte) «*Sacre bleu! S'il vous plaît*, enough is enough, Québec!». L'auteur montréalais anglophone Mordecai Richler est au rendez-vous pour écrire dans la presse américaine des articles qu'un diplomate québécois à New York juge «terribles, terribles», mais qui sont au diapason du reste des commentaires.

Devant l'America's Society de New York (le *think-tank* de David Rockefeller), Gérald Godin, le poète indépendantiste devenu ministre, trouve en 1982 la formule qui résume ce climat. Faisant référence à la rumeur qui circule au sujet des inscriptions sataniques qui apparaîtraient dans le sigle d'une grande compagnie américaine, Godin affirme: «Avec sa politique linguistique, le Québec souffre du syndrome de Procter & Gamble. Les gens pensent que nous sommes les cousins du diable.»

Mais, à Washington, le péril gauchiste venu d'Ottawa l'emporte sur le crime de lèse-melting-pot commis à Québec. Et plus les diplomates québécois naviguent vers la droite, plus ils découvrent des ports invitants.

James Lucier leur sert de pilote. Bras droit, homme à tout faire, directeur spirituel du sénateur de la Caroline du Nord Jesse Helms, Lucier se situe politiquement loin à droite de Ronald Reagan. Il dit par exemple rester fidèle à l'esprit, sinon à la lettre, de ses articles de jeunesse où il écrivait, à propos de l'Afrique du Sud: «Trois millions et demi de gens civilisés entourés de neuf millions d'envahisseurs aboriginaux»; sur le socialisme en Afrique: «Il est facile de convaincre des cannibales et des sauvages que le socialisme va leur donner l'abondance sans devoir travailler»; sur la ségrégation raciale aux États-Unis: elle «découle des principes les plus élevés de charité chrétienne».

Ce bon chrétien est un des aides parlementaires les plus puissants du Congrès. Il aide son patron à faire la guerre aux modérés dans le Département d'État — Helms était le seul sénateur à voter contre la confirmation de Edmund Muskie comme secrétaire d'État en avril 1980 — à promouvoir le parti salvadorien d'extrême droite, ARENA, et, cela va sans dire, à appuyer les contras nicaraguayens. Helms est membre sénior de la puissante Commission des affaires étrangères du Sénat, il préside la sous-commission chargée de l'Amérique latine et mène une guerre permanente aux «libéraux» de Foggy Bottom. Les secrétaires d'État passent, Jesse Helms reste.

James Lucier et son patron — c'est logique — goûtent fort peu les projets de «canadianisation» de Pierre Trudeau. Ils ne demandent donc pas mieux que de lui rendre la vie difficile. À l'automne de 1981, ils invitent le premier ministre d'Alberta, Peter Lougheed, grand opposant à la politique énergétique d'Ottawa, à prendre la parole devant un groupe de sénateurs. L'invitation est lancée sans les bons soins de l'ambassade canadienne, et la discussion se déroule à huis clos.

Pourquoi ne pas renouveler l'insulte avec, cette fois, le pire ennemi de Pierre Trudeau, René Lévesque?

Lucier a déjà fait une escale à Québec à l'été 1980 pour y rencontrer le directeur de la division des États-Unis au Ministère, James Donovan. En novembre 1981, il relance Peter Dunn à Washington, demande si le chef péquiste accepterait l'invitation de Jesse Helms.

Lucier se présente avec un renfort: Peter Brimelow, rédacteur en chef de l'hebdomadaire financier new-yorkais *Barron's*, qui ne manquait naguère aucune occasion de mettre les noms René Lévesque et Fidel Castro dans une même phrase. La revue est maintenant fermement ancrée dans l'idéologie reaganienne. Né en Angleterre, Brimelow a essentiellement fait carrière dans la presse torontoise, où il a contracté une allergie d'une rare virulence à l'égard du nationalisme canadien. C'est lui qui a d'abord mis en contact Dunn et Lucier.

Pour l'heure, Brimelow offre de publier dans les pages de son magazine une longue entrevue avec René Lévesque, pour paver la voie à sa visite à Washington. Ce n'est pas une coïncidence: Peter Lougheed a bénéficié du même traitement dans les pages de *Barron's*. Enfin, presque. Car Lougheed a dû se rendre à New York pour l'entrevue, alors que Brimelow propose à Lévesque d'aller le rencontrer à Québec.

Mariage de convenance

Si elle était arrivée quelques mois plus tôt, l'invitation n'aurait peut-être pas tenté Lévesque. Il «n'appréciait pas plus qu'il ne faut le personnage de Helms», dit un fonctionnaire québécois qui affectionne les euphémismes. Déjà Lévesque se fait vivement tirer l'oreille pour recevoir Lucier, qui vient en personne porter l'invitation de Helms au printemps de 1982. Entre autres choses, Lévesque ne comprend pas pourquoi lui, le premier ministre, devrait recevoir un vulgaire aide parlementaire. On lui explique que ce sous-fifre a plus de pouvoir que la plupart des membres du cabinet Reagan.

Mais l'invitation tombe à pic. René Lévesque ne décolère pas depuis quelques mois. Depuis que, le 5 novembre 1981, alors qu'il dormait dans une chambre d'hôtel de Hull, les représentants de neuf premiers ministres provinciaux et de Pierre Trudeau ont préparé, de l'autre côté de l'Outaouais, une entente constitutionnelle. Sept de ces provinces faisaient pourtant partie d'un «front commun» avec le Québec, leurs premiers ministres ayant juré, devant les caméras, de se serrer les coudes vaille que vaille. Au matin de cette «nuit des longs couteaux», le Canada anglais avait une nouvelle constitution.

Le processus de réforme s'était enclenché le lendemain du référendum, conformément à la promesse faite par Pierre Trudeau au Québec de rénover la constitution si les Québécois votaient NON. Sans jamais préciser sa pensée, Trudeau avait laissé entendre que le Québec obtiendrait plus de pouvoirs, dans l'esprit du rapport Pépin-Robarts et des propositions de Claude Ryan. Déjà, en 1977 à Washington, il avait promis que ses «révisions» feraient en sorte que la constitution soit pour les francophones canadiens «la plus solide garantie contre la submersion dans l'Amérique du Nord peuplée de 220 millions d'anglophones».

Mais les «révisions» adoptées en novembre 1981 amoindrissent les pouvoirs du Québec et laissent aux tribunaux fédéraux le loisir de taillader dans la loi 101, considérée par les Québécois francophones comme leur «plus solide garantie contre la submersion».

La trahison de ses éphémères alliés canadiens-anglais pousse Lévesque à la radicalisation. Deux ans après la défaite référendaire, il décide de reprendre le combat indépendantiste, de tirer un trait sur l'association s'il le faut, et de tenir la prochaine élection sur le seul thème de la souveraineté. Claude Morin, dont les stratégies référendaire et constitutionnelle se sont effondrées au contact de la réalité, tire sa révérence. Lévesque en est là lorsque l'invitation de Helms lui parvient.

Un diplomate québécois résume ce qu'il appelle un «mariage de convenance» par ces mots: «C'était une *game* qu'on jouait devant Trudeau pour emmerder les gens qu'on méprisait et les institutions qu'on méprisait.»

Cette alliance de Lévesque avec des ultra-conservateurs Américains n'est cependant pas purement tactique. Entre Jesse Helms et René Lévesque, il y a une parenté idéologique, ténue mais fondamentale.

Dans le programme de Ronald Reagan, on trouve le thème du «nouveau fédéralisme» américain, de la décentralisation des pouvoirs. La promesse, qui ne sera jamais tenue, est l'emballage nouveau et amélioré du vieux concept de «droit des États», défendu par les États sudistes pour revendiquer, naguère, leur droit fondamental à opprimer les Noirs.

Or Helms est sudiste. Il n'a jamais cessé de croire aux droits des États. Son conseiller Lucier est aussi partisan de la décentralisation à tout crin, aux États-Unis ou au Canada, car l'histoire récente enseigne que les gouvernements centraux sont toujours plus à gauche que les gouvernements locaux.

Dans une discussion avec Dunn, Lucier expose cette argumentation, qui le conduit à citer un exemple fameux, le cas favori des théoriciens québécois de la souveraineté: celui du processus démocratique qui a fait de la Norvège, province suédoise, un État indépendant.

Quant à Brimelow, il croit à l'inéluctabilité de l'indépendance du Québec et prétend que cette scission permettra à la droite canadienne de vaincre les nationalistes de gauche, qui ruinent, selon lui, le Canada anglais. La conjonction d'intérêts entre Lévesque et Helms lui semble donc évidente. (Il avancera cette thèse quatre ans plus tard dans un livre, *The Patriot Game*, qui suscitera une controverse au Canada anglais.)

En juin 1982, René Lévesque donne à la droite américaine de nouvelles raisons de se sentir, avec lui, en famille idéologique. Dans son interview à *Barron's* intitulée «Pas un Castro du Nord?», le premier ministre québécois tombe à bras raccourcis sur la politique économique de Trudeau. La stratégie fédérale énergétique, qui revient à «saccager l'industrie, est complètement folle», dit-il, avant de critiquer la disposition de la PEN, que Washington considère comme une expropriation sans compensation. Quant à l'Agence de tamisage des investissements étrangers, la FIRA, c'est «un poison», dit-il.

Son propre recentrage idéologique étant en cours, il se définit encore comme «social-démocrate», mais sa description de l'économie mixte insiste plus que jamais sur la prédominance de l'entreprise privée. Puis il exprime le vœu, qui fait partie du credo de tout reaganien qui se respecte, de réduire les impôts. «Les gens disent "Les grosses entreprises peuvent payer", mais il y a une limite», insiste-t-il — pour le bénéfice de lecteurs qui dirigent ou possèdent de grosses entreprises.

Il annonce sans ambages que la prochaine élection se jouera sur le thème de la souveraineté et laisse entendre qu'il hésitera, cette fois, à proposer une monnaie commune avec le Canada. Le Québec sera indépendant d'ici la fin de la décennie, précise-t-il, et lui-même pourra réaliser son vieux rêve: devenir ambassadeur à Washington.

Peter Brimelow, qui signe le commentaire de présentation de l'entrevue, note que les membres du cabinet Lévesque «s'intéressent à la promotion des liens économiques avec toute l'Amérique du Nord, ce qui les apparente paradoxalement aux "continentalistes" proaméricains, très minoritaires au Canada anglais».

Le tableau brossé par l'article est globalement attrayant. Lévesque ne manque pas de savourer l'ironie. «Je me rappelle que lorsque nous avons été élus en 1976, il y avait des articles — peut-être dans *Barron's* — qui nous appelaient les "Castros du nord"», glisse-t-il, espiègle, en réponse à une question.

Le nouveau triangle

À l'été de 1982 le nouveau triangle Washington-Québec-Ottawa est tracé. Il reprend les caractéristiques du jeu Paris-Québec-Ottawa. On connaît la recette. Il faut que la capitale étrangère exagère les politesses déployées envers Québec. Il faut — c'est l'élément le plus facile — que les relations entre Québec et Ottawa soient au plus mal. Il faut finalement que la capitale étrangère soit en brouille avec Ottawa.

Sur le premier axe, Washington-Québec, l'ouverture de portes dans la capitale américaine se poursuit. Le délégué général du Québec à New York, Raymond Gosselin (qui a remplacé Pouliot), fait, en mai, une tournée des agences gouvernementales américaines à Washington. La présence d'un diplomate canadien est de rigueur, mais le délégué peut difficilement se plaindre car il ne rencontre que de très hauts fonctionnaires, adjoints ou sous-adjoints de membres du cabinet au Département d'État, à ceux de l'Énergie et du Commerce, au Bureau du commerce à la Maison-Blanche et à l'Agence de protection de l'environnement.

Sur la ligne Québec-Ottawa, on n'entend que de la friture. Le nouveau ministre des Affaires intergouvernementales, Jacques-Yvan Morin (pas de lien de parenté avec Claude), critique vivement le peu d'enthousiasme que manifestent les services diplomatiques canadiens dans la promotion des entreprises québécoises aux États-Unis. Il en avise, en privé à Québec, son homologue fédéral Mark MacGuigan, puis attaque les services commerciaux canadiens en public à San Francisco. Jacques-Yvan Morin est particulièrement outré d'un discours prononcé à Chicago par le nouvel ambassadeur canadien à Washington, Allan Gotlieb, qui a affirmé que les francophones finiraient bien par appuyer la nouvelle constitution. (Jacques-Yvan Morin est dans le ton, car, au même moment à Paris, son collègue Bernard Landry qualifie les francophones d'Ottawa de «collabos» et l'ambassadeur canadien Michel Dupuy de «traître».) Le ministre fédéral Serge Joyal, lui aussi en voyage aux États-Unis, dénonce les propos de Morin.

Longtemps le nouveau ministre s'efforcera de prouver le «favoritisme pro-Ontario» des diplomates canadiens. Il s'indigne d'abord publiquement que sur 150 agents consulaires à l'ouest des États-Unis, un seul soit québécois. Puis, il fait préparer une liste des employés de l'ambassade du Canada à Washington afin de pouvoir y dénombrer les Québécois (il est toutefois plus difficile de distinguer les noms ontariens des noms albertains ou de ceux d'autres anglophones). Le fonctionnaire chargé du calcul trouve 40 noms francophones sur 326, dont seulement 7 occupent des postes de cadre. Le ministre demande à ses délégations de procéder, eux aussi, au recensement de tous les employés des consulats généraux canadiens. Et quand Gotlieb veut venir à Québec fumer le calumet de paix à l'automne, Morin se transforme en courant d'air.

Le Département d'État n'apprécie guère qu'on vienne se chamailler chez lui. Il avise les joueurs de garder leurs querelles au nord du 49e parallèle. Mais pendant le premier mandat Reagan, «Foggy Bottom» perd beaucoup de son pouvoir en matière de politique étrangère. La droite, au Congrès américain, a pris le micro. Et sur l'axe Washington-Ottawa, elle n'a aucun scrupule à jouer des tours à Trudeau ou à son conseiller devenu ambassadeur, Allan Gotlieb.

James Lucier n'avise pas l'ambassade de la venue de René Lévesque à Washington, prévue pour le 14 juillet. Québec non plus, bien sûr, qui attend une occasion propice pour «couler» l'information à George Jaeger. Mais ce dernier est assis aux côtés de René Lévesque lors d'un dîner officiel au début de juin; il apprend donc tout du projet de visite, en informe Washington, qui... n'en souffle mot à l'ambassade canadienne.

C'est par hasard, de la bouche d'un journaliste du *Chicago Tribune*, que Gotlieb apprend la venue dans la capitale, huit jours plus tard, d'un premier ministre provincial. Lévesque ne doit pas seulement rencontrer Helms, lui dit-on, mais tout un aréopage de sénateurs, une vingtaine de Républicains conservateurs et modérés. «Il est scandaleux qu'un premier ministre provincial rencontre un tel groupe de sénateurs en l'absence de l'ambassadeur canadien», tonne Gotlieb. Furieux, il fait appeler Lucier, qui répond au diplomate canadien «d'aller au diable».

Gotlieb tente ensuite d'offrir ses services au gouvernement du Québec pour l'organisation de la journée et propose de recevoir lui-même le chef du gouvernement québécois. On ne lui dit pas d'aller au diable, mais tout juste.

De son bureau, l'ambassadeur canadien, l'un des cerveaux de l'équipe de Pierre Trudeau qui a refaçonné la politique étrangère canadienne sur des principes de centre et de centre gauche, doit assister, impuissant, au spectacle d'un sénateur d'extrême droite donnant crédibilité et visibilité, dans la capitale étrangère la plus importante qui soit, à l'homme qui veut briser le Canada. Tout cela, sur fond d'hostilité soutenue entre la Maison-Blanche et le 24 Sussex.

Un demi-président

La journée du 14 juillet commence avec un bel exemple de cohésion à droite, car Helms a convaincu le quotidien ultra-conservateur de la capitale, le *Washington Times* — financé par la secte Moon mais similaire, sur le fond, au *Figaro* — de reproduire de larges extraits de l'entrevue donnée par Lévesque à *Barron's*.

Mais René Lévesque a voulu équilibrer sa visite en rencontrant aussi quelques stars Démocrates. Des contacts établis en Nouvelle-Angleterre, et entretenus localement par Peter Dunn, lui ouvrent des portes qui lui étaient fermées avant le référendum: celle du speaker de la Chambre des représentants Thomas «Tip» O'Neill, véritable chef de l'opposition démocrate, et celle, prestigieuse, du sénateur le plus à gauche en ces lieux, Ted Kennedy. Les deux hommes représentent le Massachusetts.

O'Neill, un Irlandais expansif et monumental, raconte pendant trente minutes à Lévesque des anecdotes de sa vie politique et fait le récit de ses visites au Québec. Quant à Kennedy, il a fait le compromis de recevoir Lévesque, mais il fuit comme la peste le thème de la souveraineté-association.

Vient le moment de la rencontre avec Jesse Helms. Il doit voir Lévesque à midi. Mais il n'est pas au rendez-vous. Le sénateur est retenu au Sénat par un débat imprévu. Il ne pourra s'entretenir que quelques minutes avec le premier ministre.

Lévesque piétine dans le somptueux bureau du vice-président des États-Unis (à l'époque, George Bush), situé à l'entrée du Sénat, où Helms doit venir le trouver. Le Québécois est-il content d'abréger ce tête-à-tête? Certes, l'invitation du sénateur est une occasion en or. Voir Kennedy, O'Neill et Helms dans une même journée, c'est un superbe tour du chapeau politique. Ces législateurs comptent parmi les six hommes les plus puissants au Congrès. Compte tenu de la séparation des pouvoirs américains, rencontrer ce trio, c'est être reçu par la moitié d'un président.

Mais le fil idéologique qui rattache Helms et Lévesque est bien fragile. Leurs hiérarchies des valeurs politiques sont en opposition complète. Pour Helms, «le droit de posséder et de jouir de la propriété est une des valeurs humaines les plus fondamentales», tout comme «la valeur de l'individu» et «l'orientation spirituelle, le respect des traditions». Au Chili de son ami Pinochet, par exemple, «ces droits ont été restaurés, même si certains droits moins importants — la liberté de presse, le processus démocratique — ont été suspendus». Une argumentation à faire vomir le fondateur du PQ, qui a consacré sa vie à la démocratisation de la société québécoise — il considère l'assainissement des caisses électorales comme sa plus grande réussite — et à qui le droit de vote et la liberté de la presse importent infiniment plus que le droit de propriété ou le respect, en soi, des traditions.

Lorsque Helms arrive enfin, avec quarante-cinq minutes de retard, il fait à Lévesque une extraordinaire proposition: venez avec moi, je vais vous présenter à mes collègues **sur le parquet du Sénat**. Helms vient en effet d'obtenir le consentement unanime des sénateurs présents pour que Lévesque vienne les rencontrer, peut-être leur dire un mot (techniquement, cela signifie qu'aucun sénateur ne s'est levé pour s'y opposer).

René Lévesque, qui a pour cette Chambre haute tout le respect qu'il voue à la démocratie américaine, pourrait y être introduit, marcher entre les anciennes banquettes de John Kennedy, de Lyndon Johnson et de George McGovern, être applaudi par la «plus grande assemblée délibérative au monde» en tant que représentant du peuple québécois. On lui avait refusé l'entrée de l'assemblée nationale française, voici qu'il marcherait dans le temple du pouvoir législatif américain.

Voit-il défiler dans sa tête les manchettes scandalisées des quotidiens du Canada anglais? Entend-il les émissions d'information tracer le parallèle un peu bancal avec la visite de Trudeau au Congrès en 1977? Savoure-t-il la revanche — mieux, la gifle — assénée au déclencheur de mesures de guerre, au vainqueur du référendum, au nocturne comploteur de constitution? Il est 13 heures, ce 14 juillet. Helms lui offre la Bastille.

Pourtant, en moins de cinq minutes, René Lévesque dit non, merci. Il n'explique pas pourquoi il se refuse un tel honneur. Est-ce parce qu'elle serait entachée par son escorte? Quand on veut entrer au paradis, on ne s'accroche pas au bras de Lucifer.

Mais Jesse Helms tient à marquer d'une façon indélébile le passage de Lévesque au Capitole. Il fait inscrire au journal des débats, le *Congressional Record*, un texte dithyrambique sur Lévesque, «leader d'envergure et de distinction», un «partisan de l'entreprise privée» qui «invite les investisseurs américains à continuer à participer» à l'économie du Québec.

Le sénateur fait également publier une biographie où le rôle de Lévesque comme correspondant de guerre dans l'armée américaine est dûment souligné, mais où l'épisode référendaire n'apparaît pas. «Le Canada n'était pas mentionné une seule fois dans ce discours», note l'ambassadeur Gotlieb. «Jesse a dit combien Lévesque était proaméricain, pro-investissements étrangers... C'était écrit dans le meilleur style gaullien.»

Apoplexie canadienne

Lévesque se rend ensuite au déjeuner républicain. Les 21 sénateurs qui l'écoutent à huis clos constituent le noyau de la majorité républicaine du Sénat. Après quelques bouchées de poulet rôti et sauce piquante, Lévesque présente en cinq minutes sa volonté de multiplier les liens économiques avec les États-Unis, puis... il se tait, et répond à des questions jusqu'à la fin de l'heure allouée. Le précédent est-il historique?

Il dit à ces Républicains ce qu'ils veulent entendre: la FIRA est «absurde», la PEN une «idiotie». Et il leur dit ce qu'il veut leur faire entendre: le projet souverainiste québécois est «compatible avec un maintien, sinon un accroissement, des liens économiques et stratégiques avec les USA», selon le résumé qu'en fait un fonctionnaire québécois. Ces sénateurs de droite vivent en pleine psychose antisoviétique; ils l'interrogent donc sur la place d'un Québec indépendant dans l'OTAN et le NORAD. L'ex-pacifiste leur répond: «Nous sommes membres de l'Alliance quoi qu'il arrive, et nous n'entendons pas nous en dissocier.»

L'heure écoulée, il est chaudement applaudi. «Je l'ai trouvé très proaméricain», commente à la sortie un des sénateurs conservateurs, Charles Grassley. «Chaque sénateur était impressionné par sa présentation et ses attitudes face à notre pays», ajoute-t-il, «par son indépendance d'esprit et la direction indépendante qu'il tente de donner à sa province.» (Le mot *indépendance* semble avoir pris racine dans l'esprit du sénateur.)

«Comment réagiriez-vous si le Québec devenait soudainement un pays indépendant et socialiste?», lui demande, un tantinet provocateur, un journaliste. Le sénateur de droite ne réagit pas au vocable maudit. «Quoi qu'il arrive, nous continuerions à avoir des relations amicales», répond-il, sans exprimer de préférence pour un Canada uni. Un peu plus tard, dans une interview à la radio de CBC, Grassley ajoute que Lévesque a promis de soutenir pleinement les accords de l'OTAN et de NORAD. L'argument, déterminant, l'a frappé.

Un diplomate américain, qui écoute l'interview de Grassley à Montréal avise ses supérieurs que «l'impression favorable que lui a laissée Lévesque pourrait être utilisée pour tirer la conclusion que les USA ne s'inquiètent probablement pas outre mesure de l'éventualité d'un Québec indépendant».

L'ambassade canadienne a une attaque apoplectique et fait connaître son indignation au bureau de Helms. Elle est d'autant plus furieuse que pendant tout l'épisode le Département d'État est resté muet.

«Des responsables de l'ambassade ont insisté auprès des journalistes pour qu'ils questionnent le Département d'État sur la politique officielle de l'administration Reagan concernant l'unité canadienne», écrit un correspondant de la *Canadian Press* à Washington. Les Canadiens «laissent entendre que si cette position n'est pas enthousiaste, elle représente par conséquent un recul par rapport à celle de l'administration Carter».

En fait, le Département d'État a préparé, deux jours avant l'arrivée de Lévesque, un aide-mémoire à l'intention de ses attachés de presse. Il reprend précisément les deux temps de la position définie sous Carter:

préférence pour un Canada «fort et uni», non-ingérence dans une «question clairement interne».

Mais pendant la visite de Lévesque, personne n'appelle le Département d'État. Un diplomate américain à Québec (autre que Jaeger) tente de convaincre Washington de distribuer carrément l'aide-mémoire pour «mettre les choses au point». *Foggy Bottom* se refuse à poser ce geste. Est-ce par malveillance politique? Au Département, on ne déteste pas Ottawa autant que chez Helms, mais on ne l'aime tout de même pas assez pour lui faire des faveurs. Est-ce par incompétence? Le nouveau responsable des Affaires canadiennes entrait en fonction le jour même de la visite de Lévesque. Est-ce par souci de ménager le puissant sénateur? Le bureau de Helms raconte avoir fait venir Lévesque justement parce que «les fonctionnaires du Département d'État filtrent leurs informations [sur le Canada] à travers un écran si fortement profédéraliste qu'il était utile d'entendre directement ce que Lévesque avait à dire».

De toute façon, l'impression d'une victoire souverainiste à Washington est inscrite dans les esprits québécois. Pour quelques jours. «Dans la guérilla que nous menons, c'est un point de marqué», commente un fonctionnaire québécois. Point d'autant plus important que c'est précisément de ce quartier d'extrême droite qu'aurait pu surgir une fureur antiquébécoise en cas d'indépendance. Pour les souverainistes québécois, cette alliance tactique sert d'abord de police d'assurance contre les dérapages politiques potentiels.

Allan Gotlieb pense que la carte québécoise jouée par les ultra-conservateurs les amenait à souhaiter la sécession du Québec. Jesse Helms et ses alliés «détestaient tellement Trudeau» qu'ils «étaient impatients de voir [Lévesque] redevenir séparatiste». «Il avait perdu la dernière bataille, mais il y en aurait peut-être une autre. Il était encore premier ministre...»

«Je pense qu'il y était très lourdement sous-entendu que si le Québec quittait le Canada, ce serait magnifique. Magnifique. Parce que, de toute façon, pour eux, Trudeau était un communiste.»

18
Le cinéma de Monsieur le Consul

GEORGE JAEGER: *Votre livre s'arrête quand?*
L'AUTEUR: *Juste après le référendum.*
JAEGER: *Mais il se passe beaucoup de choses*
après le référendum.
L'AUTEUR: *Ah oui, lesquelles?*
JAEGER: *No comment!*

Il les invite au Cercle universitaire, au Club canadien ou au Club de la garnison, les tables les plus huppées de la vieille cité. Tous répondent présent. Ministres, députés, conseillers, du pouvoir ou de l'opposition, journalistes, personnalités locales, économiques et politiques, acceptent de le rencontrer comme s'il s'agissait d'une audience papale, doublée peut-être d'une confession. Les plus chanceux, ou les plus puissants, ou les mieux informés, accèdent à la table même de la résidence consulaire, dont les fenêtres percées dans la vieille et solide pierre donnent sur le fleuve, sur Lévis et, loin, loin au Sud, sur les États-Unis d'Amérique.

Tous sont impressionnés par le coup de fil venu du consulat américain. «C'est assez flatteur», admet Gérald Godin, sensible comme ses pairs à l'attrait de «la fréquentation des grands de ce monde».

George Jaeger à Québec, c'est comme si l'ONU tout entière y avait débarqué. Son prédécesseur, McNamara, n'avait rien d'un novice. Mais Jaeger a toutes les apparences du professionnel de haut calibre. Et quand son interlocuteur ne le sent pas, il le dit: «On ne gaspille pas des "politiques" comme moi dans des postes ordinaires.» Que ce soit bien compris.

Né à Vienne, maniant l'allemand et le serbo-croate, l'homme est un diplomate de la guerre froide. Pour *Foggy Bottom*, il surveille le camp ennemi, d'abord de la Yougoslavie, ce drôle de pays neutre, puis du front central, l'Allemagne de l'Ouest. Plus tard il dirige le fort contingent de conseillers et analystes politiques à l'ambassade américaine à Paris, au moment où l'union de la gauche socialo-communiste est tout près d'accéder au pouvoir. À l'automne de 1977, il suit à la trace un petit

Gaspésien, reçu sous les lambris parisiens comme s'il s'agissait d'un nouveau messie. À Québec, certains invoquant ce parcours, voudront voir en Jaeger un homme de la CIA. C'est un compliment qu'ils se font à eux-mêmes autant qu'à lui.

Après cette trajectoire, le transfert à Québec semble le contraire d'une promotion. Foutaises, répond-il, c'est le poste de Québec qui a pris du galon pour mériter son nouveau titulaire.

Non que le diplomate de cinquante-deux ans ait couru vers les plaines d'Abraham avec la fougue du converti. Ou du conquérant. Richard Vine, son supérieur à Washington, a dû insister lourdement. Jaeger a ruminé l'offre quelques jours, lu sur le Québec pendant deux semaines et fait ses valises. Il emménage neuf mois avant le référendum.

Il juge la faune politique locale intéressante, mais il se plaint à Jean Chapdelaine que la ville est par trop provinciale. *Shocking*! À l'époque, on ne trouve le *New York Times* presque nulle part.

Le vernis européen de Jaeger, l'élégance des manières malgré les complets plutôt mal coupés, le diplôme de Harvard et la profondeur de la culture, la qualité de la table, épatent la galerie. «Il n'était pas comme les autres Américains», les rustres, les bruyants, les incultes, affirme une de ses invitées.

Extrêmement méfiant, surtout avec les journalistes, l'homme, trapu, sourcils épais, et parlant un français pas tout à fait fluide, sait cependant se faire chaleureux, avenant. Très vite il séduit ses «clients». Au sortir d'une première rencontre avec Lévesque que ce dernier a volontairement prolongée, Jean Chapdelaine note qu'il y a de «bonnes raisons de développer la connaissance et la compréhension de monsieur Jaeger — dont la sympathie est évidemment en éveil». Avec deux autres ministres péquistes, il se montre ensuite «particulièrement ouvert et réceptif à l'égard des positions québécoises», note un fonctionnaire. Amical, Jaeger est «doté d'une personnalité qui semble lui permettre d'établir facilement des rapports cordiaux avec ses interlocuteurs».

Avant le référendum, tous les habitués québécois du consulat savent que Jaeger est doté d'une belle personnalité. Après, ils découvrent qu'il en a deux.

«À l'aide!»

«Les attitudes et les agissements du consul général des États-Unis à Québec deviennent de moins en moins acceptables. Nous en sommes rendus à nous faire dicter, par ce cher monsieur Jaeger, ce que l'on peut faire et ne doit pas faire chez nous», écrit en décembre 1980 James Donovan, de la direction États-Unis.

Le dérapage, d'abord, est protocolaire. Jaeger a organisé une tournée québécoise de politologues américains (les prestigieux *White House Fellows*) et a pris directement ses rendez-vous avec l'opposition libérale — ce qui le regarde. Mais pendant une rencontre il insiste lourdement pour que déguerpisse le représentant du service provincial du protocole, dont la fonction même est d'escorter les représentants étrangers et que le chef du groupe parlementaire libéral a, de surcroît, invité à assister aux conversations.

Ensuite, Jaeger avise les gens du protocole qu'il ne veut pas leur voir le bout du nez lors de rencontres entre l'ambassadeur américain à Ottawa et... les ministres péquistes. «Cette bousculade perpétuelle a des limites», écrit Donovan à ses supérieurs, avant de conclure par ces mots: «À l'aide!»

C'est que George Jaeger est prêt. Prêt pour l'après-souveraineté. Prêt pour le nouveau gouvernement. Prêt pour le premier ministre Claude Ryan. Tous ses réseaux au sein de l'opposition libérale sont en place, il connaît déjà les acteurs du futur cabinet, il lui tarde que la nouvelle pièce commence.

«Je me souviendrai toujours d'une conversation», raconte Claude Morin. «C'était le genre: "Bon, écoutez, ça a été bien gentil de vous connaître, vous êtes un gouvernement qu'on ne peut pas accepter, enfin monsieur Ryan va arriver, là, ça va être rationnel".» «Je simplifie», ajoute Morin, mais pour Jaeger, «on était un gouvernement qui devait avoir la décence élémentaire de s'en aller au plus vite parce qu'il retardait la reconstruction nécessaire du Québec».

Une certitude: contrairement à McNamara, qui observait la joute québécoise en spectateur amusé, Jaeger est aspiré par le tourbillon politique local, prend position, donne des avis et trépigne d'impatience à l'idée de l'élection des libéraux.

Bon débarras que ce «gouvernement social-démocrate hyperactif», écrit-il à Foggy Bottom. Vivement le «programme attirant et intelligent que propose Ryan, pour un gouvernement modérément conservateur, moins interventionniste», «un mélange habile qui devrait gagner», assure-t-il.

Il cache mal son dépit lorsqu'au printemps de 1981 Claude Morin lui montre des sondages internes (encore!) qui prédisent — correctement — la réélection du Parti québécois.

Est-ce Washington qui intime au diplomate d'adopter une attitude plus cassante? Jaeger le laisse entendre à Richard Pouliot. «Jaeger m'a dit, avant le référendum, à plusieurs reprises d'ailleurs — plus que deux, peut-être trois — que Washington le considérait pas mal proche du gouvernement» péquiste, «un petit peu trop proquébécois» et que *Foggy Bottom* «lui avait reproché d'être un peu trop ouvert et sympathique».

Parmi ses anciens collègues et supérieurs, pourtant, on ne retrouve nulle trace d'accusation de *clientélisme* portée contre Jaeger, ce syndrome de Stockholm qui pousse les diplomates à épouser parfois les thèses de leurs clients plutôt que celles de leurs patrons.

«Je n'ai pas l'impression que ça venait de Washington», affirme un autre des contacts québécois de Jaeger. «J'ai l'impression qu'il en avait fait sa cause personnelle et qu'il s'était fait un certain schéma, un certain scénario, et que ça déviait, forcément...»

Quoi qu'il en soit, la confidence que fait le consul à Pouliot est une bonne façon de se faire valoir: vous voyez, je prends des risques pour vous, alors faites-moi confiance.

Décoder Jaeger tourne au casse-tête. «Ça fait partie de tout le cinéma que Jaeger me faisait», se souvient un de ses principaux interlocuteurs. «De sorte que j'ai [eu] de la difficulté, dans nos échanges, à faire la part des choses entre les propos qu'a pu tenir Jaeger et qui étaient du cinéma, et ceux qui étaient des réalités.»

Le virage reaganien

Au début de 1981, George Jaeger prend un virage qui dépasse les enjeux politiques locaux.

C'est comme si jusqu'alors, au service de l'administration démocrate de Jimmy Carter, Jaeger avait dû museler, réprimer ses inclinations idéologiques personnelles. Mais avec l'irruption à Washington des faucons reaganiens, George Jaeger est dans son élément. Il affûte ses canines, aiguise son propos. Des sénateurs de droite ont beau jouer, de Washington, au yo-yo géopolitique avec Ottawa et Québec, Jaeger, sur le terrain, tiendra la ligne dure.

Avant le référendum, il assurait René Lévesque que Washington respecterait la décision démocratique des Québécois quelle qu'elle soit. À l'aube des années Reagan, il dit à qui veut l'entendre que la souveraineté est hors de question. «Pensez-vous qu'on va permettre l'existence, à la frontière américaine, d'un pays souverain qui va être utilisé par les Soviétiques comme une porte d'entrée pour tous leurs espions?» lance-t-il à Gérald Godin dans un cocktail.

Un jour de septembre 1981, la chef de cabinet de Claude Morin, Louise Beaudoin, est «convoquée» à un déjeuner en tête-à-tête au consulat pour essuyer les foudres de l'Américain. Jaeger lui déclare qu'il est «troublant pour les Américains d'avoir à côté de chez eux un gouvernement qui se veut social-démocrate». «Je n'en croyais pas mes oreilles», commente Beaudoin.

Entrant dans le détail, Jaeger critique les volontés de prise de contrôle d'entreprises par le gouvernement Lévesque — les cas de Domtar et Québécair sont dans l'air — et extrapole hardiment en évoquant «le danger que représenterait pour les États-Unis un nouveau Cuba ou un nouveau Salvador»! Sans vouloir «proférer aucune menace», le consul général ajoute que le Département d'État américain «ne rit pas avec ce genre de choses».

Quant à la souveraineté, tranche le diplomate, le Québec «n'en a nul besoin». Et il regrette que le Parti québécois veuille importer des «modèles européens» comme ce concept de «nation» qui cause tant de chagrins. Il s'inquiète aussi d'un rapprochement entre les péquistes et le nouveau gouvernement socialiste français. Quatre ministres communistes y figurent. Chez Reagan, on est livide.

Vu le nombre de proaméricains que compte l'équipe péquiste, pourquoi Jaeger choisit-il Louise Beaudoin, de son propre aveu une «antiaméricaine convaincue», pour cette mise en garde? Beaudoin, en tout cas, lui retourne la politesse: «Le malheur des Américains depuis la dernière guerre», lui dit-elle, «c'est qu'ils ont toujours refusé de comprendre à temps ce qui se passe ailleurs et qu'en tentant de bloquer des changements normaux et une évolution naturelle, ils ne faisaient que radicaliser les positions de part et d'autre». Washington devra bien apprendre un jour, ajoute-t-elle sur sa lancée, «à accepter que tout ce qui est bon pour eux n'est pas nécessairement bon à exporter dans le restant de l'humanité».

Pour la souveraineté et les cours de nationalisme, le consul repassera. «Les Québécois ont été les premiers Blancs nord-américains», rétorque Beaudoin. Ça ne donne pas de pouvoir, mais ça appelle un peu de considération.

George Jaeger obtient rapidement des renforts dans cette nouvelle manifestation d'agressivité anti-péquiste. Ronald Reagan nomme à l'automne un ambassadeur de son choix à Ottawa: Paul Robinson, un conservateur de Chicago âgé de cinquante-et-un ans, chef d'entreprise et important bailleur de fonds républicain, petit-fils de Canadien de surcroît. Businessman devenu diplomate, Robinson campe en quelques mois son personnage, en suggérant aux Canadiens de dépenser moins pour les programmes sociaux et plus pour la défense, en qualifiant de «détritus» le système métrique et en lançant un «tasse-toi, p'tit gars» au rédacteur en chef adjoint du *Toronto Star*, qui le rapporte en une le lendemain. (Robinson se justifie en disant que le journaliste ne s'était pas présenté.)

À Québec, en novembre, l'ambassadeur déjeune avec Jacques-Yvan Morin, alors vice-premier ministre, et quelques autres dont Richard Pouliot. Selon ce dernier, Robinson ne prend pas de gants «pour dire carrément à tout le monde que la souveraineté-association, c'était une folie furieuse».

Le souvenir qu'en garde Robinson est moins tranché. Il dit avoir avisé ses hôtes que l'indépendance était une question intérieure canadienne et que les États-Unis préféraient un Canada fort et uni. «Ça n'a pas été très bien accueilli», raconte-t-il. Pensant avoir inventé la formule, il la prend en note et, assure-t-il, la fait adopter par le Département d'État (!). Chaque nouvel ambassadeur semble vouloir réinventer la roue québécoise. Elle tourne toujours dans le même sens.

Jesse Helms peut bien faire la fête à René Lévesque à Washington, souligner que le Québécois a revêtu l'uniforme américain pendant la guerre; Paul Robinson, lui, exècre le chef indépendantiste. «Un homme qui refuse de se battre pour son propre pays ne mérite aucun respect», décrète-t-il.

La gifle au libre-échangiste

«Ce sont des pionniers de la libération du Québec», lance un des délégués au congrès du Parti québécois, en décembre 1981. Au micro: Jacques Rose, un des felquistes d'octobre qui ont assumé la responsabilité de l'assassinat de Pierre Laporte. Les délégués, retombés en adolescence politique depuis le coup de force constitutionnel nocturne, vieux d'un mois, et la radicalisation apparente de leur chef, l'acclament. «D'où tu viens [en prison], tu n'avais pas le droit de parole», lui dit, tout miel, le président d'assemblée, qui exempte l'ancien détenu de la règle limitant le temps alloué à chaque orateur.

En coulisse, George Jaeger est furieux. De cette éphémère dérive radicale, d'abord. Il n'est pas le seul. René Lévesque menace ce soir-là de démissionner. Si ses conseillers ne le retenaient pas, il le ferait sur-le-champ.

La colère de Jaeger est alimentée par un autre aspect du congrès: la présence, sur l'estrade des invités internationaux, de deux représentants de l'Organisation de libération de la Palestine. Jaeger apostrophe Louise Beaudoin dans un couloir. «Jaeger nous a vraiment fait une scène», se souvient l'indépendantiste. «Vous êtes complètement tombés sur la tête», gronde l'Américain.

Il récidive quelques jours plus tard lors d'un entretien officiel avec Claude Morin. Il fait part de la «très grande préoccupation de son gouvernement à la tournure des événements lors du dernier congrès du Parti québécois», note un fonctionnaire présent, et se plaint particulièrement de la présence «d'organisations terroristes» comme l'OLP et de l'intervention de Rose. Outre l'OLP, des représentants du parti d'extrême-gauche chilien MIR, de la guérilla salvadorienne FDR-FMLN, du Front Polisario et des rebelles kurdes partageaient les banquettes avec des envoyés du Parti socialiste français et des représentants franco-américains de la Nouvelle-Angleterre, pris sans doute d'un léger vertige.

Ce bizarre rassemblement aurait été perdu dans une foule d'invités modérés, répond Morin, si Ottawa n'avait pas tant fait pour dissuader les invités des «partis démocratiques» de venir. Pour le reste, Morin rejette le blâme sur des «membres du Parti québécois dont l'éducation en politique internationale n'est pas aussi développée qu'elle devrait l'être». Quant à l'accueil fait à Rose, il faut l'imputer à l'aile radicale du PQ, qui formait le gros des délégations au congrès.

Jaeger, qui est accompagné pour la circonstance de son collègue, le consul général à Montréal, demande ensuite «si le Parti québécois ne devient pas de plus en plus socialiste». Morin joue les offensés. Il ne faut pas que Washington interprète ce qui se passe au Québec «au travers du prisme du nationalisme économique mis de l'avant par le gouvernement d'Ottawa».

Puis il y a le nouveau discours que tient le Parti québécois sur l'association d'un Québec souverain avec le Canada: il choque l'Américain. Depuis la gifle constitutionnelle canadienne-anglaise, l'association n'a pas bonne presse dans le PQ. Dans son discours d'ouverture au congrès, René Lévesque a proposé: faisons la souveraineté d'abord, ensuite seulement on parlera de s'associer au Canada, ou «à d'autres pays».

Le thème n'est pas nouveau. Souvent, pendant le premier mandat, ses ministres ont soulevé cette hypothèse. Rodrigue Tremblay, bien sûr, auteur d'un bouquin sur la question. Puis Bernard Landry, affirmant par exemple en 1978 que «le lendemain [de l'indépendance] nous commencerions à explorer les possibilités d'association avec le Sud.» Loin de le condamner, Lévesque enchaînait: «Si le Canada dit NON, je connais des Américains qui ne demanderont pas mieux que d'occuper le terrain. Ils ont rarement refusé des clients.»

À l'époque, si les Américains s'irritent de ces déclarations, ils ne le disent pas. Lorsqu'elles reprennent en 1981, l'ambassadeur Robinson, à Ottawa, pense qu'il ne faut «pas même faire à ces propos l'honneur d'une réponse». Mais Jaeger — le second, le Jaeger postréférendaire — ne l'entend pas de cette oreille. Ces péquistes, grommelle-t-il, tentent «continuellement» de déformer la position américaine, de laisser entendre que Washington accueillera à bras ouvert un Québec séparé. Parmi ses interlocuteurs québécois, il fait quelques mises en garde.

Bernard Landry ne les entend pas, ou choisit de les ignorer, et reprend cette vieille rengaine Nord-Sud à la fin de janvier 1983 devant un journaliste. «Une association économique avec le Canada reste intéressante pour des raisons d'histoire et de commodité, mais devient moins vitale dans l'hypothèse, ou le contexte, d'un continent qui se dirige vers une économie plus intégrée [...] quand le marché commun s'étend du Rio Grande à la rivière La Grande.»

Pour le consul général américain, la coupe déborde. Il faut sévir. Dire une bonne fois à ces trublions de garder leur marchandise politique pour eux. Les sommer, bref, de la fermer! Il convainc le Département d'État d'émettre, à Washington, un communiqué qui clouera le bec au ministre:

> Nous avons noté les remarques récentes d'un ministre de la province de Québec proposant un marché commun Québec-USA-Canada et suggérant qu'un Québec indépendant puisse être «associé» aux États-Unis et au Canada [...].
>
> Il ne serait pas approprié pour le gouvernement des USA de s'engager dans des relations commerciales particulières avec des gouvernements provinciaux de façon spécifique, à l'extérieur de l'ensemble canadien [...].
>
> L'avenir du Canada importe aux Américains, qui espèrent que le Canada restera fort et uni. Nous n'avons pas l'intention de nous immiscer dans les affaires intérieures canadiennes.
>
> Nous sommes en droit d'espérer que cette réserve sera respectée par tous les Canadiens.

En termes diplomatiques, ce n'est pas une rebuffade, c'est une vraie raclée. Notamment la dernière phrase. Même la note diplomatique américaine qui a fait tomber le gouvernement de John Diefenbaker en 1963 n'avait pas plus de mordant. «Nous avons été renversés», avouent des diplomates canadiens à Ottawa et à Washington, qui ne s'attendaient pas à ce don du ciel, sept mois après le show antifédéral du duo Helms-Lévesque.

Landry, lui, est anéanti par cette attaque imprévue, qui survient l'avant-veille d'une visite à Washington, planifiée de longue date. (Il doit y rencontrer, avec d'autres ministres provinciaux, le secrétaire au Commerce pour lui parler de ventes de bois canadien.) Penaud, il va porter à Lévesque l'infâmant communiqué. Mais le chef indépendantiste prend la chose avec philosophie: «Les Américains, enfin, s'occupent de nous», dit-il.

L'enjeu franco-américain, trente ans après

S'il n'y avait que ça. «L'activisme social-démocrate». L'associationnisme débridé. La fréquentation de terroristes. On pourrait encore dormir tranquille, au consulat.

Mais non. Il y a plus. Il y a pire. Il y a une conspiration québécoise qui vise la fibre même de la société américaine, son principe fondateur, la condition de sa pérennité: le melting-pot.

Jaeger en parle à tout le monde. Jacques-Yvan Morin, Landry, Godin, Beaudoin, Bissonnette. Tous le regardent incrédules. Êtes-vous sérieux? Oui. Très.

Si le consul général américain à Québec fait du cinéma, voilà sa superproduction en cinémascope. Intrigue principale: le gouvernement péquiste veut pénétrer, organiser, financer, manipuler les Franco-Américains de la Nouvelle-Angleterre pour s'en faire un levier politique aux États-Unis.

Hier, sous Carter, l'essor culturel des minorités et l'enseignement des langues secondes a connu une vogue. Mais l'administration Reagan fauche les budgets, attaque la bilinguisation de fait, surtout hispanique, en cours dans le Sud du pays et à New York, et entraîne dans son sillage un lobby qui veut faire de l'anglais la seule langue officielle des États et de la nation. Les Américains ne veulent pas d'une Floride ni d'une Californie espagnoles. Jaeger le dit à un diplomate québécois: ce «problème est d'une envergure comparable à celle de l'esclavage au siècle dernier».

Craignent-ils pour autant un New Hampshire francophone? Jaeger semble le penser. Et il fait comprendre, en articulant longuement son exposé, que «tout mouvement du Québec visant à favoriser le développement de la langue française au sein de ce groupe ethnique [franco-américain] ne pourrait être que mal vu par l'Administration Reagan». «Nous avons assez du lobby juif», dit Jaeger à ses interlocuteurs, «on ne veut pas, en plus, d'un lobby québécois».

Le fait est que Québec s'intéresse aux Franco-Américains. Au moment de concevoir l'Opération Amérique, l'ancien délégué du Québec en Louisiane, Léo Leblanc, avait produit 22 lourds cahiers de textes et de notes sur la situation de ces quelques millions de descendants de Canadiens français.

L'idée de s'appuyer sur la «diaspora québécoise» a bien traversé quelques esprits. Pour plusieurs, comme Claude Morin, il s'agissait essentiellement de donner un coup de main, en grand frère bienveillant, aux minorités vivotantes, au Sud comme à l'Ouest. Québec a, dit-il, une «responsabilité morale» à leur endroit. Pour d'autres, comme son sous-ministre Robert Normand, le bassin franco-américain pouvait devenir un débouché pour l'exportation des produits culturels québécois.

Québec ouvre son portefeuille aux organisations francophones. Le nombre d'interventions — subventions, colloques, dons de livres, échanges — passe à plus d'une trentaine par an à compter de 1977. À l'instigation de René Lévesque s'organise à Québec en 1978 le *Retour aux sources*, une manifestation politico-folklorique, mi-colloque, mi-pique-nique, où sont reçus environ 150 Franco-Américains. (Parmi les invités: Wilfrid Beaulieu, l'ancien directeur du journal *Le Travailleur*.) Mais ils sont divisés par d'incessantes querelles. L'idée germe alors de créer une association regroupant tous les Franco-Américains. Le Québec pourrait servir de «terrain neutre», suggère un fonctionnaire. En avril 1980, un groupe de 12 représentants de régions diverses, venus rencontrer des responsables des Affaires intergouvernementales pour discuter de leurs besoins, décident de former une telle association: l'*Action pour les Franco-Américains* ou ActFA.

Ils sont ensuite reçus par un René Lévesque enthousiaste et par une suite de ministres et de hauts fonctionnaires. Résultat: une subvention de 25 000 dollars pour l'ouverture d'un secrétariat permanent de cette première organisation américaine panfrancophone et la traduction en français, par le service juridique du ministère, de la constitution du groupe, écrite, conformément à la loi américaine, en V.O. anglaise. En 1983-1984, le budget complet d'aide aux Franco-Américains s'élève à 150 000 dollars.

Un temps, la diplomatie canadienne s'inquiète aussi de l'activité québécoise en Franco-Américanie. Un conseiller politique de l'ambassade se rend dans le Maine, en 1979, pour constater *de visu* l'ampleur de l'effort. Lorsqu'il avise l'un de ses interlocuteurs de sa visite, celui-ci prévient Québec: «Que voulez-vous que je fasse?» écrit-il. «Je lui dirai ce que vous voudrez.»

Mais il n'y a rien à cacher. Personne ne fait d'activisme politique chez les Franco-Américains. À Québec, les avis sont d'ailleurs partagés sur leur «potentiel politique».

Il n'y a pourtant pas de doute sur leur nombre. En Nouvelle-Angleterre, en Louisiane, en Californie et dans l'État de New York, ils sont près de deux millions à se déclarer de «langue maternelle» française. En fait, de 37 à 61% d'entre eux, selon les régions, ont adopté l'anglais comme «langue d'usage». Mais 30% de deux millions, c'est plus qu'assez pour créer un lobby. Et l'attachement survit souvent à la langue.

Stratégiquement, le Québec (ou le PQ) aurait pu assigner deux fonctions à ce lobby. Défensive, d'abord. Il s'agirait de s'assurer que les élus locaux et surtout les sénateurs et les représentants au Congrès sachent qu'une partie de leur base électorale appuie le droit du Québec à l'autodétermination (pas nécessairement l'indépendance) et insiste pour que les États-Unis restent neutres. Pas de «préférence», s'il vous plaît. Si l'Administration américaine montait une cabale antisouverainiste, si un premier ministre canadien s'apprêtait à venir chercher un appui fédéraliste à la Maison-Blanche, ou encore si Québec apprenait qu'un secrétaire d'État allait venir s'ingérer dans le débat national, le lobby entrerait en action. En pratique, ça signifierait deux ou trois rencontres avec chaque élu, peut-être une vingtaine de coups de téléphone et quelques douzaines de télégrammes.

L'élu appellerait le Département d'État ou la Maison-Blanche pour souligner qu'il y a un prix politique à payer pour une telle prise de position dans le débat canadien. Si un certain nombre, disons trois sénateurs ou huit représentants, faisaient la démarche, les activistes au sein de l'Administration devraient présenter des arguments suffisamment convaincants pour surmonter cette force d'inertie. Car rien, en politique américaine, n'est plus facilement actionné que le frein.

L'autre fonction du lobby pourrait être offensive. La géographie de l'exode des Canadiens français vers «les États» permet de l'imaginer. Plus de 15% de la population du New Hampshire est de langue maternelle française. Or, cet État se trouve au début du processus présidentiel des primaires, cette course d'obstacles où Démocrates d'un côté et Républicains de l'autre choisissent leur candidat à la présidence. Tous les quatre ans, dans les neiges de février, des inconnus y cherchent désespérément des votes. Depuis que les primaires existent, aucun candidat n'est devenu président sans avoir au préalable obtenu la victoire au New Hampshire.

Si les Franco-Américains de cet État — une vingtaine de militants suffiraient à créer l'ambiance — donnaient aux organisateurs politiques l'impression que quelques pourcentages des votes basculeront selon qu'un candidat sera pour ou contre le droit du Québec à l'autodétermination et le principe de stricte neutralité des États-Unis dans ce débat, il se trouverait plusieurs candidats pour prononcer gravement, au cours de quelque réunion électorale dans un sous-sol d'église, ces petits mots magiques*.

Au gouvernement québécois, ensuite, de diffuser ces prises de position auprès de son propre électorat et de conserver ces promesses en archives. Il serait relativement facile, plus tard, de faire jouer une autre vingtaine de sympathisants en Louisiane (15% de langue maternelle

---

* Voir la «Liste de questions touchant les minorités aux États-Unis» utilisée déjà en 1952 par John F. Kennedy, chapitre 2: «L'offensive Kennedy».

française) et peut-être même de tenter sa chance, en cas de course très serrée, lors de la dernière primaire en Californie (1%) pour bien cimenter les positions adoptées en début de course.

Par la suite, après l'indépendance, quand il s'agirait d'influer sur la définition de la politique américaine envers le nouvel État québécois, l'éventail des possibilités d'action du lobby s'ouvrirait.

Voilà ce qu'un consultant politique américain expliquerait, pour 200 dollars l'heure. «C'est tout à fait logique», en convient par exemple Paul Hannaford (dont la renommée se paie beaucoup plus cher!). Organisateur des campagnes de Ronald Reagan, il a conduit par deux fois son candidat sur les petites routes du New Hampshire. «S'ils avaient réussi à constituer un bloc d'électeurs, dit-il, ils auraient forcé les candidats à prendre une position qui aurait pu aider les séparatistes au Canada.»

Une obsession, une menace

Cette équation politique hante-t-elle George Jaeger? Craint-il d'être accusé, à l'élection de 1984, de n'avoir pas su prévenir le coup?

De tous les responsables québécois du dossier américain, un seul a conscience du potentiel scénario offensif. Témoignage du manque de sophistication en matière de politique américaine, personne — à une exception près — n'a seulement vu cette coïncidence de dates entre la primaire, février 1980, et le référendum, mai 1980. L'idée que trois mois avant le vote référendaire, dans la course présidentielle extrêmement serrée de 1980, les Québécois puissent lire la manchette: «Jimmy Carter (et/ou) Ted Kennedy (et/ou) Ronald Reagan (et/ou) George Bush reconnaissent le droit du Québec à l'indépendance» ne germe dans aucun esprit.

Sauf un. Evelyn Dumas, conseillère de Lévesque, fait en 1977 une tournée des associations franco-américaines pour tâter le terrain politique. Elle connaît les potentialités. Elle ausculte les disponibilités. Et n'en trouve pas. «Ils étaient intéressés à avoir des subventions pour maintenir leurs affaires, mais si on regarde la Nouvelle-Angleterre, même la Lousiane où je suis allée aussi, les gens ne sont pas en mesure de monter une campagne politique de cette nature-là.»

Même créer une apparence de pression au bon moment, au New Hampshire, lui paraît impossible. «J'ai fait la tournée de toutes les organisations, particulièrement au New Hampshire», dit-elle. Zéro. Pour une Opération Primaire, «il en faut quand même plus que six, mais je n'en ai pas trouvé un!»

La raison: des groupes minuscules, divisés, dominés par une vieille garde conservatrice préoccupée notamment «du déclin de la pratique religieuse au Québec», note-t-elle. Plusieurs éprouvent d'ailleurs pour le Québec le sentiment que nourrissent les Québécois envers la France: séduction-répulsion. Ne venez pas nous dire quoi faire. En 1978, Dumas tire un trait sur cet espoir: «Si nous pouvons aider les Franco-Américains, il serait illusoire d'attendre une aide d'eux pour nos projets», écrit-elle à Yves Michaud.

Le coordonnateur de l'Opération Amérique, Roger Cyr, est du même avis. Il identifie d'autres difficultés: «Au total, la collectivité franco-américaine tient la politique pour une activité malpropre, donc avilissante. D'où son absence complète de la scène politique américaine», écrit-il en octobre 1979. Il en conclut à «l'impossibilité pour le Québec d'utiliser le milieu franco-américain comme lobby politique au sens ou Israël a utilisé la communauté juive des États-Unis».

D'autres sont moins catégoriques. Gaston Harvey, de la délégation de Boston, constate que lors de visites de personnalités péquistes, «il est très rare que la personne qui remercie le conférencier ne souhaite la venue d'un État québécois indépendant». Les gens qu'il rencontre en ces occasions, note-t-il, voient généralement «dans ce phénomène une chance de survie pour eux, peu importe les âges». Son patron, le délégué Jacques Vallée, remarque aussi un élargissement du soutien des Franco-Américains à l'option souverainiste dès l'automne 1979. Et plus encore après le débat sur la question référendaire à l'Assemblée nationale en mars 1980, largement écouté dans les communautés de Nouvelle-Angleterre grâce à la câblodistribution. Un Comité pour l'avancement du français en Amérique, basé à Manchester, New Hampshire, s'offre même, en mai 1980 (trois mois trop tard pour la primaire), deux pages de publicité pour expliquer son appui au OUI. Le Comité les publie un peu au sud de la frontière de l'État, dans le quotidien d'une ville dont le nom semble familier: Lowell.

Il n'en reste pas moins que les Franco-Américains n'ont joué, et n'ont été invités à jouer, aucun rôle politique. «Nous étions parfaitement conscients de cette interaction» entre Québec et les francophones américains, note par exemple George Vest, cadre supérieur au Département d'État à l'époque. «Nous ne nous en sommes jamais occupés», dit-il. Et, si campagne il y a eu, «ça ne s'est jamais traduit par la moindre pression politique» au niveau national.

La possibilité que les Franco-Américains tentent d'influencer le Congrès et l'Administration était d'ailleurs mentionnée dans l'étude d'août 1977 *La situation du Québec*, et n'avait pas suscité la moindre réaction à *Foggy Bottom*.

Thomas Enders, l'ambassadeur à Ottawa sous Carter, est lui aussi très au fait du resserrement des liens entre Québec et les Franco-Américains. En est-il outré? «Non, non, non, non, non. Pas du tout... Au contraire j'ai toujours pensé que c'était une des choses vraiment utiles» que faisait Québec. «Il y a une relation tellement fluide entre le Québec et les communautés francophones ou anciennement francophones de souche québécoise aux États-Unis, dit-il, que je pensais que c'était un de leurs très bons points.»

Paul Robinson, l'ambassadeur sous Reagan, affirme aussi que ces histoires de Franco-Américains «ne nous inquiétaient absolument pas» en 1981 et 1982. Il ne se souvient pas que Jaeger, en qui il avait toute confiance, ait jamais soulevé la question devant lui.

Pourtant, à Québec, George Jaeger en fait une véritable croisade. Il exprime officiellement son agacement à Jacques-Yvan Morin, lorsque ce dernier prend la relève de Claude Morin. Il demande à Gérald Godin, ministre des Communautés culturelles, de ne pas se rendre à une rencontre de Franco-Américains à Lowell. Godin y va tout de même, sans toutefois en faire part à la presse afin de ne pas ébruiter la chose.

Surtout, Jaeger laisse entendre que la poursuite des efforts québécois pourrait entraîner des représailles.

La menace, à peine voilée, est lancée le 28 novembre 1981 au fonctionnaire François Bouvier, qui jure dans un mémo que «les commentaires du consul n'ont nullement été sollicités de ma part, bien au contraire, et je me demande encore pourquoi il a choisi de se confesser à moi». L'occasion: l'ouverture du secrétariat de la Corporation des rencontres francophones. Bouvier, membre du conseil d'administration de la corporation, fait son rapport à James Donovan:

> Le consul s'inquiétait de nos activités à l'égard des francophones américains et s'est dit abasourdi qu'on l'invite à l'ouverture d'un secrétariat dont les activités seront dirigées en partie vers les minorités américaines, sans l'avoir prévenu au préalable de l'extension et de la nature de cette nouvelle opération.
>
> Selon lui, le gouvernement américain est très sensible à tout ce qui touche l'action auprès de ses minorités linguistiques et, si on portait à son attention l'étendue de nos opérations dans ce sens, la réaction pourrait être négative et aller jusqu'à la fermeture de certaines de nos délégations.

À Washington, Wingate Lloyd, chef du pupitre canadien à Foggy Bottom pendant cette période, donc patron de Jaeger, tombe des nues quand on lui raconte aujourd'hui cette mise en garde.

«Je suis surpris, franchement. Regardez APAC [le puissant lobby israélien], le groupe France-États-Unis, le English Speaking Union, le groupe polonais, il y a des douzaines et des douzaines de groupes qui sont souvent subventionnés par l'étranger», dit-il, «il n'y a pas de loi contre ça aux États-Unis.»

Que les Québécois aient voulu organiser leur propre groupe de soutien «ne nous dérange pas», ajoute-t-il, «ils tentent de créer des appuis pour leur cause, ce qui est extrêmement courant». C'est leur droit. Un lobby de plus, un de moins, quelle importance?

Représailles, fermetures de délégations? Nenni.

On croit rêver.

Jaeger aurait-il pris seul cette gigantesque initiative? inventé de toutes pièces les «inquiétudes» de son gouvernement? Voulait-il, comme le suggère cyniquement un sous-ministre québécois qui l'a connu, «utiliser manifestement son poste afin d'en démontrer l'importance politique et ainsi mousser sa propre carrière»? Était-ce, bref, «du cinéma»?

L'ancien patron de Jaeger ne s'avance pas sur ce terrain glissant. «À vous de tirer vos propres conclusions», répond Lloyd.

Jean-Paul II, Pierre-Marc, Jacques et les autres

René Lévesque continue pourtant à s'épancher sur l'épaule de George Jaeger. Il tient avec le consul plusieurs longues conversations d'une franchise à faire frémir.

En juin 1982, il a surmonté les remous du congrès du PQ. Un plébiscite (appelé *Renérendum*) a confirmé son autorité sur l'aile radicale du parti. On pense Lévesque assagi. Pourtant, il annonce à l'Américain qu'il est toujours fermement déterminé à faire en sorte que «le système canadien, qui est structurellement imparfait et impraticable, soit d'abord cassé, purement et simplement».

Le Québécois, dit Jaeger, est «en superforme».

Lévesque ne parle plus de deux, mais de plusieurs nouveaux pays issus des provinces — du scénario, donc, que Washington redoute le plus. Il faut, dit-il, que la confédération soit «brisée et réduite à ses composantes» et que finalement une entente quelconque regroupe «les entités souveraines», un peu comme dans la Communauté économique européenne.

Le premier ministre dit «comprendre l'inquiétude suscitée [aux États-Unis] par des changements profonds au Nord, mais il pense qu'avec le développement rapide de l'axe économique Nord-Sud, nous finirions par trouver que le Canada post-indépendance est stable et vraiment dans notre intérêt», écrit Jaeger à ses supérieurs à Washington.

L'Américain prédit que, dans ce nouvel ordre d'idées, le Québec voudra amplifier ses liens économiques avec les États-Unis dans les mois et les années à venir. Effort que le nouveau ministre, Jacques-Yvan Morin entreprend effectivement avec un entrain militant. (Dans une conversation subséquente, Lévesque laissera clairement entendre à Jaeger que cette stratégie vise effectivement à ménager une marge de manœuvre, si l'association canadienne devait échouer.)

Et si un premier ministre plus avenant remplaçait Trudeau à Ottawa, l'indépendantiste serait-il prêt à un compromis qui ne sonnerait pas le glas du Canada, demande le consul général? «Dans son état d'esprit actuel», écrit-il, «la réponse était clairement non.»

Lévesque émet aussi des doutes sur la nécessité pour le Québec de conserver la monnaie canadienne. Et de toute façon, le Canada est un tel gâchis, explique-t-il, qu'il ne sert à rien de tenter une nouvelle réforme de la constitution.

Mais il tient ce discours alors que le reste du Canada s'apprête à célébrer, deux semaines plus tard, sa nouvelle loi fondamentale. La reine elle-même viendra festoyer avec ses sujets.

Lévesque ne parle pourtant pas d'un futur éloigné. Il soutient que «les choses sont si avancées au Québec» qu'avec «une dernière poussée» l'indépendance obtiendra une majorité.

Comment expliquer cette déconnexion du réel? Lévesque est peut-être encore porté par la colère dont l'a animé le coup de force constitutionnel. Il n'a sans doute pas encore compris l'ampleur de la crise économique qui décime les emplois de sa province, ni la rudesse de la bataille qui l'opposera bientôt aux syndicats du secteur public.

Pourtant, non. Sept mois plus tard, en janvier 1983, en pleine crise et en plein affrontement syndical, Lévesque tient le même langage indépendantiste à la table du consulat. Avec quelques nuances: il est plus dur, plus précis, plus confiant. La conversation est «longue et exceptionnellement franche» écrit Jaeger dans une dépêche de 11 pages adressée à *Foggy Bottom*.

> Le consul général lui a demandé si Lévesque ne pouvait vraiment envisager aucun marché avec Ottawa [Trudeau ou son successeur].
>
> Avec emphase, Lévesque a dit «non». Le système actuel, affirme-t-il, est «un avortement». Le Québec francophone a droit à son identité nationale comme n'importe quel autre peuple [...] ce qui signifie «sortir complètement du système canadien».
>
> Lévesque a expliqué qu'il lancerait sa nouvelle campagne indépendantiste à l'automne [1983] — pour culminer par des élections sur le thème de l'indépendance en 1984, si l'occasion se présente, ou en 1985, quand

Trudeau aura quitté la scène et aura été remplacé par un anglophone [...]. Interrogé sur les chances de succès d'une telle campagne, Lévesque a répondu avec sérénité que, s'il y avait des élections aujourd'hui, il «ne pourrait même pas se faire élire préposé à la fourrière». [...] mais désormais, il se promet «d'exploiter intensément chaque occasion» d'insuffler une nouvelle vie à l'option indépendantiste [...] [comme] les festivités du 450e anniversaire de l'arrivée de Jacques Cartier en 1984 et la possible visite du pape (que Lévesque a curieusement qualifié de «coriace fauteur de troubles» — une allusion peut-être à l'appel prononcé récemment par le nonce apostolique pour de plus grandes «charité et compréhension mutuelle entre les gouvernements provincial et fédéral», assez mal accueillie, on s'en doute. «Si la visite du pape ne peut être évitée», a commenté Lévesque, «on s'en servira au mieux à nos propres fins».) [...]

Étonnamment optimiste, compte tenu du climat actuel [récession, troubles sociaux, PQ en chute libre dans les sondages], Lévesque a reconnu que le chiffre magique de 51% des voix, dont il a dit au congrès du PQ de février que c'était un minimum pour obtenir un mandat démocratique pour l'indépendance, pourrait lui échapper. En privé il a confié que même une victoire par 48 ou 49% à l'élection représenterait «un appui massif» que le «Canada ne pourrait ignorer» — quoique dans ce cas il déclencherait probablement un référendum-éclair pour confirmer son mandat sans équivoque. Le Canada [dit-il] n'aurait alors d'autre choix que de jouer le jeu, ajoutant, en réponse à des questions, qu'à «ce stade, je me fous complètement des implications, i.e. pour l'avenir des provinces atlantiques.»

S'il échoue, a-t-il dit dans un commentaire dénué d'émotion qui va peut-être au cœur de la question, «au moins j'aurai essayé et j'aurai laissé le parti en bonnes mains». «Il y aura Pierre-Marc Johnson», a-t-il dit. [Ici une phrase de la dépêche est gommée par le Département d'État] «Bernard Landry ou Parizeau pour prendre la relève quand ils seront dans l'opposition».

Quant à la réaction américaine [...] Lévesque soutient que toute déclaration adverse des États-Unis sur l'unité canadienne ne pourrait que «fortifier le Québec» et «aider la cause indépendantiste».

Pour le reste, Lévesque a indiqué que «les Républicains de Reagan, qui sont idéologiquement opposés à l'indépendance du Québec, seront de toute façon battus à l'élection de 1984» [...] que les Américains [occupés à changer d'administration] «se rendraient à peine compte» de la nouvelle campagne indépendantiste et ne poseraient pas de problème.

Ce à quoi Jaeger réagit vivement, mais sans convaincre son interlocuteur, qui lui répond qu'il «n'a pas le choix».

Encore sept mois plus tard, en août 1983, Jaeger prépare son baluchon. Il est muté à Ottawa, où il défendra la cause reaganienne, notamment sur l'OTAN, avec un zèle qui lui vaudra quelques inimitiés parmi ses interlocuteurs canadiens.

Mais avant de partir il passe encore confesser le chef indépendantiste, dont les ennuis sociaux et électoraux (23% d'intentions de vote, avoue Lévesque) sont encore pires qu'à leur dernier entretien. En économie, on sent un léger mieux.

Même rengaine sur son échéancier indépendantiste. Il a encore le temps, dit-il, de «sortir du fossé», notamment grâce au retour probable de Robert Bourassa à la tête des libéraux. C'est «un homme qu'on connaît bien», confie-t-il, «on sait comment le prendre».

«Avec plus de passion que je ne lui en avais vu depuis des années, Lévesque a dit que la prochaine élection représentait la dernière chance du Québec de s'évader de la prison canadienne», écrit Jaeger.

Mais il y a ce chiffre fatidique de 51% des votes, à l'élection ou à un second référendum, qu'il a lui même fixé et qui semble plus éloigné que jamais. Lévesque en convient mais ajoute, «avec un étrange sourire»: «Peut-être que moins de 51% pourrait, après tout, être considéré comme un mandat provisoire ou intérimaire pour l'indépendance.» Le chef du PQ, commente l'Américain, «joue avec l'idée de faire un compromis sur ce principe fondamental et potentiellement explosif.»

Autre variante depuis janvier: il est soudain préoccupé par la réaction américaine et sert à nouveau, à la sauce 1983, une idée qu'il avait pourtant confiée à un journaliste quatorze ans auparavant, pour l'oublier aussitôt.

> Il a souligné lourdement son intention de lancer des initiatives majeures d'ici deux ans pour «briser le cercle vicieux de la désinformation et le blocage des intérêts du Québec» aux États-Unis [...]
> Il prévoit maintenant une campagne systématique à Washington et ailleurs aux USA, ciblée moins sur l'Administration, «dont l'opinion est déjà faite», que sur les sénateurs, représentants et gouverneurs, et bien sûr sur les médias pour créer une meilleure compréhension de la cause québécoise. Une campagne qui, espère-t-il, pourrait aussi «à la longue» influencer la politique américaine officielle. Chemin faisant, Lévesque a déclaré qu'il ne mettrait pas en cause le statut diplomatique officiel d'Ottawa; bien qu'il s'attende à ce que la nouvelle campagne [...] visant à cultiver des politiciens-clés des deux partis fasse indubitablement «des vagues». Cependant, Lévesque juge que créer «un peu de tapage» est préférable à la situation actuelle, dans laquelle le Québec n'est fondamentalement pas entendu à Washington et n'existe pas officiellement.

Comme s'il était conscient de prendre ses désirs pour des réalités — la campagne américaine, dont même ses conseillers n'avaient jamais entendu parler, ne sera pas lancée — Lévesque aborde spontanément la question de sa succession. Cette fois, il centre la discussion sur un favori,

Jacques Parizeau, que Jaeger décrit comme le «puissant, expérimenté et loyal ministre des finances». Loyal? Il a failli basculer dans l'aile radicale pendant le fameux congrès de décembre 1981. Mais Lévesque le couvre de louanges.

> «Dix ans plus jeune» que lui, «brillant, discipliné et indépendantiste convaincu», Parizeau serait, songeait tout haut Lévesque, «un leader très crédible» pour conduire la cause séparatiste dans sa «seconde phase». Sous-entendu: contrairement à de nombreux étapistes de haut calibre, Parizeau est peut-être le seul leader péquiste assez fort personnellement et pourvu d'antécédents indépendantistes suffisamment radicaux pour avoir une chance, après le départ de Lévesque, de maintenir dans le rang les péquistes radicaux désillusionnés et d'empêcher la désintégration du PQ.

Jaeger parti, Lévesque répète à peu de choses près la même stratégie de fuite en avant devant son successeur, Lionel Rosenblatt. Mais à mesure que le temps passe, il sent que son quitte ou double sur l'indépendance risque de se solder, dit-il en février 1984, par un «hara-kiri» pour le PQ. L'électorat, écœuré par vingt-cinq ans de débats constitutionnels, veut débrancher les haut-parleurs fédéraliste et indépendantiste, monter le son de l'économie, du loisir, de l'individualisme.

Lui-même prend conscience qu'il se fait vieux et répète aux Américains: «Si je tiens la route», je ferai ceci, cela. Pierre Trudeau, «coquet jusqu'au bout», note son frère-ennemi, annonce sa retraite le 29 février. Est-ce un signe? Pour la première fois de sa vie, Lévesque tient un journal. Il a «le sentiment d'entreprendre peut-être le compte à rebours final». À l'occasion d'une rencontre avec Rosenblatt, il note ce commentaire: «Si les Américains ont un tel pignon sur rue dans la capitale provinciale, c'est que justement notre provincialisme leur paraît sans doute un peu fragile et, en dépit du référendum, peut-être bien transitoire. Quoi qu'il en soit, nous sommes tenus à l'œil par l'oncle Sam.»

Lorsque Brian Mulroney est élu premier ministre du pays en septembre 1984, les bras chargés de branches d'olivier et le cabinet rempli d'anciens péquistes, Lévesque comprend qu'un pari électoral indépendantiste relève maintenant du suicide politique. Si le «provincialisme» québécois est transitoire, la transition sera plus longue que prévue.

Lévesque amorce la volte-face, invente le «beau risque», cette nouvelle «dernière chance» qu'il n'a pas le choix d'offrir aux rénovateurs du fédéralisme. Son virage politique déclenche cependant dans le Parti québécois une crise qui couvait depuis le 20 mai 1980. Jacques Parizeau claque la porte du cabinet avec un large contingent de déçus du «beau risque». Le Parti québécois est en lambeaux.

Sur la scène continentale, l'embellie des relations entre Reagan et le conservateur Mulroney ôte à Lévesque tout espoir de garder les quelques billes d'extrême droite qu'il avait pu recueillir, à quelques pas du parquet du Sénat, un 14 juillet. Mulroney démantèle la FIRA et la PEN et instaure avec Ronald Reagan et son Administration une ère de bonnes relations. Il n'est plus question, pour l'Administration américaine et la droite, de jouer les provinces contre Ottawa. D'ailleurs, Ronnie ne répond même pas au message de félicitations que René lui envoie pour sa réélection de novembre 1984.

Constatant que son flirt avec la droite américaine n'a plus de sens, le naturel de Lévesque revient. Au galop. Reagan doit sceller la nouvelle amitié canado-américaine dans l'ombre du Château Frontenac en mars 1985. Au début, Lévesque refuse de se montrer à cette fête politique qui n'est pas la sienne mais celle de deux politiciens conservateurs d'origine irlandaise. Il ne veut surtout pas faire de la figuration au grand gala que Mulroney donne en l'honneur de Reagan. Il cède finalement aux pressions de son entourage, dont Bernard Landry, enfile le smoking tant détesté qui s'impose dans ce genre d'événement, et écoute les deux comparses chanter ensemble une ballade irlandaise. Mais Lévesque fait faux bond au déjeuner où on lui a pourtant réservé une place, non loin du futur vainqueur de la guerre froide. Il se fait représenter par un ministre. Et fait savoir qu'il a mieux à faire.

«Puisqu'on ne pouvait trouver en nous une maudite goutte de ce noble sang irlandais où que ce soit», dit-il, un peu amer, le lendemain, «on a eu un peu l'air de moujiks», de paysans russes.

Un peu amer. Les Québécois méritent pourtant mieux, semble-t-il songer, quarante ans après avoir rendu son uniforme à l'US Army. «Il n'y a pas plus vrais amis, je pense, il n'y a pas plus nord-américains que nous, lance-t-il pendant la période de questions à l'Assemblée nationale. Il n'y a pas plus vrais amis des Américains que les Québécois.»

Un peu amer. «Où pourriez-vous trouver des voisins aussi rassurants que nous», dit-il encore à l'adresse des Américains? «Pas d'armée, pas de missile, pas de menace et même pas, jusqu'à nouvel ordre, de séparatisme.»

Est-ce une consolation? Edmund Muskie, l'ex-secrétaire d'État devenu lobbyiste, passe le voir avec un groupe d'hommes d'affaires.

Lorsque René Lévesque tire sa révérence politique, en juin 1985, après une brève «visite d'adieu» aux États-Unis, où il voit quelques gouverneurs et quelques sénateurs, le consul général américain Rosenblatt écrit son épitaphe politique dans une dépêche à Washington, tournant ce paragraphe que Lévesque aurait aimé entre tous:

Le référendum illustre très clairement l'attachement de M. Lévesque aux principes démocratiques. Il n'a jamais tenté de passer la souveraineté en catimini mais a joué franc jeu et a voulu le soutien populaire sur la question. Depuis les premières heures du mouvement séparatiste, Lévesque s'est gagné beaucoup de respect par sa rhétorique publique sobre et mesurée, alors qu'il aurait pu enflamer ses auditoires et provoquer des émeutes.

Elliott Feldman, l'universitaire de Harvard qui était un des deux seuls vrais alliés que Lévesque ait rencontrés dans ses pérégrinations américaines, a un dernier mot qui colle bien au René Lévesque post-référendaire.

«Il y avait en lui, pendant ces dernières années, quelque chose qui faisait penser à Moïse.»

En guise d'épilogue

Un matin de novembre 1987, le collaborateur de *La Presse* à Washington reçoit une commande de la rédaction: «Fais le tour des réactions américaines à la mort de René Lévesque.» La tâche ne semble ni agréable, ni difficile. Il n'y a qu'un certain nombre de *cognoscenti* aux États-Unis, on aura vite épuisé la liste.

En Nouvelle-Angleterre, la moisson est bonne. La gouverneure du Vermont, Madeleine Kunin, pourtant en voyage en Italie, fait rappeler sa secrétaire pour compatir, dit-elle, «cette véritable tragédie». Un ancien gouverneur du Maine rappelle personnellement pour souligner combien «René», dit-il, «faisait honneur au peuple du Québec». Et le conseiller de Michael Dukakis, gouverneur du Massachusetts et aspirant président, prend sur lui de composer sur-le-champ une petite formule de regrets où il parle de Lévesque comme d'une «source de fierté et d'unité» pour les siens. Il était passé là deux ans auparavant. La trace était encore chaude.

Le journaliste tente ensuite sa chance dans le Washington officiel, chez les professionnels de la politique internationale.

Premier pépin, à Foggy Bottom, chez le responsable de presse du pupitre canadien.

Qui? Lé-*what? Can you spell it? Who was he?*

L-é-v-e-s-q-u-e. Toute la journée, les mêmes lettres doivent être laborieusement répétées. La même explication, patiemment donnée.

À la Maison-Blanche. «On le connaît?» Mais oui, Reagan l'a même brièvement rencontré, lui a serré la main, au sommet de Québec en mars 1985. Ah bon. On vous rappellera si...

Chez le conseiller politique du sénateur Ted Kennedy, même ignorance. Chez celui du sénateur Patrick Moynihan (qui a reçu Lévesque à l'été de 1985), c'est comme si on parlait d'un leader serbo-croate.

Le journaliste québécois s'impatiente. Une douleur mêlée de colère monte en lui. Avec les conseillers de trois autres sénateurs, il joue sa meilleure carte. «Écoutez, pour le Québec, c'est l'équivalent de la mort de Martin Luther King. Votre patron le connaît, lui a parlé. De grâce, faites le message. Je serais surpris qu'il ne veuille pas au moins dire une phrase polie.»

Poli. Le bureau du vice-président George Bush est poli. Ou oisif. Il rappelle le journaliste. Pour l'aviser qu'on l'avisera si jamais Bush exprime un avis.

Puis le téléphone reste tragiquement muet.

À Washington, on n'a pas le temps pour les *has-been*.

Surtout quand ils sont morts.

Conclusion et prospective

Il n'y a aucun doute sur la viabilité à long terme
d'un Québec indépendant en termes économiques
ou en ce qui concerne sa capacité d'être
un membre responsable de la famille des nations.
La variable inconnue et déterminante est
et doit être la volonté du peuple du Québec.
Département d'État, août 1977

La réponse est oui. La question, qui a longtemps hanté les salons des Québécois, souverainistes et fédéralistes, est: les États-Unis auraient-ils permis au Québec d'accéder à l'indépendance?

Elle a été posée aux conseillers de présidents: Walt Rostow et Dean Rusk pour Lyndon Johnson; Helmut Sonnenfeldt pour Nixon; Brzezinski et Hunter pour Carter. Elle a été posée à ceux qui pensent la stratégie militaire du Pentagone: Warnke, Ellsworth, Bader. Elle a été posée aux planificateurs de la CIA et à plusieurs de ses fantassins. Elle a été posée aux banquiers de Wall Street.

Partout, toujours, la réponse est venue en deux temps.

Un: nous ne voulons pas de l'indépendance du Québec.

Deux: on s'en serait accommodé. On se serait, comme on dit, «arrangé avec».

À toutes les strates de la diplomatie, du Congrès, de la vie universitaire, des salles de rédaction, les Américains sont spontanément inquiets de savoir le Canada malade du Québec. Ils souhaitent qu'il aille mieux. Ils sont si civilisés, ces Canadiens, montrent l'exemple, savent prendre soin de leurs pauvres et de leurs malades, agissent dignement sur la scène internationale. S'ils n'étaient pas si ennuyants, on voudrait être comme eux.

Savoir qu'une minorité assurément bien traitée veut couper ce beau grand pays en deux les comble de tristesse. «Une tragédie», vraiment, disent-ils.

Politiquement, l'échiquier semble net. Tous les stratèges, même les sympathisants québécois comme l'universitaire louisianais Al Hero, concluent que l'intérêt américain appelle la permanence de l'unité canadienne. Dans les débats internationaux, le Canada est le meilleur des alliés. Assez proche pour épauler, assez distinct pour maintenir sa crédibilité. Sans le Québec, comment pourrait-on justifier de le garder à la table des sept pays les plus industrialisés, plutôt que l'Australie, l'Espagne ou la Corée du Sud?

Économiquement, le grand pays au nord donne souvent du fil à retordre. Mais au moins il n'y en a qu'un. Combien de politiques énergétiques nationales, combien de FIRA dans une future communauté des ex-provinces associées? Ou non associées? Combien de nouveaux tarifs douaniers protectionnistes aux quatre, six ou dix frontières? Combien de nouvelles ambassades pour négocier toutes ces ententes?

Puis il y a l'incertitude. Un des défauts de l'avenir. Elle ne touche pas que l'avenir du Québec. Dans l'ensemble canadien, il importe relativement peu qu'un gouvernement néo-démocrate soit élu dans une province. Mais dans un État? Est-ce que l'État de Colombie-Britannique, sous le socialiste Dave Barrett, aurait versé sa contribution à l'OTAN et au NORAD?

Car lorsqu'on leur parle indépendance du Québec, eux pensent séparation de la Colombie-Britannique et de l'Alberta, faillite du Nouveau-Brunswick et de l'Île-du-Prince-Édouard, dérive de Terre-Neuve. «C'est comme si vous disiez que l'unité du Canada repose sur les épaules du Québec», lance un jour, excédée, une indépendantiste à un journaliste new-yorkais.

C'est exactement ce qu'ils disent.

— Madame, vous êtes malheureuse en ménage, mais si vous divorcez, votre mari va se mettre à boire. S'il vous plaît, ne le quittez sous aucun prétexte.

— Et si je le plaque quand même?

— Bon, eh bien, tant pis. C'est votre décision.

Toute la position américaine est là, dans cette métaphore. On trouve ça regrettable, mais on laisserait faire.

Un mot revient souvent pour décrire ce qu'un Québec indépendant représenterait pour les États-Unis: «embêtement». C'est ennuyeux, c'est gênant. Ça complique tout. Mais, bon, a dit un militaire, «on n'a pas toujours ce qu'on veut dans la vie». On se serait, comme on dit, «arrangé avec».

Car à quoi se résume, finalement, la pression américaine pour prévenir cet embêtement entre 1976 et 1980? Des coups de téléphone de

Thomas Enders à des éditorialistes et à des financiers de New York pour qu'ils tempèrent leur hospitalité à l'égard de René Lévesque en 1977. (Était-ce bien nécessaire? Ils allaient la tempérer tout seuls.) Des interventions de George Vest, d'Alexandre Tomlinson et, encore, d'Enders pour que des hommes d'affaires n'affirment pas qu'ils trouvaient profit, eux, à un Québec séparé. Des déclarations de Jimmy Carter, Walter Mondale et — une fois — de Cyrus Vance soulignant l'attachement de leur pays à un «Canada fort et uni».

Combien de Chili, de Saint-Domingue, de Grèce prieraient pour une telle retenue, une telle timidité?

«On n'avait pas le sentiment que les États-Unis essayaient de manipuler des événements ici», résume le conseiller de Lévesque, Louis Bernard. «On les a trouvé ben corrects les Américains, dans toute cette histoire-là. On les a trouvé ben corrects.»

Au lendemain de l'indépendance, par contre, on aurait senti leur présence. Car le poids de l'inertie américaine aurait alors basculé. La veille, la cause de la stabilité réclamait un Canada uni. Le lendemain, la même cause aurait réclamé la conclusion d'une entente entre les deux nouvelles capitales, la plus grande cohésion possible dans leurs politiques, la sauvegarde de l'unité du Canada anglais.

L'intérêt américain, alors, se serait cristallisé en un mot: association. Et son poids se serait exercé sur Ottawa pour qu'il négocie avec Québec. De même, à New York, l'intérêt des banquiers et des investisseurs aurait réclamé un succès des négociations de la nouvelle entente Canada-Québec. Les cours du dollar canadien et des bons du Trésor fédéral auraient suivi la progression des pourparlers, grimpé avec les accords et les poignées de main, chuté avec les coups de poing sur la table, les claquements de portes.

Peut-être l'exercice référendaire n'était-il qu'un prologue? Une répétition générale. George Jaeger, qui avait si justement prédit le résultat référendaire, écrivait six mois avant la victoire du NON que la partie n'allait pas se terminer là.

«Nous n'avons aucun doute qu'à long terme le référendum sera vu non comme un aboutissement, mais seulement comme une escale dans un processus continu de définition toujours plus précise et de démarcation de l'identité québécoise.» Au lendemain du référendum il mettait *Foggy Bottom* en garde: la souveraineté-association n'est plus une option — «du moins pour le moment». Les fédéralistes ne disposent que

de quelques années, écrivait-il ensuite, pour refaçonner l'édifice canadien au goût du Québec. Sans quoi, avertissait Jaeger, le mouvement
indépendantiste prendrait un nouvel essor.

Si Jacques Parizeau, aujourd'hui chef du Parti québécois, tient un
jour son pari de ranimer la flamme souverainiste, les conditions, au sud,
auront changé. Un peu.

Car l'attachement des États-Unis pour le Canada est une tendance
lourde. On ne peut imaginer dans l'avenir prévisible de scénario pouvant
modifier cette donnée.

Certes, depuis 1980, le cas québécois s'est dédramatisé.

Le simple fait que Washington et Wall Street aient déjà traversé une
fois cette zone de turbulence promet des réactions plus calmes si jamais
l'histoire, sur ce point, bégaie.

On sait aujourd'hui que le Parti québécois n'est pas marxiste. Qu'il
ne rêve pas de nationalisations en série. Qu'il n'est pas de mèche avec le
KGB. On le sait capable de gérer un gouvernement, présenter des
budgets, mater des syndicats. On sait aussi qu'il ne persécute pas ses
juifs.

L'ancien président du Council on Foreign Relations, William
Diebold, note que les visages d'hommes d'affaires québécois ne sont
plus une rareté à New York, où l'on n'en connaissait pas un seul —   à
l'exception, peut-être, de Paul Desmarais — avant 1976. Ces contacts
personnels avec des Québécois, même fédéralistes, valent mille Opérations Amérique. Si le PQ était réélu aujourd'hui, affirme Diebold, Wall
Street serait «beaucoup, beaucoup, beaucoup, beaucoup mieux informé», et plus sophistiqué dans son analyse de la réalité québécoise. Signe
des temps: en 1977 Merrill Lynch envisageait de se retirer du syndicat de
banques d'investissement représentant Québec à New York parce que la
perspective d'un Québec indépendant l'affolait. En mars 1990, elle avise
spontanément ses clients que l'indépendance du Québec n'aurait pas de
quoi refroidir l'ardeur du plus frileux des investisseurs. Des ignares de
moins...

Washington aussi, qui a pourtant la mémoire courte, aurait le
bénéfice d'un peloton de diplomates et d'analystes ayant déjà accumulé
un savoir — souvent remarquable — sur la problématique québécoise.
Partisans d'un statut particulier ou de l'octroi de pouvoirs importants
pour satisfaire ce qu'ils appelaient naguère «les revendications légitimes
du Québec», ces analystes expliqueraient-ils au secrétaire d'État, au
président, que la renaissance souverainiste suit une décennie de promesses
constitutionnelles non tenues, de refus d'adapter la structure canadienne
à la spécificité québécoise?

La fin de la guerre froide, bien sûr, rend la question des alliances militaires, comme la nécessité pour les Américains d'avoir un «bouclier» tout d'une pièce sur leur flanc nord, encore moins impérieuse que jamais.

Une fois les indépendantistes chassés du pouvoir en 1985, Québec a poursuivi ses contacts avec les autorités de la Nouvelle-Angleterre et de New York, maintenu et amplifié, donc, un réseau de relations étendu et, qui sait? prometteur. Il fut un temps où l'on pensait bien que Michael Dukakis, gouverneur du Massachusetts, allait emménager à la Maison-Blanche. Mario Cuomo, gouverneur de New York, attend en coulisse. Madeleine Kunin, du Vermont, a peut-être aussi quelque avenir national. George Mitchell, sénateur du Maine, est devenu l'homme le plus puissant du Sénat. John Sununu, gouverneur du New Hampshire, est aujourd'hui chef de cabinet de George Bush.

Aucun d'entre eux n'est proindépendantiste. Mais ils connaissent assez la question pour ne pas se faire avoir par le premier prophète de malheur venu. Et, dans le doute, ils entendraient probablement de vive voix les arguments du premier ministre québécois.

L'accord de libre-échange, bientôt sinon déjà irréversible, est en train de façonner ce couloir économique nord-sud dont Lévesque rêvait. Il s'agit tout bonnement de la «décanadianisation» économique graduelle du Québec.

De surcroît, la réaction nationaliste canadienne-anglaise pendant le débat sur le libre-échange annonce peut-être une meilleure cohésion des neuf provinces restantes. De même que la résistance au concept de société distincte, perçu comme une entrave à la construction d'une nation canadienne-anglaise homogène. Peut-on conclure que la peur de l'absorption américaine sera garante de la survie du Canada anglais? Préviendra l'éclatement tant redouté à Washington?

Et si demain Ottawa prétendait refuser à un Québec indépendant la conclusion — la perpétuation — d'un accord de libre-échange, l'intérêt américain s'opposerait à cette fragmentation du grand marché continental.

Tous ces développements convergent. L'indépendance du Québec serait pour les Américains un moins grand «embêtement» aujourd'hui qu'il y a dix ans.

Mais un embêtement tout de même.

Si le premier ministre Parizeau, ou d'ailleurs Robert Bourassa, devait relancer le Québec sur cette voie, il y a fort à parier que George Bush ou son successeur dirait deux choses.

— C'est aux Canadiens de décider. Mais nous préférons un Canada fort et uni.

— Et si on le plaque quand même?

— Bon, eh bien, tant pis. C'est votre décision.

REMERCIEMENTS

Ce livre a germé, a survécu à ses crises et a pris sa forme finale grâce à la patience, aux encouragements et à la gentillesse d'une foule d'amis, de parents et d'inconnus aimables et compétents, prompts à épauler un projet jugé tantôt inutile, tantôt trop ambitieux. Marci McDonald, un jour de déprimante campagne présidentielle, a servi d'étincelle en redonnant vie à une idée qui s'était assoupie. John Sawatsky a involontairement fait sortir le projet d'un creux de vague en montrant, par un de ses écrits, qu'il fallait creuser, creuser, creuser. Larry Black à New York et Fred Harrison à Ottawa ont mis leur talent et leur patience au service d'ébauches de projet et m'ont ouvert leur porte pendant mes tournées d'entretiens et de recherche. Juliet O'Neill, Denis Nadeau et Lucie Lessard à Ottawa, Marc Goulet à Québec, Mavor Sawtell à Boston m'ont fait l'amitié de feindre que je ne les dérangeais pas lorsque j'envahissais chez eux une chambre et un bureau et monopolisais leurs lignes téléphoniques. Caroline Jamet et Stéphan Bureau, à Montréal, figurent parmi mes principales victimes. Pierre Tourangeau, en plus de m'indiquer quelques pistes, a fourni la quincaillerie électronique sur laquelle ces milliers de mots se sont allumés.

Le programme *Explorations* du Conseil des Arts du Canada m'a donné un coup de pouce financier; je soupçonne que les recommandations de trois «parrains», Michel Roy, Pierre Nadeau et Colin MacKenzie, y furent pour quelque chose. À Québec, une fonctionnaire débordée et efficace, Hélène Latouche, et une stagiaire motivée, Suzanne Bergeron, ont permis la consultation de dossiers importants. À Montréal, Robert Tellier s'est arraché les yeux à lire des microfilms, découvrant de vieux articles de presse sans lesquels le sujet d'au moins un des chapitres de ce livre ne me serait jamais venu à l'esprit. Louise et Willis Armstrong ainsi que Cleveland Cram, à Washington, ont intercédé pour moi auprès d'amis et relations qui, sinon, seraient restés dans l'ombre, ou hors d'atteinte.

Me Jim Lesar, mon avocat, presque bénévole, de Washington, a mené la guérilla judiciaire indispensable à l'obtention de milliers de documents gouvernementaux américains sans lesquels cet ouvrage serait unijambiste. Mû par sa soif de vérité et de transparence, Jim a mis sur la défensive les services du contentieux d'une demi-douzaine d'agences gouvernementales. Roger Bowen, professeur à Colby College, dans le Maine, a prêté son concours à ces escarmouches légales en m'informant des requêtes qu'il avait lui-même déposées sur les questions québécoises. À Montréal, Me Claude Melançon a aussi consacré une partie de son temps et de son énergie à me représenter dans plusieurs démarches importantes. Il est de ceux qui y ont cru. À Toronto, Helen Heller a défendu le projet avec la fougue qu'enveloppe sa voix grave et chaude.

Robert Parks à la Roosevelt Library, Maura Porter à la Kennedy Library, Regina Greenwell à la Johnson Library, Joan Howard au Nixon Project, Paul Marsden et Karry Badgley aux Archives nationales me furent d'un grand secours dans la recherche de documents, tout comme Jeff Marshall à l'University of Vermont à Burlington. Le personnel de la Library of Congress, de la bibliothèque de l'Ambassade du Canada à Washington, Denise Pélissier aux Archives de l'Université de Montréal et plusieurs autres ont aussi prêté leur concours. Certains ont eu la gentillesse de m'ouvrir leurs archives personnelles.

Je m'en voudrais de ne pas mentionner les services que m'ont rendus Lise Bissonnette, André Bouthillier, Robert Bureau, Suzanne Côté, Serge Délisle, Johanne Dupuis, Louis Falardeau, Lorraine Fillion, Jean-Claude Goulet, Paul-André Goulet, Robert Hepburn, Michèle Leroux, Marie-Josée Lorion, Pierre Lussier, Andrée Roy, Régent Thivierge et, bien sûr, Elizabeth Zeschin. Toute l'équipe des Éditions du Boréal, dirigée par Pascal Assathiany, a joué avec compétence, enthousiasme et un brin de frénésie son rôle de sage femme littéraire.

Andrée et Jean-Claude Lisée, mes parents, ont enduré en silence pendant des semaines le bruit de l'ordinateur et de l'imprimante, crépitant parfois jusque tard dans la nuit. Ils m'ont offert le cadre idéal, pour l'écriture, de leur hospitalité dans leur résidence estrienne. Merci est un mot trop court. Marie-Claude Lisée, ma grande sœur attentive et critique, fut une lectrice idéale. Parce qu'elle a bâillé à plusieurs longueurs, les lecteurs subséquents ont quelques raisons de moins s'endormir.

Personne, cependant, n'a autant aidé, vécu, subi cette entreprise que ma collaboratrice, copine, complice, épouse et amante, Catherine Leconte. Soutien moral dans la cyclothymie qui a accompagné ce travail, ouvrière perfectionniste dans la retranscription d'interviews captives de ce qu'il est, entre nous, convenu d'appeler «les maudites cassettes», correctrice aux dents linguistiques longues et à la rigueur syntaxique aiguisée comme l'épée d'un académicien, pourfendeuse de métaphores abusives comme de phrases plates, Catherine a purgé ces pages des formules trop folles, redressé les paragraphes trop mous, interdit les détours vaseux, ramanché les ossatures disjointes. Si ce livre est lisible, Catherine en est largement responsable. Je revendique les passages obscurs, torturés et kitsch, car je n'ai pas toujours suivi ses conseils.

ANNEXES

Lettre de Franklin Roosevelt à Mackenzie King sur l'assimilation des Canadiens français, 18 mai 1942

Source: Franklin D. Roosevelt Library

Canada Folder
1-42

18
May 11, 1942.
Hyde Park, The/ Washington

Dear Mackenzie:

I had to forego Hyde Park ten days ago because the visit of President Prado of Peru was postponed, but he has come and gone and is a really delightful fellow -- the first civilian President of Peru for ten or fifteen years, a professor at the University of Lima which anti-dates Harvard by nearly a hundred years.

So here I am at Hyde Park again for three days on just the right weekend for the dogwood and the apple trees. I think that on the whole your election was not only perfectly timed and excellently conceived, but the result as a whole was better than I had hoped outside of Quebec.

That brings many thoughts to mind in terms of the future — thoughts which may sound to you a bit amateurish but which may have some merit in these days of national planning, so I know you will forgive me if I put them down very roughly on paper.

When I was a boy in the "nineties" I used to see a good many French Canadians who had rather recently come into the New Bedford area near the old Delano place at Fair Haven. They seemed very much out of place in what was still an old New England community. They segregated themselves in the mill towns and had little to do with their neighbors. I can remember that the old generation shook their heads and used to say, "This is a new element which will never be assimilated. We are assimilating the Irish but these Quebec people won't even speak English. Their bodies are here but their hearts and minds are in Quebec."

Today, forty or fifty years later, the French Canadian elements in Maine, New Hampshire, Massachusetts and Rhode Island are at last becoming a part of the American melting pot. They no longer vote as their churches and their societies tell them to. They are inter-marrying with the original Anglo-Saxon stock; they are good, peaceful citizens and most of them are speaking English in their homes.

At a guess, I should say that in another two generations they will be completely Americanized and will have begun to distribute their stock into the Middle West states, into the Middle states, and into the Far West.

- 2 -

All of this leads me to wonder whether by some sort of planning Canada and the United States, working toward the same end, cannot do some planning -- perhaps unwritten planning which need not even be a public policy -- by which we can hasten the objective of assimilating the New England French Canadians and Canada's French Canadians into the whole of our respective bodies politic. There are, of course, many methods of doing this which depend on local circumstances. Wider opportunities can perhaps be given to them in other parts of Canada and the U.S.; and at the same time, certain opportunities can probably be given to non-French Canadian stock to mingle more greatly with them in their own centers.

In other words, after nearly two hundred years with you and after seventy-five years with us, there would seem to be no good reason for great differentials between the French Canadian population elements and the rest of the racial stocks.

It is on the same basis that I am trying to work out post-war plans for the encouragement of the distribution of certain other nationalities in our large congested centers. There ought not to be such a concentration of Italians and of Jews, and even of Germans as we have today in New York City. I have started my National Resources Planning Commission to work on a survey of this kind.

I am still without final news on the naval battle in the Southwest Pacific. I am inclined to think, however, that the result on the whole is definitely on the right side of the ledger. Apparently, the large scale attack on Port Moresby in New Guinea has been called off by the Japanese for the time being; and apparently we have sunk and damaged more of their ships and planes than they have of ours. As you have seen by the press, Curtin and MacArthur are obtaining most of the publicity. The fact remains, however, that the naval operations were conducted solely through the Hawaii command! I am not forgetting the possibility of coming to Ottawa but things are happening so fast, I dare not make anything definite for more than a few days ahead.

As ever yours,

Honorable Mackenzie King,
Prime Minister of Canada,
Laurier House,
Ottawa.

Mémo de Walt Rostow à Lyndon Johnson sur de Gaulle et le Québec, 27 novembre 1967

Source: Lyndon B. Johnson Library

Monday, November 27, 1967

MEMORANDUM FOR THE PRESIDENT

SUBJECT: DeGaulle's Press Conference and Your Meeting with
             Ambassador Bohlen, Tuesday, November 28, 11:15 a. m.

Monday's Press Conference

    DeGaulle pushed his regular themes further than he has before:

--   There is an American takeover of our businesses, but
this does not come as much from the structural superiority
of the United States as it does from the exportation of
inflated dollars." (Here deGaulle takes aim at the argument advanced in a new French best seller, The American
Challenge, which says that to compete with US industry,
Europeans must do hard things such as reforming their
educational and legal systems.) DeGaulle insists the US
balance of payments deficit must be ended so that it should
not continue to be a means of taking over European industry.

--   British entry into Europe is still out of the question. If the
other Five insist on negotiations with Britain now, they will
break up the Communities.

--   His most extreme statement was on Quebec: He called for
a sovereign Quebec closely linked to France. This is the
"major French task of our century."

--   Only Big-Four united action can bring peace to the Middle East.
US involvement in Vietnam makes such action impossible.

You may wish to get Bohlen's views on:

1.   What deGaulle is trying to do:
    -- is British entry dead?

    -- how much trouble can he make on the NPT?

    -- will he pull out of NATO in 1969?

-2-

2. How strong is his position inside France in the wake of

    -- his unpopular Mid-East stand,

    -- the Quebec fiasco (now repeated),

    -- and discontent in Parliament over his domestic policies?

3. What should we be doing: avoid tangling with him or begin
    to take active countermeasures?

                                        W. W. Rostow

RHU:mst

Note manuscrite de Richard Nixon sur son résumé matinal des informations, pendant la crise d'octobre, le 17 octobre 1970. Son commentaire se lit: «*H* [pour son adjoint Haldeman] - *Watch the press, they will defend their "liberal" friend!*»

Source: Nixon Project

10/17/70

6

warrant. He acted on grounds of state of insurrection. Film pointed up the extent and swiftness of the operation as party members were herded aboard vans and police with army backup covered the whole province by daybreak. Some 250 FLQ members and sympathizers were arrested.

The networks emphasized the extraordinary powers -- which Trudeau says may not end until April 1971 -- which include the suspension of civil rights, government control over property, shipping, ports and transportation. Trudeau warned of insurrection as he invoked the powers with "deep regret. "

The Interior Minister was on ABC attempting to show that the measures were not all that extreme. But on CBS, radical leader Le Mieux expressed considerable anger over the government's refusal to release the prisoners. CBS said there was some opposition to Trudeau moves but the country remained calm. Kidnapped victims believed still alive.

(CBS noted Attorney General Mitchell's comment that he sees no chance of the US taking such actions as have been taken in Canada. He said he was concerned with individual citizens taking vigilante actions to deal with terrorists.)

VIETNAM

NBC reported that bombs continue to "rain down" on the Ho Chi Minh Trail. Otherwise things have been so quiet that casualties are about

Document qui définit la politique du gouvernement américain face au Parti québécois, «*The Quebec Situation: Outlook and Implications*», août 1977.

Source: Département d'État américain

SECRET

THE QUEBEC SITUATION: OUTLOOK AND IMPLICATIONS*

---

* *Note de l'éditeur:* Étant donné l'importance de ce document qui se reflète jusque dans les moindres détails de sa formulation, c'était le souhait de l'auteur et de l'éditeur d'en donner un fac-similé. Malheureusement, ce souhait s'est révélé irréalisable à cause de la piètre qualité de la présentation matérielle dudit document. À défaut, vous trouverez ici la transcription fidèle de sa version originale, ainsi que la reproduction photographique de la première page de l'*abstract* qui le précède.

BEST COPY AVAILABLE

<u>SECRET</u>   069-2039

THE QUEBEC SITUATION: OUTLOOK AND IMPLICATIONS

Abstract: This study analyzes the present situation in Quebec, the strategies of Trudeau and
Levesque, the likelihood of possible outcomes of
the power struggle, the impact on the U.S. of such
outcomes, the U.S. preference, and the parameters
for U.S. short-term policy.

Summary:

Background. Quebec nationalism is older than Canadian
Confederation itself. The francophone Quebecois (80% of the
Quebec population) have an ethnic identity and solidarity of
their own. They have long standing grievances against English
Canada, among them a feeling of second class citizenship status
both in Canada as a whole, and, more importantly, in their
own province of Quebec.

The transformation of Quebec society in the last few
decades has brought with it rising expectations among the
majority francophones for expanded control of provincial
political and economic activities by them, rather than
Ottawa or the minority anglophones. Handling their own
affairs is seen as a viable alternative and a cultural imperative.

Although the Parti Quebecois (PQ) government is committed
to independence, it was elected to provide good government.
The PQ has promised to hold a referendum on independence before November 1981. Meanwhile, the contest for power continues
between Quebec and Ottawa. This type of power struggle is not
peculiar to Quebec. It is part of the Canadian system and engaged in by many provinces.

Significant changes are expected to take place in Canada
even if the Quebecois reject independence. The effect on U.S.
interests depends on the form and manner these changes take.
Five billion dollars U.S. money is invested in Quebec. It is
one of our larger trading partners -- about $7 billion annually.
Quebec forms an integral part of North American defense and
straddles the important St. Lawrence Seaway.

<u>Quebec and Ottawa Strategies</u>. Quebec. The PQ must demonstrate
it can provide good government. At the same time it will
pursue its "educative" program on the desirability and viability
of an independent Quebec.

While offering to negotiate independence with continued
economic association with Canada, the PQ will continue to
confront Ottawa with further demands and assertions of

<u>SECRET</u>   August 1977

A.   *Quebec Situation*

   Quebec nationalism did not emerge with the establishment of the Parti Quebecois (PQ) ten years ago. It is a long term phenomenon dating back to before the formation of the Canadian Confederation in 1867. The five million francophone Quebecois, 80% of the Quebec population, have an ethnic identity and solidarity of their own. They have also had long standing grievances, real and perceived, against both English Canada — symbolized by Ottawa, and anglophones in Quebec — symbolized by West Montreal.

   These grievances include such matters as a feeling of inferiority, second-class citizenship — both in Canada as a whole and, more importantly, in their own province of Quebec. The Quebecois have long felt that Ottawa: slighted Quebec when it came to developing Canada, did not look out for Quebec's interests in trade; interfered in and controlled economic, social, educational, and cultural affairs in ways detrimental to Quebecois values and aspirations; and did not properly represent Quebec francophones overseas. In Quebec itself, the complaint has been that the anglophones in Montreal controlled the Quebec economy and management positions, and that it was difficult for the French-speakers to get ahead because of poorer education and the need to know English. Studies have shown this to be true, and immigrants to Quebec have long realized it and have sought to assimilate themselves into the anglophone rather than the majority francophone community.

   The grievances are deep-rooted, emotional and persistent. Societal and political changes have eliminated the causes of some of them, but the perceptions not only linger on but have become reinforced with social change and as the possibility to do something about them has grown. Quebec is no longer the backward area with uneducated farmers ruled by the church and corrupt politicians of a few decades ago — when the only chance for the best and the brightest was federal service or national politics. Over the past decades there has been a tremendous surge in industrialization, urbanization, education and opportunities for advancement in the province. To most active Quebecois in the 20-40 age group, Quebec is now where the action is. All this change and development has brought with it rising expectations for expanded control of political and economic activities in the province by the majority francophones, rather than Ottawa or minority anglophones. In short, handling their own affairs has come to be seen by an increasing number of Quebecois more and more as a viable alternative and cultural imperative.

   The federalist affiliation has also been weakened by the perceived inability of Ottawa to take care of Quebec's problems — despite the fact there has been a francophone Prime Minister for eight years. The Quebecois are much more concerned with language questions in Quebec than in Canada as a whole, but see the failure of Trudeau's bi-lingualism policy as yet another indication that English Canada really is not concerned with the cultural aspirations of francophones.

Provincial aspirations for more local control, which have been pursued by all recent Quebec governments — whether Liberal, Union Nationale, or now Parti Quebecois, have clashed with the tendency by Ottawa to seek more and more centralization of power in the federal government. This basic contest for power will continue between Quebec and Ottawa, no matter who is in power in Quebec or, probably, Ottawa. This type of power struggle is not peculiar to Quebec, but rather typical of the Canadian system and engaged in by many provinces.

Although tremendous strides have been made in industrial development in Quebec over the past few decades, the Quebec economy is still not as developed as, and more dependent on tariff protection than some other parts of Canada. Quebec is heavily dependent on the Canadian and American markets. At this time, the Quebec economy is in difficulty even more so than the Canadian economy with unemployment at about 10 percent.

The PQ surprise victory at the polls in November 1976 has changed the basic situation of Ottawa-Quebec confrontation in that the people of Quebec will sometime before November 15 1981, be asked in a referendum to choose between independence and staying in Canada, and in that a group of people committed to independence are now in power in Quebec and have the opportunity to wield that power in pursuit of their goal.

The PQ was primarily elected to provide good government. It received 41 percent of the overall vote (but over half of the francophone votes). The number of Quebecois who support independence remains the same as before the PQ election victory, about 20 percent.

It is generally expected that some significant changes will take place in Canada, even if independence is rejected by the Quebecois; and U.S. interests will be affected to a greater or lesser degree depending on what form these changes take and the manner in which they unfold. Quebec is not only a place where $5 billion U.S. money is invested, but also one of our larger trading partners — about $7 billion worth each year. It is also an integral part of North American defense arrangements and it straddles the important St. Lawrence Seaway. There are over a million French Canadian descendents living in the United States.

Repetitions of the terrorism and violence that took place in Quebec in the early 1970s are not considered likely over the next few years. The whole issue of Quebec independence has entered democratic channels with the election of the PQ on the premise that independence would only come about on the basis of the will of the majority of the people expressed through a referendum. Isolated instances of violence cannot be completely ruled out, however. The possibility exists for anglophone violence in the Montreal area as a reaction to new restrictive language laws. Sustained terrorist activity is even more unlikely, but could possibly arise from a radical fringe element in or out of the PQ that felt completely frustrated as a result of: the PQ modifying its aims to something less than independence; the defeat of an independence referendum; or the defeat of the PQ in the next election. Violence would probably reduce support for independence. It would at the same time confront Ottawa with Hobson's choice of whether or not to again intervene with federal force, as was the case in the early 1970s — the psychological reverberations of which are still being felt. Terrorism would also raise the specter of outside terrorist organizations or radical third world forces entering the fray either directly or as financiers of terrorist activity. American nationals and property could become terrorist targets. Action against terrorists would, however, rest with Canadian authorities and there is no foreseeable set of circumstances that would call for direct U.S. action in dealing with a violence situation in Quebec.

B.   *Quebec and Ottawa Strategies*

    1.   *Quebec*

      The November 1976 election victory caught the PQ unprepared. Although it has fielded a provincial government composed of as able people as any before it, the PQ has had to concentrate simultaneously on mastering the task of governing — which it was primarily elected to do, and on formulating its strategy for reaching its goal of independence.

      At this time the PQ strategy is still in flux, but there are certain trends or expectations. It can be expected that the PQ will concentrate on a) showing that it can provide good government; b) pursuing its program of "educating" the electorate concerning the desirability and viability of an independent Quebec; and c) confronting Ottawa with maximized demands while offering to negotiate. The PQ will take steps within the province to assert the primacy of the French language, such as passing new language legislation. It recently presented a White Paper on this question which would lead to French having the status of the only official language in the province, French becoming the language of the workplace, and children of future immigrants to Quebec being forced into French schools. This will create more tension between anglophones and francophones, especially in the Montreal area. Many anglophones can be expected to leave Quebec and their immigration into Quebec will slow down. There are also native peoples and other ethnic groups in Quebec — Italians, Greeks, Jews, ect. (sic), who have strong views on the language issue. Violence is not a PQ tool, but rash acts by radical factions on both sides cannot be ruled out. If a backlash develops on this or similar issues in English Canada, the PQ will try to use this to further whip up francophone emotions — which are already volatile.

      The PQ can also be expected to try to gain more and more powers from Ottawa in other fields, such as French-language broadcasting and cultural activities. Each time it meets with resistance or is thwarted, the PQ will use this as further "proof" that Quebec's national affirmation cannot be accomplished within the federal structure.

In its "educative" campaign the PQ will attempt to underscore the need for Quebec to be able to make its own decisions. Preparations are already underway to show through a study of federal-provincial relations, on a sector by sector basis, that federalism places unacceptable constraints on the Government of Quebec to resolve Quebec's problems.

The PQ will on the one hand offer to negotiate independence, and continued economic association with Canada as part of it, and on the other hand continue to confront Ottawa with further demands and assertions of sovereignty. Examples of the latter can be found in the recent behavior of Quebec ministers at international meetings, where they have claimed to represent Quebec only, rather than Canada.

Compared with Ottawa, and Trudeau in particular, the PQ has time, nearly five years of it, to work on the Quebecois to bring them around to accepting independence. Both the PQ and Trudeau can try to outwait each other — but Trudeau only if he wins re-election in 1978, as he now seems likely to do. Each will hope that the other will stumble. The PQ has the advantage of deciding when to hold the referendum, choosing a propitious time when emotions are running high against English Canada. It can also control the pace at which it proceeds in challenging Ottawa, making sure that it is never too far ahead of public support for its actions. The PQ even has the choice of going slow, that is to seek a renewed mandate through re-election or by holding several referenda formulated in general terms — rather than a straight yes or no independence, thus gaining time for its "educative" campaign.

At the same time, the present moderate PQ leadership under party leader and Premier Rene Levesque is constrained by the fact that it must juggle the demands of several "constituencies". They must contend with their own PQ radical wing, which wants the party to push for independence now. They must seek to satisfy and enlarge the group of voters who are not party members but who voted for the PQ. They must build up general support for their goals, at least among the francophones in Quebec, in order to secure a sizeable majority support for the referendum. Finally, they must try to persuade Canadian and U.S. investors and lenders that the PQ program for independence poses no threat to their continued financial involvement in the Province.

Investors are not only concerned about the PQ drive for independence but also by the radical socialist orientation that they feel the party embodies. The more radical and socialist element of the PQ is relatively small in numbers, but has become entrenched in many party organs as the result of greater activism. As long as some chance remains that the PQ will succeed through democratic means, the present more moderate leadership of the party should be able to maintain control and contain the radicals. Indications are that Levesque would, if need be, let the radicals go rather than risking the general support — of a basically conservative electorate—that he has gained and hopes to expand. The radicals are too few in numbers and lacking in general support for them to gain power in Quebec in the foreseeable future, even under a scenario where it would be clear that the independence drive had failed and radical solutions might have some greater appeal.

2. *Ottawa*

Ottawa today means the federal government of Prime Minister Trudeau and his federal Liberal Party — which depends on its Members of Parliament from Quebec for staying in power. Trudeau will face an election within two years, and Quebec independence and what to do about it could well be the major issue.

So far Trudeau's policy toward the PQ has been low-key and somewhat passive. He has gone public pleading with the Quebecois: to stay in Canada; to remember their confreres outside of Quebec; to support bilingualism; to keep in mind that in an independent Quebec they would be an even smaller french entity in an english North America; and to consider the economic costs of separation. Trudeau, the Premier of Ontario, and four Western Premiers have threatened that economic association with Canada would not be possible for an independent Quebec. They probably consider this as English Canada's only real ace in the hole. At the same time, Trudeau has pleaded with English Canada for understanding of legitimate aspirations of Quebecois for cultural identity and equality.

So far, Trudeau's strategy otherwise has appeared to be a go slow one of conducting federal business as usual, even with the PQ government, to show that federalism does work and that the Quebecois can achieve their legitimate aspirations within the confederation. He has avoided confrontation with the PQ and has down-played challenges such as Quebec ministers claiming to represent Quebec rather than Canada at international meetings. He has taken some positive action, such as imposing textile quotas and providing dairy supports. Trudeau may be hoping that given time and room, Levesque and his relatively inexperienced government will trip itself up on Quebec's serious economic difficulties, or that schisms will develop within the PQ.

Taking the high road may seem like the safest thing to do for Trudeau but there are indications that he is not quite satisfied with the passivity of this approach. It is also questionable how long he can get away with enticing his audiences with vague references to new approaches to federal-provincial relations, without being willing to clarify his position with specifics. A good example of this was his masterful speech to the Congress in Washington in February 1977, which also served another aspect of his strategy, that of enlisting

U.S. support for a unified Canada. But there are limits to the effectiveness of the statesman-like stance, especially among the Quebecois.

Trudeau — unless he decides to leave politics altogether — must in the near future decide on some course of action in regard to Quebec. He can either "hang tough", basically letting matters proceed as they are—banking on the fact that, according to public opinion polls, support for independence has not grown in Quebec since the PQs electoral victory and is still a low 20 percent. It would not be unreasonable for Trudeau to count on the Quebecois rejecting independence on the basis that it would be too costly in economic terms. He may also believe that the PQ Government will in time succumb to internal rifts or the economic difficulties facing the province.

But Trudeau also knows that many of those Quebecois who do not support independence, do favor more control and power for the province. The question then becomes whether he feels that these aspirations must be satisfied, at least to a degree, and, if so, how and when.

There is some evidence that Trudeau may in time come to consider some formula that would transfer some powers to all the provinces, including Quebec. The mechanism for doing this could be: a) a unilateral transfer of powers to the provinces by the federal government; b) a joint parliamentary committee; c) a constituent assembly; d) a group of "wise men"; or e) a meeting with provincial premiers. The timing could be either soon or after a 1978 general election.

The fact nevertheless remains that Trudeau — although a francophone Quebecois — is a committed federalist and central power advocate. Giving up powers to the provinces therefore goes against his grain. It may well be that he feels a general shift in power to the provinces to be too high a price to pay is convinced that the other provinces would not agree to a special status for Quebec, and believes that Levesque and company will not be satisfied with anything that he could possibly offer them. If so, Trudeau may not be willing to use a transfer of powers approach to try to solve the problem. He could decide to try consensus building, co-opting opponents, and a direct effort to defeat the Quebec referendum. Although of lesser importance than the continued unity of Canada, it should be noted that a Canada without Quebec would also spell at least the temporary eclipse of the Liberal Party.

The other possibility as the representative of Ottawa is the opposition Progressive-Conservative (PC) Party, which could come into power within two years. The PC leader, Clark, has so far not offered any specific alternative program on Quebec, but the party is reportedly working on one. Clark has both attacked the Trudeau Government for its centralism and has given the broad outlines of a decentralization (he prefers the term flexibility) program involving devolution of some powers to the provinces. He has mentioned the areas of communications, cultural affairs, and immigration as possibilities.

Clark is also committed to a United Canada, but he and the PC may be able to contemplate a much greater degree of power for Quebec than Trudeau. He could be in a better position to speak for the rest of Canada to Quebec, since the PC's power base is in English Canada outside Quebec. He is also not handicapped by the long-standing personal rivalry between Trudeau and Levesque.

3. *The Cost of Separation Issue*

The battle has already been joined on the issue of the costs of separation. The PQ Government led off by releasing a study of their own which claimed that over the past fifteen years Ottawa had gained over $4 billion from its financial relationship with Quebec.

Ottawa has already attempted to rebut this claim, with some success. There are several other studies underway and the argument will continue. The availability of data is limited and the uses of it will vary from case to case. We are not in a position at this time to determine what the actual cost of separation would be for Quebec. What the actual facts may be is not as important, however, as what the Quebecois themselves come to believe. A certain economic cost will be acceptable to many Quebecois as compensation for the psychic benefit of being masters in their own house. Where the dividing line goes is impossible to determine, but a ten percent decrease in their standard of living would probably be more than what most Quebecois could be persuaded to accept.

4. *Possible Foreign Intervention*

The Soviet Union during the past few years has made a conscious effort to expand its relations with Canada and has attempted to capitalize on U.S. — Canadian disagreements—without success. There is no evidence that the USSR plans on trying to interject itself in the Ottawa-Quebec dispute, either directly or through a proxy such as Cuba, nor is there any indication that it would be welcomed by any Quebec group.

Unlikely as it seems, French intervention is a remote possibility. Quebec has maintained "special" relations with France since 1965, and Ottawa has remained suspicious of French intentions ever since DeGaulle's call in 1967 for a "Quebec Libre". During the past few years, however, France has pursued a very correct and careful policy vis a vis Canada and Quebec.

Quebec's Minister for Inter-governmental Affairs Claude Morin (de facto "Foreign Minister") recently visited Paris and was received by President Giscard d'Estaing, PM Barre, PM Guiringaud, as well as former PM Chirac. Only Chirac, the leader of the Gaullists, evoked echoes of DeGaulle's pro-independence sentiments. The French Government has extended invitations to both Levesque and Trudeau and it is expected that France, out of pure self-

interest and lack of economic resources, will try to avoid being brought into the Canadian dispute. Any overt French stand or action in favor of Quebec independence would probably be counter-productive since the Quebecois do not have strong emotional ties to France, and this does not overly worry Ottawa. There have been reports of covert French activity in Quebec conducted by private French nationalists, but if true they are on such a limited scale as to be of no serious consequence and could prove even more counter-productive than overt action.

Attempts by radical third world countries to involve themselves in the Quebec situation are most unlikely and would in any case be ineffective since what is in question is a democratic resolution of a dispute rather than an armed insurrection or national liberation movement.

C.   *Alternative Outcomes*

There are five possible alternative outcomes that need to be addressed. They are:

1. *Maintenance of the Status Quo*

The underlying historical forces of nationalism and the process of societal change that continues unabated in Quebec make the maintenance of the status quo the least likely outcome in the struggle between the federalists and the separatists. All francophone Quebecois are nationalists to a degree, and many of those who are against independence favor more authority for the province. The PQ drive for independence cannot help but reinforce this predilection for greater provincial power to control at least its cultural and social affairs. Even if the PQ should be defeated, the next provincial government will have to keep on demanding concessions from Ottawa, though perhaps not such sweeping ones.

2. *Devolution of Powers to All Provinces*

The alternative of transferring powers to all the provinces from the federal government is perhaps the only realistic way in the long term to keep Quebec in Canada. Just as Quebec, so the other provinces — with the possible exception of Ontario — are unhappy with the present federal / provincial power relationship. They would like to have greater taxing powers, more control over natural resources, revised transportation rate structures, more communications sovereignty, and an increased role in immigration. They do not, however, seek any significant degree of independence in defense, the conduct of foreign policy, or the management of a centralized monetary system. The question is therefore whether the federal government under Trudeau will be willing to give up powers generally and, even more importantly, whether this could be done to an extent that would persuade the majority of the Quebecois to stay with Canada without seriously undermining the entire federal system. Trudeau probably is convinced that no amount of concessions would satisfy the PQ, and he may be right. A general devolution to all the provinces could therefore weaken Canada without achieving the desired result, that of keeping Canada united.

3. *Devolution of Powers to Quebec Only*

The alternative of giving Quebec special status of powers in certain fields considered important by the Quebecois above and beyond any possibly given to other provinces, would probably satisfy the majority of Quebecois, and possibly even the PQ. This course would meet any important provincial objectives with much less economic risk.

It is highly questionable, however, whether the other provinces would agree to this. They might, if most of their own desires were met, and if they were faced with the choice between a Quebec in Canada in a special status or an independent Quebec. Such an effort could be a principal objective of the Trudeau campaign already launched to gain a better understanding in anglophone Canada of the unique francophone problem; but, if so, he is keeping it to himself.

Whether Trudeau could envisage such a solution might partly depend on the price the other provinces would exact and the fields in which the special powers would be given Quebec. It would be difficult for Ottawa to give Quebec even a degree of independence in foreign affairs or in the management of a centralized monetary system. Short of that, it could be possible to give Quebec what would amount to a "two-nation" status, but still within Canada. This would mean giving French-Canada as close to co-equal status with English-Canada as possible—somewhat analogous with the Austro-Hungarian historical example.

4. *Political Sovereignty with Economic Association*

Levesque has argued for "political sovereignty with economic associa-tion" ever since he started his separatist movement, and is pushing it now. The PQ has offered to negotiate such an arrangement with Ottawa either before or after a referendum and / or independence. At the same time Levesque realizes that Ottawa is most unlikely to agree to any negotiations regarding economic association between Quebec and the rest of Canada before the people of Quebec choose independence, since holding out the threat of economic isolation and difficulties is Ottawa's strongest argument in persuading the Quebecois to stay with Canada. Levesque is also resigned to the likelihood that some time could pass after an independence referendum until Ottawa agreed to negotiate economic association; but he makes the argument that it is so much in the interest of both parties that eventually Ottawa would have to agree. There is no question but that such negotiations would be extremely difficult since they would involve such matters as a common market for trade and possibly energy, a monetary union, and control over foreign trade.

As to negotiations regarding "political sovereignty", Ottawa might be hard put to refuse if the PQ phrased its referendum so that it would ask the people for a mandate to negotiate this with Ottawa and the referendum passed with a clear majority.

If Ottawa refused to negotiate, the PQ would be in a much stronger position to ask the Quebecois to vote for outright independence in a second referendum. A negotiated settlement regarding "political sovereignty" that would still keep Quebec at least nominally in Canada, is difficult to envisage, but could be possible on the basis of a "two-nations" concept. This alternative does not seem overly likely, however, at least not under a Trudeau regime. How would one solve the questions of defense, foreign policy, foreign trade, monetary policy, national debt, etc. ad infinitum? Moreover, the PQ still has to bring about a major turn-around in public opinion before a sovereignty referendum can be expected to receive a majority vote.

5. Unilateral Declaration of Independence (UDI)

If the Quebecois at some point in the future opt for independence in a referendum, the PQ can be expected unilaterally to declare Quebec independent and seek recognition from other countries. What would then unfold would depend on the basis for the UDI and how it came about. The size of the majority for independence in a referendum would perhaps be the most important factor. Quebec's willingness to assume international obligations, protect Canadian and foreign interests, and provide for minority rights would also weigh heavily in determining Canadian and foreign reactions. Other factors would involve the political climate in Canada, that is whether English Canada took a "good riddance" stance or attempted to overcome the UDI by further negotiations with Quebec. The deferal Canadian Government's position would determine what action, if any, it took to try to prevent other states from recognizing an independent Quebec.

Both Trudeau and Clark have said that they would not use force to keep Quebec in Canada if a clear majority of the Quebecois chose independence. Forceful federal intervention cannot be ruled out, however, in case the majority is not clear or if violence erupts.

The PQ clearly believes that declared independence if necessary will be followed by forms of association with Canada because this is in the strong interest of both. Thus UDI, for PQ, could be but a temporary means of working out associated status with "political sovereignty."

D.   Most Likely Outcome

It should be recognized that the described alternative outcomes are first of all conceptualizations and secondly not exhaustive. Furthermore it is quite

*possible, and perhaps even likely, that there will be simultaneous and / or parallel
developments in many areas.*

*It is likely that developments will be not only contradictory at times, but
also take place in various stages. The first stage is that between now and a
referendum. Since the referendum is not expected to be a yes or no on independence, but rather one asking for a mandate to negotiate with Ottawa, for "political sovereignty with economic association", the next stage would probably be
from a referendum until negotiations either succeeded or broke down. If they
broke down there would be a further stage before another referendum, this time
for independence. If the referendum passed, there could be further negotiations
or a UDI would follow, but this too could be just another stage, until negotiations
for economic association started. The possibilities for scenarios seem endless.*

*Although any of the five alternative outcomes are entirely possible, some
are more likely than others. The least plausible is the first — maintenance of the
status quo. Alternatives two and three are variations on a theme, devolution of
powers. Of these, a general devolution to all provinces is more likely than to
Quebec only, at least as matters stand now. The last two are also variations on
a theme, independence — either with or without economic association. Independance — UDI — is only expected to come about as the result of a clear majority
choice in a referendum. Whether there would be economic association, and how
soon, would depend on the approach to the question of the two parties at that
time. It is therefore impossible to forecast now the likelihood of one outcome as
against the other of these two alternatives.*

*What we end up with on the basis of this reasoning is that either Trudeau
(or possibly Clark) can bring himself to agree to transfer powers to the
provinces, in such a manner and to such an extent that the Quebecois will opt to
stay with Canada, or developments will lead to a majority of the Quebecois
coming to support independence — qualified or unqualified. The fact that
support for independence has not grown appreciably in Quebec since the
election of the PQ, and still amounts to only about 20%, would seen to augur well
for Trudeau's chances. The whole question involves, however, so many imponderables, perceptions and emotions, that a swing in time among the Quebecois
in favor of independence can be no means be ruled out. English Canadian actions
and reactions will play an extremely important role in determining the attitudes
of the Quebecois. Every time the Quebecois perceive actions by English Canada
as either punishing Quebec, being a slur on the national pride of the Quebecois,
or being an action designed to weaken the position of Quebec, the group favoring
independence will gather strength.*

*At the same time, interplay between underlying historical forces of
nationalism and economic determinism may be more important in determining
the future of Quebec and Canada than the maneuverings of governments and
political parties. Ultimately, the independence struggle may come to a decision*

between heart and pocketbook. Outcome of such a choice could be greatly influenced by economic conditions in Quebec over the next two-three years. Much will depend on how the Quebecois perceive, or are led to perceive, the expected economic difficulties or, as they are called, the costs of separation. Should the PQ be able to convince the population, as they will try, that they can do as well or better than the Federal government or that Ottawa is responsible for much of their woes, then economic issues may tend to reinforce the already strong nationalist forces. Coversely, if the federalists could argue successfully that separatism and the economic uncertainty which it engenders are major factors in exacerbating economic difficulties, or that the costs of separation would be high, there would be a better than even chance that an already dubious majority in Quebec would sour on independence. If nationalist attitudes are reinforced, however, sagging economic conditions or expected economic costs of separation may not play as great a part as one might expect in defeating separatism. Emotions, possibly on both sides but certainly in Quebec, can be expected to be a key element in the decision-making process.

E.   *Impacts on the United States*

   1.   *Short-term Impacts*

      There are several likely short-term impacts on the U.S. growing out of the Ottawa-Quebec confrontation. By short-term is meant that time at least up to the Quebec referendum in about two-three years.

      First of all it can be expected that the federal government in Ottawa will become increasingly preoccupied with domestic matters, reducing its ability to play a constructive role in international affairs. Because of this preoccupation and its desire to enlist U.S. public support for a united Canada, the Trudeau Government may become more accommodating to U.S. interests. There was some evidence of this during Trudeau's February 1977 visit to Washington — during which he was also very successful in gaining expressions of U.S. support for a united Canada. Whether the more accommodating approach can be translated into new cooperative ventures with the U.S. — such as in trade or energy questions is still not known. It would not be surprising for Ottawa to ask the U.S. Government to take a stand much more unequivocally in favor of a united Canada. And Ottawa might even at some point pressure the U.S. to make clear to Quebec, before a referendum, that any special U.S. trade arrangements with an independent Quebec would be out of the question.

      The PQ, despite its radical and socialist elements, has so far been much less anti-U.S. than anti-English Canada and has assumed that it could always work things out with the U.S. The PQ will try to counteract Ottawa moves by trying to persuade the U.S. to adopt a neutral position in the Quebec-Ottawa confrontation. The PQ will also try to assure the U.S. Government and private American investors, as well as Ottawa and Canadian investors, that they have nothing to fear from the PQ or an independent Quebec. The PQ might try to gain U.S. support, particularly after a successful referendum or while negotiating with Ottawa, by either threatening or holding out special consideration regarding American investments in Quebec, electric power swaps, trade, the St. Lawrence Seaway, and defense matters.

It is possible that Ottawa and / or Quebec will try to involve the U.S. on its side, especially as the time for the referendum draws nearer. U.S. involvement will be difficult to avoid, considering the extensive U.S. interests in both Canada and Quebec in the fields of investment, trade, and defense—just to name a few. There is likely to be demands from American business' for the U.S. Government to protect the interests of business in Canada, including Quebec. It is not known what position French-Canadian descendents in the U.S. will take, but they may try to influence the U.S. Government and Congress, as may other Americans in the U.S. or Canada. The possibility that U.S. or Canadian media attention will stir up interest and emotions cannot be ruled out.

2. *Impacts of Alternative Outcomes*

Given the many imponderables, such as how change comes about, what the changes are and the effect of possible U.S. involvement, any assessment of the impact of future developments in Canada on U.S. interests must necessarily be speculative and general.

a. *Impact on Maintenance of Status Quo*

The effects of the first alternative — maintenance of the status quoi, i.e., that there are no significant changes to the present system, are probably clearest. U.S.–Canadian relations would then continue more or less as before. If it was clearly resolved through a referendum that Quebec would stay with Canada, and no serious outbreak of violence by discontented elements followed this, Ottawa would again become less preoccupied with internal matters—and probably less accommodating to U.S. interests. A defeat of the referendum would not necessarily lead to any lessening of pressures by Quebec to obtain more powers from Ottawa, or the permanent demise of separatist tendencies. One result could be a growing anti-U.S. sentiment in Quebec. Nevertheless, this alternative presents the least problems for the U.S.

b. *Impact of Devolution to All Provinces*

Depending on which powers would be transferred from the federal government to the provinces, the second alternative—devolution of power to all provinces, could have a considerable impact on U.S. interests. These interests could come into play already in the informative stage, that is during the period when a transfer if powers would be negotiated between Ottawa and the provinces, or while Ottawa formulated the powers that it could possibly transfer

*uniltaterally to the provinces. A transfer of powers to the provinces could make
it more cumbersome and time-consuming to deal with Canada because the
Canadian federal government would have to consult with or obtain the agreement of the provinces to a greater extent than is now the case. If, as would be most
likely, the provinces obtained greater powers of taxation, more control over
natural resources, transport rate structures, communications, and / or immigration, this could create differing and discriminatory rules from between provinces
in the conditions for U.S. business operations, investment and ownership, tariff
and trade, resource extraction, transport rates (possibly including St.Lawrence
Seaway), oil / gas exploration, fishing, and environmental questions — to mention a few areas.*

*Depending on the extent of the devolution of powers, the U.S. could end
up, as a practical matter, "dealing" with eleven Canadian entities rather than
one and could find itself indirectly involved in interprovincial issues and federal-
provincial problems. Some of the provinces would probably seek closer practical ties with U.S. than with the rest of Canada in areas under their control,
further complicating Canadian internal affairs and U.S.-Canadian relations.*

c. *Impact of Devolution to Quebec Only*

*The effect of the third alternative — devolution of powers to Quebec only,
would only differ in degree from that of the impact of the second alternative.
Depending on how much power the other provinces also obtained and which
special powers that would be given to Quebec, we would find that we were facing
either an even more complicated situation or one where the new complications
were primarily applicable only to U.S. interests in the province of Quebec. It
would be easier to deal with a Canada where only Quebec, rather than all the
provinces, had a special status. In some ways it might also be easier than the
present situation because there would not be the uncertainty about the rules of
the game that prevails now and will continue to exist until the Quebec issue is
settled.*

d. *Impact of Political Sovereignty with Economic Association*

*The effects of the fourth alternative — political sovereignty with economic
association, would depend on the shape of the negotiated settlement, on how
sovereign Quebec would be and what kind of approach the two economically
associated entities would take toward other countries in trade and related
matters. If the federal government retains control over defense, foreign policy,
and monetary affairs, the impact would probably be manageable — since both
Canada and Quebec need the U.S. as a trading partner and provider of
investment funds or loans. Nevertheless, the U.S. would be presented with many
different aspects and issues in its relations with this new Canada. In any case,
in the event that the two, Ottawa and Quebec, can reach an amicable settlement
on this basis, it should be possible for the U.S. to work out acceptable solutions*

to problems with both or jointly, even though the process would necessarily be more complicated and cumbersome. The situation could be further complicated by growing demands from other provinces for an equal degree of sovereignty.

e. Impact of Unilateral Declaration of Independence (UDI)

The impact of the fifth alternative — unilateral declaration of independence (UDI) by Quebec, would probably be the most severe on U.S. interests.

While Quebec would certainly be a more viable state than most UN members, it could well, to begin with, be less viable as an independent country than as a province. Canada, if it could survive at all, would be less viable as a country without Quebec.

In case of a UDI, the U.S. would first of all be confronted with the problem of whether to recognize Quebec. The U.S. position would have to be based in part on: the attitude of the federal Canadian government; the actions of other countries; the degree to which Quebec would provide adequate assurances that it would assume international obligations formerly carried out by Canada — including defense commitments; the best way to protect U.S. interests; and the danger of violence or armed conflict.

The reaction of the federal Canadian Government of major importance to the U.S., would depend on the size of the majority vote for independence, on the protection for minority rights that Quebec would be willing to extend, or whether there was widespread violence in Quebec as a result of a UDI, on the degree to which Quebec would be willing to assume its share of federal obligations — such as the national debt, and on the climate that prevailed at the time in the rest of Canada, i.e., either spitaful or a desire to salvage as much as possible — through negotiations for economic association and defense treaties.

The U.S. would have to work out a new basis for its relations with both Quebec and Canada. The North American situation would have changed from bilateral to trilateral with the possibility that in case of differences two would be aligned against one. Key areas of concern are defense, trade, investment, and transport, as well as the international role Canada and Quebec would play — including the question of NATO membership.

Much would depend on what kind of Quebec would emerge. The Quebecois feel that they must protect and assert their ethnic and cultural identity, but they also know that they need both Canada and the U.S. for their economic viability. Having established once and for all the supremacy of its French character in language and culture, Quebec might well become less xenephobic. This could permit the strong North American elements in Quebec society to be brought to bear on policy formulation.

It can be expected that a realignment of political forces would take place in an independent Quebec, with the present split between federalists and separatists changing to a more normal left-right configuration. Ironical as it may seem, it is not at all sure that the PQ could survive as the leading party in any independent Quebec. Levesque and the PQ moderates would pursue Scandinavian-type social democratic policies. This would not satisfy many of the more radical-leftist PQ numbers who would probably bolt and form a new party. The PQ would also suffer losses of many of its present nationalist but conservative supporters, who would probably join a new right-of-center party composed of present Liberal Party and Union Nationale members.

The more advanced form of socialism or radical ideology that an independent Quebec Government would adopt, the more difficult it would be for the U.S. and Canada to deal with it. A Quebec that stayed out of NATO and North American defense, or pursued neutralist policies, would pose problems for the U.S. If it also, unlikely as it seems, would seek a special relationship with Russia or Cuba, U.S. security could be directly threatened.

Considering the apparent self-interest of Quebec, the basic conservative nature of much of the population, and the North American orientation that exists, it is likely than an independent Quebec would at least attempt to establish good relations with the U.S.

Although an independent Quebec would present new dimensions and likely problems of the U.S. — which it would be nice to be able to avoid — the likely impact that it would have on the rest of Canada is even more serious for the U.S.

The immediate aftermath of a Quebec UDI would probably be stormy and it might be difficult to avoid violence in Quebec. It would also be difficult for Ottawa and Quebec to negotiate or establish a new basis for relations in the acrimonious atmosphere that would prevail. This would be a difficult period for the U.S. as well, but also one where skillful efforts to ameliorate tensions could bring long-term benefits to the U.S.

The first flush of Quebec independence could bring about greater cohesion, at least temporarily, for the rest of Canada, and could result in an increase in anti-U.S. feelings as a means to preserve a separate Canadian identity deprived of the French peculiarity. Strong regional divergencies, the natural North-South pull, and the exposed situation for the maritime provinces would probably inexorably in time lead to one or more of the provinces or regions breaking away from Ontario/Ottawa domination. Once started, it is questionable whether the process could be stopped. Some of the provinces or regions would try it alone, some would seek some form of association with the U.S. The effect would be that the U.S. would be faced with either new responsibilities and/ or opportunities, or a number of small and weak, although probably friendly, countries to the North.

F.   U.S. Preference

The U.S. preference, as stated by the President, is a united Canada. This is clearly in our national interest, considering the importance of Canada to U.S. interests in defense, trade, investments, environmental questions, and world affairs. It is also understandable because we have developed a good system of managing our relations with the present Canada, a known quantity. We do not know what kind of neighbor an independent Quebec would be. We see a possibility that either an independent Quebec or the remaining Canada would become more anti-U.S. than is the case for Canada today. Quebec because of a shift in focus in defending its cultural identity against American rather than English Canadian encroachments, Canada without Quebec because of an increased need to emphasize a non-American identity, having lost its bicultural peculiarity. We would have to expect that both Quebec and Canada would try to involve us on their side, placing us squarely in the middle and in a no-win situation. We have serious doubts about whether the rest of Canada could stay united if Quebec separated, and see the alternatives of a smaller and weaker Canada or several mini-states to the North as less desirable than the present situation. The possibility that one or several Canadian provinces would seek to join the U.S. raises prospects that we have not contemplated. They could be negative or positive, but probably difficult to resolve.

Nevertheless, the present situation also is not to our benefit. As long as the legitimate grievances and aspirations for safeguarding their ethnic identity are not resolved in a manner satisfactory to the francophone majority in Quebec, an unstable situation will continue that could result in damage to U.S. interests, increasing Canadian impotence, and even a resumption of terrorism and violence in Quebec.

It is therefore in our interest that Canada resolve its internal problems. How this is done is of course primarily for the Canadians themselves to decide, but we have a legitimate interest in the result and must consider whether there is any positive policy in this regard that we can pursue.

Our primary concern is the protection of over-all U.S. interests in Canada — including Quebec. A devolution of powers to Quebec only, particularly in cultural and social affairs — which have a human rights aspect, could well be less disruptive to U.S. interests than a general devolution of powers to all the provinces. At the present time English Canada does not support a Two-Nation approach, but this could change. It should also be kept in mind that Quebec does meet generally accepted criteria for national self-determination in the sense of ethnic distinctiveness in a clearly defined geographic area with an existing separate legal and governmental system. There is also no question regarding the basic long-term viability of an independent Quebec in the economic sense or in regards to its ability to be a responsible member of the family of nations. The unresolved and determining factor is and must be the will of the people of Quebec.

F.   U.S. Policy During Transition

The U.S. Government policy for the next two years — a time frame that could be considered a transition period since no decisive action on Quebec is expected during it — should be based on the following positions:

1. The President in February 1977 stated that:

    a. The U.S. considers the Quebec situation to be one for the Canadians themselves to resolve;

    b. The U.S. considers Canadians completely capable of resolving the question; and

    c. The U.S. prefers confederation.

2. In public statements, U.S. Government representatives will not go beyond the position detailed in point 1.

3. In private communication with the Government of Canada, the U.S. Government will reiterate its expressed willingness to consider ways we might be helpful on the Quebec question, if the Government of Canada should conclude the United States Government could play a useful role.

4. U.S. Government representatives will conduct relations with Canadian provincial authorities, including those of Quebec, in the same manner as has been the practice heretofore.

At the same time, the U.S. Government will closely follow and analyze developments in Canada and Quebec on a continuing basis and will review its policy periodically as developments warrant.

Mémo de Richard Pouliot à Robert Normand, «Entretien avec le Consul général des États-Unis», sur l'intervention possible du Secrétaire d'État Cyrus Vance pendant la campagne référendaire

Source: Ministère des Affaires internationales du Québec

CONFIDENTIEL

Gouvernement Juebec
Ministère des Affaires
intergouvernementales
Bureau du sous-ministre adjoint

[signatures manuscrites]

Québec, le 22 avril 1980

NOTE A: Monsieur Robert Normand

DE: Richard Pouliot

OBJET: Entretien avec le Consul général des Etats-Unis

        J'avais convenu, il y a quelque temps, de rencontrer le Consul général des Etats-Unis. Celui-ci m'a aimablement invité à déjeuner le lundi 21 avril. Le hasard a voulu que ce déjeuner coïncide avec un rendez-vous que le Consul général avait demandé au ministre Claude Morin. Tel que je vous l'avais laissé entendre, mon intention était d'aborder la prochaine visite du Secrétaire d'Etat américain, monsieur Vance.

        Monsieur Jaeger me semblait terriblement nerveux. Il était visiblement irrité par la parution dans le Fletcher Forum de l'.entrevue qu'avait accordée à un étudiant en doctorat monsieur Morin sur la politique étrangère du Québec. Le Consul général était évidemment un peu vexé de voir que dans cette entrevue on avait fait aucune place à l'activité du Consulat général des Etats-Unis à Québec et laissait entendre qu'au contraire les Etats-Unis refusaient ni plus ni moins le dialogue avec le Québec. Inutile de vous dire que j'ai eu droit à un chapitre sur l'impossibilité pour le Gouvernement américain de poser des gestes à l'endroit du Québec dans le contexte politique actuel, eu égard aux réactions que pourrait avoir Ottawa. Par ailleurs, m'a-t-il réaffirmé, ce n'est pas pour rien qu'il se trouvait à Québec, qu'il était francophone et au surplus francophile. Il a également ajouté qu'il faisait régulièrement rapport à Washington de son analyse de l'évolution de la situation québécoise et que toute requête du Québec pourrait être cheminée par la voie du Consulat général. Il s'est à l'occasion plaint du fait qu'on utilisait peu, que généralement lorsqu'il était question des Etats-Unis, c'est lui qui devait prendre l'initiative de demander les rendez-vous auz divers ministres et que jamais depuis son arrivée à Québec, le Gouvernement ne l'avait convoqué pour discuter avec lui de questions d'intérêt pour Washington. Il a pris évidemment pour exemple la visite du Secrétaire d'Etat à Ottawa en m'indiquant qu'il ne voulait pas me faire la leçon, mais que personne dans le Gouvernement ne l'avait convoqué pour en discuter.

...2

Je lui ai évidemment répliqué que nous appréciions énormément que le Département d'Etat ait affecté à Québec un Consul
général qui était sympathique aux problèmes québécois et qui,.
par sa compétence, pouvait faire des analyses judicieuses de
l'évolution de la situation! J'ai même ajouté, ce qui est rigoureusement exact, qu'à chacune de mes visites à Washington,
les représentants du Département d'Etat que je rencontrais me
faisaient l'éloge du travail du Consul général. Ceci dit, je lui
ai demandé de faire tout de même un certain nombre de distinctions. Sans vouloir commenter la réponse du ministre à la question du Fletcher Forum, j'avais le sentiment tout de même que
le Québec, tout en reconnaissant le rôle du Consulat général,
se voyait frustré d'un dialogue avec le Gouvernement américain
à partir du moment où les autorités américaines de passage au
Canada donnaient l'impression d'éviter systématiquement le
Québec. C'était le cas du vice-président Mondale lors de son
séjour au Canada en février 1978. C'était également, lui ai-je
dit, notre impression lorsque l'année dernière, il était sérieusement question de la visite du président Carter. Il m'a confirmé que lors de la préparation de cette visite, un séjour à
la Baie James avait été sérieusement envisagé par Washington,
puis par la suite écarté pour des raisons strictement techniques compte tenu de la difficulté que présentait, à quelques
semaines d'avis, la mise en branle des dispositions techniques
nécessaires lorsqu'un président des Etats-Unis se déplace
en territoire hors des frontières américaines.

Ceci dit, je lui ai réaffirmé qu'il me semblait très
difficile pour le Québec d'accepter que les dirigeants américains n'aient sur le Québec que les perceptions véhiculées par
les dirigeants canadiens et qu'il ne soit pas permis à un représentant autorisé du Gouvernement québécois d'avoir droit
au chapitre et qu'on veuille bien du côté américain l'écouter
avant de porter un jugement. C'est alors que nous avons abordé
le sujet de ma visite au Consulat général, à savoir la prochaine
rencontre de Cyrus Vance à Ottawa.

Le Consul général m'a d'abord indiqué qu'il fallait
faire une distinction entre l'explication de la situation et
les actions que pourrait poser le Gouvernement américain.
Il m'a évidemment réaffirmé que le Gouvernement américain comprenait beaucoup mieux la position du Québec aujourd'hui, mais
il m'a aussi dit que les Etats-Unis avaient des intérêts globaux et qu'il pouvait très bien se produire que le Gouvernement
américain fasse de la "realpolitik". Il a enchaîné en me disant
que le Secrétaire d'Etat avait reçu un briefing approfondi
sur toute la situation canadienne avant son séjour de cette semaine à Ottawa. Il a également indiqué que leur recommandation

3...

au Secrétaire d'Etat avait été dans le sens de l'abstention quant à une prise de position éventuelle sur la question constitutionnelle. Il m'a dit avoir suggéré de jouer "low profile". Cependant, il m'a confirmé que le Secrétaire d'Etat donnerait mercredi une conférence de presse au cours de laquelle serait sûrement abordée la question québécoise et que ce dernier ferait une déclaration à cette occasion au sujet du Québec. Il a ajouté qu'en tant que fonctionnaire, il ne pouvait que faire des recommandations au Département d'Etat, mais il ne pouvait m'assurer que ces recommandations seraient suivies par le Secrétaire d'Etat qui est généralement reconnu comme un "conservateur" en politique étrangère. Le qualitatif est de lui et non de moi. Dans les circonstances présentes, a-t-il ajouté, au moment où le contentieux entre Ottawa et Washington s'accroît, il n'est pas impensable du tout que le Secrétaire d'Etat américain sa fasse"tordre le bras" par le Premier Ministre Trudeau. Je signale encore une fois que l'expression est de lui et non de moi. Il a par la suite parlé de l'importance pour les Etats-Unis d'obtenir l'adhésion du Canada au plan de boycottage des Jeux Olympiques de Moscou en faisant un parallèle que je trouve un peu odieux entre la situation de La Sarre en 1936 et celle de l'Afghanistan aujourd'hui. Vous savez, m'a-t-il dit, si les Alliés en 1936 avaient boycotté les Jeux Olympiques de Berlin, nous n'aurions pas connu la Deuxième Guerre mondiale! Je me suis permis de mettre en doute sérieusement cette analyse en faisant remarquer qu'à mon avis Brejnev n'était pas Hitler. Ceci dit, il m'a réaffirmé que cette question était éminemment fondamentale pour les Etats-Unis.

wow!

J'en conclus comme je l'ai laissé entendre au ministre après mon entretien avec monsieur Jaeger qu'il pourrait très bien se produire que monsieur Vance troque une déclaration sur l'unité canadienne contre l'assurance d'un appui par Ottawa à sa politique à l'égard du boycottage des Jeux Olympiques de Moscou.

J'ai fait remarquer au Consul général que le Québec n'était pas un pays anti-américain et que toute intervention du Secrétaire d'Etat dans le débat constitutionnel actuel ne pourrait faire autrement que de générer un courant d'opinion forcément anti-américain au Québec. J'ai fait une analogie sans doute mauvaise, mais avec l'intervention tout à fait anodine de Michel Rocard dans cette affaire pour réaffirmer que dans le cas d'un Secrétaire d'Etat des Etats-Unis, il fallait s'attendre à ce que la réaction soit beaucoup plus vive.

Nous leur offrons d'éviter un "nouveau Cuba up north"; qu'ils ne le créent pas eux-mêmes!

...4

Il a conclu en réaffirmant à nouveau qu'il ne savait pas bien sûr ce que le Secrétaire d'Etat allait déclarer à la presse, mais qu'il espérait évidemment que celui-ci n'irait pas plus loin que les déclarations antérieures des membres de l'administration américaine.

RICHARD POULIOT

/lt
c.c. M. Jim Donovan

Anatomie d'une légende: «Project Revolt»

Normand Lacharité ne sait plus si c'est à Trois-Rivières ou sur une terre agricole que prend racine son arbre généalogique. Américain né à Brunswick, dans le Maine, il se souvient de soirs d'été passés à discuter sur les balcons de Saint-Hyacinthe avec des cousins qui riaient de son drôle d'accent, il se revoit taquiner le poisson aux premières lueurs des petits matins beaucerons.

Lacharité ne parle plus le français et ne voyage plus au Québec. Pourtant, la chose québécoise l'intéresse. Formé aux communications, à l'économie et à l'administration publique au début des années soixante, il n'a de cesse de fouiller dans le passé et le présent des Québécois. «Je voulais, dira-t-il, établir un contact avec mes ancêtres.»

Cette marotte, cette passion de celui qui avoue sa sympathie pour les élans souverainistes du Québec va provoquer un incident diplomatique entre Washington et Ottawa et insérer dans la littérature politique québécoise une légende aussi tenace que flatteuse: l'armée américaine étudiait le mouvement indépendantiste pour en prévoir le développement et intervenir au besoin.

Enfin, Goliath s'occupe de David. Enfin, quelque levier est actionné dans le tréfonds de l'implacable machine de guerre, dans quelque sous-sol du Pentagone. Officiel: Docteur Folamour est abonné au *Devoir*. Les indépendantistes de gauche, qui depuis la fondation du RIN et du FLQ s'époumonaient à dénoncer «tous les intérêts du colonialisme américain, allié naturel du colonialisme anglo-canadien», ont attiré l'attention de Washington. L'ennemi yankee bouge — il existe donc —, sanctionnant par là même la légitimité du combat et lui donnant ses galons internationalistes. Baie des Cochons, golfe du Tonkin, rivière des Prairies, même combat.

Il y a plusieurs paradoxes dans ce que la petite histoire a erronément intitulé «Project Revolt». Le calendrier de la controverse en est un. Le *Toronto Daily Star* «découvre» le scandale, cinq colonnes à la une, en février 1966, alors que le projet est enterré depuis sept mois et que la presse américaine en a étalé le volet québécois huit mois plus tôt. Diefenbaker demande alors en Chambre à Pearson s'il a protesté contre «une pratique aussi inhabituelle» pour les États-Unis que de mettre leur nez dans les troubles de leur voisin (blague-t-il?). Mais lorsque le

Parlement entend parler de «Revolt», l'affaire, qui a fait vibrer de rage le Sénat du Chili comme celui des États-Unis, qui a opposé deux géants du cabinet américain, qui est montée jusqu'au Bureau Ovale, l'affaire, donc, appartient à la préhistoire.

Un guide du parfait agent de propagande

Elle commence dans des bureaux exigus qui sentent l'alcool à friction et la sueur de jeunes athlètes tout proches, en quête de corps sains où loger des esprits à l'avenant. Au-dessus du gymnase de l'American University de Washington, les chercheurs du pompeusement nommé Special Office of Research Operations (SORO, Bureau spécial d'opérations de recherche) s'adonnent à des tâches tantôt anodines, tantôt inquiétantes. À même de généreuses subventions du département de l'Armée, toute une division du SORO planche sur des livrets d'information générale portant sur des pays lointains. Il s'agit de guides accessibles au public mais destinés principalement aux officiers et soldats de l'armée américaine envoyés dans des contrées qui leur sont inconnues. Un autre groupe écrit des manuels autrement intéressants. Classés de «confidentiels» à «secrets», les «livrets d'opérations psychologiques» constituent le guide du parfait agent de propagande américain. Ils identifient les «symboles et les formes d'interpellation qui ont prouvé leur efficacité auprès d'auditoires spécifiques dans un pays donné».

Au début de 1962, Lacharité est au SORO depuis quelques mois à peine (à 31 ans, il cherchait une béquille financière à des études qui s'éternisent) quand l'armée donne un nouveau mandat à l'organisation: améliorer la compréhension de la dynamique des insurrections de façon à pouvoir prédire et anticiper les explosions de violence. On coiffe cette recherche du titre général «Task Revolt».

Le besoin est pressant et l'ordre vient de haut. La guerre conventionnelle menée tank contre infanterie, cuirassé contre kamikaze, fait place à un combat nouveau, diffus, souterrain. De petites bandes embusquées dans la jungle indochinoise font le coup de main contre une centrale électrique et immobilisent le pays. Des étudiants de bonnes familles d'Amérique latine délaissent le soccer au profit du cocktail Molotov. Pire, des paysans illettrés de hameaux non-stratégiques du Yémen et du Congo se laissent bercer par les promesses marxistes, adaptées au goût local par la variante indigène de l'ennemi collectif. Les armées de ces petites nations, comme l'imposante armada américaine, voient leur stratégie de puissance brutale déjouée par un adversaire invisible et omniprésent. Les généraux excellent aux massacres d'éléphants; ils reviennent bredouilles de la chasse aux moustiques.

«La science militaire pure ne suffit plus», écrit le président Kennedy à l'Armée en avril. Puisque l'ennemi utilise «le conflit économique et politique, la propagande et l'agression militaire brute dans une combinaison sans fin», dit-il, «nos officiers et nos hommes doivent comprendre et combiner l'action politique, militaire et civile».

Recherchiste junior, Lacharité est attaché à l'équipe qui ausculte les malaises sociaux du Guatémala, puis à celle qui examine les mécanismes de la révolution cubaine. Le travail ne risque pas de lui valoir une nomination au Nobel. Les équipes remâchent des données déjà publiées, échangent des hypothèses, défrichent un champ, celui de l'insurrection, presque vierge. La tâche serait fastidieuse s'il n'y avait le jeu. Appelé «Gaming», la technique, alors toute nouvelle, consiste à recréer étape par étape un bouleversement social, une révolution. «Nous avons simulé la révolution cubaine en un jour, un exercice extrêmement structuré», se souvient Lacharité. À ce Monopoly de la lutte des classes, une douzaine de joueurs représentent chacun un groupe d'intérêt et réagissent selon leur propre logique à chaque étape du développement de la révolution. En intégrant de nouvelles variables, les apprentis sorciers de la sociologie tentent d'infléchir le résultat. «Sous des conditions différentes, Castro n'aurait pas rallié certains des groupes qui l'ont soutenu», dit Lacharité. Mais les chercheurs ne trouvent pas la clé, le facteur déterminant qui ferait échouer le barbu le plus célèbre des Amériques.

Le cycle québécois

Au gré de ses lectures, Lacharité trouve à l'automne 1964 un texte d'un universitaire montréalais —son nom s'est perdu dans sa mémoire— qui éclaire le nationalisme québécois d'un jour inédit. Les Canadiens français sont cyclothymiques, écrit l'auteur. À certaines périodes, leur pulsion séparatiste hiberne, disparaît complètement du champ social. Puis le sujet refait surface, jusqu'à dominer le débat politique. Dans cette phase de haute tension, le discours enflammé déborde dans la rue, génère de brèves explosions de violence. Ensuite, le contexte change encore, chasse le séparatisme de l'avant-scène. Il s'enfouit quelque part dans la coulisse des rêves nationaux, pour somnoler ou reprendre des forces.

Pourquoi, se dit Lacharité, ne pas faire du Québec un des sujets de «Task Revolt»? Son supérieur hiérarchique, Ted Gude, n'est pas emballé. Et le Québec n'est pas «un beau cas», proteste Gude; «il comporte moins de facteurs idéologiques qu'on n'en trouve dans un conflit majeur». Tout au plus y relève-t-il les tensions linguistiques présentes dans certains des pays du Tiers Monde qui l'intéressent vraiment. «Je doutais que la situation des Canadiens français puisse servir de cas type puisque je jugeais que leur mouvement ne prendrait jamais l'ampleur d'un mouvement révolutionnaire grandeur nature», dit Gude. «Je n'ai pas suscité beaucoup d'intérêt chez mes collègues», avoue Lacharité. «J'ai essayé, sans succès.»

Lacharité est têtu. Il revient à la charge, insiste; le sujet l'intrigue, il a déjà déniché quelques documents. Gude hausse les épaules. Que Lacharité ait l'œil sur les turbulences nationalistes du Québec, d'accord. Mais le sujet ne sera pas considéré comme un élément officiel de la recherche.

De toute façon, «Task Revolt» est au bout de son rouleau. L'Armée s'embourbe chaque jour plus avant dans la jungle asiatique pendant que Che Guevara, en route vers la Bolivie où il enquiquinera les gradés locaux, annonce «deux, trois, de nombreux Vietnam». C'est précisément ce que craint le Pentagone. Sur tous les fronts de guérilla, la stratégie conventionnelle tourne à vide. Les manuels de «Task Revolt» sont des abécédaires au regard des besoins de l'Armée: savoir où, quand et comment endiguer un mouvement de guérilla, quel type d'opération militaire ou policière tape dans le mille, quelle tactique conduit invariablement à la bourde. En prime, le commandement veut qu'on détermine à quelles conditions les villageois refuseront de prendre le maquis, comment faire l'économie, justement, d'autres Vietnam.

Ces questions, apparues à l'été 1964, le Département de la Défense les emballe dans une mission ambitieuse. Elle a deux baptêmes: le Pentagone suggère «Spearpoint» —fer de lance— tant il voit dans la connaissance des mouvements sociaux l'arme avancée qui manque à son arsenal. Les scientifiques proposent «Camelot» —nom du palais où, selon la légende, était dressée la Table ronde du sage roi Arthur. Leur recherche faisant avancer le savoir humain, elle ne peut que servir la sagesse de l'humanité, raisonnent-ils. Le Pentagone n'est pas le dernier venu au petit jeu des relations publiques, ni aux techniques de camouflage. Il drape son «Spearpoint» par trop guerrier dans le romantisme de «Camelot».

Le minuscule SORO — destiné à devenir, selon un rapport du Pentagone, «la principale agence du département de la Défense pour la recherche en comportement social portant spécifiquement sur la mission de contre-insurrection» — hérite du projet «Camelot» en décembre 1964. Six millions de dollars étalés sur quatre ans. La somme, pour les rats de bibliothèques sans le sou que sont généralement les experts en sciences sociales, paraît faramineuse. Jamais, dans l'histoire de la recherche sociale, projet aussi ambitieux ne fut entrepris. Jamais n'a-t-on vu un coffre aussi bien garni. Pour les sociologues, politologues, psychologues sociaux et économistes du pays, la manne vient d'arriver.

De nouveaux locaux aseptisés sont trouvés. Une sommité des sciences sociales, Rex Hopper, est embauché pour diriger la vaste entreprise. Des professeurs d'université se pressent aux tables rondes de «Camelot». On les paie jusqu'à 2000 dollars pour un mois de travail. La somme, à l'époque, fait rêver. Mais il serait mesquin d'attribuer au seul attrait pécunier l'engouement des experts. «Camelot» offre enfin l'occasion de réunir autour d'un même projet les spécialistes les mieux formés, d'échanger les théories les plus avancées, de s'atteler à la tâche gigantesque de comprendre le fonctionnement d'une société tout entière, alors même qu'elle traverse une zone de tempêtes. Le défi intellectuel est saisissant. L'occasion, inespérée. Les attentes, démesurées.

Aux États-Unis, où les scientifiques collaborent sans scrupule à des projets gouvernementaux, y compris militaires, depuis belle lurette. «Je me souviens de professeurs de sciences politiques qui écrivaient un rapport, mettaient une couverture brune et le vendaient à l'Armée. Ils mettaient ensuite le même rapport sous une couverture rouge et le vendaient à la Marine», dit Peter Riddleberger, un chercheur de Soro. «Évidemment, l'Armée ne parle jamais à la Marine.» Et puis, l'heure n'est pas aux angoisses existentielles. Kennedy occupe la Maison-Blanche; la Cour suprême décale la société vers la gauche; un intellectuel libéral, Robert McNamara, joue au secrétaire à la Défense; on n'a pas encore appris à épeler les noms des villes vietnamiennes; Richard Nixon annonce qu'il prend sa retraite. Pourquoi se méfier du pouvoir?

Un document préliminaire de «Camelot» annonce sans ambages «des progrès théoriques et méthodologiques majeurs». L'objectif est triple: «1) Identifier et mesurer les signes avant-coureurs de guerre interne.» Faut-il compter le nombre de drapeaux rouges vendus sur les campus ou y a-t-il un taux de chômage agricole au-dessus duquel la marmite explose? «2) Déterminer les effets que les mesures prises par les gouvernements produisent sur les cultures indigènes visées.» Une réforme agraire timide suffit-elle à calmer les esprits, une campagne de publicité gouvernementale porte-t-elle des fruits, fusiller les guérilleros sur la place de l'église a-t-il des effets dissuasifs? Finalement, «3) étudier la possibilité d'appliquer les résultats obtenus» dans le but de «planifier et d'exécuter des programmes militaires visant à réduire les risques de guerre interne».

Suprême paradoxe, on promet aussi au gratin des sciences sociales que rien dans leur recherche ne sera secret. «Nous n'avons jamais envisagé de faire quoi que ce soit qui ne serait pas complètement exposé au grand jour», note le major John Johns, qui assure la liaison entre SORO et l'Armée. La recherche puise ses données dans des textes publics, son résultat prendra le chemin des grandes publications universitaires. Selon Johns, «il n'y avait pas un seul morceau de papier classé secret dans tout le projet de recherche», car la communauté scientifique «n'aurait pas accepté de faire le travail sous d'autres conditions», ajoute-t-il.

Financé à même les budgets généralement occultes de la recherche pentagonale, le fer de lance de la tactique militaire américaine serait dévoilé dans les revues scientifiques, mis à la portée du premier agent du KGB venu.

«Camelot» allait offrir l'instrument théorique capable de décrypter la formule des insurrections. Le résultat pourrait servir «à planifier votre riposte, ou, si vous êtes Nord-Vietnamien..., à planifier votre offensive», admet le directeur du SORO, Theodore Vallance.

Cuba, Québec, deux «cas tests»

Sous Hopper, un spécialiste de l'Amérique latine, la nouvelle équipe de SORO dresse des listes. Une vingtaine de révolutions nationales de types divers seront étudiées. Ensuite, cinq pays feront l'objet d'enquêtes sur le terrain. Finalement, peut-être, un cas particulier vaudra qu'on le traite de fond en comble. Ce n'est pas tant la situation future d'un pays qui importe que la qualité de son passé. Il faut plonger dans les situations pour en dégager les lignes de force, les courants porteurs. Il faut schématiser ce savoir, tirer des leçons générales, applicables ailleurs, sous d'autres climats. L'Armée se fiche éperdument des exemples retenus. Elle veut le produit final, la synthèse, le mode d'emploi. Ensuite, elle choisira elle-même les cibles. À moins que les Guevara locaux ne les lui dictent.

Mais on ne peut commencer avec 20 cas types. Une étape préliminaire s'impose. Deux pays, deux situations passeront d'abord dans le tamis de «Camelot», histoire de fixer une première fois les paramètres de la recherche. Lacharité ne rate pas ce train. Il propose encore le Québec, plaide auprès de Gude et Hopper. On lui donne sa chance. Qu'il expose son «Concept» dans un texte d'une demi-douzaine de pages, répondent-ils en janvier 1965. Après, on verra.

Lacharité est fin prêt. Depuis l'automne, il hante les coins les plus poussiéreux de la gigantesque bibliothèque du Congrès, épluchant les annuaires statistiques, rapports parlementaires, ouvrages généraux et particuliers traitant du Québec des dix-neuvième et vingtième siècles. Il trimballe même une lourde photocopieuse 3M, parmi les premiers modèles, et imprime sur le papier épais et foncé les colonnes de chiffres, les chronologies, les citations qui cimenteront sa théorie.

Car il en a une, qu'il expose dans son texte «Concept». Le cycle. Les hauts et les bas des ferveurs nationalistes du Québec, avance-t-il, peuvent receler la clé de «Camelot». S'il faut trouver des causes qui produisent à tous coups les mêmes effets, pourquoi comparer plusieurs sociétés quand on peut les isoler au sein d'un seul corps social, d'une nation qui connaît une ébullition cyclique, répétitive. «Si nous avions pu reconnaître des relations de cause à effet directement ou apparemment liées à la montée et à la chute du mouvement séparatiste, cela nous aurait donné une assise, une base sur laquelle nous appuyer pour examiner d'autres situations», raconte Lacharité. «De là, nous aurions pu reconnaître les signes» et, ironise-t-il avec un brin de rancœur, «contrôler toutes ces choses qui faisaient irruption sur la planète et préserver toutes ces sociétés pour le bénéfice de Moloch», le dieu sanguinaire. Mais Lacharité s'emballe et anticipe sur le récit.

Ses arguments n'épatent toujours pas Gude. Mais il y a d'autres impératifs. «L'Armée nous pressait de produire rapidement des résultats», se souvient Gude. Il se dit: «Bon sang, au moins ce serait une première étape qu'on pourrait franchir relativement vite.» Lacharité a déjà accumulé une pile d'environ 50 centimètres de matériel: Gude est un expert de la question cubaine. Québec et Cuba sont donc retenus, au début de 1965, comme les deux «cas tests». Les autres candidats — Mexique, Guatemala, Bolivie — retournent dans leurs dossiers. L'indépendantisme québécois hérite même d'une de ces abréviations dont le Pentagone est friand: FCSM, qui signifie French Canadian Separatist Movement.

Qui, dans l'Armée, approuve ces choix? Personne, à vrai dire. La structure hiérarchique déteste prendre la responsabilité d'entériner ceci ou cela, explique le docteur Lynn Baker, alors conseillère scientifique à la section de l'Armée qui chapeaute SORO. «Si quelqu'un était contre une proposition, il le disait. Si personne n'élevait une objection, la chose était adoptée.»

L'officier de liaison entre SORO et la division de l'Armée qui finance la recherche, le major John Johns, voit passer le mot Québec sans broncher. Son supérieur, un colonel, est sans doute informé du choix des deux pré-tests, mais sans plus. À l'étage supérieur, un général deux étoiles n'aurait été dérangé que pour approuver une liste subséquente, celle des enquêtes sur le terrain. Tout au sommet, le général (trois étoiles) William W. Dick Jr., directeur du bureau de la recherche et du développement de l'Armée, est complètement dans le noir. «Nous avons approuvé le concept de "Camelot", émis le contrat... et franchement je n'ai jamais vu le moindre résultat», affirme Dick. Le général juge, à l'époque, plus important de «trouver le moyen de combattre une insurrection en cours [au Vietnam] que de se préparer pour les suivantes». Bref personne, au Pentagone, ne trouve à redire.

L'administration américaine tient un second œil sur SORO. En plus de la liaison avec le Pentagone assurée par Johns, un cadre du Département d'État, Pio Uliassi, assiste aux réunions, lit les documents. Le major Johns voit les choses à travers une lorgnette militaire, Gude et ses comparses pensent en termes de recherche pure, Uliassi a une vision toute diplomatique du monde. Le mot «Québec» lui écorche les yeux. Intellectuellement, «le choix est parfaitement justifiable», pense-t-il. Malheureusement, «la distinction entre la volonté in- tellectuelle réelle et les mobiles politiques supposés dans le choix de pays ou de mouvements particuliers a tendance à se perdre dans la perception qu'ont les profanes de ce genre de recherche», ajoute-t-il. Traduction: si les Canadiens apprennent qu'on s'occupe de leurs oignons, dans une recherche «financée par l'Armée» et «sous la rubrique contre-insurrection», il n'y aura pas de «cycle théorique» qui tienne. «J'étais terriblement, terriblement inquiet», dit-il.

Il apprend le choix du Québec au printemps 1965, probablement au début d'avril, lorsqu'un document en fait mention. Au hasard d'une réunion, il entend dire aussi que quelqu'un a pris contact avec des membres de l'ambassade cana- dienne, leur mettant, bien involontairement, la puce à l'oreille. On affirme même que les Canadiens pourraient se laisser persuader de prêter leur concours à la recherche, ce qui «surprend et choque» Uliassi et certains de ses collègues. Lacharité a peut-être commis une bévue. Dans sa recherche de trop rares documents sur le Québec, il frappe, quoi de plus naturel, à la porte des diplomates canadiens. Mais il revient bredouille. Uliassi pense qu'un autre participant au projet, un militaire plutôt, a pris contact avec un homologue canadien. De toute façon, selon le diplomate, quand le Canada «saura que l'Armée étudie le séparatisme canadien, le ciel va s'écrouler». Il informe ses supérieurs, qui écrivent au secrétaire à l'Armée, l'implorant de mettre un terme à la recherche québécoise. Car, vous savez, ces Canadiens sont tellement susceptibles... (air connu).

Pendant que les rouages bureaucratiques grincent à l'étage supérieur, Lacharité poursuit ses recherches. Il écrit à quelques universitaires canadiens et québécois. Il prend contact avec un sociologue américain qui travaille à Montréal et un membre du Canadian Peace Research Institute. Le 26 avril, à une réunion du «Core Planning Group», c'est-à-dire des chefs d'équipes de SORO, le spécialiste invité est Raymond Breton, un sociologue de l'Université de Mon- tréal, temporairement attaché à la Johns Hopkins University de Baltimore. C'est un collègue qui l'a informé qu'un groupe de l'American University souhaite entendre ses opinions sur la situation québécoise. Peu de temps auparavant, Breton a participé à la réalisation d'un sondage d'opinion sur l'indépendance. Intéressante trouvaille: la graine souverainiste trouve son terrain le plus meuble dans la classe moyenne. Dans la classe ouvrière, l'idée germe à peine.

Breton pense s'adresser à un groupe d'étudiants comme les autres. Les lettres SORO lui sont étrangères et, depuis le beau campus de l'American University, aucun des angles du Pentagone ne dépare le paysage. «Comme dans n'importe quel autre séminaire qui se passe dans un département d'université, il y a du monde qui semble très intéressé, d'autres ont l'air de s'ennuyer», dit Breton. Il baratine pendant environ une heure, répond aux questions pendant une deuxième heure, remballe son matériel et retourne chez lui. En 1965, tout le monde porte encore le cheveu court, et il ne peut distinguer dans la douzaine de participants lequel est étudiant, lequel est enseignant. Il ne voit pas qu'il n'y a ni l'un ni l'autre. Et que quelqu'un dresse un procès-verbal, dont copie sera distribuée aux autres participants, à l'Armée, au Département d'État et à quelques autres.

Lacharité progresse. Il pense bientôt commencer à structurer ses données. Autour du cycle indépendantiste, il veut calculer les variantes. Qu'est-ce qui se passe, se demande-t-il, dans l'économie, dans la politique, dans le corps social, dans le monde extérieur quand le cycle est au plus bas, puis au plus haut? Il veut fouiller dans sa boîte de matériel et commencer à mettre les événements bout à bout pour observer les articulations, les causes, les effets. De là, il va tirer une hypothèse qu'il faudrait encore tester.

Déjà, on parle de choisir les cinq pays dans lesquels on fera l'enquête sur le terrain. Encore, on veut sélectionner un endroit pour un pré-test. Toujours, Lacharité fait campagne pour le Québec. Mais on pense à cinq pays d'Amérique latine. Selon toute logique, le pré-test devrait avoir lieu quelque part au sud du Mexique. Gude, cette fois, ne se laisse pas convaincre par le petit-fils de Canadien français. Et le major Johns affirme qu'il aurait torpillé la suggestion aussi sec. «Je ne peux pas croire que nous aurions été aussi stupides.» Le pays choisi: la Colombie. La raison, toujours la même: quelqu'un à SORO connaît le terrain.

«Vive consternation»

Mais le temps se gâte. Ottawa apprend l'existence du projet. Est-ce parce que «le Département d'État en informe subrepticement l'ambassade canadienne à Washington», comme l'affirme le *Toronto Daily Star*? Ou parce que des diplomates ou des militaires canadiens à Washington sont directement approchés? Ou parce que l'existence de «Camelot» et de son volet québécois est connue d'une poignée d'universitaires canadiens? Les hypothèses hantent encore les esprits des protagonistes. «La fuite ne venait certainement pas de notre boîte et elle ne venait pas de chez Johns», grommelle Gude.

Le ministère canadien des Affaires étrangères fait part de sa «vive consternation» au Département d'État. Était-ce bien utile? Entre-temps, la lettre envoyée à l'initiative d'Uliassi parvient à l'Armée et produit l'effet désiré. Le premier juin, le dossier québécois est définitivement abandonné «à la demande du superviseur du contrat de SORO», dit un mémo interne. L'Armée a battu en retraite.

L'annulation des travaux de Lacharité est un coup de semonce. Car en avril, au Chili, un document de SORO, qui envisage de concentrer la recherche sur l'Amérique latine, tombe entre les mains d'universitaires, de journalistes et de parlementaires de gauche.

Et le climat latino-américain n'incite pas à donner le bénéfice du doute au Pentagone. En ce printemps 1965, 30 000 *Marines* débarquent à Saint-Domingue pour prêter main-forte aux militaires de droite qui achèvent d'évincer le président de centre gauche, Juan Bosch. D'exil, Bosch dénonce «le Pentagonisme». Peut-on blâmer la presse chilienne de conclure que «Camelot» «avait pour but d'enquêter sur la situation politique et militaire chilienne pour déterminer la possibilité d'y mener un coup d'État antidémocratique»? (L'idée d'étudier le Chili, expliquent au contraire les chercheurs de SORO, tient justement à la force, alors exemplaire, de sa démocratie. Ils auraient pu trouver là, disent-ils, des remèdes aux tentations totalitaires des pays voisins, non l'inverse.)

L'ambassadeur américain au Chili, Ralph Dungan, est agressé de toutes parts. Le scandale est national, puis continental. Communistes et chrétiens-démocrates confondus dénoncent l'arrogance yankee. L'ambassadeur porte sa colère jusqu'à la Maison-Blanche et réclame des explications. Le Département d'État pointe le Pentagone du doigt et, pour accélérer les choses, montre en juin à un journaliste du *Washington Star* le texte d'un long mémo où les coupables, l'Armée, SORO, sont clairement désignés. Le *Washington Star* fait bientôt état du volet québécois.

Le Congrès américain, locomotive dont le carburant favori est le scandale, pousse la vapeur. Ted Vallance est sommé de s'expliquer devant un comité de la Chambre, puis du Sénat. Le sénateur démocrate J. William Fulbright, président du puissant Comité des affaires étrangères, expose pour la première fois publiquement la faille fondamentale du projet: «Dans "Camelot", comme dans le concept de "contre-insurrection" est implicite l'a priori voulant que les mouvements révolutionnaires mettent en danger les intérêts des États-Unis et que les États-Unis doivent être préparés à contribuer, sinon à participer activement, à leur répression.» Pourquoi ce pays né d'une guerre d'indépendance, ayant pour alliés des douzaines de pays forgés comme lui à coups de révoltes démocratiques, devrait-il présumer que les maquisards représentent nécessairement le mal, que les puissants méritent nécessairement son secours? «Camelot», en cet instant, occupe l'épicentre du débat de politique étrangère.

Fulbright demande incidemment quelle serait la réaction du Président si des chercheurs français ou chiliens, payés par leur gouvernement, venaient fouiner dans les ghettos noirs américains, histoire de déterminer les causes des émeutes et les moyens d'y remédier.

Entre les cabinets ministériels, l'épreuve de force est engagée. «Camelot», c'est certain, doit être sacrifié. Le 8 juillet, le secrétaire à la Défense laisse tomber le couperet. Mais la bureaucratie militaire n'a jamais tort. Elle explique que la réaction des Chiliens a confirmé ses doutes initiaux sur la possibilité de réaliser des recherches subventionnées dans d'autres pays. (Des «doutes initiaux» dont l'apparition est aussi tardive qu'opportune.) Le secrétaire d'État, Dean Rusk, réclame une reddition sans condition du Pentagone. Il s'appuie sur «Camelot» pour revendiquer pour le Département d'État un droit de veto définitif sur tout projet de recherche qui empiète sur sa juridiction de politique étrangère. Le 2 août, le président Lyndon Johnson lui donne raison.

Le Pentagone recule au Québec, recule au Chili, recule à Washington. Il n'y a guère qu'en République dominicaine qu'il maintient ses positions.

Fin août, la crise est passée, oubliée. L'agenda américain est trop chargé pour qu'on s'éternise sur un scandale aussi mineur. Ted Vallance propose de «remplacer le nom de SORO par un autre terme tout aussi ambigu mais qui fasse moins *barbouze*». Pourquoi pas «Social Science Research Center»? La communauté universitaire entreprend un long et salutaire examen de conscience.

Manque encore le dernier acte. «Camelot» a planté deux bombes à retardement. Les Colombiens ont vent de «Project Sympatico», qui porte sur le développement communautaire colombien. Croyant tenir leur version du «Camelot» chilien, ils protestent à qui mieux mieux. Fin février 1966, le *Toronto Daily Star* orne sa manchette de «Project Revolt». Dans les locaux d'un SORO démobilisé, le cauchemar de l'été reprend. Cette fois, Lacharité est aux premières lignes. Un confrère politologue, Ross Baker, prend cette nouvelle tuile avec humour. Il écrit dans le meilleur style journalistique un pastiche où Lacharité, parachuté dans la campagne de Terre-Neuve, a mission expresse d'inciter les Esquimaux (à Terre-Neuve?) à la révolte. Grâce aux techniques développées à SORO, Lacharité atteint son objectif: les Esquimaux descendent en ville et, comme les artisans d'Europe l'avaient fait avec leurs sabots, jettent leurs mocassins dans les engrenages des usines pour les saboter (les mocassiner?).

Le directeur Vallance prend davantage les choses au sérieux. Il n'en finit plus de nettoyer derrière «Camelot». Dès qu'il lit que le premier ministre Pearson doit essuyer en Chambre les foudres de l'opposition, il prend sur lui d'envoyer directement au chef du gouvernement une missive où il résume à grands traits la recherche mort-née de Lacharité. Son récit recoupe à quelques détails près celui que Pearson a pu lire dans le *Star*. Il l'adresse au «Premier ministre, Dominion du Canada, Ottawa...» et exprime ses «regrets» que la tempête, après six mois d'accalmie, se soit de nouveau levée. Pearson lui répond. Il n'en veut ni à Vallance, ni à son équipe, ni à l'Armée, ni au Pentagone. Les coupables, les pelés, les tondus, toujours les mêmes, écoperont: les journalistes.

«Je comprends maintenant fort bien la situation, écrit Pearson le 10 mars, (...) il est dommage que des articles de presse mal intentionnés et inexacts aient causé ce malentendu et ces ennuis.

«Amitiés, Sincèrement vôtre, L.B. Pearson.»

«Project Revolt», l'inquiétant et mythique plan d'un Pentagone pressé de confisquer l'avenir du Québec, n'aura été qu'un carton plein de photocopies, quelques pages dactylographiées, les constructions mentales d'un chercheur nostalgique de son pays perdu. Vaincus par la susceptibilité appréhendée des Canadiens, les militaires américains s'interdisent le droit de mener une recherche toute théorique. En fin de course, le FLQ est peut-être le plus grand perdant. Qui sait? Si Lacharité avait pu développer son concept jusqu'au bout, s'il l'avait publié dans quelque revue de sciences politiques, les stratèges felquistes auraient peut-être appris un ou deux trucs sur l'art et la manière de pousser les Québécois vers le sommet de leur cycle.

BIBLIOGRAPHIE

Livres

Ball, George W., *The Discipline of Power - Essentials of a Modern World Structure*, Toronto, Bodley Head, 1968, 363 pages.

Bohlen, Charles E., *Witness to History*, New York, Norton, 1973, 562 pages.

Bradlee, Benjamin B., *Conversations With Kennedy*, New York, WW Norton and Co, 1975, 251 pages.

Brimelow, Peter, *The Patriot Game - Canada and the Canadian Question Revisited*, Stanford, Hoover, 1986, 310 pages.

Brzezinski, Zbigniew, *Between Two Ages: America's Role in the Technocratic Era*, New York, Penguin, 1976, 334 pages.

Brzezinski, Zbigniew, *Power and principle*, New York, Strauss, 1983, 587 pages.

Carter, Jimmy, *Public Papers of the President - Jimmy Carter 1978*, vol. 1, Washington, USG Printing Office, 1979, 1224 pages.

Clarkson, Stephen, *Canada and the Reagan Challenge: crisis and adjustment, 1981-85*, 2ᵉ éd., Toronto, Lorimer, 1985, 431 pages.

Collier, Peter et Horowitz, David, *The Rockefellers - An American Dynasty*, New York, Holt, 1976, 746 pages.

Daignault, Richard, *Lesage*, Montréal, Libre Expression, 1981, 302 pages.

Davis, John H., *The Bouviers - Portrait of an American Family*, New York, Farrar Straus & Giroux, 1969, 424 pages.

De Gaulle, Charles, *Discours et Messages*, t. III, Avec le Renouveau, 1958-1962, Paris, Plon, 1970.

DePorte, Anton W., *Europe Between The Superpowers: the Enduring Balance*, New Haven, Yale University Press, 1979, 256 pages.

Desbarrats, Peter, *René, A Canadian in Search of a Country*, Toronto, McClelland, 1976.

Duchaîne, Mᵉ Jean-François, *Rapport sur les Événements d'octobre 1970*, Gouvernement du Québec, ministère de la Justice, 1981.

Faligot, Roger et Krop, Pascal, *La Piscine - les services secrets français 1944-1984*, Paris, Seuil, 1985, 427 pages.

Ford, Robert A.D., *Our Man in Moscow - A diplomat's reflections on the Soviet Union*, Toronto, University of Toronto Press, 1989, 356 pages.

Fournier, Louis, *F.L.Q. Histoire d' un Mouvement Clandestin*, Montréal, Québec/ Amérique, 1982, 509 pages.

Fournier, Louis et coll., *La police secrète au Québec - La tyrannie occulte de la police*, Montréal, Québec/Amérique, 1978, 228 pages.

Fraser, Graham, *P.Q.: René Lévesque and the Parti Québécois in Power*, Toronto, Macmillan, 1984.

Fraser, Graham, *Le Parti Québécois*, Montréal, Libre Expression, 1984, 432 pages.

Gillmor, Don, *I Swear by Appolo - Dr Ewen Cameron and the CIA Brainwashing*, Toronto, McClelland, 1985, 362 pages.

Gwynn, Richard, *The Northern Magus*, Toronto, McClelland, 399 pages.

Horowitz, Irving Louis et coll., *The Rise and Fall of Project Camelot; Studies in the Relationship Between Social Science and Practical Politics*, édition révisée, Cambridge, M.I.T. Press, 1974, 409 pages.

Johnson, Lady Bird, *A White House Diary*, New York, Holt Rinehart & Winston, 1970, 806 pages.

Johnson, Lyndon B., *Vantage Point*, New York, Holt, 1971, 636 pages.

Kissinger, Henry, *White House Years*, Toronto, Little, 1979, 1521 pages.

Lacouture, Jean, *De Gaulle*, tome 3, *Le souverain*, Paris, Seuil, 1986, 866 pages.

Lafond, Georges, «Hydro-Québec and the James Bay Project: The Financing Strategy» dans Standbury, W.T. et coll., *Financing Public Enterprises*, circa 1982, The Institute of Research and Policy.

Latouche, Daniel, «Quebec: One possible scenario» dans Baker Fox, Annette et coll., *Canada and the United States: Transnational and Transgovernmental Relations*, New York, Columbia University Press, 1976.

Lavallée, Marc, *Adieu la France, Salut l'Amérique*, Montréal, Stanké, 1982.

Lee, Bruce, *Boys Life of John F. Kennedy*, New York, Bold Face Books, Memorial Edition 1964, 196 pages.

Lescop, Renée, *Le Pari québécois du Général de Gaulle*, Montréal, Boréal Express, 1981, 218 pages.

Lévesque, René, *La Passion du Québec*, Montréal, Québec/Amérique, 1978, 238 pages.

Lévesque, René, *Attendez que je me rappelle...*, Montréal, Québec/Amérique, 1986, 525 pages.

Littleton, James, *Target Nation*, Toronto, Lester, 1986, 207 pages.

Lubin, Martin, «Quebec Non-Francophones and the United States» dans Hero, Alfred et Daneau, Marcel, *Problems and Opportunities in U.S.-Quebec Relations*, Boulder Co, Westview, 1984, p. 185-217.

Mallen, Pierre Louis, *Vivre le Québec Libre*, Paris, Plon, 1978, 378 pages.

Martin, Lawrence, *The Presidents and The Prime Ministers*, Toronto, Doubleday, 1982, 300 pages.

Martin, Paul, *A Very Public Life*, vol. II, *So Many Worlds*, Ottawa, Deneau, 1985.

McDonald, Donald C. et coll., *Commission of Inquiry Concerning Certain Activities of the Royal Canadian Mounted Police*, Second Report, Vol. I, Ottawa, Gouvernement du Canada, 1981.

Menthon, Pierre de, *Je Témoigne: Québec 1967, Chili 1973*, Paris, Cerf, 1979.

Michal, Bernard, *Le Destin Dramatique des Kennedy*, Genève, Éditions de Crémille, 1972, 286 pages.

Morin, Claude, *L'Art de l'Impossible - la diplomatie québécoise depuis 1960*, Montréal, Boréal, 1987, 470 pages.

Newman, Peter C., *The Canadian Establishment*, Toronto, McClelland, 1975, 480 pages.

Nixon, Richard, *Public Papers of the President*, Washington, USG Printing Office.

Patry, André, *Le Québec Dans Le Monde*, Montréal, Leméac, 1980, 167 pages.

Pearson, Lester B., *Mike: the Memoirs of the Right Honorable Lester B. Pearson*, vol. 3, Toronto, University of Toronto Press, 1975.

Pelletier, Gérard, *Les Années d'Impatience (1950-1960)*, Montréal, Stanké, 1983.

Provencher, Jean, *René Lévesque, portrait d'un Québécois*, Montréal, Éditions La Presse, 1974.

Ranelagh, John, *The Agency - The Rise And Fall Of the CIA*, New York, Simon and Schuster, 1986, 847 pages.

Rostow, Walt, W., *The Diffusion of Power; an Essay in Recent History*, New York, Macmillan, 1972, 739 pages.

Rouannet, Anne et Pierre, *Les Trois Derniers Chagrins du Général de Gaulle*, Paris, Grasset, 1980.

Safire, William, *Before the Fall*, New York, Doubleday, 1975, 704 pages.

Safire, William, *Full Disclosure*, New York, Ballantine Books, 1977, 625 pages.

Sawatsky, John, *For Services Rendered*, Toronto, Penguin, 1986, 339 pages.

Sawatsky, John, *Men in the Shadows - The RCMP Security Service*, Toronto, Doubleday, 1980, 302 pages.

Scully, Robert Guy et coll., *Morceaux du Grand Montréal*, Saint-Lambert, Noroit, 1978, 143 pages.

Sheppard, Robert et Valpy, Michael, *The national deal - the fight for a canadian constitution*, Toronto, Macmillan, 1982, 360 pages.

Simard, Francis, *Pour en finir avec octobre*, Montréal, Québec/Amérique, 1982, 219 pages.

Sorensen, Ted, *Kennedy*, New York, Harper and Row, 1965, 738 pages.

Stursberg, Peter, *Lester Pearson and the American Dilemma*, Toronto, Doubleday, 1980.

Thomson, Dale C., *Jean Lesage et la Révolution Tranquille*, Saint-Laurent, Éditions du Trécarré, 1984, 615 pages.

Thomson, Dale C., *Vive le Québec Libre*, Toronto, Deneau, 1988, 329 pages.

Thyraud de Vosjoli, P.L, *Lamia*, Toronto, Little, Brown And Co, 1970.

Vallières, Pierre, *L'Exécution de Pierre Laporte*, Montréal, Québec/Amérique, 1977, 223 pages.

Vallières, Pierre, *Un Québec Impossible*, Montréal, Québec/Amérique, 1977, 171 pages.

Vastel, Michel, *Trudeau, le Québécois*, Montréal, Éditions de l'Homme, 1989, 322 pages.

Wade, Mason, *Les Canadiens Français - de 1760 à nos jours*, tome II, Ottawa, Le Cercle du Livre de France, 1963, 579 pages.

Wolton, Thierry, *Le KGB en France*, Paris, Grasset, 1986, 310 pages.

Articles

Alper, Donald, «Congressional attitudes toward Canada and Canada-United States relations» dans *The American Review of Canadian Studies*, vol. X, n° 2, automne 1980, p. 26-36.

Baker, Stephen, «How America Sees Québec» dans *International Perspectives*, 2/83, p. 13-17.

Bissonnette, Lise, «Quebec-Ottawa-Washington, the pre-referendum triangle», *The American Review of Canadian Studies*, vol. XI, n° 1, printemps 1981, p. 64-76.

Brimelow, Peter, «No Castro of the North?», *Barron's*, 7/6/82.

Bronfman, Edgar M., «Cool it, Canada!», *Newsweek*, 26/9/77, p. 11.

Brouillet, Gilles, «Le Bilan de Georges Lafond, Financier», *Hydro-Presse*, Montréal, mi-septembre 1986, p. 7-9.

Byers R.B. et Leyton-Brown, David, «The Strategic and Economic Implications for the United States of a Sovereign Quebec», *Canadian Public Policy/ Analyse de Politiques*, printemps 1980, p. 325-341.

Clark, Gerald, «Levesque and the U.S. - MISSION IMPOSSIBLE», *The Montreal Star*, 12 au 15/2/79 (série de quatre articles).

Elliott Trudeau, Pierre, «Pearson ou l'Abdication de l'Esprit», *Cité Libre*, Montréal, avril 1963, p. 7-12.

Faribault, Marcel, «Can French Canada Stand Alone?», *The Atlantic Monthly*, 10/64, p. 135-139.

Furgurson, Ernest B., «Ambassador Helms» dans *Common Cause*, vol. 13, n° 2, 3/87, p. 16-21.

Griffith, William E., «Quebec in Revolt», *Foreign Affairs*, 10/64, p. 29-36.

Horowitz, Irving Louis, «The Life and Death of Project Camelot», *Trans-Action*, vol. 3, n° 1, nov/déc 1965, p. 3-47.

Hutchison, Bruce, «Canada's Time of Troubles», *Foreign Affairs*, 10/77, p. 175-189.

Jockel, Joseph T., «Un Québec Souverain et la Défense de l'Amérique du Nord Contre une Attaque Nucléaire», *Études Internationales*, vol. XI, n° 2, juin 1980, p. 303-316.

Lentner, Howard H., «Canadian separatism and its implications for the United States», *Orbis, A Journal of World Affairs*, Foreign Policy Research Institute, été 1978, p. 375-393.

Lévesque, René, «For an Independent Québec» dans *Foreign Affairs*, vol. 54, n° 4, juillet 1976, p. 734-744.

Levine, Marc E., «Institution Design and the Separatist Impulse: Quebec and the Antebellum American South», *The Annals of The American Academy of Political and Social Science*, 9/77, p. 60-72.

Long, Tania, «Quebec's Rising Nationalism a Problem in Canada», *New York Times*, 24/2/64 p. 1.

Macadam, Bill et Dubro, James, «How the CIA has us spooked», *Maclean's*, 7/ 74 p. 20-46.

Manor, F.S., «Canada's Crisis: The Causes» et Stethem Nicholas, «The Dangers» dans *Foreign Policy*, n° 29, hiver 77-78, p. 43-57.

Mayer, Herbert, «Business has the jitters in Québec», *Fortune*, 10/77, p. 238-244.

Moore, Jacqueline, «The Case For an Independent Quebec», *Harper's* 10/64, p. 93-100.

Morin, Claude, «Morin: Quebec's Foreign Policy», *The Fletcher Forum*, vol. 4, n° 1, hiver 1980, p. 127-134.

Morin, Claude, *Études Internationales*, vol. XX, n° 1, 3/89, p. 236.

Pelletier, Gérard, «The Trouble With Quebec», *The Atlantic Monthly*, 10/64, p. 115-117.

Richler, Mordecai, «Oh! Canada! Lament For A Divided Country», *The Atlantic Monthly*, 12/77, p. 41 à 55.

Scully, Robert Guy, «What It Means to be French in Canada», *The Washington Post*, 17/4/77, p. C1-4.

Thomas, David, «The Winning of the World», *Maclean's*, 15/5/78.

Wisse, Ruth R. et Cotler, Irwin, «Quebec's Jews: Caught in the Middle» dans *Commentary*, vol. 64, n° 5, 9/77, p. 55 à 69.

Wolfe, Morris, «The other side of Bill 101 - Read this before you believe the worst», *Saturday Night*, janvier/février 79, p. 17 à 27.

Zink, Lubor J., «The Unpenetrated Problem of Pierre Trudeau», *National Review*, 25/6/82, p. 751-756.

Textes et Documents

Lévesque, René et coll., *René Lévesque à L'Economic Club*, Montréal, Éditions La Presse, circa 1/77, 38 pages.

Provencher, Roger, *Québec Separatism: A Geopolitical Problem*, Washington, National War College, mars 1970, 77 pages.

Sepenuk, Norman, *A Profile of Franco-American Political Attitudes in New England*, Cambridge, John F. Kennedy School of Govt., Harvard University, circa 1968, 35 pages.

Wainstein, Eleanor S., *The Cross and Laporte Kidnappings*, Montréal, octobre 1970, A report prepared for Department of State and Defense Advanced Research Projects Agency, Rand, 1977, 65 pages.

Waters, Ed et coll., *Hydro-Québec*, New York, Kidder, Peabody & Co, 3/77.

Archives publiques

Franklin D. Roosevelt Library, Hyde Park, NY.
John F. Kennedy Library, Boston, Ma.
Lyndon B. Johnson Library, Austin, Tx.
Nixon Project, Alexandria, Va.
Jimmy Carter Library, Atlanta, Ga.
George Aiken Papers, University of Vermont in Burlington.
Washington University Archives, Washington.
Archives Nationales du Canada, Ottawa.
Archives de l'Université de Montréal.
Library of Congress, Washington.

Archives personnelles

Larry Black, New York.
Mme Richard Hawkins, Washington.
Claude Malette, Montréal.
Lawrence Martin, Ottawa.
Mme Doris Topping, Washington.
Theodore Valance, Penn State.
André Patry, Montréal.

Sources gouvernementales

Central Intelligence Agency, Langley, Va.
Defense Intelligence Agency, Washington.
Department of Defense, Washington.
Federal Bureau of Investigation, Washington.
Ministère des Affaires internationales, Québec.
Ministère des Affaires extérieures, Ottawa.
National Security Agency, Fort Meade, Md.
State Department, Washington.
U.S. Army Corps of Engeneers, New York.

NOTES ET RÉFÉRENCES

Nota Bene: Toutes les sources citées dans cet ouvrage sont répertoriées ici par leur ordre d'apparition dans les chapitres. Le lecteur pourra faire la correspondance entre le corps du texte et la source, ou la note explicative, à l'aide de mots clés indiqués devant chaque note. Le mot apparaît dans le chapitre à la page indiquée en marge. Puisque ce récit est fondé sur une base documentaire qui n'était jusqu'ici pas disponible aux chercheurs, il a semblé opportun de pécher par excès plutôt que par timidité dans la description détaillée des sources.

Les documents diplomatiques américains cités sans référence de source proviennent du Département d'État américain qui les a déclassifiés, non sans résistances et recours légaux, conformément à la loi américaine de l'accès à l'information FOIA.

Les documents déclassifiés selon une procédure similaire par le ministère canadien des Affaires extérieures sont suivis de la notation MAE. Ceux provenant du ministère des Affaires internationales du Québec sont suivis des lettres MAIQ.

Les documents issus d'Archives présidentielles, publiques ou privées, sont identifiés comme tels. Les documents francophones dont la source n'est pas indiquée ont été fournis par des sources qui requièrent l'anonymat.

Le niveau de classification de ces documents est également noté, afin de signaler le jugement porté à l'origine par le Département d'État sur la qualité et le niveau de confidentialité de ses informations. La gradation, laissée ici dans sa version anglaise, se fait dans cet ordre: UNCLASSIFIED, CONFIDENTIAL, LIMITED OFFICIAL USE (avec deux variantes: NO FOREIGN DISSEM, pour Dissemination, et CONTROLLED DISSEM), SECRET, TOP SECRET.

Les services canadiens et québécois appliquent ces termes avec moins de rigueur, mais le niveau de classification d'origine est aussi noté lorsqu'il apparaît sur les documents.

Les dépêches diplomatiques américaines sont regroupées essentiellement sous deux appellations: «Telegram», dépêche envoyée par télex, souvent codée, et «Airgram», dépêche moins pressante envoyée par courrier diplomatique. Il y a aussi des lettres envoyées par différents services, comme un certain nombre de «Mémos», «Notes» ou «Mémoires» internes des gouvernements américains, canadiens et québécois.

Les sources orales sont également indiquées — sauf les sources anonymes, très minoritaires — à leur première apparition, avec le lieu et la date de l'entretien, et la notation «tél.» s'il a eu lieu par téléphone. Le mot «Washington», abondamment utilisé, est réduit ici à l'abréviation «Wash.». Toutes les dates se présentent en cet ordre: jour/mois/année.

Tous les mots soulignés dans les citations le sont aussi, sans exception, dans les textes d'origine. Les seuls ajouts aux citations sont encadrés des signes «[ ]».

1. René Lévesque et les amoureux transis

page 17 [**Exergue**] Tiré de René Lévesque, *Attendez que je me rappelle...*, Montréal, Québec/Amérique, 1986, p. 166.

page 17 [**Topping**] Dans lettre de John Topping à Rufus Smith, 31/5/72, CONFIDENTIAL.

page 18 [**CIA en coulisse**] Dans Lévesque, *op.cit.*, p. 485.

page 18 [**FLQ**] Pierre Vallières, l'ex-théoricien du FLQ, a écrit un livre pour défendre cette seule thèse: *Un Québec impossible*, Montréal, Québec/Amérique, p. 60-61.

page 18 [**Castonguay**] Dans un entretien au *Devoir* du 20/11/73, cité dans Quebec Airgram A-40, «Criticism and Self-Criticism of the PQ», 28/11/73, UNCLASSIFIED.

page 19 [**Joron**] Guy Joron, «Lettre ouverte à l'auteur d'*Un Québec impossible* : "On ne change pas de modèle de développement et d'échelle de valeurs comme on change de chemise",» *Le Devoir*, 12/12/77.

page 19 [**Sergent Lévesque**] Dans Jean Provencher, *René Lévesque, portrait d'un Québécois*, Montréal, Éditions La Presse, 1974, p. 49-53.

page 20 [**Retour de guerre et FDR**] Dans Lévesque, *op.cit.*, p. 163-167.

page 20 [**Empires**] Dans René Lévesque, *La Passion du Québec*, Montréal, Québec/Amérique, 1978, p. 202-203.

page 20 [**FDR**] Lettres de King à FDR, 4/5/42 et 1/8/42; lettre de Moffat à FDR, 26/8/42; lettre de FDR à King, 18/5/42; Franklin D. Roosevelt Library. Ces documents avaient d'abord été brièvement cités par Lawrence Martin dans son livre *The Presidents and the Prime Ministers*, Toronto, Doubleday, 1982.

page 23 [**Lavigne**] Dans Morris Wolfe, «The other side of Bill 101 : Read this before you believe the worst», *Saturday Night*, janvier/février 1979, p. 17-27. Lavigne est alors vice-président de l'Office de la langue française.

page 24 [**Rostow**] Eugene Rostow, entretien tél. Wash., 7/2/89.

page 25 [**Grosvenor**] Dans *National Geographic Magazine*, 4/77.

page 25 [**Académie**] Marc E. Levine, «Institution Design and the Separatist Impulse: Quebec and the Antebellum American South», *The Annals of The American Academy of Political and Social Science*, 9/77, p. 60-72. Un autre article compare la violence ethnique par pays. Le

Québec a donc connu en moyenne 0,01 mort par million d'habitant, le mouvement noir américain 0,2 par million, l'Irlande du Nord 34,4 par million et — record — la minorité arabe de Zanzibar 15,273 par million.

page 25 [**Balthazar**] Dans *Le Devoir*, 7/5/74.

page 25 [**Morin**] Dans *The New York Times*, 25/9/77.

page 26 [**Beaudoin**] Entretien, Montréal, 1/6/89.

page 26 [**Clark**] Dans *The Montreal Star*, 13/2/79.

page 26 [**Desbarats**] Dans Peter Desbarats, *René: A Canadian in Search of a Country*, Toronto, McClelland, 1976, p. 214 et 221.

page 27 [**Curtis**] Entretien tél., Wash.-Maine, 9/7/89.

page 27 [**Dépêches**] Louise Armstrong, entretien Wash., 2/3/89.

page 27 [**Retarder l'indépendance**] Dans *The New York Times*, 25/1/79.

2. L'Irlandais et le Franco-Américain

page 31 [O'Neil] Thomas P. «Tip» O'Neil, personnage coloré a dominé la politique démocrate à la Chambre des représentants pendant la majeure partie des années soixante-dix et quatre-vingt. Irlandais lui aussi, il détenait l'ancien siège de John F. Kennedy, puis y fut remplacé en 1988 par Joseph Kennedy Jr. La citation, qui est entrée dans le vocabulaire politique américain, signifie qu'il faut chercher dans les remous de la base politique locale de tout politicien les motivations réelles de son action.

page 31 [Parker House - Morissette] Sauf indication contraire, le récit concernant Morissette est tiré de deux entretiens avec l'auteur, au téléphone, Wash.-Lowell le 13/2/89, et à Lowell le 24/5/89.

page 31 [Correspondance de Gaulle] Vue par l'ex-secrétaire de Morissette, l'abbé Richard Santerre. Entretien tél., Wash.-Dracut, Mass., 22/2/89.

page 32 [Très articulé] Un rival politique, Richard Donohue, entretien tél., Wash.-Lowell, 16/2/89.

page 32 [JFK Ottawa] Dans *Journal des débats* du 18/5/61, cité dans *Le Travailleur* du 28/10/61, p. 4.

page 33 [JFK à Paris] Dans Bruce Lee, *Boy's Life of John F. Kennedy*, New York, Bold Face Books, Memorial Edition 1964, p. 63.

page 33 [Wade, Laurentie et King] Dans Mason Wade, *Les Canadiens français de 1760 à nos jours*, tome II, Ottawa, le Cercle du Livre de France, 1963, p. 341.

page 34 [JFK au mont Tremblant] Rose Kennedy, dans des brouillons d'un discours de 1952 destiné aux électeurs franco-américains, affirme: «Each year my children go skiing at Mont Tremblant» et «there is no longer time for Jack to... go skiing in Canada». Mais dans un discours qu'il prononce à l'Université de Montréal en décembre

1953, JFK dit: «This is my first journey to Canada» (JFK Library, Boston, Pre-Presidential Papers, Box 108, «French File»).

page 34 **[Aiken]** Feu George Aiken, qui a dirigé vingt ans durant le Comité interparlementaire canado-américain, a raconté cette histoire à Willis Armstrong, diplomate américain longtemps chargé des affaires canadiennes. (Entretien, infra) Selon la version d'Armstrong, Aiken était gouverneur du Vermont lorsqu'il a vu le premier ministre, donc avant juin 1941, mais pendant la guerre, donc pas plus tôt que 1939. Cette période correspond au mandat du premier ministre libéral Adélard Godbout, qui évince Maurice Duplessis du pouvoir pour un interrègne de quatre ans. Mais les archives d'Aiken, à l'université du Vermont à Burlington, ne signalent qu'un «pèlerinage à Montréal» comme preuve d'une visite au Québec pendant cette période. La présence du gouverneur Aiken à un «Goodwill banquet» à Coaticook en juin 1938 semble plus propice à une rencontre avec le premier ministre québécois. Alors, son interlocuteur aurait été Maurice Duplessis. La citation sonne mieux dans sa bouche que dans celle de Godbout. Par «pendant la guerre», Aiken aurait voulu, vingt à trente ans plus tard, indiquer une période au sens large.

page 34 **[JFK à Lowell]** *L'Étoile* de Lowell, 28/2/52.

page 34 **[Duplessis-Charbonneau]** Cité dans Dale C. Thomson, *Jean Lesage et la Révolution tranquille*, Saint-Laurent, Éditions du Trécarré, 1984, p. 29.

page 34 **[JFK et Charbonneau]** Comme Morissette, Frederick Holborn, conseiller de Kennedy avant et pendant la présidence, se souvient spécifiquement que JFK a mentionné l'affaire Charbonneau. Entretien tél., Wash., 15/2/89.

page 35 **[Situation politique au Mass.]** Larry O'Brien, organisateur puis conseiller et ministre de JFK, entretien tél., Wash.-NY, 2/89.

page 36 **[Dynastie Lodge-Kennedy]** Dans Bernard Michal, *Le Destin dramatique des Kennedy*, Genève, Éditions de Crémille, 1972, p. 92.

page 36 **[Donohue]** Entretien, supra.

page 37 **[Irlandais vs Franco-Américains]** Norman Sepenuk, *A Profile of Franco-American Political Attitudes in New-England*, Cambridge, John F. Kennedy School of Govt., Harvard University, circa 1968, p. 4.

page 37 **[Eunice et Wilfrid]** Entretien tél. Josette Beaulieu, fille de Wilfrid, Wash.-Gulfport, Miss., 2/89.

page 38 **[Confident]** Richard Santerre, entretien, supra.

page 38 **[O'Brien]** Entretien, supra.

page 38 **[Mémo campagne 1952]** «List Of Issues Which Affect Nationality Groups In The United States», non daté, mémo de Pauline B. 8/9/52, note manuscrite JFK avec accents circonflexes et brouillons du discours de Rose, JFK Library, Box 108, supra.

page 38 **[JFK parlant français]** Cité dans Benjamin B. Bradlee, *Conversations With Kennedy*, New York, WW Norton and Co, 1975, p. 95.

page 39 [**Ford en ski**] Ford à l'ambassadeur canadien Jake Warren qui lui présentait ses lettres de créances dans le Bureau Ovale en 1975. Warren, entretien, Ottawa, 6/6/89.

page 39 [**Lodge au Monde**] *Le Monde*, 11/7/52.

page 40 [**Jackie**] Dans John H. Davis, *The Bouviers - Portrait of an American Family*, New York, Farrar Straus & Giroux, 1969, p. 305-315.

page 40 [**Légion d'honneur pour Jo**] Raconté dans P.L. Thyraud de Vosjoli, *Lamia*, Toronto, Little, Brown And Co, 1970, p. 223-225.

page 42 [**JFK à Montréal**] Au bal, *La Presse*, 5/12/53, p. 29; à l'U de M, *The Gazette*, 5/12/53, p. 21 et JFK Library supra; à l'université, Jean Houpert et trois autres témoins, entretiens tél., Montréal, 5/89.

page 43 [**Faribault**] Mason Wade (*op.cit.*) note qu'à l'époque l'Université de Montréal était un phare de l'ultranationalisme. Faribault ne peut être ainsi désigné. Mais dix ans plus tard, dans un mensuel américain de haut vol, il dénonce avec verve les injustices qui accablent les Québécois. Marcel Faribault, «Can French Canada Stand Alone?», *The Atlantic Monthly*, 10/64, p. 135-139.

page 43 [**Cardinal Léger**] Lettre Salinger du 6/3/61, JFK Library, WHCF Box 970. Salinger n'était pas avec JFK en 1953 et ne pouvait spontanément faire référence à la visite. Les dossiers du jeune sénateur, du moins tels qu'ils ont survécu, ne comportent qu'un document — le discours — qui concerne la visite de 1953. La lettre de Salinger, qui dépasse la formule de politesse, sent donc la dictée.

page 44 [**JFK Vietnam, Algérie**] Dans Ted Sorensen, *Kennedy*, New York, Harper and Row, 1965, p. 65-66, et avec Holborn, entretien, supra.

page 45 [**Morissette à Washington**] En tant qu'aumônier des marins français faisant escale en Amérique, poste honorifique qu'il détient depuis la guerre, Morissette est parfois appelé à Washington. Une secrétaire qui suit Kennedy de Boston à Washington confirme, en entretiens téléphoniques, les visites de Morissette. Elle requiert l'anonymat. Un ami de Morissette, Maurice Châteauneuf, a aussi vu les deux hommes converser à Boston en 1959 ou 1960. Entretien tél., Wash.-Lowell, 22/12/89. Les deux hommes ont aussi une correspondance tout administrative, où Morissette demande au sénateur d'intervenir pour quelque requête de ses paroissiens; Santerre, entretien, supra.

page 45 [**Bohlen**] Dans un brouillon de son livre *Witness to History*, Archives Charles Bohlen, Library of Congress, Washington, Container 12, p. 14.

page 45 [**JFK Irlande**] Bradlee, *op.cit.*, p.190; discours de 1951, JFK Library, Boston, Pre-Presidential Papers, Box 108, «Irish File».

page 46 [**Arguin-Girard**] Gérard Arguin met à l'abri du pseudonyme Roland Girard des opinions parfois un peu trop décapantes pour les autorités locales, laïques comme cléricales, de l'époque. Citations dans *Le Travailleur*, 11/7/57 et 18/8/60. Clé du pseudonyme et motifs: entretien Josette Beaulieu, supra; Roger Lacerte, qui a racheté l'imprimerie du journal, entretien tél., Wash.-Manchester

N.H., 2/89, et Mme Gérard Arguin, entretien tél., Wash.-Joliette, 2/89.

page 46 [**Hardy**] Jeanne Hardy, entretien tél., Wash.-Lowell, 2/89.

page 46 [**Santerre**] Entretien, supra.

page 47 [**JFK politique étrangère**] Sorensen, *op.cit.*, p. 538 et ss.

page 48 [**Angolais à la Maison-Blanche**] Ted Sorensen, correspondance avec l'auteur, 17/7/89, et Holborn, entretien, supra.

page 48 [**Bradlee et Cheysson**] Dans Bradlee, *op.cit.*, p. 97-99.

page 48 [**De Gaulle**] Message dans Sorensen, *op.cit.*, p. 231; «bastard de Gaulle», experts en France et dîner Malraux dans Bradlee, *op.cit.*, p. 104, 82-83 et 95; «trying to screw us», dans Walt W. Rostow, *The Diffusion of Power; an Essay in Recent History,* New York, Macmillan, 1972, p. 367, et à l'auteur, infra. Rostow était assistant spécial du président aux affaires étrangères. Pour une discussion plus générale de de Gaulle et des États-Unis, voir chapitre 4.

page 49 [**JFK et Dief**] Dans Lawrence Martin, *The Presidents and the Prime Ministers*, Toronto, Doubleday, 1982, chap. 12.

page 49 [**JFK et Hirsh**] JFK Library, Oral History de Jacqueline Hirsh, p. 13-18.

page 49 [**S.O.B. et Canada**] Citation tirée de Ted Sorensen, *op.cit.*, p. 575.

page 50 [**Scope Paper, mémo**] JFK library, POF Canada, le mémo de Rusk classé SECRET est daté du 20/2/61 et intitulé «Memorandum for Meeting with Prime Minister Diefenbaker : Status and Atmosphere of US-Canadian Relations».

page 50 [**Québécois et Mulroney**] Lettres de Québécois et lettre de Mulroney à O'Brien, datée du 20/7/62. Mais le manuel tarde. Mulroney insiste dans un télégramme le 17/8/62, il lui est envoyé le 24/8/62. JFK Library, WHCF Box 43.

page 51 [**Trudeau**] Dans Pierre Elliott-Trudeau, «Pearson ou l'abdication de l'esprit», *Cité libre*, Montréal, avril 1963, p. 9-10, p. 7-12. La volonté d'intervention de Kennedy dans la campagne ne fait pas de doute, sa réalité est cependant encore débattue. En plus de l'affaire des Bomarcs, Kennedy était outré de la lenteur avec laquelle Diefenbaker avait mis les Forces Armées canadiennes en État d'alerte pendant la crise des missiles de Cuba. Outre la visite de Norstad et le communiqué du Département d'État, on parle d'un appel que Kennedy aurait fait à Lester Pearson, via un intermédiaire, pour lui offrir de venir à son aide, en faisant, par exemple, une déclaration. «For God's sake, tell the president not to say anything», a rétorqué Pearson à un conseiller. «I don't wan't help from him, this would be awful.» Le chef libéral craignait l'effet boomerang. («Pour l'amour de Dieu, dites au président de ne rien dire. Je ne veux pas de son aide. Ce serait affreux.») Le sondeur et ami de Kennedy, Lou Harris, fut embauché par les libéraux pendant la campagne, et l'hebdomadaire *Newsweek*, considéré comme l'organe central du fan club Kennedy, dirigé par son copain Ben Bradlee, publia pendant la campagne une photo de couverture où Diefenbaker avait l'air dément. *Newsweek* jouissait d'une large distribution au Canada. Pour ces données, voir entre autres Peter Stursberg, *Lester Pearson and the American Dilemma*, Toronto, Doubleday, 1980, p. 182-187.

page 52 **[Bundy]** Mémo de Bundy à Lyndon Johnson, 1/5/64, cité dans Lawrence Martin, *op.cit.*, intro.

page 52 **[Élections, Caouette]** Armstrong, entretien, supra, et Memo for McGeorge Bundy du 5/4/63, intitulé «Canadian Election Assessment», JFK Library, POF Box 113. Théorie et citation créditiste dans Thomson, *op.cit.*, p. 180. Citation d'un agriculteur créditiste, Rodolphe «le cerf» Cloutier, à l'auteur, Weedon, circa 1965.

page 52 **[Wade, Churchill, Fisher]** Dans Wade, *op.cit.*, p. 551-552.

page 53 **[Irlande et diversité]** Dans Sorensen, *op.cit.*, p. 582.

page 53 **[CIA]** Cadre de la CIA (1960-1968) à l'auteur. Il requiert l'anonymat. Il émet sur ce point une opinion.

page 53 **[Barbeau]** Raymond Barbeau, entretiens tél., Wash.-Montréal, 7 et 14/2/89, et Montréal, 31/5/89. Citations également tirées de *The Gazette* des 26 et 28/2/63 et du *Montreal Star* du 26/2/63. Étrangement, ni *La Presse* ni *Le Devoir* ne reprennent l'information. L'agence Canadian Press dit aller à la source. Dans un entrefilet publié le 28/2/63 dans *The Gazette* un porte-parole de la Maison-Blanche juge «ridicules» les déclarations de Barbeau. Le président «n'a aucune opinion de ce genre», ce qui serait d'ailleurs «absurde», ajoute le porte-parole, qui n'est pas nommé. Qu'il y ait contradiction entre l'opinion privée et la politique publique d'un chef d'État ne surprend personne. La réaction rapportée par l'agence s'inscrit bien dans la logique politique d'une Amérique qui n'a rien à gagner à s'immiscer, du moins à ce stade, dans une question qui, dirait de Gaulle, «n'est pas mûre». Mais les archives de la présidence Kennedy, de son service de presse, ne contiennent pas trace d'un échange, pourtant daté, entre le reporter de la CP et un porte-parole. Les deux attachés de presse habilités en 1963 à répondre aux questions de politique étrangère, Pierre Salinger et Mac Kilduff, n'ont aucun souvenir d'une demande d'autant plus surprenante qu'elle aurait surgi en une période de forte tension canado-américaine. La procédure aurait voulu que, sans déranger le président, on soumette toute question inédite à un de ses conseillers en affaires étrangères. Aucun d'entre eux ne se souvient avoir jamais vu la question québécoise leur être posée. Si elle l'a été, c'est à un sous-fifre, qui a improvisé pour le bénéfice du journaliste. JFK Library, et Pierre Salinger, entretien, Wash.-Londres, 17/2/89, Malcolm (Mac) Kilduff, entretien, Wash.-Kentucky, 17/2/89. Conseillers Kennedy: Correspondance Sorensen et entretien O'Brien, supra; McGeorge Bundy, entretien tél., Wash.-New York, 2/89; Walt W. Rostow, assistant spécial du président, entretiens tél., Wash.-Austin Tex., 13/4/89 et 24/4/89;

page 54   [**Holborn**] entretien, supra.

page 54   [**Cline**] Ray Cline, entretien, Washington, 27/3/89, cadre de la CIA, qui requiert l'anonymat, à l'auteur.

page 54   [**Boutin**] Un Franco-Américain qui côtoie Kennedy, Bernard Boutin, affirme n'avoir jamais entendu JFK parler du Québec. Maire «aussi franco-américain qu'on peut l'être», dit-il, de Laconia au New Hampshire, il connaît Kennedy, sans être un intime, depuis 1956. Il est directeur de sa campagne de 1960 au New Hampshire. À plus de 15%, le vote francophone y est alors incontournable. Boutin est ensuite gratifié d'un poste important à Washington: administrateur du General Services Administration. Si JFK n'aborde jamais avec lui le sujet québécois, c'est sans doute que Boutin ne pose simplement jamais la question. Bernard Boutin, entretien tél., Wash.-Sebring Fla., 23/2/89.

page 55   [**Salinger, Bundy, Donohue**] Entretiens, supra.

page 55   [**Rusk et JFK**] Dean Rusk, entretien tél., Wash.-Athens Ga., 24/4/89. Hyannis Port est le village côtier de Cape Cod où les Kennedy ont une résidence, West Palm Beach est la ville de Floride où JFK passe ses vacances d'hiver, le Rose Garden est le jardin attenant au Bureau Ovale où les présidents vont prendre l'air, parfois en compagnie d'invités de marque. Quant au *touch football*, c'est le sport favori des frères Kennedy, qui le pratiquent à la dure.

page 55   [**Sorensen**] Correspondance, supra.

page 55   [**O'Brien**] Entretien, supra. Les bureaux du sénateur Edward Kennedy à Washington et de Mme Jacqueline Bouvier Kennedy Onassis à New York n'ont ni accusé réception de lettres, ni rappelé l'auteur.

3. Les Américains découvrent le Québec

page 57   [**NIE**] JFK library, POF Canada; le NIE classé SECRET/NOFORN, c.-à-d. interdiction de remettre à des étrangers, est dans POF box 113.

page 58   [**Martin**] Paul Martin, entretien tél., Ottawa-Windsor, 6/6/89.

page 58   [**Diplomate à Montréal**] Qui requiert l'anonymat, à l'auteur.

page 59   [**Nationalisation**] Willis C. Armstrong, entretiens, Wash., 2/3/89, 8/3/89 et 16/7/89.

page 60   [**Dextraze**] Lettre de Courtenaye à l'ambassade, 31/5/63, CONFIDENTIAL.

page 60   [**Armstrong**] Willis Armstrong, entretien, supra. Son sentiment sur la sujétion des francophones est partagé par une dizaine d'autres diplomates interrogés par l'auteur. Pierrepont Moffat, lettre du 26/8/42, Roosevelt Library.

page 61   [**Butterworth**] Son préjugé, rapporté par un diplomate qui requiert l'anonymat. Ses citations, tirées de Airgram Ottawa A-474, 24/10/67, CONFIDENTIAL.

page 61 **[LBJ Ambassade]** Charles Ritchie et Basil Robinson entretiens tél., Ottawa, 5/6/89. Extrait du journal de Lady Bird dans son *Lady Bird Johnson : A White House Diary*, New York, Holt Rinehart & Winston, 1970, p. 59. Son explication, à savoir qui, des Pearson ou des Johnson, a abordé le sujet, dans une lettre de son assistante à l'auteur, 18/4/89.

page 62 **[Automne 1964]** Tania Long, «Quebec's Rising Nationalism a Problem in Canada», *New York Times*, 24/2/64, p. 1; Jacqueline Moore, «*The Case for an Independent Quebec*», *Harper's* 10/64, p. 93-100; William E. Griffith, «Quebec in Revolt», *Foreign Affairs*, 10/64, p. 29-36; Gérard Pelletier, «The Trouble With Quebec» et Marcel Faribault, «Can French Canada Stand Alone?», *The Atlantic Monthly*, 10/64, p. 115-117 et p. 135-139.

page 63 **[Patry à Washington]** Ce récit est essentiellement tiré du rapport de Patry à Lesage, intitulé «Statut de la Délégation du Québec à New York», 15/4/65, CONFIDENTIEL, tiré des archives personnelles de M. Patry, comme d'ailleurs le mémo de Lesage à Morin. Il est complété par un entretien tél. de Patry avec l'auteur, Montréal, 12/6/89, et de son article «La politique américaine du Québec» publié dans *Le Devoir*, 14/12/76, p. 4. Patry y répète ce qu'il indiquait onze ans plus tôt: «Une campagne d'information, à la fois discrète et efficace, sur la réalité québécoise pourrait bien se révéler prioritaire.» La remontrance de Butterworth à Lesage est citée par le consul général à Québec, Francis Cunningham, dans son Airgram Québec A-176 du 6/6/67, CONFIDENTIAL. Lesage semble n'avoir que des ennuis avec les Américains. Son ministre suppléant du Revenu, Eric Kierans, a soulevé l'ire du Département d'État pour avoir envoyé en janvier 1966, aux ministres américains du Commerce et du Trésor, des lettres dans lesquelles il critiquait leur politique économique qui visait à restreindre le mouvement de capital américain vers l'étranger, et menaçait de «prendre les mesures nécessaires» pour riposter aux dispositions américaines qui «vont à l'encontre» des efforts québécois. Lesage oblige Kierans à préciser à ses correspondants que ses lettres n'engagent que lui. Ce contre-temps retardera de trois ans l'aval donné par Washington à la conclusion d'une entente culturelle Québec-Louisiane, écrit Patry, qui relate l'incident dans *Le Québec dans le monde*, Montréal, Leméac, 1980, p. 68.

page 65 **[Europe]** Cité dans Lacouture, *op.cit.*, p. 337.

page 66 **[Fédération anglo-saxonne]** Dans George W. Ball, *The Discipline of Power : Essentials of a Modern World Structure*, Toronto, Bodley Head, 1968, p. 110-117. Critique de John Leddy, entretien tél., Wash., 17/5/89.

page 68 **[Daniel Johnson à Washington]** Jugement de son idéologie par

Francis Cunningham, lettre CONFIDENTIAL du 15/12/66 faisant le bilan de l'année politique au Québec. George Springsteen, entretien, Washington, 14/4/89, et Rufus Smith, Washington, 6 et 13/2/89. Aussi, Francis T. Cunningham, entretien tél., Wash.-Lincoln Nebr., 12/3/89. Entretiens Patry, supra, et Morin, infra.

page 69   [**LBJ mémo**] Sur mémo de Rostow à LBJ, 3/5/67, TR CO 43, LBJ Library, dans Archives personnelles Lawrence Martin (ci-après ALM).

page 69   [**Rostow et Smith**] Rufus Smith, entretien, supra.

page 69   [**LBJ et Moyen-Orient**] Dans Lyndon B. Johnson, *Vantage Point*, New York, Holt, 1971, p. 288-293.

page 70   [**Smith et Ritchie**] Dans Lawrence Martin, *The Presidents and The Prime Ministers*, Toronto, Doubleday, 1982, p. 233-234.

page 70   [**Provencher**] Roger Provencher, entretien, Wash., 14/3/89.

page 70   [**Christien**] George Christien, entretien, Weedon-Austin Tex., 8/89. Cadre, anonyme, à l'auteur. Rusk, entretien, supra.

page 71   [**Kiselyak**] Rufus Smith, entretien, supra.

page 72   [**Drape-O et LBJ**] Mémo de James Jones (conseiller présidentiel) du 12/9/68 et de Joe Califano à LBJ 9/11/68, et lettre de LBJ à Séguin 27/11/63, LBJ Library, ALM.

page 72   [**LBJ et Québec**] Paul Martin, Rostow, entretiens, supra.

4. L'insupportable de Gaulle

page 73   [**Star**] *Washington Evening Star*, 25/7/67. Le *Star* était dans les années soixante le grand quotidien de la capitale américaine. Il ne sera supplanté, puis racheté, par le *Washington Post* que la décennie suivante.

page 73   [**Martin**] Dans Dale C. Thomson, *Vive le Québec libre*, Toronto, Deneau, 1988, p. 209. La documentation et les témoignages accumulés depuis vingt ans, notamment par Anne et Pierre Rouannet dans *Les Trois Derniers Chagrins du général de Gaulle*, (Paris, Grasset, 1980), systématisés ensuite par Renée Lescop dans *Le Pari québécois du général de Gaulle* (Montréal, Boréal Express, 1981) puis dans le monumental *De Gaulle* de Jean Lacouture (tome 3, «Le souverain», chap. 19, Paris, Seuil, 1986) doivent faire taire à tout jamais ceux pour qui «Vive le Québec libre!» tenait du lapsus. Le livre de Thomson enfonce définitivement ce clou, verse de nouvelles pièces au dossier et offre la synthèse sans doute définitive de l'aventure québécoise du Général, telle qu'elle est vue d'Ottawa, de Paris et de Québec. Il explique en outre combien Paul Martin et Lester Pearson ont voulu jusqu'au bout donner à de Gaulle, contre toute évidence, le bénéfice du doute. Plus lucides, Marcel Cadieux, sous-secrétaire aux Affaires extérieures, et Pierre Trudeau, élu en

1965, refusaient l'apaisement. Allan Gotlieb, alors adjoint de Cadieux, confirme cette analyse et ajoute qu'au ministère les diplomates et cadres anglophones étaient alors les plus réticents à critiquer, avant «Vive le Québec libre» (ci-après VLQL), les flirts Québec-Paris. Ils considéraient au contraire que la nouvelle personnalité internationale du Québec était une bonne chose, une bouffée d'air frais dans une province jusque-là repliée sur elle-même. Marcel Cadieux et Pierre Trudeau percevaient mieux le péril, pour l'État canadien, du pas de deux Québec-Paris. Gotlieb, entretien, Cambridge, 25/5/89, et téléphonique, Wash.-Toronto, 13/7/89.
Selon Thomson VLQL aurait laissé Martin incrédule, alors que Pearson en aurait été outré. Il cite Jean Marchand à propos de la réaction colérique de Pearson. Lacouture (*op.cit.*, p. 125) cite au contraire le ministre Maurice Sauvé qui affirme avoir parlé à un Pearson «flegmatique» après VLQL. Le premier ministre, dit Sauvé, ne pensait même pas tenir de réunion extraordinaire du cabinet. C'est Trudeau et le ministre Jean Marchand, ajoute-t-il, qui ont «mobilisé Pearson contre l'intervention du général».

page 73 [**Malraux**] Telegram Montréal 9450 du 11/10/63, dans JFK Library, NSC Files, Canada.

page 74 [**INR-de Gaulle**] Research Memorandum intitulé «De Gaulle's Foreign Policy: 1964», INR, 20/4/64, p. ii et 14, destiné au secrétaire d'État, SECRET/NO FOREIGN DISSEM (signifie qu'il ne doit pas être distribué à des étrangers). Ce mémo, disponible aux archives présidentielles de Lyndon Baines Johnson, est reproduit dans les microfiches «Declassified Documents» de University Microfilm I (ci-après DD-UMI).

page 74 [**De Gaulle-Pearson**] Dans Dale Thomson, *Jean Lesage...*, p. 528. Le texte fut publié quatorze ans plus tard par *Le Quotidien de Paris*, 2/11/77.

page 74 [**Léger-de Gaulle**] Réponse de de Gaulle au discours de présentation des lettres de créance du 1/6/89, citée entre autres par Dale Thomson, *Jean Lesage...*, p. 532.

page 75 [**Stabler Vendée**]Airgram Paris A-2717, 27/5/65, CONFIDENTIAL. «Le vrai Canada», en français dans le texte.

page 76 [**Intérêt de Gaulle**] Research Memorandum intitulé «Quebec's International Status-Seeking Provokes New Row with Ottawa», INR, 1/6/89, p. 4, 5 et 8, destiné au secrétaire d'État, CONFIDENTIAL/NO FOREIGN DISSEM.

page 76 [**Martin manipulation**] Dans Paul Martin, *A Very Public Life*, volume II: «So Many Worlds», Ottawa, Deneau, 1985, p. 589.

page 77 [**Funkhouser mémo**] Richard Funkhouser, entretien tél., Wash., 23/3/89. Envoyé par un «back channel», le mémo a pu échapper aux services de classement parce qu'il n'apparaît pas dans la documentation franco-américaine, dans l'ensemble déclassifié par Washington.

page 78   **[Gotlieb]** Entretien, supra.

page 78   **[Camp David]** Dans Lawrence Martin, *The Presidents...*, introduction et p. 225-226. «You pissed on my rug», confirmé à l'auteur par un haut fonctionnaire américain.

page 78   **[De Gaulle grande puissance]** Cité dans Lacouture, *op.cit.*, p. 285.

page 79   **[Roosevelt]** Cité dans Thomson, *Vive le Québec libre*, p. 71-72.

page 79   **[Churchill]** Cité par Charles Bohlen dans les brouillons de son livre *Witness to History*, archives Bohlen, supra.

page 79   **[Rivaux s'unissent]** Dans Charles de Gaulle, *Discours et Messages*, tome III: «Avec le renouveau, 1958-1962», Paris, Plon, 1970, p. 134.

page 80   **[De Gaulle et Eisenhower]** Dans Vernon Walters, Services discrets, Paris, Plon, 1979, cité dans Lacouture, *op.cit.*, p. 352-353. Walters servait d'interprète lors de ce sommet franco-américain et de beaucoup d'autres.

page 80   **[Pearson-de Gaulle]** Dans Lester B. Pearson, *Mike: the Memoirs of the Right Honorable Lester B. Pearson*, vol. 3, Toronto, University of Toronto Press, 1975, p. 261, et dans Dale Thomson, *Vive le...*, p. 120.

page 81   **[Enclave française]** Funkhouser, entretien, supra.

page 81   **[Léger-US]** Rapport de Léger de la mi-65 dans Dale Thomson, *Vive le...*, p. 163.

page 82   **[Bohlen]** De Gaulle fumeur et Palm Beach, dans brouillons de *Witness...*, archives Bohlen supra. Le récit de Palm Beach est moins outré dans le livre que dans le brouillon; «Lord Mountbatten», Joseph Kraft à Lacouture, *op.cit.*, p. 344; de Gaulle comme système planétaire: Charles E. Bohlen, *Witness to History*, New York, Norton, 1973, p. 511.

page 83   **[JFK mesquin]** «That's cheap», dans Walt Rostow, *op.cit.*, p. 367, et à l'auteur, entretien, supra.

page 83   **[De Gaulle-LBJ]** Dans Lyndon B. Johnson, *Vantage Point*, p. 23.

page 84   **[LBJ et le Marbre]** Un haut fonctionnaire américain, qui requiert l'anonymat, affirme à l'auteur avoir entendu LBJ donner cette réponse à Pearson, soit à leur rencontre de Lake Harrington en mai 1967, soit à leur rencontre de Campobello en août 1966.

page 84   **[Auxiliaire]** Allocution du 10/8/67, dans Renée Lescop, *op.cit.*, p. 180. De Gaulle retire la France de la structure militaire de l'alliance, mais reste membre de son instance politique.

page 84   **[Ball-LBJ]** Raconté par Walt Rostow, entretien, supra.

page 84   **[Daniel Johnson à Paris]** Airgram Paris A-1873 du 27/5/67, LIMITED OFFICIAL USE.

page 85   **[Juillet]** Citations tirées de Lacouture, *op.cit.*, p. 515-516.

page 85   **[Château Frontenac]** Cité dans Pierre-Louis Guertin, *Et de Gaulle vint...*, Montréal, Claude Langevin Éditeur, 1970, p. 197-199.

page 85   **[1960]** Dans *Mémoires d'espoir*, Paris, Plon, 1970, p, 250-250; cité dans Thomson, *Vive le...*, p. 510.

page 85 [**Sourds**] Paul-Louis Mallen, cité dans Lacouture, *op.cit.*, p. 523, et dans Thomson, *op.cit.*, p. 207. Mallen rapporte la réaction de Bourassa, exprimée devant Jacques-Yvan Morin, et celle de Lévesque. (Le 29 septembre suivant, Bourassa ne saura toujours pas s'il votera pour ou contre le manifeste souveraineté-association que propose Lévesque.) Quant à la phrase de Johnson, elle fut recueillie par Claude Morin qui l'a citée à Lacouture.

page 85 [**Hawkins**] Telegram Montréal 032, non daté mais clairement 24/7/67, UNCLASSIFIED.

page 86 [**VLQL**] Archives audio-visuelles des Archives nationales du Canada, Ottawa.

page 86 [**Mme Hawkins**] Entretien, Washington, 22/2/89.

page 87 [**U de M**] Dans Renée Lescop, *op.cit.*, p. 169. *Washington Evening Star*, 26/7/67.

page 87 [**Rostow**] Note du Département d'État à Rostow, 27/7/67, LBJ Library. Telegram Paris 1285, 27/7/67, LIMITED OFFICIAL USE. Charpy dans Telegram Paris 1368, 29/7/67, UNCLASSIFIED.

page 87 [**LBJ-Bohlen**] Rostow, entretien, supra. Note de Rostow à LBJ, 28/7/67, LBJ Library. Telegram Paris 1288, 27/7/67, SECRET. Note de LBJ à Rostow, puis de Rostow à LBJ, 28/7/67, LBJ Library.

page 88 [**LBJ et de Gaulle**] Memorandum of Conversation, DeGaulle - President Johnson Meeting, 13/7/67, CONFIDENTIAL.

page 89 [**CIA**] Un cadre, qui requiert l'anonymat, à l'auteur.

page 89 [**INR-DePorte**] Politique intérieure dans Intelligence Note 638, 1/8/67, CONFIDENTIAL/NO FOREIGN DISSEM/CONTROLLED DISSEM. DePorte dans «De Gaulle's Stepped-Up Anti-Americanism and The Crisis of French Foreign Policy», Research Memorandum, INR, 26/7/67, CONFIDENTIAL/NO FOREIGN DISSEM/CONTROLLED DISSEM, UMI. Comme toutes les analyses de l'INR, celle-ci est techniquement signée par le directeur Thomas Hughes, mais DePorte en est le véritable auteur. Il reproduit d'ailleurs ce texte dans une portion de son livre *Europe between the Superpowers: the Enduring Balance*, New Haven, Yale University Press, 1979, p. 241, où il insère un paragraphe sur le Québec. (Dans le mémo, vu le jour de distribution, le lien allait de soi.) Son livre est utilisé dans les universités américaines comme référence pour les cours de politique internationale. Le dernier commentaire de DePorte est tiré d'un entretien avec l'auteur, Wash., 15/5/89.

page 90 [**Paris-Quai**] Commentaire général de John Hostie, analyste principal au bureau français d'INR, qui a consulté les dépêches de l'époque avant un entretien avec l'auteur, Wash., 17/2/89. Springsteen, entretien, supra.

page 90 [**Aide française**] Dans «De Gaulle to the Aid of Quebec», Intelligence Note 693, INR, 25/8/67, LIMITED OFFICIAL USE.

page 91 [**Cunningham**] Airgram Quebec A-62, 11/10/67, CONFIDENTIAL.

page 91 **[Quai et Drapeau]** Telegram Paris 7652, 2/12/67, LIMITED OFFICIAL USE.

page 91 **[Rostow-LBJ]** Mémo de Rostow à LBJ, 27/11/67,. LBJ Library.

page 92 **[Sarcasmes LBJ]** Mémo de Harry McPherson à LBJ, 16/8/67, copie du toast prévu et toast effectivement prononcé le 17/8/67, LBJ Library. LBJ semble avoir consulté Rusk sur l'opportunité de prononcer ou non la blague.

page 92 **[Baeyens]** Memorandum of Conversation, State Department, 19/10/67, CONFIDENTIAL.

page 92 **[Lettre de Gaulle]** Datée du 8/9/67, reproduite dans Renée Lescop, *op.cit.*, p. 181-182. Réponse de Johnson citée dans Pierre Godin, *Daniel Johnson*, vol II, Montréal, Éditions de l'Homme, 1980, p. 259.

page 93 **[Thomson, Lacouture]** Dale Thomson, *op.cit.*, p. 163. Jean Lacouture, *op.cit.*, p. 345.

page 93 **[De Gaulle]** Allocution du 10/8/67, conférence de presse du 27/11/67 d'où la plupart des citations de de Gaulle, dans les paragraphes qui suivent, sont tirées, reproduites dans Renée Lescop, *op.cit.*, p. 179-189.

page 93 **[Lesage]** Dans Dale Thomson, *op.cit.*, p. 97, 99 et 108.

page 94 **[Pearson]** Cité dans Telegram Ottawa 0506, 23/10/67, UNCLAS-SIFIED.

page 94 **[Sondage, Huma, Mitt]** Cités dans Dale Thomson, *op.cit.*, p. 224, 222, 231. Retournement de l'Huma relevé dans «Soviets Confused Over How To Play de Gaulle's Canada Trip», INR, Intelligence Note 640, 2/8/67, LIMITED OFFICIAL USE. Pour une discussion de la position soviétique face au Québec, voir chapitres 7 et 14.

page 94 **[De Gaulle Diplomate]** À Jean Chapdelaine, qui l'écrit à Lesage en 27/7/65, cité dans Dale Thomson, *op.cit.*, p. 162.

page 95 **[Funkhouser]** Entretien, supra.

page 95 **[Wallner]** Airgram Paris A-1107, CONFIDENTIAL.

page 95 **[Bohlen]** Tiré du brouillon de son livre, p. 25 et 32, archives Bohlen, supra. Sur la notion de nation, *Witness to History*, p. 512.

page 96 **[Nixon]** Citations dans William Safire, *Before the Fall*, New York, Doubleday, 1975, p. 688.

page 96 **[Kissinger]** Il raconte son échange avec de Gaulle dans son livre *White House Years*, Toronto, Little, 1979, p.   Il explique son adhésion à la stratégie gaullienne à la p. 106.

page 97 **[Safire]** Phrase de de Gaulle dans *The Gazette*, 30/3/79, réaction de Nixon et Kissinger rapportée par William Safire dans une correspondance avec l'auteur, 13/4/89.

5. La spirale de la fureur

page 100   **[Butterworth]** Signe une longue analyse «Quebec - Separatism in Flood Tide», Ottawa A-474, 24/10/67, CONFIDENTIAL.

page 100   **[Zbig Québec]** Récit de la réunion convoquée par Brzezinski et de son propos, tiré d'une lettre de Rufus Smith à Walton Butterworth, 20/10/67, SECRET, d'un entretien avec un participant qui requiert l'anonymat et de brefs commentaires de Brzezinski à l'auteur, Wash., 17/7/89. Le mémo de Brzezinski, daté du 2/10/67, n'a à ce jour pas été déclassifié par le Département d'État. Son auteur, prétextant la «sécurité nationale» a refusé de nous en résumer précisément le contenu.

page 100   **[Bourgault socialiste]** Butterworth, Ottawa A-474, 24/10/67, CONFIDENTIAL.

page 101   **[Fureur]** Butterworth, Telegram Ottawa 0347, 25/9/67, CONFIDENTIAL.

page 101   **[Trudeau canular]** Butterworth, Telegram Ottawa 0347, 25/9/67, CONFIDENTIAL.

page 102   **[Rostow]** Entretien, supra.

page 102   **[Convention libérale]** Airgram Québec A-64, 17/10/67, UNCLASSIFIED, signée par Frederick Quin, l'adjoint de Cunningham. Quin a assisté à la convention.

page 103   **[Mackasey-Post]** Lettre de Cunningham à l'ambassade, 1/3/68, CONFIDENTIAL. Airgram Québec A-127, 6/2/68, CONFIDENTIAL.

page 104   **[Pearson-Rusk]** Telegram de Ed Ritchie, 29/12/67, Archives nationales Ottawa (ci-après ANO) (Acc 80-10/022, box 43, file 20-cda-9-Pearson, pt 9). Liste des invités dans «Memo For the Prime Minister», 27/12/67, SECRET, Archives publiques du Canada (M.C. 26, N4, Vol. 119, File 313.4) dans ALM.

page 104   **[Immobilisme]** Dans une analyse de 35 pages de l'INR, «Quebec, Ottawa, and Confederation — the 1968 Round Begins», Research Memorandum, 2/2/68, SECRET/NO FOREIGN DISSEM/CONTROLLED DISSEM. Sa publication est postérieure à la rencontre Rusk-Pearson mais elle tire ses données de rapports d'ambassade reçus depuis septembre 1967.

page 105   **[Power]** Airgram Ottawa A-843, 18/1/68, LIMITED OFFICIAL USE. Frénette explique que les groupes nationalistes et indépendantistes, vu leur nombre, occupaient tout le terrain médiatique, alors que les voix fédérales, trop peu actives et nombreuses, semblaient débordées. Provoquer une polarisation politique entre indépendantistes et fédéralistes permettait de simplifier, et d'équilibrer, le jeu, explique-t-il. Il souligne également que Power s'était départi, au début de 1968, de ses postes de télévision et de radio. Entretien tél., Montréal, 15/2/90.

Dans *The Canadian Establishment*, Peter C. Newman écrit au sujet de Frénette que «lorsqu'il était vice-président de Power, il a remporté l'élection à la présidence de la Fédération libérale du Québec [la section provinciale du parti fédéral] contre un candidat anti-réformiste. Pierre Trudeau a fait irruption dans sa chambre d'hôtel, l'a étreint et lui a dit: "On a battu les bâtards; maintenant on peut accomplir quelque chose"» (Toronto, McClelland, 1975, p. 50, 57, 75).

page 105 **[États généraux]** INR sur États généraux dans «Quebec, Ottawa...».

page 106 **[Aquin dictateur]** Dans Airgram Montréal A-124, 28/12/67, LIMITED OFFICIAL USE. Cette description sera reprise dans «Levesque Trying to Form Broad Separatist Front in Quebec, but Obstacles Remain», INR Research Memorandum, 15/5/67, CONFIDENTIAL/NO FOREIGN DISSEM/CONTROLLED DISSEM. Sur Johnson, dans Memorandum of Conversation, 2/10/68, LIMITED OFFICIAL USE, en présence de George C. Denney de l'INR et du consul à Montréal, Harrison Burgess.

page 107 **[Lévesque]** Burgess dans Airgram Montréal A-124, 28/12/67, LIMITED OFFICIAL USE. Cunningham, dans «The View From Quebec in January 1968», Airgram Ottawa A-937, 6/2/68, CONFIDENTIAL. INR dans «Quebec, Ottawa, ...».

page 108 **[Lévesque-Cunningham]** Lettres de Cunningham à l'ambassade, 12/2/68, et 1/3/68, CONFIDENTIAL; entretien avec Francis Cunningham, supra, et avec Claude Morin, infra; et entretien tél. avec Harrison Burgess, Wash.-Charlottesville, 23/7/89.

page 109 **[Lévesque Doherty]** Airgram Montréal 4/10/68, LIMITED OFFICIAL USE.

page 110 **[Beaudry-Smith]** Quebec Contingency Planning, 11/10/68, SECRET.

page 110 **[Pacifiste]** «Major Separatist Group Form Single Party in Quebec», INR Intelligence Note 857, 5/11/68, CONFIDENTIAL/NO FOREIGN DISSEM/CONTROLLED DISSEM.

page 111 **[NSC]** United States Government Memorandum, Information on Canadian Separatism for NSSM 9, 30/1/69, SECRET. Cette réponse a pu être modifiée par le personnel du NSC avant son intégration dans le NSSM final.

page 113 **[Trudeau-Nixon]** Documents de préparation au voyage dans le Memo for the PM «Your talks with President Nixon March 24 - 25» et «Appendix B, The Prime Minister's meeting with President Nixon - Possible annotated agenda - I - The Porspects and Problems of Societies in North America», CONFIDENTIAL. Aux Archives nationales, dans RG25 ACC 80-81/022 box 44/file 20-cda-9. Un archiviste ayant lu le compte rendu écrit du tête-à-tête Trudeau-Nixon certifie à l'auteur que le sujet québécois n'a pas été soulevé.

page 113 **[Trudeau-Louisiane]** Cité par Lawrence Martin, *The Presidents...*, p. 241. «Obnoxious», dans *Washington Post*, 7/5/77. Réciproque, voir de Gaulle et Rossillon, chapitre 7.

page 114 **[Sharp]** Mitchell Sharp, entretien tél., Ottawa, 8/6/89.

page 114 **[Nixon-Japon]** Cité dans *Wall Street Journal*, 7/11/71.

page 114 **[Kissinger-King]** Selon Louis Balthazar et Alfred Hero, *Le Devoir*, 7/5/74.

page 114 **[Provencher]** Roger Provencher, *Quebec Separatism: A Geopolitical Problem*, Washington, National War College, mars 1970, p. 38, 57-61. Provencher, entretien, supra.

page 115 **[Schmidt-Trudeau]** Telegram Ottawa 1630, «Quebec Separatism: Another Crisis Building?», 24/10/69, SECRET. Schmidt ne nomme pas sa source dans ce Telegram, mais un de ses informateurs est Jean-Pierre Goyer, secrétaire parlementaire du ministre Mitchell Sharp et proche collaborateur de Trudeau. Schmidt cite des propos similaires de Goyer dans un Airgram A-830, «Prime Minister Trudeau's Views on Quebec», 11/11/69, SECRET. Plutôt que de présenter ses propres candidats libéraux si le leader provincial n'est pas fédéraliste, Goyer note que, par son silence, le Parti libéral fédéral pourrait favoriser la réélection de Jean-Jacques Bertrand: «Ils préféreraient cependant recruter le ministre (...) Jean Marchand comme leader libéral».

page 116 **[Bourassa-INR]** Dans «Canada: Implications of Bourassa's election as leader of Quebec Liberals», INR, 21/1/70, CONFIDENTIAL/NO FOREIGN DISSEM.

page 117 **[Beaulieu-Montllor]** Entretien Joseph J. Montllor, Wash., 22/2/89.

page 118 **[Schmidt-PQ]** Telegram Ottawa 0543, «National Significance in April 29 Quebec Provincial Election.», 23/4/70, CONFIDENTIAL.

6. Snoopy flaire l'insurrection appréhendée

page 119 **[Cross]** Le Britannique fait cette réflexion au négociateur du FLQ, Mᵉ Bernard Mergler, alors que ses quatre ravisseurs et les épouses de deux d'entre eux viennent de le confier à la garde du consul général de Cuba sur le terrain de l'Expo. La citation, publiée dans le *Toronto Daily Star* du 9/3/71, est reprise dans un rapport américain sur la crise. Voir infra.

page 119 **[Johnson]** William «Mac» Johnson, conseiller politique à Ottawa 1964-1969, directeur des affaires canadiennes au Département d'État 1969-1973, adjoint de l'ambassadeur à Ottawa 1973-1976; entretien, Wash., 14/3/89.

page 119 **[Macuk]** David Macuk, conseiller politique à Ottawa de 1968 à 1972, entretien, Wash. 7/3/89.

page 119 **[Vallières]** Cité dans Louis Fournier, *F.L.Q.: Histoire d'un mouvement clandestin*, Montréal, Québec/Amérique, p. 92.

page 120 **[Attentats]** Bombe 1965, *New York Times* et *New York Herald Tribune*, 2/5/65; La Macaza et United Aircraft, Fournier, *op. cit.*,

p. 109-111 et p. 190; bombe et cocktail Molotov, *The Gazette*, 30/10/67.

page 120 **[Résidence]** *Dimanche-Matin*, 13/4/69, et entretien Mme Richard Hawkins, Wash., 22/2/89.

page 121 **[Burgess-GRC]** Telex Montréal 0604, 8/10/69, UNCLASSIFIED.

page 122 **[Simard]** Francis Simard a signé en 1982, avec la collaboration des autres membres de la cellule, Paul Rose, Jacques Rose et Bernard Lortie, *Pour en finir avec octobre*, Montréal, Stanké, 1982, p.28, 173.

page 122 **[Burgess-Golan]** Et contexte d'enlèvements internationaux, dans Fournier, *op. cit.*, p. 267-270, 249-250 et 280, et entretien Burgess, *supra*. Sauf indication contraire, l'ouvrage de Louis Fournier est utilisé dans ce chapitre comme base factuelle pour la crise d'octobre.

page 122 **[Cross-Topping]** Citations Jacques Cossette-Trudel recueillies à Cuba par le journaliste Gérard Vallières et publiées dans *Weekend Magazine*, 22/1/72, p. 6. Cross relate l'explication des felquistes à Topping, qui la rapporte dans son Airgram Montréal A-78, «Security in Montreal: United States Officials Likely Targets; Present Situation and Probable Developments», 11/12/70, CONFIDENTIAL. Entretien Mme Doris Topping, Wash., 14/4/89.

page 124 **[Smith]** Telex Ottawa 1413, 5/10/70, UNCLASSIFIED. (Les télex affichent également l'heure de transmission).

page 124 **[Ritchie]** Un diplomate américain qui requiert l'anonymat, à l'auteur.

page 125 **[Sharp-Trudeau]** Telex Ottawa 1492, 14/10/70, CONFIDENTIAL. Le manifeste fut diffusé à Radio-Canada le 8 octobre.

page 125 **[GRC-Marion]** Entretien tél. Joseph A. Marion, Wash.-New Jersey, 19/7/89. Un cadre de la GRC qui réclame l'anonymat, à l'auteur.

page 125 **[Frontière]** Dans Department of State Telegram 171934, 19/10/70, UNCLASSIFIED.

page 126 **[Thompson]** W. Kenneth Thompson, entretien tél., Wash., 17/7/89.

page 126 **[Alger]** Telex USINT Algiers 1572, 16/10/70, SECRET. Dans le Department of State Telegram 189898, 19/11/70, CONFIDENTIAL, on demande au poste d'Alger de vérifier si le FLQ va ouvrir un bureau. Dans le Telex USINT Algiers, 20/11/70, CONFIDENTIAL, le poste répond qu'il a obtenu une information en ce sens.

page 126 **[Cline]** Entretien Cline, *supra*. William Rogers — comme d'ailleurs Henry Kissinger et Richard Nixon — a refusé d'être interviewé pour ce livre.

page 127 **[MI-5]** Pour cette section, un membre de la GRC, qui requiert l'anonymat, à l'auteur.

page 128 **[Scotland Yard]** Rapport Rand, voir *infra*.

page 128 **[Montllor]** Joseph Montllor, entretien, *supra*. Mario Beaulieu n'a pas retourné les appels de l'auteur.

page 129 **[Macuk]** David Macuk, entretien, *supra*.

page 130 **[Lévesque-Laporte]** Dans Graham Fraser, *Le Parti québécois*, Montréal, Libre Expression, 1984, p. 69.

page 130 [**Attachés**] Attaché de l'armée, col. Richard H. Dolson Sr, entretien téléphonique, Wash.-Corpus Christi, 1/5/89. L'attaché militaire en chef, col. Charles E. Taylor, de l'US Air Force, affirme avoir appris l'imposition des mesures de guerre par les médias, entretien tél., Wash.-Ormand Beach Fla., 1/5/89.

page 131 [**Snoopy**] Rufus et Peggy Smith, entretien, supra.

page 131 [**Kissinger**] Henry Kissinger, *White House Years*, p. 383.

page 132 [**Nixon mémo**] Mémo du 6/2/70. Quelqu'un a inscrit les mots «Covered in the Canadian Oil Decision». L'auteur n'a trouvé personne qui sache à quoi ce mémo fait référence. Archives Nixon, WHSF:WHCF CO28 Canada 60-70.

page 132 [**Nixon sommaire**] Archives Nixon, WHSF:POF October 1970. Comme c'est l'usage, un membre du personnel de Nixon, John Brown, revoit la copie du président et fait parvenir de brefs mémos aux intéressés. Haldeman est avisé que le président «a noté que vous devriez surveiller la presse—ils vont défendre leurs "amis libéraux"». (Brown n'a pas bien saisi le gribouillage du président.)

page 133 [**Nixon-Trudeau**] Appels Kissinger et Trudeau dans le White House Telephone Log, 18/10/70, discours Grand Forks dans Richard Nixon, *Public Papers of the President*, p. 882-889.

page 133 [**Times**] Dans *New York Times*, 17 au 20/10/70.

page 134 [**Sonnenfeldt**] Helmut Sonnenfeldt, directeur des affaires canadiennes au NSC de 1969 à 1974, entretien, Wash., 16/3/89.

page 135 [**Toumanoff**] Vladimir Toumanoff, entretien, Wash., 18/7/89. Entretien Macuk, supra.

page 136 [**Indices**] Telex Ottawa 1524, 19/10/70, CONFIDENTIAL.

page 136 [**FRAP**] Telex Montréal 0605, 22/10/70, UNCLASSIFIED, et un ancien felquiste, à l'auteur.

page 137 [**Doute**] Telex Ottawa 1552, 22/10/70, LIMITED OFFICIAL USE.

page 137 [**Melby**] Airgram Quebec A-55, 12/11/70, UNCLASSIFIED.

page 138 [**FLQ-Topping**] Airgram Montréal A-68, 20/11/70, UNCLASSIFIED.

page 138 [**Kissinger mémo**] Memo 16290, 3/12/70.

page 138 [**Tupamaros**] Department of State Telegram 199101, 7/12/70, CONFIDENTIAL; Montevideo Telex 2831, 8/12/70, CONFIDENTIAL-LIMITED DISTRIBUTION; Department of State Telegram 199716, 8/12/70, CONFIDENTIAL-LIMITED DISTRIBUTION; Department of State Telegram 200204, 9/12/70, CONFIDENTIAL-LIMITED DISTRIBUTION; Department of State Telegram 200336, 9/12/70, LIMITED OFFICIAL USE; Telex Ottawa 1786, 10/12/70, CONFIDENTIAL.

page 139 [**Carbonneau**] Airgram Montréal A-80, 14/12/70, UNCLASSIFIED.

page 140 [**Rand**] Eleanor S. Wainstein, *The Cross and Laporte Kidnappings, Montreal, October 1970: A report prepared for Department of State and Defense Advanced Research Projects Agency*, Rand, 1977, 65 pages. Février 1977 est la date à laquelle une version légèrement expurgée du rapport de 1974 a été rendue publique. Mme Wainstein a bien voulu indiquer à l'auteur quels passages avaient été modifiés. Wainstein, entretien tél., Wash., 17/7/89. Le rapport Rand évoque un autre canal de communication, ou du moins un autre point de contact canado-américain pendant la crise. Il parle de «rapports d'Américains ayant travaillé avec l'escouade antiterroriste» qui combine la GRC, la SQ et la police de Montréal. Ces Américains notaient que les trois forces de police travaillaient bien ensemble et que leur performance était bonne. Il pourrait cependant s'agir de John Topping, qui fait un commentaire de la sorte dans son Airgram A-78 *loc. cit.* Marion, du FBI, Burgess, diplomate présent à Montréal pendant la crise, deux agents de la GRC impliqués dans la chasse aux felquistes, et Me Michel Côté, alors responsable du contentieux de la ville et présent au Q.G. de l'escouade, affirment tous n'avoir aucune idée de l'identité de ces mystérieux Américains auxquels ce passage fait référence. Wainstein ne se souvient pas non plus de l'origine de cette info. Mais c'est à ce point dans le document qu'on apprend l'intervention de Scotland Yard en 1966. Les rapports cités pourraient donc dater de plusieurs années avant la crise. Entretiens, *supra*, et entretien tél. Michel Côté, Wash.-Montréal.

page 140   [**Cross bavard**] Dans *Weekend, op.cit.*

page 142   [**Duchaîne**]   Me Jean-François Duchaîne, *Rapport sur les événements d'octobre 1970*, gouvernement du Québec, ministère de la Justice, 1981. La théorie du complot est particulièrement développée par Pierre Vallières dans *L'Exécution de Pierre Laporte*, Montréal, Québec/Amérique, 1977. Il la reprend, malgré la parution du livre de Simard, dans sa nouvelle autobiographie. Louis Fournier, qui a eu accès à des sources felquistes et policières pour son *F.L.Q.*, affirme à l'auteur que ces théories sont «des romans d'espionnage» et que Duchaîne a «très bien travaillé».

page 143   [**Macuk-Cline**] Macuk et Cline, entretiens, *supra*. Cleveland Cram, voir chapitre suivant.

page 143   [**INR-PQ**] Dans INR, «Canada: The Parti Quebecois, Research Study», 19/10/72, 21 pages, SECRET/NO FOREIGN DISSEM/ CONTROLLED DISSEM. Son auteur est l'analyste Keith Patrick Garland, qui deviendra consul (adjoint du consul général) à Québec de 1974 à 1977.

page 144   [**Victoria**] Airgram Ottawa A-457, «Quebec Rejection of Constitutional Charter Seen as Possible Spur to Separatism», 30/6/71, CONFIDENTIAL.

page 144   [**Johnson**] William Johnson, entretien, *supra*.

page 144   [**Hillenbrand**] Martin J. Hillenbrand, sous-secrétaire aux affaires européennes, 1969-1972, entretien tél., Wash.-Athens Ga., 26/4/89. Ces discussions ont eu lieu en 1971 ou au début de 1972.

page 144   [**Toumanoff**] Entretien, *supra*. Citations de Trudeau et de Nixon et informations générales tirées de Lawrence Martin, *op.cit.*, p. 243-251.

page 145 [**Kissinger**] Henry Kissinger, *op.cit.*, p. 383. Sharp, entretien, supra.

page 146 [**Complexe**] Un témoin, qui réclame l'anonymat, à l'auteur.

7. Nos amis de Langley

Pour ce chapitre, plus d'une quinzaine de membres de services de renseignements américains, canadiens et québécois ont accepté de parler à l'auteur. Plusieurs ont bien voulu être identifiés nommément. Ils le sont dans le corps du texte ou dans les notes qui suivent. Plusieurs ont réclamé l'anonymat. Certaines informations ne sont donc pas accompagnées d'une indication, même vague, de source.

page 149 [**Cram**] Cleveland Cram, entretiens avec l'auteur, Wash., 17-18/3/89.

page 151 [**NSA**] L'existence d'informations sur René Lévesque au NSA est révélée dans une lettre du NSA du 9/6/89, dans des déclarations de la NSA à la US District Court of the District of Columbia, les 7/7/89 et 17/10/89. L'auteur ayant demandé, en vertu de la Loi sur l'accès à l'information, copies de tous les documents de l'Agence concernant le mouvement indépendantiste entre 1963 et 1980, la NSA était tenue de révéler l'existence des documents en sa possession, mais pas nécessairement de les rendre publics. En réponse à une procédure légale engagée par l'auteur, le NSA doit toutefois justifier, par voie d'affidavit, sa décision de garder le secret. L'affidavit, lui aussi secret, doit être remis à un juge, mais pas à l'avocat de l'auteur. Au moment de mettre sous presse, on attendait toujours. Normalement, même les documents classés TOP SECRET peuvent être partiellement publiés, une fois que les parties trop confidentielles ont été gommées. Le NSA soutient que pas une ligne des documents relatifs à René Lévesque ne peut être rendue publique. Pour une discussion des liens entre le NSA et le CBNRC/CSE, voir James Littleton, *Target Nation*, Toronto, Lester, 1986, p. 89-108. Pour une description des opérations de la NSA, voir James Banford, *The Puzzle Palace: A Report on America's Most Secret Agency*, Boston, Houghton Mifflin, 1982.

page 152 [**FLQ**] D'un document du 10/12/70 du Strategic Operations Center créé à Ottawa pendant la crise, cité dans Fournier, *op.cit.*, p. 380; trois felquistes à Cuba, p. 191.

page 154 [**Défecteur cubain**] Informations sur les ravisseurs de Cross, entretien tél., Wash.-Australie 24/6/89, avec Leslie James Bennett, ex-directeur du bureau soviétique à la section B, puis responsable des filatures des services secrets jusqu'en 1972, moment où il a été forcé de démissionner parce qu'on le soupçonnait — sans la moindre preuve — d'être une taupe soviétique. Lire au sujet de Bennett, l'excellente recherche de John Sawatsky, *For Services Rendered*, Toronto, Penguin, 1986, 339 pages.

page 155   **[Young]** Seymour Young, entretien tél., Wash., 26/7/89.

page 155   **[Jordanie]** La présence de deux felquistes dans un camp d'entraînement palestinien en Jordanie avait été révélée par le journaliste Pierre Nadeau, qui préparait un reportage sur la résistance palestinienne. Il a publié cette information dans le magazine *Perspective* du 15/8/70. Dans son *F.L.Q.* (p. 282-283), Fournier explique que les felquistes de Jordanie, puis ceux d'Alger étaient les mêmes, Normand Roy et Michel Lambert. Recherchés pour des attentats à la bombe en 1969, ils s'étaient réfugiés chez des Black Panthers aux États-Unis avant de partir pour Paris, puis pour la Jordanie et Alger. Pour la source américaine à Alger, voir chapitre précédent.

page 156   **[Consulat cubain]** Voir Bill Macadam et James Dubro, «How the CIA has us spooked», *Maclean's*, 7/74, p. 20-46. La description de la nuit de l'explosion vient de John Sawatsky, *Men in the Shadows: The RCMP Security Service*, Toronto, Doubleday, 1980, p. 1-8. Ces deux sources affirment par ailleurs que des copies des rapports des observateurs canadiens au Vietnam étaient remis aux Américains. L'existence des listes était cependant jusqu'ici inconnue.

page 160   **[Robert Ford]** Entretien tél., Wash.-France, 17/4/89; et Robert A.D. Ford, *Our Man in Moscow: A diplomat's reflections on the Soviet Union*, Toronto, University of Toronto Press, 1989, p. 101-103 et 117.

page 161   **[De Gaulle-Tass]** «Soviets Confused Over How To Play De Gaulle's Canada Trip», INR Intelligence Note 640, 2/8/67, LIMITED OFFICIAL USE. Les camarades français du quotidien *L'Humanité*, d'abord enthousiastes à l'idée de narguer les Américains en créant un État séparé à leur frontière, doivent d'ailleurs immédiatement ravaler ces écrits. «Les problèmes de Moscou dans la couverture du voyage de de Gaulle sont de plusieurs ordres», écrit l'analyse parvenue à la Maison-Blanche. «Aucun reportage ne peut éviter de critiquer le Canada (alors que ce n'est pas actuellement une cible de la propagande soviétique) ni de laisser entendre que de Gaulle est lourdement intervenu dans ses affaires internes.» La réaction de la presse française à la phrase de de Gaulle étant de plus extrêmement négative, Moscou ne peut s'étendre sur l'événement sans critiquer, soit son allié tactique de Gaulle, soit un de ses auditoires cibles, la classe politique et journalistique française. «En conséquence, quoique l'URSS ne veuille pas critiquer de Gaulle, toute couverture de ses récentes activités au Canada tend à offenser quelqu'un d'important» à Moscou, conclut l'INR.

page 162   **[Vastel]** Michel Vastel, entretien, Ottawa, 6/6/89.

page 162   **[Tass-CIA]** Dépêches Canadian Press et Reuter datées de Moscou et citées dans *The Gazette*, 20/2/78. Tass répondait aux allégations proférées la semaine précédente à la Chambre des communes par le député conservateur Tom Cossitt, selon lesquelles un réseau d'espionnage franco-soviétique utilisait des bateaux cubains pour passer régulièrement en contrebande au Canada des armes destinées à des groupes terroristes à l'œuvre au Québec. Tass a affirmé que Cossitt parlait à «l'instigation des services secrets américains». On ne sait laquelle des deux déclarations est la plus farfelue.

page 164 [McDonald] Donald C. McDonald et autres, *Commission of Inquiry Concerning Certain Activities of the Royal Canadian Mounted Police*, Second Report, vol. I, Ottawa, gouvernement du Canada, 1981, p. 433.

page 165 [Duclos-Rossillon] Confirmé par Rossillon à Roger Faligot et Pascal Krop, auteurs de *La Piscine: les services secrets français, 1944-1984*, Paris, Seuil, 1985, p. 304.

page 165 [Watchers] Sur la compétence des Watchers, voir Sawatsky, *Men in the Shadows...*, p. 29-40.

page 167 [Rossillon-de Gaulle] Dans Pierre-Louis Mallen, *Vivre le Québec libre*, Paris, Plon, 1978, p. 330.

page 166 [Jaquinot] Dans Dale Thomson, *Vive le Québec libre*, p. 301, à ne pas confondre avec l'ouvrage de Mallen.

page 167 [Lévesque-Foccart] Citation de Lévesque dans *Le Monde* du 15/12/76, qui tire également de la première édition de *B comme Barbouze*, Paris, Éditions Alain Moreau, l'appartenance de Rossillon aux réseaux Foccart.

page 168 [Chapdelaine] Jean Chapdelaine, entretien tél., Québec, 21/6/89.

page 168 [Diori] L'intervention de Rossillon est relevée par Mallen dans *Vivre le Québec libre*. Claude Morin cite l'intervention de Foccart dans *L'Art de l'impossible: la diplomatie québécoise depuis 1960*, Montréal, Boréal, 1987, p. 209.

page 169 [De Vosjoli] Dans De Vosjoli, *Lamia*, p. 319 et dans *The Telegram*, 12/9/68. Les supérieurs de de Vosjoli à Paris le soupçonnent d'être lui-même devenu un agent double à la solde de la CIA.

page 170 [Flamant] Dans Anne et Pierre Rouannet, *Les Trois Chagrins...*, p. 76-78. Ils révèlent aussi la présence des dossiers du SDECE à bord du Colbert.

page 170 [FLB-FLQ] Dans Roger Faligot et Pascal Krop, *op.cit.*, p. 305. «Les tracts tirés par le FLB l'avaient été sur une machine qui avait aussi tiré ceux du FLQ au Québec. De même, les explosifs venaient du Canada», raconte l'officier aux auteurs.

page 170 [Debré] Dans Dale Thomson, *op.cit.*, p. 159. La citation est en anglais: «It was available to him; he would have been crazy not tu use it.»

page 170 [Ben Bella] Louis Fournier, *op.cit.*, p. 91.

page 171 [Chapdelaine-Cadieux] Entretien Chapdelaine, supra. Hervé Alphand a probablement été le dernier informé, les réseaux du SDECE se raccrochant directement à l'Élysée et la mafia québécoise

Jurgensen et compagnie court-circuitant le bureau d'Alphand et de son ministre pour contacter sans intermédiaire les conseillers du président. Citation Trudeau dans *Le Monde*, 30/8/81, p. 3.

page 171 **[Lavallée]** Marc Lavallée, *Adieu la France, Salut l'Amérique*, Montréal, Stanké, 1982, p. 105-118.

page 172 **[Consul]** Telex Québec, 26/11/82, «PQ Charged with Taking Money from the French», CONFIDENTIAL.

page 173 **[Sawatsky]** Dans *Men in the Shadows...*, p. 238-251, Sawatsky raconte par le menu le déroulement de cette opération. Le lecteur trouvera cependant ici plusieurs éléments nouveaux.

page 174 **[Starnes]** John Starnes a dévoilé ces détails en 1981, en marge de la commission d'enquête McDonald, présumément parce qu'il refusait d'être le bouc émissaire de l'ensemble des libertés que ses services avaient prises sous son règne. Citation dans *Le Monde*, 31/8/81.

page 174 **[Sharp]** Mitchell Sharp, entretien tél., Ottawa, 8/6/89.

page 175 **[Menthon-Culot]** Dans Pierre de Menthon, *Je Témoigne: Québec 1967, Chili 1973*, Paris, Cerf, 1979, p. 17.

page 175 **[Bey-Morin]** Le document TOP SECRET de la GRC où Bey était nommé en tant que cible avait été remis à la presse en octobre 1978 par une source parlementaire fédérale. Deux membres des SS auxquels l'auteur a soumis le document ont reconnu son authenticité. Selon ce document, les autres priorités de la source, en ordre d'importance décroissant, doivent être: d'identifier la position et l'influence des séparatistes au sein du gouvernement québécois; de juger l'influence que les groupes «révolutionnaires et indépendantistes» exercent sur le gouvernement; de déterminer leur influence, spécifiquement dans un ministère qui entretient des «relations avec d'autres pays francophones». Interrogés, d'anciens responsables du PQ nient, avec assurance et un brin d'impatience, que les services français aient eu un rôle occulte dans l'ascension du Parti québécois. Claude Morin, Yves Michaud et Louise Beaudoin, trois parmi les plus francophiles de l'équipe péquiste, trouvent risibles les efforts fédéraux ou américains qui visent à prouver une présence française clandestine. «Ils sont malades», commente par exemple Beaudoin, plongée dans le dossier français au PQ depuis 1970, puis au gouvernement péquiste en 1976, finalement en tant que déléguée générale à Paris. «Ça c'est des choses que je connais», dit-elle, à propos des rapports avec les Français. «Jamais, et je donne ma parole, moi, n'ai-je vu le bout du commencement de quelque chose d'une proposition ou de quelqu'un débarquant ici. Clean, kosher, correct, c'était ça notre truc. Et je le garantis en ce qui concerne Lévesque, moi et tous ceux qui nous occupions de ça.» (Beaudoin, entretien, Montréal, 1/6/89.)

page 176 **[Golitsine]** Hormis les entretiens accordés à l'auteur, qui révèlent tout l'aspect GRC-Golitsine-SDECE, des informations générales sur Golitsine ont été reprises de John Ranelagh, *The Agency: The Rise and Decline of the CIA*, New York, Simon and Schuster, 1986, p. 563 et ss.; de Thierry Wolton, *Le KGB en France*, Paris, Grasset, 1986, p. 117 et ss.; et de Roger Faligot et Pascal Krop, *La Piscine*, p. 274 et ss.

page 180   **[Gotlieb]** Allan Gotlieb, entretien, Cambridge, 25/5/89.

page 180   **[Gray]** Informations générales sur Gray dans Louis Fournier, *op.cit.* et Stanley Gray, entretien tél., Montréal-Toronto, 15/2/90. Deux policiers en civil, peut-être les mêmes, avaient d'ailleurs été surpris en train d'enregistrer une réunion du mouvement McGill français. À ce sujet, voir Louis Fournier et autres, *La police secrète au Québec: la tyrannie occulte de la police*, Montréal, Québec/Amérique, 1978, p. 17. Un des auteurs est le futur maire Jean Doré. Aussi, Michel Celemenski, entretien, New York, 20/3/90.

page 182   **[Marchetti]** Entretien tél., Wash., 13/8/89.

page 183   **[Statue de la Liberté]** Frank Donner, entretien téléphonique, Wash.-Conn. 7/89; *New York Times*, 17/2/65 et suivants, 3 et 11/6/65; également dans Louis Fournier, *F.L.Q.*, p. 101-103.

page 184   **[Gould]** Sur les Hongrois, entretien Ruth Joyner, assistante de 1956 à 1957 des deux premiers chefs de station de la CIA à Ottawa — Andrew J. Steele et George MacMannus — puis chef du bureau canadien à Langley de 1958 à 1962. Entretien, Wash., 18/5/89. Sur Gould, Cleveland Cram, entretien supra, et une seconde source.

page 185   **[Hawkins]** Lettre du 14/7/68 à «Jeff», archives personnelles, Mme Richard Hawkins, Washington.

page 185   **[Burgess]** Harrison Burgess, entretien tél., Wash.-Charlottesville, 23/8/89.

page 186   **[NIE]** En 1964, le grand responsable des NIE, Sherman Kent, a séjourné à Ottawa pour recueillir des informations en vue d'une grande analyse sur le Canada. Le chef de la station de la CIA dans la capitale canadienne, Rolfe Kingsley, a réuni autour de sa table une vingtaine des principaux décideurs canadiens. «Il y avait là Bob Bryce [sous-ministre des Finances], Norman Robertson [sous-secrétaire d'État aux Affaires extérieures] et Frank Miller, qui était chef des Forces armées ainsi que [l'adjoint de Robertson] Marcel Cadieux», bref des détenteurs des plus grands secrets du pays, se souvient un des participants. «Nous avons causé de toutes sortes de sujets, presque jusqu'à deux heures du matin», ajoute-t-il. «Ce genre de choses se passe couramment entre les Etats-Unis et le Canada ainsi qu'avec les Britanniques.» Le participant affirme que les invités ne pouvaient avoir aucun doute sur les motifs de la visite de Kent. Mais ils voulaient peut-être que Langley ait l'heure juste sur les intentions du gouvernement canadien.

page 187   **[DIA-collaboration CIA-GRC]** Si le suspect est militaire, des agents de la Defense Intelligence Agency (DIA), qui relève du Pentagone peuvent être envoyés. Deux de ces agents se trouvaient par exemple à Montréal en 1973, mêlés à une affaire qui a ensuite fait grand bruit, mais qui, selon un participant, n'avait aucun rapport avec le mouvement indépendantiste. Il s'agissait d'une opération de contre-espionnage contre une cible de l'Est. «C'était un beau cas», se souvient l'agent de renseignement. Des officiers canadiens se plaignent cependant que Langley insiste un peu trop pour détourner les ressources des SS à leur profit. «Les Américains avaient tendance à nous dire quoi faire et comment le faire. Ils nous demandaient de poser des micros ou de prendre en filature un sujet qui traversait le Canada, quand nos cibles étaient autres», se plaint un *Mountie*. «En certains cas ils voulaient faire pression pour que leurs priorités passent avant les nôtres, ce qui créait du ressentiment.» Langley considère au contraire que, compte tenu de tout ce que la machine d'espionnage américaine donne aux autorités canadiennes, un peu d'enthousiasme pour ses cibles est la moindre des courtoisies. Et il arrive que la mauvaise grâce canadienne pousse à bout quelques impatients à Langley. «Parfois un cow-boy — on les appelle les cow-boys, les professionnels des opérations secrètes — un cow-boy disait: "On devrait aller chercher l'information nous-mêmes et au diable les Canadiens"», se souvient Cram. «Si vous voulez faire des opérations, leur répondait-il, allez en faire en URSS ou à Ouagadougou ou à Bangkok.»

page 187   **[Cameron]** Dans Don Gillmor, *I Swear by Apollo: Dr. Ewen Cameron and the CIA Brainwashing Experiments*, Montréal, Eden Press, 1987, p. 97

page 187   **[Gotlieb-colères]** Gotlieb, entretien, supra. Il s'écoule rarement deux mois avant qu'une nouvelle fois un député ou un journaliste prononce une accusation contre la CIA au Canada ou qu'un service policier lève un drôle de lièvre, qui demande explication. Normalement, ces affaires se règlent dans les bureaux de la GRC. Cram garde un souvenir vif et cuisant du jour où le sous-secrétaire d'État aux Affaires étrangères, Ed Ritchie, l'a fait venir dans son bureau pour lui présenter une allégation plus grave qu'à l'habitude, mais dont la substance s'est perdue dans sa mémoire. «Je me souviens qu'on m'a introduit dans son grand bureau, un peu comme on amène le criminel. Il n'a pas daigné me saluer, m'a à peine regardé. Les Canadiens adorent nous malmener un peu quand ils en ont l'occasion», raconte Cram. «Puis il s'est mis à me faire un sermon: "Je ne tolérerai pas que les Américains agissent de la sorte..." Je pensais faire un cauchemar, il ne m'avait toujours pas dit ce qu'il nous reprochait.» Un adjoint présent pousse finalement Ritchie à donner quelques détails, que Cram prend soigneusement en note. Le chef de station câble «Attention Immediate» à Langley, procède à quelques vérifications et revient voir l'adjoint avec un mémo de trois ou quatre pages qui innocente l'Agence de quelque bévue que ce soit. Il veut remettre le document à Ritchie en main propre, lui faire admettre son erreur. Après beaucoup d'insistance, on lui ouvre à nouveau la porte du grand bureau. Ritchie «lit le mémo au complet, le pousse sur sa table, se lève et quitte la pièce sans un mot». Quelques jours plus tard, les deux hommes se croisent au bar du Rideau Club. Cram saute sur l'occasion. «Je suis content que nous ayons pu clarifier cette situation», dit-il à Ritchie. «Je ne sais pas de quoi vous parlez», rétorque le haut fonctionnaire, qui lui tourne une nouvelle fois le dos et s'éloigne. «Un type formidable», commente Cram, avec une ironie appuyée. La hiérarchie gouvernementale fédérale n'est pas seule à maintenir sur les hommes de la CIA à Ottawa une pression constante pour décourager toute ingérence. La presse prête une louable assistance. «C'est de bonne guerre», admet Cram, qui garde cependant une tenace rancune contre une journaliste en particulier. «Une vraie peste», dit-il, encore outré. «Elle m'appelait constamment, souvent le soir à 11h00. Je suis en pyjamas, je me prépare à me coucher, et le téléphone sonne. "Avez-vous fait ci, êtes-vous responsable de ça?" Elle n'avait aucune retenue. Attendez que je me souvienne de son nom. Elle était de Toronto. Ça va me revenir... Barbra Frum! Voilà c'est elle. Est-elle encore dans le portrait?» (Barbra Frum est une star du journalisme à Toronto, à l'égal de Pierre Nadeau à Montréal.) Frum affirme n'avoir aucun souvenir de Cram, entretien tél., Montréal-Toronto, 12/4/90.

page 188 **[Hoover-INR]** Mémo daté du 15/11/65, CONFIDENTIAL. Le FBI affirme détenir un dossier de 175 pages sur le FLQ, mais n'en a déclassifié qu'une vingtaine, après avoir gommé toute information qui pourrait ne pas être déjà publique.

page 188 **[Recrutement]** Ce qui ne signifie pas que, dans la mesure de leurs moyens, le chef de station et sa petite troupe, comme les hommes d'affaires en balade, n'envoient pas à Langley le morceau d'info qui leur tombe par hasard entre les mains. Après tout, le chef de station est membre du chic Rideau Club, endroit favori de la haute gomme politique et bureaucratique de la capitale, où on échange autour d'un scotch plus de secrets qu'au cabinet ministériel. On peut observer un manège similaire au mess des officiers de la GRC, auquel les hommes de la CIA comme du FBI ont un libre accès. Lorsqu'il attrape la queue d'une rumeur, Cram la refile aussi sec aux conseillers politiques de l'ambassade, comme Rufus Smith, généralement mieux informés. Aux réunions du personnel politique de l'ambassade lorsqu'on fait un tour de table pour la préparation d'une analyse, le représentant de la CIA, toujours bavard lorsque la discussion se déroule à Bangkok ou à Santiago, reste à Ottawa d'un mutisme ennuyé. «Au Canada, nous étions au bas de la division, loin dans le coin, nous n'avions aucune importance et n'avions rien à ajouter», soupire Cram, qui évoque sur un ton à peine envieux ces capitales exotiques du Moyen-Orient et d'Asie où le chef de station «est très important puisqu'il possède ses sources secrètes et, qui sait, a le ministre de la police dans sa poche». On le sait, la station de la CIA, comme les analystes de Langley, a bien sûr accès aux dépêches diplomatiques. Mais les consuls ont parfois un fond de tiroir de renseignement, ou une demi-rumeur, qu'il est bon d'aller recueillir. Cram trouve chez le consul général à Montréal, John Topping, une vocation réprimée d'espion. Topping le reçoit avec joie, lui confie tel ragot sur un Soviétique ou un Cubain rencontré lors d'un événement officiel ou social, d'ailleurs sans que rien de bien sérieux en résulte. Certains diplomates ne tiennent cependant pas leurs compatriotes espions en odeur de sainteté. Cram se souvient s'être presque fait jeter par la remplaçante de Topping, Elizabeth Harper. «Une vraie diablesse anti-CIA», dit Cram. «Elle m'a fait un sermon terrible», dit que «les choses allaient changer» et qu'elle n'avait que faire de la CIA. (Ultérieurement, à Montréal pendant les Jeux olympiques de 1976 alors que la CIA venait en aide aux forces de sécurité locale, Harper finit par se montrer plus coopérative.) Mais entre ce travail à la petite semaine et l'infiltration clandestine d'organisations politiques québécoises, il y a comme un gouffre. Dans un entretien accordé à l'auteur à Washington le 15/3/89, Elizabeth Harper affirme cependant qu'elle «ignore» si la CIA «avait quelqu'un à Ottawa».

page 189 [**Enquêtes, livres**] Il existe à Washington une banque de données qui se veut exhaustive de tout ce qui a été écrit, du moins en anglais aux États-Unis, sur la CIA. L'auteur l'a consultée, sans succès.

page 190 [**Head**] Ivan Head, entretien, Ottawa, 27/6/89.

page 190 [**CIA Octobre**] Une citation hante les quelques écrits canadiens sur la CIA et le Québec. Une phrase que Jim Bennett aurait prononcée devant le journaliste — et parfois informateur de la GRC, selon Sawatsky — Tom Hazlitt, lors d'une longue discussion tenue en 1973 à Johannesburg: «When the 1970 crisis erupted, someone down in Washington pushed the panick button and suddenly we had a full-scale infiltration of CIA agents on our hands» («Quand la crise de 1970 a éclaté, quelqu'un à Washington a sonné l'alerte et tout à coup nous nous sommes retrouvés avec une infiltration massive d'agents de la CIA sur les bras»). La citation, avec une autre «révélation» concernant des mouvements de troupes américaines à la frontière pendant Octobre et des contre-mouvements de troupes canadiennes pour leur faire pièce, fut publiée dans *The Toronto Star* du 22/9/73. Bennett a immédiatement nié avoir fait ces déclarations, dénégations qu'il a répétées depuis, y compris à l'auteur. Outre que Hazlitt — décédé — a mis entre guillemets une citation tirée d'une conversation de 14 heures pendant laquelle, affirme-t-il, il n'a ni enregistré ni pris de notes, l'utilisation du mot «agent» fait problème. Dans le langage de l'espionnage, un «agent» est la recrue, la source active de «l'officier». On ne peut envoyer des «agents». Quoi qu'il en soit, un chercheur canadien-anglais, qui a suivi cette piste, et l'auteur sont d'avis que la citation est, sinon une fabrication, du moins un malentendu.

Par ailleurs, le 24/9/71, *The Montreal Star* a publié à la une un mémo TOP SECRET de la CIA daté du 16 octobre 1970, jour de l'imposition des mesures de guerre. Le message tient en une phrase: «Sources advise that urgent action be taken to temporarily break contacts with the FLQ militants since the Canadian government's measures may have undesirable consequences» («Des sources nous avisent de prendre d'urgence une action afin de rompre temporairement les contacts avec des militants du FLQ puisque les mesures du gouvernement canadien peuvent avoir des conséquences indésirables»). Le *Star* a expliqué que quelqu'un avait glissé ce mémo dans le courrier de son bureau de Washington. Un agent de renseignements québécois est convaincu de l'authenticité du document. Cleveland Cram affirme au contraire que la note fait partie d'une poignée de documents qui circulent au Canada au début des années soixante-dix et que la CIA considérait comme des faux, produits par des services de renseignements ennemis.

page 190   [**CIA-Ottawa**] Voici la liste, compilée par l'auteur, des chefs de station de la CIA à Ottawa depuis l'ouverture de la station, en 1956. Les noms sont exacts, les dates marquées d'un «?» ont une marge d'erreur d'une année. 1956 Andrew J. Steele; 1957? George MacMannus; 1960 Rolfe Kingsley; 1965 Sidney Stein; 1968? Robert Jantzen; 1971 Cleveland Cram; 1975 Walter McCabe (intérim); 1976 Stacy B. Hulse; 1978 John K. Knaus, remplacé en 1981. À Langley, le bureau canadien fut dirigé par Ruth Joyner (1958-1962), puis par Jim Smith (1962-1964), puis par James Howley (?1968-1970), puis par Phillip Fendig (1970-197?). Le bureau canadien était constitué, pour le gros de la période étudiée, par un chef de bureau et un assistant. Parce que le bureau ne servait que de liaison et était au bas de l'échelle des priorités de l'agence, il y eut des périodes où les postes de chef de bureau ou d'assistant n'ont pas été pourvus. Une des raisons de la faiblesse du bureau canadien est que les agents de liaison de la GRC à Ottawa ont un accès presque libre à beaucoup des divisions de l'Agence et n'ont pas besoin de faire transiter par le bureau leurs demandes de renseignements. Ils traitent directement avec les services concernés. Une situation analogue prévaut au FBI.

8. Angoisse au 24 Sussex

page 195   [**Exergue-Rouse**] Discours de John Rouse, le 27/1/77, à un séminaire de la Northwestern University.

page 195   [**Macdonald-Laurier**] «Every american statesman covets Canada», John A Macdonald, circa 1890, et «What they have, they keep and what they have not, they want», Wilfrid Laurier, circa 1898, cités dans Lawrence Martin, *The Presidents and the Prime Ministers*. Ce livre est utilisé pour les références historiques dans ce chapitre.

page 195   **[Lévesque peur]** Le témoin cité par le journaliste et auteur Graham Fraser dans *Le Parti québécois*, p. 13. Plusieurs membres du gouvernement Lévesque, interrogés en vue du présent ouvrage, ont le plus grand respect à l'égard du travail de Fraser. «Ça doit être vrai si Fraser l'a écrit», note par exemple Claude Morin lorsque son récit contredit celui de Fraser. Né à Ottawa, Graham Fraser était à partir de 1979 correspondant à Québec de la *Gazette* de Montréal, ce qui semble indiquer que les leaders du PQ savaient faire la différence entre le biais général du journal et le professionnalisme de plusieurs de ses artisans.

page 195   **[Enders]** Thomas Enders, entretiens tél., Boston-New York, 24/5/89, et Wash.-New York, 24/7/89. Pierre Elliott Trudeau a refusé d'accorder un entretien à l'auteur.

page 196   **[Desmarais-Sinclair]** Dans *The Canadian Establishment* (p. 57, 194 et 198), Peter C. Newman établit ce palmarès. Il écrit que «Desmarais croit sincèrement qu'il a la mission d'agir en tant que médiateur entre le gouvernement et le monde des affaires, au nom des intérêts de la Confédération.» Paul Desmarais a décliné une demande d'interview de l'auteur.

page 197   **[Ball]** George Ball n'allait publiquement changer d'avis à ce sujet qu'en 1984, déclarant que l'annexion du Canada ne serait peut-être pas souhaitable, «principalement parce que cela déséquilibrerait l'échiquier politique d'une façon qui entraînerait une modification complète de la vie politique américaine». Cité dans Richard Gwynn, *The 49th Paradox: Canada in North America*, Toronto, McClelland, 1985, p. 80.

page 199   **[Gotlieb]** Allan Gotlieb, entretien, supra.

page 199   **[Ritchie]** Charles Ritchie, entretien, supra.

page 200   **[Enders en 1976]** Dans *New York Times*, 24/3/76 et 14/6/76, et *Toronto Star*, 9/11/76. Une commission bilatérale C.D. Howe et National Planning Association déclare également en juillet que les relations «sont tendues» et qu'il est «peu probable qu'il y ait une amélioration à brève échéance». Dépêche de la Presse Canadienne publiée dans *Le Devoir* du 27/7/76.

page 200   **[Latouche]** Daniel Latouche, «Quebec: One Possible Scenario», dans Annette Baker Fox et autres, *Canada and the United States: Transnational and Transgovernmental Relations*, New York, Columbia University Press, 1976, p. 336 à 366.

page 200   **[Provinces séparatistes]** Lieutenant-gouverneur: un diplomate américain, qui requiert l'anonymat, à l'auteur. La demande d'aide du mouvement séparatiste de l'Ouest fut faite à un successeur d'Enders, Paul Robinson, après 1981; Robinson, entretien, supra.

Autres exemples tirés de «Quebec Separatism: Is Canada Coming Apart?», discours prononcé le 1/2/77 par le vice-consul du Canada à Los Angeles, François Beaulne.

page 201   [**Gwynn**] Dans *The 49ᵗʰ*..., p. 130.

page 201   [**Vine**] Richard Vine, sous-secrétaire adjoint aux affaires canadiennes 1974-1979, entretien, Washington et Maryland, 13 et 20/4/89. Pendant les derniers mois de Rufus Smith à la direction des affaires canadiennes, Kissinger avait tenté de lui faire écrire un long rapport sur les relations Ottawa-Washington, un exercice que Monsieur Canada considérait fastidieux et inutile.

page 202   [**Fortier**] André Fortier, sous-secrétaire d'État, Secrétariat d'État, entretien tél., Wash.-Ottawa, 24/7/89.

page 203   [**INR 72-73**] «The Parti Quebecois», INR Research Study, 19/10/72, 21 pages, SECRET/NO FOREIGN DISSEM/CONTROLLED DISSEM; et «Canada: Separatism quiescent but not dead», INR Research Study, 23/7/73, SECRET/NO FOREIGN DISSEM/CONTROLLED DISSEM.

page 204   [**PQ congrès**] Airgram Québec A-6, «An Unspectacular, Hard-Working PQ Congress», 1/3/73, UNCLASSIFIED.

page 204   [**INR élection**] «Quebec election presages heated provincial-federal struggles», INR Intelligence Note, 15/11/73, 4 pages, CONFIDENTIAL/NO FOREIGN DISSEM.

page 204   [**Morin-Lévesque**] Airgram Québec A-38, «Memorandum of Conversation: Claude Morin», 16/10/75, 6 pages, LIMITED OFFICIAL USE. Morin parle au consul à Québec, Patrick Garland. Airgram Montréal A-140, «Conversation with René Lévesque», 5/11/75, 3 pages, LIMITED OFFICIAL USE. Lévesque parle à la consul général à Montréal, Elizabeth Harper. Claude Castonguay, entretien tél., Montréal, 19/2/90. Mais Morin persiste, entretien, Montréal, 18/4/90.

page 205   [**Bokassa**] Dans Québec Telegram 0245, 3/12/75.

page 207   [**Butterworth**] Rapporté par William Mac Johnson, entretien, supra.

page 207   [**Colombie-Britannique**] Source au Département d'État citée dans Gerald Clark, «Levesque and the U.S.: MISSION IMPOSSIBLE», *The Montreal Star*, 12 au 15/2/79 (série de quatre articles).

page 209   [**Enders**] Enders, entretiens, supra. James Reston a refusé les demandes d'interviews de l'auteur et n'a pas répondu à des questions écrites.

page 211   [**Duemling**] Robert Duemling, Deputy Chief of Mission à l'ambassade 1976-1980, entretien, Wash., 23/3/89.

page 212   [**Barron's**] Exemples du revirement de 1977 tirés de Richard Gwynn, *The Northern Magus*, Toronto, McClelland, 1980, p. 303-304. Citation Trudeau, dans *Maclean's*, 7/3/77, p. 18.

page 213   [**Trudeau défend Enders**] Cité dans *New York Times*, 18/12/77.

page 213   [**Rouse à Chicago**] Discours de John Rouse, le 27/1/77, à un séminaire de la Northwestern University, intitulé «The Business

Significance of an Independent Quebec». Rodrigue Tremblay affirme avoir tenu ses informations de relations qu'il avait, au Canada, avec des hauts fonctionnaires américains du Département d'État, et non de la Maison-Blanche, comme rapporté dans une dépêche de la Presse Canadienne, reprise dans *The Gazette*, 28/1/77. Rodrigue Tremblay, entretien tél., Montréal, 29/5/89. Vine, entretien, supra.

9. Bousculade à Wall Street

page 215 [**Dans du beurre**] Cité par Louis Bernard, chef de cabinet de Lévesque, puis secrétaire général du Gouvernement; entretien avec l'auteur, Montréal, 12/6/89.

page 215 [**Morin à New York**] Sauf indication contraire, le récit concernant Claude Morin dans ce chapitre est tiré de deux entretiens de M. Morin avec l'auteur, à Québec, les 21 et 24/6/89.

page 215 [**Baltimore Sun**] En anglais «lays an egg», cité dans Graham Fraser, *Le Parti québécois*, p. 111.

page 215 [**NY Times**] *New York Times*, 26/2/77, p. 1.

page 216 [**McNamara**] Telegram Québec 021, 18/1/77, UNCLASSIFIED.

page 216 [**Michaud**] Yves Michaud, entretien, Montréal, 1/6/89.

page 217 [**Links, Lévesque, Parizeau**] Cité dans *The Montreal Star*, 25/1/89.

page 218 [**Wilson au Links**] Joe Wilson, entretiens téléphoniques, Wash.-New York, 11 et 12/5/89, et Telex consulat général canadien à New York, «Lévesque visit to NYK: Postscript», 1/2/77, CONFIDENTIAL.

page 219 [**Lévesque «bloody»**] Il arrivait que des personnalités new-yorkaises se formalisent de la verdeur de langage de Lévesque, indique un diplomate québécois à New York, qui requiert l'anonymat.

page 220 [**Tomlinson**] Alexandre Tomlinson, entretien, Wash., 4/5/89.

page 220 [**Hydro discours**] Ajouts et réaction de Morin, un ex-cadre supérieur d'Hydro-Québec qui requiert l'anonymat, entretien, Montréal, 6/89.

page 221 [**Mackay**] Robert Mackay, entretien, Québec, 23/6/89.

page 221 [**Menaces**] Télex du bureau de NY du FBI du 25/1/77, mémo bilan de la visite du 31/1/77, «Action memorandum» 7701408 du Département d'État du 26/1/77.

page 222 [**La salle se glace**] «The room froze», Fraser, édition originale anglaise de *op.cit., P.Q.: René Lévesque and the Parti Québécois in Power*, Toronto, Mcmillan, 1984, p. 88.

page 222 [**Discours**] Texte anglais, René Lévesque, «Quebec: A Good Neighbour in Transition», 23 pages, 25/1/77, tel que distribué à la presse. Une partie des traductions est tirée de *René Lévesque à L'Economic Club*, Montréal, Éditions La Presse, circa 1977, 38 pages.

page 222   [**Hydro**] Suggestions de First Boston, Tomlinson, entretien, supra. Interview de *Business Week* intitulée «Separatist Lévesque: Tougher on Foreigners», 20/12/76. Citation «dérange le plus», recueillie par la consul général à Montréal, alors à New York, Telegram Montréal 0142, 28/1/77, CONFIDENTIAL. L'inquiétude, découlant de l'interview, est aussi confirmée par Tomlinson. En 1986, Georges Lafond, vice-président exécutif d'Hydro, résume, pour s'en plaindre, la manière dont Québec a opéré les ponctions: «En 1978, Hydro-Québec payait environ 40 millions de taxes foncières et d'utilisation des rivières. En 80 s'y ajoutait la taxe sur les revenus bruts; en 81, la taxe sur le capital. En 85, au lieu des 40 millions de 78, cela faisait 246 millions, sans compter la taxe de vente que l'entreprise perçoit pour le Gouvernement.» Dans Gilles Brouillet, «Le bilan de Georges Lafond, financier», *Hydro-Presse*, Montréal, mi-septembre 1986, p. 9. Il faut aussi ajouter les dividendes. À l'auteur, Lafond indique que «ça s'est fait tellement discrètement, en tous cas subtilement» pour créer un minimum de remous dans les marchés financiers. Entretien, Montréal, 13/6/89.

page 223   [**Rires et réactions publiques**] Dans *The Gazette*, 26/1/77.

page 224   [**Réactions privées**] Telegram Montréal 0142, 28/1/77, CONFIDENTIAL. Telegram Toronto 0246, 26/1/77, UNCLASSIFIED, et Airgram Toronto A-14, 1/2/77, LIMITED OFFICIAL USE. Le Département d'État américain a noirci les portions de ces textes où apparaissaient les noms des personnes citées. Dans le cas de A.E. Ames, seul son directeur, Martin R. Hicks, était assis à la table d'honneur, non loin de Parizeau. Le président de la compagnie, John Cook, était à une table de la salle. Newman est cité par Diggins, dans Telegram Toronto 0295, 2/2/77, UNCLASSIFIED. Aussi, Telex consulat général canadien à New York, «Lévesque visit to NYK: Postscpript», 1/2/77, CONFIDENTIAL.

page 226   [**Bourse**] Dans *Wall Street Journal*, 27/1/77.

page 226   [**Mémoires Lévesque**] Dans René Lévesque, *Attendez que je me rappelle...*, p. 392.

page 226   [**Latouche**] Daniel Latouche, entretien, Montréal, 2/6/89.

page 226   [**McNamara analyse**] Telegram Québec 031, 26/1/77, CONFIDENTIAL.

page 227   [**Bernard**] Entretien, supra.

page 227   [**Trudeau-Lévesque**] Cité dans Gérard Pelletier, *Les Années d'impatience 1950-1960*, Montréal, Stanké, 1983.

page 227   [**Beaudoin**] Louise Beaudoin, entretien, Montréal, 1/6/89.

page 228   [**Lévesque consenti**] René Lévesque, *op.cit.*

page 228   [**Foreign Affairs**] René Lévesque, «For an Independent Quebec», dans *Foreign Affairs*, vol. 54., n° 4, juillet 1976, p. 744. Robert Mackay, supra, dit aussi avoir «l'impression» que tout le parallèle historique venait de Lévesque.

page 228   [**Interview Desbarats**] Peter Desbarats, *René: A Canadian in*

Search of a Country, (v) p. 220. Dans une interview où il fait semblant d'être en 1977 et de revivre les événements passés, Lévesque note que la réaction américaine à l'indépendance du Québec était tempérée, «especially since the '76 election, with the Bicentennial year in the US». En 1969, il devait être le seul Québécois à songer à cet anniversaire.

page 228	[**Sympathie, compréhension**] Lévesque, René, «Québec: A Good Neighbour...», p. 22.

page 229	[**Diplomate révolution**] Un diplomate américain, qui requiert l'anonymat, à l'auteur.

page 230	[**Harper**] Dans Telegram Montréal 0142, 28/1/77.

page 230	[**Tomlinson**] Entretien, supra.

page 230	[**Snelling**] Richard Snelling, entretien tél., Montréal-Burlington Vt., 27/5/89.

10. Le boulet new-yorkais

page 233	[**Lévesque destin**] Cité dans *Wall Street Journal*, 27/1/77.

page 233	[**Giroux**] Dans Graham Fraser, *Le Parti québécois*, p. 83.

page 233	[**Ferber à Montréal**] Un participant, qui requiert l'anonymat, à l'auteur.

page 234	[**Wilson-Lévesque**] Joe Wilson, entretien, supra.

page 235	[**300 000 $**] Ed Waters de Kidder Peabody, entretien, New York, 10/5/89.

page 235	[**Parizeau nuit des temps**] Jacques Parizeau, entretien, Montréal, 1/6/89.

page 235	[**Cadre de Solly**] Un cadre de Salomon Brothers, qui requiert l'anonymat, à l'auteur. Sa cour devait être trop subtile, car Parizeau (entretien, supra) ne se souvient pas avoir été courtisé.

page 237	[**Lettre de Met**] Ed Waters, entretien, supra.

page 237	[**PQ socialisme français**] William Diebold, alors président du Council on Foreign Relations, entretien tél., Boston-New York, 23/5/89.

page 237	[**Parizeau à Boston**] Un participant, qui requiert l'anonymat, à l'auteur.

page 237	[**Parizeau intransigeant**] Un banquier new-yorkais, qui requiert l'anonymat, à l'auteur.

page 238	[**Ignares et Diebold**] et «grand commis de l'État», William Diebold, entretien, supra.

page 239	[**Écart à l'automne 1976**] À partir des chiffres publiés par Kidder, Peabody & Co, dans son étude Hydro-Québec de mars 1977. Le calcul, ici, est fait à partir de l'écart Hydro-Québec/B.C. Hydro entre le 22 novembre et le 15 décembre 1977. L'écart considéré comme normal entre B.C. et Hydro-Québec est d'environ 30 points de base.

À l'automne, il passe à 80 points, une hausse de 50. (Calcul du surcoût potentiel d'un nouvel emprunt: 500 millions, fois 0,5%, fois 30 ans égalent 75 millions.) En réalité, la somme devrait être plus élevée puisque les compagnies canadiennes sont elles-mêmes affectées à la hausse par l'élection du PQ. Les obligations des Maritimes souffrent particulièrement, parce que le marché, qui sait lire une carte, songe que les conséquences d'un Québec indépendant seraient pires sur les provinces de l'Est que sur celles de l'Ouest. Si on calculait le surcoût à partir de l'écart d'avec AT&T, soit 100 points à l'automne 1977, il serait de 150 millions. Mais on ne peut maintenir cet étalon très longtemps, puisque la courbe d'Hydro est aussi affectée par le jugement que le marché porte sur l'ensemble de l'économie canadienne. Mauvaise performance ontarienne, élection du NPD en Colombie-Britannique, nationalisation de la potasse en Saskatchewan, puis, début 1980, politique plus agressive du gouvernement Trudeau concernant l'énergie et les investissements étrangers (la FIRA). Il n'y a donc qu'une façon d'isoler, quoiqu'imparfaitement, les variations dues à la situation québécoise, soit d'utiliser l'écart d'avec d'autres compagnies canadiennes, et garder en tête que le résultat est un peu en retrait de la réalité.

Le lecteur aura peut-être observé que si l'écart augmente, c'est qu'il existe déjà. Il y a plusieurs façons d'expliquer pourquoi il coûte généralement plus cher aux Québécois qu'aux Ontariens ou aux Américains d'emprunter sur les marchés new-yorkais.

D'abord, tous les titres étrangers «s'écartent» des obligations américaines parce que les investisseurs institutionnels (assurances, régimes de retraite, etc.) n'ont pas le droit de détenir en titres étrangers plus de 3% de leur portefeuille. La demande étant ainsi resserrée légalement, les emprunteurs sont forcés de surenchérir. Mais la loi est plus large envers les titres canadiens, qui peuvent compter pour 13% du portefeuille. C'est pourquoi l'écart américains/canadiens est plus faible que l'écart américains/australiens, par exemple.

Deuxièmement, les gérants de portefeuille n'aiment pas détenir trop de titres d'une même société. Hydro-Québec ayant inondé le marché avec ses emprunts pour la baie James, les prêteurs doivent se faire tirer l'oreille, ou le taux d'intérêt, pour mettre encore des œufs dans ce panier. Hydro-Ontario, B.C. ou Saskatchewan n'étant pas aussi gourmands, ils n'ont pas à se faire aussi beaux. (Ces explications, Ed Waters, supra.)

Il y a aussi des considérations économiques. La machine industrielle ontarienne est plus robuste et plus diversifiée, le taux de chômage y est plus bas, le taux de taxation plus léger (l'État a donc une plus grande marge de manœuvre si un coup dur l'oblige à taxer davantage), les marchés récompensent donc la bonne économie ontarienne, pénalisent celle qui traîne la patte, la québécoise.

Finalement, il y a la variable politique. Richard Schmeelk, responsable pendant 20 ans du dossier canadien à Salomon Brothers, affirme que l'insécurité due à la montée de l'indépendantisme a commencé à être prise en considération dans les taux dès le gouvernement Daniel Johnson. Mais la force d'Hydro et sa «saine gestion» réussissent, jusqu'en 1976, à contrebalancer cette incertitude et à contenir l'écart. (Schmeelk, entretiens New York 10/5/89 et téléphonique, Wash.-New York, 17/5/89)

Jacques Parizeau ne voit de «manifestation objective de ce phénomène» qu'en 1970, lorsque «dans l'esprit de beaucoup d'Américains, c'est 1-2: PQ, 23% du vote [à l'élection d'avril], puis le terrorisme qui commence quelques mois après». Mais il y a selon Parizeau un autre motif, plus fondamental, à l'écart Québec/Ontario. Il l'appelle le «Latin discount»; «c'est le prix qu'on paie pour être francophone en Amérique du Nord», explique-t-il. «Le marché a toujours réagi comme si Québec présentait un risque particulier.» Selon Parizeau, sur le marché canadien, ce «discount» historique vis-à-vis de l'Ontario, indépendamment de tout calcul économique, est de 15 à 20 points. Aux États-Unis, «compte tenu de l'interpénétration» des marchés, un «Latin discount» plus faible qu'à Toronto est encore perceptible. Sur les marchés européens ou japonais, il est introuvable. (Parizeau, entretien, supra, et entretien avec journaliste Larry Black, Montréal 1986, archives personnelles Black.)

page 240 [**Tomlinson, chaise**] «Caustique», un banquier. Tomlinson, entretien, supra. Parizeau aux journalistes, 10/4/90.

page 240 [**Lévesque socialiste**] Dans *Business Week*, *loc.cit.*, p. 39; *U.S. News & World Report*, 26/9/77, p. 72; *Newsweek*, 5/12/77; *Time*, 13/2/78, p. 36.

page 240 [**Parizeau Eco Club**] Parizeau, entretien, supra.

page 241 [**Écart après Eco**] Calculé à partir de l'étude Kidder, *op.cit.*, p. 9, puis d'une obligation d'Hydro-B.C. (8 5/8 du 23/11/76). L'écart, initialement de 27 points à la mi-novembre, base de calcul, monte à 82 points à la mi-décembre et à 94,5 points au 28 janvier. Les données brutes proviennent également de chiffres fournis par Merrill Lynch et Hydro-Québec. Les calculs sont de l'auteur.

page 241 [**Harper**] Telex Montréal 0142, 28/1/77. «Boycott», dans Telex Toronto 0334, 7/2/77.

page 242 [**Don Regan**] à l'Eco Club, «Seating List», avec Wilson, entretien Wilson, supra.

page 244 [**Little Rat**] Chapman a affirmé aux journalistes Richard Daignault et Dominique Clift qu'en 1920 il avait participé à une rencontre de financiers au Château Frontenac à Québec, dont le résultat avait été d'obliger le premier ministre Lomer Gouin à démissionner pour être remplacé par le candidat de leur choix, Alexandre Taschereau. Dans Richard Daignault, *Lesage*, Montréal, Libre Expression, 1981;

«Rat», p. 228; Gouin, p. 214. Un ancien employé d'Ames, qui requiert l'anonymat, a aussi confirmé à l'auteur l'anecdote concernant Parizeau. Ce dernier a dit à Black, supra, que *La Presse* avait rapporté l'insulte.

page 245   [**Wood Gundy**] Lettre de Cunningham à l'ambassade, 1/3/67, CONFIDENTIAL.

page 245   [**Accident-écart**] Info générale de Graham Fraser, *Le Parti québécois*, p. 111-112. Sur le marché, les obligations d'Hydro-Ontario et d'Hydro-B.C. semblent aussi profiter de «la bonne nouvelle», l'écart entre eux et Hydro-Québec ne se referme donc pas. Mais entre les 4 et 18 février, il se referme de 13 points entre H-Q et un titre similaire d'AT&T, et de 7 points entre H-Q et un bon du Trésor américain, TSY 8 1/4, utilisé comme étalon par First Boston. Données brutes fournies par Merrill Lynch et Hydro-Québec. Certains diraient que ces variations ne sont pas significatives, mais à l'époque, le *New York Times* a jugé que les transactions qui ont suivi l'accident de Lévesque valaient d'être notées. Le journal les a jugées «macabres». (Article du NY Times Service publié dans le *Globe and Mail*, 21/2/77.)

page 245   [**Pauvre René**] Telegram Quebec 062, «Wasn't It Terrible What Happened to Poor René?», 10/2/77, LIMITED OFFICIAL USE.

page 246   [**Kidder, Waters**] Enquête Kidder, *op.cit.*; entretiens Waters et Schmeelk, supra.

page 246   [**Moody's**] Moody's, *The Gazette*, 12/3/77; entretien Tomlinson, supra. Standard, *Globe and Mail*, 3/6/77. Sur le rôle du consulat canadien à New York, voir chapitre 12.

page 247   [**Budget**] Dans Fraser, *op.cit.*, p. 137.

page 247   [**Écart mi-mai**] Calculé à partir d'une obligation d'Hydro-B.C. (8 5/8 du 23/11/76), l'écart de 27 points à la mi-novembre 1976, base de calcul, affiche 70 points à la mi-mai 1977.

page 248   [**Stratégie Hydro**] Entretien Georges Lafond, supra. Chiffres également tirés de, Georges Lafond, «Hydro-Québec and the James Bay Project: The Financing Strategy», dans W. T. Standbury et autres, *Financing Public Enterprises*, The   Institute of Research and Policy, circa 1982, p. 250-260.

page 248   [**Écart septembre**] Selon le même calcul, l'écart de 27 points à la mi-novembre 1976, base de calcul, affiche 41 points au 9/9/77. Des courtiers montréalais, cités dans *The Gazette* du 14/9/77, obtiennent une variation semblable de près de 15 points.

page 251   [**Prospectus**] Entretiens Parizeau, Wilson, Rufus Smith, supra. Citations tirées de Prospectus - 100 000 000 $ - Hydro-Québec, 18/7/78, p. 36-37.

page 251   [**Chase Star**] *Toronto Star*, 11/12/77, p. 1.

page 252   [**Duemling**] Robert Duemling, entretien, Wash., 23/3/89.

page 252   [**L'affaire Solly**] Pas moins de six sources ont parlé à l'auteur de cette affaire, certaines ouvertement, leurs noms sont cités (parmi eux, Peter Gordon, entretien tél., Montréal-New York, 16/2/90), d'autres sous le couvert de l'anonymat. Un demi-million, en fait 421 269 $ US, ont été touchés en 1979 par chacun des managers, dont Salomon, à titre de «Discounts and Commissions», sur les trois emprunts de 200 millions effectués. Voir prospectus d'Hydro du 30/1/79, 12/6/79 et 18/10/79.

11. Le sudiste et les sécessionnistes

page 257 [**Carter investiture**] Rapporté au consul canadien à Atlanta, Al Horne, par la secrétaire générale de Carter, Suzan Clough. Entretien tél., Al Horne, Wash.-Tennessee, 24/7/89.

page 257 [**Enders**] Thomas Enders, entretiens, supra.

page 259 [**Reston**] *New York Times*, 26/1/77.

page 260 [**Brzezinski**] Zbigniew Brzezinski, entretien et correspondance, supra. Voir chapitre 5. Pour OTAN, voir chapitre 14.

page 261 [**Morin**] Claude Morin, «Morin: Quebec's Foreign Policy», *The Fletcher Forum*, vol. 4, n° 1, hiver 1980, p. 129.

page 261 [**Hunter**] «Talking Points for President's Interview on AM-Canada», NSC, 19/2/77, et «Interview with the President by Bruce Phillips Canada A.M.», 21/2/77, Jimmy Carter Library. Robert Hunter, entretien, Wash., 26/4/89.

page 262 [**Carter-Zbig**] Les informations générales sur le sommet sont tirées de Lawrence Martin, *The Presidents...*, p. 263-267, des articles du *Montreal Star* et du *Southam News* des 22 au 26/2/77, et du *Maclean's* du 7/3/77.

page 262 [**Carter-Trudeau**] À la sortie de la rencontre, Cyrus Vance a relaté le contenu de la discussion à Tom Enders, qui en a fait part à l'auteur. Entretien, supra. Le récit est complété par les confidences dont fait état James Reston, qui voit Trudeau après sa rencontre avec Carter, dans *New York Times*, 23/2/77. Conférence de presse Carter, dans *Congressional Quarterly*, 26/2/77, p. 367.

page 262 [**Étude Kissinger**] Coup d'envoi dans Telex State 303089, «Study of impacts of PQ election», 14/12/76, CONFIDENTIAL. Le Télex répartit le travail d'analyse et de recherche entre divers intervenants, mais ne précise pas quelles «agences gouvernementales» y participent. Le texte précise que le principe de l'étude a été décidé lors d'une réunion, le 9/12/76, au Département d'État. Le Télégramme est préparé par Carl Clement, du bureau canadien, approuvé par John Rouse et Richard Vine, mais porte la signature de Kissinger. Il n'est cependant pas certain que Kissinger en ait pris connaissance, la signature du secrétaire d'État étant souvent «déléguée». Sa présence affirme tout de même le caractère important de l'action entreprise.

page 263   **McNamara**] Dans Telegram Québec 019, «Contribution to study of impacts of PQ election», 17/1/77, CONFIDENTIAL. «Nous pensons que l'issue la plus probable sera une période de désordre menant à une éventuelle déclaration d'indépendance à la suite d'un ou plusieurs référendums», écrit le consul général.

page 263   **[Vine]** Richard Vine, entretien, supra. Le concept de «démenti vraisemblable» ou «plausible deniability» est souvent utilisé dans le cas d'opérations secrètes. L'exemple le plus récent remonte à 1987, lorsque le conseiller de Ronald Reagan à la sécurité nationale, John Poindexter, a affirmé ne pas avoir informé son patron du détournement de fonds iraniens vers les Contras, pour lui permettre d'opposer un «démenti vraisemblable».

page 267   **[Treverton]** Gregory Treverton, entretien, New York, 8/5/89.

page 268   **[Zbig nations]** Dans Zbigniew Brzezinski, *Between Two Ages: America's Role in the Technocratic Era*, New York, Penguin, 1976, p. 55. D'abord publié en 1970, ce livre a été réédité chaque année pendant le mandat de Brzezinski à la Maison-Blanche. Vingt ans plus tard, en entretien, Brzezinski affirmera que ce nationalisme «ne réclame pas dans tous les cas des États séparés, mais normalement requiert un véritable sens d'autonomie».

page 268   **[Zbig CTV]** Texte émission du 30 septembre 1977.

page 269   **[Zbig Ford]** Robert Ford, entretien, supra.

page 269   **[Head]** Ivan Head et Zbigniew Brzezinski, entretiens, supra.

page 271   **[Étude Québec]** «The Quebec Situation: Outlook and Implications», 8/77, 22 pages, SECRET.

page 272   **[Canada vulnérable]** Mémo de John Rouse, «Annual Review of US Policy Towards Canada», 14/4/77, SECRET. Le mémo indique que la vulnérabilité canadienne va «amener le Canada à moins se mesurer aux États-Unis et, en fait, à rouvrir des aspects de la "relation spéciale"» entre les deux pays, relation abandonnée depuis Nixon.

page 272   **[Butterworth-Enders]** Butterworth, dans son Airgram Ottawa A-474, «Quebec — Separatism in Flood Tide», 10 pages, 24/10/67, CONFIDENTIAL. Enders reprend une formule de McNamara dans son Telegram Ottawa 24732, «New hope for preservation of Canadian unity», 6/6/77, CONFIDENTIAL.

page 276   **[Morin]** Dans Claude Morin, *L'Art de l'impossible*, p. 264-265.

page 276   **[Pouliot]** Richard Pouliot, entretien, Québec, 15/6/89.

12. Un Québec aphone

page 277   **[Post]** Robert Scully, «What It Means to Be French in Canada», *The Washington Post*, 17/4/77, p. C1-4. Lettres à l'éditeur des 19 et 24/4/77. La seule importante analyse de fond, tout à fait équilibrée celle-là, ensuite publiée par le quotidien le fut à la veille du référendum. (Est-ce un précédent? Le *Post* publiait en septembre 1888 une dépêche d'un journaliste envoyé à Nicolet, qui parlait des «Canadiens français ignorants»; cité dans Martin, *The Presidents...*) En 1977, le *Washington Star* a perdu beaucoup de son lustre passé. Il cessera d'exister en août 1981.

page 278 [**Enders et Burns**] Notes prises pendant la rencontre par Robert Trudel, du ministère des Affaires intergouvernementales du Québec, 28/4/77, MAIQ.

page 278 [**Scully**] Dans une lettre à l'auteur (7/6/89), Scully affirme n'avoir «rien à ajouter» à ce qu'il a dit à l'époque. Il s'était longuement expliqué — et excusé — dans *Le Journal de Montréal*, 10/5/77, *Le Devoir*, 23/4/77. Son texte du *Post* avait été reproduit in extenso dans le *Montreal Star*, et des extraits avaient été publiés dans *La Presse* et *Dimanche-Matin*. Scully affirme que le *Post* a coupé sans sa permission «un paragraphe extrêmement important du début, qui donnait le ton à tout le texte. Je disais: "I care only for my people", je ne tiens qu'à mon peuple, et j'expliquais que je devrais dire des choses très douloureuses pour mon peuple». Scully explique aussi avoir exposé dans d'autres textes toute l'affection qu'il porte à sa ville. De fait, dans un écrit daté d'octobre 1973 mais publié après l'article du *Post*, Scully couvre «Montréal, ville magique» d'éloges. C'est une «grande ville d'Amérique» qui, dit-il, «tire sa magie de la présence française en Amérique du Nord et de la friction créatrice qui en résulte». Il y décrit avec chaleur le quartier d'Hochelaga-Maisonneuve et parle de Montréal qui «comme Miami ou Vancouver ou Chicago ou Dallas ou Détroit, éclate de mouvement, de découvertes, de violence, de nouvelles tentatives, de contradictions». Y vivre, écrit-il, est «un privilège». (Dans Robert Guy Scully et autres, *Morceaux du Grand Montréal*, Saint-Lambert, Noroit, 1978, p. 10-13. Il aidait la même année Claude Ryan à écrire son livre-programme *Une société stable*.) Scully se dit «Franco-Américain», a vécu à Ottawa jusqu'à l'âge de 14 ans, puis déménagé à Montréal. Il avait 27 ans lorsqu'il a écrit l'article du *Post*.

page 279 [**Dumas**] Evelyn Dumas, entretien, Montréal, 23/6/89.

page 280 [**Anderson**] John Anderson, entretien, Wash., 3/2/89. Al Horne, entretien tél., Weedon-Wash., 8/11/89.

page 280 [**Geographic**] *National Geographic*, vol. 151, n° 4, 4/77, p. 435.

page 280 [**Ryan**] Claude Ryan, «La presse américaine et l'élection du 15 novembre», *Le Devoir*, 16/2/77.

page 281 [**Wall Street**] *Wall Street Journal*, 2/2/77.

page 281 [**Barron's**] Cité dans *Le Devoir*, 3/12/76, p. 19.

page 281 [**Foreign Policy**] F.S. Manor, «Canada's Crisis: The Causes» et Nicholas Stethem, «The Dangers», dans *Foreign Policy*, n° 29, hiver 77-78, p. 43-57. Dumas, dans un mémo du 28/2/79, archives MAIQ. Étude Département d'État, voir chapitre 11. Il faut noter ici que

Foreign Affairs, mensuel concurrent — et plus important — de *Foreign Policy*, a fait preuve de plus de circonspection et d'équilibre dans son traitement de la question. À un texte de René Lévesque, «For an Independent Quebec», *loc.cit.*, publié en juillet 1976, il a opposé, dans son édition d'octobre 1977, la réplique fédéraliste mesurée de Bruce Hutchison, historien et directeur des pages éditoriales du *Vancouver Sun*. L'article de Hutchison a pour titre «Canada's Time of Troubles» (p. 175-189).

page 283 **[Atlantic]** Mordecai Richler, «Oh! Canada! Lament for a Divided Country/Ô Canada! plainte pour un pays désuni», *The Atlantic Monthly*, 12/77, p. 41 à 55; lettres, dans l'édition du 3/78, p. 107 à 109. Lévesque sur Richler, à Yves Michaud, entretien, supra. Le discours de Bronfman était à huis clos. Fraser, *op.cit.*, p. 80, cite ces autres propos tenus par le financier ce soir-là: L'élection du PQ serait «le suicide, pire qu'un désastre, ce serait plus criminel que de nous planter nous-mêmes des poignards et des épées dans le dos. L'élection EST le référendum... le référendum qui décidera si nous allons vivre ou mourir... parce que nous avons affaire à une bande de cochons qui veulent nous détruire». La version de Richler à propos de la chanson «nazie»: «Nobody was reassured when joyous PQ supporters sang a French version of "Tomorrow Belongs To Me", the chilling Hitler Youth song from *Cabaret* at their victory rally.»

page 283 **[Visite journalistes]** Dans *The Montreal Star*, 25/10/77.

page 283 **[Giniger]** Cité par Stephen Baker, journaliste américain à Washington, auteur de «How America Sees Québec», dans *International Perspectives*, 2/83, p. 13-17. Baker note: «Presque tout ce que les États-Unis entendent au sujet du Canada français provient de Canadiens anglais. Ceci a conduit à une perspective déséquilibrée, biaisée encore par des études universitaires qui refusent de prendre en considération la réalité, par les habitudes singulières des agences de presse et des réseaux de médias électroniques et par les efforts maladroits du gouvernement du Québec pour rectifier la situation.»

page 283 **[Globe-Maclean's]** Dans Fraser, *op.cit.*, p. 147.

page 284 **[Commentary]** Ruth R. Wisse et Irwin Cotler, «Quebec's Jews: Caught in the Middle», dans *Commentary*, vol. 64, n° 5, 9/77, p. 55 à 69. Lettres dans le vol. 65, n° 1, 1/78, p. 5-9.

page 285 **[Pouliot]** Entretien, supra.

page 286 **[Lubin]** Martin Lubin, «Quebec Non-Francophones and the United States», dans Alfred Hero et Marcel Daneau, *Problems and Opportunities in US-Quebec Relations*, Boulder Co, Westview, 1984, p. 207-209.

page 287 **[Feldman]** Eliot Feldman était directeur du University Consortium for Research on North America, à Harvard, de 1978 à 1988. Entretien, Wash., 3/5/89. Journaliste et Dumas, archives MAIQ.

page 288 **[Newsday]** *Newsday*, 14/5/78, p. 74. Dans les entretiens réalisés à Wall Street et à Washington, l'auteur n'a cependant décelé aucune trace de cette notion d'antisémitisme.

page 288	[**Beaudoin**] Louise Beaudoin, entretien, Montréal, 1/6/89.

page 288	[**Livre blanc**] Comparaison de la version préliminaire de 5/79, de la version du 9/10/79 et de la version publiée. Archives Claude Malette.

page 289	[**Newsweek**] Edgar M. Bronfman, «Cool it, Canada!», *Newsweek*, 26/9/77, p. 11.

page 289	[**Landry**] Bernard Landry, entretien tél., Montréal, 6/89.

page 290	[**Diplomate Giniger**] Telegram Washington UNGR4671, 6/12/77, CONFIDENTIEL, MAE.

page 290	[**Wolfe**] Voir Morris Wolfe, «The Other Side of Bill 101: Read This Before You Believe the Worst», *Saturday Night*, janvier-février 79, p. 17 à 27.

page 290	[**Morin-police**] Dans Claude Morin, *L'Art de l'impossible*, p. 270.

page 290	[**Villella**] Cité dans Gerald Clark, «Levesque and the US: MISSION IMPOSSIBLE», *The Montreal Star*, 12 au 15/2/79 (série de quatre articles).

page 290	[**Beaudoin, Morin aux USA**] Beaudoin, entretien, supra. Entretien Morin, et dans *Études Internationales*, vol. XX, n° 1, 3/89, p. 236.

page 292	[**New York**] Mémo de Barry Steers au sous-secrétaire d'État aux Affaires extérieures, NY #643, 6/10/77, CONFIDENTIAL. Les rapports entre Steers et Bergeron ne sont pas parfaits, celui-ci appelant celui-là «Guy», plutôt que «Marcel» dans son mémo. Jean-Marc Lajoie, entretiens, supra. Autres citations tirées de David Thomas, «The Winning of the World», *Maclean's*, 15/5/78. Référence au «franc» québécois dans Herbert Mayer, «Business has the jitters in Québec», *Fortune*, 10/77, p. 238-244.

page 293	[**Off-Broadway**] Lettre de Steers, 17/3/78, Personal and Secret; Lettre de Plamondon 16/3/78, MAE.

page 293	[**Armstrong**] Willis Armstrong, entretien, supra.

page 294	[**Bourassa**] Entretiens Beaudoin, Morin, supra.

page 295	[**Patry**] 15/4/65, voir chapitre 3.

page 296	[**Desbarrats**] Peter Desbarrats, *René: A Canadian in Search of a Country*, p. 214.

page 296	[**Bourassa Council**] Mémo de R.G.C Smith, consul général du Canada à New York, «Informal Visit to New York of Mr. Robert Bourassa», 16/1/70, CONFIDENTIAL, MAE.

page 297	[**Hero**] Alfred Hero, entretiens tél., Wash.-Louisiane, 26/4 et 12/7/89

page 297	[**Smith**] Lettre à W.M. Johnson, 24/5/72, CONFIDENTIAL.

page 298	[**Europe**] Telegram State Department 100138, 7/6/72, CONFIDENTIAL.

page 298	[**Kennedy**] Telex State Department 184338, 17/6/68, LIMITED OFFICIAL USE (ALM). Le document note qu'aucun autre premier ministre provincial n'a envoyé de condoléances.

page 298	[**Ford**] Telex State Department 168605, 8/7/76, LIMITED OFFICIAL USE.

page 298 [**Melby**] Everett Melby, consul général à Québec, 1970-1974, entretien, Montréal, 26/6/89.

page 298 [**Cadieux**] Willis Armstrong et George Springsteen, entretiens, supra.

13. Opération Amérique

Pour ce chapitre, une dizaine de Québécois, artisans de la diplomatie américaine sous René Lévesque, ont accepté de répondre aux questions de l'auteur. Certains requièrent l'anonymat, les autres sont cités nommément.

page 301 [**Démission**] Étrangement, note un haut fonctionnaire du MAIQ qui réclame l'anonymat, certains membres de gauche du cabinet, tels Jacques Couture et Denis Lazure, partisans de l'immobilisme face aux USA, pensaient qu'arrivé le moment de vérité, les États-Unis se prononceraient pour l'indépendance.

page 301 [**Lévesque**] À Yves Michaud, entretien, supra. Morin, entretien, supra.

page 302 [**La situation du Québec**] Voir chapitre 10.

page 303 [**Hero**] Son texte intitulé «Quebec Nationalism: Some Prognoses and Implications for the United States», 19/1/77, 24 pages. Hero, entretiens, supra.

page 304 [**Richard Pouliot**] Entretien, Québec, 15/6/89.

page 306 [**Cousineau**] Mémo François Beaulne, 13/4/78, DIFFUSION RESTREINTE, MAE.

page 307 [**Délégation**] Les témoignages restent embrouillés sur les premières velléités québécoises d'établissement d'un bureau à Washington. Louise Beaudoin et quelques Américains comme Tom Enders et Robert Duemling, de l'ambassade, se souviennent qu'une demande de délégation générale avait d'abord été avancée, et rejetée. Une seconde demande, pour une simple délégation, avait ensuite connu le même sort. Enders affirme que, lors de sa première rencontre avec Lévesque, ce dernier avait abordé la question. Aucun document québécois, américain ou fédéral disponible, ne vient corroborer ces témoignages. Richard Pouliot, chargé du dossier au début de 1977, affirme catégoriquement que la seule et première idée portait sur l'ouverture d'un bureau de tourisme. Entretiens, supra.

page 307 [**Ottawa**] Mémo James E. Hyndman FCP-120, 24/1/79, CONFIDENTIEL; lettre de Gilles Mathieu de Wash., n° 100, 19/1/79, CONFIDENTIEL, MAE.

page 308 [**Incommoder Américains**] Mémo interne du 6/77. Rhode Island, mémo, 7/77. Pas de semaine du Québec, mémo de Roger Cyr, 7/78. Dunn à l'ambassade, mémo de Dunn, 25/3/80. Archives MAIQ.

page 308 [**Lévesque**] Dans *New York Times*, 22/12/77.

page 310   [**Tigre-Beaulne**] Mémo de François Beaulne FCO-353, 6/2/79, RESTREINT, MAE.

page 311   [**Chapdelaine, Dumas**] Entretiens, supra.

page 312   [**Comptabilité-MAE**] Mémo «Meeting with Quebec Officials», August 23, 78, FCO-1037, 21/8/78, CONFIDENTIAL, MAE.

page 312   [**Opération Amérique**] Poisson, dans Notes de la réunion de délégués, 19/6/78, New York; Notes du comité interministériel du 16/8/78; document *Opération Amérique: orientation et objectifs*, 10/78, 10 pages. Archives MAIQ.

page 313   [**Imperial Oil**] Dans *The Gazette*, 18/1/77.

page 314   [**Vest-Tomlinson**] George Vest, sous-secrétaire d'État aux affaires européennes 1977-1981, entretien, Wash., 28/3/89, et téléphonique, 12/7/89. Tomlinson, entretien, supra.

page 314   [**Savoie**] Selon Rénald Savoie, le délégué général à New York, Mario Gosselin, avise le coordonnateur de l'Opération Amérique, Roger Cyr, qu'il ne coordonnera rien du tout des activités de la délégation à New York. Cyr occupe d'abord un bureau à la délégation de New York, puis de Boston. Savoie, entretien tél., Montréal, 14/2/90.

page 315   [**Walters**] Mémo Jim Donovan, délégué à Los Angeles, 12/77.

page 315   [**NBC**] Robert Mackay le dit au consul américain Boswell. Telegram Quebec 0006, 11/1/78, LIMITED OFFICIAL USE.

page 315   [**Today Show**] Mémo Roger Cyr, 20/9/78, archives MAIQ.

page 316   [**Lévesque Boston**] Dans *The Boston Globe*, 20/4/78.

page 316   [**Safire**] Pour de Gaulle, voir chapitre 4. Citation de: William Safire, *Full Disclosure*, New York, Ballantine Books, 1977, p. 192 (édition originale: Doubleday). Dans la géopolitique futuriste de Safire, les USA et l'URSS forment le Premier Monde; l'Asie, dominée par l'alliance Chine-Japon, forme le Second Monde; les pays arabes, alliés à Israel (!) et à l'Inde, forment le Tiers Monde, qui ces temps-ci sont victimes d'attaques des pays du Quart Monde, les plus démunis, dont, on l'a vu, le Québec prend la tête. Tout un programme. (L'Europe est oubliée dans cette nomenclature.) Rencontre à Washington et citation Iran, dans Gerald Clark, «Lévesque and the US...». À Montréal, mémo de Normand Nadeau, 6/4/79. Écrits de Safire, dans le *New York Times*: «The Soft-Selling of Secession», 19/1/79; «Trudeau's Last Stand», 2/4/79; «Jefferson Davis Lives», 5/4/79. Parmi ses nombreux talents, William Safire a aussi celui d'être un des linguistes les plus lus du pays. Il propose de dire «Quebecker», comme le prononce Lévesque, plutôt que «Quebecer», comme le réclame le «Style Book» du *Times*. Il refuse aussi de dire «Parti québécois», une autre règle du «Style Book», qui traduit pourtant les noms d'autres partis étrangers. Il dit vouloir faire «sécession» du «Style Book» et affirme qu'en «mesure de représailles contre l'élimination des sous-titres anglais sur les panneaux routiers», il va dorénavant appeler le PQ «the Quebecker Party».

(Voir «Discourse», repris dans le *Herald Examiner* de Los Angeles, 15/3/79.)

page 318 [**Boston**] Dépêche de Southam News dans *The Gazette*, 20/4/78. Rapport du délégué à Boston 15/5/78, archives MAIQ. Pour antisémitisme, voir chapitre 12.

page 318 [**Council**] Rapport de Jean-Marc Blondeau, 6/6/78. Archives MAIQ. Lettres de Nagorski à Lévesque, 18/5/79, à Marcel Bergeron, 19/5/78. Dépêche du consulat canadien à New York, «Rene Levesque Talk to Council on Foreign Relations», 19/5/78, RESTRICTED. Témoignages dans Gerald Clark, «Lévesque and the US...», *loc.cit.*, confirmés à l'auteur par d'autres témoins. Brokaw dans dépêche de Southam News dans *The Gazette*, 19/5/78.

page 320 [**Rockefeller**] Anecdote du train racontée à Feldman par Rockefeller. Feldman, entretien, supra. Discours Toronto, «Canada-US Relations: A Solid, Working Partnership», 23/1/78, 12 pages. Il y dit aussi comprendre «la profondeur des inquiétudes culturelles et économiques exprimées par les Canadiens français». Discours de Mr. Lewis, Canadian National Business Conference, 11/7/77, 11 pages. Notes Jean-Marc Blondeau, 31/5/78, archives MAIQ. Infos générales dans Peter Collier et David Horowitz, *The Rockefellers: An American Dynasty*, New York, Holt, 1976, p. 122. Pierre Vallières, voir *Un Québec impossible*.

page 323 [**Disneyland**] Airgram Quebec A-06, «Lévesque goes West», 20/9/78, UNCLASSIFIED.

page 324 [**Californie**] Dans Gerald Clark, «Lévesque and the US...», et dans Telegram Québec 0350, «The missing drum beat: a lost week in California», 10/10/78, LIMITED OFFICIAL USE. Sur Lalonde, Telegram Quebec 020, «Levesque in Louisiana», 15/1/79, LIMITED OFFICIAL USE.

page 324 [**Bureau Ovale**] Telegram State Department 083996, 1/4/78, CONFIDENTIAL. Telegram Quebec 0118, «Dreams of Oval Room Exorcised», 13/4/78, CONFIDENTIAL.

page 325 [**Johnson et Bourassa, Washington**] Pour Daniel Johnson, voir chapitre 4. Bourassa exprime cette intention dans une lettre à l'ambassadeur canadien à Washington, Jake Warren, 21/7/75 (Archives nationales RG25, Acc 80-81/022, box 22, file 20-1-5, Wsh Pt 1). Lévesque et Mondale, mémo RHG Mitchell, «Visite du vice-président Mondale: requête québécoise», 23/12/77, MAE; Demandes de rencontres, mémo FCP-180, 3/10/78 CONFIDENTIEL, MAE; mémo, «Visite du président Carter: Intérêt du Québec», 18/9/79, MAE.

page 325 [**Visite à Washington**] Lévesque à Washington, tiré de Dumas, entretien, supra; d'une note de Dumas à Donovan, 28/1/79, archives MAIQ; de *La Presse*, 26/1/79; de Telegram Quebec 036, «Mr. Lévesque Goes to Washington: Much Ventured, Little Gained», 26/1/79, CONFIDENTIAL; de Gerald Clark, «Lévesque and the US...»; de *The Gazette*, 26 et 27/1/79.

page 328   **[Timberlake, Smith]** James Timberlake, Canada Desk Director, International Security Affairs 74-80, entretien, Wash., 24/4/89. Rufus Smith, entretien, supra. Lettre de Muskie à Vance, 29/1/79.

page 329   **[Vallée]** Rapport Jacques Vallée 29/10/79. Latouche, entretien, supra.

page 331   **[Bilans]** Mémo du MAIQ, «La perception du Québec aux États-Unis», 7/3/79, non signé, 10 pages; Roger Cyr, «Opération Amérique: évaluation de l'an 1», New York, 15/6/79; «Note synthèse sur l'Opération Amérique», 5/79; «Compte Rendu de la septième réunion du comité interministériel de l'Opération Amérique tenue à Québec le 12 juin 1979», 12/7/79, DIFFUSION RESTREINTE; «Direction/États-Unis: Revue des opérations», 1/80, non signé. Archives MAIQ. Dépêche Wash. UNGR4671, «Le 15 nov 76 plus un an: Impact», 6/12/77, ambassade canadienne à Wash., CONFIDENTIEL, MAE.

14. Pentagone: le Québec, combien de divisions?

En tout, 24 responsables du Pentagone, pour la plupart à la retraite, ont été interrogés pour ce chapitre. Le personnel responsable du Pupitre Canada pour la période 1967-1980, des officiers responsables du Canada et de l'OTAN aux Joint Chiefs of Staff (Section J5), des attachés militaires américains à Ottawa, des membres du Permanent Joint Board of Defense et quelques autres.
Plusieurs des données utilisées ici sont tirées de R.B. Byers et David Leyton-Brown, «The Strategic and Economic Implications for the United States of a Sovereign Quebec», *Canadian Public Policy/ Analyse de Politiques*, printemps 1980, p. 325-341 et de Joseph T. Jockel, «Un Québec Souverain et la Défense de l'Amérique du Nord Contre une Attaque Nucléaire», *Études Internationales*, vol. XI, n° 2, juin 1980, p. 303-316.

page 333   **[Balthazar]** Louis Balthazar, Notes sur la politique d'un Québec Souverain (et associé au Canada) à l'endroit des États-Unis, 12/79, 23 pages, MAIQ.

page 333   **[Scénarios]** Citations des deux premiers scénarios tirées de Howard H. Lentner, «Canadian separatism and it implications for the United States», *Orbis, A Journal of World Affairs*, Foreign Policy Research Institute, été 1978, p. 375-393. Les deux suivantes tirées de Nicholas Stethem, «Canada's Crisis, The Dangers», *Foreign Policy, op.cit.*

page 335   **[Timberlake, Jockel]** James Timberlake, directeur du Pupitre Canada à International Security Affairs, la branche du Pentagone chargée des affaires politico-militaires, entretiens Wash. 24/4 et 1/5/89. Joseph T. Jockel, spécialiste du Canada à l'université de New York à Saint-Lawrence, alors à Johns Hopkins University à Washington, entretien tél. Wash.-Saint-Lawrence Plattsburg 17/7/89.

page 335 **[Warnke]** Assistant Secretary of Defense for International Security Affairs 1967-1969, entretien Wash. 3/5/89.

page 337 **[Ellsworth]** Robert F. Ellsworth, Assistant Secretary of Defense for International Security Affairs, 1974-1975, Deputy Secretary responsable du renseignement 1975-1977, entretien tél. Wash. 4/5/89.

page 337 **[Parizeau]** Memo State Department, «Quebec Separatism», 23/10/69, LIMITED OFFICIAL USE.

page 338 **[Trudeau]** Cité dans James Littleton, *op.cit.*, p. 69.

page 338 **[Bader]** Cadre supérieur, chargé de l'OTAN et de l'Europe (donc du Canada) à International Security Affairs depuis 1978. Entretien Wash. 12/5/89.

page 338 **[Roades]** Colonel Charles Roades, au J5 des Joint Chiefs of Staff de 1973 à 1976. Entretien tél. Wash., 17/5/89.

page 338 **[Documents]** La loi américaine d'accès à l'information oblige les ministères à dévoiler aux requérants l'existence de documents pertinents à leur requête, même si la classification des documents ne permet pas leur divulgation. Outre une douzaine de dépêches sans importance, le Pentagone affirme n'avoir aucun document portant sur le mouvement indépendantiste québécois dans les archives de l'État Major, de l'International Security Affairs ou autres sections chargées de définir la politique militaire. Même situation à la Defense Intelligence Agency et à l'Army Intelligence, chargées du renseignement militaire.

page 339 **[Canal]** Documents du Army Corps of Engineers, notamment lettre du colonel Marvin W. Rees du 6/5/77 et la Public Information Brochure — Great Lakes-Hudson River Waterway (Great Lakes To Eastern Seaboard All-American Canal) Survey Study, Public Notice No 10182, 3/80, p. 7 et table 3. Aussi, dépêches du MAE du 17/5/77 et dépêche de la Presse Canadienne dans le *Montreal Star* du 12/5/77. L'étude du Corps of Engineers se limita par la suite à des projets de réfection du canal Érié pour y améliorer le transport par péniches.

page 340 **[Armée québécoise]** Airgram A-53, Parti québécois Parliamentary Leader Discusses Foreign Policy of an «Independent Québec», 16/12/75, CONFIDENTIAL; Airgram A-39, Parti québécois Leader Speaks on an Army for an Independent Quebec, 27/5/76, LIMITED OFFICIAL USE.

page 340 **[Morin]** Dans Claude Morin, *L'Art de l'impossible, op.cit.*, p. 280-283 et entretien supra.

page 340 **[Politologues]** Byers et Leyton-Brown, *loc.cit.*, p. 328.

page 342 **[Time]** Du 13/2/78, *loc.cit.*, p. 36.

page 342 **[Lévesque-armée]** Dans Peter Desbarrats, *op.cit.*, p. 220; dans René Lévesque, *Attendez que je me rappelle..., op.cit.*, p. 168.

page 343 **[Latouche]** Dans Daniel Latouche, *Un Mandat Pour l'Avenir — Propositions du gouvernement sur l'avenir politique du Québec*, mai 1979, 165 pages, photocopie. Archives Claude Malette. Entretien Latouche, supra.

page 344 [**Balthazar**] Louis Balthazar, *Notes sur la politique...*, *loc.cit.*
page 344 [**Paré**] Jean Paré, lettre du 6/8/79, et notes de Malette sur réaction de Lévesque 10/8/79, archives Claude Malette.
page 346 [**Roader**] David M. Roader, Acting Chief North-American Branch 1976-1979. Il fut ensuite membre de la Defense Intelligence Agency en poste à Téhéran pour quatre jours, avant d'être pris en otage pour 444 jours. Entretien tél. Wash.-Mt Vernon Va, 18/5/89.

Autres entretiens pour ce chapitre: Melvin Conant, expert américain des relations canado-américaines de défense, auteur de *The Long Polar Watch*, Frederick S. Wyle, assistant de Warnke 1966-1968; Brigadier General Rex H. Hampton, Regional Director Europe International Security Affairs (ISA), 1968-1970; John H. Morse, Deputy Assistant Secretary, European and NATO Affairs, 1969-1973; Frank Tussing, secrétaire américain du Permanent Joint Board of Defense, 1975-1979; Major General Richard C. Bowman, Regional Director, Europe, ISA, 1975-1981; Major General James C. Pfautz, executive officer of the Assistant Secretary for ISA, 1976-1977; David E. McGiffert, Assistant Secretary for ISA, 1977-1980; Rear Admiral S.H. Packer II, Assistant Deputy Director for Political Military Affairs, J5 Joint Chiefs of Staff (JCS), 1975; Brigadier General Robert W. Sennewald, Assistant Deputy Director for Political Military Affairs, J5, JCS, 1976-1978; Colonel Robert M. Lawson, Military Attaché Ottawa, 1964-1968; Colonel Kenneth Lemley, Army Attaché Ottawa 1968-1969; Colonel Charles E. Tayler, Assistant Air Attaché, Ottawa 1968-1971; Captain Bernard L. Garbow, Navy Attaché Ottawa 1968-1971; Colonel Richard H. Dolson Sr, Army Attaché Ottawa, 1969-1971.

15. Les queues de veaux

page 347 [**Lévesque**] Période de questions à l'Assemblée nationale, 24/5/79.
page 347 [**McNamara**] Sur iceberg, Telegram Quebec 304 Levesque reaffirms «unshakeable» commitment to sovereignty-association, 29/8/78, LIMITED OFFICIAL USE. Sur bavard, Telegram Quebec 369 Rene the fan dancer, 19/10/78, LIMITED OFFICIAL USE.
page 347 [**Enders**] Sur rencontre avec Lévesque, entretiens avec deux hauts fonctionnaires québécois qui requièrent l'anonymat et avec Jean-Roch Boivin, chef de cabinet de Lévesque, entretien tél. Montréal 31/5/89. Résumé de l'entretien de l'ambassadeur des États-Unis au Canada, monsieur Thomas Ostrom Enders, avec le premier ministre, le 27 avril 1978, 3/5/78, CONFIDENTIEL, MAIQ. Aussi entretien Enders, supra. *Time* 13/2/78. Sur la carrière d'Enders, *New York Times* 26/3/82. Sur Nixon et Bourassa («both creeps»), dans *Maclean's,* 29/11/76.

page 350 [**Accointances Beaudoin**] Entretiens et dans Telegram Quebec 184, «Levesque greets Mitterrand victory with confidence», 22/5/81, CONFIDENTIAL, George Jaeger parle de Michel «Rocard, with whom Madame Beaudoin has had particularly close personal relationship». Il renvoie ensuite ses lecteurs à deux autres dépêches, dont l'auteur n'a pas obtenu copie.

page 350 [**Photos**] Quebec Airgram Biographies: Parti Quebecois Executive Committee, 7/6/79, LIMITED OFFICIAL USE.

page 350 [**Dunn**] Mémo du 25/3/80, MAIQ. L'adjoint de l'ambassadeur est Gilles Mathieu.

page 350 [**McNamara**] Francis Terry McNamara, entretien Wash. 27/3/89.

page 351 [**Dépêches**] Telegram Quebec 356 «Let's be serious Pierre», 27/11/76, CONFIDENTIAL. Telegram Quebec 031 «Rene the juggler», 26/1/77, CONFIDENTIAL. Telegram Quebec 202 «Rene is having trouble keeping his pants up while juggling three balls», 26/5/77, CONFIDENTIAL. Telegram Quebec 278 «Levesque plays let's make a deal», 25/7/77, CONFIDENTIAL. Telegram Quebec 280 «Levesque turns the dagger», 26/7/77, CONFIDENTIAL. Sur visite à Paris, Telegram Quebec 435 «How ya gonna keep Rene down on the farm after he's seen Paree?», 14/11/77, LIMITED OFFICIAL USE.

page 351 [**Extraits**] Sur le PQ dans *Rene the juggler, loc.cit.* Loi 101 dans *Levesque turns the dagger, loc.cit.* Sur le cabinet, dans Telegram Quebec 339 «Quebec must decide between the heart and the pocketbook», 10/9/77, CONFIDENTIAL et dans Airgram Quebec A-04 «The Parti Quebecois: An Uneasy Blend of Idealism and Pragmatism», 19/5/78, 15 pages, CONFIDENTIAL. Sur la sémantique péquiste Telegram Quebec 275 «Fancy cape work at Regina», 15/8/78, LIMITED OFFICIAL USE. Sur Lévesque ventru, Telegram Quebec 387 «Rene's fan slips a bit more», 31/10/78. Sur traits d'union, Telegram Quebec 105 «Hyphens are still a separatist's best friend», 20/3/79, LIMITED OFFICIAL USE.

page 352 [**Scoops**] Entretiens Louis Bernard, Jean-Roch Boivin, Daniel Latouche, supra. Morin et Stratégie Telegram Quebec 364 «Curiouser and curiouser», 10/10/78, CONFIDENTIAL. Sur Livre blanc, Telegram Quebec 388 «Preview of a white paper for «federalists who vote 'yes'», 2/10/79, CONFIDENTIAL et Telegram Quebec 445 «Levesque's white paper on sovereignty-association», 2/11/79, CONFIDENTIAL. Sur date du référendum, Telegram Quebec 122 «Quebec: three months before the referendum», 22/3/80, CONFIDENTIAL.

page 352 [**Amiante**] Enders dans Telegram Ottawa 149 «Quebec expropriation of Asbestos Corporation», 9/1/79, LIMITED OFFICIAL USE. Étude dans *Draft Possible Expropriation of Asbestos Corporation,* 2/1/79 puis *Memorandum Quebec: Background on Possible Expropriation of Asbestos Corporation,* 6/7/79, CONFIDENTIAL. Santé dans *Notes on the Status of Other Pending Cases - Canada,* c9/79. Morin, entretien supra. Dans Telegram Quebec 373 «Asbestos Corporation», 21/9/79, CONFIDENTIAL et Telegram Quebec 428 «Asbestos Corporation: Quebec ministers approve notice of expropriation», 22/10/79, CONFIDENTIAL et Telegram Quebec 107 «Asbestos expropriation: Text of Quebec letter to General Dynamics», 24/3/81, UNCLASSIFIED. Sur décision finale, Telegram Quebec 386 «Asbestos expropriation imminent», 6/10/81, CONFIDENTIAL. Sur Ryan, Telex Quebec 080 «Quebec appeals court lifts injunction against expropriation», 5/3/81, CONFIDENTIAL. Intéressant contrepoint: General Dynamics, furieux que le gouvernement péquiste veuille nationaliser sa filiale et usant d'un allié au Congrès, le Sénateur Charles Percy, pour dénoncer le Québec, joue par ailleurs la carte nationaliste en avril 1980 — pendant la campagne référendaire — pour tenter de tordre le bras du gouvernement fédéral dans l'obtention d'un important contrat d'avions chasseurs pour l'armée canadienne. General Dynamics publie des pages de pub au Québec affirmant que, si son avion F-16 est choisi, les retombées économiques seront de 1,14 milliard de dollars pour le Québec alors que si son concurrent, le F-18 du favori McDonnell-Douglas, est choisi, le Québec n'empochera que 100 millions de dollars, l'Ontario étant la grande gagnante. Ottawa se trouve alors dans l'impossibilité de déplaire aux Québécois juste avant le référendum, Lévesque appuie publiquement la proposition de General Dynamics et le ministre Eugene Whelan se plaint «d'intrusion dans les affaires canadiennes» à l'ambassade américaine. Cette dernière demande à *Foggy Bottom* d'aviser le Pentagone et de voir à ce que les deux compagnies américaines cessent de «jouer sur l'intérêt régional des provinces». Un jeu dangereux, dit l'ambassade, «qui pourrait se retourner contre nous». Finalement, Ottawa choisira McDonnell-Douglas mais, conformément à la recommandation du ministre Jean Chrétien, maître d'œuvre de l'offensive fédérale pendant le NON au référendum, seulement après le référendum. Dans Telegram Ottawa 1836 «Reaction to intrusion of new fighter aircraft decision into Ottawa-Quebec relationship», 3/4/80, CONFIDENTIAL.

page 355 [**Afghanistan**] Claude Morin, entretien supra.

page 356 [**French Connection**] Presse dans Telegram Paris 34346 «French reaction to Quebec election», 18/11/76, CONFIDENTIAL. Deniau dans Telegram Quebec 341 «French parliamentarian's comments on Rene Levesque», 17/11/76, CONFIDENTIAL et dans Telegram Paris 36819 «Levesque visit to France: tidying up», 16/12/77, CONFIDENTIAL. Sur Dorin Telegram Quebec 361 «Update on franco-quebecois relations», 23/9/77, LIMITED OFFICIAL USE. Telegram Quebec 383 «Levesque to address French national assembly», 7/10/77, LIMITED OFFICIAL USE et Telegram Quebec 393

«Possible Levesque appearance before French national assembly», 18/10/77, CONFIDENTIAL. Sur réaction Élysée Telegram Paris 30005 «Levesque visit to France», 13/10/77, CONFIDENTIAL. Lettre de Giscard citée dans Morin, Claude, *L'Art de l'impossible...*, *op.cit.*, p. 376. À Paris, Telegram Quebec 424 «Reactions to beginning of Levesque's visit to France», 3/11/77, LIMITED OFFICIAL USE et Telegram Quebec 427 «Rene returns from wonderland with the looking glass», 7/11/77, CONFIDENTIAL. Sur phrase Giscard, entretien Louise Beaudoin, supra. Sur réaction américaine à Paris, Telegram Paris 32527 «Levesque's visit to France», 7/11/77, CONFIDENTIAL. Cette dépêche fait neuf pages. Selon le MAIQ, le diplomate américain à Paris chargé de la visite était George Jaeger, futur successeur de McNamara à Québec. La dépêche est cependant signée, comme c'est l'usage, du nom de l'ambassadeur Hartman. Sur Enders, son Telegram Ottawa 9631 «Trudeau seeks to down-play significance of Levesque's trip to France», 9/11/77, CONFIDENTIAL. Caricature dans *The Washington Post*, 6/11/77. Lévesque sur Carter dans *New York Times* 7/11/77, p. A5.

page 359 [**Mémos de presse**] Réaction de presse du Département, Telegram State Department 264720 «Press guidance on Levesque visit to France», 4/11/77, UNCLASSIFIED et Telegram State Department 42188 «Dept's press guidance Feb. 13», 15/2/80, LIMITED OFFICIAL USE. Sur Carter et Giscard, voir Brzezinski, Zbigniew, *Power and Principle*, New York, Strauss, 1983, p. 24-25. Il écrit: «J'ai senti dans l'attitude de Carter l'admiration du garçon de province face à l'élégance de l'intellect du Parisien.»

page 359 [**Mitterrand**] Sur visite, Telegram Quebec 393 «French socialist leader finds nothing to smile about in Quebec», 6/11/78, LIMITED OFFICIAL USE. Citation Mitterrand, notes prises le jour même par un témoin qui dit que sa citation est «textuelle». Sur Trudeau-Giscard, Telegram Ottawa 6175 «Trudeau and Giscard at odds over Quebec», 15/12/78, LIMITED OFFICIAL USE. Sur Barre dans Telegram Ottawa 693 «Trudeau criticizes France for «playing around» with Quebec separatism and warns that Quebec independence would mean end of Canada», 6/2/79, LIMITED OFFICIAL USE.

page 360 [**Rossillon**] Rossillon et le ministère, selon trois fonctionnaires québécois.

page 361 [**Couturier**] Dans Mémo de Gaston Harvey, «Rencontre avec des leaders franco-américains», 18/5/77, MAIQ.

page 361 [**Oh my!**] Flora Macdonald et son assistant ministériel David Elder, entretiens tél. Ottawa 5/6/89.

16. En attendant Cyrus

page 363   **[Situation du Québec]** «The Quebec Situation: Outlook and Implications», 8/77, SECRET, voir résumé en fin de chapitre 11 «Il est dans l'intérêt des États-Unis...» et texte intégral en annexe.

page 363   **[Trudeau-Sondages]** Depuis avril 1979, le gouvernement Clark faisait des sondages mensuels très sophistiqués au Québec. Trudeau poursuit et accélère la cadence. En mars, un nouveau sondage lui donne OUI 46%, non 43%. Dans ses mémoires, Lévesque affirme avoir ce même résultat sur sa table au début avril. Trois semaines avant le vote, Trudeau reçoit une nouvelle moisson de chiffres: OUI 38%, NON 35%. La colonne des indécis gonfle à 26%. À compter d'avril, les sondages du PQ sont moins flatteurs pour le OUI que ceux de Trudeau. À la mi-avril, ils donnent OUI 48/NON 52 et à la fin avril OUI 45/NON 55, avec une remontée d'environ un point par semaine pour le OUI par la suite. *Sources:* Robert Sheppard, et Michael Valpy, *The national deal - the fight for a canadian constitution,* Toronto, Macmillan, 1982, p. 26-30. Aussi, René Lévesque, *Attendez que je me rappelle..., op.cit.,* p. 407 et Michel Vastel, *Trudeau, le Québécois,* Montréal, Éditions de l'Homme, 1989, p. 248, Graham Fraser, *Le Parti québécois, op.cit.,* p. 259.

page 364   **[Latouche]** Entretien, supra. Il affirme que ce projet n'a jamais été présenté à Lévesque. Morin ne se souvient pas en avoir pris connaissance.

page 365   **[Liste]** Mémo de James Donovan à Robert Normand, «Rencontres de certaines personnalités politiques», 6/8/79, CONFIDENTIEL, MAIQ. Sur Connally, *La Presse,* 18/11/76, p. A6. Figurent également sur la liste: Howard Baker, sénateur républicain du Tennessee et Minority leader; Jacob Javits, sénateur de New York; sénateur Charles Percy de l'Illinois; sénateur Patrick Moynihan de New York; trois jeunes sénateurs de Nouvelle-Angleterre, William Cohen du Maine, Paul Tsongas du Massachusetts et Patrick Leahy du Vermont. L'ex-gouverneur du Texas, John Connally, est considéré «opportun et possible», ce qui est surprenant puisqu'au lendemain de l'élection du PQ, il avait proposé un gel des investissements américains au Canada, jusqu'à ce que René Lévesque précise ses intentions. Donovan suggère de répartir les tâches: la Délégation du Québec à Los Angeles doit s'occuper des personnalités de la côte ouest, celle de Boston doit contacter ceux de Nouvelle-Angleterre et Evelyn Dumas et Jean-Marc Blondeau doivent couvrir Washington. «Une autre filière qui à mon avis est probablement meilleure», note le fonctionnaire, «serait de profiter du réseau des contacts personnels que nous sommes en voie de constituer au niveau des gouverneurs de la Nouvelle-Angleterre et de leur cabinet. Par exemple, le gouverneur [Richard] Snelling du Vermont, à la suite d'une commande spéciale, pourrait facilement à notre avis ménager toute une série de rencontres auprès des personnalités républicaines.» Un gouverneur démocrate, du Rhode Island ou du Maine, pourrait faire de même pour ce parti, ajoute-t-il. Claude Morin et Bernard Landry, entretiens, supra.

page 366   **[Michaud]** Dans «Mémoire Intervention de la mission canadienne à l'ONU auprès de Monsieur Djermakoye», 17/2/78, MAIQ. Pendant cette visite de 1978, la délégation canadienne suit Michaud à la trace chez les Belges et intime le responsable de la coopération technique de l'ONU de refuser de se rendre au Québec pour étudier les possibilités de coopération.

page 366   **[Reagan]** Paul Hannaford, entretien tél. Wash. 28/7/89. Hannaford dit avoir vérifié avec son collègue de l'époque Richard Allen et les archives de la campagne Reagan. Michael Deaver, entretien tél. Wash. 12/7/89, n'a aucun souvenir de cet épisode. Sur Reagan 1979, un haut fonctionnaire québécois, qui requiert l'anonymat. Si le candidat présidentiel Reagan ne franchit pas la porte des bureaux du premier ministre, il y en a un autre, moins connu, qui y parvient. Lyndon Larouche est le gourou d'une secte politique américaine idéologiquement indéfinissable qui s'abreuve à la fois d'anticommunisme, d'antisémitisme et d'antimonarchisme britannique en un délirant cocktail où la Reine d'Angleterre, de mèche avec Henry Kissinger et Leonid Brejnev, organise le trafic de drogue pour affaiblir l'Occident et paver la voie au bolchevisme. Pour sauvegarder le monde libre, deux panacées: l'énergie nucléaire et le bouclier spatial antimissiles. Et une technique de collecte de fonds: vendre un livre à un quidam et utiliser le numéro de sa carte de crédit pour lui facturer ensuite un certain nombre de milliers de dollars. Quelques années plus tard, Larouche fera un séjour en prison pour ces procédés peu orthodoxes. Mais pour l'heure il demande rendez-vous à un conseiller du premier ministre québécois. Larouche? Latouche? Ils sont surement parents, pense une secrétaire, et le politologue québécois devenu conseiller reçoit l'énergumène à quelques pas du bureau de Lévesque. Lyndon Larouche lui confie les tenants et aboutissants de la conspiration ourdie par les Jésuites et les Britanniques pour plonger l'Occident dans le chaos. Le Parti québécois, anti-anglophone, et les Larouchiens devraient faire front commun pour sauver le genre humain, suggère-t-il. Daniel Latouche toise «cet espèce de cave», ne sachant s'il faut rire ou pleurer. «J'ai dit écoutez, au gouvernement il y a trois PhD d'Oxford et un de Cambridge, alors je ne pense pas que ce gouvernement-là soit très antibritannique.» Daniel Latouche, entretien, supra.

page 368   **[Soporifique]** Sur effet Opération Amérique, Note au dossier de James Donovan, Propos de Lysiane Gagnon au sujet de la publicité «Seagram's» aux États-Unis, 9/4/80 et mémo de Pierre Baillargeon «Perceptions récentes du Québec aux États-Unis», 22/4/80, MAIQ. Entretien Joseph Jockel, supra. À la blague, Jockel ajoute: «je n'ai jamais pardonné aux Québécois d'avoir voté NON et j'encourage tous mes amis Canadiens à voter NPD, ce qui ramènerait ces années bénies».

page 368 [**Nouvelle-Angleterre**] Télex de Jacques Vallée «La Nouvelle-Angleterre et le référendum», 12/5/80, MAIQ.

page 369 [**Ambassade**] Télex ambassade WSHDC UNGR2266 «Référendum au Québec: réactions américaines», 22/4/80, CONFIDENTIEL ENTRE CDNS SEULEMENT, MAE.

page 369 [**Normand-Vallée**] Compte rendu de la rencontre du 7/3/80, MAIQ.

page 369 [**Consul**] Suggestion de George Jaeger résumé par Jean Chapdelaine, qui indique qu'elle «concorde avec notre point de vue», dans Note à Richard Pouliot, c15/1/80, MAIQ.

page 370 [**EF Hutton**] Sur Délégation et Consulat, Jean-Marc Lajoie, entretien, supra. Inter-Office Memo de Ruth Corson «The Quebec Referendum», 13/5/80. Investisseur cité dans *The Financial Post,* 5/4/80, p. 1-2.

page 370 [**Congrès**] Dans Donald Alper, «Congressional attitudes toward Canada and Canada-United States relations», dans *The American Review of Canadian Studies,* vol. X n° 2, automne 1980, p. 34-35. Richard Vine, entretien, supra. Sur tourisme, Télex de J.M. Lepage «Le pouls de la région de NY à une semaine du référendum», 12/5/80, MAIQ.

page 371 [**Duhaime**] Mémo de Jacques Boucher «Visite du Ministre à Washington», 11/3/80, et texte du discours «TOWARD THE YEAR 2000: Quebec in the North American Economy», 21/3/80, 15 pages. Duhaime cite le *Financial Times* du 3/12/79, qui écrit «Quand le Parti québécois a pris le pouvoir, 9,8% de la population active était en chômage, comparativement à 6,2 en Ontario. Aujourd'hui le chômage est à 9,5 au Québec et 6,7% en Ontario, donc un écart de 2,8 points de pourcentage plutôt que de 3,6.» Analyses économiques, voir INR Report n° 1244 «Canada: Quebec separatist momentum falters», 26/10/79, 11 pages, CONFIDENTIAL NOT RELEASABLE TO FOREIGNERS, 11 pages. L'auteure écrit: «les compagnies réagissent essentiellement aux stimulants compétitifs et à l'appel des centres de population situés à l'ouest du Québec». US Department of Commerce, Business America, 24/3/80.

page 372 [**McNamara**] McNamara sur l'indépendance, d'abord dans Telegram Quebec 019 «Contribution to study of impacts of PQ election», 17/1/77, CONFIDENTIAL, puis dans Airgram Quebec A-04 «The Parti Quebecois: An Uneasy Blend of Idealism and Pragmatism», 19/5/78, 15 pages, CONFIDENTIAL.

page 373 [**Enders**] Le OUI gagne dans Telegram Ottawa 6078 «How the national unity crisis may play out: an update», 12/12/78, SECRET. Le NON gagne dans Telegram Ottawa 3673 «How the national unity crisis may play out: an update», 24/7/79, CONFIDENTIAL.

page 373 [**INR 1979**] INR Report n° 1668 «Quebec: referendum battle lines

begin to form», 8 pages, 26/4/79, CONFIDENTIAL-NOT RE-
LEASABLE TO FOREIGN NATIONALS. L'auteure est Mary
Shoemaker. McNamara sur chances après l'élection de Clark dans
Telegram Quebec 210 «Little Rene rolls up his sleeves», 4/6/79,
LIMITED OFFICIAL USE. Les avis changent sur l'impact
stratégique d'avoir à Ottawa un premier ministre anglophone ou
francophone. En 1978, McNamara écrit: «Comme le PQ l'a constaté
depuis la prise du pouvoir, il est pratiquement impossible de stimuler
l'animosité tribale des Québécois contre un gouvernement fédéral
formé d'un contingent francophone aussi important que celui de
l'actuel gouvernement Trudeau.» Telegram Quebec 380, «Bourgault urges militant not to change platform», 27/10/78, LIMITED
OFFICIAL USE. Après la reprise du pouvoir par Trudeau, Lévesque
affirme cependant à Jaeger que cela sert ses intérêts (de fait, le OUI
monte dans les sondages après l'élection de Trudeau). Morin tente
d'expliquer le phénomène à Karl Meyer, du *New York Times*: «Avec
Clark, les Québécois auraient eu peur de briser le système. Avec
Trudeau, il y aura discussion pendant plus longtemps (...). J'utilise
une image: avec Clark, les Québécois pourraient se comparer à un
individu qui s'apprête à sauter dans une piscine vide. Avec Trudeau,
il y a de l'eau dans la piscine.» Mémo Transcription «libérale» des
propos échangés entre le ministre Claude Morin et Karl Meyer du
New York Times, 3/4/80, MAIQ.

page 374   [INR] INR Report n° 1244 «Canada: Quebec separatist momentun
falters», *loc.cit.* Enders, entretien, supra et Telegram Quebec 343
«Ambassador's farewell call on Levesque», 1/9/79, CONFIDEN-
TIAL. Sur visite de Curtis, Telegram Quebec 441 «Ambassador's
visit to Quebec», 31/10/79, CONFIDENTIAL et Note au dossier
Entrevue du premier ministre, Monsieur René Lévesque, avec le
nouvel Ambassadeur des États-Unis, Monsieur Kenneth Curtis, le
mardi 30 octobre 1979, à 11 h 30, 31/10/79, MAIQ.

page 374   [Jaeger] Dans Telegram Quebec 497 «Quebec: six months before
the referendum», 13/12/79, CONFIDENTIAL.

page 376   [14 avril] Telegram Quebec 169 «Crystal-gazing some possible
Quebec scenarios: Part I: analysis», 14/4/80, CONFIDENTIAL.

page 377   [Smith-Ahmad] Richard Smith, entretien Wash. 12/4/89. Sharon
E. Ahmad, Deputy Assistant Secretary of State 79-80, entretien
Wash. 27/4/89.

page 377   [Meyer] Mémo Transcription «libérale»..., *loc.cit.*

page 378   [Jaeger-Vance] Ce récit est tiré du Mémo de Richard Pouliot
«Entretien avec le Consul général des États-Unis», 22/4/80, CON-
FIDENTIEL, MAIQ, d'entretiens avec Richard Pouliot, Claude
Morin et quelques autres diplomates québécois, ainsi qu'avec Lise
Bissonnette, qui a discuté de ce sujet lors d'un entretien avec Jaeger
après le référendum. Entretien tél. Montréal 16/1/90. Sur l'absence
d'entretiens avec Jaeger, voir Notes et Références du chapitre 18.

page 380   **[Jaeger-Conseil]** À sa décharge, il faut noter que Jaeger a effectivement conseillé à ses supérieurs la modération. «Pour l'heure, il est
important que nous maintenions notre position actuelle à moins que
nous ne souhaitions devenir nous-mêmes un sujet de débat dans le
référendum», écrit-il dans une dépêche qui ne fait cependant aucune
allusion à la visite de Vance. Telegram Quebec 171 «Crystal-gazing
some possible Quebec scenarios: summary, conclusions and some
recommandations», 14/4/80, SECRET.

page 380   **[Globe]** Dans «Strange talk on Quebec», *Globe and Mail* 18/8/79,
Mémo Rencontre avec le nouveau consul général des États-Unis,
M. G.W. Jaeger, 24/8/79, MAIQ. Martin ne peut se souvenir du nom
de son interlocuteur. Mais ayant tenté de vérifier l'information au
Département d'État, Lawrence reçoit un appel de sa source qui le
menace de ne plus jamais lui adresser la parole si son commentaire
sur le Québec est publié. Martin choisit de perdre sa source.
Lawrence Martin, entretien tél. Wash.-Ottawa 7/89.

page 380   **[Reston]** Dans *New York Times* 2/23/77 et 20/4/80.

page 382   **[Vance 1978]** Transcription de la conférence de presse et du
discours de Cyrus Vance, 21 et 22/11/78, MAE. Note d'Yves
Michaud à Lévesque Projet d'intervention des Affaires intergouvernementales au sujet des déclarations de monsieur Cyrus Vance à
Ottawa, le 21 novembre 1978, 30/11/78, Note de Michel Chalout à
Yves Michaud Déclaration de C. Vance, 30/11/78 et Projet de note
diplomatique, MAIQ. Mémo du Service de Presse des Affaires
extérieures Visite Vance — Commentaires par M. Claude Morin,
23/11/78, MAE, et entretien Beaudoin, supra.

page 383   **[Lévesque Peur]** Dans *New York Times*, 25/1/79. INR «Quebec:
referendum battle lines...»

page 383   **[Ottawa-Washington]** Haut fonctionnaire qui requiert l'anonymat;
Marc MacGuigan, entretien tél. Ottawa 5/6/89; entretiens Gotlieb,
Curtis, Duemling, Vest, Smith, Brzezinski, supra; entretien Wingate
Lloyd, Wash. 13/4/89. *La Presse*, 24/4/80.

page 384   **[Vance, conf. de presse]** Transcription, «Visit of Secretary Vance»,
dans *Department of State Bulletin*, vol. 80, n° 2039, 6/80, p. 3-6.

page 388   **[Warren]** Telex WSHDC UNGR3028 «Mtg with Sec State desig-
nate Vance Dec 31», 31/12/76, CONFIDENTIAL CDN EYES
ONLY, MAE. L'adjoint de Jamieson est David Elder, entretien,
supra; proche de Jamieson qui requiert l'anonymat; Flora Macdonald, Marc MacGuigan, entretiens, supra.

page 388   **[Avion]** Entretien Richard Vine, supra.

page 389   **[Fletcher]** «Quebec's Foreign Policy: An Interview with Claude
Morin, Minister for Intergovernmental Affairs, Province of Québec»,
The Fletcher Forum, vol. 4, n° 1, p. 127-134; *The Gazette*, 17/4/80;
Note de Jacques Joli-Cœur à Richard Pouliot, 17/4/80; Mémo de
Richard Pouliot «Entretien avec le Consul général des États-Unis»,
loc.cit., MAIQ.

page 390 **[Lévesque indépendantiste]** Diplomate qui requiert l'anonymat. Snelling, Vine, Smith, Duemling entretiens, supra. Lettre de Barry Steers n° 343 «Comments on Interview Given by Claude Morin to *New York Times*», 6/10/77, CONFIDENTIAL, MAE. *Wall Street Journal*, 17/3/78. Salomon dans *La Presse*, 20/5/78.

page 393 **[Proches de Lévesque]** Michaud, Morin, Bernard, Boivin, Beaudoin, Latouche, entretiens, supra. Corine Côté-Lévesque dans Michel Vastel, *Trudeau le Québécois, op.cit.*, p. 248.

page 394 **[Jaeger]** Lévesque utilise par exemple le terme «independance» avec Jaeger dans Telegram Quebec 416 «Talk with Levesque», 12/10/79, CONFIDENTIAL. Voir aussi chapitre 18. Pour NBC, voir chapitre 13.

page 394 **[Trudeau déclin]** En 1964, un journaliste l'avait trouvé «serein dans sa certitude que les forces séparatistes étaient sur le déclin». Cité dans Peter Brimelow, *The Patriot Game - Canada and the Canadian Question Revisited*, Stanford, Hoover, 1986, p. 218. «My intentions are to get out», dans Graham Fraser, *Le Parti québécois, op.cit.*, p. 101. Pour Safire, voir chapitre 13.

page 395 **[Muskie]** Lettre de Lévesque, 30/4/80, MAIQ. Lettre de Muskie, 12/5/80. Mémo de J.E. Hyndman No FCP-169 «Déclarations passées de Muskie sur le Québec et la confédération», 1/5/80, CONFIDEN-TIEL, MAE.

page 395 **[Régions US]** Mémo de Michel Brunet «Perception américaine à la veille du référendum: le Midwest», non daté; Télex J.M. Lepage «Le pouls de la région de NY à une semaine du référendum», 12/5/80; Télex de Yves Labonté «Los Angeles Opinion américaine à l'approche du référendum», 12/5/80; Atlanta, Télex de Jean-Marc Roy «Attitudes de l'Américain moyen du sud-est des États-Unis à l'égard du référendum du 20 mai», 12/5/80, MAIQ.

page 396 **[Questions réponses]** Message FCO-1003 «Referendum - Questions and Answers», 16/5/80, CONFIDENTIAL, MAE.

page 396 **[Écart]** Pendant les semaines précédant le référendum, face aux obligations de British Columbia Hydro, Manitoba Hydro et Ontario Hydro, celles d'Hydro-Québec n'affichent parfois qu'un écart de 20 points de base et devancent même deux fois, à la mi et fin avril, le rendement de la sœur colombienne, annihilant la différence historique. À la veille du référendum, Hydro-Québec prend cependant un écart de 100 points qui, un mois plus tard, se referme complètement. Si on compare le cours d'une obligation d'Hydro-Québec à un bon du Trésor américain, la tendance est plus nette. L'écart atteint son point le plus élevé depuis l'Economic Club un mois avant le référendum. Après une chute de tension de 70 points, il reprend sa moyenne saisonnière trois semaines après le vote. (L'écart avec BC Hydro au 16/5/80 est de 130 points, moins 30 «historiques» donne un «écart supplémentaire post-15 novembre» de 100 points, c'est la mesure utilisée ici. Comparativement au bon du Trésor TSY 8.25

utilisé comme étalon par First Boston, Hydro atteint son écart brut
minimal depuis le 15/11/76 le 12/8/78, soit 115 points. L'écart
grimpe à la fin 1979 pour atteindre son sommet de 203 points le
18/4/80, dégonflera à 177 points le 16/5/80, puis à 130 points le
6/6/80.) Données Hydro-Québec et Merrill Lynch.

page 397   [**Presse**] Memo FCO-641 «Coverage of the Quebec Referendum
Results and the Campaign in the American Press - May 1980»,
5/6/80, UNCLASSIFIED, MAE.

page 397   [**New York**] Telex CNGNY YICF0343, «Referendum night recep-
tion-Quebec house», 21/5/80, RESTRICTED, MAE.

page 398   [**Boivin**] Jean-Roch Boivin, entretien, supra. Dans ses mémoires,
Lévesque affirme qu'au début avril, grâce à une «réconfortante
avance» du OUI, la victoire «n'était pas du tout inconcevable.
N'avait-on pas vu de par le monde des peuples saisir à l'unanimité
ou presque des occasions comparables?» Exprime-t-il ici l'objectif
de 75% de francophones rapporté par son épouse? «Vers la fin avril
tous savaient», écrit-il ensuite, «que nous n'atteindrions pas nos
62% [de francophones nécessaires à une victoire] et que même la
simple majorité ne nous était plus assurée au Québec français.» Dans
René Lévesque, *Attendez que je me rappelle...*, *op.cit.*, p. 406-412.

page 398   [**Jaeger**] Telegram Quebec 231 «Quebec referendum: "No" wins
broad-based, decisive victory», 20/5/80, UNCLASSIFIED et Telegram Quebec 233 «"No" wins but the game goes on», 21/5/80,
CONFIDENTIAL. Brzezinski, entretien, supra.

page 398   [**Bernard**] Entretien, supra.

page 398   [**Latouche Harvard**] Dans Elliot, J. Feldman, éd, *The Quebec Referendum: What Happened and What Next? - A Dialogue the Day
After with Claude Forget and Daniel Latouche May 21*, 1980,
Cambridge, UCRNA, 1980, p. 40. Claude Forget indique que dans
les sondages internes du Parti libéral, «le OUI a acquis une position
dominante en janvier-février, jusqu'au début de mars».

page 399   [**Vigneault**] *Le Soleil*, 4/9/82.
Si elle avait voulu influer sur le résultat référendaire, la diplomatie
américaine avait à sa portée un outil beaucoup moins compromettant
que l'intervention brutale d'un secrétaire d'État. À la mi-avril le
consul général à Montréal, Lloyd Rives, obtient copie d'un document de travail interne du Parti québécois portant sur les orientations
d'un futur Québec indépendant. Parmi les éléments les plus sujets à
controverse, on trouve une augmentation des impôts sur les produits
de luxe, l'abolition de tous les dégrèvements fiscaux accordés aux
entreprises, sauf aux coopératives, l'institution d'un plan économique québécois et la création d'une société de réorganisation
industrielle, la nationalisation complète de l'industrie du transport.
Si les Américains avaient coulé ces informations à la presse, ils
auraient réussi à mettre les forces du OUI sur la défensive, donné des
munitions aux forces du NON. Ils ont choisi de garder ce document

pour eux. Il est résumé dans Telegram Montreal 776 «Policy ideas from PQ for post referendum period», 17/4/80, CONFIDENTIAL.

17. Les sourires du président Reagan

page 403 [**Exergue**] Entretien Allan Gotlieb, supra.

page 403 [**Trudeau**] Lubor J. Zink, «The Unpenetrated Problem of Pierre Trudeau», *National Review*, 25/6/82, p. 751-756. Sur la couverture, le titre est également traduit: «Le problème non-pénétré de Pierre Trudeau», avec cet ajout: «He is a dogmatist/Il est dogmatiste». Un «confident» de Reagan affirme à Gotlieb que le président est «impressionné» par l'article. Michael Deaver, ami et conseiller de Reagan, confirme que ce dernier dévorait tout ce qui était écrit dans la *National Review*. Deaver, entretien, supra.

page 404 [**Wallace**] Dépêche de la Presse Canadienne dans le *Globe and Mail* du 27/9/71.

page 405 [**Lexique**] Toutes les citations américaines sont tirées de Stephen Clarkson, *Canada and the Reagan Challenge: crisis and adjustment, 1981-85*, 2ᵉ édition, Toronto, Lorimer, 1985, p. 23-49, sauf l'anecdote de Hatfield, tirée de Richard Gwynn, *The 49th Paradox...*, *op.cit.*, p. 126.

page 405 [**Trudeau opportuniste**] De Allan Gotlieb, entretien, supra. Gotlieb est au MAE à Ottawa chargé de la politique américaine, jusqu'au début de 1982, quand il est nommé ambassadeur à Washington. La PEN et la FIRA étaient esquissées dans le discours du Trône de Trudeau en avril 1980, donc avant le référendum. Mais la véritable signification de la PEN fut dévoilée le 28 octobre 1980. Quant au resserrement des règles administratives de la FIRA, elle fut accomplie graduellement par le ministre Gray, alors que le renforcement législatif de la FIRA fut annoncé tout au long de 1980 et 1981, mais jamais réalisé.

page 407 [**Jockel-Casey**] Jockel, entretien, supra. Willis Armstrong, qui a écrit le «briefing book» sur le Canada pour la nouvelle équipe Reagan pendant la période de transition après l'élection présidentielle, relisait pour Casey certains des National Intelligence Estimates, pour juger de leur lisibilité par les non-spécialistes. Armstrong, entretien, supra.

page 407 [**Lévesque-Reagan**] Lettre de René Lévesque du 14/11/80 et mémo de Robert Normand du 26/11/80, MAIQ. Aussi, Telegram Quebec 482 «Levesque letter of congratulations to president-elect Reagan», 26/11/80, UNCLASSIFIED. Réponse, Telegram State 331452 «Reply to Levesque letter of congratulations to President-elect Reagan», 15/12/80, UNCLASSIFIED. Sur Johnson, Telegram State 184338, 17/6/68, LIMITED OFFICIAL USE. Assassinat, Telegram

State 105901 «Response to message to the President from premier Rene Levesque», 24/4/81, UNCLASSIFIED. Fête nationale, Telegram Quebec 307 «Fourth of July congratulatory message from premier Levesque», 6/7/82, UNCLASSIFIED et Telegram State 183324 «Response to fourth of july message to the President from Quebec premier Rene Levesque», 13/7/82, UNCLASSIFIED.

page 408 **[Dunn]** Mémo Dunn, 5/82.

page 409 **[Pouliot]** Dans Télex de Pouliot «Visite à Washington 18-19 août», 21/8/81 et «*Département d'État*» 24/8/81, dans Mémo de Lucien Vallières «Réunion de réflexion de la direction États-Unis, les 26 et 27 août», 10/9/80, CONFIDENTIEL, MAIQ. Desrochers dit: «we must shoot Canada».

page 410 **[Loi 101]** «Sacre Bleu! S'il vous plaît! Enough is Enough, Quebec», *Detroit Free Press*, 5/1/81; «Don't widen the Gap», *Atlanta Journal*, 9/1/81; «Quebec should be ashamed», *San Francisco Examiner*, 8/1/81. Discours de Godin, MAIQ.

page 410 **[Lucier]** Les citations de politique générale de Lucier et de Helms sont tirées de Ernest B. Furgurson, «Ambassador Helms» dans *Common Cause*, vol. 13, n° 2, 3/87, p. 16-21. (Elles sont tirées du livre de Furgurson, *Hard Right: The Rise of Jesse Helms*, New York, Norton, 1986.) Mémoire de Dunn «Relations entre les États-Unis et le Québec», 25/11/81, CONFIDENTIEL, MAIQ.

page 412 **[Longs couteaux]** Lougheed est celui qui a le plus hésité à sacrifier son allié Lévesque, notamment sur la question des droits linguistiques. L'argument qui l'a fait basculer lui a été présenté par Jean Chrétien, ministre de la Justice de Trudeau et orateur fédéral principal dans la joute référendaire. Le problème linguistique est «entre nous», Canadiens français, lui dit Chrétien, l'invitant à oublier ses scrupules. Lougheed est aussi le seul premier ministre qui reste pour «discuter, plaider, accuser» pendant 20 minutes avec Lévesque après qu'on lui eut annoncé l'accord. Si les sept ont fait faux bond à Lévesque (un fonctionnaire de la Saskatchewan participant à la négociation se cache même lorsqu'il aperçoit un représentant québécois aux petites heures), il faut noter que la veille, Lévesque avait ouvert une brèche dans le «front commun» en acceptant la proposition de Trudeau de tenir un référendum national sur la constitution, une perspective honnie par ses alliés anglophones. On a même parlé, ce jour-là, du nouvel «axe Ottawa-Québec». Ces détails dans le remarquable *The National Deal...* de Robert Sheppard et Michael Valpy, *op.cit.*, p. 296-302.

page 413 **[Théorie Brimelow]** Voir *The Patriot Game*, *op.cit.*

page 413 **[Barron's]** Peter Brimelow, «No Castro of the North?», *Barron's*, 7/6/82.

page 414 **[Morin]** Dans Mémo d'André Soucy «Rencontre Morin/MacGuigan», 12/5/72 et de Claude Roquet, «Déclarations canadiennes et québécoises aux États-Unis», 18/6/82, MAIQ, et dans *The Gazette*, 10/7/82 et 20/7/82, p. B-3.

page 415 **[Jaeger-visite]** Telegram Quebec 262 «Levesque to address senate republican caucus», 10/6/82, CONFIDENTIAL.

page 416 **[14 juillet]** Telegram State 192274 «Press guidance: Premier Levesque's Washington visit», 12/7/82, UNCLASSIFIED, Telegram Quebec 323 «Levesque's Washington visit receives heavy publicity in Quebec», 15/7/82, UNCLASSIFIED, Telegram Montreal 1552 «Senate interview on Levesque Washington visit», 15/7/82, LIMITED OFFICIAL USE, Telegram Quebec 325 «Press reaction: Levesque visit to Washington», 16/7/82, Telegram Ottawa 4944 «Levesque visit to Washington», 16/7/82, UNCLASSIFIED. Télex de Peter Dunn «Visite PM Wash», 16/7/82, Note Peter Dunn «Visite du Premier Ministre à Washington», non daté, MAIQ. *The Gazette*, 15 et 20/7/82, *La Presse* 15/7/82, dépêches de la Presse Canadienne, 14/7/82. *Congressional Record*, 14/7/82, p. S8235. Entretien Gotlieb, supra.

Jacques-Yvan Morin tente vainement de se faire recevoir pendant la visite par le Secrétaire américain à l'Éducation, T.H. Bell. Morin pense que l'éducation étant de juridiction provinciale, il peut voir Bell sans escorte fédérale. Mais Bell demande la permission au Département d'État, qui en avise l'ambassade, qui exige une présence fédérale. Jacques-Yvan Morin refuse, la rencontre n'aura pas lieu.

page 416 **[Droite-PQ]** Il y a relativement peu de suites à ce 14 juillet 1982, jour où les indépendantistes québécois ont frayé avec la droite reaganienne. Morin, de retour à Washington en juin 1983, arrête voir Helms, ainsi que deux autres sénateurs importants, le républicain John Chaffee et le démocrate Clairborne Pell. Ce même mois, le ministre québécois de la santé et futur premier ministre, Pierre-Marc Johnson, rencontre Orrin Hatch, un autre ultra-conservateur, qui était présent au déjeuner avec Lévesque et qui s'occupe aussi des questions de santé. Le 29 juin, toujours en 1983, le Québec donne pour la première fois une réception à l'occasion de sa fête nationale. Parmi les invités présents, des aides parlementaires de Helms, de Pell, de deux sénateurs républicains, Richard Lugar et Lowell Weicker, ainsi que des fonctionnaires de quatre ministères. Un attroupement qui serait jugé très honorable par plusieurs lobbyistes locaux, compte tenu qu'il s'agit d'un non-gouvernement.

À l'automne 1986, Peter Brimelow publie son livre *The Patriot Game*, au Canada. Il est distribué aux États-Unis en 1988. Dans le *Washington Times* et plusieurs autres quotidiens, Patrick Buchanan, chroniqueur ultra-conservateur et ancien directeur des communications de Ronald Reagan (une sorte de frère jumeau idéologique de William Safire), porte-voix de la droite radicale et brièvement pressenti comme candidat républicain à la présidence, présente le livre de Brimelow et ses conclusions sur le Québec avec bienveillance, voire avec approbation. *Washington Times*, 20/1/80, p. F1.

18. Le cinéma de Monsieur le Consul

page 421 [**Exergue**] Extrait simplifié d'un bref entretien avec Jaeger. Malgré plusieurs tentatives et deux conversations téléphoniques, George Jaeger a refusé, sauf pour quelques brefs commentaires, d'accorder un entretien à l'auteur. Il juge qu'il n'est pas de son ressort de donner «une histoire diplomatique instantanée» et se considère «toujours lié par la confidentialité», entretiens tél. Jaeger 23/5 et 27/6/89.

page 421 [**Godin**] Gérald Godin, entretien tél. Montréal 29/1/90. Aussi, entretiens Lise Bissonnette, Jean Chapdelaine, *supra*.

page 422 [**Lévesque-rencontres**] Dans Note de Jean Chapdelaine «Visite de monsieur Jaeger, Consul général des États-Unis, à monsieur Lévesque», 12/10/79 et Note d'André Soucy «Entretiens Jaeger - Jacques-Yvan Morin Jaeger - Clément Richard», 13/12/79, MAIQ.

page 423 [**Protocole**] Dans Note de Donovan, 9/12/80.

page 423 [**Morin-Pouliot**] Entretiens *supra* et trois fonctionnaires québécois. L'ambassadeur américain à Ottawa, successeur de Curtis, Paul Robinson, affirme cependant que Jaeger lui a confié être critiqué par les Canadiens pour ses relations soutenues avec les péquistes. Un haut fonctionnaire fédéral chargé des affaires américaines n'a pas ce souvenir. Paul Robinson, entretien tél. Wash.-Chicago 12/7/89. Aussi Telegram Quebec 057 «Quebec elections: a first look», 23/2/81, CONFIDENTIAL.

page 424 [**Godin-Beaudoin**] Entretiens *supra* et Note de Louise Beaudoin «Rencontre avec le Consul général des États-Unis», 25/9/81, CONFIDENTIEL, MAIQ.

page 425 [**Robinson**] Pouliot et Robinson, entretiens, *supra*, *New York Times*, 27/5/82, *Baltimore Sun*, 20/5/82, en anglais, Robinson dit au journaliste: «shove off, kid!»

page 426 [**OLP-PQ**] Beaudoin, entretien, *supra*. Note Robert Trudel «Compte rendu de la visite officielle à Québec du Consul Général des États-Unis à Montréal, monsieur William. D. Morgan, jeudi le 17 décembre 1981», 5/1/82. Jaeger assistait à cette rencontre et semble, en fait, tenir le micro. MAIQ. Liste d'invités dans Telegram Montreal 2924, «PQ radicals begin to shift: international invitees to party congress», 10/12/81, UNCLASSIFIED.

page 426 [**Association-US**] Landry dans *Montreal Star*, 22/4/78, p. A2. Lévesque cité dans Linder, «Quebec's International personality», p. 31. Landry, entretien, *supra*. Dépêche de la Presse Canadienne 2/2/83.

page 429 [**Franco-espagnols**] Note d'André Soucy «Rencontre avec le Consul Général des États-Unis», 30/7/81, MAIQ.
Opération Amérique, Cahier V, *Actions gouvernementales répertoriées*, c12/78, MAIQ. Ces actions ne dépassent généralement pas 20 jusqu'en 1974, passent à 32 en 1975, puis 21 en 1976, avant de remonter par la suite. Sur ActFa, Mémo «Rencontre du ministre des

Affaires intergouvernementales du Québec et du Consul Général des États-Unis à Québec - Synthèse des principaux dossiers Québec/ États-Unis», 28/7/81, MAIQ.

page 430 **[Défensif, offensif]** Chiffres: «Percent French Mother Tongue Population for Selected States», de US Bureau of the Census, Census of Population 1970 *General Social and Economic Charac-teristics*, Selected States, Table 49. Taux d'abandon dans Veltman, Clavin, «Le déclin de la francophonie aux États-Unis», *Le Devoir*, 28/3/80. Hannaford, entretien, supra.

page 432 **[Dumas]** Entretien, supra. Lettres à Roger Cyr, 28/8/78 et à Yves Michaud, 1/9/78, MAIQ. On ne pouvait pas prévoir, en 1977, que le référendum aurait lieu en mai 1980, mais le scénario du New Hampshire aurait pu être utile en d'autres cas de figure.

page 433 **[Cyr]** Dans Mémo «Opération-Amérique - Programme de commu-nications pour la Délégation du Québec en Nouvelle-Angleterre», 10/79, MAIQ. Mémo Harvey «Rencontre avec les leaders franco-américains», 18/5/77, et Télex «La Nouvelle-Angleterre et le référen-dum», 12/5/80, MAIQ.

page 433 **[Vest-Enders]** Entretiens, supra.

page 434 **[Bouvier]** Mémo manuscrit de Bouvier à Donovan, «Conversation du 28.10.81 avec M. Jaeger Consul général des États-Unis», 2/11/81.

page 434 **[Lloyd]** Entretien tél. Wash. 17/8/89.

page 435 **[Sous-ministre]** Dépêche de la Presse Canadienne dans *La Presse*, 26/3/84.

Le premier consul canadien francophone à être nommé à Boston, au début des années soixante, fut Jean Lapierre. Il raconte que Lester Pearson lui avait personnellement donné le mandat de «convaincre le plus grand nombre de Franco-Américains» possible de revenir au Québec. Mais Lapierre s'est vite rendu compte que les Franco-Américains qu'il rencontrait n'étaient pas intéressés. Il a donc abandonné ses efforts. Dans Strusberg, Peter, *Lester Pearson and the American Dilemma*, Toronto, Doubleday, 1980.

page 435 **[Jaeger-Lévesque]** Dans Telegram Quebec 268 «A talk with Levesque: "Canada must be broken down to its constituent parts"», 11/6/82, CONFIDENTIAL; Telegram Quebec 27 «Levesque plans new fight for Quebec independance», 17/1/83, CONFIDENTIAL, le commentaire de Lévesque sur le pape: «a hardnosed trouble-maker»; Telegram Quebec 515 «Goodbye Call on Levesque», 22/8/83, SECRET; Telegram Quebec 624 «Call on Quebec premier Levesque», 19/10/83, CONFIDENTIAL; Telegram Quebec 045, «Call on Premier Levesque», 2/2/84, CONFIDENTIAL; Telegram Quebec 612 «Congratulatory message to the President from Quebec premier Levesque», 6/11/84, UNCLASSIFIED.

page 439 **[Lévesque-Oncle Sam]** Lévesque, René, *Attendez que je me rappelle...*, *op.cit.*, p. 485.

page 440   [**Sommet de Québec**] Sur Reagan 85, Evelyn Dumas et Bernard Landry, entretiens supra, et *Le Devoir* 20/3/85 et *The Gazette* 22/3/85. Joseph Jockel, qui écrivait les discours de Reagan pour cette visite, se souvient que le toast de Reagan au déjeuner incluait une salutation au premier ministre Lévesque et que le côté américain n'avait soulevé aucune objection à la tenue de cette rencontre.

page 440   [**Rosenblatt**] Dans Telegram Quebec 308 «The Parti Quebecois in the wake of Levesque's departure», 26/6/85, LIMITED OFFICIAL USE.

page 441   [**Moïse**] Feldman, entretien, supra.

page 441   [**L-é-v-e-s-q-u-e**] Souvenirs personnels de l'auteur.

Conclusion et prospective

page 443   [**Exergue**] Dernière phrase de la section analytique de *The Quebec Situation, loc.cit.*, V. Annexe.

page 443   [**Conseillers**] Toutes les personnes citées en conclusion ont été vues par l'auteur, et sont identifiées supra.

page 444   [**Journaliste**] Louise Beaudoin à Karl Meyer du *New York Times*, dans *Transcription «libérale» des propos échangés..., loc.cit.*

page 445   [**Jaeger**] Dans *Telegram Quebec 497 Quebec: six months before the referendum*, 13/12/79, CONFIDENTIAL.

Anatomie d'une légende: «Project Revolt»

page 485   [**Lacharité**] Sauf indication contraire, le récit mettant en cause Lacharité est tiré d'un entretien avec l'auteur à Washington le 18/4/89.

page 485   [**Littérature politique**] Au Québec, notamment l'intéressant mais daté Pierre Vallières, *L'Exécution de Pierre Laporte*, Montréal, Québec/Amérique, 1977, p. 27 et 41 et l'excellent Louis Fournier, *FLQ Histoire d'un Mouvement Clandestin*, Montréal, Québec/Amérique, 1982, p. 105. Fournier écrit par exemple: «Dans les sphères policières et militaires américaines surtout, on se rend compte de l'ampleur que prend ce mouvement de libération nationale et de ses potentialités de rupture révolutionnaire en Amérique du Nord... Au Québec, où on assiste à la montée d'un mouvement indépendantiste radical, il s'agit non seulement d'en identifier les causes et les potentialités mais encore de prévoir les moyens de "contrôler" la situation.»

page 485   [**«colonialisme»**] Premier communiqué du FLQ accompagnant ses trois premières bombes, 8/3/63, cité dans Louis Fournier, *op.cit.* p. 14.

page 485 [**Star et Pearson**] «U.S. Army Bankrolled Probe into "Quebec Revolt"» dans *Toronto Daily Star*, 26/2/66, et Diefenbaker-Pearson dans *New York Times*, 3/3/66

page 486 [**Handbooks**] Dans Bibliography of Publications, Washington DC, Special Operations Research Center, novembre 1963, p. 1-8. Trouvé dans les Archives of the American University (AAU), Washington. Les manuels indiquent à l'usager quelles cibles sociales — ouvriers, classe moyenne, minorités — sont les plus réceptives aux messages et lesquels exercent à leur tour le plus d'influence dans la société visée. C'est la recette de la boule de neige idéologique, étape indispensable pour «évaluer le potentiel d'avancement des intérêts des États-Unis sous diverses conditions», précise une note explicative.

L'usager, que les formulaires officiels appellent «le consommateur», est le Département de l'Armée qui finance SORO de généreuses subventions et reçoit en retour le mode d'emploi de la propagande pour, par ordre alphabétique, l'Afghanistan, la Birmanie, le Cambodge, la Chine, la Colombie, le Congo, Cuba, l'Égypte et une douzaine d'autres pays, tous en voie de développement. À l'étranger, la foi en l'American Way se heurte à d'autres casuistiques. Un professeur de McGill, approché en 1960 pour donner un coup de main au manuel de propagande sur le Pakistan, s'insurge. Le travail proposé «semble radicalement contraire aux impératifs moraux de la tradition Judéo-Chrétienne», écrit-il dans une lettre cinglante. Le manuel vise à «manipuler des personnes» et à «les traiter en pions». Cinq ans avant ses pairs américains, Wilfred Cantwell Smith, professeur de religion comparée et directeur de l'Institut des études islamiques de McGill, pose la question qui redéfinira les rapports entre l'université et le pouvoir: «L'empressement d'une université à se subordonner (se vendre?) aux intérêts privés d'un groupe puissant mais restreint de la société est certainement contestable». L'American University qui abrite SORO de deux façons — physiquement sur son campus et institutionnellement par la «couverture» qu'elle lui donne — encaisse 25% du montant des contrats de SORO pour ses frais généraux. La proportion est d'usage pour les subventions de recherche, mais elle prend une tout autre dimension avec l'avalanche de fonds qui s'annonce. Smith tire une seconde sonnette d'alarme en écrivant au président de l'American University: «Au Pakistan, où j'ai beaucoup d'amis, si je devais publier le fait que ce genre de recherche a cours dans votre Université, cette seule information ferait plus de mal à la politique des États-Unis dans la région que le bien que vous escomptez tirer de votre projet.» Un cadre de SORO sent le danger et assure le président de l'Université que dorénavant, «à moins de s'être assuré à l'avance de leur coopération», aucune lettre (compromettante) ne sera désormais envoyée «à des citoyens étrangers ne résidant pas aux États-Unis».

Affaire classée. Wilfred Cantwell Smith, lettre envoyée le 8/2/60, et réaction du SORO du 24/2/60, dans AAU.

page 486   **[25% du budget]** dans Irving Louis Horowitz, *The Life and Death of Project Camelot*, Trans-Action, vol. 3, n° 1, nov/déc 1965, p. 3-47.

page 486   **[Task Revolt]** Citation et calendrier tiré d'un document intitulé «History of the Consideration of Study of the French Canadian Separatist Movement In Task Revolt and Project Camelot» préparé approximativement le 7/3/66 par la direction du SORO pour répondre aux questions de la presse et des administrateurs. Tiré des archives personnelles de Theodore Vallance, directeur du SORO, correspondance avec l'auteur, 11/3/89 et entretien tél. Wash.-Penn State, 10/3/89.

page 486   **[Kennedy]** Lettre du 11/4/62, citée dans une brochure publicitaire du SORO, dans AAU, supra.

page 487   **[Gude]** Ted Gude, entretien tél., Wash., 4/89.

page 488   **[Spearpoint, Nutini]** Dans Horowitz, *loc.cit.*, p. 5-7. L'étude des processus politiques étrangers ne devrait-elle pas incomber aux experts américains des affaires étrangères, le Département d'État? «Il y avait un problème territorial», explique Ted Vallance, directeur de SORO. Les militaires «jugaient que le Département d'État opérait avec peu de collecte de données, il tendait à se fier au gros bon sens de ses diplomates en poste, qui prenaient note des événements et produisaient leurs analyses comme bon leur semblait. Le Département d'État n'avait ni mandat ni goût pour la recherche et l'approche systématique, empirique, du Pentagone le rebutait.» Autre considération déterminante: le Congrès verse presque sans compter dans les coffres du Pentagone mais chipote sur le moindre budget de cocktail au Département d'État. Vallance, entretien, supra.

page 488   **[SORO principale agence]** Dans «Research in the Department of Defense on Internal Conflict and Insurgency in the Developing Countries, Final Report of the Subcommittee on Behavioral Sciences», 30/1/65, For Official Use Only, 59 pages, dans AAU, supra.

page 488   **[Riddleberger]** entretien tél., Wash., 10/4/89.

page 489   **[Document préliminaire]** «Project Camelot — A Research Concept Paper, SORO, Not For Publication», 8/64 et sa version officielle, à peine modifiée, «Task Statement — Methods for Predicting and Influencing Social Change and Internal War Potential (Camelot), Army Research Office», 17/12/64, dans AAU, supra. Une fois obtenue cette grille d'analyse, il faudra se rendre sur place, se «coordonner avec les agences de renseignement et de planification» et vérifier la qualité des hypothèses. Une étape est censée ne commencer qu'à l'automne 1968. Pour faire avaler la pilule aux universitaires libéraux, on leur dit qu'il s'agit d'épauler l'armée dans «son importante mission, positive et constructive, d'aide à la formation de nouvelles nations» du tiers monde, aussi bien que d'assister les «gouvernements amis à composer avec des problèmes insurrection-nels». Point de répression de guérilla, «de la prévention d'insur-rection». Lettre envoyée aux universitaires, recrues potentielles de SORO, à la fin de 1964, citée dans Horowitz, supra, p. 4.

page 489 [**Refus du secret**] John Johns, entretien tél., Wash., 3/89 et Val-lance, entretien, supra.

page 490 [**Gude**] entretien, supra.

page 490 [**Baker**] Lynn Baker, entretien tél., Wash., 3/89.

page 491 [**Hiérarchie**] Le colonel est William Sullivan, chef de la Human Factors Division. Le général deux étoiles est Walter Lott, directeur du Bureau de la recherche de l'armée. Johns entretien, supra. William W. Dick Jr, entretien tél., Wash. 3/89.

page 491 [**Uliassi**] Pio D. Uliassi, alors Chief or Government-Academic Re-lations, INR, State Department. Correspondance avec l'auteur 15/3/89 et entretien tél. Wash.-Flossmoor Ill., 13/7/89.

page 491 [**Breton**] Raymond Breton, entretien tél. Wash.-Toronto, 23/7/89. Son collègue à Johns Hopkins est l'expert en éducation James F. Coleman, auteur du *Coleman Report*.

page 492 [**Gude et Johns**] entretiens, supra. «Comme pour Normand et le FCSM, la Colombie fut retenue parce que nous avions des données et parce qu'un des principaux chercheurs, membre du Core Planning Group, avait déjà développé l'idée», dit Gude. «Personnellement, je n'ai jamais été convaincu que la Colombie était un bon choix pour le pré-test.» Une autre équipe du SORO est déjà sur place, occupée à étudier les projets de développement communautaires et leur impact sur l'attitude des participants. Ils choisissent un nom bon-enfant pour leur analyse: Project Sympatico. Le spécialiste de la Colombie est Paul A. Jureidini.

page 492 [**Star**] *Toronto Daily Star*, *loc.cit*, la citation du ministère s'y trouve.

page 493 [**Memo**] «History of the Consideration...» Correspondance Vallance, *op.cit*.

page 493 [**Chili**] Un anthropologue de l'Université de Pittsburgh, Hugo G. Nutini, avait contacté Hopper et lui avait parlé de son intention de se rendre au Chili, son pays d'origine, où il pourrait s'enquérir des possibilités de coopération avec des chercheurs locaux. Hopper, que Nutini n'impressionne pas, lui permet de tâter timidement le terrain, à titre officieux. Nutini n'est pas embauché par SORO. On oublie presque son passage. Arrivé au Chili en avril, Nutini joue les importants. À Santiago, il rencontre le vice-recteur de l'Université du Chili pour l'entretenir du projet. Un sociologue local assiste à l'entretien et bombarde Nutini de questions pointues. Qui finance le projet? Quels en sont les objectifs? Les conséquences militaires? L'anthropologue n'a pas le temps de bafouiller une réponse — rien ne lui interdit d'ailleurs de dire la vérité — que le sociologue sort une traduction espagnole d'un circulaire que le SORO a fait parvenir à des chercheurs étrangers. Les réponses s'y trouvent. Elles font mauvais effet. Il n'y avait pas à chercher loin. Un sociologue norvégien de renom, Johan Galtung, qui avait reçu le texte avec une généreuse invitation du SORO, participait au Chili aux travaux de la faculté latino-américaine de science sociale (en espagnol, FLASCO). Ça tombe mal. Le document du SORO expose avec une belle franchise ses visées latino-américaines. «Il semble probable que l'orientation géographique de la recherche se portera sur les pays d'Amérique latine», affirme le texte reçu par le Norvégien. «Nous comptons ouvrir un bureau dans cette région.» Galtung dénonce «les éléments impérialistes» du projet américain et trouve intolérable, comme son confrère de McGill cinq ans auparavant, qu'une telle recherche soit menée sous le parapluie militaire. Outrés du document et des avances de Nutini, les sociologues de la FLASCO distribuent le texte aux sénateurs de la gauche chilienne et aux journalistes qui s'emparent de l'affaire, manifestant une susceptibilité plus ombrageuse que la presse et le Sénat canadiens n'en connaîtront jamais. Dans Horowitz, *loc.cit.*, p. 5. Document du 4/12/64 et autres éléments du récit chilien aussi tirés de Idem, *The Rise and Fall of Project Camelot; Studies in the Relationship Between Social Science and Practical Politics*, édition révisée, Cambridge, M.I.T. Press, 1974, p. 5.

page 493   [**Fulbright**] Texte publié dans le Congressional Record - Senate, 25/8/65, p. 20903.

page 494   [**Vallance**] Lettre du 30/7/65 («less "spooky" term»). Le président de l'American University, Hurst Anderson, écrit en octobre à son conseil d'administration que la perte des revenus de Camelot sera à peu près compensée par l'augmentation des budgets d'autres contrats de l'armée. Rapport du 30/10/65, dans AAU.

page 494   [**Pearson et Vallance**] Lettre de Vallance à Pearson, 4/3/66, dans AAU, supra et lettre de Pearson à Vallance, 10/3/66, Correspondance Vallance, supra. SORO ne survivra que quelques mois à ces derniers remous.

William Lybrand, directeur adjoint du SORO, a également accordé un entretien à l'auteur, Wash.-Boston, 3/89.

INDEX

Compagnies

Achevé   Imprimerie
d'imprimer Gagné Ltée
au Canada Louiseville

Ce troisième tirage
a été achevé d'imprimer en mai 1990